# 新時代のヒットの予感!!

2024年度版

インターネット対応ブック
http://www.mrpartner.co.jp/hit2024/

# 周りに潜む バンパイアから エネルギーを守る方法

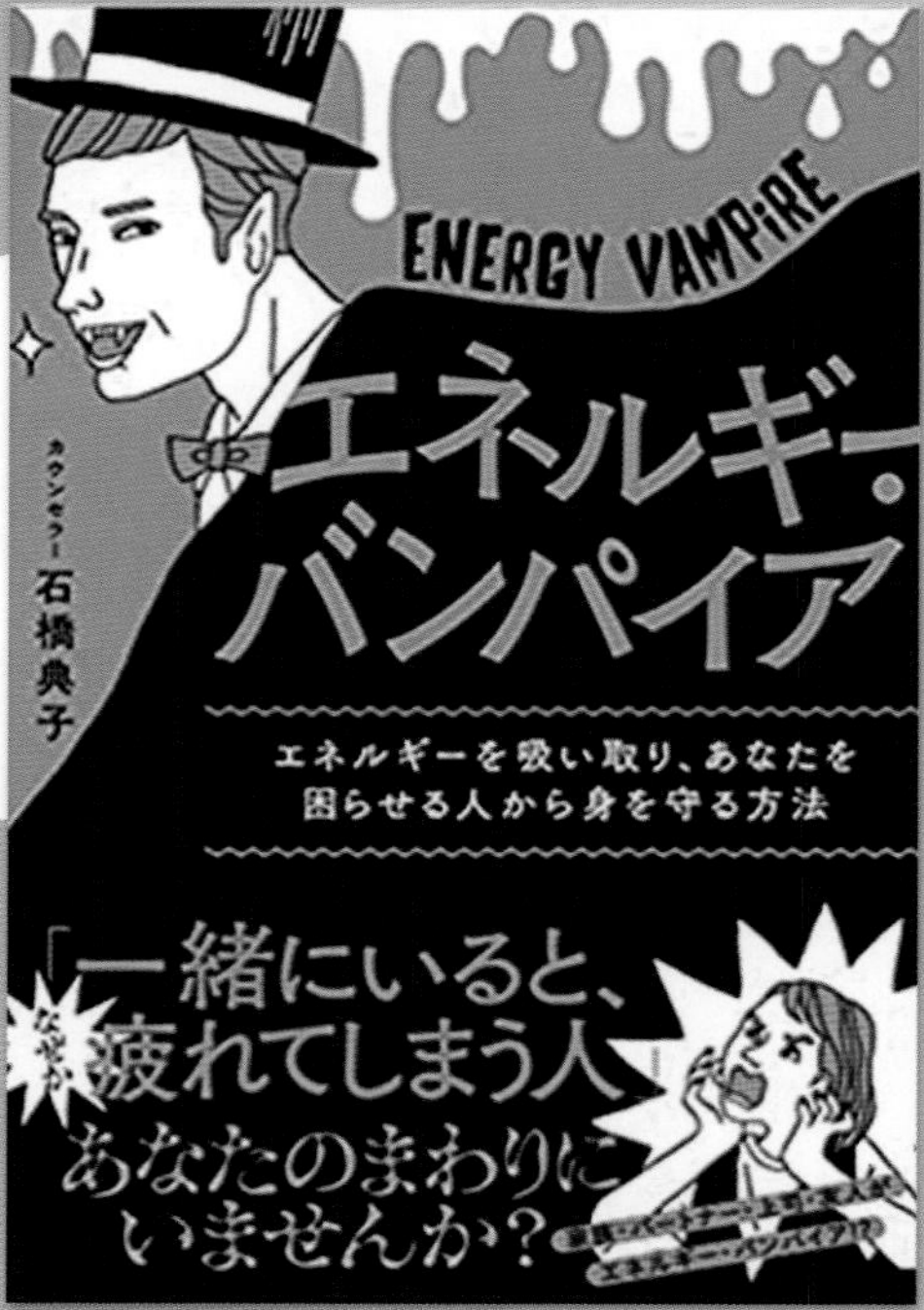


『エネルギー・バンパイア』現代書林刊 定価 1,540円(税込)

目には見えない「エネルギー」を吸い取る恐ろしい存在『エネルギー・バンパイア』。いじめや嫌がらせをする人、パワハラやセクハラをする人などあなたを困らせる人たち…そして、なぜか一緒いると疲れる人、周りにいないでしょうか? 特に繊細さんはターゲットになりやすく、『エネルギー・バンパイア』はあなたのエネルギーを狙っています。

「心当たりがあるあなたは、この本に書いてある具体的な対処法で、大切なあなたの心と体を守ってくださいね」

主宰 石橋典子さん

元々インストラクターとしてピラティスレッスンを行っていたが、クライアントからの要望でカウンセリングのみのセッションを開始。コロナ禍にニーズが増えたカウンセリング業務に専念するため、2021年末に11年続けたピラティスレッスンを終了。カウンセラーとしての活動は8年目。

NORIKO ISHIBASHI
いしばしのりこ
TEL/080-4096-5858 E-mail/n.ishibashi58@gmail.com
東京都渋谷区神宮前2 INSIDE
https://noriko-stone.com/
Youtube INSIDE ヒプノシス 音声ファイル 検索

# 2024年度版 新時代のヒットの予感!! ≪目次≫

CONTENTS



*2024年度版*
**新時代のヒットの予感!!**


本誌掲載の商品に関しましては、特別な表記がない限り、すべて税込価格となっております。

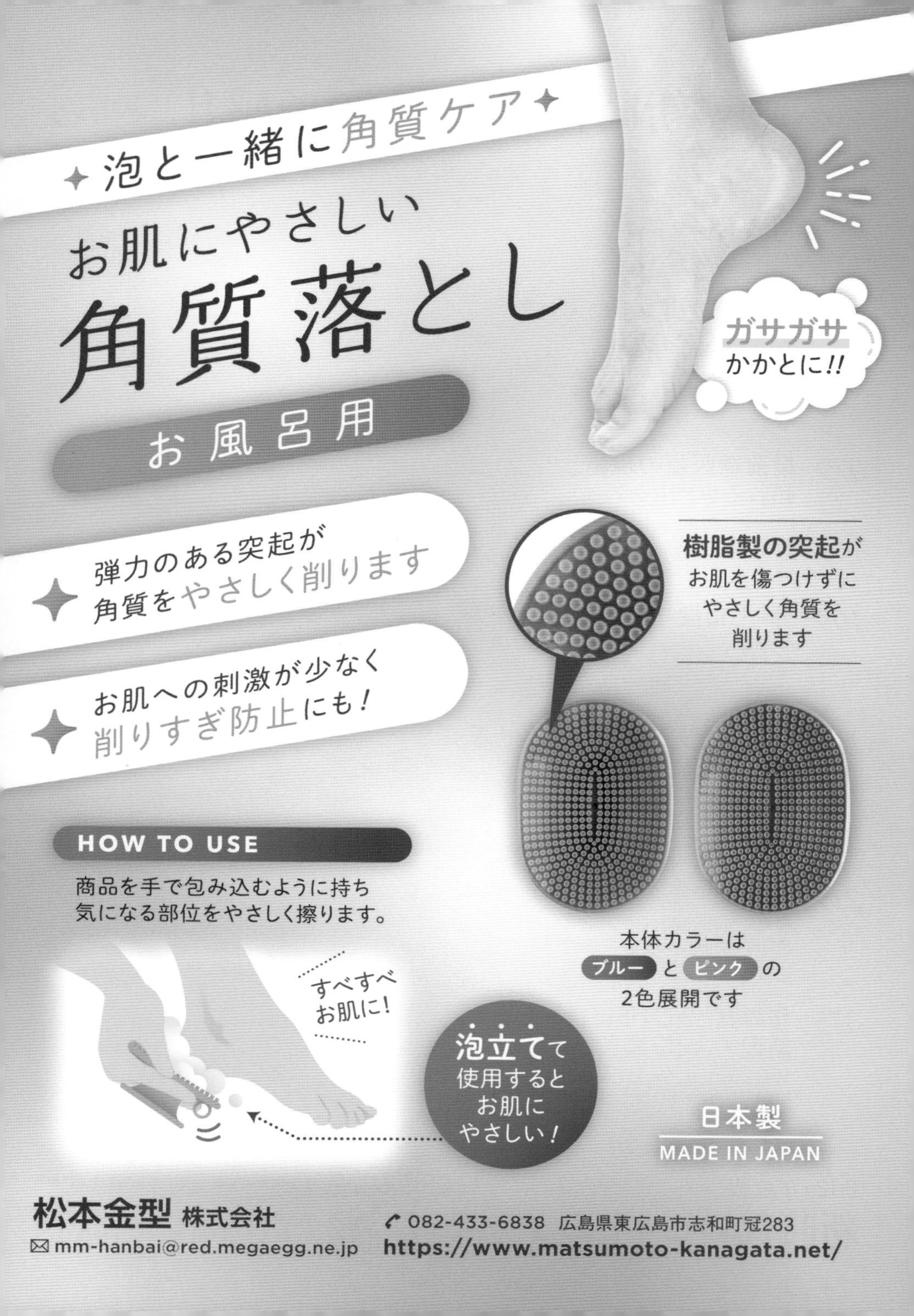
泡と一緒に角質ケア
お肌にやさしい
角質落とし
お風呂用
ガサガサ
かかとに!!
弾力のある突起が
角質をやさしく削ります
お肌への刺激が少なく
削りすぎ防止にも!
樹脂製の突起が
お肌を傷つけずに
やさしく角質を
削ります
HOW TO USE
商品を手で包み込むように持ち
気になる部位をやさしく擦ります。
すべすべ
お肌に!
泡立てて
使用すると
お肌に
やさしい!
本体カラーは
ブルー と ピンク の
2色展開です
日本製
MADE IN JAPAN
松本金型 株式会社
082-433-6838 広島県東広島市志和町冠283
mm-hanbai@red.megaegg.ne.jp
https://www.matsumoto-kanagata.net/

# キレイと健康を手に入れる
# スポット&アイテム

# 海藻資源の研究が生出した新感覚の製品
# 健康増進食品や高美容効果の化粧品素材

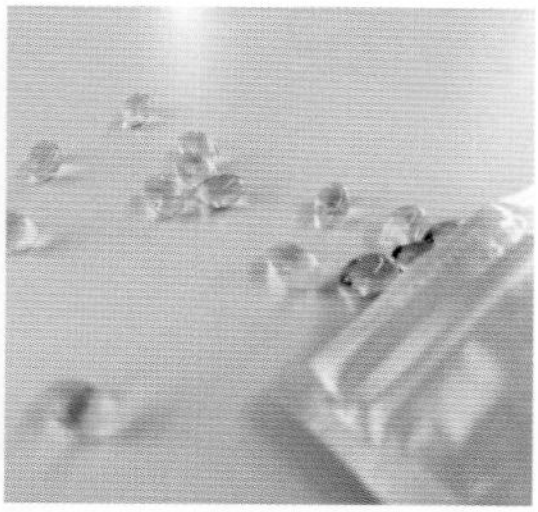
ペンタデシル含有オーラン油含有オーラン油サプリ

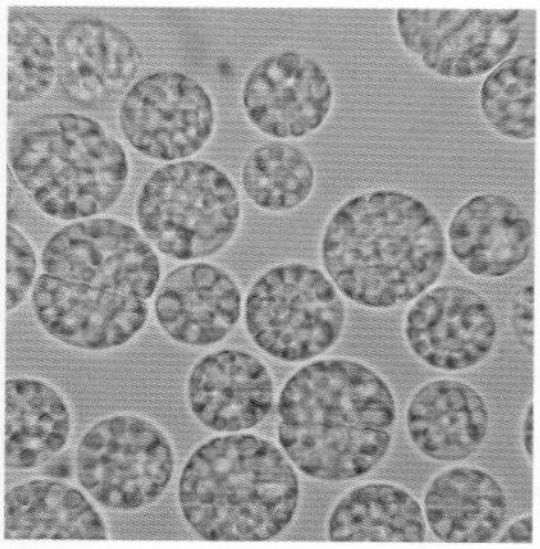
オーランチオキトリウム

『ペンタデシル含有オーラン油』

「自然がもたらす、ヒトの体にとって良いものを明らかにし、それを利用するための技術を開発、健康で人類が永く生きられる社会に貢献していく」

微細藻類などの海藻資源や植物などに秘められた様々な可能性を活かした新たな製品の研究開発に取り組むベンチャー企業『株式会社シー・アクト』の経営理念だ。予防医療に役立つ食品や肌の健康のための化粧品素材などを開発してきたが、２０２３年10月、東京ビッグサイトで開催された「食品開発展２０２３」で開発コンセプトの明確さと高い技術力、有効性で注目を集めたのが、『ペンタデシル含有オーラン油』『米粉セラミド』『エノキ氷パウダー』だ。

『ペンタデシル含有オーラン油』は、微細藻類オーランチオキトリウムからから抽出した機能性油脂。この微細藻類が産生する奇数脂肪酸脂質『ペンタデシル®』のほか、免疫反応の調整や脂肪燃焼の促進に効果がある不飽和脂肪酸ＤＨＡ（ドコサヘキサエン酸）や

**株式会社 シー・アクト**

03-6268-0040　info@seaact.com
㊟ 東京都千代田区丸の内2-2-1 岸本ビル11F
https://www.seaact.com/

『米粉セラミド』

血液中の脂質改善などの効果があるオメガ3脂肪酸EPA（エイコサペンタエン酸）などの機能性成分が豊富に含まれ、難病や生活習慣病の原因の改善、フレイル状態の改善などの可能性、乾燥による小ジワに対する改善など美肌効果が期待できる食品だ。

この機能性油脂のキーワードは、オーランチオキトリウムと『ペンタデシル®』。オーランチオキトリウムは、水中の有機物上に小さな細胞集団を作る微生物。葉緑体を持たず光合成をしない従属栄養生物で、川が海に流れ出る河口部の汽水域やマングローブが生い茂る南の海、日本近海など世界中の海に存在し、水中の栄養分を同化して脂質を生産し、細胞内に蓄積しながら生育する。

海藻資源から新たな成分発掘をと微細藻類による新たな生理活性物質の作製を事業目標の一つに掲げる同社は、オーランチオキトリウムなどの藻類を食べるサバやイワシなどの魚を人々が間接的に摂取することで、オーランチオキトリウム由来の油脂成分を栄養源として利用している点に着目し、オーランチオキトリウムに含まれる飽和脂肪酸の一種のペンタデカン酸について生物活性物質研究所で研究を重ねてきた。

２０１５年には、同研究所の研究員が「培養オーランチオキトリウム属藻類の奇数脂肪酸含有量を増大させる培地」を開発して２０２０年に特許を取得した。微生物から様々なバイオ燃料や有用成分を獲得する技術の開発が進められているが、微生物の大量培養を行うには様々な技術上の課題が多くあり、特許技術はこの課題を解決したもので、細胞抽出物を強酸で処理し加熱する工程、抽出物を中和する工程、抽出物を基礎として細胞培養培地を調製する工程から成る。この培地の製造方法を活用することで研究に弾みがついた。

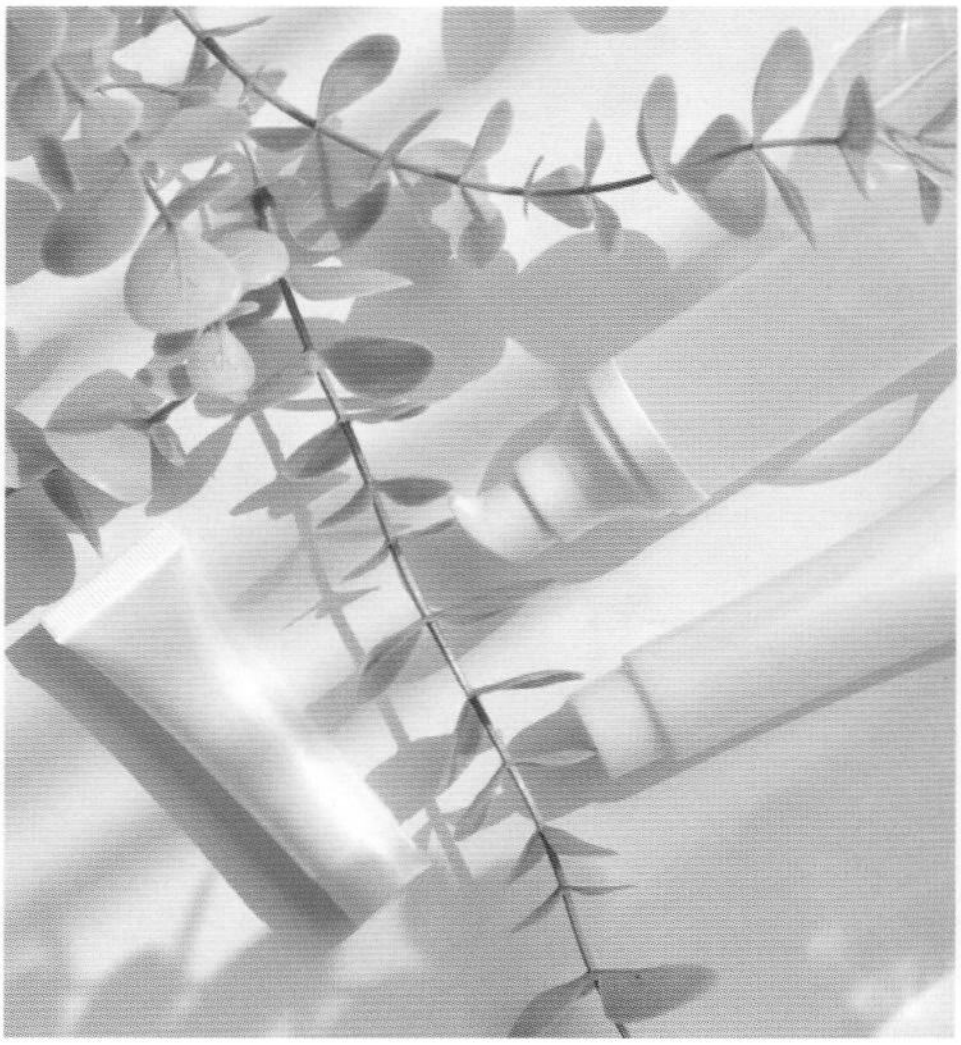

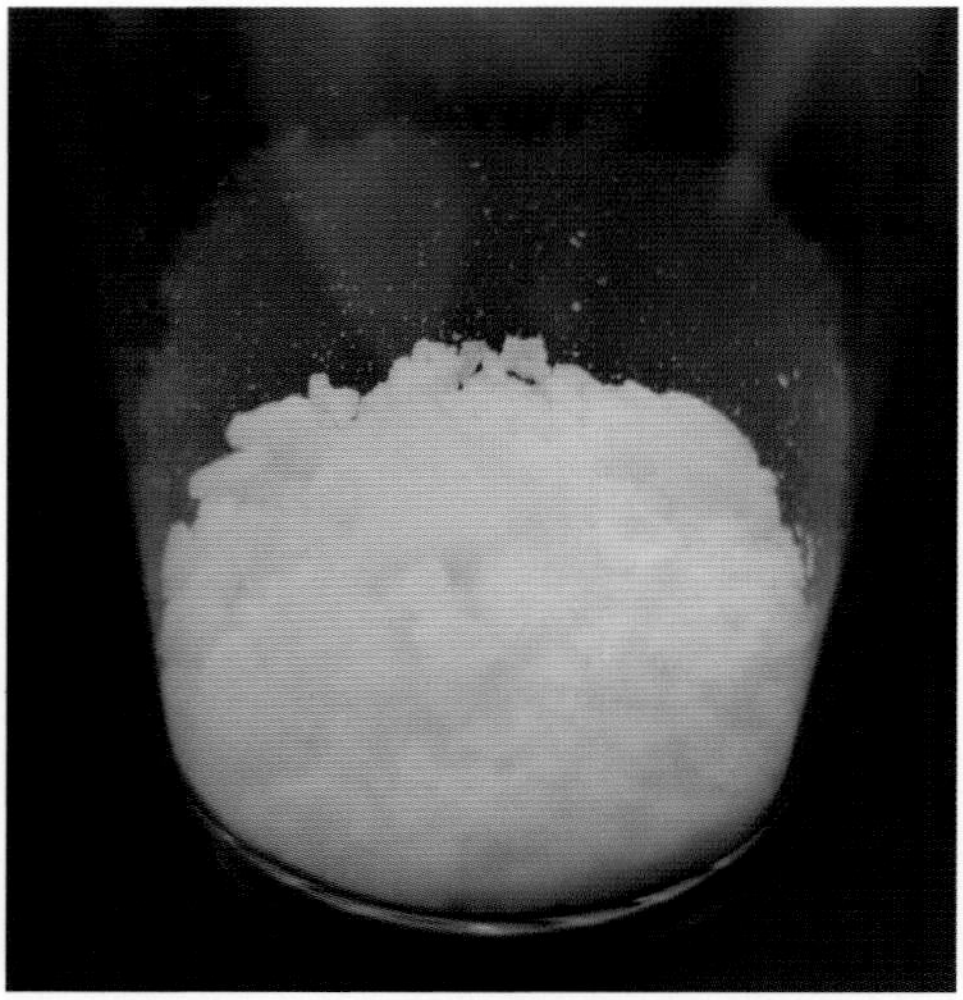

『ペンタデシル®』

その成果が石垣島沿岸の海水から分離した、自然に生息するオーランチオキトリウムの入手に反映され、小胞体ストレスを緩和する新たな活性成分『ペンタデシル®』の発見、さらには『ペンタデシル®』を抽出分離、精製することで、画期的な生理活性物質の開発につながった。『ペンタデシル®』は、ヒト経口摂取で肌のシワ、キメ、毛穴を改善するほか、真皮のコラーゲン密度を増加させるなどの美肌効果が見られた。肌細胞でも美肌効果の有意性や小胞体ストレス緩和によるコラーゲン産生効果が確認されたことから、シワ改善の化粧品添加原料成分、肌状態を正常化する食成分として商品化された。

その後の研究で、『ペンタデシル®』がインシュリンの分泌を誘導し、血糖値の上昇がおだやかになる耐糖能を示し、糖尿病の改善に有効と分かったほか、細胞小器官の一つ、小胞体に異常なタンパク質が蓄積することによって引き起こされ、糖尿病や神経変性疾患などの生活習慣病の原因と考えられている小胞体ストレスを緩和にすることも判明し、健康食品『ペンタデシル含有オーラン油』を開発、２０２２年７月から提供を開始した。

同社は、小胞体ストレス緩和作用や糖尿病の改善のほか、視神経細胞の保護、アルツハイマー病やクロイツフェルト・ヤコブ病、パーキンソン病、筋萎縮性側索硬化症（ＡＬＳ）、ハンチントン病、ポリグルタミン病、網膜変性疾患、心臓病、肥満、脂肪率、慢性炎症、メタボリックシンドローム、非アルコール性脂肪性肝疾患、慢性閉塞性肺疾患、膵臓がんなどフレイル状態の緩和効果も期待できるとしている。

『米粉セラミド』は、純国産のうるち米由来のグルコシルセラミドを多く含み、肌の潤いを維持する機能を持つ機能性表示食品で、色々な加工食品や総菜などの添加原料として利用できる。

「米粉セラミドチーズケーキ」

「米粉セラミドクッキー」

セラミドは、肌の角質層の細胞と細胞の中で水分や油分を蓄えておく細胞間脂質の50％以上の組成を占めるバリア因子で、加齢や睡眠不足、ストレスなどでセラミドが減少してしまうと、肌荒れや乾燥肌などの肌のトラブルを引き起こすといわれる。グルコシルセラミドは、食品として摂取すると肌のセラミドを作り出すことが知られており、米粉セラミドを摂取することで、皮膚の細胞間にセラミドを生成し、肌の角質層のセラミドが増加し、肌内部の水分が蒸発するのを防いで潤いを保つことができるようになるという。

『米粉セラミド』は、グルコシルセラミドのこの働きに着目して開発されたもので、グルコシルセラミドを経口摂取した場合も、消化管で吸収され、リンパ、血液を通して、皮膚に働きかけ、セラミド合成を促進させることによって皮膚のバリア機能を高めるといい、肌が乾燥しがちな人に適した食品だ。また、アトピー性皮膚炎の経皮水分蒸散量の低下や改善の効果が確認されているという。一日の摂取量は20gが目安。お菓子も含め、様々な食品へ加工して利用できるほか、牛乳や豆乳に溶かして毎日飲めば、美肌作りにも役立つ。同社は、『米粉セラミド』を食品安全マニュアルや衛生管理マニュアルの下、品質管理、製造施設や従業員の衛生管理を徹底した工場で生産している。

『えのき氷パウダー』は、メタボリックを防ぎ、血液をサラサラにすると話題になっている健康料理のえのき氷を簡単に作れるようにした粉末。通常のレシピは、石づきを除き、ざく切りにしたえのき茸を ミキサーに水と入れてペースト状にし、鍋で煮つめた後、製氷皿に移して冷凍庫で凍らせて作るが、『えのき氷パウダー』は水またはぬるま湯で混ぜて凍らせれば、えのき氷できる。また粉末は、栄養価の高い出汁としても様々な料理で利用できる。

『えのき氷パウダー』

「えのき氷パウダー入りベーグル」

「えのき」

えのき氷が人気なのは、えのき茸をミキサーにかけ煮込み、冷凍することで細胞壁が破壊され、食物中の脂肪を吸着したり、脂肪燃焼を促進したりする働きがある食物繊維キノコキトサンなど様々な栄養素が体内で利用されやすくなるといわれるのが理由。同社は長野特産のえのき茸で製造し、「花粉症改善、高血圧改善、糖尿病予防と改善、脂質代謝異常予防、動脈硬化予防などの効果があるとの報告がある食品の粉末」と説明している。

同社は『ペンタデシル®』や『ペンタデシル含有オーラン油』のほかにも海藻資源を活用した化粧品原料を数多く開発してきた。北海道産マコンブから美容成分を抽出し、皮膚の保湿効果、肌細胞の活性化が期待できる『マコンブエキス』、国内収穫のフクロフノリのエキスで、肌への刺激緩和が期待できる『フノランNa』、三陸産メカブが原料で、肌の保湿効果、肌細胞の活性化が期待でき、毛髪を美しく整える

『メカブエキス』、肌の保湿やバリア機能、抗炎症が期待できる『クラゲコラーゲン』、伊勢志摩の近海で採れるアカモクの茹で汁から美容成分を抽出し、肌の保湿効果、肌細胞の活性化が期待できる『アカモクエキス』、国内収穫のフノリから得られたエキスで、髪のツヤ、櫛通りを良くし、毛髪を美しく整える『フノリエキス』、楊貴妃が美容のために珍重したと言われるシロキクラゲの国内産ものから得られたエキスで、皮膚の保湿効果、肌細胞の活性化が期待できる『シロキクラゲエキス』などがその代表例だ。

同社はまた、今まで未利用だった植物資源に新たな生理活性を見出し、これを取り出し、化粧品原料として利用する研究開発も行ってきた。『シャクヤク花エキス』、沖縄県産の月桃(ゲットウ)の花から得られた『ゲットウ花エキス』、『リンゴ水』、『ヒシ(菱)果皮エキス』、『ローズマリー水』、『レモングラス水』、『月桃葉水』、『ヨモギ葉水』などはその成果だ。

「シロモクラゲ」

「海藻アカモク」

『シー・アクト』は2014年に設立され、茨城県つくば市に生物活性物質研究所、神奈川県川崎市に川崎研究所を開設、全国各地の大学や研究機関とも連携しながら、奇数脂肪酸を産生する微細藻類オーランチオキトリウムの研究開発を中心に、医薬や天然資源の有効利用による機能性食品、機能性化粧品用素材の研究開発に取り組んできた。

(ライター/斎藤紘)

# 一人ひとりの輝きを波及
# 自分本来の美しさと健康を

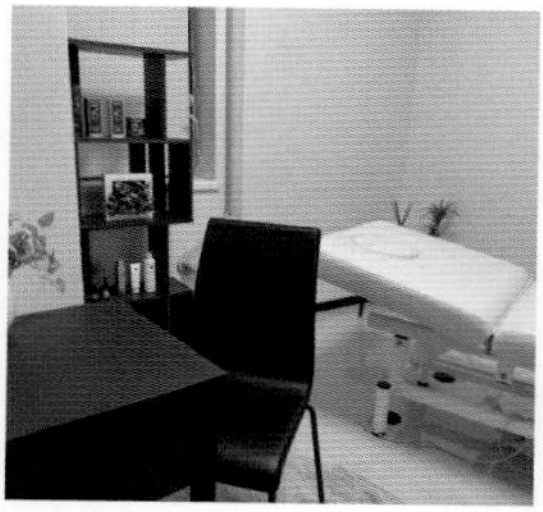

マンションの一角で、プライバシー的に通いやすいとの声も多い。

一隅を照らす
一人一人の笑顔が
まわりを笑顔にする

院長 岡田恭典さん

「一人ひとりの笑顔は、まわりも笑顔にさせる」
「治療を通して日常を笑顔で過ごしてほしい」
そんな思いで日頃の診療にあたっている。

『ビアジェネラルクリニック』の『ビア』とは、スペイン語で「道」という言葉。「道」とは、その人の人生、技術の探究、その教えなど様々な意味合いを持った言葉で、クリニックの理念の一つを表す言葉だと院長の岡田恭典さんは話す。

「はじめはわずかな所でも、少しずつ波及していくことで全体が輝き出すという言葉〝一隅を照らす〟は、『ビア』のもう一つの理念です。一人ひとりの笑顔が、周りを笑顔にし、笑顔が広がります。我々『ビア』では、一人ひとりの人生という〝道〟に関わり、一人ひとりを笑顔にすることによって、社会全体を笑顔にしたい。そんな総合的なクリニックでありたいと考えます」

『ビア』では、現在四つの部門に分けて、「美容」「訪問診療」「発症リスク検査」「オンライン診療」から総合的に一人ひとりと向き合っている。「美容」、丁寧にカウンセリングを行いその人に合った施術を提案し、納得された場合のみ施術を行う。その日施術は、極力避けるという。技術の高さは、リピート率に表れており、現在の技術に甘んじることなく韓国に技術研修も定期的に行っている。「訪問診療」では、他職種との連携や地域の方々と連携することにより、患者さんだけでなく、その家族も一緒にサ

**ビアジェネラルクリニック**

070-470-46553
㊟ 埼玉県川越市菅原町18-2 レーベンハイム川越ルミアージュ204
http://via-generalclinic.com/

VIA GENERAL CLINIC

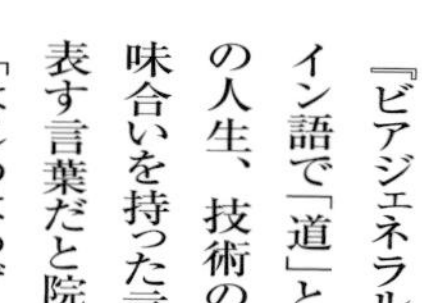

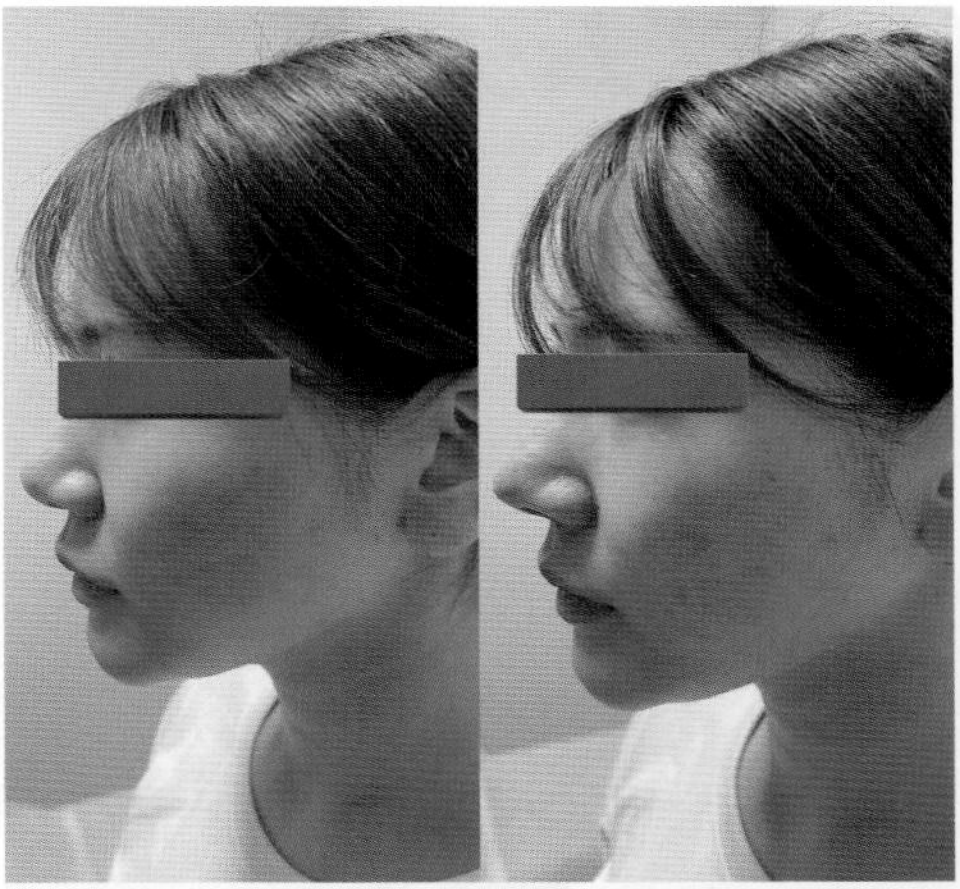

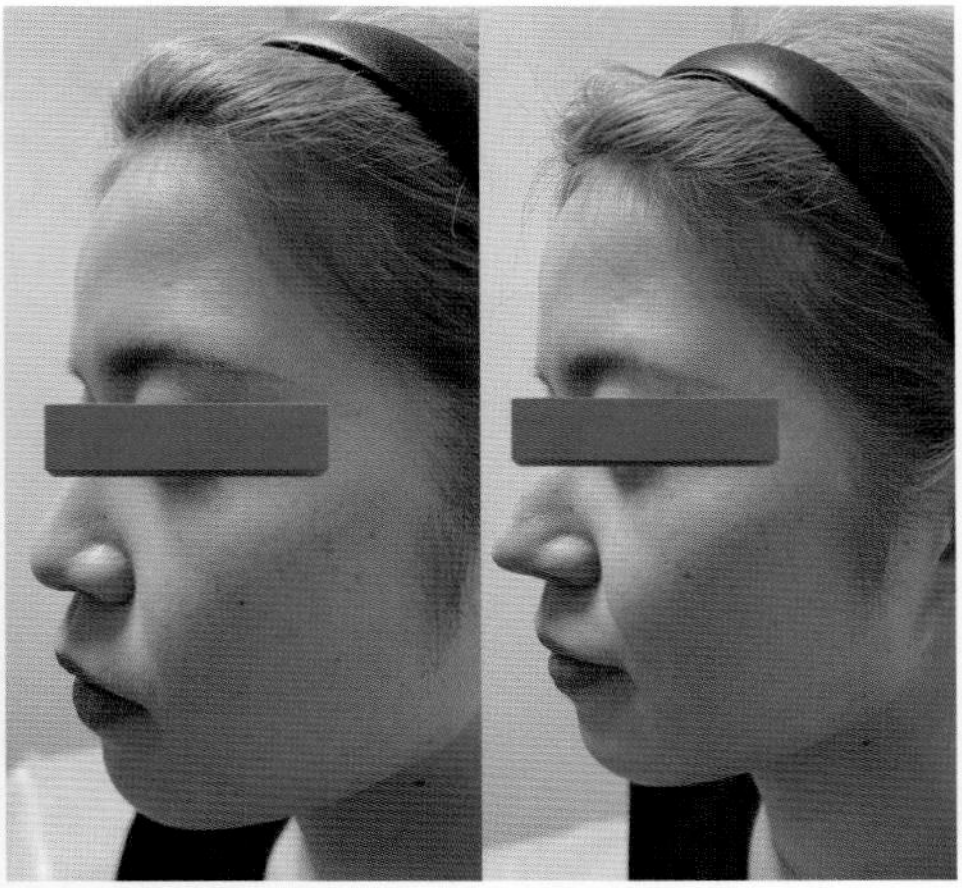

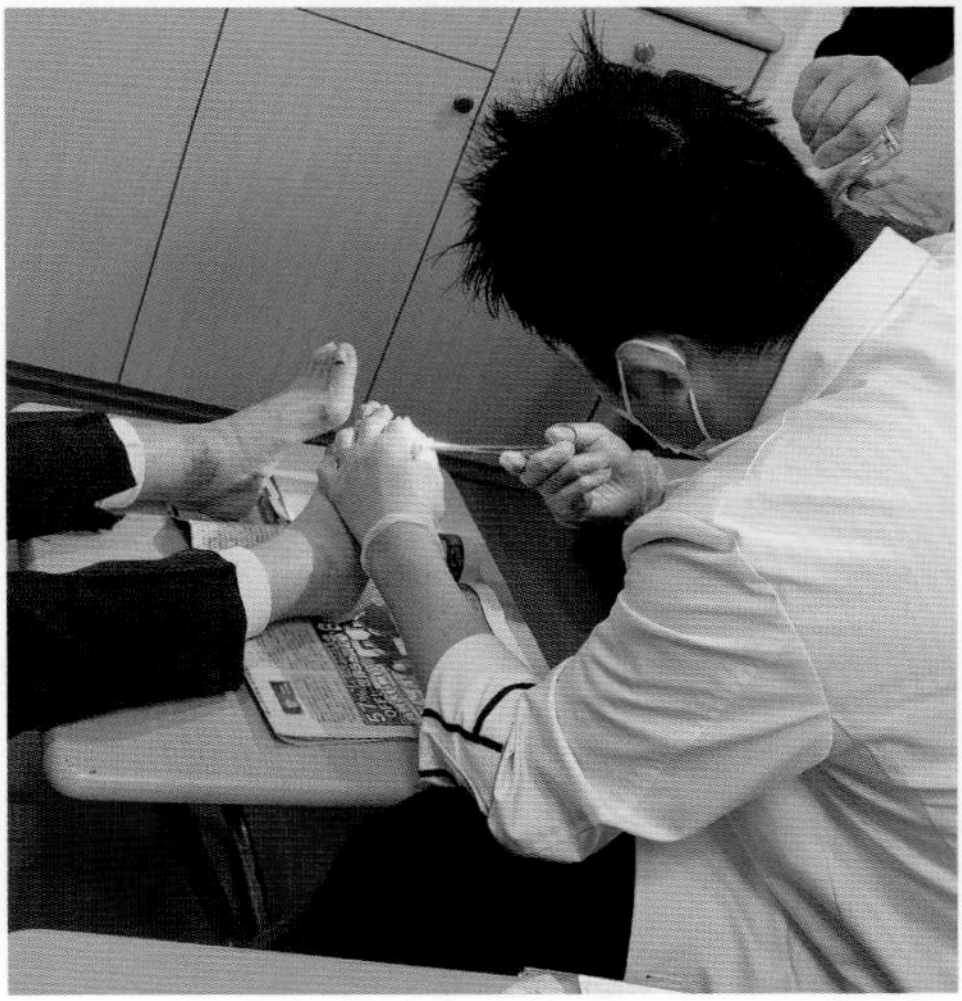

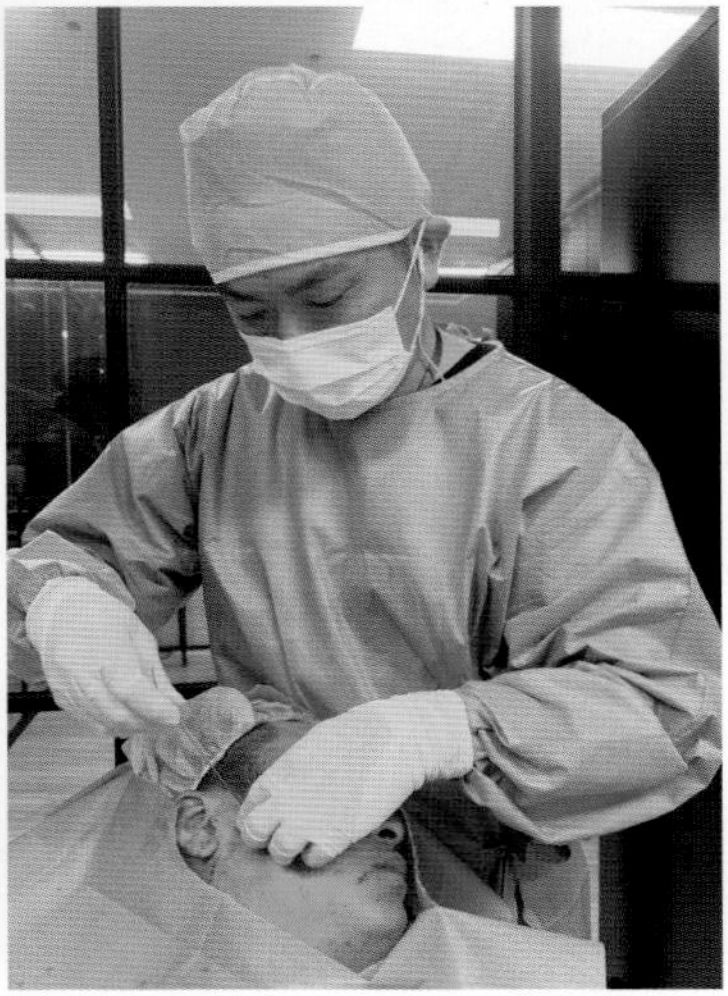

形成外科出身だけでなく、自己研鑽も欠かさない。新しい技術を得るため韓国研修も行っている。

ポートしている。「訪問診療」を利用されている方は、本人、ご家族を含め皆必死であり、その生活に安息を、その人生の最期に安穏を求めている。『ビア』では、その安息や安穏を他職種間や地域の方々と手を取り合って作り上げたいと考えている。「発症リスク検査」における、重要な点は、「将来をどう考えるか」の一言に尽きる。認知症、心筋梗塞、脳卒中、がんなど将来発症する可能性のある病気を前もって予測する検査が、「発症リスク検査」である。将来のことを考えることは、不安を軽減するだけでなく、自分自身だけでなく家族やパートナーに対する責任を持つことにつながる。健康なくして、笑顔は生まれないと『ビア』では考えている。「オンライン診療」は、オンラインによる診療や医療相談を行う。エステサロンや鍼灸院と連携して、同じ方向性を向いている人たちと一緒にセミナーなどを企画し、より安全で健康な明るい社会を『ビア』では求めている。『ビアジェネラルクリニック』は、この四つの部門から一人ひとりの過去、現在、未来に寄り添った診療で、患者さんが笑顔で健康に過ごせるように、総合的にサポートする、健康総合クリニックだ。

（ライター／彩未）

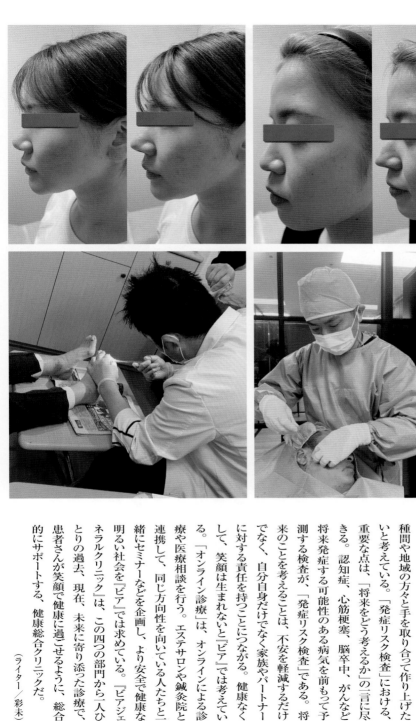

# 五感に響く1/fゆらぎのリズムタッチで「顔」から心身すべてが整う凄技メソッド

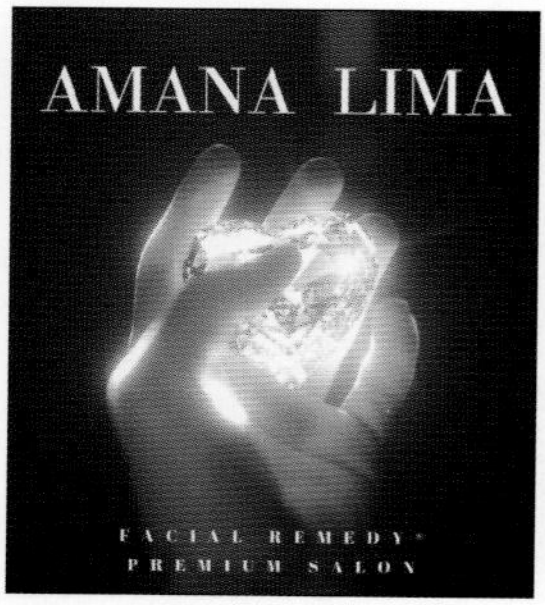


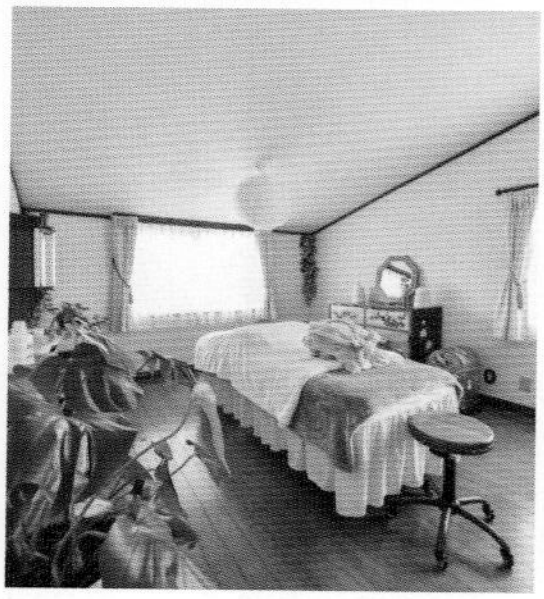

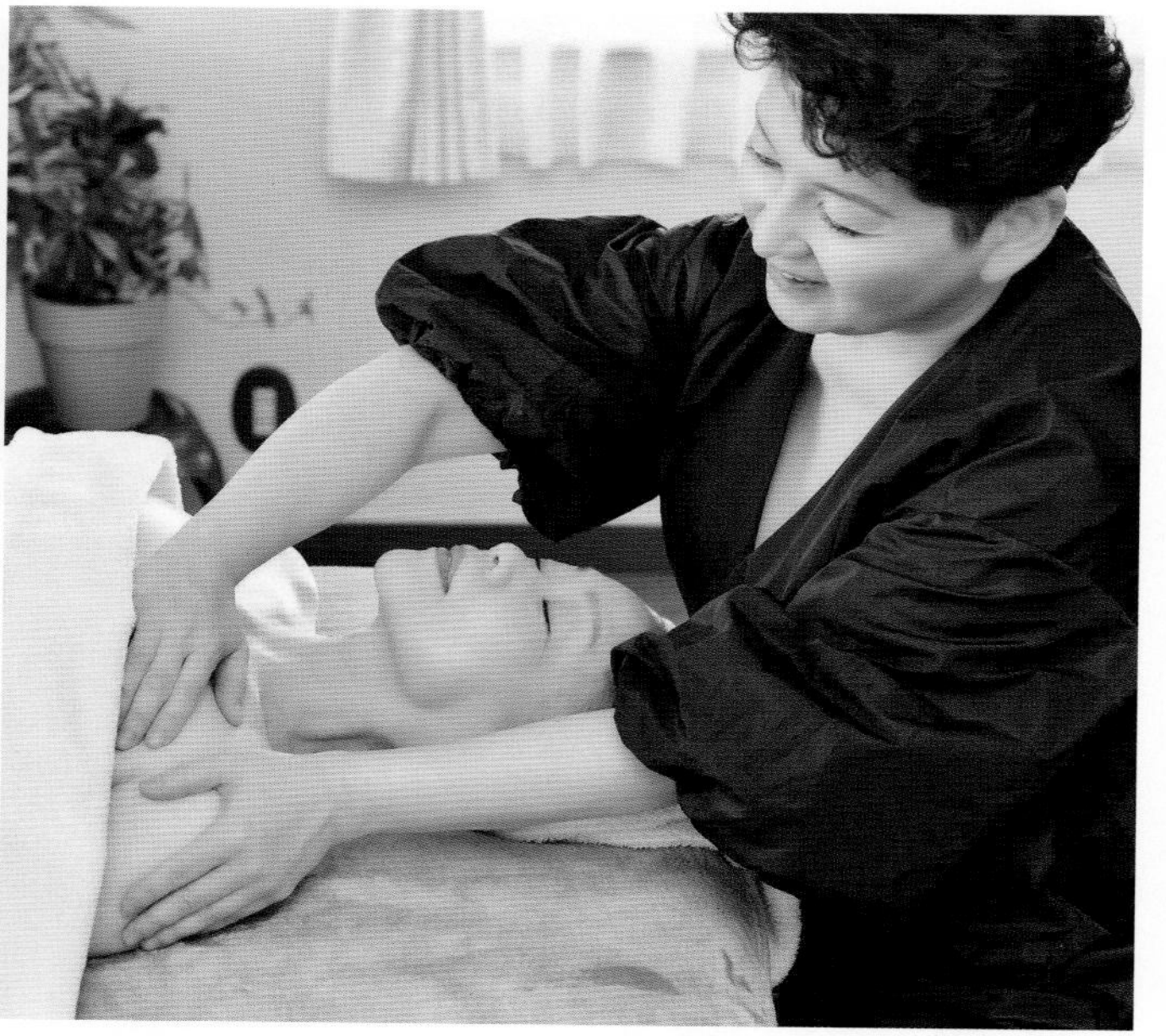

『顔』から心身すべてを整える。最新美容法『フェイシャルレメディ®』で健康と美しさを取り戻すサポートをするフェイシャルサロン『Amana Lima』。脳科学×心理学×東洋医学などの予防医学の観点をもとにした独自のフェイシャル技術。機械もケミカルな化粧品も薬品も一切使用しないオールハンドの施術で、健康な身体に不可欠な3大要素である自律神経・ホルモン・免疫のバランスを整え、自然治癒力を高めて心身の不調を根本から改善する凄技だ。五感に響くf分の1揺らぎの快適なリズムでオキシトシンホルモンの分泌を促し、リンパや経絡、反射区にアプローチし、臓器や器官の氣の巡りを整える。肌のツヤ・シワ・たるみなどの表面的な美容改善だけでなく、痛みやストレスなど身体の不調の緩和、メンタルの安定など様々な改善が期待できる。また、人生100年時代に向けて、健康で自立している高齢世代向けの専門出張サービス『ウェルネスビューティ・フェイシャル』で長寿

フェイシャルレメディ®プレミアムサロン Amana Lima
アマナ リマ
070-2382-1337 amana.lima777@gmail.com
㊟ 千葉県松戸市稔台2-16-4-301
https://amana-lima.com/

ウェルネスビューティー・フェイシャル Ladea（ラデア）
047-308-6939
ladea.wellness777@gmail.com
㊟ 千葉県松戸市稔台2-16-4-101
https://ladea777.com/

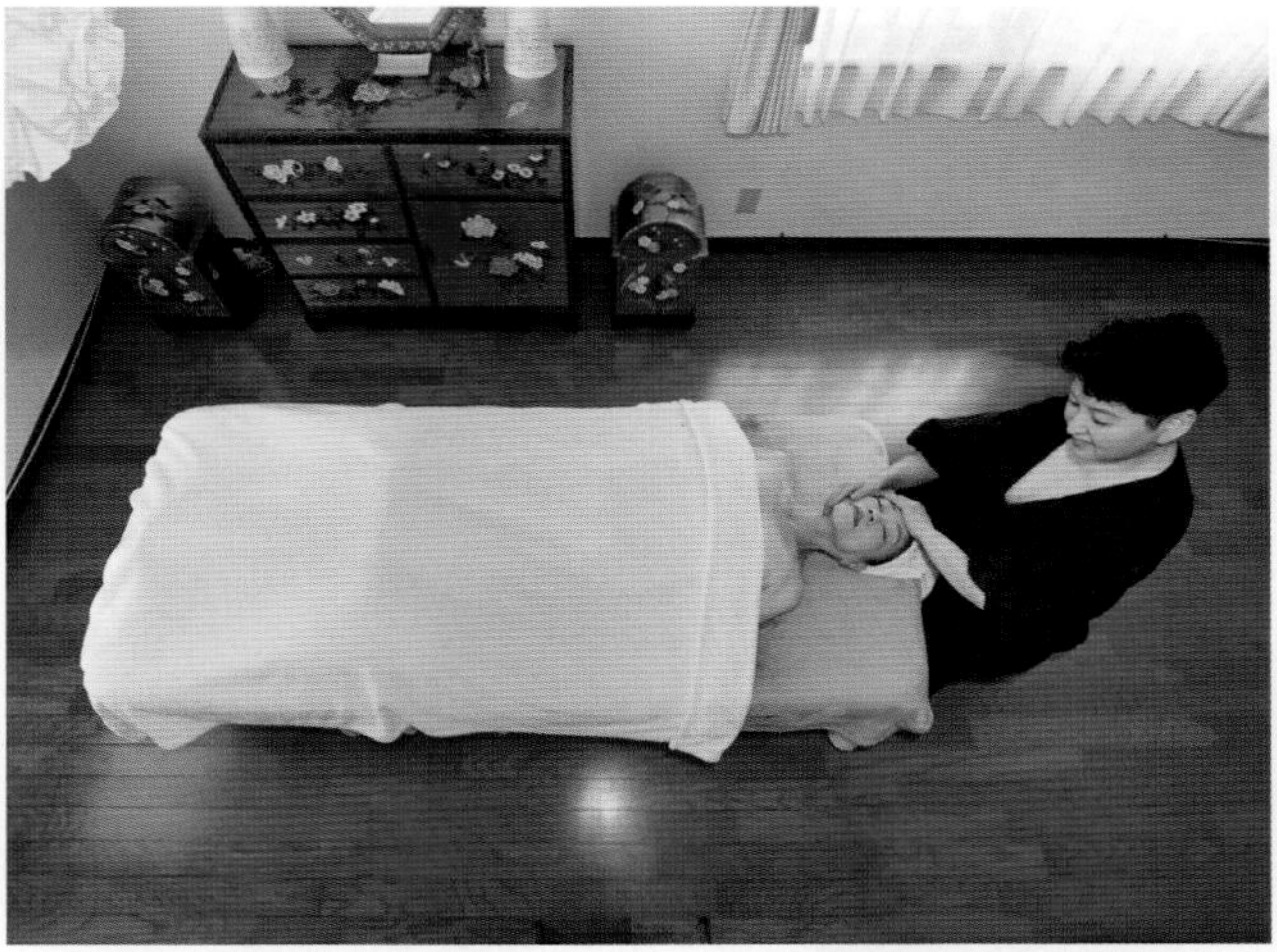

WELLNESS BEAUTY FACIAL
LADEA

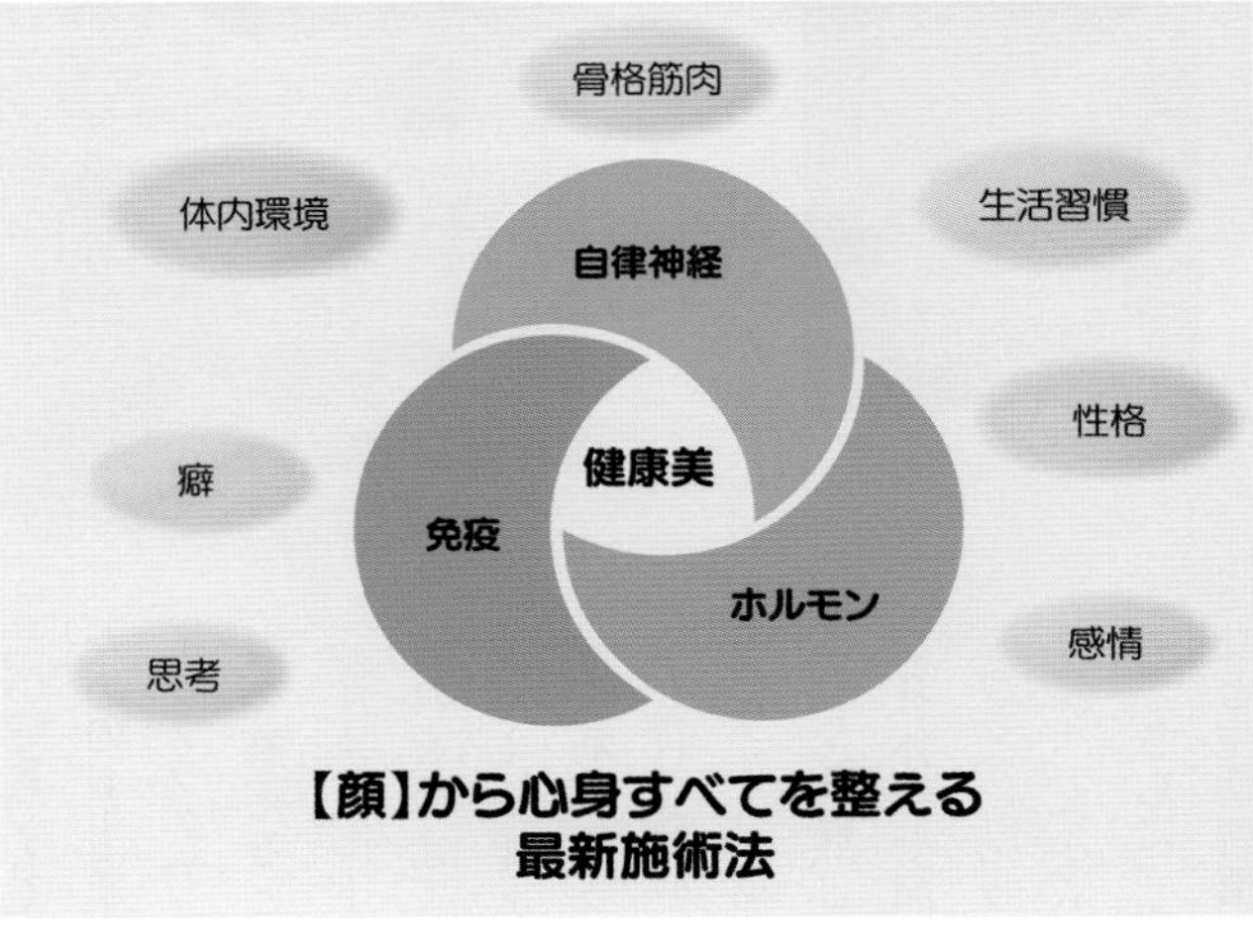


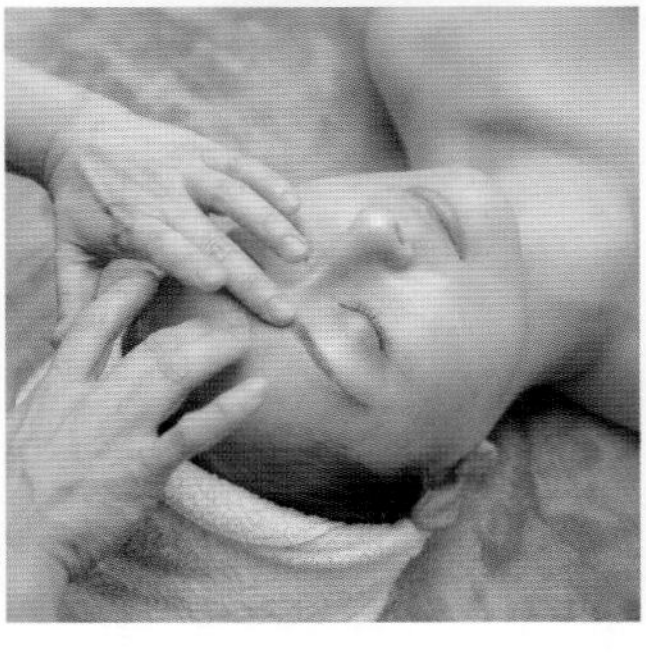

社会にも寄り添う。「眠りの質が悪い」「物忘れがひどくなった」「疲れやすい」「気力がなくなった」「食欲がなくなってきた」など、シニアの様々な悩みに対応。脳に最も近い顔から優しく刺激を与え、脳脊髄液を調整して脳を活性化すると共に、リンパ・経絡・反射区などにアプローチして臓器や器官の氣の流れを整える。あわせて不安や心配を緩和する働きや血圧や心拍数を改善する働きがあるとされるオキシトシンホルモン（通称 幸せホルモン）が分泌されやすい状態へと導く。身体の内側からアプローチすることで様々な悩みを解決し、毎日が楽しく前向きに過ごせるようになり、病気や認知症予防などの期待もできると好評だ。身体の内側から整えてキレイになるので、エステで施術してもらった直後はキレイだが、時間が経つと元に…という悩みも心配無用。凄技メソッドで脳と身体と心を一度に整え、明るく幸せな毎日を過ごしてみては。

（ライター／河村ももよ）

# 女性特有の悩みを解消
# 骨盤の歪みを整え内側からケア

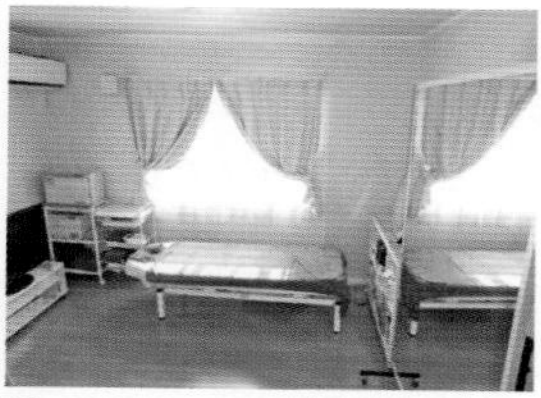

㊔ 10:00～17:00（完全予約制）
㊡ 不定休

女性特有のお悩みを
カイロプラクティック
フェイシャルトリートメント
骨盤底筋トレーニング でケアします！

美容カイロエステティシャン
佐野祐子さん

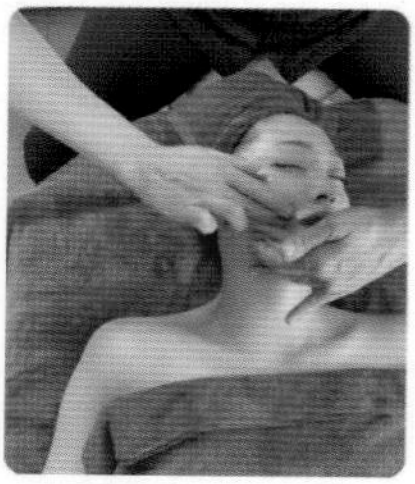

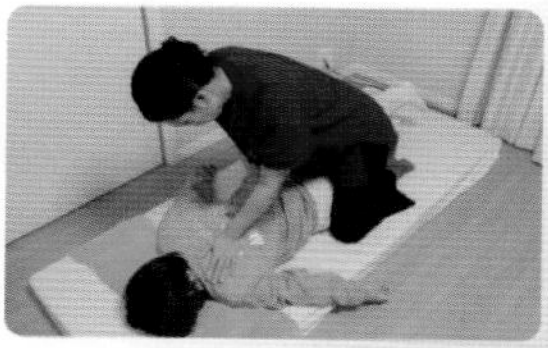

「いつまでも美しく健康で生きていくためのトータルケア」をコンセプトにカイロプラクティックの技術で骨格や筋肉を整えるとともに、皮膚の表面からオールハンドの施術で血液やリンパの流れを整えて女性の健康と美しさをサポートする『BodyMaking8』。背骨や筋肉を支える骨盤に歪みが生じると背骨や筋肉が歪んでしまい、身体のバランスが崩れて頭痛やめまい、肩こりや腰痛、神経痛、肌荒れなど様々な身体の不調を引き起こす。カイロプラクティックで骨盤を整えることによって、身体の内側からしっかりとケア。さらに、運動や食事、睡眠環境など生活習慣の見直しを行うことで、身体の不調を改善するだけでなく、老化を遅らせる効果も期待できる。

肌荒れやニキビなど、お顔の肌に悩みがある方は、『フェイシャルトリートメント』がオススメ。お肌の悩みはついそこだけをケアしてしまいがちだが、ホルモンに関係する卵巣や子宮、免疫力に関わる腸を支える骨盤の歪みを

美容カイロエステサロン **Body Making 8**
ボディ メイキング エイト
090-3480-3678 　BodyMaking8@gmail.com
㊟ 静岡県富士宮市（詳細は予約時）
http://bodymaking8.com/

こちらからも
検索できます。

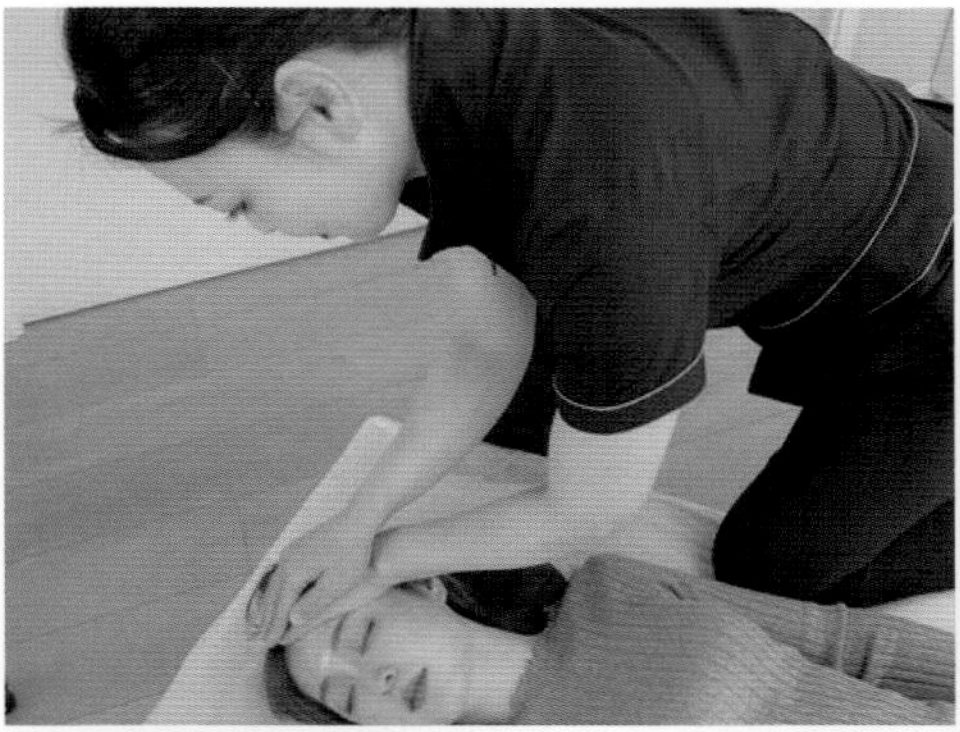

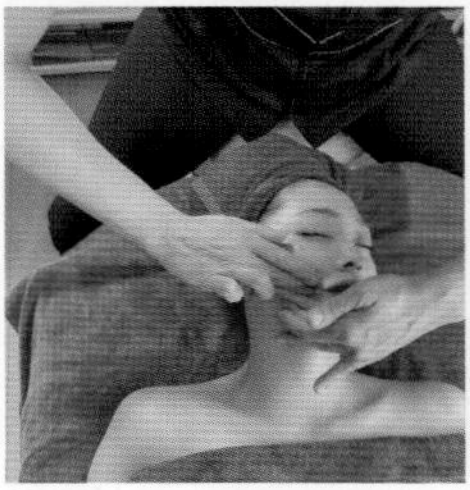

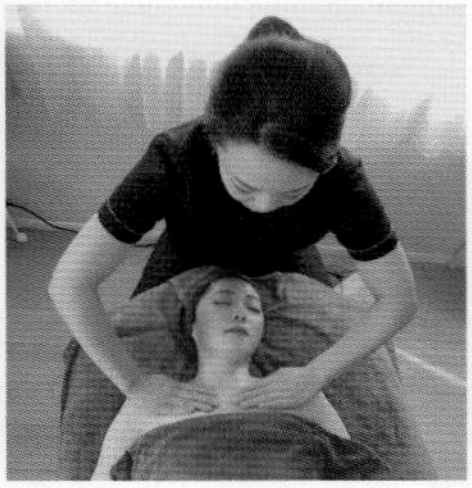

『フェイシャルトリートメント』
初回 90分 9,900円(税込)　2回目以降 19,800円(税込)

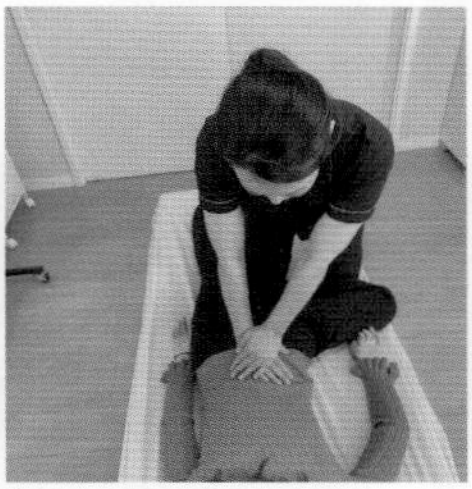

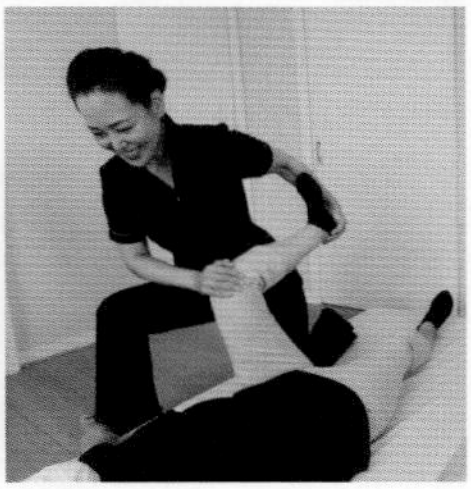

『美容カイロ』
初回 90分 16,500円(税込)　2回目以降 33,000円(税込)

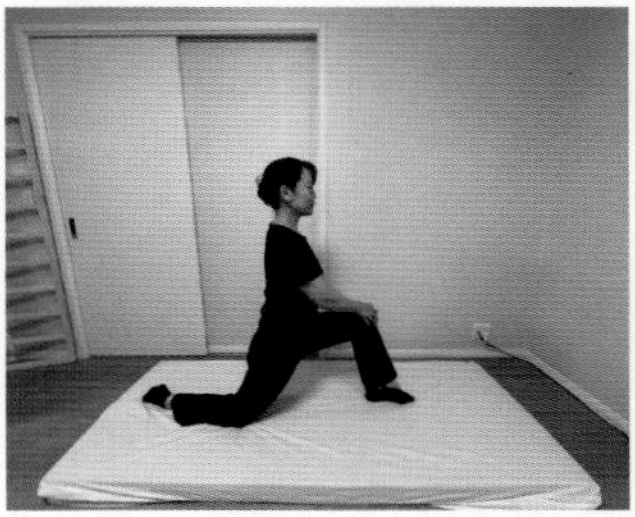

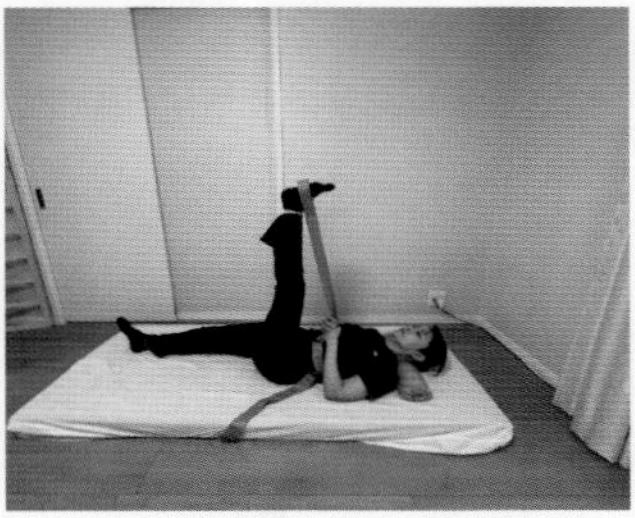

『フェムケア専用コース』(カイロプラクティック&骨盤低筋トレーニング) 全8回 110,000円(税込)

ゴムバンドを使った運動指導。

整えることで、お肌の悩みも改善する。

また、更年期障害や産前産後の身体の不調、尿もれや排泄の悩み、生理不順、冷え性などの女性特有のお悩みを改善に導く新事業の『フェムケアに特化した骨盤底筋専用のトレーニングレッスン』にも注目が集まる。骨盤底筋とは、骨盤の底にあるハンモックのように薄い筋肉のこと。子宮や膀胱、腸などの内蔵を支え、排尿や分娩などの生理的機能をコントロールしている。マンツーマンで行う週1回のレッスン(全8回)で、自分のペースを守りながらトレーニングを覚えることが可能。骨盤底筋トレーニングをマスターし、自宅で骨盤底筋群を鍛えることで女性特有の悩みを解消する。

美容カイロプラクティック技術と骨盤底筋フェムケアトレーニングで、骨盤からしっかり身体を整え、美しく健康的な自分を手に入れてみては。

(ライター/彩未)

# 温活で免疫力アップ
# オーダーメイドの手技でリフレッシュ

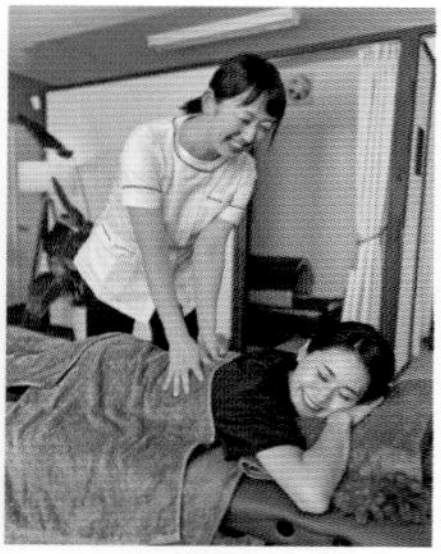

㈱ 11:00〜23:00　㈭ 無休

『ドームサウナ』

オーナー 岡田千鶴さん

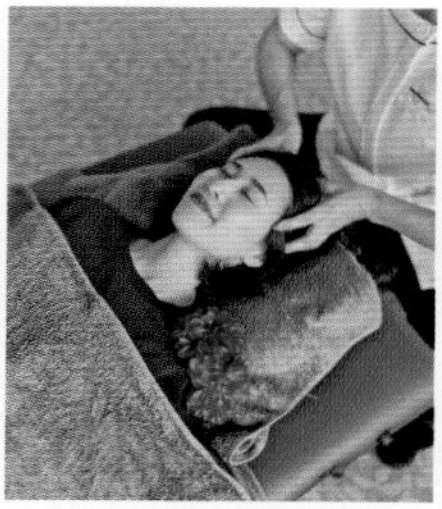

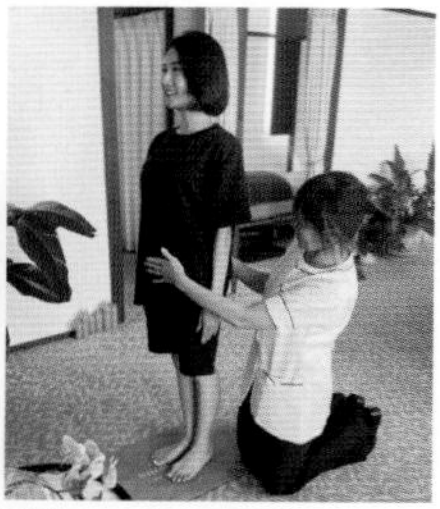

『O$^2$nmomi course』(『ドームサウナ』30分、『もみほぐし』30分、『酸素キャビン』60分)
120分 7,920円(税込)

岡山県の旅館やホテル内を中心に整体とエステを8店舗経営している「からだすっきり館」が倉敷市に温活と免疫力向上に特化した『温momi×酸素cabin』をプロデュース。『ドームサウナ』は、遠赤外線効果でまるで温泉に入ったときのように身体がポカポカと温まり、代謝アップと皮膚や脂肪、筋肉、関節などの組織が柔らかくなる。ベッドに横になっているだけで遠赤外線が身体の奥まで届いて脂肪が燃焼し、身体の老廃物や毒などをしっかりデトックス。汗と一緒に毛穴汚れや古い角質も落ちるので、肌のハリやツヤが蘇り、美肌効果も期待できる。

また、身体の状態に合わせたオーダーメイドの手技は、年間1080人以上癒やしている満足度の高い技術力でコリや歪みの原因を見極め、しっかりともみほぐす。滞っていた血流やリンパの流れを改善し、身体全体の歪みを整えてくれる。もみほぐしたあとには『酸素キャビン』を取り入れる。

**温momi×酸素cabin**
おんモミ×さんそキャビン
☎ 090-2480-5944
㈾ 岡山県倉敷市笹沖443-2-1F
https://logement.jp/onmomi/

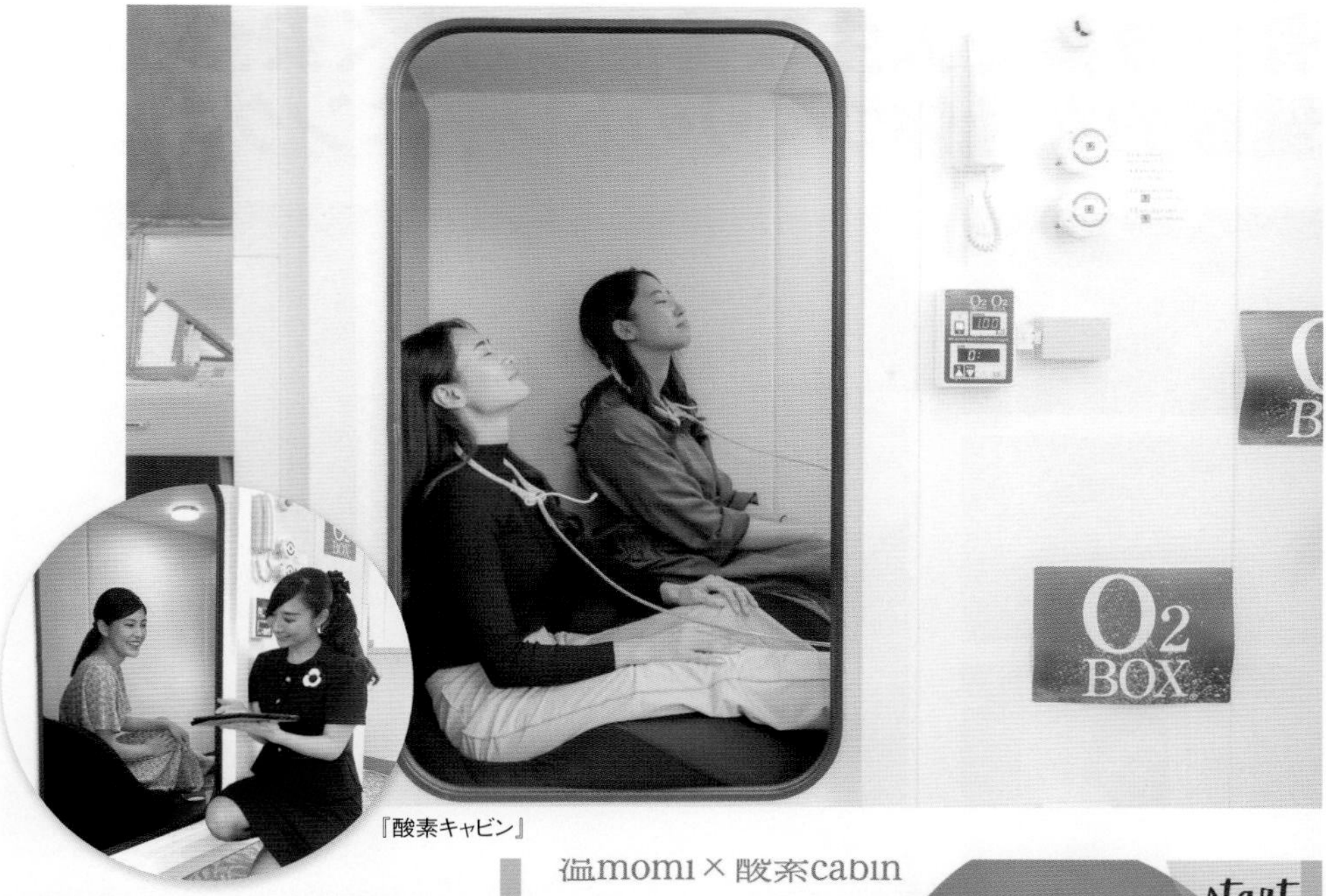

『酸素キャビン』

細かい気配りや心地よい温度感の会話を心がけている。明るいスタッフは、全員女性。

血液やリンパの流れによって身体の隅々にまで良質な酸素が行き渡り、副交感神経の働きが優位になることで思わず眠ってしまいそうなほどリラックス。疲労物質である乳酸が分解され、慢性的な疲労感が回復する。集中力アップや基礎代謝向上などの嬉しい効果も期待できる。一度でも効果を感じられるが、定期的に続けることで基礎体温36・5℃~37・0℃を目指し、免疫力をアップする。辛い首こりや肩こりを改善したい方はもちろん、冷え性改善や体質改善、妊活、慢性的な疲れの回復などにもオススメだ。

　心も身体もスッキリする『ドームサウナ』や『酸素キャビン』で、血流促進と自己治癒力を高め、ウイルスや病気に負けない「日常的に健康な身体」を目指す。この他、整体や足つぼ、フェイシャルエステなど女性の悩み改善に特化したオプションメニューも充実。2023年で1周年を迎え、来店数も1200人を突破。ぜひ、癒されに訪れてみては。

（ライター／彩末）

# 骨格改善で人生改善痛みもなく安全
# 健康的な身体づくりのトレーニング

代表 井野美瑞希さん

『バーオソルピラティス&バレエ入門クラス』日程・詳細は、お問い合わせを。
『バーオソルピラティス認定指導者資格取得コース』を開催中。詳細はHPやアメブロを参照。

バレエダンサーのトレーニング「バーオソル」と第二次世界大戦で負傷した兵士のリハビリのために開発された「ピラティス」に「整体理論」を融合した『バーオソルピラティス』が、TVや女性誌、SNSなどのメディアで大きな話題となっている。

『バーオソルピラティス』の考案者でもあり、『一般社団法人バーオソルピラティス協会』代表理事でもある井野美瑞希さんが指導する『千駄木バレエ・ピラティススタジオ astage』。正しい呼吸で行う「プレピラティス」、ほぐし運動で身体をしっかりとほぐした後に骨盤運動や股関節運動、背骨運動、軸の強化などのメニューで根本から骨格を整え骨盤を支える骨盤底筋群を強化。インナーマッスルを鍛えて腰や股関節の痛みや肩こり、X脚・O脚など様々な身体の悩みを改善、身体が軽くなり、心地よさを感じるという。

身体の痛みやトラブルを予防・改善できるトレーニング内容でありながらも、メニューや注意する点を変えるこ


一般社団法人 **バーオソルピラティス協会**
バーオソルピラティスきょうかい
☎ 03-5843-9102 ✉ bpa0813@gmail.com
㊟ 東京都文京区千駄木3-44-9 パレ・ドール千駄木II-B105
http://barreausolpilates.jp/ https://bpa.tokyo/ アメブロ https://ameblo.jp/odorueigyoman


LINE

※この本を読んで書籍をLINEまたはHPよりご注文の方にサインつき書籍を送料無料で郵送いたします♪

千駄木バレエ・ピラティススタジオastage
https://astage.info/

著書
『骨格が変わると人生も変わる!?』
1,600円+税
ギャラクシーブックス刊

Barre au sol Pilates Association

とでプロのダンサーやアスリートの体幹や軸強化にも繋がる。お子様からシニアまで無理なく安全にトレーニングでき、自分の筋力で骨格の歪みを整える方法をマスターすることで永続的に怪我のしにくい健康的な身体づくりを目指せる。バーオソルピラティスだけを学ぶコースはもちろん、『バーオソルピラティス』とバレエの両方を体験できるレッスンや指導者を目指すコースも人気だ。

　また、井野さんは2020年4月に初の著書『骨格が変わると人生も変わる!?』を出版。股関節の痛みで歩くのも辛いどん底の日々を経験した際、『バーオソル』と『ピラティス』のメリットとデメリットを理解した上で組み合わせると身体を本質から変える骨格改善が可能なことに気づいたという。見事にダンサーへと復帰した独自メソッドの誕生秘話やメニューの一部を紹介。「人生を変えたいと思っている人」にぜひ読んでもらいたい一冊だ。

（ライター／彩未）

# さいたま市の人気ヘアサロン
# 老若男女一人ひとりに合わせた施術を

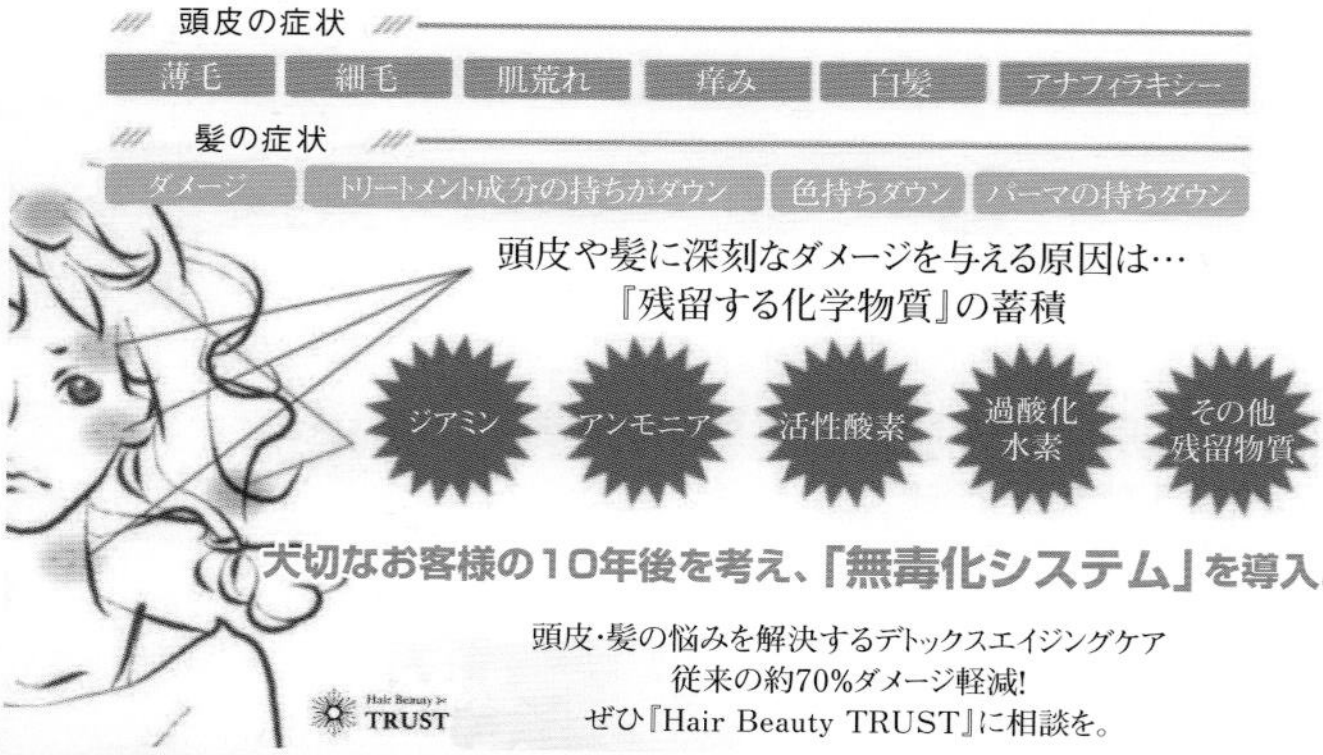


営 9:00〜18:30
(最終18:30)
休 火曜日

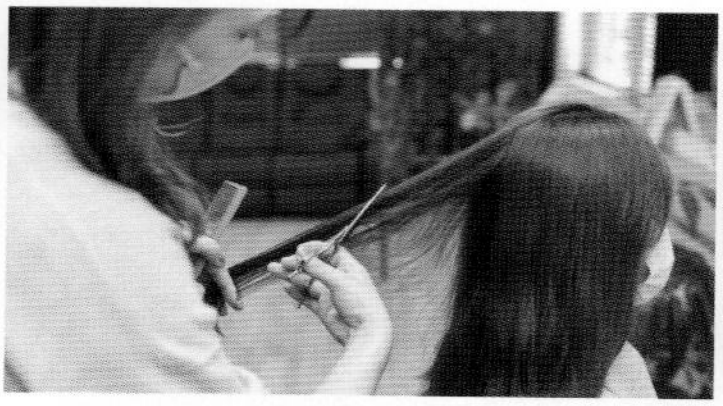

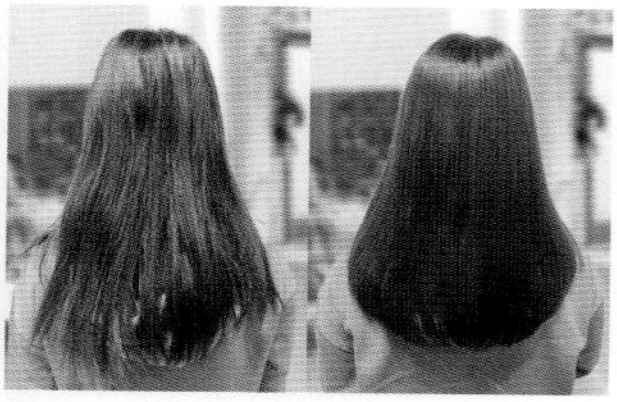

経験豊富なスタッフのみが在籍。髪や頭皮のお悩みを根本から改善。憧れの美髪へ導いてくれる。

さいたま市の『株式会社TRUSTエンターテインメント』は、人気女性誌「Sweet」や「anan」にも掲載され、話題沸騰中のヘアサロン。「老若男女問わず髪の毛、頭皮に対しての知識でお悩みを改善できる美容室」をコンセプトに、一人ひとりに合わせた丁寧なサービスを提供している。生え癖・前髪のうねり・つむじの割れ・襟足の浮き・トップの潰れ・横への広がりを改善する特殊技術「ヘアリセッター」の認定サロン。様々な髪の悩みの原因となる毛髪交差を複数回に分けて特殊なハサミと技術で解いていき、薬剤を使わずトリートメントをしたような艶髪に仕上げていくだ。また、代表が大手ウィッグメーカーで培った技術や知識を活かして仕上げるウィッグにも定評がある。色や形が決まっている既製品はよく出回っているが、同サロンでは完全オーダーメイド。「しっくりくるウィッグがない」「何度か作ったことがあるけど合わなかった」「初めて作るのでどんなものが合うかわからない」、そんな方には特にオススメだ。一人ひとりの生活習慣や髪質、「通気性と耐久性重視!」「白


株式会社 **TRUSTエンターテインメント**
トラストエンターテインメント
✆ 048-623-2828
住 埼玉県さいたま市西区指扇2637-1 鈴栄ビル2F
https://hair-beauty-trust.com/


Hair Beauty TRUST

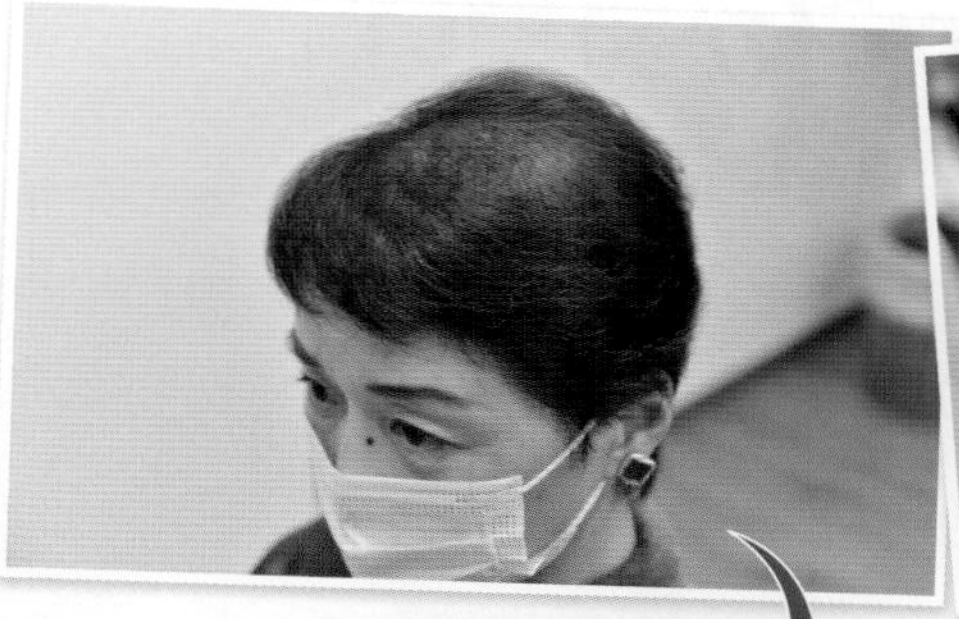

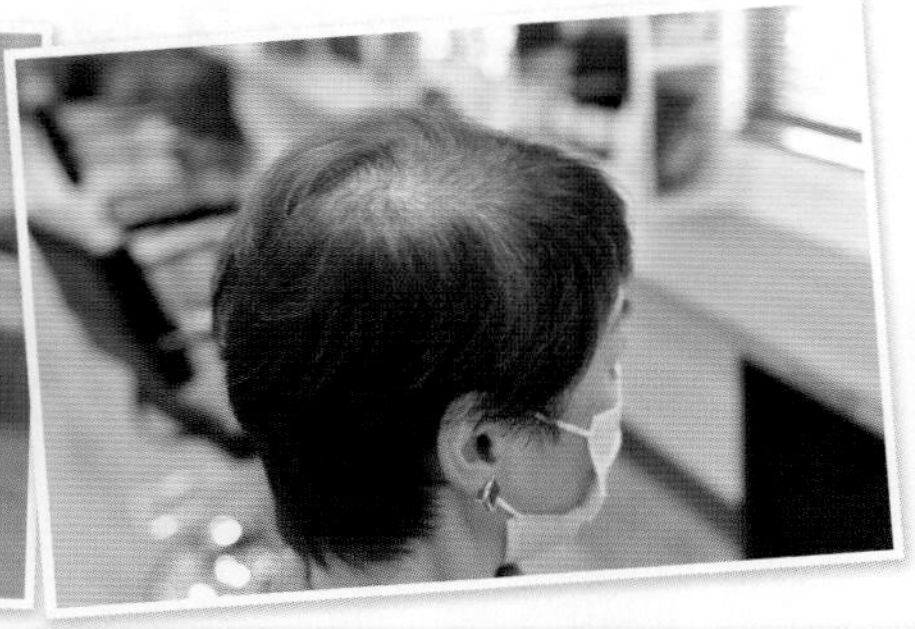

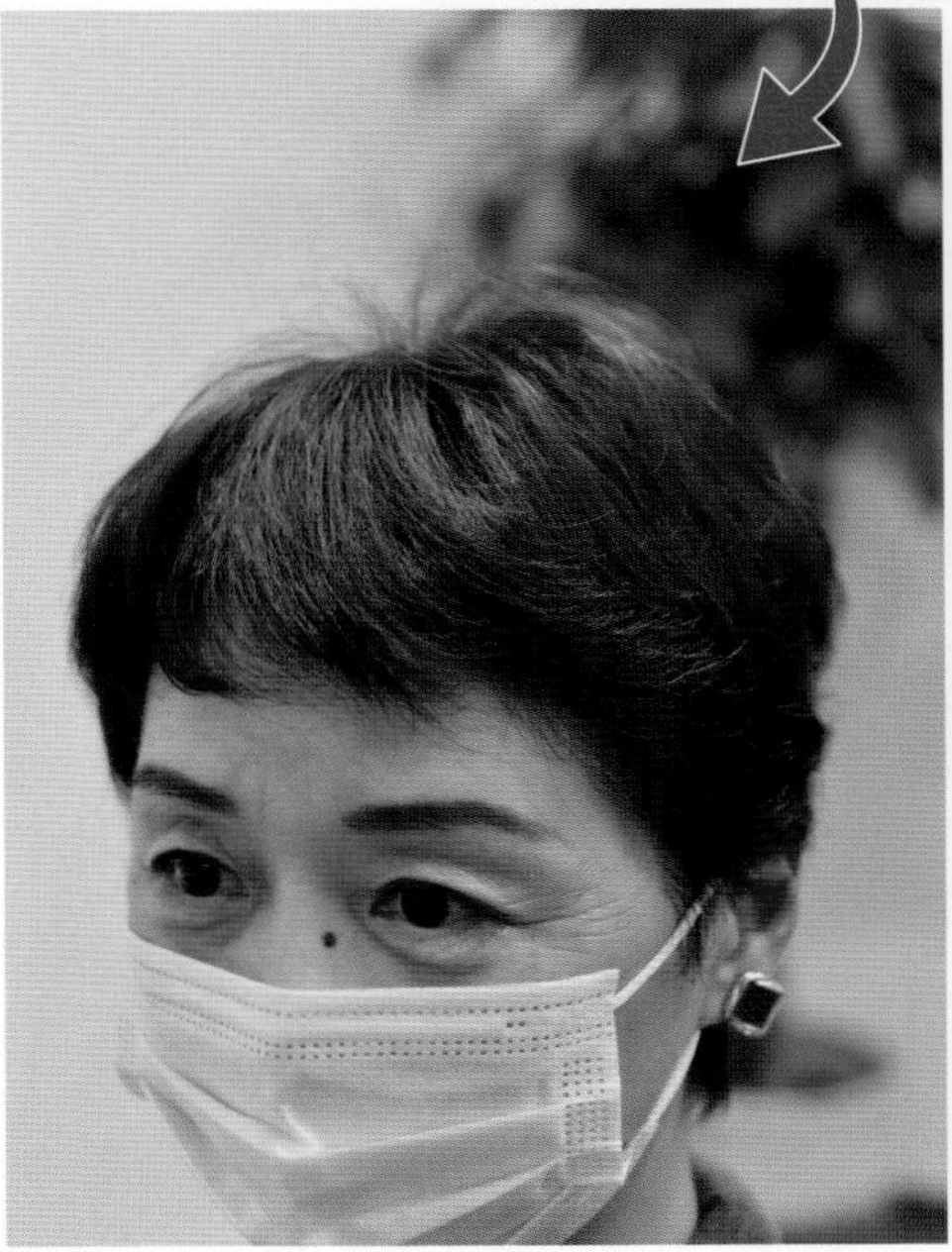

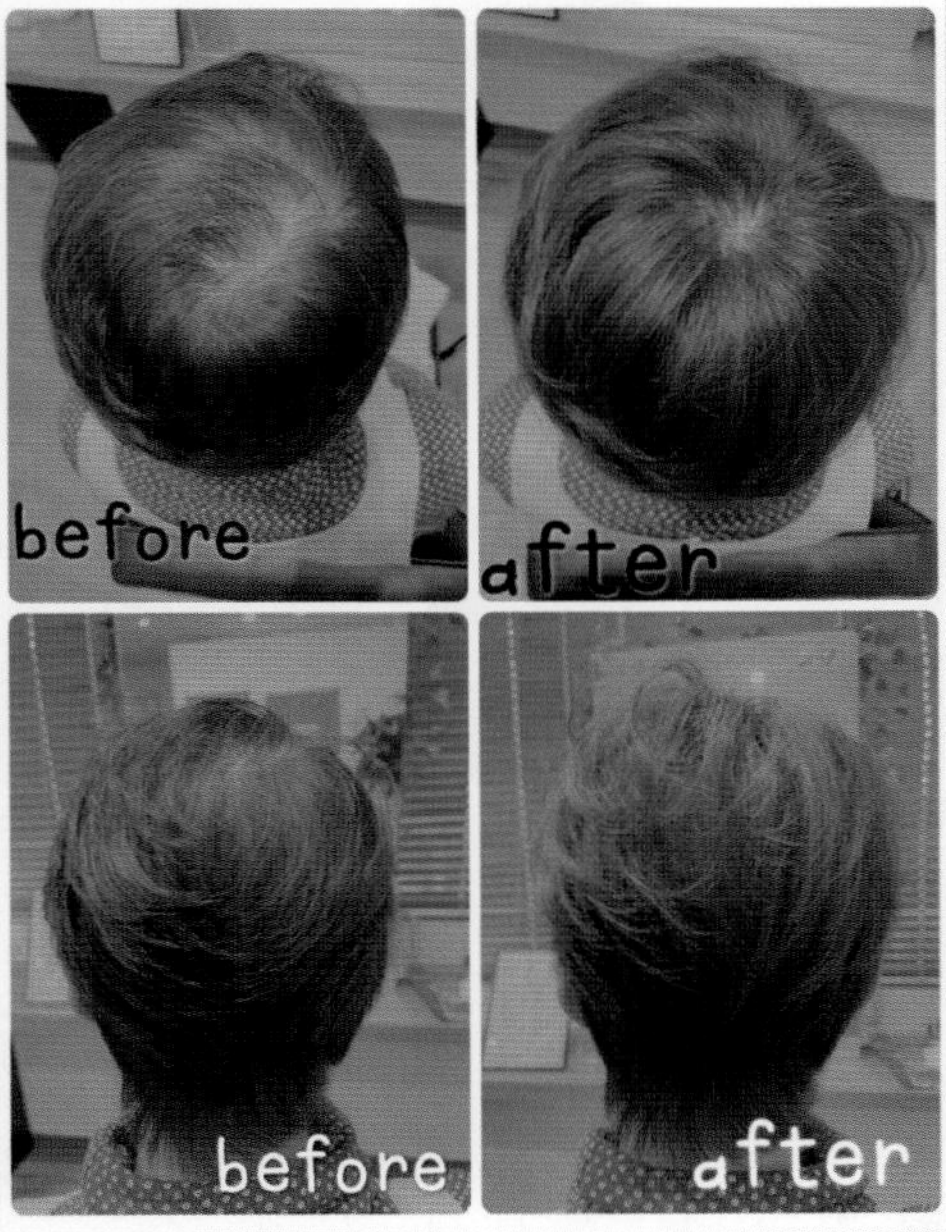


髪を混ぜて自然に」「メッシュでオシャレに」など要望に合わせてプロがバッチリ似合わせウィッグを提案する。手のひらサイズからオールウィッグまで幅広く対応。病気で無毛な方も安心してつけられる医療用ウィッグも提供している。さらに今はサロンで育毛もできる時代。同サロンでは、熟練のスタッフが、髪の毛の生えるヘアサイクルを整え、健康な頭皮と抜けにくい髪の毛の育成をサポートしている。スタッフは、美容師歴15年以上のプロばかり。豊富な経験と知識、高いスキルで結成されたチームだ。親切で気さくな人柄も評判で、心身ともに癒しの時を過ごせる。指扇駅から徒歩約1分とアクセス良好。店内は明るく開放的で、リラックスできる空間だ。個室もあり、小さなお子様がいる方も気兼ねなく訪れられる。

「髪や頭皮の様々な問題を解決してきたので、お客様のお悩みやご要望に寄り添えるよう、素敵なスタイルをご提供します。お好みのスタイルをカウンセリングで一緒に考え、施術させて頂きます！」

（ライター／播磨杏）

# 気さくで温かなスタッフが勢揃い 新しい自分を見つけられるサロン

雑誌撮影風景。

メンズモデル撮影風景。

代表 大塚夢沙士さん

。施術後は、バーカウンターでドリンクをサービスしてもらえる。

栃木県鹿沼市の『hair salon MOTENA』は、その技術と雰囲気、リーズナブルな価格設定にリピーターが続出する人気ヘアサロン。テーマパークなどで使われるモルタル造形で、岩や木などをデザインコンクリートで仕上げた外観はヨーロッパのリゾート風。ヴィンテージウッドをふんだんに使ったインテリアは、まるでカフェのようメニューはカット、パーマ、カラーなどすべてがお財布に優しいプチプライス。カットはシャンプー付きで2970円から。縮毛矯正は長さに関わらず、一律料金となっていることも評判で、遠方から訪れる方も多い。カットから10日以内であれば、「切り直しサービス」を利用できる。切りすぎて失敗することも少なくなるお客様思いのサービスだ。子どもとペアでカットすると料金がお得になる「ファミリーカット」サービスも人気。開店当初からのサービスで家族連れのお客様も多い。小さなお子様がいても安心して訪れられる雰囲気だ。さらに、県内でも希少な、魔法のマイクロバブル「ma

**hair salon MOTENA**
モテナ
0289-78-4058
㊟ 栃木県鹿沼市西茂呂1-26-10
hair salon MOTENA 検索

㊝ 9:00～19:00
土曜日 18:00まで
日曜日・祝日 17:00まで
㊡ 月曜日・第3日曜日

新規カット
2,970円(税込)
通常カット
3,300円(税込)
新規
人気★ファミリーカット+
トリートメント
5,700円(税込)

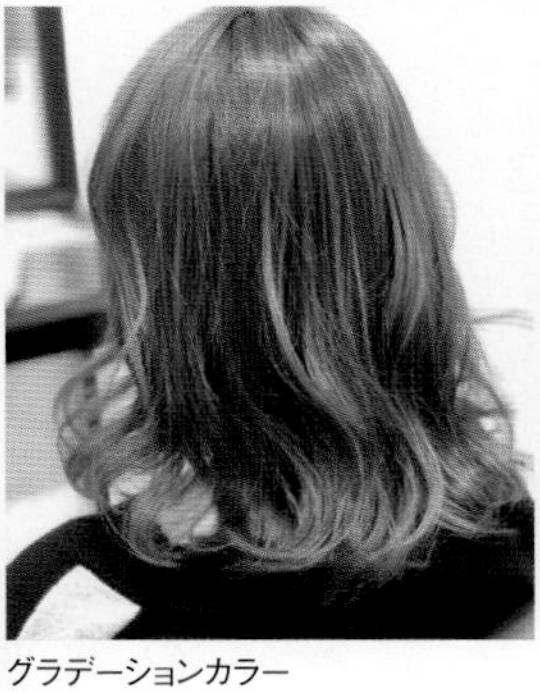

グラデーションカラー

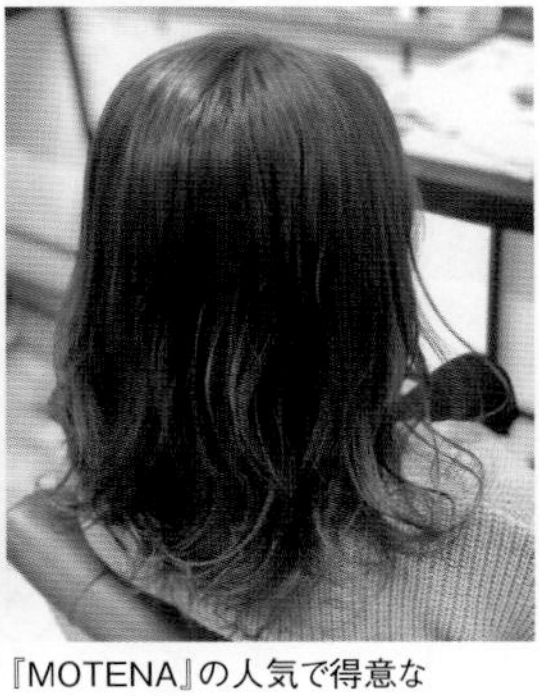

『MOTENA』の人気で得意なアッシュカラー。

rbb」を導入していることも注目ポイント。髪の毛の200分の1の超微粒気泡が毛穴の中に入り込み、酸素を供給することで育毛を促進する。髪の水分量が均一になることで、クセやうねりが減少。洗浄力は通常の10倍で、まるで高級トリートメントをしたかのようなさらツヤ手触りが実現する。

代表の大塚夢沙士さんは、まずその人のファッションを見てからヘアスタイルを考え提案していくそう。施術中の雑談など会話の中からもヒントを探していくと話す。

「ご自宅のセットの仕方を伺って、カットの仕方も変えます。セットの苦手な方には、ご自宅で簡単にセットできるように工夫します。美容室ではキマっていても、自宅で再現できないと、本末転倒ですから」

一度訪れると、期待を超える仕上がりと、スタッフの温かさ、コストパフォーマンス、雰囲気、すべてにおいてリピーターが多い理由が納得できるサロンだ。

(ライター/播磨杏)

# カフェのような空間で美活
# 輝く歯を手に入れもっと魅力的な自分に

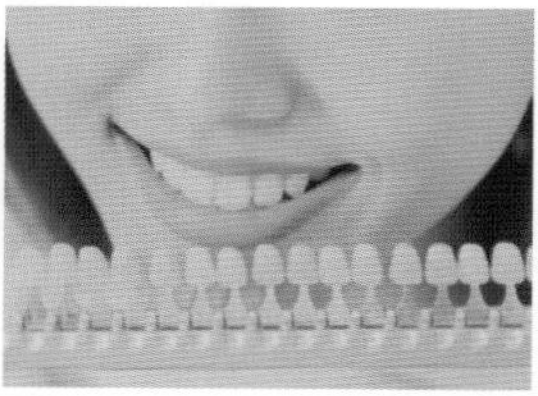

「マウスオープナー」装着

溶液の塗布

歯のオシャレは美歯から

歯周病予防　虫歯予防　口臭予防　安心安全

**どうして歯が白くなるの？**

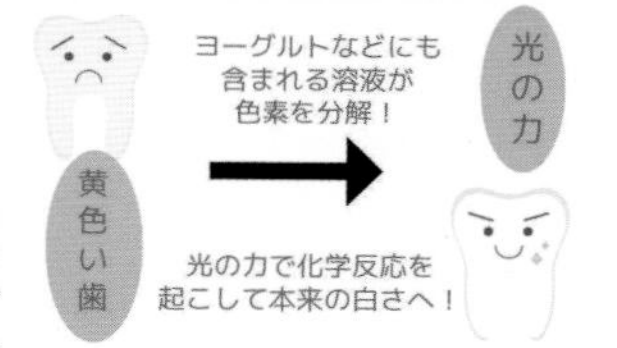

黄色い歯
ヨーグルトなどにも含まれる溶液が色素を分解！
光の力
光の力で化学反応を起こして本来の白さへ！

**Self Whitening MENU**

**通常料金¥5,000**

導入キャンペーン価格￥3,000

**【回数券】**

4回券コース　¥14,000(@¥3,500)

10回券コース　¥30,000(@¥3,000)

新規会員登録&予約はこちらから
https://meliamana.hacomono.jp/

毎日のケアだけでは解決が難しい美容の悩みをオーガニックの力で改善するセルフフェイシャルエステ『MELIAMANA』が、２０２３年９月から新たに開始したセルフホワイトニングサービスが好評だ。プライベートやビジネスの出会い場において、第一印象を大きく左右する歯の見た目はとても大切。日々の歯磨きだけでは取り切れない頑固な汚れや色素沈着を除去し、たった30分程度で美しくキレイな歯を実現するセルフホワイトニングが大きな注目を集めている。

初回は、スタッフによる丁寧なカウンセリングや施術方法の説明があるので、セルフホワイトニング初心者でも安心。ホワイトニングを行う流れも簡単で、いつも通りの歯磨きで汚れを落としてからマウスオープナーを装着。歯の表面を拭き取ってからヨーグルトなどに含まれる成分を含んだ溶液を真ん中、右、左と三箇所に吹き付ける。安全なLEDライトの光を当てて汚れを浮かし、色素沈着をしっかりと除

facial esthetic **MELIAMANA** 練馬店
メリアマナ
03-3948-6100　meliamana33@gmail.com
㊟ 東京都練馬区練馬1-18-3 ソサナビル3F
https://meliamana.jp/

MELIAMANA

新宿・中野エリアには、系列の中野新橋店もあり。

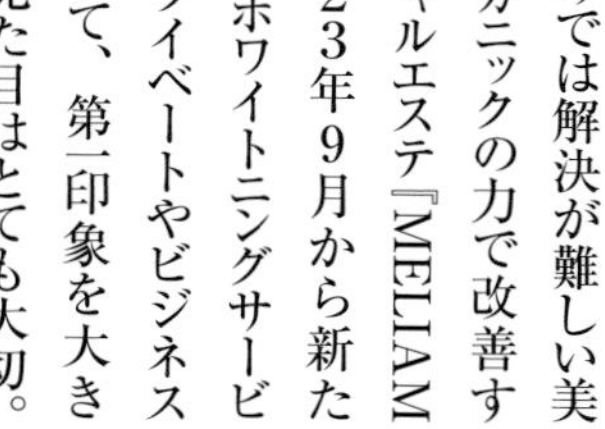

facial esthetic
MELIAMANA

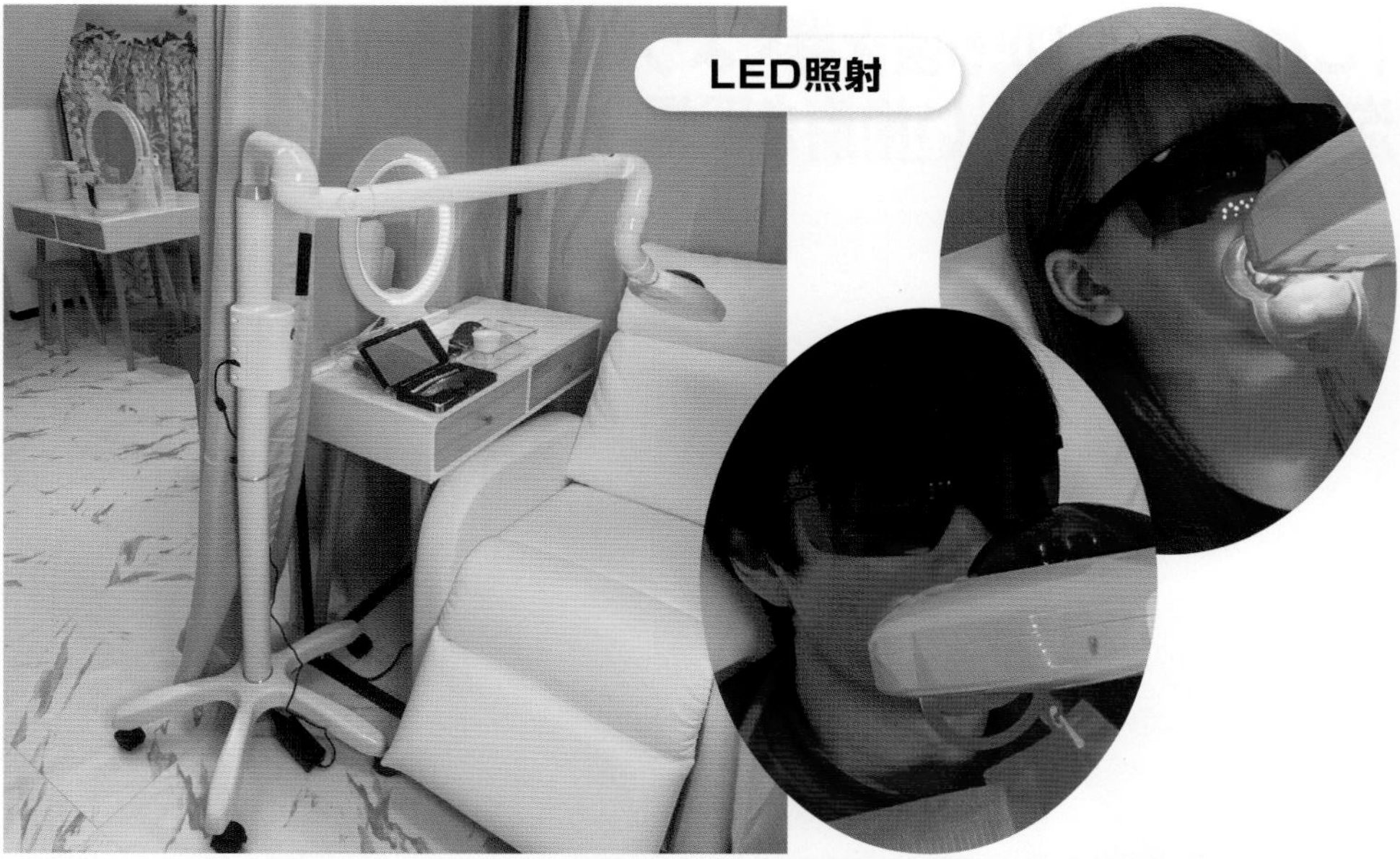


## お肌の悩みも最新の美容機器や オーガニックのチカラでアプローチ

『1回お手軽エイジングケア（お試しメニュー）』1,000円（税込）
『プレミアム エイジングケア
<フェイシャル＋ボディケア＋ホワイトニング>通いたい放題』
月額 16,500円（税込）

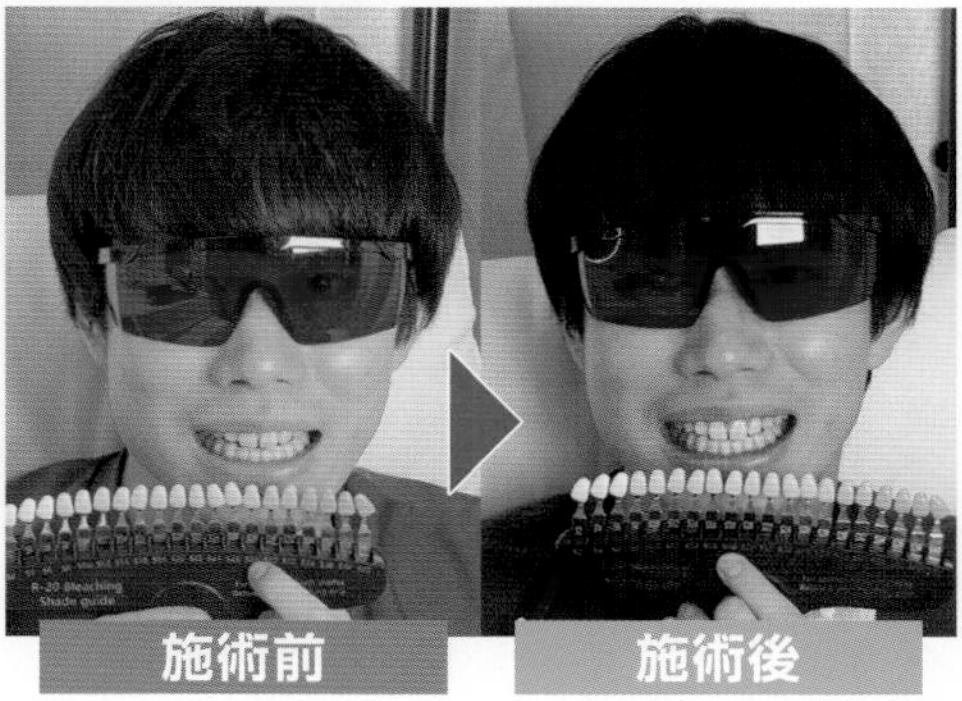


去。同時に歯石の除去もできるのでエナメル質がツヤツヤになり、虫歯や歯周病、口臭予防効果も期待。個人差はあるが、ほとんどのお客様が1回のホワイトニングで2〜3トーンアップを実感。歯を漂白しないので、痛みを感じたり、しみたりしない。手軽で苦痛を感じないのに、自然の白さを手に入れられると評判。1回のホワイトニングでも効果を実感できるが、毎日の食事や喫煙で汚れがつくため、定期的なケアがオススメ。

最寄り駅からのアクセスしやすさとカフェのようなおしゃれで居心地の良い空間で、仕事や学校帰り、お出かけ前などのスキマ時間に通いやすいと好評。手軽にできるセルフホワイトニングで美しい白い歯になり、自信を取り戻し、堂々と人前での会話ができるようになったという方も。11月より24時間営業の『MELIAMANA』で美活に励み、美活で美しさと健康を手に入れ、もっと魅力的な自分を目指してみては。

（ライター／彩未）

# 「こどもが自分から歯を磨くようになる」をテーマに開発!
# 泡状歯磨きで楽しい歯磨き習慣

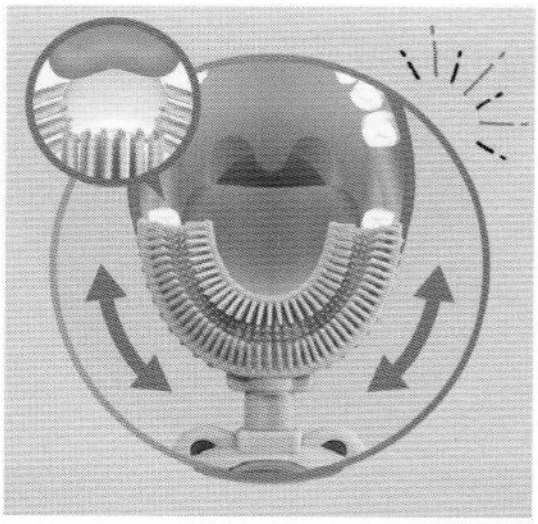

『ぱぷりーキッズ』 通常価格 3,980円(税込)
定期初回価格 2,480円(税込) ※定期購入の場合、一定のサイクルで『ゆらしー』を同時にお届け。

「こころからの笑顔をあなたへ」をコンセプトに病気知らずの健康な身体づくりをサポートする『株式会社フロムココロ』。『ぱぷりーキッズ』は、歯磨きが苦手なお子様でも苦手意識を感じずにオーラルケアができる泡状歯磨き粉。虫歯の原因は、食べ物の食べかすに細菌が集まって形成するバイオフィルム。口の中にバイオフィルムができあがると中で虫歯の原因菌の活動が活発化し、歯を溶かす酸を作り出す。食後の歯磨きで食べかすをしっかり取り除き、口内環境をきれいに保つことでバイオフィルムの形成を防ぐことができるが、歯磨きが苦手で嫌がるお子様は多い。また、歯磨き中じっとしてくれず隅々までキレイに磨くのが難しいと悩みを抱える親御さんも多い。

『ぱぷりーキッズ』は、泡状の歯磨き粉を付属のU字型の専用歯ブラシにしっかり乗せ、30秒間口にくわえて左右に揺らすだけ。初期付着菌が歯に吸着するのを防ぎ、バイオフィルムの

株式会社 フロムココロ

0120-556-073 ✉ info@fromcocoro.com
㊟ 福岡県福岡市中央区薬院1-5-6-7F
https://www.fromcocoro.com/

こちらからも
検索できます。

from COCORO

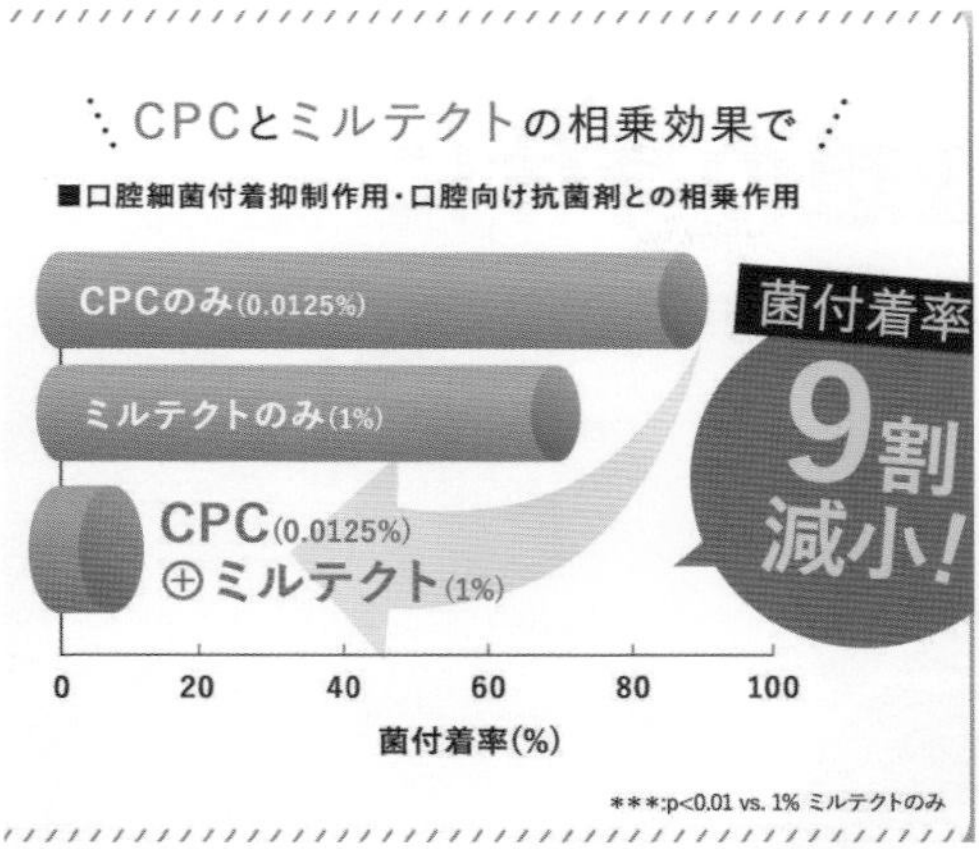


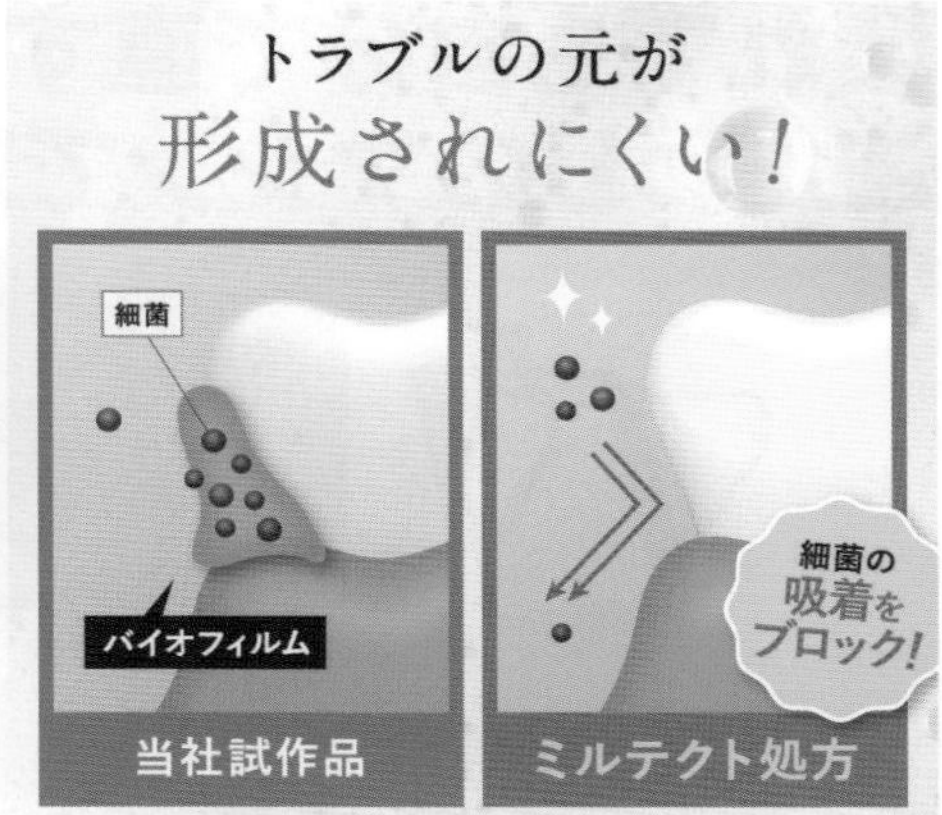

形成を抑制する海藻エキスのミルテクトと口腔内に付着した細菌を殺菌するCPC(塩化セチルピリジニウム)の2種の成分を配合。ミルテクトは、CPCの機能性をサポートする効果が確認されており、成分同士の相乗効果を考えた配合で虫歯予防効果をさらにアップ。付属のU字型の専用歯ブラシは、全方位から歯を包みこむ構造で磨き残しの心配も少ない。泡を乗せて口の中に入れた瞬間、美味しいぶどうフレーバーが口の中に広がり、しかも揺らすだけなので、歯磨きが苦手なお子様でも苦手意識を感じることなく磨ける。

「歯磨きが楽しくなった」「嫌がっていた頃に戻りたくない」など苦手な歯磨きタイムを克服したとの声が多数寄せられている。虫歯予防に有効な成分を簡単にお口の隅々に届けられる新感覚の泡状歯磨きで歯磨き習慣を身につけてみては。

(ライター／彩未)

# 壊れても自分で直す
# こだわりのマシンで理想の身体に

自走式ランニングマシン

コラーゲンマシン

日本人の身体に合わせたトレーニングマシンの企画・開発・販売を手掛ける「株式会社 BEAUTYQUEEN」が運営するトレーニングジム『メガフィット24』。代表を務める粕谷太郎さんは、子どもの頃から空手と筋トレに打ち込み、空手の師範として海外を飛び回った経験を持つ。新しいマシンが大好きで様々な種類のトレーニングマシンの企画から開発・販売まで手掛け、自分で開発したマシンを自身が経営するジムに設置するに至った。

24時間いつでも快適に身体を動かせる『メガフィット24』には、トレーニング番組にも使用され、速度も負荷も自由自在に変化することが可能な『本格自走式ランニングマシン』やハックスクワット、高負荷のレッグプレスもできる『45℃レッグプレス&ハックスクワット』、ストレス解消にオススメの『サンドバッグ』、他にも『円軌道ラットプル』『ラテラルレイズ』『エアーバイク』などを設置。体質改善やダイエット、運動不足の解消など目的にあわせたマシンを選


**メガフィット24**　株式会社 BEAUTYQUEEN

メガフィットにじゅうよん

実籾店 ✆ 047-456-8207　✉ megafitstaff@gmail.com

㊓ 千葉県習志野市実籾4-4-3

https://megafit-24.com/


メガフィット24


『東習志野店』✆ 047-456-8207（実籾店につながります）

㊓ 千葉県習志野市東習志野6-7-8 イオンタウン

自走式ランニングマシン

45℃レッグプレス&ハックスクワット

ラテラルレイズ

円軌道ラットプルダウン

スミスマシン

## メガフィット24
## 実籾店

24時間利用
4,800円（税込）

オリジナルプレート

クロストレーナー

ケーブルマシン

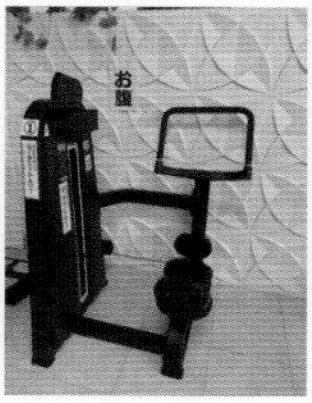
ロータリートルソー

エアーバイク

## メガフィット
## イオンタウン東習志野店

レギュラー会員
3,200円（税込）

択し、身体を鍛えあげることが可能だ。

　また、東習志野店にある『コラーゲンマシン』は、優しいピンクの光に包まれながら20分寝ているだけで、633nmの可視光線が気になるシミやシワなどの肌トラブルを改善するという。続けることで肌本来の美しい艶肌に。女性会員は無料で使えるのも嬉しい。

　マシントレーニングは、マシンの性能や使い方を熟知することはもちろん、お客様の身体や筋肉の状態を知ることでより高い効果を発揮する。

「自分で作るからこそ、マシンを最大限活かした指導をすることが可能となり、万が一故障が起きても、修理は自分の手で行えます」

　楽しく身体を鍛えて心身ともに理想の身体を目指しながら、美容にもしっかり効果。故障しても自分で治せるトレーニングマシンをジム会員に提供することで、健康的な身体づくりをサポートする。

（ライター／彩未）

# 新しい企業内福利厚生のあり方として発足した『EVOLVE』新事業『Work Trigger』と提携し企業力・従業員力UP

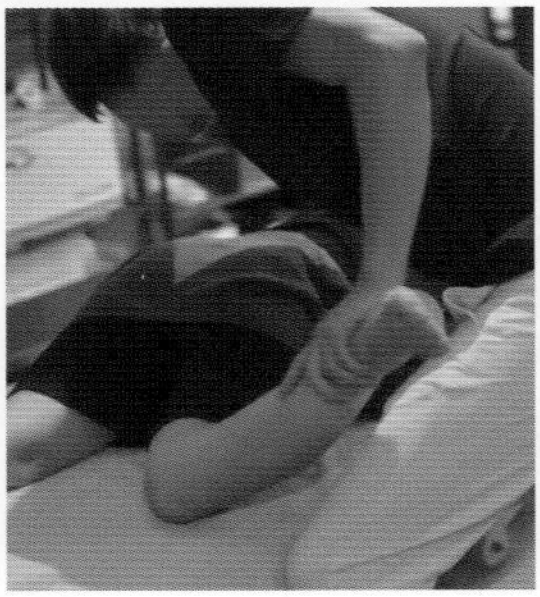

代表 高島章さん

雇用主が従業員に提供する賃金以外の報酬である福利厚生。これまでは、雇用保険や健康保険、住宅手当などの生活サポートやレジャー施設の割引制度など勤務時間外に提供されているものが基本だった。福利厚生の充実は、従業員のモチベーションアップはもちろん、優秀な人材の獲得、従業員の定着率にも直結するため、競合他社に負けない魅力を打ち出すために独自の福利厚生を導入し、イメージアップを図る企業も少なくない。最近では、勤務時間内に福利厚生を提供することが主流になってきており、社員の健康をサポートしたいと出張整体サービスを導入する企業が増えている。

京都市にある完全会員制整体・パーソナルトレーニングサロン『EVOLVE』が行う企業の福利厚生の一貫としてオフィス内の一室でマッサージを行う企業向け出張整体サービス『Work Trigger（ワークトリガー）』が好評だ。デスクワークで凝り固まった身体や長

**EVOLVE**
エボルブ
075-754-8609　evolve0830@gmail.com
住 京都府京都市東山区上堀詰町290 メゾンドナカジマ2F
https://kyoto-evolve.com/

こちらからも検索できます。

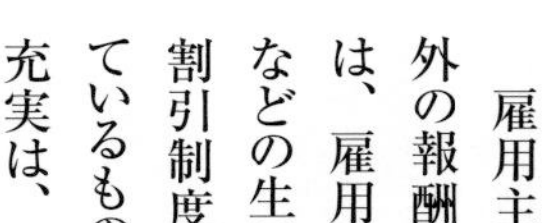
国内数台の「HUBER」によるトレーニングと「パワープレート」。

『株式会社COMTAS』

「アルミ屋」

「堤博顕税理士事務所」

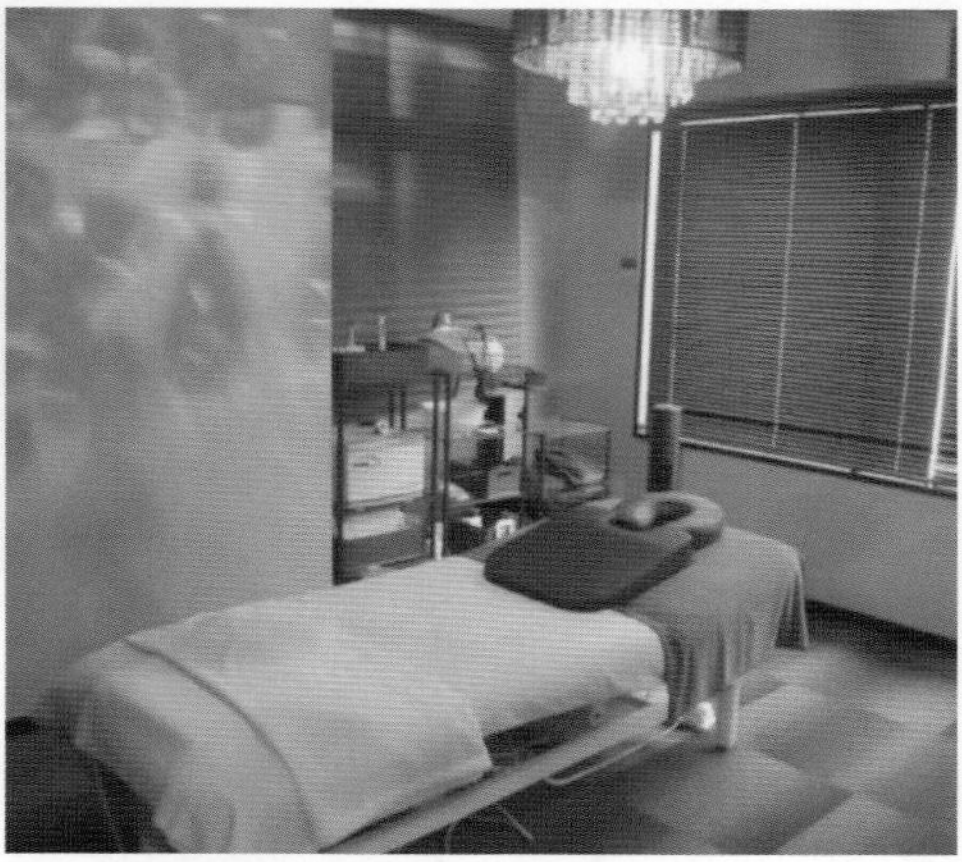

独立支援事業「Nexus」施術ルーム

「ワークトリガー」
https://www.work-trigger.com/

こちらからも
検索できます。

時間の運転、冷房の冷えなどが原因で起こる身体の歪みや筋肉の張りを治すための施術を勤務時間内に社内で受けることができる。身体に疲労が残りにくいため、身体の不調によって欠勤や早退する従業員が減少したり、仕事のパフォーマンスがアップして業績アップが期待できるなど様々なメリットがある。施術に必要なものは同社で用意するので企業側、従業員側が用意する必要もない。訪問回数や施術時間は、面談時に提案。会社の規模などに応じて臨機応変に対応して貰える。

また、2023年9月より、美容関係者の独立支援や副業応援の事業『Nexusスタッフプロジェクト』が進行中。現在、スタッフ募集や面接・適正試験を行っており、2024年5月から企業に向けて福利厚生のサービス提供を開始する。今後は、整体出張サービスだけでなく、Nexusスタッフによる様々な出張サービスの展開・拡充が予定されている。（ライター／彩未）

# 心豊かに美しく生きるルールとアイデア
# 暮らしにときめき！日常に彩りを！

**子どもたちにも**
**食を伝えています**

◎食育講師として、子どもたちに「ほんものの食」を伝える活動。
◎子どもが主体的に学べる、体感できる！子どものお料理教室という習い事

【LAÉSSE】
キッズクラブも2023年6月から始動。
自らの小学校教諭の経験を生かし、
独自の展開と手法の元、
食育や料理の大切さを伝えている。
子育てママから大人気！

代表 井上さゆりさん

『健美食のお料理と暦に寄り添う美しい暮らし方が学べる【LAÉSSE】オンラインサロン』
月額 4,500円（税込）

忙しい日々の暮らしの中でも「季節の学び」をすることで心に余裕が生まれるもの。心身の健康と美しさは、季節に寄り添う料理と暮らしぶりから得ることができる。日々の食事を大切にすることで暮らしの豊かさや美しさを格段に高められるが、限られた時間の中で結果を出すためには、良質な情報を手に入れることが必要だ。「心豊かに美しく生きるルールとアイデア」をコンセプトに、心も身体も健やかに美しく生きるためのサポートをする【LAÉSSE】の井上さゆりさん。健美食料理サロンでは、「忙しいあなたのための愛され健美食」をテーマに季節の料理や暦に沿った暮らし方を発信する。入会と同時に120種類超のレシピが閲覧可能。グルテンフリーであり、化学調味料や白砂糖も一切使用せず、主菜や汁物、副菜、スイーツやパンまでも多岐にわたって季節の料理を展開している。「健康や綺麗に寄り添う食事」にマイナスイメージを持ちがちな男性をはじめ、小さなお子様から幅広い年齢層の誰もが美味しく食べられるよう、仕上がりの味にこだわっている。忙しくてもチャレンジできるという手軽簡単なレシピが多く、生

健美食料理サロン【LAÉSSE】
ラエッセ
laesse.sayuri@gmail.com https://laesse-sayuri.com/
@sayuri_inoue.laesse
https://note.com/laesse_sayuri/

こちらからも
検索できます。

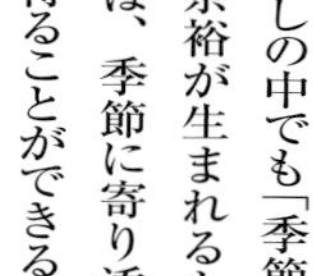

活の中に溶け込んで無理なく続けられるのも特長。季節の旬のラジオでは、暦に沿った心地よい暮らし方のポイントや今の時期に食べたい食材などを紹介、マインドラジオでは季節にあった内面へのアプローチ法を発信。2本のラジオを通して、四季折々の自然環境の変化を味方につけた心豊かな美しい生き方を学べる。通勤中や家事・育児をしながら手軽に聞くことができると好評。

「今ある暮らしをより素敵なものにしたいとき、『いかに効率よく楽しく学ぶのか、学び続けられるのか』が大切です。忙しい暮らしの中でも誰もが理想をきちんと現実にできるよう、元小学校教諭の経験を生かして、オンラインサロンの学びそのものの展開の仕方や伝え方など、情熱を持ち取り組んでいます」

ためになる楽しい情報発信で好きな時に好きなだけスキルアップを目指せるのも魅力的。これまでにも保育園や学童などでの食育レッスンに力を入れてきたが、10月からは企業向けセミナーも開始。食の発信を通して心身の健康を整える大切さを伝える活動を精力的に行っている。

（ライター／彩未）

# 家庭でできる「よもぎ蒸し」一式
# 職人手作り唯一無二の作品で健康に

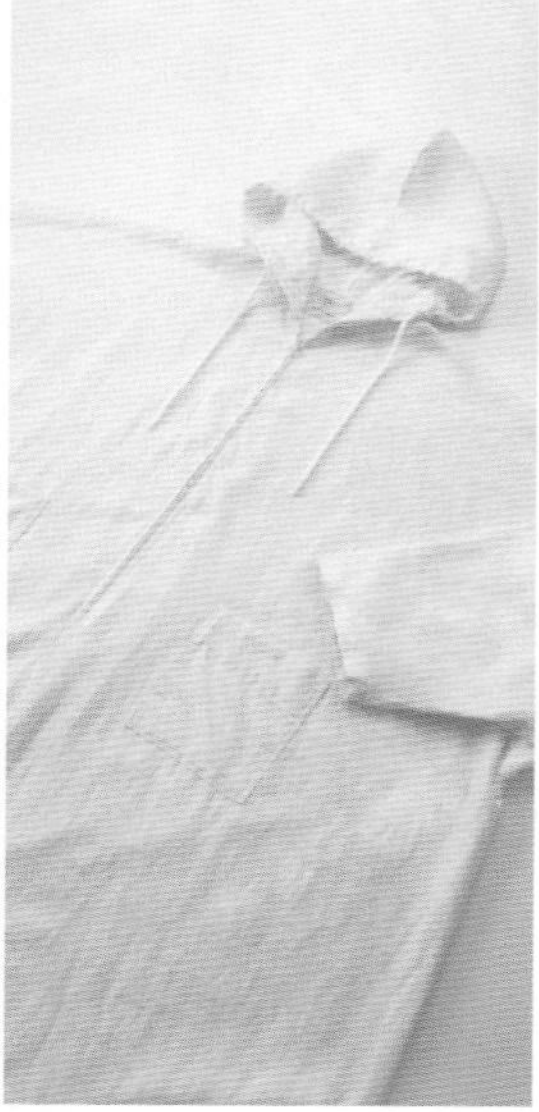

『麻のガウン』
（オーガニックヘンプ100%）

女性に嬉しい効能。自然の恩恵を皮膚から摂取。

マントの中で薬草を煮たせ、その蒸気を皮膚に直接当てて粘膜に摂取していく「よもぎ蒸し」。健康と美しさを引き出してくれる薬草蒸気浴だ。「生薬の効能×温め」で、婦人科疾患・冷え性改善、美肌効果、アンチエイジング、ダイエット、デトックス、ホルモンバランスの調整など女性にうれしい効能が多く、注目を浴びている。

『MARL JAPAN 株式会社』では、日本六古窯の一つとして有名な地で、家庭でもできる本格的な「よもぎ蒸し」一式セットを手作りし、販売している。日本全国を駆け巡り、約3年の年月をかけて誕生させた至高のアイテムだ。本体に使用するのは、純国産黄土100%。黄土には人間の体にとって大切な鉄分と有機物が豊富に含まれる。多量の遠赤外線が放出するので、麻草を煮出すと、磁器や土鍋などに比べ、約80倍もの違いがあるという。さらに黄土は、体内から不純物などを引き寄せる力があり、デトックス効果も高めてくれる。

**MARLJAPAN 株式会社**
マールジャパン
03-6872-6701　info@marl-japan.shop
㊟ 東京都中央区銀座1-12-4 N&E BLD.7F
https://marl-japan.com/　https://marl-japan.shop/

MARL JAPAN

『麻草』
300g（約20回分）
1kg（約66回分）
3kg（約200回分）

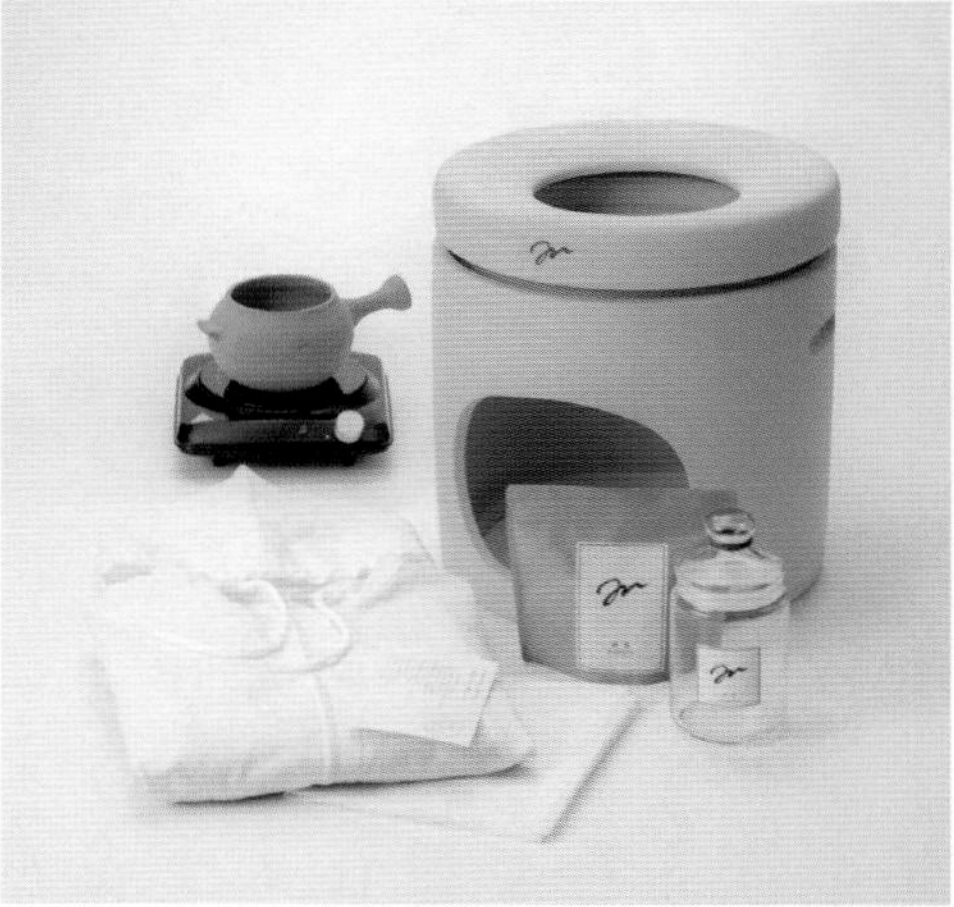

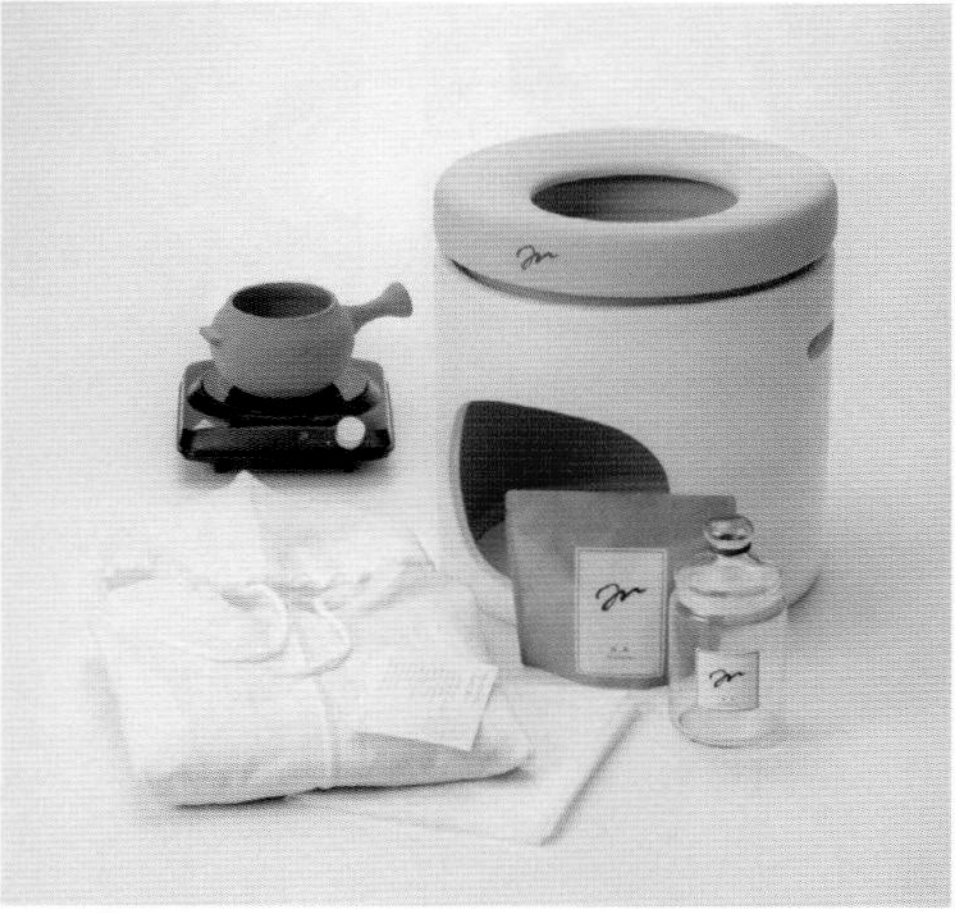

『黄土スチームケア』素焼きセット 217,800円（税込）　ホワイトセット 250,800円（税込）

本体、座椅子、黄土壺は、指定史跡に認定されている由緒ある窯元の職人が一つひとつ、手作りで心を込めて製作。温度・湿度の違いなどで焼き上げ方は異なるので、プロの目で丁寧に温度や時間調整などをしていく。時間と労力がかかり、大量生産はできないが、唯一無二の作品が完成する。マントには、上質で希少価値のある麻を贅沢に100%使用。素肌に優しく、アトピーなど敏感肌の方も安心して着用できる。

数年かけて完成させた自慢の逸品「麻草」は、整腸・冷え性などへの作用があるという麻のほか、整腸・新陳代謝向上などに効果的な炭、生理不順やダイエットなどに効果のある艾葉、疲労・体力低下・記憶力低下を抑制する人参、風邪・解熱に効く薄荷、利尿・むくみに効果的な茯苓など、10種類以上の生薬を独自配合でブレンド。この「麻草」1種類で、幅広く効能をカバーするので、他には何もいらない。

（ライター／播磨杏）

# 摂取しにくいミネラルを手軽に補給
# 体内のバランスを整えすこやかな毎日を

栄養機能食品（鉄）『ベースミネラル+Fe』100mL 3,240円（税込）

「ミネラルと、すこやかな毎日を」をコンセプトに、心身ともに健康的な毎日を過ごすためのサポートをする『株式会社ミネラル創和』。『ベースミネラル＋Fe』は、美しく健康な身体に欠かせない53種類以上のナノサイズのミネラルをバランスよく配合した栄養機能食品（鉄）。ミネラルは、他の栄養素やビタミンに働きかけ、神経伝達や栄養吸収のサポート、酵素の働きの補助などをする重要な成分。体内のミネラルバランスが崩れると疲労感や倦怠感を感じるなどの身体の不調を引き起こすため、サプリメントで効率よく摂取するのがオススメだ。

鉄は体内の隅々まで酸素と栄養を届ける血液の素になるが、食事からは摂取しにくく体内への吸収も低い。成人女性の一日に必要な鉄分量は6・8㎎だが、キャップ1杯に9・26㎎含有されている濃縮タイプなので現代女性に不足がちの鉄をたった1杯で摂取できるのも魅力。水や炭酸水に溶かしたり、温かい飲み物や日々の食事な

**株式会社 ミネラル創和**
ミネラルソウワ
✉ info@mineralsowa.co.jp
㊟ 新潟県燕市下粟生津481
https://mineralsowa.co.jp/

こちらからも
検索できます。

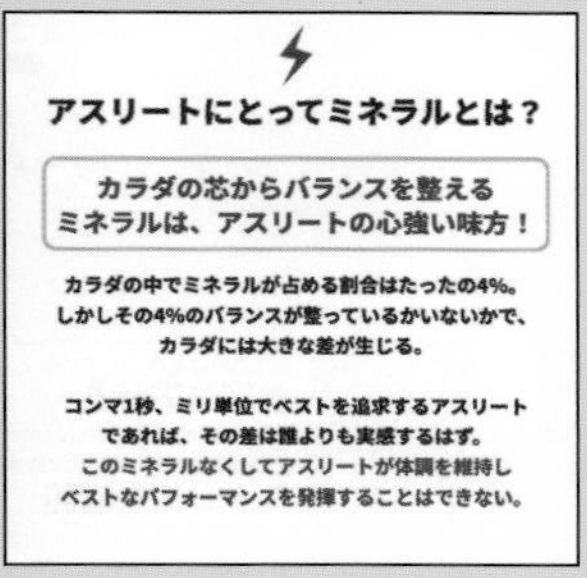

『アスリート・ミネラル』
1000mL 6,480円（税込）
※水で2〜10倍ほど希釈して
すぐに飲用ください。

『ソマチットアイ』
600粒入
20,412円（税込）

『天然貝化石の
カルシウム』
220g
5,616円（税込）

どに混ぜると無理なく続けられる。

常にベストパフォーマンスを追求するアスリート向けの『アスリートミネラル』は、実力を最大限発揮できるよう36種類以上のミネラルを配合。発汗量が多く、常に極限状態になっているスポーツマンの肉体は一般人よりも多くミネラルを消費するので、瞬時の判断・反射をよりスムーズに行うためのミネラルを効率よく補給することが重要だ。

「生命維持を司る」といわれるソマチットを含有する善玉カルシウム100％の『天然貝化石のカルシウム』は、骨粗鬆症の予防や成長期のお子様にもオススメ。北海道で採掘された風化貝化石は、高純度のカルシウムを含み、さらには古代ソマチットも含有され、骨の健康や免疫力をサポートする。

また、古代ソマチットに世界最高品質のフィンランドのフラバンティ、ビルベリーを配合した『ソマチットアイ』は、目の疲労やぼやけなどが気になる方にオススメだ。

（ライター／彩未）

# 気軽に美味しく始めるGABA生活
# 『ハイギャバトマト®』で健康・美肌をサポート

『ハイギャバ®青果』
(届出番号:H617)
150g 538円(税込)
3kg 5,821円(税込)

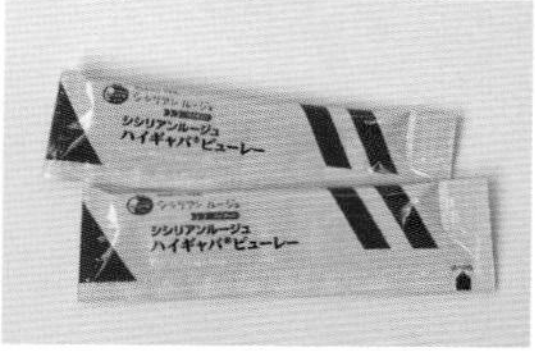

『ハイギャバ®ピューレー』
(届出番号:I38)
5袋 918円(税込)

※商品価格は、2023年10月時点の情報となります。

GABAの
機能性表示食品

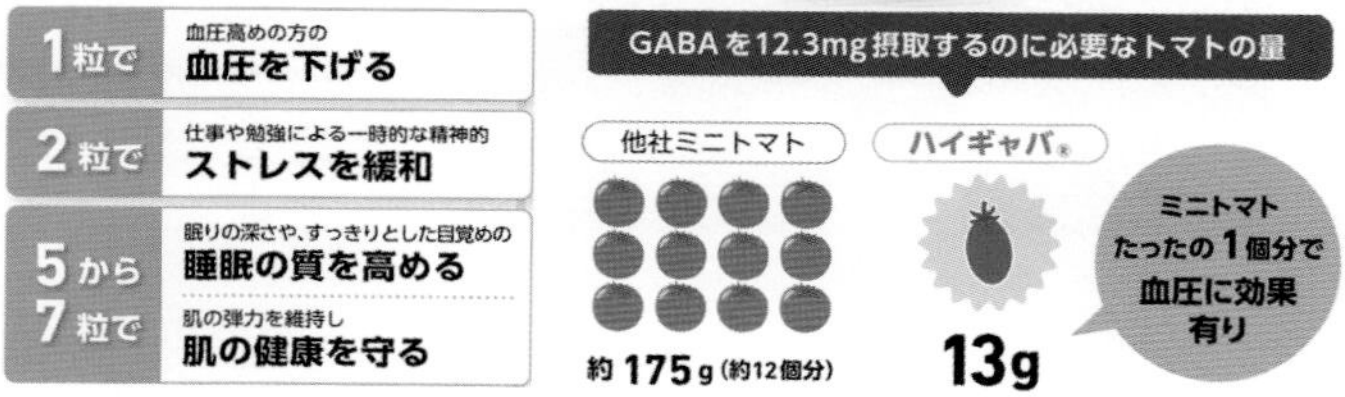

1粒で
血圧高めの方の
血圧を下げる
2粒で
仕事や勉強による一時的な精神的
ストレスを緩和
5から7粒で
眠りの深さや、すっきりとした目覚めの
睡眠の質を高める
肌の弾力を維持し
肌の健康を守る
GABAを12.3mg摂取するのに必要なトマトの量
他社ミニトマト
約175g(約12個分)
ハイギャバ®
13g
ミニトマト たったの1個分で 血圧に効果有り

『パイオニアエコサイエンス株式会社』が運営する『青空トマト学園』で扱っているのが『シシリアンルージュハイギャバ®』の青果とピューレー。『シシリアンルージュハイギャバ®』は、最新のバイオテクノロジーであるゲノム編集技術によってGABAを高蓄積させた世界初のミニトマト。2022年11月30日に機能性表示食品として消費者庁に受理された。(届出番号：H617)

1粒(GABA12.3mg)で血圧が高めの方の血圧を下げ、2粒(GABA28mg)で仕事や勉強による一時的なストレスを緩和。さらに5～7粒(GABA100mgほど)食べれば、睡眠の質を高めて、深い眠りとすっきりした目覚めへ導き、肌の弾力を維持し、肌の健康を守る効果も発揮するという。

うま味成分のグルタミン酸も多く含まれ、程よい酸味と濃厚でコクのある味わいが特長。そのままでも調理しても美味しく食べられる。トマトならではの美肌成分リコピンとプロリン、ビタミンC、βカロテンなどの栄養も含まれ

**パイオニアエコサイエンス** 株式会社

03-3438-4731　store@p-e-s.co.jp
㊟ 東京都港区虎ノ門3-7-10 ランディック虎ノ門ビル7F
https://aozora.p-e-s.co.jp/　https://pes-ja.vercel.app/

青空トマト学園

機能性成分GABAを多く含み、濃厚な旨みが特徴の『シシリアンルージュハイギャバ®』。

おうちで家庭菜園を楽しめる栽培キット。

専門家による栽培指導で高品質と高収量を目指す。

ている。100%契約農家で栽培され、生産現場から販売までを管理。適正な量の肥料と農薬を使用することで、より高品質・高収量を目指している。

また、その青果をピューレーにしたのが『シシリアンルージュハイギャバ®ピューレー』。100%国産で食塩無添加。1袋(15cc)で28mg以上のGABAを含有する。スティック状で、携帯して常備できるので安定的に摂取が可能。常温でも半年間保存できる。ソースとしてパスタなどの料理やデザートに。スープや味噌汁へのちょい足し調味料としても活躍。そのまま飲んでも美味しい。公式サイトでは、オススメレシピが多数掲載されている。また、自身で育ててみたい方には、『シシリアンルージュハイギャバ®』接木苗の栽培キットも販売。オンラインでの栽培セミナーが受講できるので初めての方でも安心して育てられる。LINEのオープンチャット「育てるひろば」では、他の参加者とのコミュニケーションも楽しめる。

(ライター/播磨杏)

# 老若男女のファンが通う<br>心も身体も癒してくれる愛知県のサロン

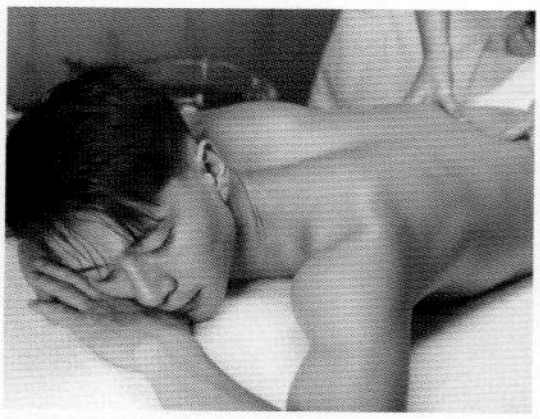

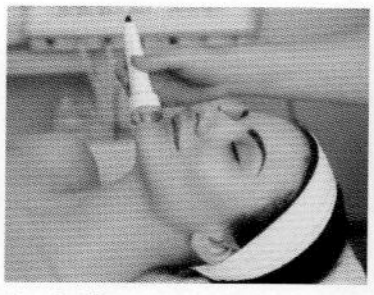

超音波

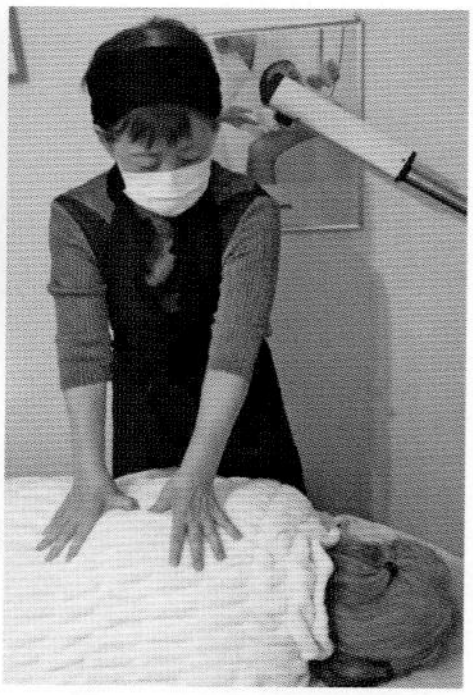

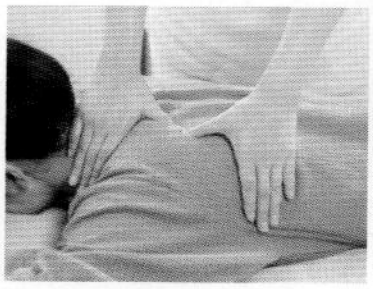

『もみほぐし』

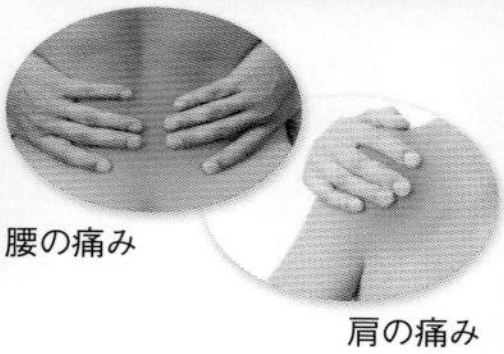

腰の痛み

肩の痛み

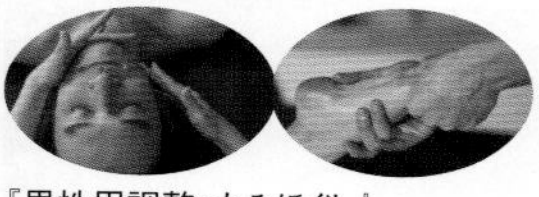

『男性用調整+もみほぐし』
初回限定 70分 5,500円（税込）
『男性用筋膜リリース+調整+もみほぐし』
初回限定 120分 12,000円（税込）

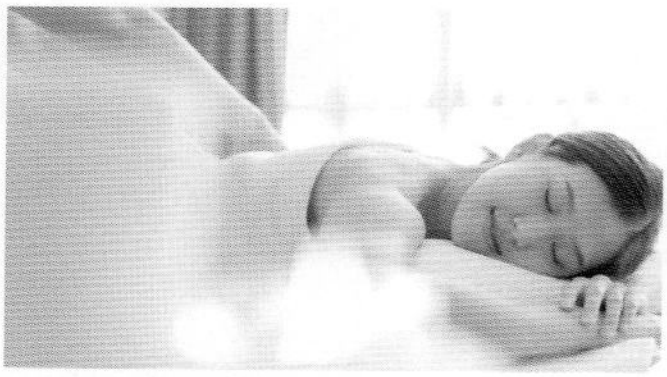

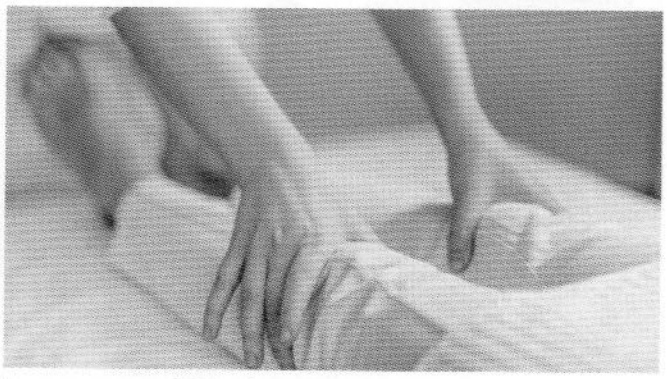

『筋膜リリース+調整+もみほぐし』初回限定 90分 9,000円（税込）
『フェイシャルW炭酸コース』初回限定 70分 5,500円（税込）
『調整+もみほぐし+全身リンパドレナージュ』初回限定 180分 11,000円（税込）

愛知県のエステサロン『Angel』は、身体だけではなく、心も癒す完全予約制のプライベートサロン。オーナーエステティシャンの東さんは、アメリカ発の手法「ニューロン・ランゲージ・プログラム（NLP）」の資格を持ち、人間関係から恋愛、子育てまで、訪れた方の心の悩みもケアする。

『フェイシャル』は、一人ひとりの肌の状態に合わせて施術。『筋膜リリース』では、気功や東洋医学の考え方を基に美容調整を組み合わせ、骨盤や背骨を本来の位置に戻していく。軽く叩くだけの優しい施術でありながら、悩んでいた部位の痛みが取れるという。外反母趾やどこに行っても取れなかった腰痛・肩こり、骨盤矯正・小顔など希望に合わせて時間内に対応する。

男性向けのメニューも充実。心身共に癒されたい、楽になりたい、という方はぜひ訪れてみてほしい。

（ライター／播磨杏）

**エステサロン Angel**
エンジェル
✆ 0586-85-8858 ✉ beauty_salon_angel@yahoo.co.jp
㊟ 愛知県一宮市新生2-7-4 コーポあゆ201
http://www.angel-hand.com/

オーナー
東雅子さん

# 自ら脱毛の効果を実感ムダ毛に悩む方必見
# 安心価格で二度打ち不要の最新脱毛器で施術

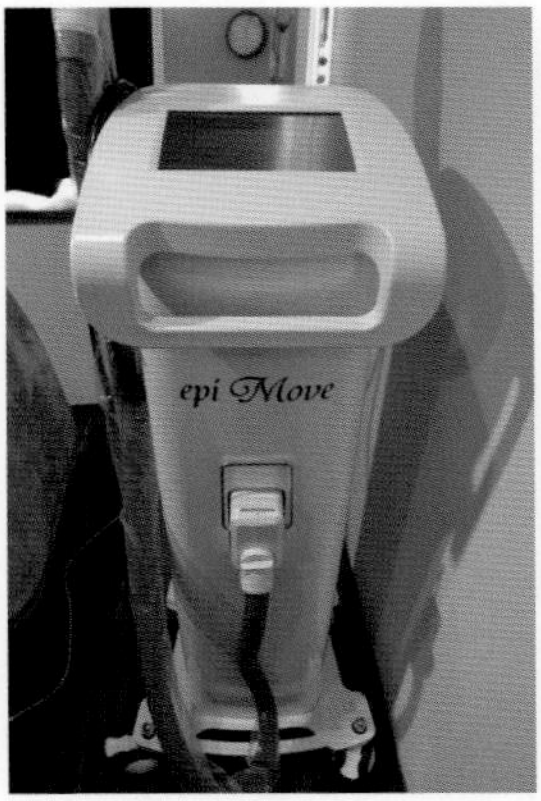

高速脱毛器『epi Move®』

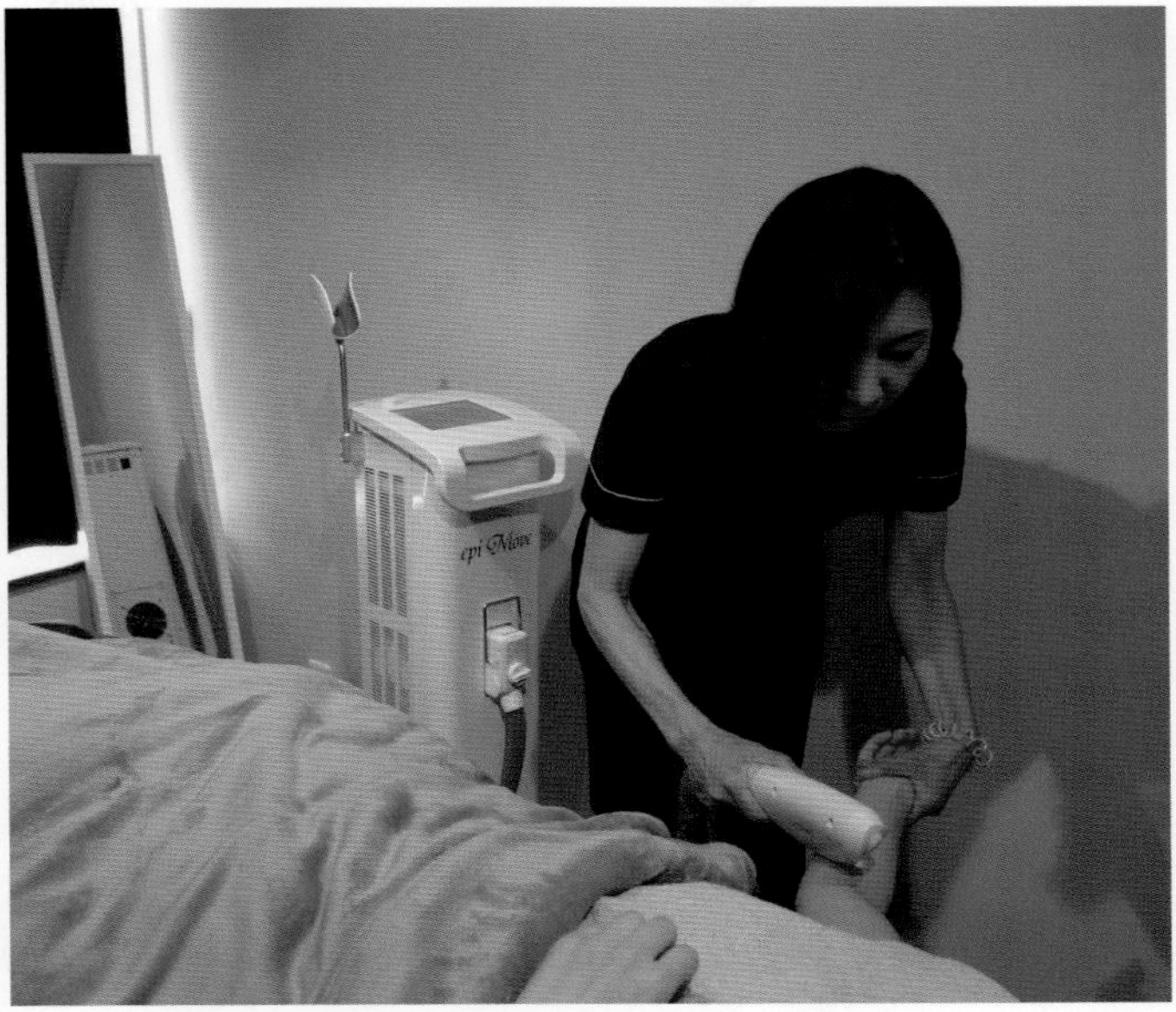

10年の研究で生み出した脱毛力。エコ設計で長持ち、サポートも充実。

「ムダ毛で悩む若い人たちを少しでも減らし、学生でも安心して通えるサロンを開業致しました」と話してくれたのが『Salon Ohana』代表の遠藤高史さん。「40年前は学生が簡単に脱毛ができる時代ではなく、ムダ毛で悩み自分で剃刀で剃っては体毛が濃くなる繰り返しでした」そんな悩みを解消すべく最新鋭高速器『epi move®（エピムーヴ）』を導入した。

「1回の施術をしただけで凄い効果を感じた。医療脱毛の半分に満たない期間でほとんどの毛がなくなり、何度か体験したのち脱毛サロンを自分でも初めて見たいと思った」という。何より二度打ち一切不要で施術の往復不要でコストと時間が二分の一に抑えられる。全身脱毛が約12分という業界No.1レベルのスピード。

「一人でも多くの人に自分と同じ喜びを受けてもらいたい。この業界の広告の在り方に違和感を持ち、学生のアルバイト代でも脱毛費用が出せるぐらいの価格帯にして、ムダ毛に悩む若い人たちを応援したい」

（ライター／播磨杏）

**Salon Ohana**
サロン オハナ
090-3208-3982
㊟ 東京都新宿区西新宿7-1-7 新宿ダイカンプラザA館910

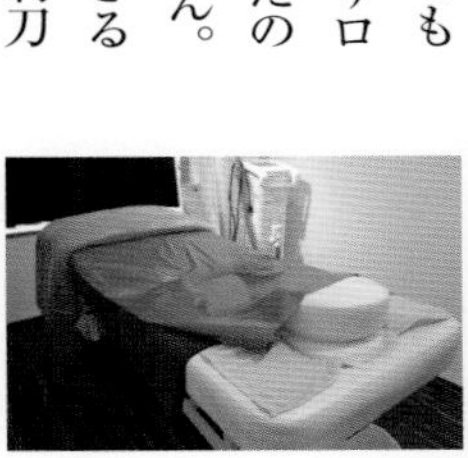

# 顔、肌、身体まで全身磨きが叶う
# 最先端美容技術で美意識も自信もUP

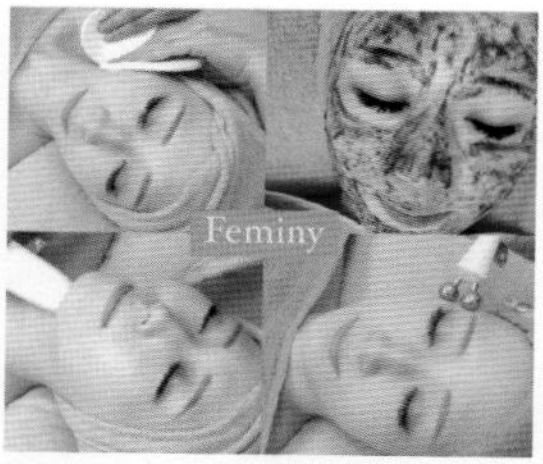


老化を食い止める肌再生美容、小顔たるみケアが大人気。ハリ艶のあるお肌と引き上がるお顔を体感。

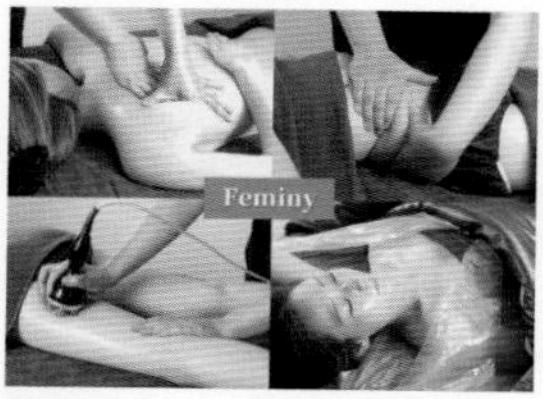


関西でも希少な美容業界最大出力の最先端痩身機器導入【脂肪乳化、減少、温熱、吸引、EMS】デトックスケアと強深層痩身リンパで気になる箇所を完全徹底アプローチ。

全身磨きが叶うサロンへ拡大移転。フェミニンな内装で美意識も上がる空間に。

『Feminy』は、予約のとれないサロンとして数々のメディアや雑誌掲載歴のある実力派サロン。美容資格を多数保有するオーナーの確かな知識と技術力と優れた材料、最先端の美容機器、高品質な商材などこだわり選び抜いて創り上げた美容サロンだ。一人ひとりの悩みに合わせた肌再生美容施術は「切らない整形級」の結果を出し、顧客様満足度賞を受賞するほどの圧倒的な効果を発揮。２０２３年の移転と同時にＢＯＤＹメニューも誕生。ダイエットインストラクターの資格を持つスタッフによる『痩身デトックス』が人気。最新の脂肪細胞乳化機器を照射後、強深層痩身リンパで筋肉の癒着を剥がし、脂肪も身体の芯から温め、痩身効果だけではなく、不眠、便秘、疲労回復などの体質改善。ケア後、自宅での過ごし方や食事までサポートする。リピート率Ｎｏ．１の『全身デトックス』は、排出力を確実にＵＰさせ、足先から頭皮までの脂肪汗、老廃物をすべて回収。（ライター／彩未）

**Feminy**
フェミニー
080-3852-4002
㊟ 兵庫県姫路市辻井2-5-23 パル・ミルフォード201
フェミニー 姫路 検索
@feminy_himeji

FEMINY
BEAUTY SALON

# 体を知り尽くした知識と経験で美と健康へ導くプライベートサロン

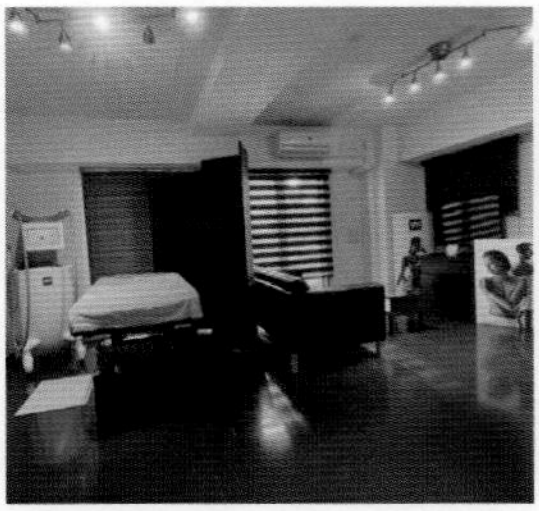

1枠1名様貸切で、リラックスして施術が受けられる。（1日5名様限定）

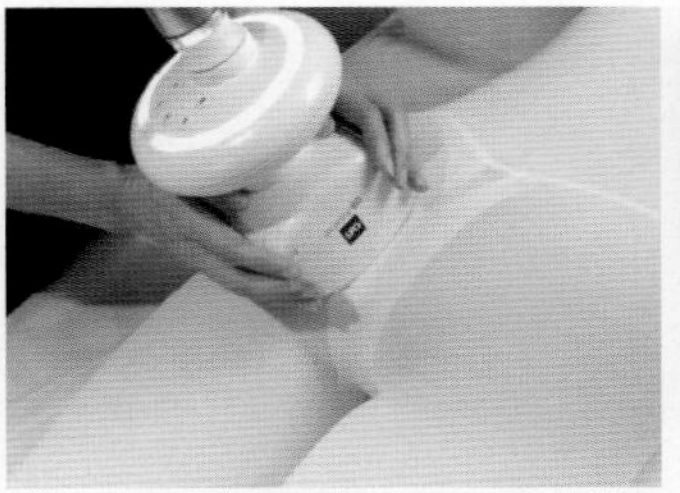

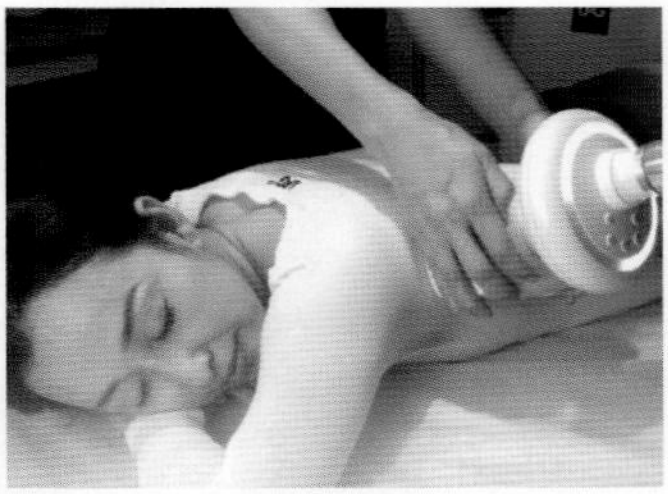

整体師・ヨガインストラクターでもある代表の山本圭子さん。

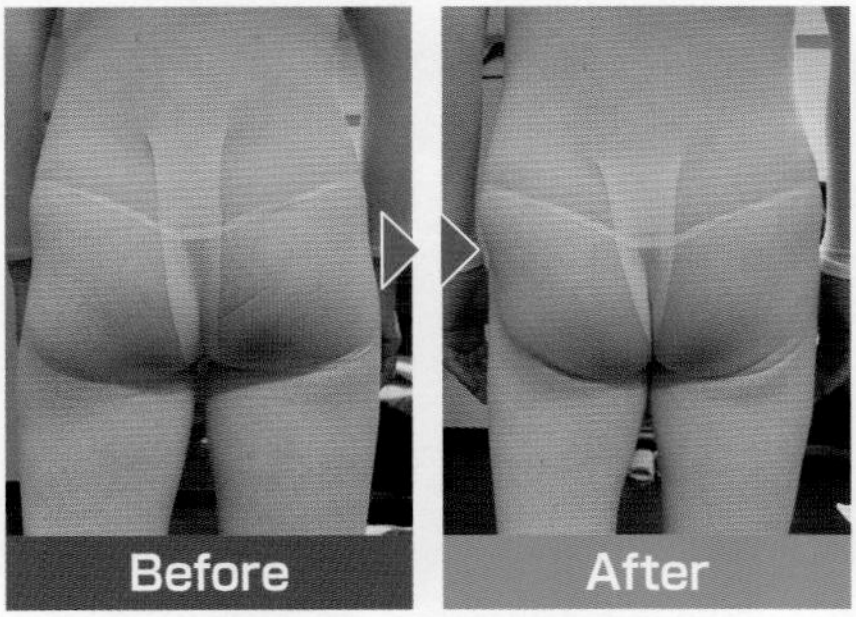


『エンダモロジー50分+フィットカービング30分』
※効果には個人差があります。

筋膜リリース効果による肩の可動域改善例（写真右側を施術）

東京・日本橋にあるプライベートサロン『FlowLabo』は、体を知り尽くしたプロが独自のプログラムでお客様一人ひとりに合わせた丁寧な施術で、結果がでるサロンと評判だ。その評判から、遠方から来店される方も多い。世界中のトップアスリートも自身の体のメンテナンスに活用している『エンダモロジー』は、皮膚を再生させる医療機器をボディメンテナンス用に改良したマシンだが、皮膚だけでなく筋肉への作用もあるため、「筋膜リリース」にも効果的。また、特に女性が気になるセル脂肪の除去やお肌の引き締め作用もあり、アンチエイジング効果も期待できる。もう一つの筋トレマシン『フィットカービング』は、ベッドに寝ているだけで、30分間で約4万1千回分の腹筋運動を行うことができる優れもの。この二つのマシンの他に希望があれば整体のメニューもあり、日常的に肩こりや腰痛など不調を感じている方にも選ばれている。

（ライター／工藤なつみ）

**FlowLabo**
フロウラボ
070-8575-0583　HPのお問い合わせフォームより
㊟ 東京都中央区日本橋堀留町1-1-2 フェニックスⅢビル302
https://b-more.jp/flow-labo/

LINE

# 理想のバストを実現させる 秘密にしたいバストアップサロン

㊢ 10:00〜21:00
（土日祝は19:00時まで）
㊡ 不定休

代表 池田陽香さん

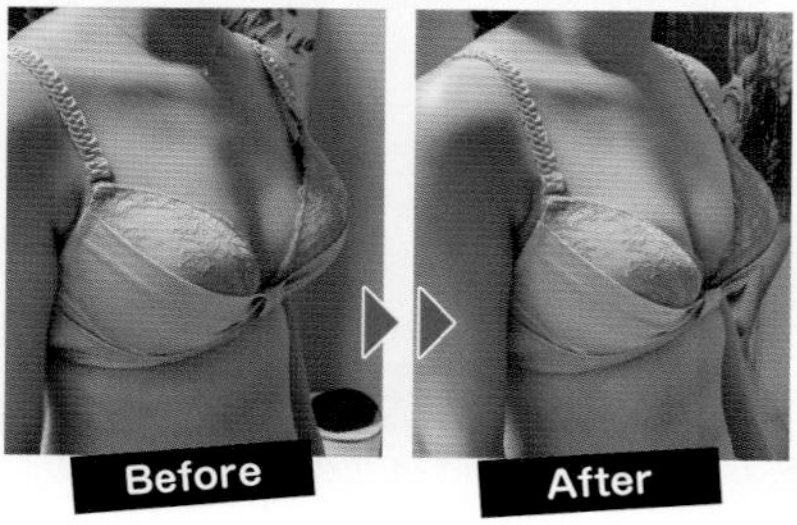


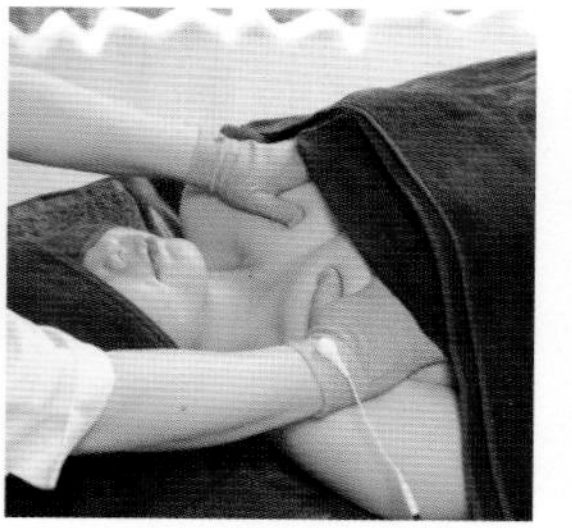

福岡県宗像市で2023年5月にオープンした『バストアップサロンHARP』は、完全予約制でマンツーマンの施術を行う女性専用のプライベーエステトサロンだ。バストケアでは、バストアップから大きさや形、位置などのコンプレックス、断乳後や加齢による変化など、一人ひとりの悩みに合わせた施術を行う。トリートメントで潤いや美容成分を行き渡らせて肌艶を整え、微弱な電気が流れる特殊なグローブでバストや背中、二の腕などを整えていく。バストが綺麗に見える姿勢や食生活、エクササイズなどのアドバイスも行う。

また、肌を適度に保湿し、キメを整えるボディケアは、心地良い手技やアロマの香りで極上のリラックスタイム。血流やリンパの流れ、老廃物の排出などが促されて体が軽くなり、肌全体のトーンアップも期待できる。フェイシャルケアやインナーケアなどもあり、女性の美容と健康に寄り添うトータルケアを提供している。

（ライター／播磨杏）

バストアップサロン **HARP**
ハーブ
070-2412-5990　bust.up.salon.harp@gmail.com
㊟ 福岡県宗像市土穴1-3-32 ミルキーウェイ北斗七星
https://bust-up-salon-harp.com/

# 整骨院で体を癒し
# 併設のエステサロンで美しく

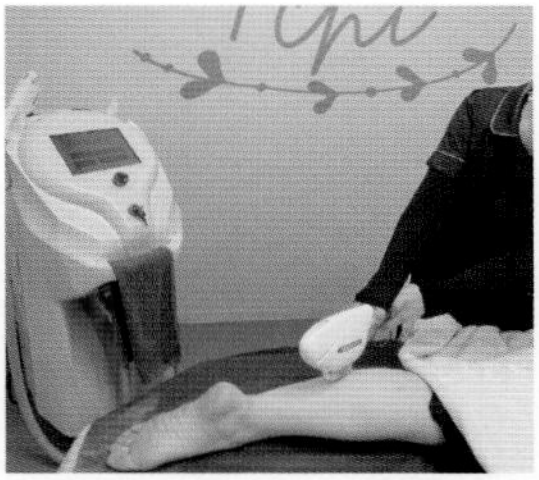

『1chi』
㊡ 10:00～20:00（最終受付）
㊡ 不定休
「美肌脱毛」「Eライトフェイシャル」が初回半額。

美と健康を同時に受けられ、交通事故でも必要に応じて弁護士と話ができ、また有名芸能人やスポーツ選手が多数来院している。

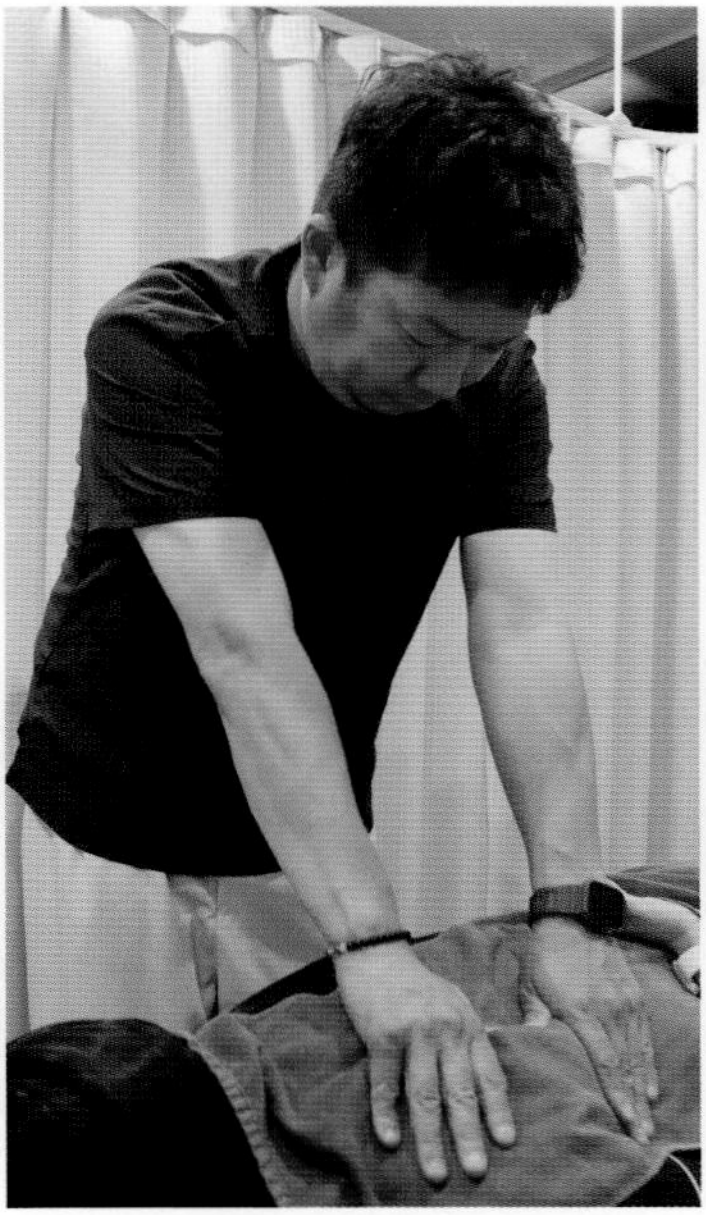

『たかし整骨院』
㊡ 10:00～19:30　ただし、13:00～16:00は、前日まで完全予約の方のみ。
水・土曜日10:00～13:00
㊡ 日曜日・祝日

悩みに寄り添い、患者さんにとって気軽に行きやすい院を目指し、日々心を込め、丁寧な施術で大評判の大阪府八尾市にある『たかし整骨院』。２０２２年11月に桜ヶ丘にあった脱毛・エステサロン「IchiBeauty&Relaxationsalon」とタッグを組み、『たかし整骨院』内に個室を完備して『IchiBEAUTY&AROMA』としてリニューアルオープンした。

サロン併設型の整骨院での保険施術とサロンでの脱毛、フェイシャル、EMSを同じ日に受けることができる。他にもアロマトリートメントやヘッドスパがあり、体の凝りをほぐして癒しされ、エステで綺麗になれる。

女性だけではなく、男性のフェイシャルや髭脱毛、全身脱毛も可能で、近頃人気の韓国アイドルのような美しいお肌を目指せそう。これから暖房などでお肌が乾燥する季節、カサカサになる前にお手入れをお願いしてはいかが。

（ライター／河村ももよ）

**たかし整骨院**
たかしせいこついん
072-940-7625　takashiseikotsuin@gmail.com
㊟ 大阪府八尾市萱振町1-158
http://blinks.fyi/gobugobu/　https://takashiseikotsuin.net/

たかし整骨院

# インド政府公認インストラクター
# 「主役は私!」50歳からの極上ヨガ

『50歳からの極上ヨガ』
2,200円（税込）

インド政府公認ヨガインストラクター
『日本ヨガ気功センター』センター長
豆澤慎司さん

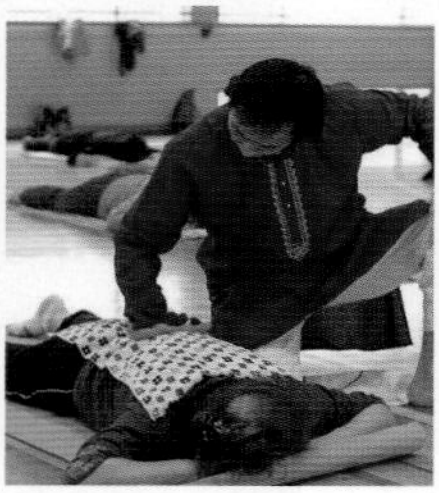

パーソナル指導・セミナー受講などに関しては、ホームページをご覧の上、電話またはメールでお問い合わせを。

人生100年、ちょうど折返しである50歳からはじめられる『50歳からの極上ヨガ』。インドやネパールなどでヨガの修行をし、インド政府公認インストラクターでもある豆澤慎司さんが、自己の氣を高めて全身の活性化と自己実現を目指し、いつまでも健康でハッピーな人生を送ってほしいと考案。易しい・基本・ステップアップ・バリエーションの4パターンから選択可能。無理なく身体を動かして刺激を与え、身体と心の歪みを整え、ストレス発散&リフレッシュ。

また、極上ヨガをベースにしたセミナー開催も積極的に行う。オリジナルヨガの習得と組み立てで心身健全を目指す「レベル1」、潜在意識を目醒めさせ、自己実現を目指す「レベル2」、極上ヨガの指導者を目指す「レベル3」から構成。それぞれの目標や願い、問題解決を行い、50歳からの自分を本気で変えたい方やいつまでも健康でいたい方などを応援する。

（ライター／彩未）

**日本ヨガ気功センター**
にほんヨガきこうセンター
090-1888-7501　hapikoroyoga@zousan.zaq.jp
㊟ 千葉県市川市大野町
http://hapikoroyoga.world.coocan.jp/

# 骨格構造を整える
# 頑張らないボディメイクの時代が到来

女性限定の完全予約制。80代でも可能な施術。

トレーナー MASAKOさん

『骨格ボディメンテナンス』90分 体験 20,000円（税込）
『骨格ボディメンテナンス セルフケアオンラインクラス』60分×4回 25,000円（税込）

「何歳になっても元気に動いていたい！」「何歳からでもキレイを更新し続けたい！」そんな方に紹介したいのが、東京都港区の『骨格ボディメンテナンスMETIME』だ。トレーナーのMASAKOさんが行うのは、体の土台である骨格構造から体を整えていく施術『骨格ボディメンテナンス』。物理の法則や発生学などを取り入れて考案された新しいボディメイクメソッドだ。人間の骨格は、建造物と同様に年齢を重ねると歪みやずれが生じていく。それを平面ではなく3Dで見立て、整えていく。激しい動きや難しい姿勢はなく、70代、80代の方でも可能。運動や辛い食事制限をしなくても体本来の動きやすさや美しさを取り戻せる。さらに元に戻りにくいというメリットだらけの施術だ。トレーニングやダイエットで頑張ってどうにかしようとすることにストレスを感じていたら、体の土台を見直してみては。気になった方は、まず90分の体験から。

（ライター／播磨杏）

**骨格ボディメンテナンス METIME**
ミータイム
☎ 09085041604 ✉ metime.japan@gmail.com
㊟ 東京都港区（詳細は予約時）
https://lit.link/metimejp/ @metime924

こちらからも
検索できます。

# マシン×ピラティス身体の歪みを整え しなやかなボディラインへ

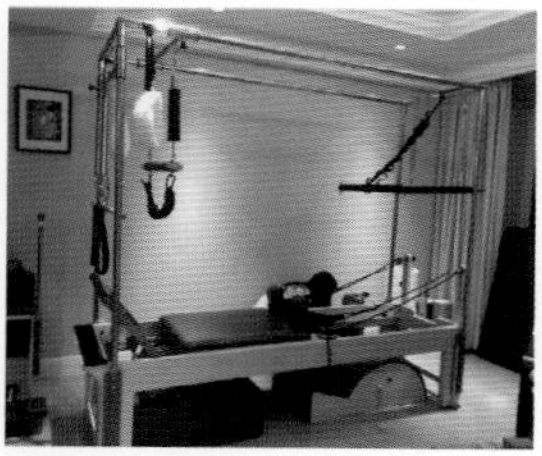

『キャデラック&リフォーマー』
580,000円（税込）

『リフォーマーハーフタワー』
438,000円（税込）

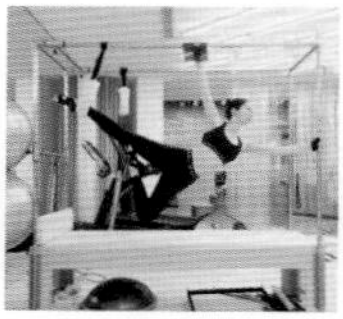

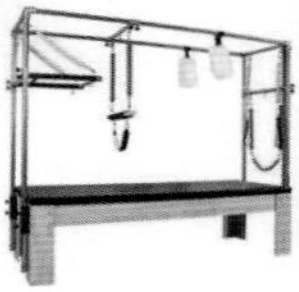

『キャデラック』
430,000円（税込）

『ピラティス
リフォーマー』
380,000円（税込）

トレーニングマシンの企画・開発・販売と24時間ジムの経営を両立する「株式会社BEAUTY QUEEN」が、マシンで身体の動きをサポートしながら行うピラティスを提供するピラティススタジオ『HK Beauty』。マシンで負荷を調整し、安全かつ効果的に身体を鍛えられるマシンピラティスを提供する。

ウェイトトレーニングや有酸素運動、ダイエットなどそれぞれの目的に合わせたメニューで身体を動かし、姿勢の悪さや身体のねじれを矯正できる。姿勢改善や肩こり改善、リハビリにオススメの『ピラティスリフォーマー』やインナーマッスルを鍛え、美ボディを目指せる『キャデラック&リフォーマー』をはじめ、様々なマシンを用意。身体の歪みが気になる方、ボディラインを整えたい方はもちろん、パフォーマンス力をアップさせたい方にもオススメ。心と身体のバランスを整え、健康と美しさをコントロールしてみては。

（ライター／彩未）

『ラダーバレル』
198,000円
（税込）

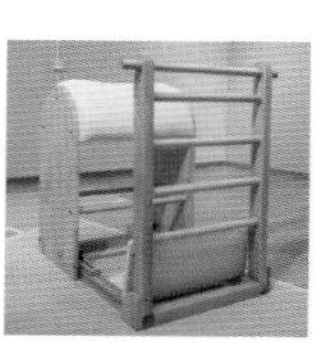

**HK Beauty** 株式会社 BEAUTY QUEEN
エイチケー ビューティー
080-2017-6968（担当/田畑） pilates.machine.2003@gmail.com
㊟ 神奈川県横浜市港北区新羽町478-6
https://hkbeauty2023.com/

H.K Beauty

# メイクを12時間ロングキープ
# ひと吹きでヨレない完璧メイク完成

100ml 1,980円(税込)

30ml
990円(税込)

毛穴よりも小さい30$\mu$mミストで浸透しやすく、化粧崩れしにくい。

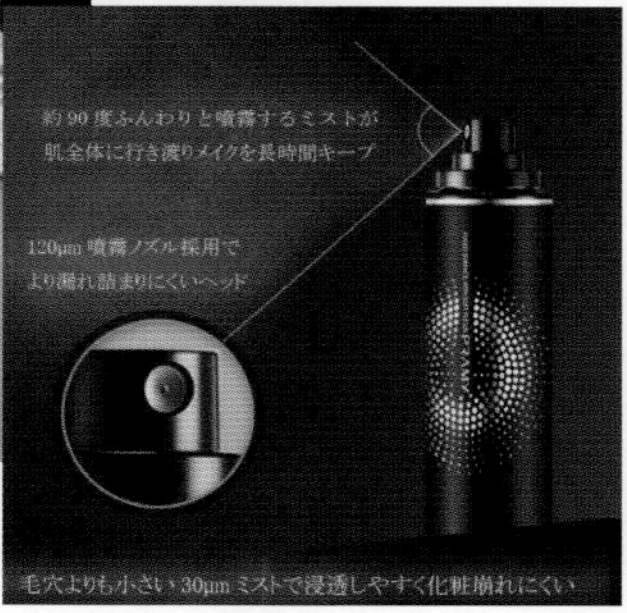


メイク専門家用ブランド『PRAMY』の『メイクアップセティングミスト』は、累計出荷本数1500万本を突破した大ヒットメイクキープスプレー。

フェクサー成分が肌に薄い保護膜を形成し、美しいメイクを夜までキープ。90度の広角で均一に散布できるので、忙しい朝でも一瞬でケアが可能だ。メイク後はもちろん、特に崩れてほしくないTゾーンなどはメイク前やメイク中に重ねてかけるとより効果UPする。超微細ミストで、何重に重ねても軽やかな仕上がり。ファンデーションやコンシーラーなどと混ぜて使うと、さらに肌にフィットする。他社のメイクキープミストと比べ、サラッとした付け心地で、皮脂や汗によるテカリやベタつきも防いでくれる。さらにダマスクバラ花水などの保湿成分配合で、メイクをしながら美肌づくりのW効果。素肌から滑らかで艶やかな肌へと導き、しっかりメイクながらも触れたくなるような透明な肌が完成する。

(ライター/播磨杏)

**PRAMY** 株式会社 ブリリアントプラス
プラミー
03-6222-9830
㊟ 東京都中央区新川2-15-7 坂田ビル6F
https://blili.jp/

# 時に支配されない美しさに期限はない
# 今始めたいバックエイジング

NMN
配合

『NMN Executive Key Serum』
30ml 10,780円（税込）

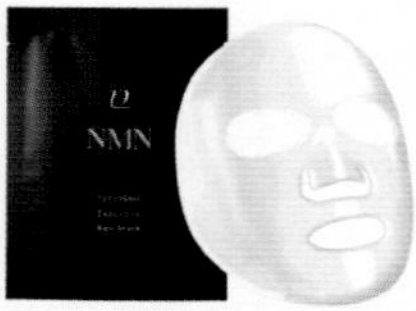


『NMN Executive Key Mask』
5枚入 10,780円（税込）

「美しさは時には支配されない。止められない時間の中で美しさの期限という概念を超えてゆく」という理念で、約3年間かけて開発されたのが『株式会社 UNITED & BEAUTE』の『12COSME KEY』シリーズ。年齢を重ねて老化する肌の根本原因に「鍵」をすることで、弱った肌が再び蘇るバックエイジングを目指すアイテムを展開している。

『NMN Executive Key Serum』は、高純度のNMNで活き活きとした素肌作りをサポートする最先端美容液。マルチな美肌効果を期待できるナイアシンアミド、瞬間リフトアップを叶える天然由来成分フィルムエクセル、メラニンケアで美白へ導く甘草エキスを贅沢に配合。

『NMN Executive Key Mask』は、植物性素材バイオセルロースに17種類の美肌成分配合の美容液をまるごと1本分含ませた贅沢なフェイスマスク。1枚で、理想のパーフェクトな素肌に導く。

（ライター／播磨杏）

**株式会社 UNITED&BEAUTE**
ユナイテッドアンドボーテ
☎ 03-6264-8471　✉ info@yoshi-han.com
㊟ 東京都千代田区有楽町1-2-2 東宝日比谷ビル9F
https://united-beaute.co.jp/

こちらからも
検索できます。

12 COSME

UNITED&BEAUTE

# 30年の研究成果が今ここに
# 自然の恵みで肌トラブルにアプローチ

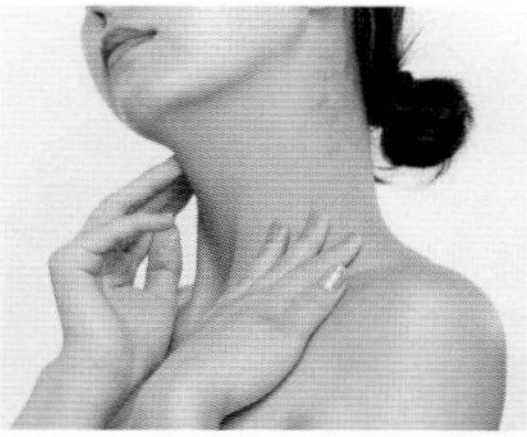

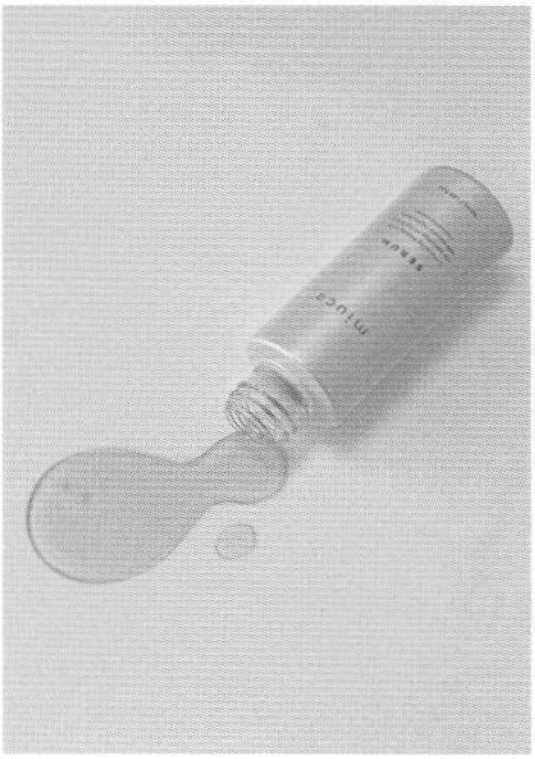

『miuca SERUM』50ml 16,800円（税込）

「自然×美×循環」をコンセプトに約30年のバイオテクノロジー研究・開発に取り組んで誕生したスキンケアコスメブランド『miuca』。水を含む自然由来成分97％の厳選された美容成分がシワやたるみ、くすみの原因となるお肌の乾燥や潤い不足を改善。整肌成分であるナイアシンアミドや植物由来フラーレン、角質層で水分を保持する天然保湿因子が含まれたコメ発酵液などの有効成分が肌に潤いを与えるとともに、キメの乱れや紫外線ダメージを効果的にケア。洗顔後、化粧水を使用する前に使うことで角質層の隅々までスーッと浸透して肌をしっかりと引き締め、透明感ときめ細かな潤い肌を実現。フェイスラインやデコルテ、バストラインなどのボディケアやラインの引き上げにもオススメだ。

高度な配合技術で自然の恵みをぎゅっと詰め込んだ革新的美容液で、年齢に関係なく瑞々しく美しい素肌を手に入れて欲しい。（ライター／彩未）



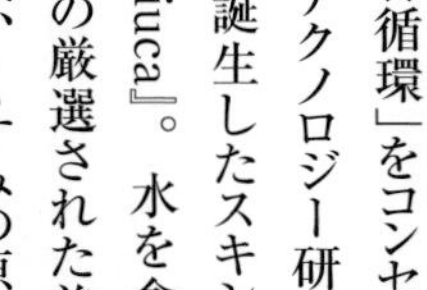

# 薬剤師監修こだわり美容液
# 漢方成分配合の五つの美容原液で潤い素肌へ

『ピュア5ミクス』5,380円（税込）

「自然の生命力をひとしずく、大切なあなたの素肌のために」をコンセプトに、漢方成分でもある植物由来成分を配合した『株式会社ナローズ』の薬剤師監修美容液『PURE5MIX（ピュア5ミクス）』には、エイジングケア効果が期待できる植物性プラセンタ、驚くほどの保水力で肌に潤いを与えるヒアルロン酸、水分を保持する成分NMFの生成を促し、お肌に潤いを与える植物性コラーゲン、肌本来の力を引き出し、潤いによる透明感を与える植物性セラミド、サケの鼻軟骨から抽出されシミ、シワ、たるみに高い美容効果を発揮するプロテオグリカンの五つの超優秀な美容成分をバランスよく配合。真空原理を利用したエアレス容器採用で、最後まで酸化せずフレッシュなまま使えるのも魅力。パラベン、防腐剤不使用。肌トラブルを引き起こしやすい敏感肌の方でも安心だ。瑞々しく生命感溢れる 潤い素肌を目指してみては。

（ライター／彩未）

**株式会社 ナローズ**

059-361-6007 info@narrows.co.jp
㊟ 三重県四日市市天カ須賀4-6-8
https://amzn.asia/d/cDBJZ0q/

# 北海道産サラブレッド由来プラセンタ オーガニックでスキンケアを

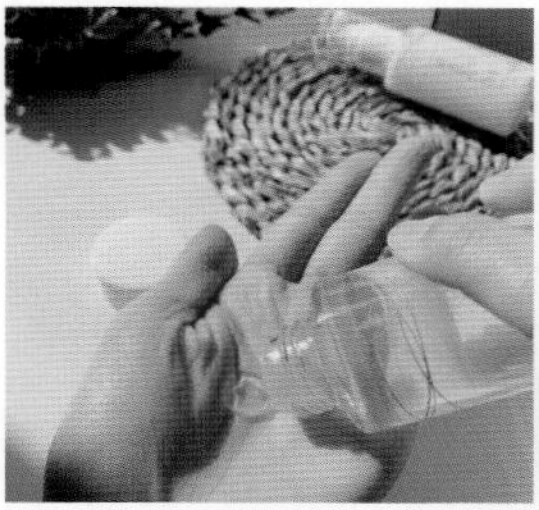

オーガニッククリアローション
100ml 2,440円(税・送料込)

オーガニックモイスチュアミルク
50ml 2,680円(税・送料込)

『BE:MAKEスキンケアセット』初回限定 1,980円(税・送料込)

「肌が弱い人にも安心して使い続けて欲しい」という思いから生まれたのがオーガニックスキンケアブランド『BE:MAKE』。1年以上かけ、50名のモニターと皮膚科医の協力のもとに開発した。北海道の広大な自然の中で北海道科学大学研究チームと共に血統から飼育まで徹底管理した北海道産サラブレット由来の「プラセンタH-1」をふんだんに配合。豚・羊・海洋性・植物性プラセンタに比べてアミノ酸が豊富で皮膚細胞の再生機能を持つペプチドも多く含んでいる。さらに「アーチチョーク葉エキス」や「マスチック樹脂」など様々な美容成分を配合。毛穴悩みにアプローチし、ハリのあるなめらかな肌へと導く。パラベン・合成香料・合成着色料・旧指定成分は不使用。乳液は、アルコールも不使用だ。美容液はサラッとしたテクスチャーで、肌の奥まで浸透。乳液はしっとりプルプルとした肌触り。毎日使うことで透き通るようなワンランク上の美肌に。

(ライター／播磨杏)

**BE:MAKE**　ベイビーリーフ 株式会社
ビーメイク
☎ 03-6822-3323　✉ info@bm-cosme.jp
㊟ 東京都中央区銀座1-22-11 銀座大竹ビジデンス2F
https://bm-cosme.jp/　https://lp.bm-cosme.jp/

「総窒素量」と「分子量分布」の効果
グラフで「プラセンタH-1」にどのくらいの窒素量や分子量が含まれているかが一目でわかる。

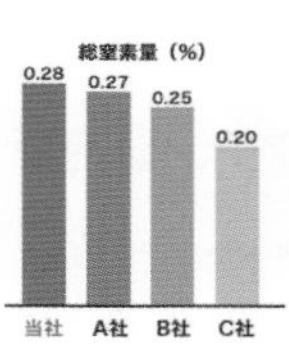


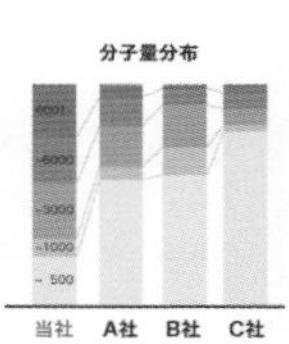

# 美と健康に即効性の効果
# 身体の内側、外側の両面からアプローチ

『Appleゼリー』

『美楽』

『Apple Eight』

『APPLE PLIGO PECTIN ドリンク』

優れた効能と安全性はお墨付き、医学博士との共同研究で誕生した製品。

健康と美容のために、身体の内側、両面からのアプローチが最も効果的。内面からのケアには『アップルペクチンシリーズ』。健康と美容に良いとされているアップルペクチンの最大の効能は腸内環境を整えてくれること。同シリーズは機能性食品として、有害物質や宿便の排出や活性酸素消去、免疫力UP、血糖値の抑制、認知症の予防、酵素の生成促進など様々な効能を発揮。体に優しい天然素材できており、安心して摂取できる。このシリーズは、国立富山医科薬科大学医学部名誉教授医学博士田澤賢次氏と共同開発し、世界唯一の製法として特許を三つ取得。臨床研究論文や製品に関する著書も多数公開されていることも注目だ。また、外面からのケアには『ヒアルロン酸美容液』と『美楽エステティッククリーム』。東洋医学の考えから、美を身体全体のことと捉え、全体のバランスをとり、肌や身体だけではなく、人の五感にも働きかける初めての機能性化粧品だ。併用すれば、即効性のある効果を得られる。

（ライター／播磨杏）

**アップルペクチン研究所**
アップルペクチンけんきゅうしょ
https://apple-pectin-oligo.com/

株式会社日本富田介護保険研究所
☎ 03-5830-3489
㊟ 東京都中央区銀座六-14-8
http://ftyjy.com/

QWCホールディングス株式会社
☎ 03-6271-0719
㊟ 東京都中央区東日本橋2-28-4
https://www.qwchd.com/

# Wヒアルロン酸配合のアイケア・ジェルエッセンス パッと明るい目もと印象へ

こだわりの
12種の美容成分※3配合

キメを整え、ツヤのある
透明感とハリのある目もと印象へ。

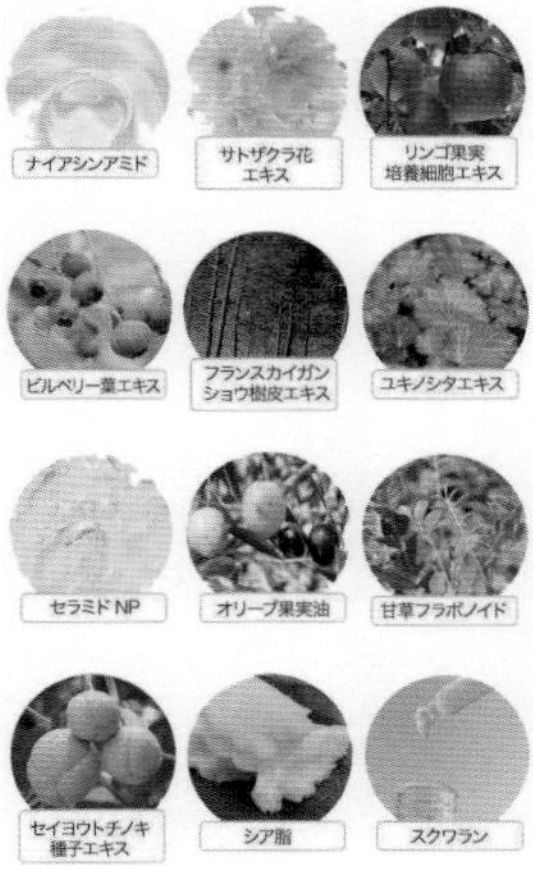


うるおいを抱え込み、吸着させる、
Wヒアルロン酸と12種の美容成分配合。

## 目の総合健康企業が考えた 目もとケア

『MELUMOアイケア・ジェルエッセンス』15g 3,200円（税込）

※1アセチルヒアルロン酸Na　※2ヒアルロン酸ヒドロキシプロピルトリモニウム
※3保湿成分、整肌成分、抗糖化成分、抗酸化成分、抗シワ成分、バリア改善成分、色素沈着改善成分など。

『ブルーベリーアイ』で有名な目の総合健康企業、株式会社わかさ生活が販売するアイケア商品『MELUMO（メルモ）アイケア・ジェルエッセンス』は、目もとが乾燥する・化粧ノリが悪い、ハリがなくなってきたという方にぜひオススメしたい製品だ。保水型ヒアルロン酸※1と吸着型ヒアルロン酸※2のWヒアルロン酸を配合することで、うるおいを抱え込み、優れた保湿力でヴェールのように密着し、肌を包み込む。さらに、ビルベリー葉エキス、サトザクラ花エキス、リンゴ果実培養細胞エキス、オリーブ果実油などこだわりの美容成分を12種配合でキメを整え、ツヤと透明感、ハリのある目もとへ導く。

使い方は、化粧水の後に米粒約2個分（両目もと）を指先にとり、目もとに優しくなじませるだけ。効能評価試験によって乾燥による小じわを目立たなくすることが確認されている。新しいアイケアアイテムで目もとの美しさを更新してみてはどうだろう。

（ライター／播磨杏）


株式会社 わかさ生活
わかさせいかつ
☎ 0120-132-061
㊟ 京都府京都市下京区四条烏丸長刀鉾町22 三光ビル
https://company.wakasa.jp/


こちらからも
検索できます。

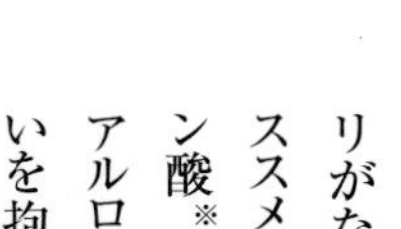


洗顔後、または化粧水でお肌を整えた後、適量（両目もとで米粒約2個分）を指先にとります。

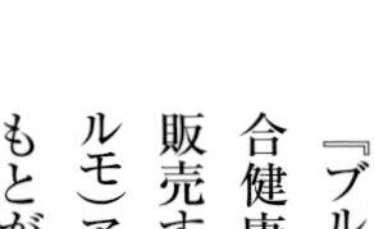


指の腹で目頭から目尻に向かってやさしくなじませます。
その後、指全体で目もとを包み込むようにして密着させます。

# 美容液とローラーで<br>翌朝のまぶたスッキリ目元用美容液

『アイトークセラム』1,650円（税込）

近年はおうち時間の充実や健康への意識が高まり、夜の時間に効率よくケアができるスキンケア商品に注目が集まっている。そこで紹介したいのが、『株式会社コージー本舗』の『アイトークセラム』。アイラッシュやふたえまぶたを作るコスメで定評のある同社が2023年6月に発売した夜用の目元美容液だ。

美容液とステンレス製トリプルローラーでスッキリまぶたを実現する。美容液には、ひきしめ成分であるクダモノトケイソウ果実エキス、乾燥によるダメージをケアする保湿美容液成分リンゴエキス、コーヒー種子エキス、イチジク果実発酵液などを配合。

ひんやりとしたローラーを動かすことで目まわりの血行が良くなり、ひきしめ効果が期待できる。ほのかなハーブの香りも心地いい。夜、たった20秒の簡単ケアで翌朝のまぶたのむくみ、目元の乾燥をケアしてくれる。

（ライター／播磨杏）

株式会社 **コージー本舗**
コージーほんぽ
☎ 03-3842-0226
㊟ 東京都台東区松が谷2-26-1
https://www.koji-honpo.co.jp/

# 高品質で低価格なコスメティック
# 待望のオフライン店舗が原宿にOPEN

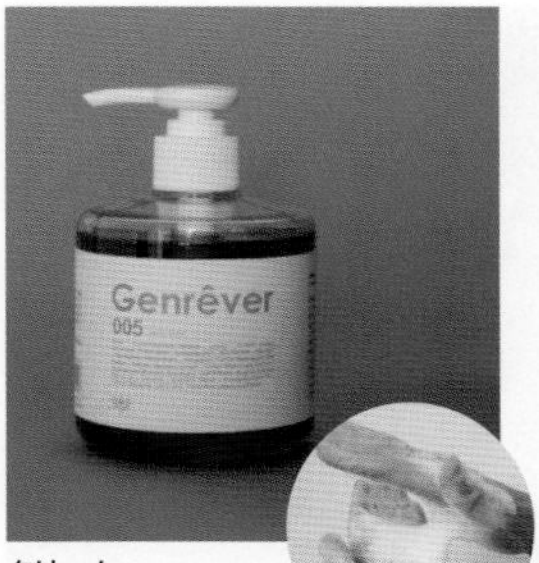


クリーム
『Genrêver005』
300ml 1,800円（税込）

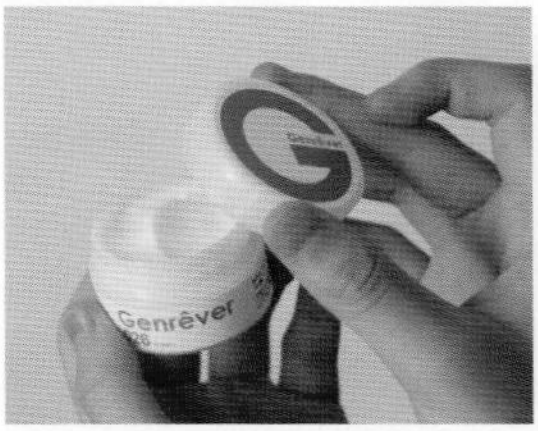


クリーム『Genrêver026』
30g 2,000円（税込）

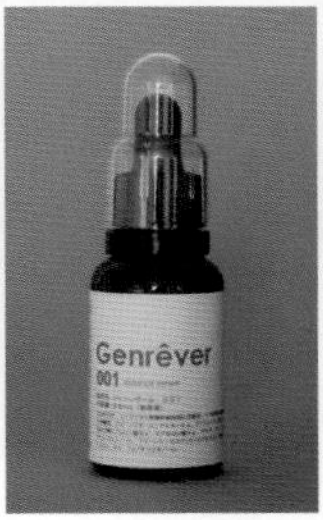


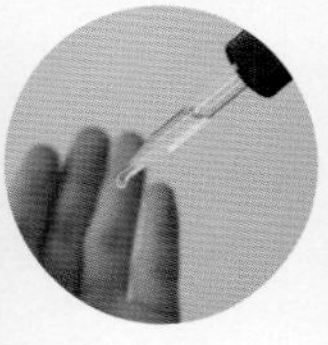

美容液
『Genrêver001』
30ml
4,000円（税込）

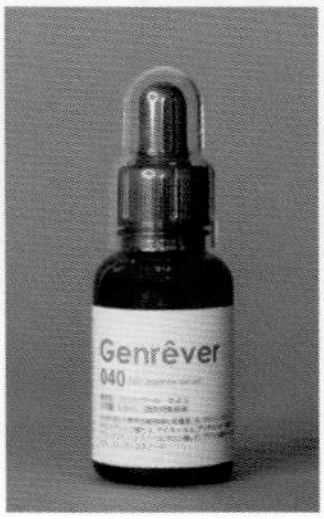


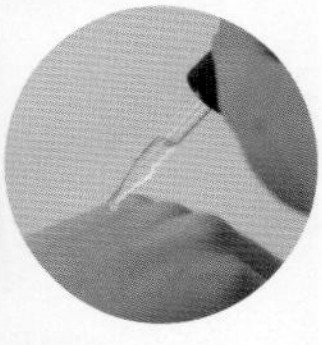

頭皮用美容液
『Genrêver040』
30ml
6,000円（税込）

『Genrêver』は、コスメティック&クリニックブランド。原料の輸入から研究開発、ブランディング・製造そして販売まで一貫したシステムで生産販売することで、高品質で低価格の商品を提供している。

ブランドを代表する美容液『Genrêver001』は、2種類の希少なヒト幹細胞と世界最小400分子ヒアルロン酸を配合。400分子ヒアルロン酸が肌の内側までぐんぐん浸透し、美肌へ導く。目元口元のくすみやハリ不足、乾燥、ニキビ後など様々な肌トラブルに対応。『Genrêver 040』は、頭皮のトラブルや薄毛に悩む方々に向けた頭皮用美容液。カバノアナタケ菌核エキスとヒト臍帯血細胞順化培養液が、頭皮環境を整え、頭皮の細胞をケア。髪の成長をサポートする。『Genrêver 050』は、香りと清潔感が調和したアロマのボディ&ファブリックミスト。空間に吹きかけると持続的な消臭効果、肌につけると保湿効果を発揮する。

（ライター／播磨杏）

Genrêver　株式会社 INSTINCT BROTHERS
ジェンレヴール
☎ 03-5747-9401　✉ contact@instinct-bro.com
㊟ 東京都品川区西五反田6-2-7 ウエストサイド五反田ビル3F
https://genrever.com/

『Genrever』原宿店
☎ 03-5747-9401
㊟ 東京都渋谷区神宮前6-14-1
㊢ 11:00～19:00　㊡ 火・水曜日
㊫ JR原宿駅より徒歩約7分

# アフター5に向けて、昼休みに仕込む
# 大事な時間に完璧な美髪が完成

『Master key 完全セット』
（シャンプー・トリートメント・洗い流さないトリートメント）9,900円（税込）

『Master Key エマルジョン005 洗い流さないトリートメント』3,300円（税込）

仕事もヘアケアも妥協しない女性にご紹介したいのが『Master Key エマルジョン005洗い流さないトリートメント』。お昼休み、午後の休憩時間に使うアフタヌーンヘアケアアイテムだ。空き時間に2〜4プッシュを目安によく揉み込んだら、仕事中に髪を束ねても大丈夫。クリームタイプのトリートメントがキューティクルを外部ダメージから護り、有効成分が保湿成分を閉じ込める。アフター5の大事な時間には、潤い・輝きのあるまとまりやすい髪に仕上がっている。さらにドライヤーやアイロンなどで加熱するとヒートアクティブ効果によって、より毛髪へトリートメント成分が浸透し、まとまりのあるさらさらヘアを実現。夜寝る前に使うと翌朝の髪のセット時間が短縮。カラーやブリーチで傷んでしまった髪にお悩みの方には、特にオススメしたい。その効果と持続性に、様々な女性誌でも取り上げられている人気商品。ぜひお試しを。

（ライター／播磨杏）

**Master Key** 株式会社 吉半
マスター キー
03-3771-5526 info@yoshi-han.com
㊟ 東京都中央区銀座1-16-7 銀座大栄ビル5F
https://masterkey.yoshi-han.com/

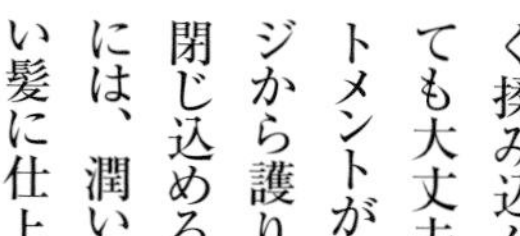

# 心と身体の両方に深くアプローチ
# 本来の輝きを引き出すビューティサロン

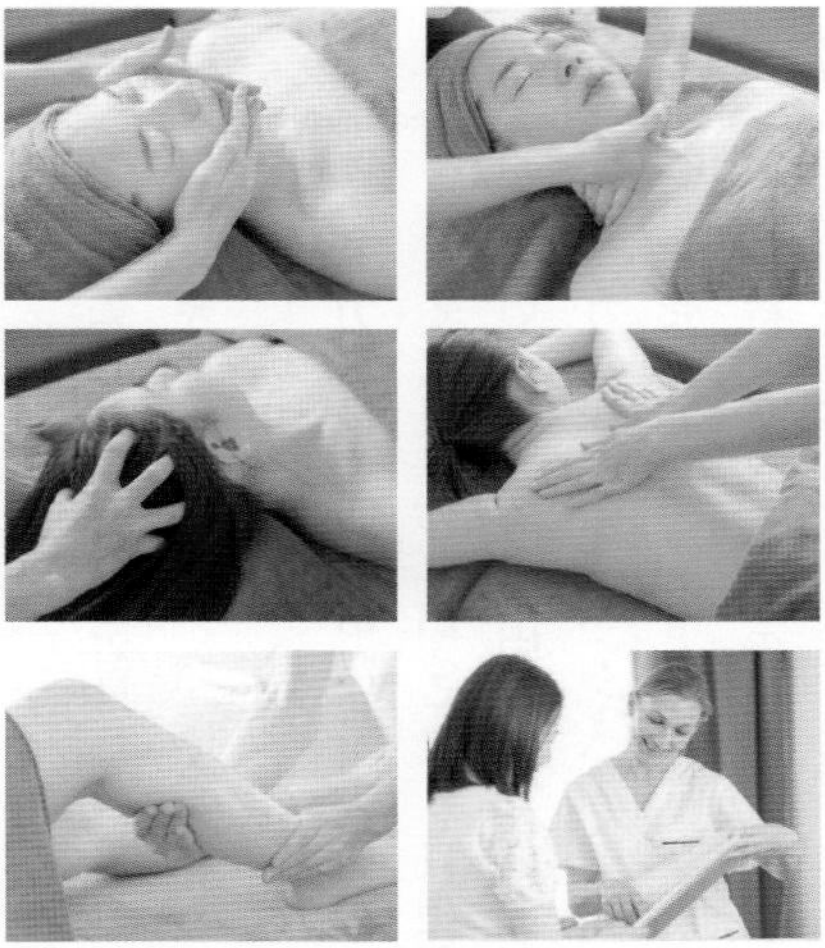

『リンパマッサージ』60分 4,500円
『小顔矯正』 3,500円

エステティシャン
ソフィアさん


Beauty Salon G&H
ジーアンドエイチ
080-7371-0718 beautysalongh.jp@gmail.com
㊟ 神奈川県横浜市南区中村町4-289-5 阪東橋ガーデンハウス101
http://beautysalon-gh.com/ http://www.beautysalongh.ru/


神奈川県横浜市南区にある『Beauty Salon G&H』は、一人ひとりの美と健康をサポートすることを目指して心と身体の両方に深くアプローチし、本来の輝きを引き出していく。アロマオイルトリートメント・フェイシャル・フットマッサージ・ヘッドスパなど様々なメニューを用意し個々のニーズに応える。21時まで営業しているので、忙しい一日を終えてからも疲れを癒せる。疲れたなと思ったら、ぜひ足を運んでみては。

（ライター／河村ももよ）

# スキンケアのスペシャリストによる
# 小顔ベルトですっきり小顔に変身

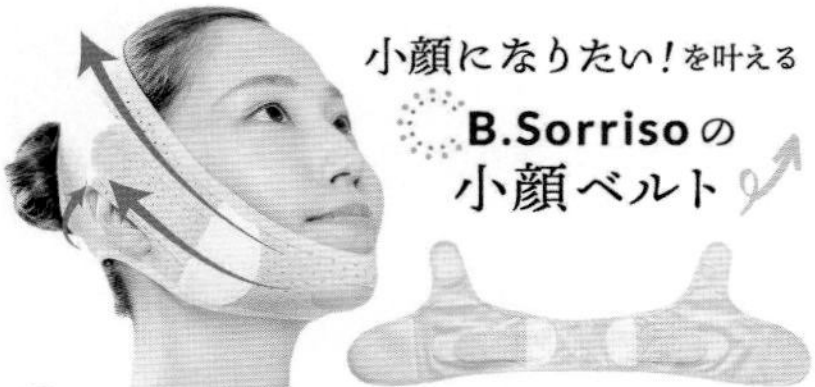


『フェイスライン美小顔ベルト』 1,890円（税込）

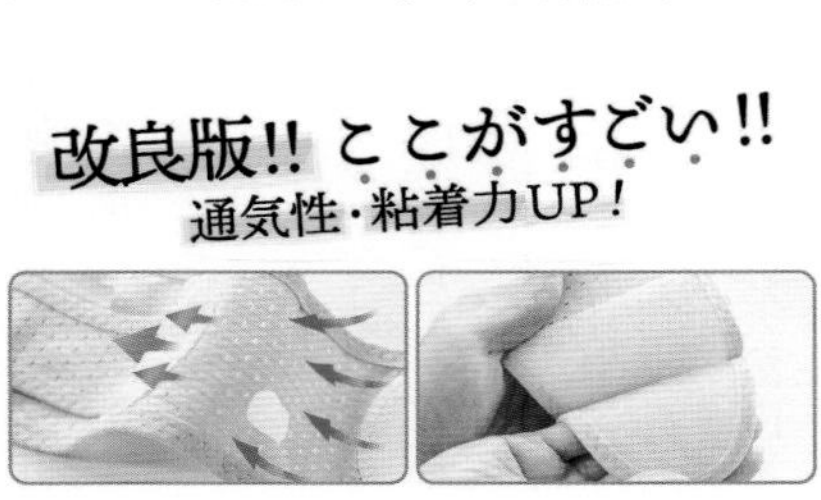



B.Sorriso
ビーソリーソ
090-4357-7291
㊟ 鹿児島県児島市広木3-8-13


たるみが気になり、リフトアップしたい、小顔になりたいなどの悩みを持つ方に朗報だ。『B.Sorriso』の『フェイスライン美小顔ベルト』は、隙間時間に装着、自宅に居ながらスッキリシャープ顔に変身。3本あるベルトを駆使することで、小顔・美肌にもなり、エステのような効果もあるという。メインベルトで顔全体を、頬ベルトで顎下を、後頭部ベルトで引き締め効果をアップ。顔を覆うことでフェイスマスクのような保湿効果もあり、お肌がプルツヤに。

（ライター／河村ももよ）

# 内側から輝く素肌へ 年齢を重ねても美しく

『Mi serum』30ml 12,573円（税込）

**Mi** 株式会社 S planning
エムアイ
03-6686-6594 info@mi-beauty.com
㊟ 東京都新宿区西新宿3-3-13 西新宿水間ビル6F
https://mi-beauty.com/

『Mi serum（エムアイ セラム）』は、素肌本来の力に着目したトータルスキンケア美容液。年齢を重ねることに抗うのではなく、肌が持つ本来の力を最大限に活かし、内側から輝く素肌を作り出すことを目指している。すべてを国産の原料にこだわり、保湿、シワ、シミ、くすみ、毛穴ケア、リフトアップ効果などが期待できる主成分の三種セラミドと三種の発酵エキスを含む22種類の美容成分をバランスよく配合している。

（ライター／奈良岡志保）

# W洗顔不要！ マツエクOK!濡れた手OK! 水とオイルの新発想リキッドクレンジング

IDEA BEAUTY

『アクアマーブルクレンジングリキッド』
200ml 6,600円（税込）

**IDEA BEAUTY** 株式会社イデア
イデア ビューティ
092-287-9494 idea-info@idea-cosmetics.com
㊟ 福岡県福岡市博多区冷泉町1-1-7F
https://www.idea-cosmetics.com/

オンラインショップ

一人ひとりの加齢や肌環境の変化による肌ダメージに応じて展開する「ストーリー美容法」を提案する『イデア化粧品』。

メイク落とし『アクアマーブルクレンジングリキッド』は、水とオイルがマーブル状になった新発想の層状的構造で「とろけて、すっきり落とす」を実現したリキッドクレンジング。三つのうるおい成分と三種の天然由来プレミックスにより、洗い上がりも潤いが持続する。

（ライター／奈良岡志保）

# 身体の内側から綺麗に飲む美容液スピルナ

株式会社 DAWN
ドーン
0463-86-6619 info@dawn-hd.co.jp
㊟ 神奈川県伊勢原市伊勢原1-13-5 綾部ビル3F
https://dawn-hd.co.jp/shop/

藻類の一種で30億年以上前に誕生した最古の植物スピルリナは、理想的な栄養価を持ち、スーパーフードの王様といわれてる。1本に約3億個のスピルリナを使用した『株式会社DAWN』の飲む美容液『スピルナ SPIRULINA 3億個のエキス』は、多糖類、核酸、古来から健康に良いとされる食材も加え、美容にも健康にもよいドリンクを追求。スピルリナ入り食品独特の味と臭みを消し、毎日続けられるさっぱりと飲みやすい梅風味にアレンジしてある。

（ライター／奈良岡志保）

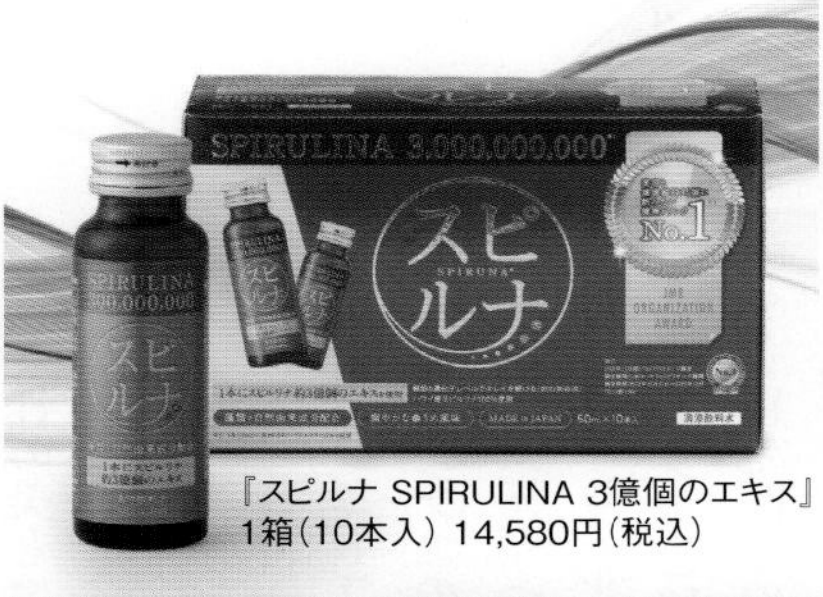


『スピルナ SPIRULINA 3億個のエキス』
1箱（10本入）14,580円（税込）

有効成分だけを集中的に抽出。海藻特有の臭みはない。

# 膣ケアで健康な美しさを 16種の有効成分配合で簡単セルフケア

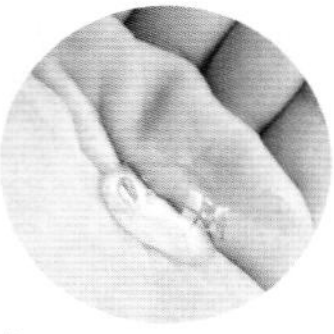

『LYL BEAUTY GEL』
5,980円（税込）

株式会社 Ltlyl
リトリル
03-6820-2160 info@ltlyl.jp
㊟ 東京都港区赤坂4-5-21 バルミー赤坂106
https://ltlyl.shop/smp/shopping/lp.php?p=products

女性の美と健康に欠かせない「膣ケア」。膣の状態は肌に直結し、環境やストレス、体調の変化に影響を受ける。放置すると炎症やニオイ、かゆみなどトラブルの原因に。『株式会社Ltlyl』の膣美容液『LYL BEAUTY GEL（リル ビューティージェル）』は、ヒアルロン酸やプロポリス、エラスチンなど16種類以上の有効成分を再生医療の研究に基づき配合。美肌やアンチエイジング、免疫力アップなどの効果が期待できる。

（ライター／彩未）

# もちもちでふわふわのマシュマロ泡で 見えない所こそキレイに

『micie』4,620円（税込）

RAYÉLL アスタリンク 株式会社
052-459-3053 support@rayell.jp
㊟ 愛知県名古屋市中村区竹橋町15-16
https://rayell.jp/

デリケートゾーンは皮膚が薄く、最も敏感な箇所。少しの刺激で炎症が起こるので優しく洗うことが大切だ。『RAYÉLL』の『micie（ミシー）』は、デリケートゾーン専用ウォッシュ。膣内環境を整えるヒト由来乳酸菌配合で、濃密できめ細かいマシュマロ泡によって汚れだけを落とし、摩擦なく洗うことができる。ふんわり香る石鹸の香り。ニオイ、黒ずみ、ムレ、乾燥といった悩みを解決できる。

（ライター／奈良岡志保）

# 「毎日を頑張る」癒しアイテム お部屋で気軽にセルフケア

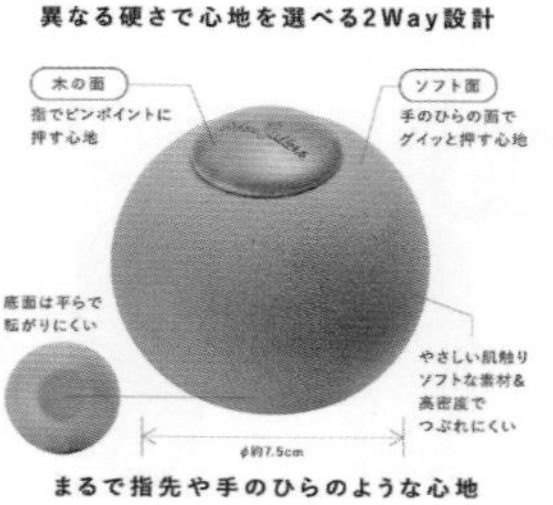


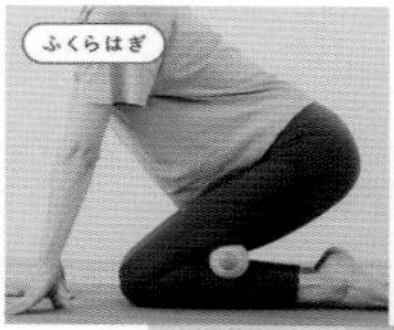


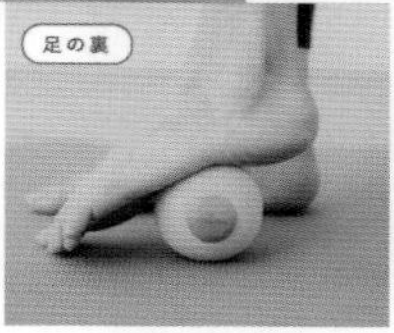


『リセットMOON』1,980円（税込）

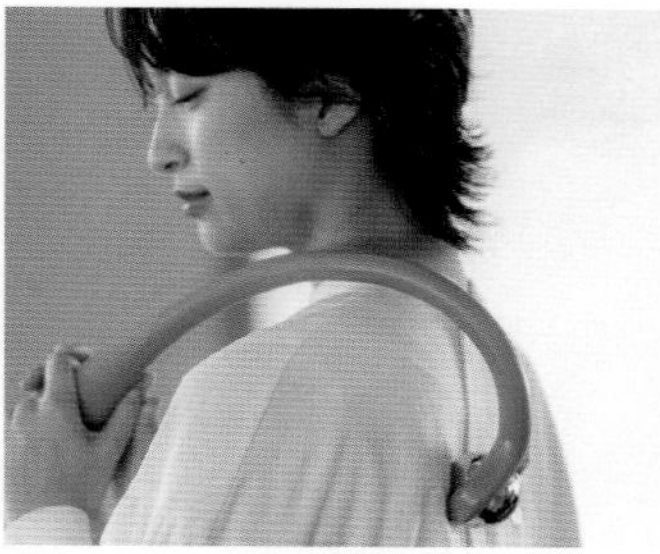

『リセットローラーSTICK』
2,530円（税込）

『リセットローラーSHOULDER』
3,520円（税込）

毎日、忙しく頑張る身体が凝り固まったり、むくんでしまう身体を癒してくれる『RelaxingWork』の『リセットローラー』シリーズ。『リセットローラーSHOULDER』は、手で摩るようなコロコロとローリング&ツボを押すようにピンポイントでプッシュできる2Wayバーが、少しの力で気持ちよく肩甲骨まわりをローリングでき、ほどいてくれる。中にジェルが入っているので、温めて使うとより効果アップ。丁度良い大きさで腰やお尻にも使える。『リセットローラーSTICK』は、冷温の2wayで使えるジェル内蔵ステンレス製ボールのコンパクトローラーが、肩や首の凝りをほどく。コンパクトな手のひらサイズ。電気も使わないので、いつでも気軽に使える。冬は温めて、夏は冷やして、癒しのひと時を演出する。他にもふくらはぎ、もも・膝の裏、足の裏など下半身のだるさを軽くしてくれる『リセットMOON』、デコルテ周りをほどく『リセットローラーTRIPLE』、足や腰、腕など幅広い部位をほどく『リセットローラーFLAT』など、どれもインテリアに馴染むナチュラルでオシャレなデザインだ。（ライター／播磨杏）

『リセットローラーFLAT』

『リセットローラーTRIPLE』

# 腰まわり、骨盤まわり、姿勢・体幹のサポートと一本三役

つけた瞬間に実感できる
今までにない驚き新体験!!

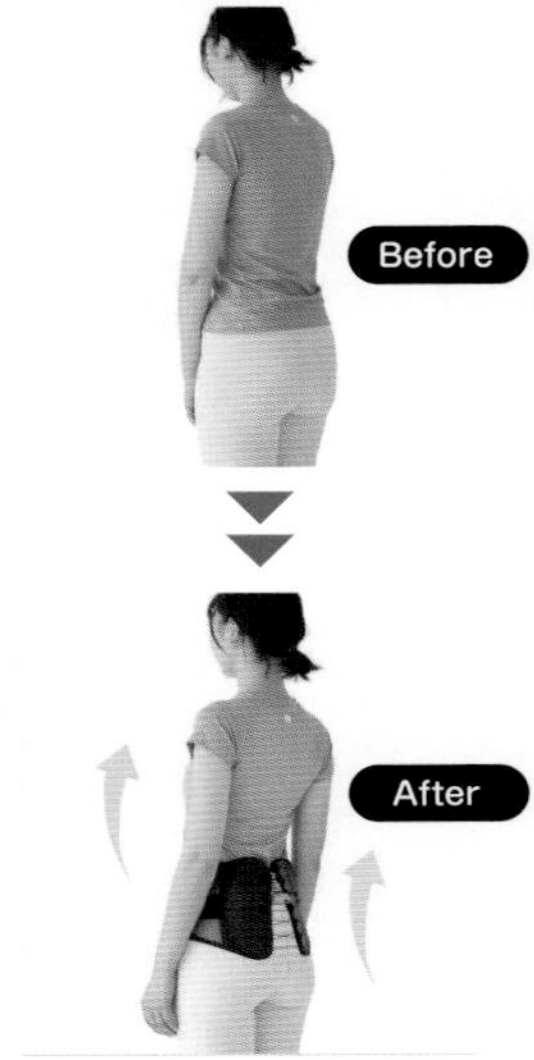
Before
After

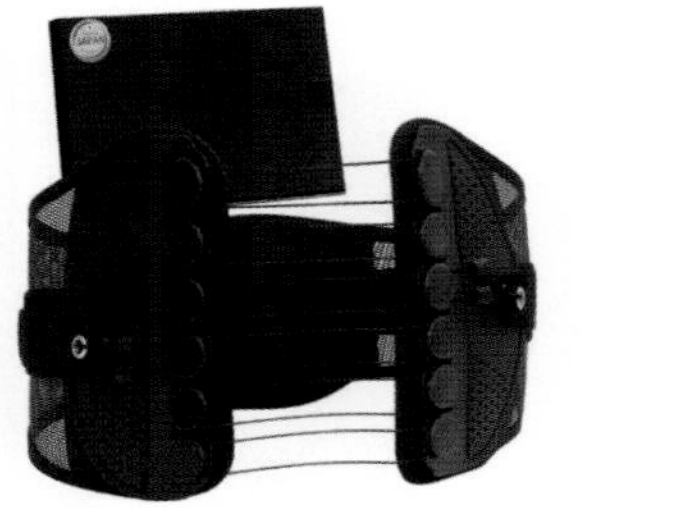

このギュ〜が
驚きの瞬間!

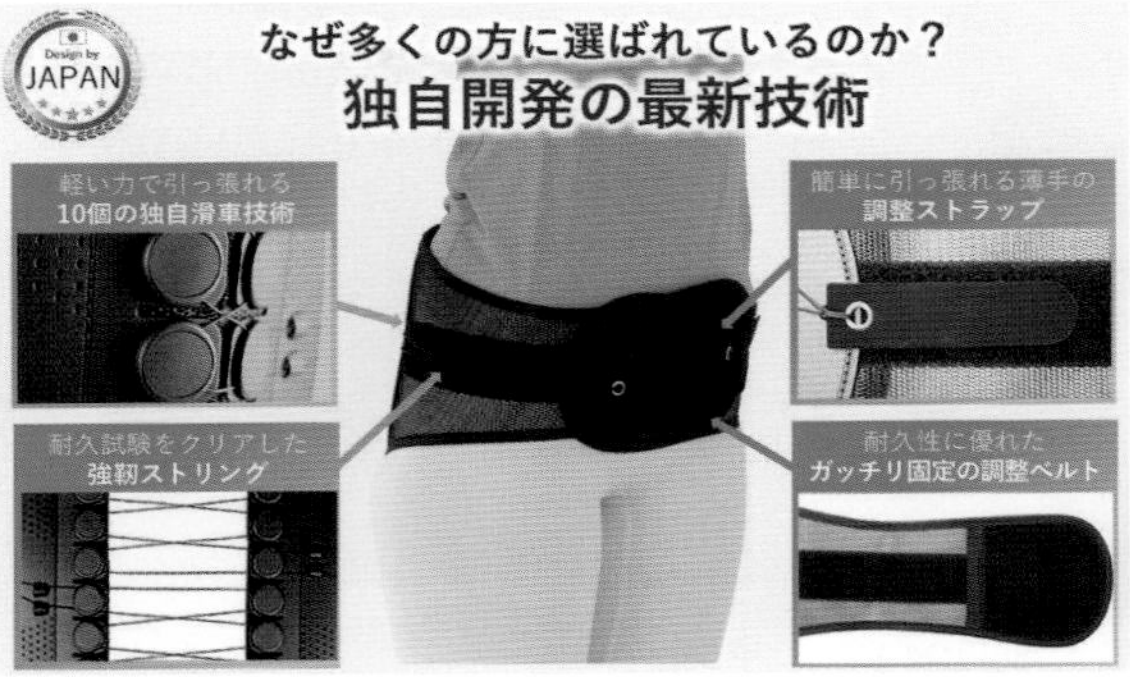
Design by JAPAN
なぜ多くの方に選ばれているのか？
独自開発の最新技術
軽い力で引っ張れる
10個の独自滑車技術
簡単に引っ張れる薄手の
調整ストラップ
耐久試験をクリアした
強靭ストリング
耐久性に優れた
ガッチリ固定の調整ベルト

『INFIELD
コルセット
腰用ベルト
腰サポーター
骨盤 姿勢』
6,980円
（税込）

現代の一般的な生活習慣からくる慢性的な腰痛や姿勢の悪さに悩んでいる人が増えており、医療機関や整体院を頼ったりコルセットを着用して矯正するという人も多い。

『株式会社frapport』の『INFIELDコルセット腰用ベルト』は、簡単に着用できてギュッとお腹が引き締まり、骨盤を正しい位置にキープ。様々な腰の悩みを改善・予防に導くサポートしてくれる。デスクワークで長時間座りっぱなし、重いものを持ち上げる作業、さらに腰が重要なゴルフの時などにぴったり。また、姿勢が整い内臓も持ち上げられることで、美肌効果やダイエット、スタイルのキープも期待できる。

人間工学に基づいた3Dサポートプレート内に装着した10個の滑車により、わずかな力でしっかり巻きつけて装着できる。メッシュ素材で通気性抜群な上、服にひびかないのもうれしい。

（ライター／今井淳二）

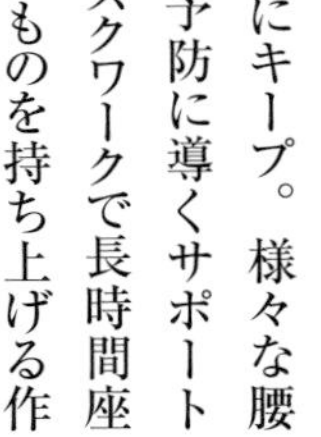

オーダーメイドのような着け心地。

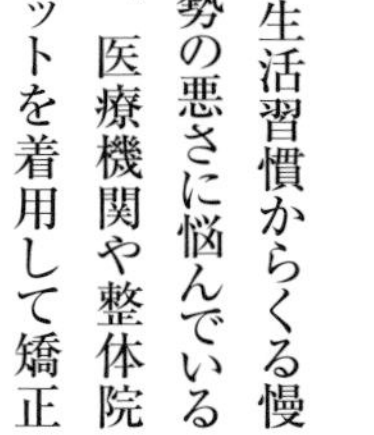

引っ張る力を倍にする動滑車。

株式会社 frapport
フラポート
☎ 028-688-8647 ✉ info@infield-sportsclub.com
㊟ 栃木県宇都宮市戸祭1-12-14
http://www.kirari-net1.com/

# 睡眠の環境と心身を共に整える
# 新感覚の睡眠質改善専門店

睡眠プロデューサー 吉川美かえさん

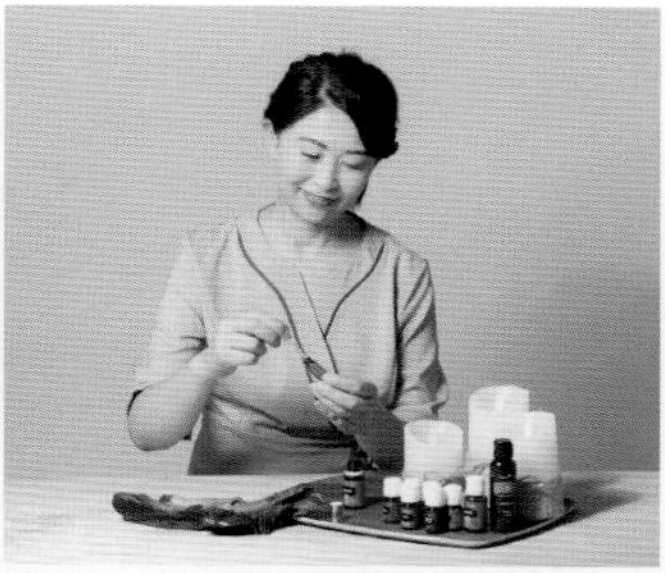

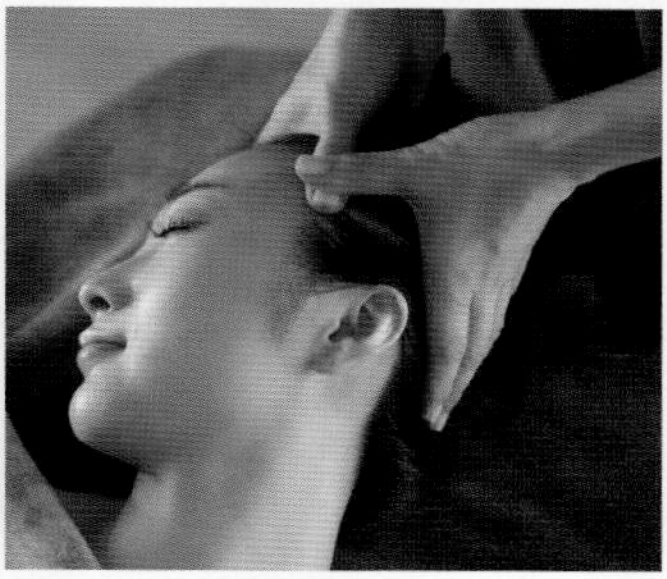

『自律神経メソッド×オーガニックアロマレインドロップ』90分 27,500円（税込）

神奈川県横浜市にある『ヒーリングスタジオ 心s·in』は、睡眠質改善の専門店。睡眠セラピストであるオーナー吉川美かえさんは、寝室診断士と2級建築士の資格を有し、睡眠の質を向上させる「寝室づくり」を研究。さらに自律神経の癒し、アロマセラピーに出会ってオープンさせたのが同店だ。吉川さんが行うのは、風水的要素・陰陽五行論に基づく『寝室診断』。ベットのレイアウト、枕の向き、照明、ファブリックの素材などインテリアデザインを包括的にアドバイスする。『レインドロップ』は、最高品質のエッセンシャルオイルを原液のまま足と背骨に雨粒のように落として行う施術。マッサージではなく、オイルと香りの力で人間のスイッチを起動させる神経にアプローチし、心身のエネルギーを整えていくのが特長だ。背骨の中枢に蓄積したネガティブな概念を解放し、呼吸やストレス状態の筋肉が緩和することで自律神経が整い睡眠質改善に繋がるという。

（ライター／播磨杏）

# 世界が注目
# 日本の『KOMBUCHA』

『フローラクラウン』

『KOMBUCHA』100ml 300円（税込）　200ml 500円（税込）
1L 2,300円～2,500円（税込）　テイクアウト 200ml 600円（税込）

発酵歴23年で発酵食品ソムリエである妹の小見川ルリ子さんと発酵食品の留め具『フローラクラウン』を発明した姉の大河原結子さんが経営するコンブチャ専門店『Flora Crown』。生きた酵母菌や酢酸菌、酵素などを含む、腸活に役立つ『生KOMBUCHA（コンブチャ）』を横浜中華街から発信している。店内では、常に10種類以上の『生KOMBUCHA』を仕込んでおり、自宅で『KOMBUCHA』を育てている方もたくさん相談に訪れている。新たな横浜名物として話題の『ハマドレ』や『ハマのピクルス』は、魔法のようについつい手が伸びてしまうと人気。また、オーガニックコットンを使用し、一つひとつ手作りする『フローラクラウン（留め具）』で、特許庁・意匠登録を取得。しなやかで弾力性があり、蓋の部分にしっかり密着。簡単に取り外せるので、発酵食品のお世話や酵素シロップ作りも楽々の便利アイテムだ。カラーやサイズ、飾りなどをオーダーすれば自分だけの『フローラクラウン』の作成も可能。可愛くて便利な『フローラクラウン』で発酵食品ライフが楽しくなること間違いなし。

（ライター／彩未）

**コンブチャ専門店 Flora Crown**
フローラ クラウン
080-6969-2609　flora.crown2022@gmail.com
㊟ 神奈川県横浜市中区山下町246-6
https://flora-crown2022.com/　@flora_crown2022

Instagram

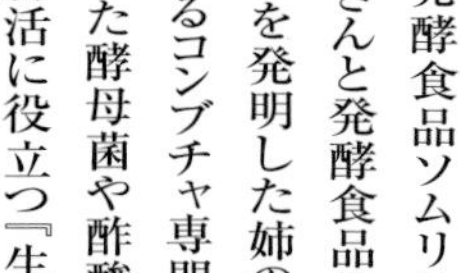

# 低糖質で美味しいプロテイン
# 食事に1杯プラスで美容と健康をサポート

ブルーベリー味

抹茶味

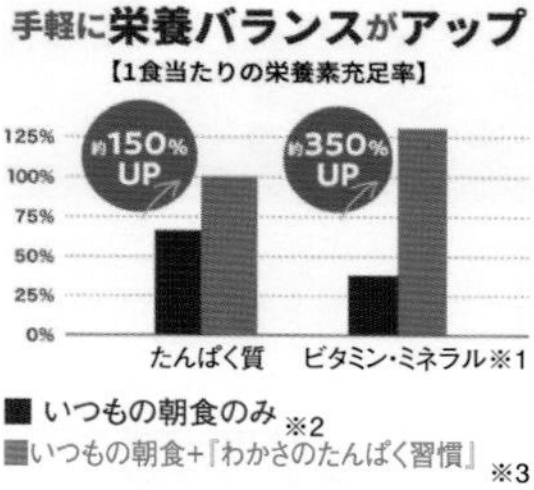


※1ビタミンA、ビタミンB1、ビタミンB2、ビタミンB6、ビタミンD、カルシウム、マグネシウム、亜鉛の平均充足率
【参照】日本人の食事摂取基準（2020年）、日本食品標準成分表2015年版（七訂）追補2018年

カフェオレ味

『わかさのたんぱく習慣』
225g（約15日分）
3,600円（税込）
1日の目安：スプーン3杯分（約15g）
アレルギー特定物質：乳、ごま、大豆

※2 トースト、目玉焼き、野菜サラダ
※3 カフェオレ味を水に溶かした場合

ブルーベリー味

抹茶味

筋肉や内臓、神経、血液、ホルモン、髪、皮膚、骨、爪などの材料となるたんぱく質は、健康と美容に重要な栄養素。1日に必要なたんぱく質の目安は、体重1kgあたり1g（厚生労働省「日本人の食事摂取基準」2020年版）、体重60kgの場合60g。毎食20g摂取するのは難しく、カロリーも気になるところ。株式会社わかさ生活の『わかさのたんぱく習慣』は、美味しくたんぱく質を摂取できるプロテイン。コップ1杯でたんぱく質を約7000mg配合している。動物性に比べ脂質が低く、低糖質な大豆たんぱくを原料としているのでダイエット中の方にもぴったり。きびやひえ、ハトムギなど15種類の雑穀が配合され、穀物由来の栄養素も摂取できる。不足しがちなビタミン・ミネラル8種類も配合。カフェオレ味に、期間限定でブルーベリー味と抹茶味が加わり3種類（※発売日時点）。水や牛乳にも溶けやすい。ほんのり甘くて、毎日飲んでも飲み飽きない美味しさだ。

（ライター／播磨杏）

**株式会社 わかさ生活**
わかさせいかつ
☎ 0120-132-061
㊟ 京都府京都市下京区四条烏丸長刀鉾町22 三光ビル
https://company.wakasa.jp/

ご注文はこちらから。

初めての購入で、目盛り付きオリジナルシェイカーボトル（ブルブルくんシェイカー）と計量スプーンをプレゼント。

# 一日3粒飲むだけの新習慣
# 炭のチカラで崩れた腸内環境をリセット

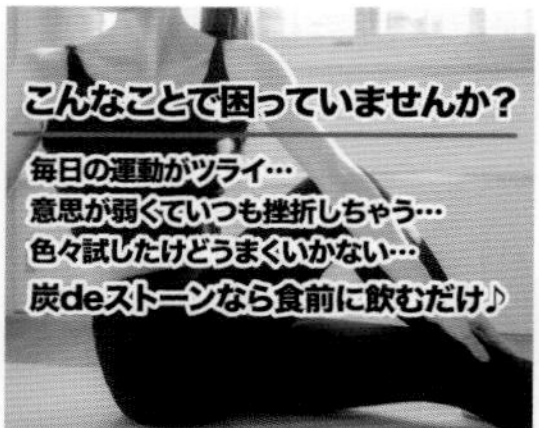
こんなことで困っていませんか？
毎日の運動がツライ…
意思が弱くていつも挫折しちゃう…
色々試したけどうまくいかない…
炭deストーンなら食前に飲むだけ♪

炭deストーンの成分
・炭(伊那赤松妙炭、ヤシ柄活性炭)
・難消化性デキストリン
・紅麹
・乳酸菌
・マグネシウム
・ビタミンK
・L-グルタミン
炭de ストーン

炭が吸着 スッキリ！

愛用者の声
- ○ 無味無臭でとても飲みやすい
- ○ デトックスできている感じが嬉しい
- ○ よく眠れるようになった

※個人の感想であり
効果・効能を示すものではありません。

腸内環境の改善
便秘の改善
デトックス効果
利尿作用

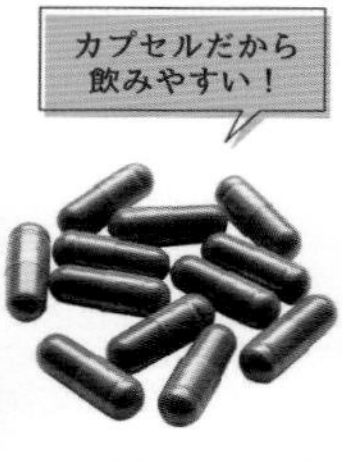
カプセルだから飲みやすい！

POWER of CHARCOAL
supplement

『炭deストーン』
5,400円（税込）

チャコールクレンズに含まれる活性炭が持つクレンジング力を利用した「株式会社レコーゾーン」から発売中の炭サプリ『炭deストーン』が話題だ。

高品質の伊那赤松妙炭、ヤシ殻活性炭が脂や糖、水分などの体内に不要なものを吸着し、体内の余分な栄養や老廃物、毒物を取り除いてデトックスする。また、体外への排出をスムーズに促す成分もしっかり配合。水に溶けるとゼリー状に変化して便に潤いを与える難消化デキストリンや腸内環境を整える紅麹や乳酸菌、便を柔らかくして腸を刺激するマグネシウムなどが便秘がちな方でもスムーズに排便できるようサポート。カプセルタイプで味に癖がなく、手軽に続けられるのも魅力だ。

一日3粒で身体の内側から体内のバランスを整える新習慣サプリ。腸内バランスを改善し、健康的でクリアな身体を手に入れてみては。

（ライター／彩未）

株式会社 レコーゾーン
052-265-5939 infoi@recozone.jp
住 愛知県名古屋市中区千代田3-9-10 日比野ビル2F
https://recozone.jp/

こちらからも
検索できます。

Recozone
オンラインショップ https://ec.recozone.jp/ec/

# 乱れた食習慣や生活習慣のサポートに
# 五つの成分で健康を維持

お酒、お肉、糖質が多い食事は尿酸値が上昇しやすく、野菜や海藻類などのアルカリ性食品を摂ると、バランスを整えるといわれている。

『THE GOUTTO』150粒 メーカー希望小売価格 7,020円（税込）

『株式会社リベト商事』の『THE GOUTTO（ザ グット）』は、尿酸値上昇の抑制サポートサプリ。風があたってツライなどの症状を持つ方、また、アルコールが好きで飲みすぎる、ストレスが多い環境にいる、運動不足である、食生活が乱れやすいなどの生活習慣において、尿酸値の上昇を予防をしたい方にオススメのサプリだ。

ツラさの原因である尿酸は、プリン体から作られ、食品で摂取するほか細胞の代謝やエネルギー代謝の過程でも作られる。尿酸値を一定に保つためには、食習慣や生活習慣の改善が必要不可欠。毎日の食生活に『THE GOUTTO』を加えることで尿酸値の低下が期待できる。スーパーフード「スピルリナ」のほか亜鉛、アンセリン、菊の花エキス、葉酸など豊富な栄養素を含み、気になる尿酸値を下げ、痛みの根本的原因である栄養の偏りを改善、健康維持のサポートをしてくれる栄養補助サプリだ。

（ライター／奈良岡志保）

株式会社 **リベト商事**
リベトしょうじ
0270-61-6368 contact@ribeto.co.jp
㊟ 群馬県伊勢崎市八斗島町1597-2
https://ribeto.co.jp/

こちらからも
検索できます。

公式オンラインショップ
【楽天市場】カラダ研究所
【Amazon】リベト商事
【Yahoo!】ASIAN MAX

※公式ショップで
特別価格キャンペーン中。

# 純国産タモギタケ×サンザシ
# 健康な長寿を目指す本物の自然派健康食品

長くなっていく人生を
健康に過ごしたい貴方へ

平均寿命81.41歳
健康寿命72.68歳

男性

平均寿命87.45歳
健康寿命75.38歳

女性

●平均寿命:厚生労働省
「令和元年簡易生命表」
●健康寿命:厚生労働省
「令和元年簡易生命表」
「令和元年人口動態統計」
「令和元年国民生活基礎調査」
総務省「令和元年推計人口」

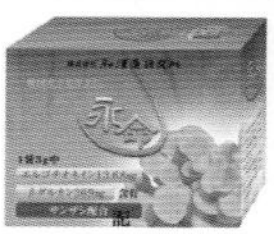

『タモギタケ
「永命」』
30袋入
希望小売価格
17,280円（税込）

人が本来持つ自然治癒力を最大限に引き出すための医薬品を、自然と共に生み出し続けている『和漢薬研究所』。注目の製品は、「人生100年時代」を支えるために開発された『永命』。強い抗酸化作用と脳の細胞を活性化させるエルゴチオネイン、免疫細胞を活性化させるβグルカンなどの成分を豊富に含むキノコ「タモギタケ」に、胃腸の働きを整える「サンザシ」を加えた健康食品だ。使用しているのは、国内で作り上げた独自の菌床で育てる「タモギタケ」。多くのキノコが中国から輸入される菌床で育てるのと比べ、純国産にこだわっている。また、赤松葉やクマザサ葉、朝鮮人参などから抽出した有効成分を使用した滋養強壮薬『松寿仙』、自然派エイジングスキンケア化粧品『華日和』化粧水・乳液もオススメ。

同社が目指すのは、「健康寿命」を伸ばすこと。毎日続けて、いつまでも「当たり前の生活」を実現しよう。

（ライター／播磨杏）

**株式会社 和漢薬研究所**
わかんやくけんきゅうじょ
お客様相談室 ✆ 0120-432-894
㊟ 東京都新宿区新宿1-29-8
https://capony-wakanyaku.co.jp/

松寿仙と
健康ライフ

『松寿仙（しょうじゅせん）』
510ml（170ml×3）
6,127円（税込）

和漢薬研究所の
数々の商品

『華日和』
乳液
100ml
5,500円
（税込）

# 痔ではないあなたに 肛門まわりのケアアイテム

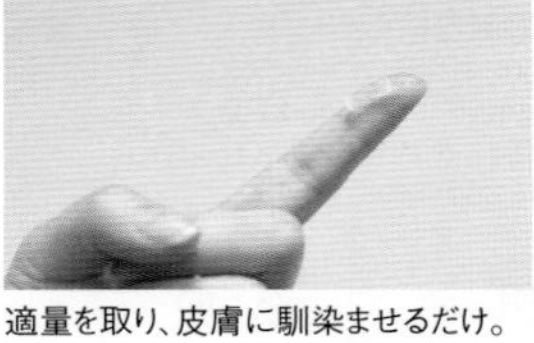

適量を取り、皮膚に馴染ませるだけ。

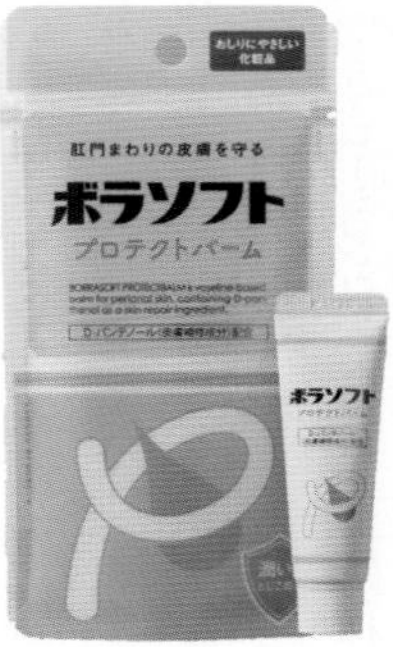


『ボラソフト®プロテクトバーム』
1本 10g 1,650円（税込）
お得な定期購入もあり。
詳しくはお問い合わせ下さい。

『ボラギノール®』で有名な『天藤製薬株式会社』が手がける、肛門まわりのケアバーム『ボラソフト®プロテクトバーム』。100年以上おしりの悩みや不安に寄り添ってきた同社の知見をもとに開発された肛門まわりの違和感にアプローチする化粧品だ。

皮膚の表面を覆って油の膜を作ることで水分の蒸発を抑制し、外部の異物からカバー。皮膚のダメージを補修する成分として「D-パンテノール」を配合。また、肛門と便の間に油の膜ができることでふき取りやすくなり、おしりの洗いすぎやふき過ぎを軽減させる効果もある。

ベタベタでもなくサラサラでもない、ちょうどいい粘度で塗りやすい。お風呂上がりや寝る前など習慣化して使用することがオススメだという。無着色・無香料で、界面活性剤も使われていないので、小さなお子様でも使える。

（ライター／播磨杏）

**天藤製薬** 株式会社
あまとうせいやく
☎ 0120-736-333　✉ borra_info@amato.co.jp
㊟ 大阪府豊中市新千里東町1-5-3
https://www.borra-brand.com/

こちらからも
検索できます。

# いつでも待たずに練習に打ち込めるゴルフ練習場が都心に登場

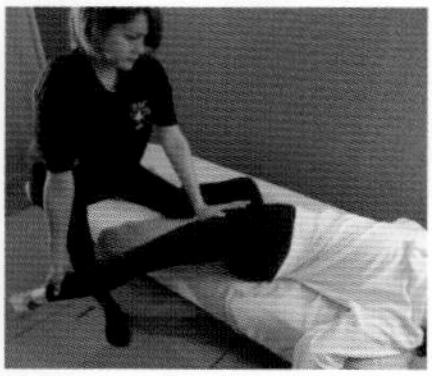

『パーソナルストレッチ』
50分 5,980円（税込）など

『レッスン特化プラン』
6,000円（税込）
『フルタイム 』
21,780円（税込）〜など
『パーソナルストレッチ』
50分 5,980円（税込）
など

## golfGT & Relaxsh

ゴルフジーティー アンド リラッシュ

080-8706-6699　gtrealiser@icloud.com
㊟ 東京都千代田区内神田2-15-2 内神田DNKビルB1
https://golfgt-relaxsh.com/　@golf_gt518

ゴルフ練習場に来ても悪天候だったり、満席だったりと悩まされていた人にぜひ知ってほしいのが24時間無休、完全予約制でゴルフとストレッチ、ジムが一体化した室内ゴルフ練習場『golfGT & Relaxsh』だ。「LPGA」が正式に推奨する「GOLFZON」のシュミレーションゴルフ機材を全打席に採用。スクリーンには弾道が表示され、自身のスイングも様々な角度から数値化。スコアアップに効率よく練習できる。そしてちょっとした合間などにストレッチでリフレッシュができる。物足りなさを感じた方には、神経伝達を促すリハビリテーション効果も高い『パーソナルストレッチ』がある。

（ライター／今井淳二）

# 美に敏感なお客様をゲット 薬膳を学んで愛されるセラピストへ

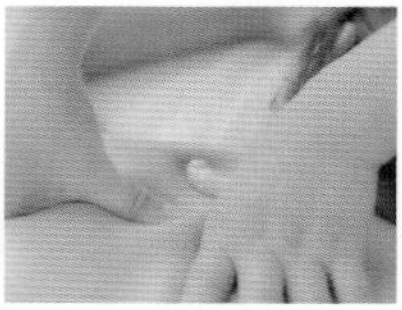

『TRANQUILO式薬膳エステ®セラピスト養成講座』
132,000円（税込）

## holistic beauty therapisto college Unange

アノージュ

090-3070-0367　tranquilo.0423@gmail.com
㊟ 東京都中央区銀座7-15
https://tranquilounange.com/

『holistic beauty therapisto college Unange』は、セラピストを目指す方やセラピストとして開業している方が対象のワンツーマンレッスンのスクール。他には類を見ない『薬膳エステ』を学ぶことで、予約が取れない人気サロンへと導いてくれる。『TRANQUILO式薬膳エステ®セラピスト養成講座』では、東洋医学をわかりやすく学び、リピート率が向上するカウンセリング方法や日本人に合わせた強圧のディープリンパドレナージュなどを学ぶ。

（ライター／河村ももよ）

# 30代から男磨きで手に入れる理想の自分

## 30代からの男磨きサロン

30 だいからのおとこみがきサロン

✉ gtjyagtj@gmail.com

https://kazokuaii.com/

こちらからも
検索できます。


嫌な自分を変えたい、カッコよくなりたいけど何すれば良いか分からないと悩む男性も多いのでは。『30代からの男磨きサロン』は、ヘアケアやスキンケア、ファッション、メイクなど自信をつけるための自分磨き情報がトータルに詰まったメンズ美容メディア。周りに相談できないような男のコンプレックス、知らないと恥ずかしい〝今どきメンズのトレンド〟についても発信している。学んで実践すれば、理想の自分になれる。モテたい男子は必見の情報が盛りだくさん!!

（ライター／長谷川望）

# 男のスキンケアはあたりまえの時代! 自信を爆発させる秘密の鍵はエスティボ

『エスティボ』100g 4,980円(税込)


株式会社 **ルナソル**

03-6427-0526 ✉ support@lunasol.co.jp

㊟ 東京都渋谷区恵比寿西1-17-1えびす第一ビル6F

https://www.afrodete.net/stbeau/


「モテる男性はこの一本」香り・成分・コスパにこだわったメンズ向けオールインワンゲル『エスティボ』。エステサロンアフロディーテ東京恵比寿と美容成分35種類配合し共同開発！ベタつかずさらっとしているのに、保湿効果は抜群！思わず女性が触れていたくなるすべすべ肌に。『エスティボ』は、外見と内面の自信を高めるパートナー。新しい魅力を放ち、人生変える第一歩を踏み出すきっかけに。

（ライター／奈良岡志保）

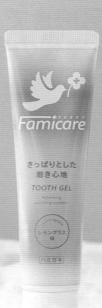

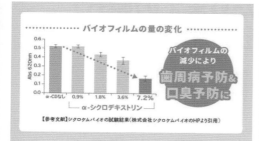

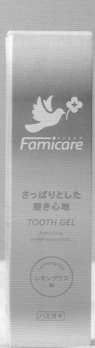

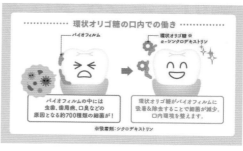

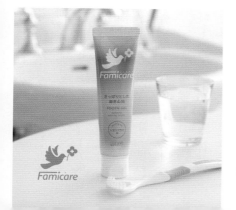

# モンドセレクション
# 優秀品質 金賞受賞

島原生まれの新歯みがき粉

## 歯科医師が本気で作った最強の口臭予防歯みがき粉

## Famicare TOOTH GEL

ファミケア トゥース ジェル

### 誰でも安心して使える自然由来成分の歯みがき粉

日々臨床にたずさわる歯科医師が口臭予防のために本気で作った『歯ッピーヘルス株式会社』の歯みがき粉『ファミケア』。トウモロコシ由来のオリゴ糖を配合することで、歯周病や虫歯を防ぐ常在菌に悪影響を与えず、除菌&口臭予防効果を発揮。環状オリゴ糖は細菌よりも小さく（1nm）歯ブラシの届きにくい場所や舌のヒダの中に入っている汚れも吸着して除去してくれる。口臭の主な原因は舌苔※1なのでその舌苔をきれいに吸着して取ってくれるため、口臭予防効果が高い。天然由来の成分を配合。赤ちゃんからお年寄り、うがいができない高齢者や入院中の方も安心して使うことができる。『歯ッピーヘルス』代表の副島太悟さんが理事長を務める「医療法人四葉 まき歯科」では、一般歯科だけでなく訪問診療、お子様や高齢の方の治療、インプラントやホワイトニング、専門的な外科治療など、あらゆる診療・相談事に取り組んでいる。歯科治療が苦手な方でも安心できるよう、笑気ガスや鎮静剤を使用し、リラックスした状態で治療も行っている。

歯ッピーヘルス株式会社 代表
まき歯科 理事長
副島太悟さん（左）

まき歯科 副院長
副島真紀さん（右）

※1 舌表面に付着した苔状のもの。この苔状が厚くなると細菌の温床となり、口臭の原因になるといわれています。また舌を磨くときは必ず舌ブラシをご使用下さい。

Statice
スターチス
暮らしに彩りを与えてくれる
華やかな花flower
生花としてもドライフラワーとしても活躍する花、『スターチス』の品種改良、研究を行い、毎年5万株以上の実生苗の中から花の色と形が美しく栽培しやすい品種を厳選。それを培養室に取りこみ、メリクロン苗を増殖。最新技術を駆使し、高品質の苗を大量生産。そして、培養室から出た苗を培養土に植えつけ、徐々に外の環境に馴らしながら苗を仕上げていく。『スターチス』は、ガクの発色が鮮やかで、その華やかさから様々なシーンのフラワーアレンジメントに活用することができる。
私たちは、豊富な色を揃えるだけでなく、花の退色が遅く日持ちする品種の開発にこだわっています。
『TSメリクロン』試験圃場
TSメリクロン 株式会社
TEL.0551-36-4131
山梨県北杜市小淵沢町8098
E-mail/tsmc@e-tsmc.com
https://e-tsmc.com/

# 最前線医療の現場と頼れる専門ドクター

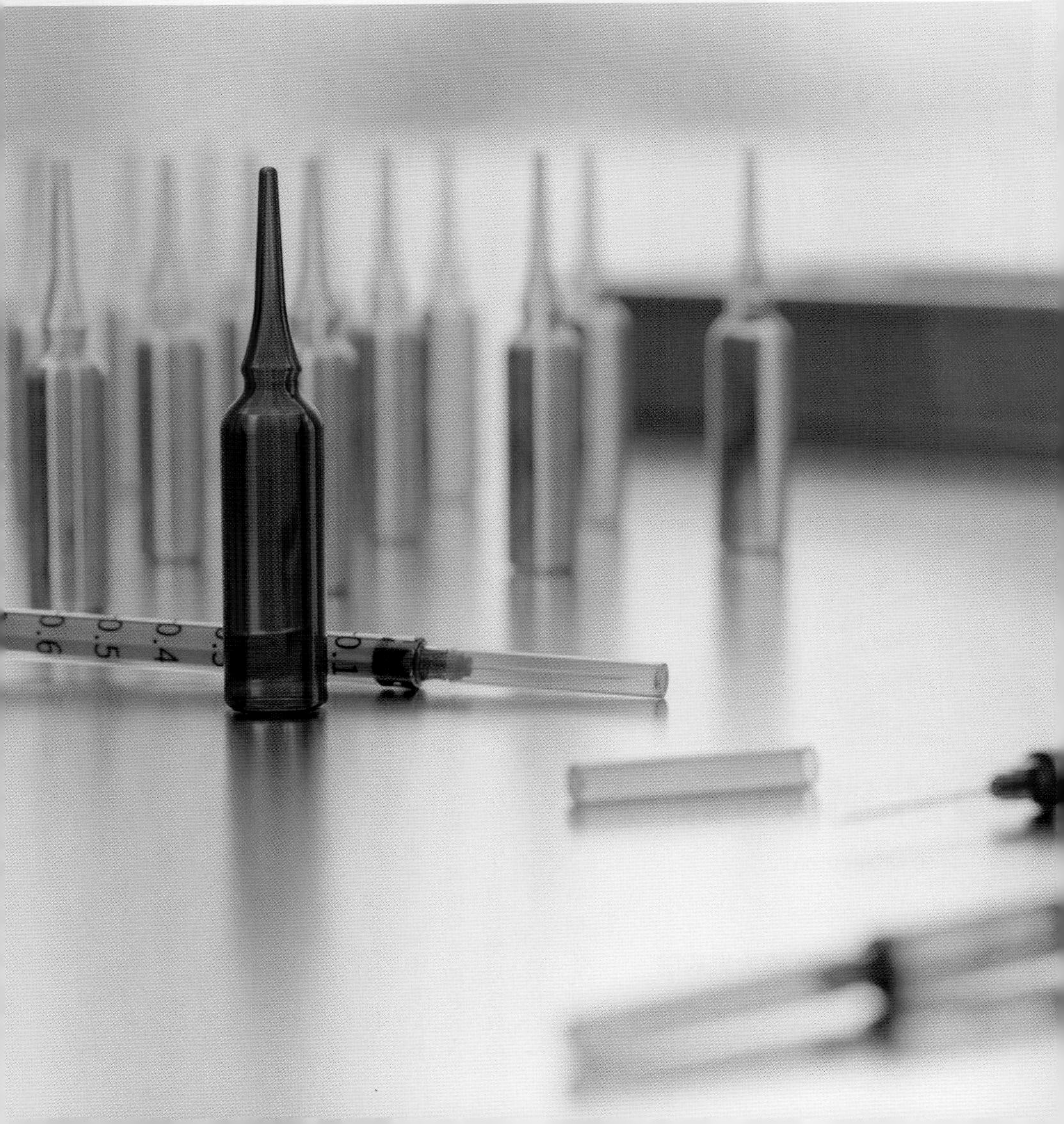

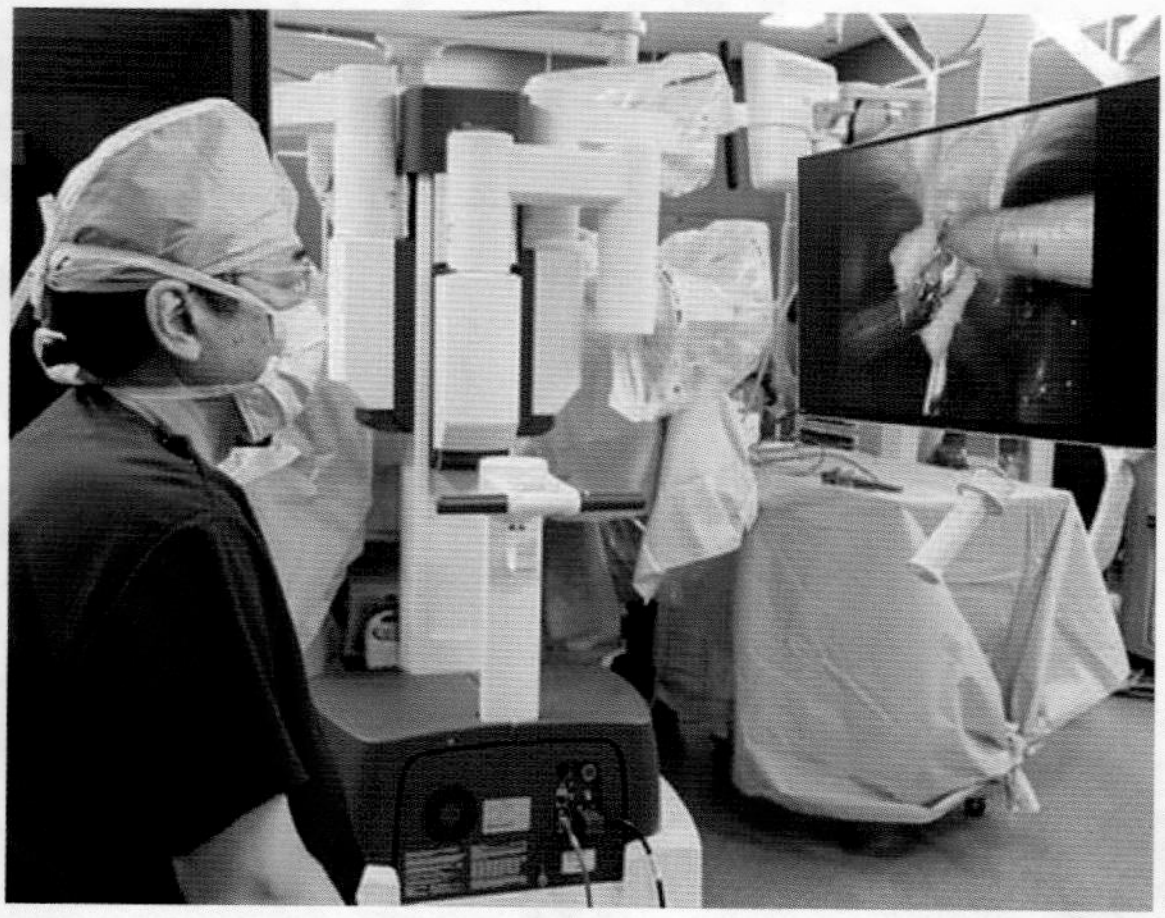

# 『前立腺がん』の治療に光る豊かな経験と学識 高精度のロボット手術で国内屈指の実績

## 腫瘍含めた前立腺全摘技術習得の医師を育成

米国発の胸腔、腹腔の内視鏡下手術用ロボット「ダビンチ」を使った手術で国内屈指の施行実績を持つのが『東京国際大堀病院』の大堀理（まこと）理事長だ。ロボット手術センターには、Xi、Xの最新鋭機種2台を導入、泌尿器科系と婦人科系の疾患の手術治療に使っているが、中でも実績が際立つのが前立腺がんに対する前立腺全摘術による治療。開院した2019年から2023年6月までのロボット支援手術1384例の約6割を占める792例にのぼる。

大堀理事長は、前立腺がんの病理学的特徴と新たな診断法に関する研究で医学博士の学位を取得、またダビンチを開発した米インテュイティブサージカル社からダビンチを操作できる専門医の認定資格(da Vinci Certificate)も得た後、ダビンチを日本で初めて導入した東京医科大学で2014年からロボット手術支援センター長として国内で最も多くの前立腺ロボット手術を担当した経験を持つ。

「前立腺がんは、日本人男性で最も多い疾患。血液検査値PSA値が上昇し発見されることが多く、現在では多くが早期がんで見つ

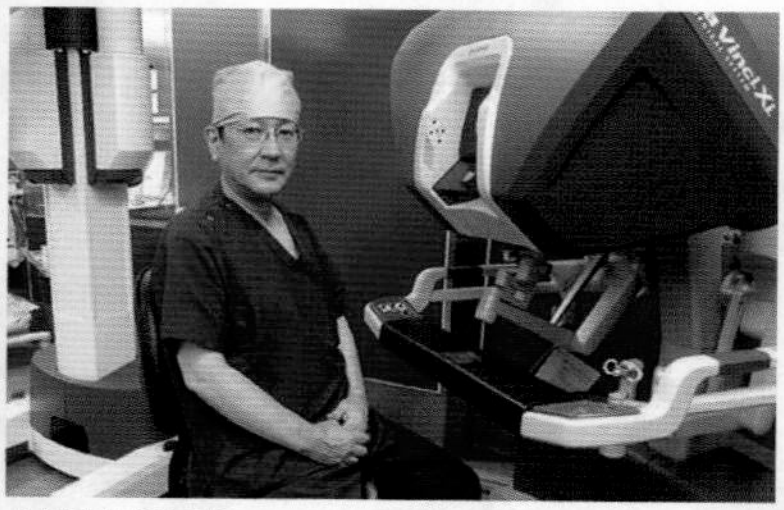

大堀理 理事長
岩手医科大学卒。米国メモリアルスロンケタリング癌センター前立腺診断センター副所長、東京医科大学教授など歴任。日本泌尿器科学会専門医・指導医。

OHORI
医療法人社団實理会
東京国際大堀病院

診 8:30〜11:30 13:00〜16:00
土曜日8:30〜11:30
休 日曜日・祝日

医療法人社団 實理会 東京国際大堀病院
とうきょうこくさいおおほりびょういん
0422-47-1000 ohorills@ohori-hosp.jp
住 東京都三鷹市下連雀4-8-40
https://ohori-hosp.jp/

かります。早期がんであれば手術、放射線治療、内分泌治療、経過観察などから治療方法を選びます。転移のある進行がんですと内分泌治療が中心となります。手術は、ロボット支援前立腺全摘術といい、全身麻酔下で腫瘍を含めた前立腺と精嚢を尿道と膀胱から切り離して摘出し、膀胱と尿道をつなぎ合わせる手術です。手術時間は約2～3時間、入院は約10日間です」

大堀理事長が泌尿器科系と婦人科系の疾患の手術治療にダビンチを使う理由は明確だ。

「ダビンチを用いたロボット手術は、腹腔鏡下手術と同様に患者さんの体に小さな穴を開けて行う傷口が小さい身体への負担の少ない治療方法です。お腹の中に二酸化炭素を注入し膨らませることで止血効果をもたらします。執刀医は、精細な拡大3D画像を見ながら、7方向360度という人間の手よりも自由度が高く精密な動きが可能となるアームの先端を活かして手術操作を行います。従来の手術に比べて傷口が小さく、術中の出血量が減少し、術後の痛みも少ないため、患者さんの早期社会復帰が期待できます。ダビンチによる前立腺がんの全摘術は保険が適用されるのも利点です」

大堀理事長は、日本ロボット外科学会認定国際A級ライセンス（日本で9名のみ）日本泌尿器内視鏡・ロボティクス学会認定のプロクター（指導医）の資格も持ち、ロボット手術の習得を目指す医師の育成にも力を注ぐ。

（ライター／斎藤紘）

ロボット手術センター
ROBOTIC SURGERY CENTER AT OHORI
手術支援ロボット"ダビンチ"2台完備
× da Vinci Xi SURGICAL SYSTEM

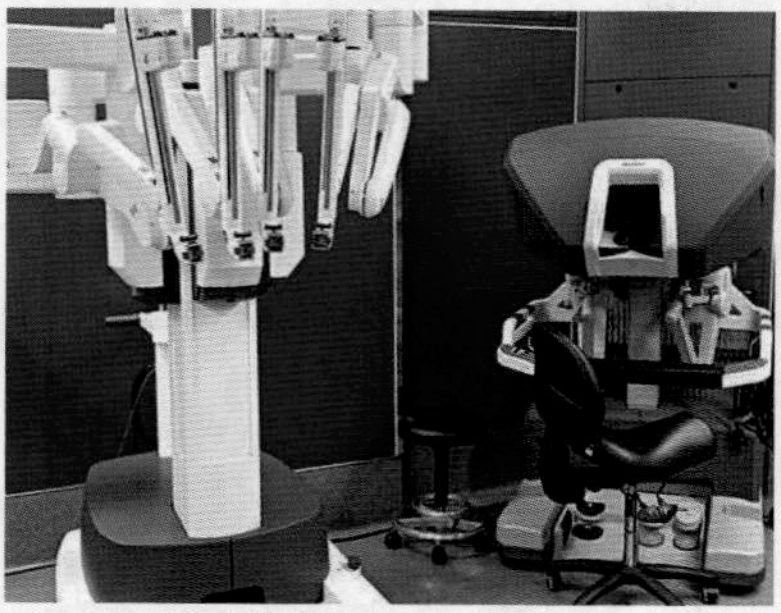
ロボット支援前立腺全摘術

「ロボット手術と
膀胱がん・尿管がん」
祥伝社新書
1,012円（税込）

# 内視鏡手術と再生医療が可能な初の医院 がん抑制細胞の投与で多様ながんを治療

田中聡 院長
大阪医科大学医学部卒。複数の病院勤務を経て、2023年3月、開院。日本脳神経外科専門医、脊椎脊髄外科専門医、日本脊髄外科認定医。

## 低侵襲の日帰り手術 豊かな手術経験生かす

生活に支障を来たす腰痛の原因となる様々な疾患を低侵襲の内視鏡手術と再生医療を併用した日帰り手術で治療する国内初のクリニックがある。「痛みと再生のクリニック」をコンセプトに2023年3月に開院した『表参道総合医療クリニック』。日本脳神経外科学会専門医、脊椎脊髄外科学会専門医として数多くの手術を手がけた田中聡院長の高度の医療技術が光る治療法で、その実力は遺伝子レベルでがん細胞の死滅を促すがん遺伝子治療にも表出する。

腰痛治療の代表例は、椎間板ヘルニアと脊柱管狭窄症の治療で、早期の社会復帰を可能にする。日帰り内視鏡手術には、レーザー照射で神経の圧迫を軽減する「椎間板ヘルニアレーザー」、針の先から注入するオゾンと酸素の混合ガスでヘルニアを減少させる「経皮的オゾン椎間板減圧術」、炎症部分に針を直接差し込んで手術する「経皮的内視鏡下椎間板摘出術」、狭くなった脊柱管を広げる「脊柱管狭窄症内視鏡下手術」があり、いずれも局所麻酔下で行われる。

「内視鏡手術は、出血は多くて10cc、手術創は約8㎜。身体にメスを

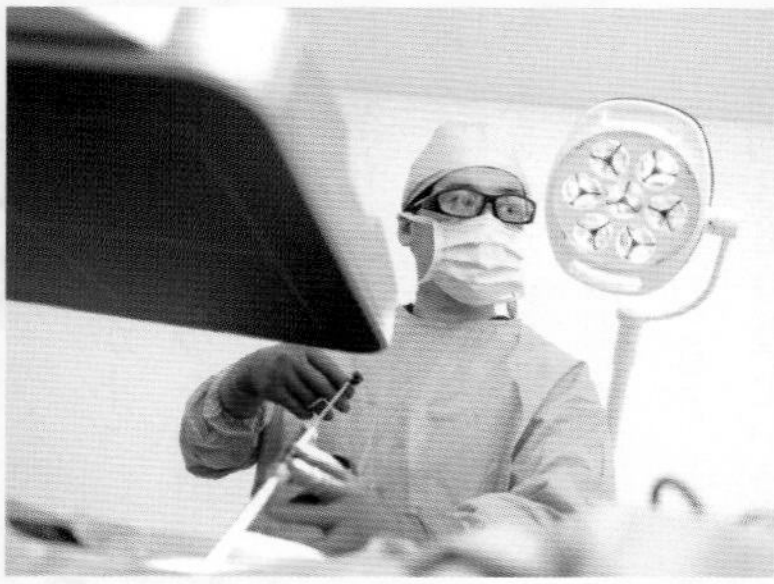

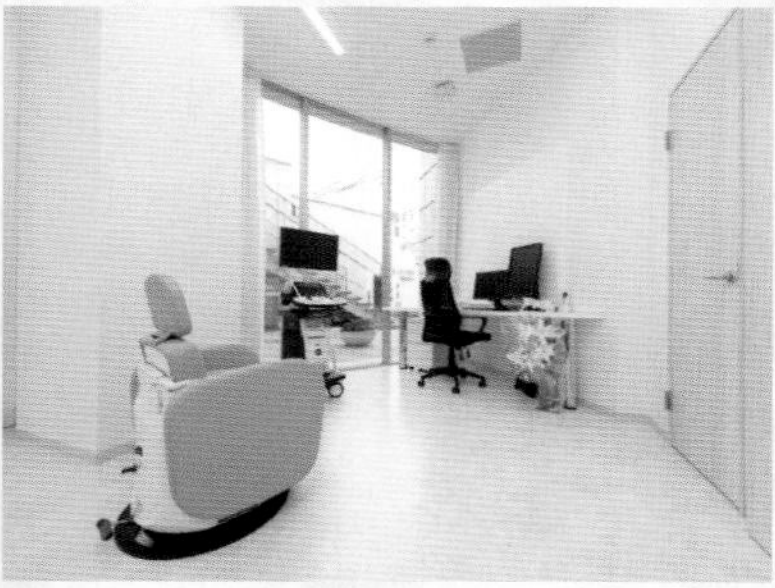

㊟ 10:00〜19:00 ㊡ 木曜日・祝日


**表参道総合医療クリニック**
おもてさんどうそうごういりょうクリニック
03-6805-0328 info@omotesando-amc.jp
㊟ 東京都渋谷区神宮前5-46-16 イル・チェントロ・セレーノ1F
https://www.omotesando-amc.jp/

入れるのは内視鏡を挿入する部分のみで、それも出血と術後の痛みが最小限で済むよう、極力筋肉層にダメージを与えないように行います」

再生医療の代表例がPRP療法。受療者から採取した血液の血小板の濃度を高めて多血小板血漿（PRP）をつくり、これを身体の傷んでいる部位に注入して修復を促す治療法だ。

「内視鏡手術とPRP療法を併用する場合、手術で痛みの原因となる神経の圧迫を取り除いた後に、レントゲン下で状態を確認しながらPRPを注射器で直接注入して終了です。麻酔が切れるまでリカバリールームで休憩していただいた後はそのまま帰宅することができ、翌日から普段どおりの生活に戻ることができます」

がん遺伝子治療は、がん抑制遺伝子を利用する治療法だ。

「細胞分裂の際、遺伝子が壊れ、そのコピーが細胞の増殖とともに繰り返される状態に陥った細胞ががん細胞。がん遺伝子治療は、傷ついた遺伝子を正しい情報を備えた遺伝子に置き換えることで、がん細胞の増殖を抑制し、死滅を促す方法です。当院では10種類のがん抑制遺伝子を用意し、それぞれの特徴を考えながら、患者さんの体内に点滴投与します」

ごく限られた特殊ながんや小児がんを除き、多くのがんに適応でき、その後の抗がん剤治療や放射線治療の効果が高まることも期待できるという。

（ライター／斎藤紘）

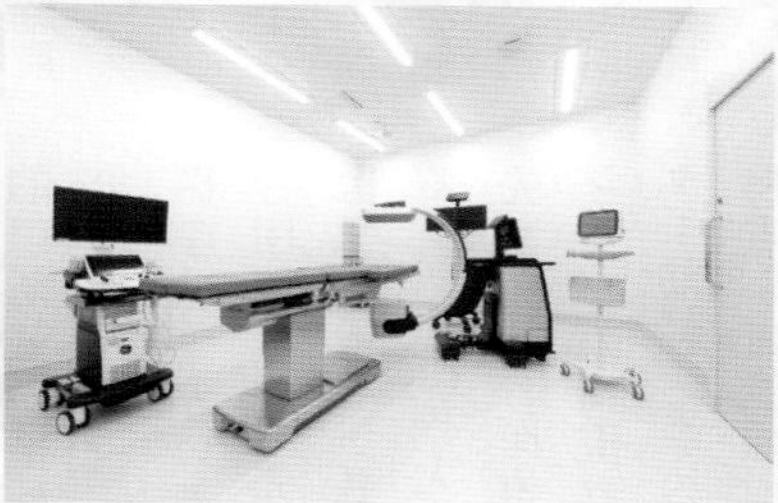

オペ室

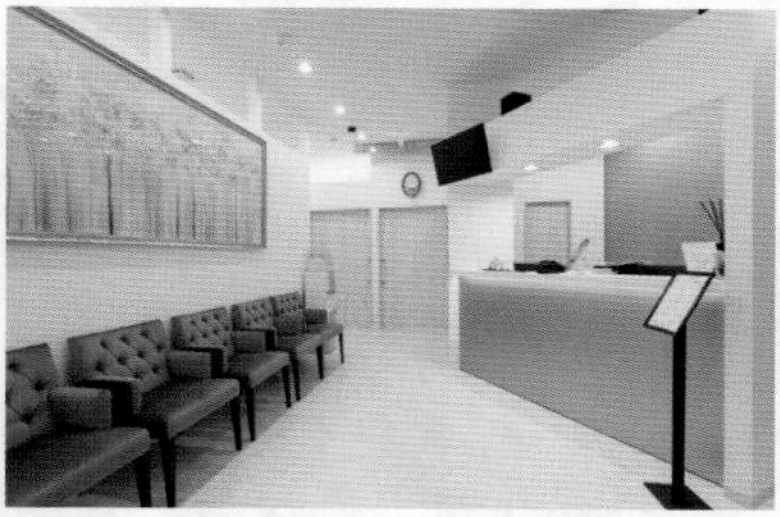

待合室

リカバリー室

# 遺伝子レベルの検査で
# がんのリスクを予測
# 健康寿命の延伸に
# 寄与する戦略的予防医療

教授・センター部長 福沢嘉孝さん
日本内科学会指導医・総合内科専門医。日本消化器病学会、日本肝臓学会、日本東洋医学会の指導医・専門医。臨床ゲノム医療学会理事長、ゲノムドクター。日本先制臨床医学会理事長。米国内科学会上級会員（FACP）。

## ゲノム専門医の知見動員
## 受診者にセルフケア促す

消化器内科をベースにゲノム医療、再生医療、老化制御医療などの研究成果を動員し、高齢化時代の課題である健康寿命の延伸を目的に病気の早期発見、早期治療に情熱を注ぐ医学博士がいる。一般社団法人日本先制臨床医学会の理事長を務める『愛知医科大学病院先制・統合医療包括センター』の福沢嘉孝センター部長。その活動の拠点が血液採取による遺伝子レベルの検査で早期にがんのリスク診断する「mRNA（マーナ）健康外来」。mRNAはメッセンジャーリボ核酸の略で、DNAが持つ遺伝子情報を写してタンパク質を作る設計図として機能する分子のことだ。

『mRNA健康外来』は、戦略的予防医療の最前線に位置する外来で、未病の段階からがんのリスク診断して将来の健康状態を予測し、先手を打って受診される方に意識付けをし、行動に変容を起こさせ、現代人に蔓延する生活習慣病をセルフケアして頂き、予防、改善、治癒に導くのが目的です。これにより、健康寿命の延伸をより一層実現することが可能となり、個々人のQOLの向上へつながると考えています。主に未病受診者、がん患者さん、がんの

**愛知医科大学病院先制・統合医療包括センター**
あいちいかだいがくびょういんせんせい・とうごういりょうほうかつセンター
0561-62-3311　ampimec@aichi-med-u.ac.jp
㊟ 愛知県長久手市岩作雁又1-1
https://www.aichi-med-u.ac.jp/hospital/pages/senseitougou.html

再発、フォローアップ希望の患者さん、がん完治と告知されたがそれでも心配な患者さんを対象としています」

検査は健診での採血量の4分の1程度のわずか2・5mℓの採血で行う。

「親から受け継ぐDNAの遺伝情報の基本設計は変わることはありませんが、DNAの命令を受けて様々なタンパク質を合成するための遺伝情報を伝達するmRNAは生活環境やストレスなどの影響を受けて変化します。その変化の状態の解析で病気ではないが健康でもない未病の段階から、男性8臓器、女性11臓器のがんのリスクを診断するのが当検査です。血液の中の白血球の単核球という細胞をコロナ禍で知られるようになったPCR法で培養してmRNAを抽出、解析します。臨床ゲノム医療学会が約500人の解析から割り出した5段階の評価基準に照らし、健常、標準ゾーンなら低リスク、やや注意、注意ゾーンであれば中リスク、警告ゾーンの場合は高リスクと判定します。その結果を報告書にまとめて可視化し、検査から約4週間後に詳しく説明します」

日本人の2人に1人はがんに罹患し，3人に1人はがんで亡くなり、今後もがん患者が増加し続けることが予想される時代。福沢センター部長の戦略的予防医療の役割は大きくなる一方だ。

（ライター／斎藤紘）

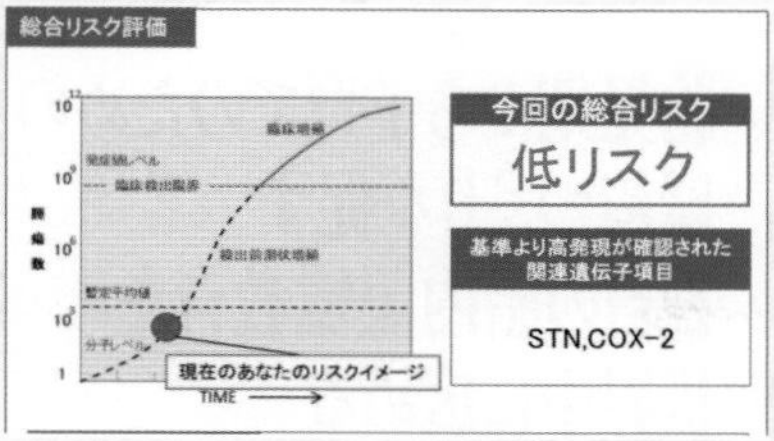

ガンリスクの総合判定

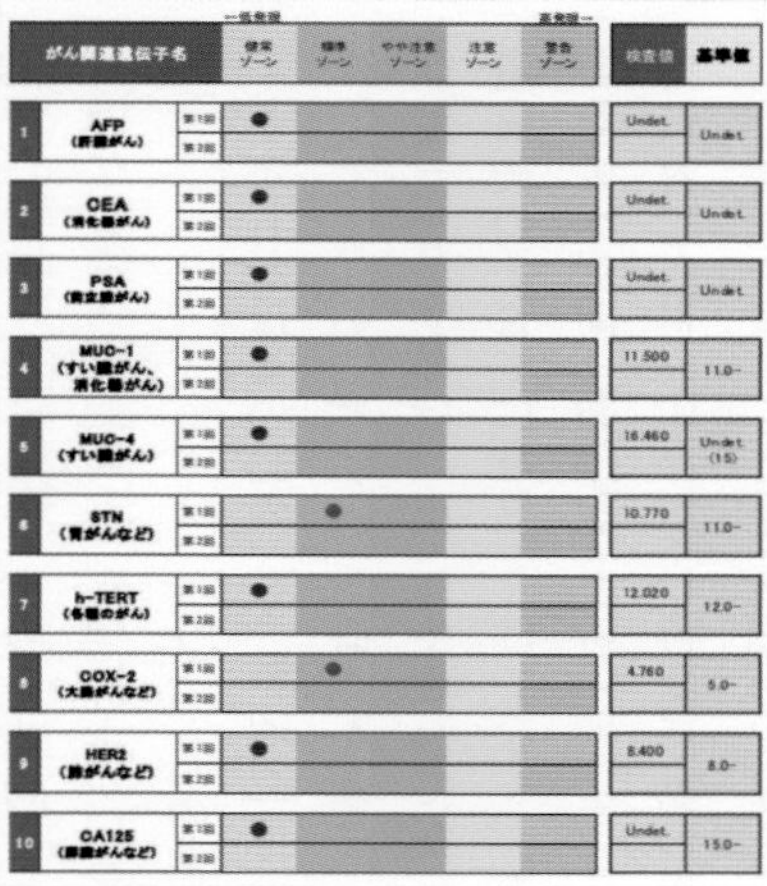

ガンリスクの5段階評価

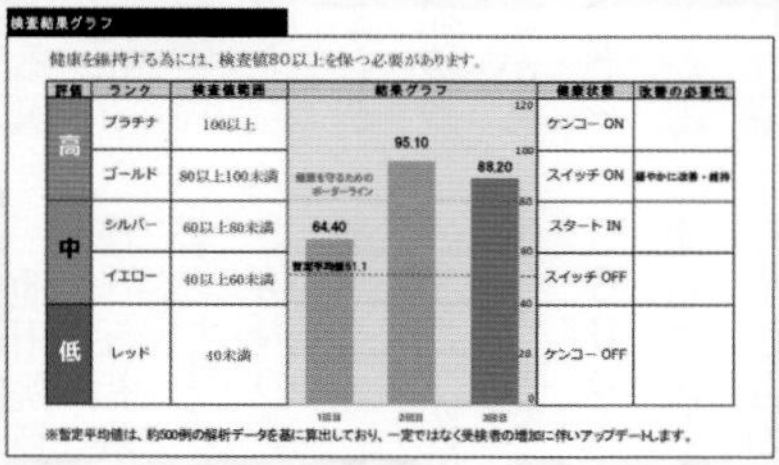

長寿遺伝子の5段階評価

『愛知医科大学病院先制・統合医療包括センター』ホームページ及び臨床ゲノム医療学会資料より引用。

図1;性差別各種がん関連遺伝子のmRNA高発現時に対応する各種臓器がん（男性・女性）
図2;長寿遺伝子（Sirt1）活性化診断
図3;各臓器に関連するがんリスクの5段階評価
図4;がんリスクの総合評価・判定
写真1;日常診療風景ー①（毎週木曜日・㊽番外来・第1診察室）
写真2;日常診療風景ー②（毎週木曜日・㊽番外来・第1診察室）

# 胎児期から子育てのための環境づくりを促す独自の胎内記憶教育を世界中に広める

池川明 院長
帝京大学医学部卒。大学院修了。医学博士。上尾中央総合病院産婦人科部長を経て、1989年開院。胎内記憶に関する著書多数。米国の出生前・周産期心理学協会アドバイザー。

## 胎児心理学の学説重視 多様な基礎講座受講生

子どもが母親の胎内にいたときの記憶「胎内記憶」に耳を傾け、出産前後の子育てに役立てるよう促す「胎内記憶教育」を世界中に広める活動をしている医学博士がいる。『池川クリニック』の池川明院長。「胎内記憶」に関する研究を基に、子どもが生まれてからの環境だけでなく、胎児期からの環境づくりが重要と、啓蒙活動の拠点となる日本胎内記憶教育協会を設立して進めてきたのが「胎内記憶教育」だ。

池川院長は、飯田史彦・元福島大学教授の著書「生きがいの創造」で胎内の子どもにも意識があることを知ったのをきっかけに「胎内記憶」の研究を開始。約3600人の母親に対するアンケートを通じて子どもの胎内記憶の数々に触れ、さらに、胎児心理学の世界的権威、元ハーバード大学教授トマス・バーニー博士が著書「胎児は知っている母親のこころ」で示した「母親の態度、感覚、感情、思考は、ホルモンや神経伝達物質の分泌に影響し、それらは血液の流れに乗って胎盤を通り、胎児の発達中の脳に届いて、脳の配線を決定する」とする学説も合わせ、「胎内記憶」の存在を確信した。

受付

ロビー

㊟ 月・水・金曜日9:30～12:30　15:00～17:00
火・木曜日9:30～12:30
㊡ 日曜日・祝日


**池川クリニック**
いけがわクリニック
045-786-1122　aikegawa@jcom.zaq.ne.jp
㊟ 神奈川県横浜市金沢区大道2-5-13
http://ikegawaclinic.net/

「胎内記憶教育」は人生最初のお腹の中から始める教育といい、その学びの場である基礎講座は、人間の基礎を築くといわれる、母親の胎内に命が宿す前から命の始まりまでの期間を4つに分け、それぞれの期間に起きている事柄やその意味などを、子どもたちが語る「胎内記憶」に基づいた子どもの視点から伝えるものだ。

「『胎内記憶教育』は、子どもに胎内記憶があるかもしれないと意識することで、生まれる前から育児の準備を促すものです。胎児の時から五感で認識することができ、感情を持つ一人の人間だと思うと、お腹の中にいる時のコミュニケーションや出産の方法、そして育児について考えさせられるからです」

これまでに講座を受講した人は、育児中の女性に止まらず、独身者、子育てが終わった世代の人、医師、助産師、看護師などの医療関係者、保育士、幼稚園、小学校、高校教諭、アーティスト、カウンセラー、セラピスト、メンタルコーチ、公務員、神職、IT関係者など職種も世代も多岐にわたる。

受講者からは、「育児により責任感を持てるようになった」「自分としっかり向き合える時間になった」「近い将来、自分の身体とお腹の子との体験談を語れる日が楽しみ」といった感想が寄せられているという。

（ライター／斎藤紘）

数々の講演を行う池川院長。

「胎内記憶」について発表し話題となり、「胎内記憶」を世界に広める活動を行っている。

池川明院長の公式サイト　http://ikegawaakira.com/

池川明YouTube
https://www.youtube.com/@AKIRAIKEGAWA/

弓部＋下行大動脈手術の変遷

| | 1980年代 | 1990年代 | 2000年以降 |
|---|---|---|---|
| 手技 | 正中切開＋左開胸 | Elephant Trunk | Open Stent Graft |
| 特徴 | 侵襲大 | 2期的手術が7割必要 | 手術が1回で済む可能性が高い |

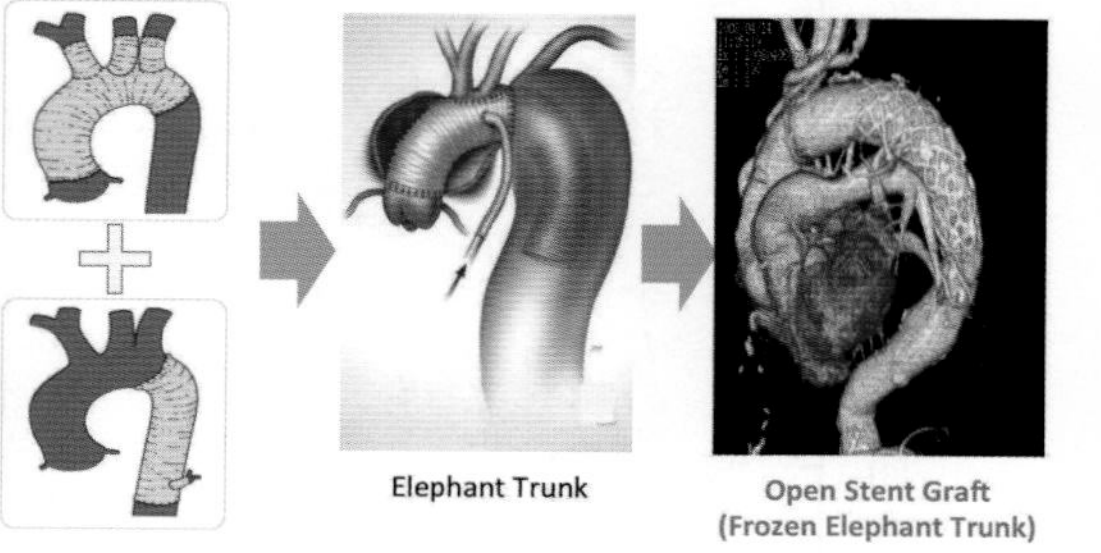


『オープンステントグラフト』図

# タイでの国際医療会議に講師として招かれる医師を目指す高校生を病院の見学に招待

## 院長就任後も活動多様 病院業務の進化を追求

病床430床、約1000人の医療スタッフを擁する国内有数の医療機関を牽引する責任者としての管理業務と循環器系疾患の手術を施行する心臓血管外科医としての診療業務を間断なく遂行する『新東京病院』の中尾達也院長兼心臓血管外科主任部長は、海外の医師との交流と国境を越えた先進医療技術の普及に情熱を注ぐ国際派医師でもある。特に『オープンステントグラフクラフト法』による大動脈瘤の手術治療という日本発の医療技術の実施医、指導医として取り組んできた普及活動は交際的に高く評価され、2024年5月にタイ・バンコクで開催される「第2回世界心臓・循環器系疾患会議」にゲストスピーカーとして招待されたのもその証だ。

大動脈瘤は心臓から全身に血液を送る大動脈にコブができ、破裂すると生命の危機につながる疾患。『オープンステントグラフト法』による手術治療は胸を開けて患部の血管にステントグラフトという金属製の骨組みに支えられた人工血管を挿入する低侵襲な手術法で、手術時間の短縮化が可能になる術式。中尾院長は、台湾を中心に広く普及

中尾達也 院長
広島大学医学部卒。2014年『新東京病院』副院長兼心臓血管外科主任部長。三学会構成心臓血管外科専門医。三学会構成心臓血管外科専門医認定機構修練指導医。日本冠疾患学会評議員。腹部、胸部ステントグラフト実施医。2023年6月『新東京病院』院長就任。

ソーシャルワーカー・保健師による対応時間
月～土曜日9:00～17:00

医療法人社団 誠馨会 **新東京病院**
しんとうきょうびょういん
✆ 047-711-8700
㊟ 千葉県松戸市和名ケ谷1271
http://www.shin-tokyohospital.or.jp/

活動を進め、この術式を解説したイタリアでのプレゼンテーションは価値のある学術資料としてオンラインで世界に配信された。タイでの世界会議では、300例の施行経験と成績を30分の講演で発表する予定だ。

中尾院長は、心臓血管外科では後進の育成にも積極的に取り組んできた。2023年10月に郷里の広島市から修学旅行に来る市立基町高校の生徒で医療系の進学を希望する男女約40人を病院見学に招いたのもその一環。中尾院長は講話も行い、自身の医師として坂の上の雲を目指して歩んできた人生を振り返った著書「いのちを救い、縁を繋ぐ生き方 心臓血管外科医が次代へ伝えたいメッセージ」の核心である「道の真ん中を歩くこと」「縁を大切にすること」の意義に触れる内容だ。

「『新東京病院』が今後益々進化するように病院職員、スタッフ一同が『新東京病院』で働くことを誇りに思い、新東京病院でずっと働きたいと思うようにすることが院長としてやるべきことだと考えています。さすれば、患者さんが安心して治療を受けられる『新東京病院』に近づけると確信しています」

『新東京病院』に入職して14年目の2023年6月に病院管理者に就任して半年、医院内、海外問わず、様々な業務や活動に取り組む中尾院長の坂の上の雲を目指す旅はこれからも続く。

（ライター／斎藤紘）

2019年11月、イタリアボローニャ大学での発表。

2019年11月、ボローニャ大学、Bartolomeo心臓血管外科教授と。

基町高校の生徒さんたちとのスナップ。

著書「いのちを救い、縁を繋ぐ生き方
心臓血管外科医が次代へ伝えたいメッセージ」
現代書林刊

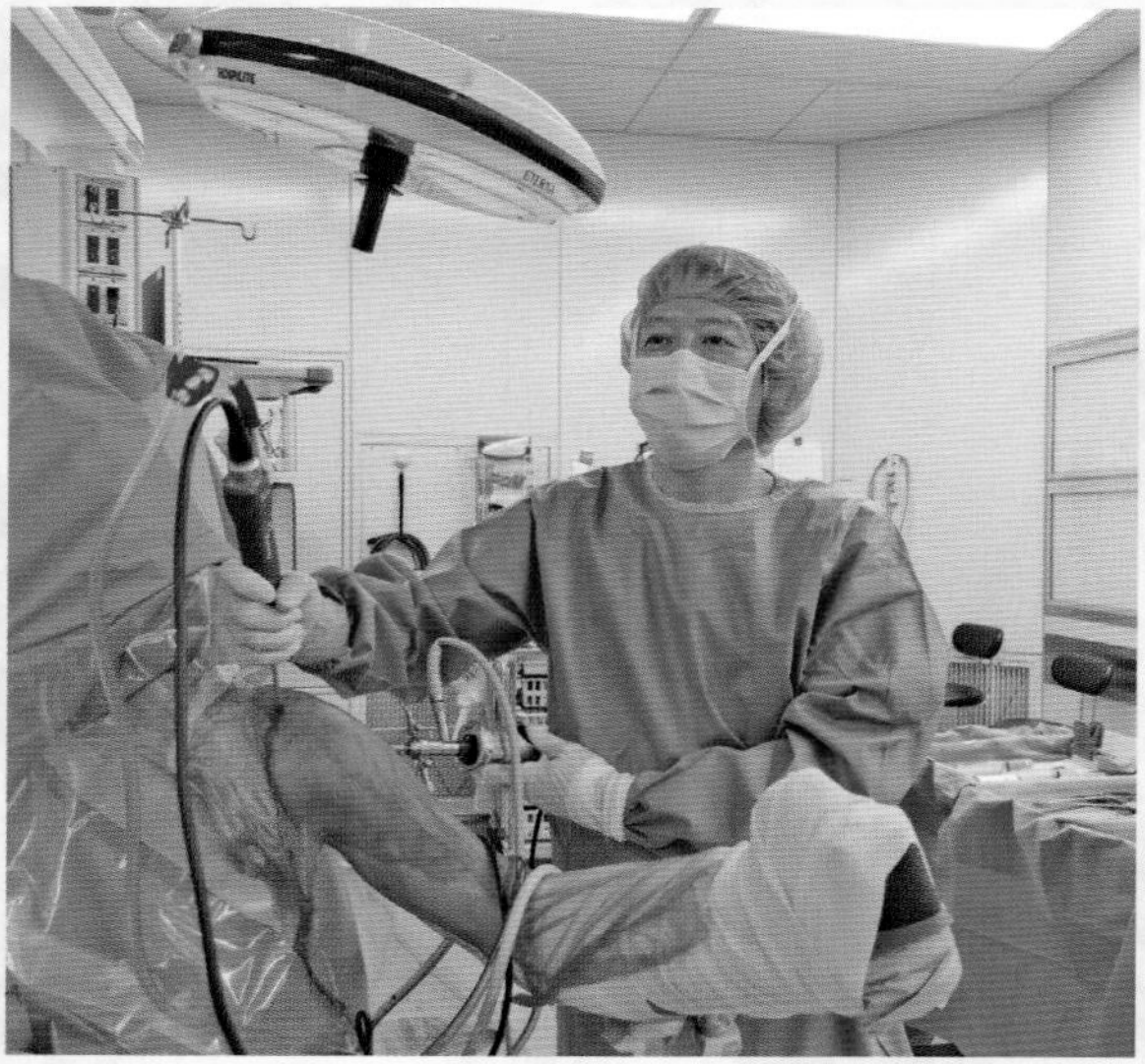

# スポーツ障害の治療で国内屈指の実績 実力を示す肩腱板断裂の高度な手術療法

## 来院治療の7割が選手 スポーツの特性を考慮

ＭＬＢの大谷翔平選手が右肘靭帯損傷で手術を受け、クローズアップされたスポーツ障害。その治療で国内屈指の実績を重ねているのが『麻生総合病院』の鈴木一秀スポーツ整形外科部長だ。相手との激しい接触のあるコリジョンスポーツ選手の外傷性肩関節脱臼に対する新しい術式に関する研究で医学博士の学位を取得した日本整形外科学会認定スポーツ医。名門、早大ラグビー部のチームドクターも務め、その高度の医療技術を求めて全国から障害を負ったスポーツ選手が来院する。

「当院がスポーツ整形外科を開設したのは、2011年。以来、当科を受診される約7割がスポーツ由来の障害を抱えている方です。早期にスポーツ復帰できるよう症状に合わせた適切な治療を行ってきました」

診療対象は、投球障害肩、野球肘、反復性肩関節脱臼、腱板断裂、離断性骨軟骨炎、オスグット病、シンスプリント、捻挫、半月板・靭帯損傷など多岐にわたるが、中でも実力を示すのが四つの腱から成る肩腱板が切れてしまう肩腱板断裂に対する治療だ。

鈴木一秀
スポーツ整形外科部長
昭和大学医学部卒。医学博士。日本整形外科学会認定専門医、日本体育協会公認スポーツドクター。昭和大学藤が丘病院兼任講師。

㊟ 9:00〜12:00　13:30〜17:00
㊡ 日曜日・祝日・土曜日午後

医療法人社団 総生会 **麻生総合病院**
あさおそうごうびょういん
044-987-2522
㊟ 神奈川県川崎市麻生区上麻生6-25-1
https://www.souseikai.net/

「肩腱板断裂は、転倒など強い衝撃が加わったことが原因になるだけではなく、加齢などで自然と断裂している場合もあります。小さな部分断裂なら稀に自然回復することがありますが、完全断裂の場合基本的に断裂が拡大し、腱で肩関節が支えられなくなって関節の位置がずれることにより、変形性肩関節症を発症し、人工関節置換術が必要になる場合もありますので早期治療が必要です」

鈴木部長は、様々な療法で治療する。

「薬物や運動療法による保存療法のほか、自身の多血小板血漿を用いて腱の修復を促す再生医療のＰＲＰ療法や低侵襲な関節鏡視下手術で治療します。関節鏡視下手術は、１㎝前後の手術創を５ヵ所作り、内視鏡で見ながら骨に置き変わる吸収性素材のスーチャーアンカーを腱板の付着部である大結節という骨に入れて腱板を修復する方法です」

修復が難しいほど大きく断裂している場合は、腱板を肩甲骨から剥がして前進させる棘下筋回転移行術で対応するといい、従来30〜50％程度だった術後再断裂のリスクが12・５％まで抑えられるという。

この高度な治療を実施できる医師は全国でもまだ少ないという。

「スポーツ障害は、一般的な外傷などとは異なり、スポーツの特性などによって治療法が異なります。個々の選手のご希望に可能な限り応えられるように最適な療法で治療したいと考えています」

（ライター／斎藤紘）

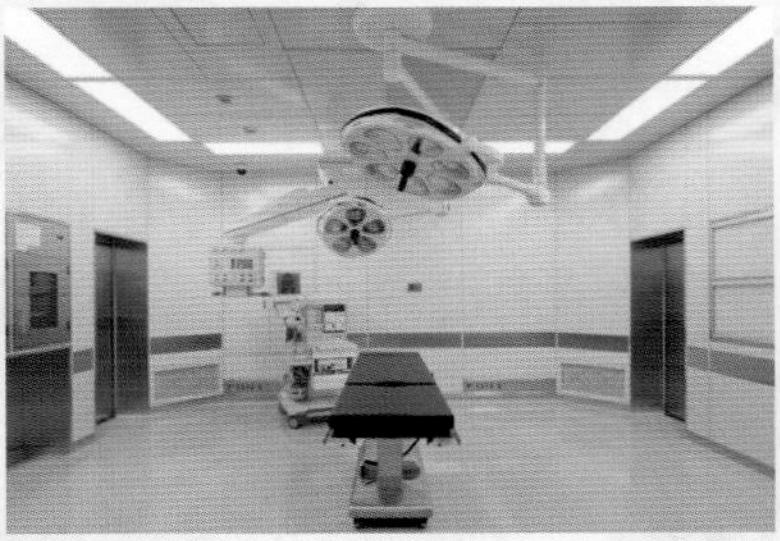
中央手術部

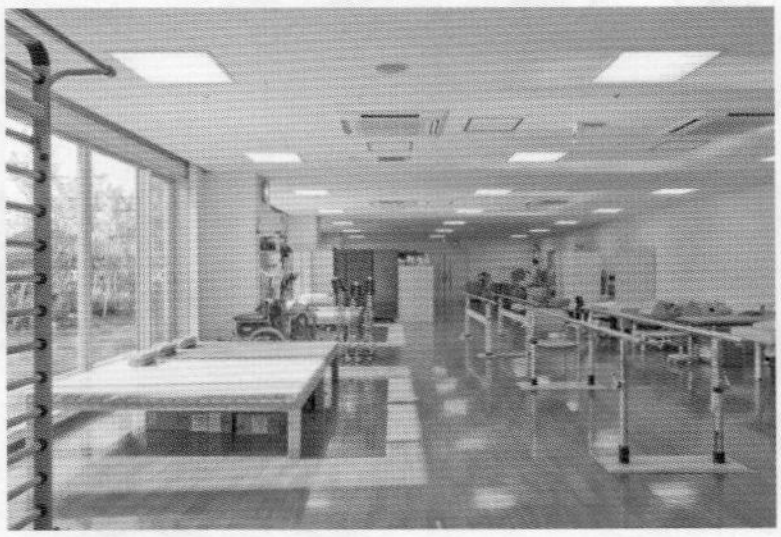
リハビリ室

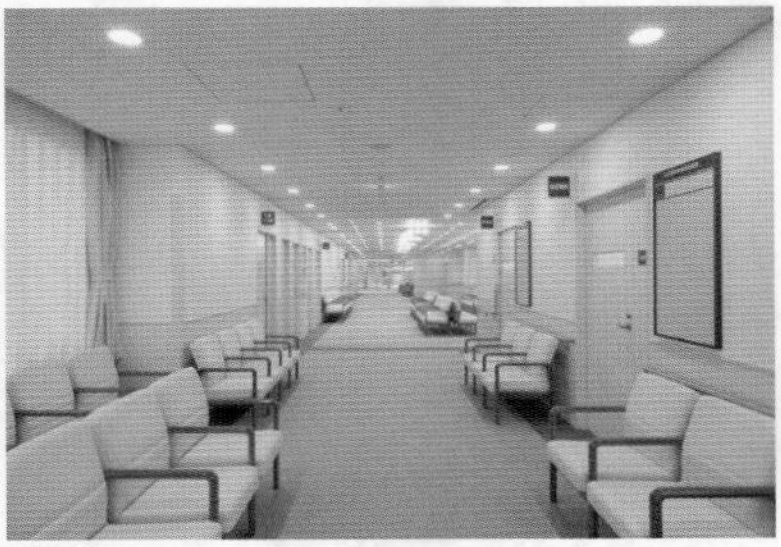
外来待合室

スタッフステーション

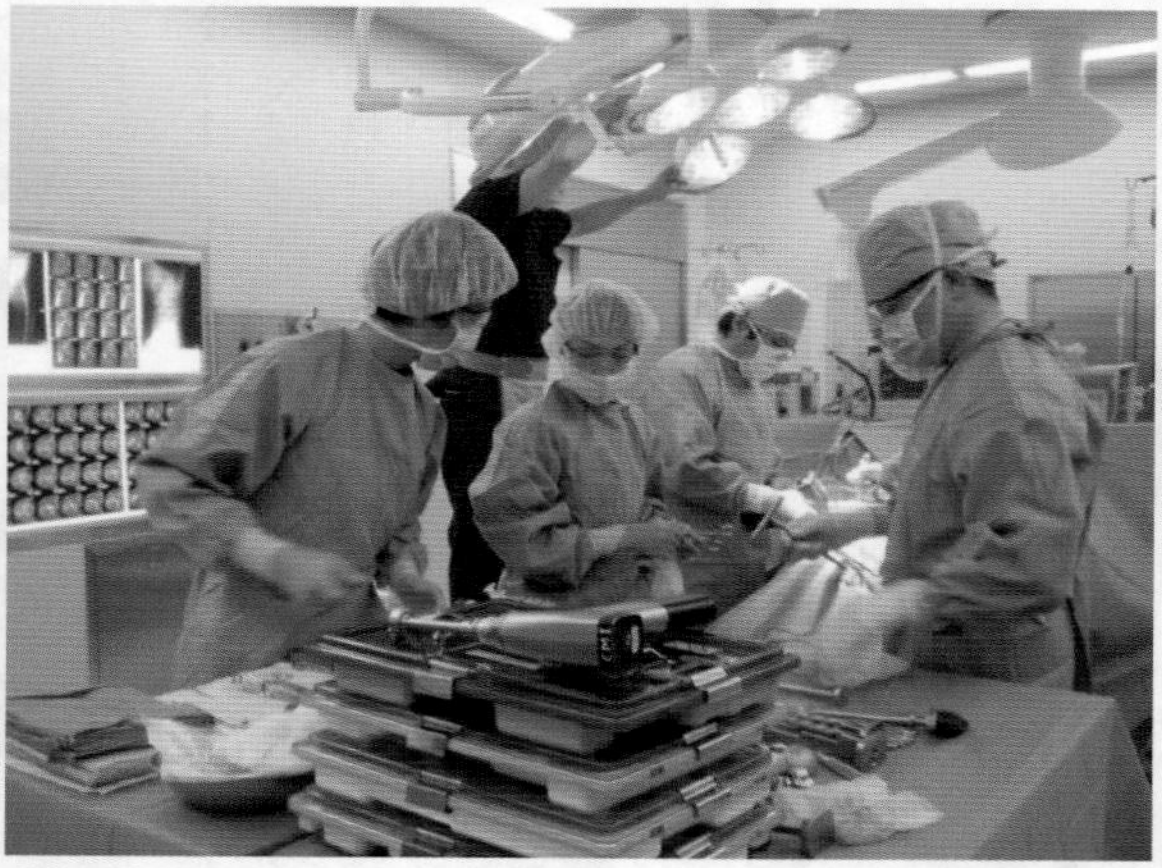

手術風景

# 健康寿命の延伸に腰ひざ股関節の手術治療寝たきりにならず健康的な日常生活を実現

**年間千件の手術を施行**
**著書で手術の利点解説**

「痛みで歩けない人を一人でも救いたい」「寝たきりで人生を終える人を一人でも減らしたい」

腰、ひざ、股関節の手術治療を中心に年間1000件という屈指の実績を誇る整形外科のゴッドハンド『宇都宮記念病院』の三輪道生副院長兼整形外科部長・腰・膝・股関節センター長は、長寿化時代の中、健康寿命の延伸のために運動器の手術治療の必要性と利点を挙げ、健康的な日常生活を取り戻すためのベストな方法の啓蒙に努めている日本整形外科学会整形外科専門医だ。

手術治療の利点欠点の解説を2023年3月に幻冬舎から刊行した著書「現役スゴ腕整形外科医が教える本気で治したい人のための最強のひざ治療」と2020年8月刊行の腰ひざ股関節シンドローム100歳までシャキッと歩くために知るべきこと」で詳しく述べている。

「人生100年時代が到来し、人生の後半をいかに健康に暮らすかが課題になっています。

平均寿命と健康寿命の差を生む原因の一つに骨、筋肉、関節、神経などの運動器の障害が挙げられます。特に腰、ひざ、股関節は不具合が生じると日常生活全

三輪道生 副院長
防衛医科大学校卒。防衛医大大学病院、自衛隊中央病院、国立病院などを経て、慶應義塾大学医学部整形外科で研究。燿生会病院院長、理事長を経て現職。

㊟ 8:00～11:30
13:00～17:30
（土曜日8:00～11:30
12:00 ～16:00）
㊡ 日曜日・祝日

社会医療法人 中山会 **宇都宮記念病院**
うつのみやきねんびょういん
028-622-1991
㊟ 栃木県宇都宮市大通り1-3-16
https://www.nakayamakai.com/

般にも影響を及ぼします。壊れきった腰ひざ股関節を手術で元通りに治すことに専念してきました。一般的には、腰なら腰、膝なら膝、と担当医が変わりますが、腰も膝も股関節も悪い方が少なからずおり、三つの部位をトータルで捉え、手術、治療することが大切だと考えています。著書では、予防、治療、リハビリ、外来、入院生活などを具体的にイメージできるように解説しました。手術という優れた治療法があるということを理解してもらうことは、高齢でも治ること実証してきた私の役割だと思っています」

三輪副院長は、国立病院などで臨床経験を重ねた上に慶應義塾大学医学部整形外科に入局し、腰、ひざ、股関節全般にわたる術式をマスターした。2010年に『宇都宮記念病院』の副院長に就任後、数々の手術を施行。人工膝関節置換術311件を含む膝の手術は合計497件(2012年)、腰椎後方椎体間固定術186件を含む脊椎椎間板ヘルニアなどの腰の手術は合計235件(2013年)、全人工股関節置換術・人工骨頭置換術111件や骨折などを含む股関節の手術は合計176件(2021年)もの手術を行った。

「80歳以上でも、たくさんの方が手術をして歩いて帰っています」

さらに難治性腰痛症に対する脊髄電気療法(SCS)や人工足関節置換術、腰椎内視鏡手術なども手掛け、三輪副院長の医療技術を求めて遠方からも来院する人が後を絶たない。

(ライター/斎藤紘)

笠原純 整形外科科長

『腰ひざ股関節シンドローム』

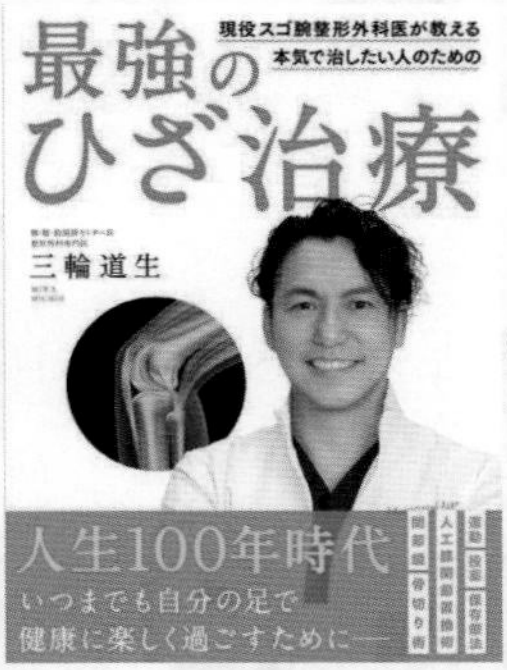


『最強のひざ治療』

宇都宮記念病院エントランス

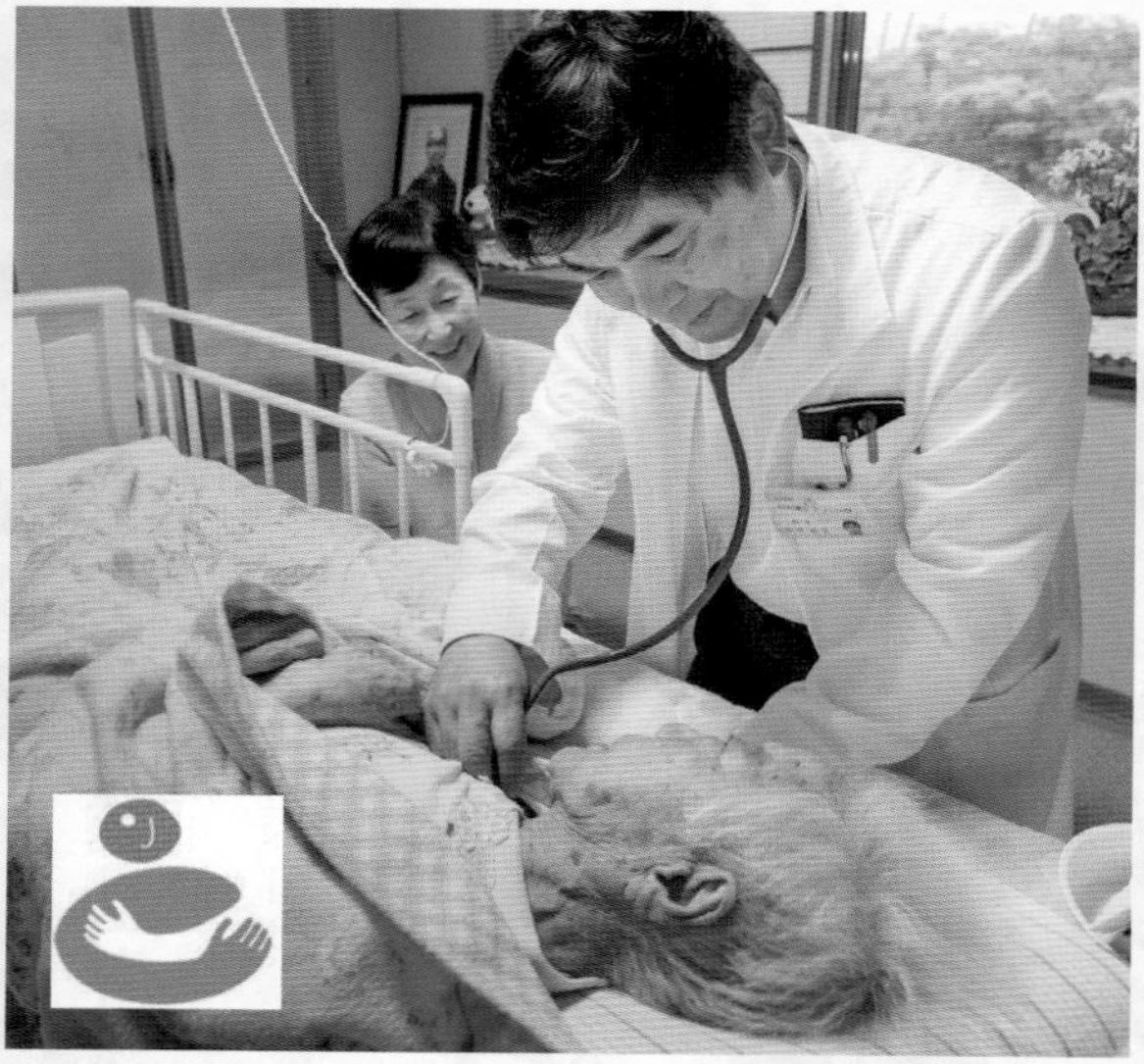

# コロナ5類移行後も緊張感を維持 コロナ以外の感染症にも万全の対応

## 感染源を持ちこまない 要員と家族の対策徹底

「高齢者や慢性腎臓病、糖尿病、高血圧などの持病がある重症化リスクの高い人にとっては、コロナは依然として命に関わる病気であり、感染防止対策に万全を期しながら診療しなくてはなりません」

感染症法上、季節性インフルエンザや感染性胃腸炎などと同様の5類感染症になった新型コロナウイルス感染症について、『ひだまりクリニック』の福田幹久理事長が堅持する診療スタンスだ。在宅医療に特化した診療に先駆的に取り組んで20年目、高齢の在宅療養者とその家族を支えてきた経験が感染法上の分類に左右されない診療姿勢を支える基盤だ。

「コロナが5類感染症になった2023年5月以降、鳥取県では1医療機関あたりの平均の患者数が20人前後と依然として高い水準が続いています。当院がある米子市を含め県内では集団感染も数多く発生しています。5類に移行したことで政府が一律に日常における基本的感染対策を求めることはなくなり、罹患者の社会的な制約も緩和されましたが、季節性インフルエンザで年間約1万人の方が亡くなっていることからもわかるように、感染法上の分類とは関わりなく、医療現場では緊張

福田幹久理事長
滋賀医科大学卒業後、鳥取大学医学部第二外科入局。1992年、鳥取大学で医学博士の学位取得。国立松江病院呼吸器外科医長を経て、2004年『ひだまりクリニック』を開院。外科認定医、胸部外科認定医、消化器外科認定医、麻酔標榜医、産業医。講演活動でも活躍。

在宅療養支援診療所 **ひだまりクリニック**

0859-37-5188　info@hidamariclinic.jp
㊟ 鳥取県米子市車尾南1-12-41
http://www.hidamariclinic.jp/

感を持った対応が求められるのです」

　在宅医療で最も重要なことは感染源を持ち込まないことだという。

「在宅医療に従事する医師や看護師はむろん、在宅療養者様のご家族がウイルスや細菌を持ち込まないようにするのが基本です。医師や看護師は微粒子対応マスクや飛沫感染予防のためのサージカルマスク、使い捨て手袋、手指消毒用速乾性アルコールなどを携行し、持参する医療器具などが感染源にならないよう消毒、除菌を徹底します。家族に感染者が出た場合はスタッフから外します。医療廃棄物や排泄物などの汚物処理にも万全を期します。在宅療養者様のご家族にも感染症のリスクを説明し、マスクの着用や手洗いやうがいを徹底していただきます」

　福田理事長は医学博士の学位を持ち、2004年に在宅療養支援診療所として開院、訪問看護ステーションも併設し、現在の在宅医療の利用者は約380人にのぼり、平均年齢は80歳を超える。医師と看護師で複数のチームを組み、利用者宅を訪問する時は検査機器を携帯し、医療措置や栄養管理からがん終末期の緩和ケア、看取りまで行う。薬も薬局から届け、病状の急変には昼夜を問わず駆け付ける万全の体制だ。

（ライター／斎藤紘）

ひだまり訪問介護ステーション　☎0859-37-5189

「在宅医療」なら患者も家族も笑顔になれる
現代書林刊
1,300円+税

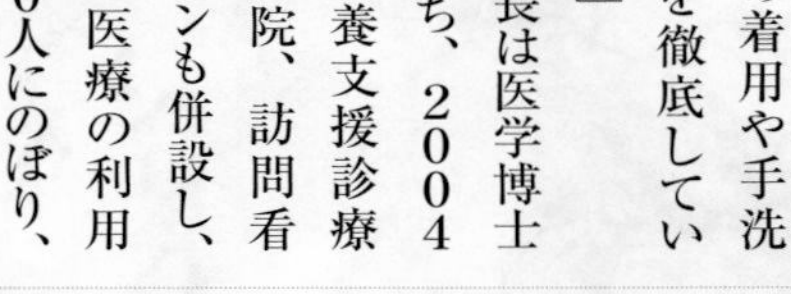
2017年10月に新社屋を増設。

# 光で歯を白くする
# 最新式ホワイトニング
# 殺菌効果も
# 高く美と健康を同時に実現

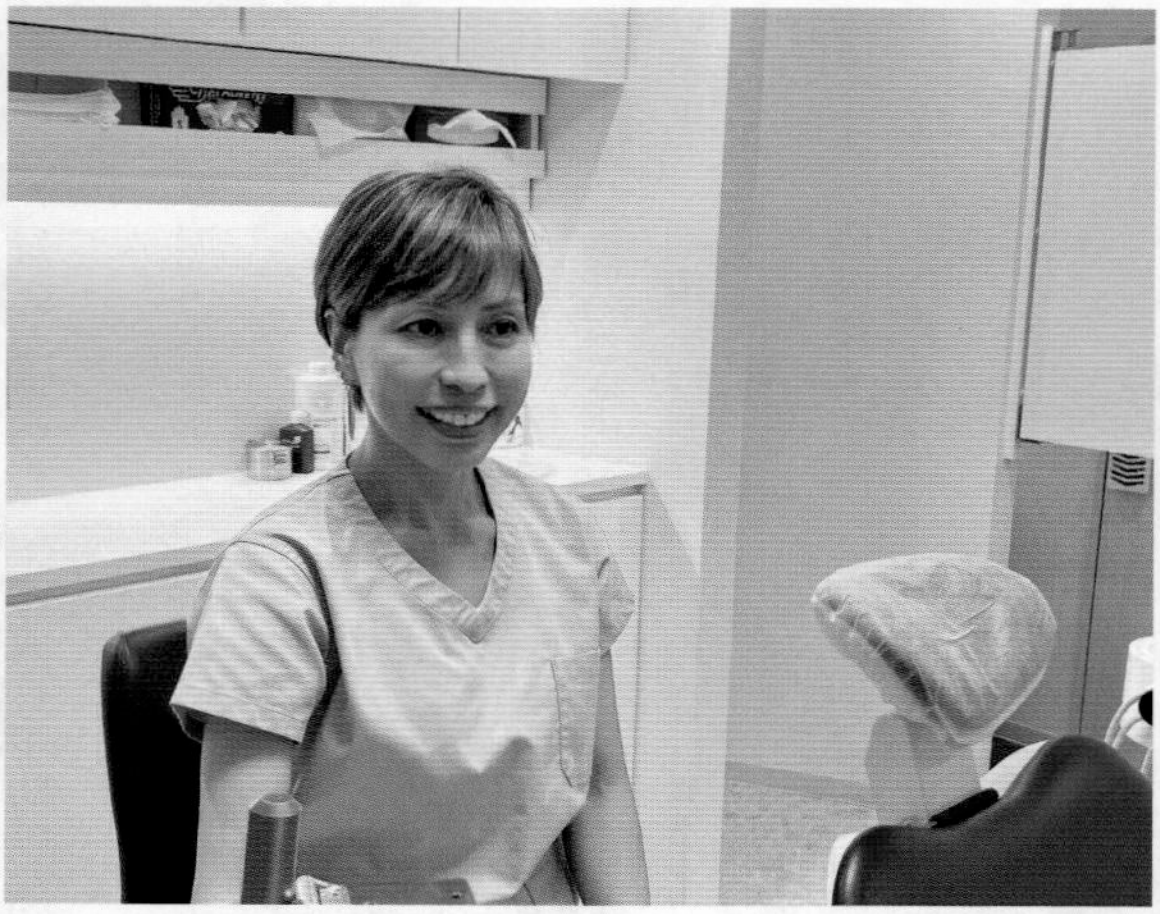

## 米国で審美治療を学ぶ
## 国内12台の希少機器

「白い歯は人生を変える力がある」をテーマに、お口元美容専門クリニックとして2022年4月に開院した『Lips and Teeth Clinic 牛込歯科』の康明実院長は、米ニューヨーク大学歯学部審美歯科で臨床研修医として学び、米国流審美歯科を修得した歯科医師。その経験と医学知識で自信を持って勧めるのが、薬剤を使用せず、国内にわずか12台しかないという医療用高出力パルス青色LED光照射器「CoolBright エックスリミット」を使って行う『トランセントホワイトニング』だ。

『トランセントホワイトニング』は、Cool Bright という青色LED光を利用した、従来のホワイトニング機序とは全く別のホワイトニング方法です。バクテリアや食物、飲み物、薬物、喫煙などによって歯のエナメル質に付着した外部着色や加齢とともに増す血液由来のポルフィリンなどによる象牙質などの内部着色まで分解し、白くすることができます。従来の薬剤ホワイトニングで困難だった、抗生物質の副作用で変色したテトラサイクリン歯、歯髄が死んだ失活歯、加齢による歯の黄ばみにも適応できますし、矯正中や妊娠中、授乳中の女性、

康明実 院長
昭和大学歯学部卒業。都内医院で勤務後、アメリカで日本との歯科の違いを学びたいと渡米、ニューヨーク大学歯学部審美歯科で臨床研修医として学ぶ。

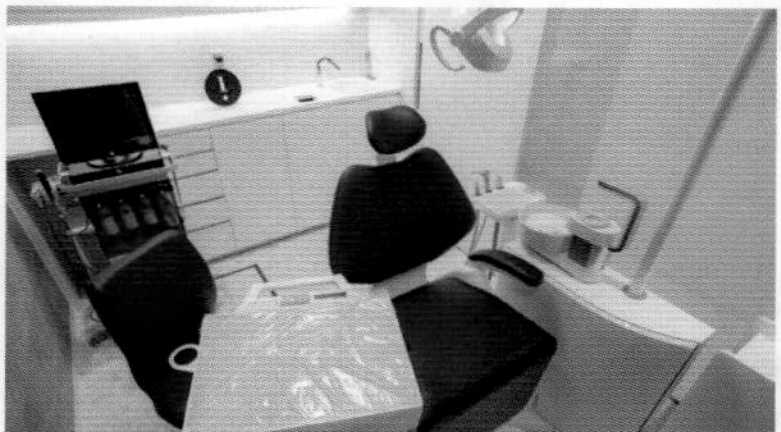

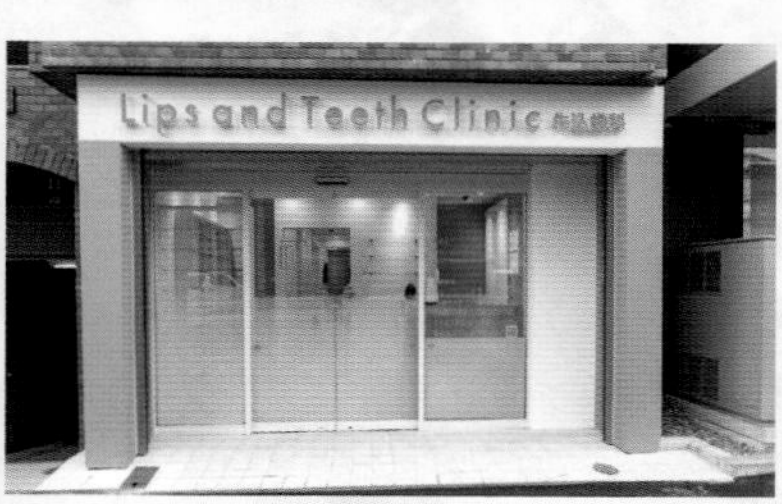


診 10:00〜18:30　休 月・木曜日・祝日


**Lips and Teeth Clinic 牛込歯科**
リップ アンド ティース クリニック うしごめしか
03-6265-0502
住 東京都新宿区市谷薬王寺町70-8 プラザー若林マンション1F
https://lipsdental.com/

永久歯が生えそろったお子様にも施術可能です。この光は虫歯菌、歯周病菌に対する殺菌効果や口臭除去効果も高く、美と健康を同時に実現できるのも大きな特長です」

「CoolBright エックスリミット」は、日本の医薬品医療機器等法で認証された医療機器で、青色LED光照射によるホワイトニングはアメリカでの長年の研究で有効性が実証されているという。

康院長はまた、『トランセントホワイトニング』と合わせ、『EXクリーナー』という厚労省認可の歯磨剤によるクリーニングも勧める。

「『EXクリーナー』とは、歯のプラークを化学的に除去する歯磨剤で、これを使ってブラッシングすることで、炭酸ガスのきめ細やかな泡によってクリーニングを促進し、外部着色物質除去効果でホワイトニング後の白さを維持するのはむろん、歯石の沈着も抑制します。口腔内細菌への殺菌効果もあり、お口の中を清潔に保ちます」

同歯科は、一般歯科、予防歯科、歯科口腔外科も診療科目に掲げているが、主軸は審美歯科。

「米国では、口もとや歯並びの美しさも人を判断する上で重要な要素と考えられていて、美容も考えた歯の治療が普及しています。歯を白く美しく整えることの大切さをこの『Lips and Teeth Clinic』から発信していきたいと考えています」

（ライター／斎藤紘）

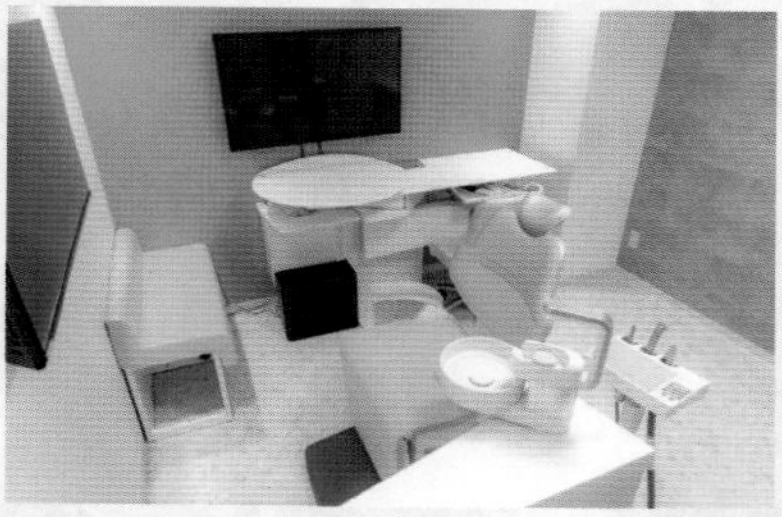

POPで可愛いサロン歯科。

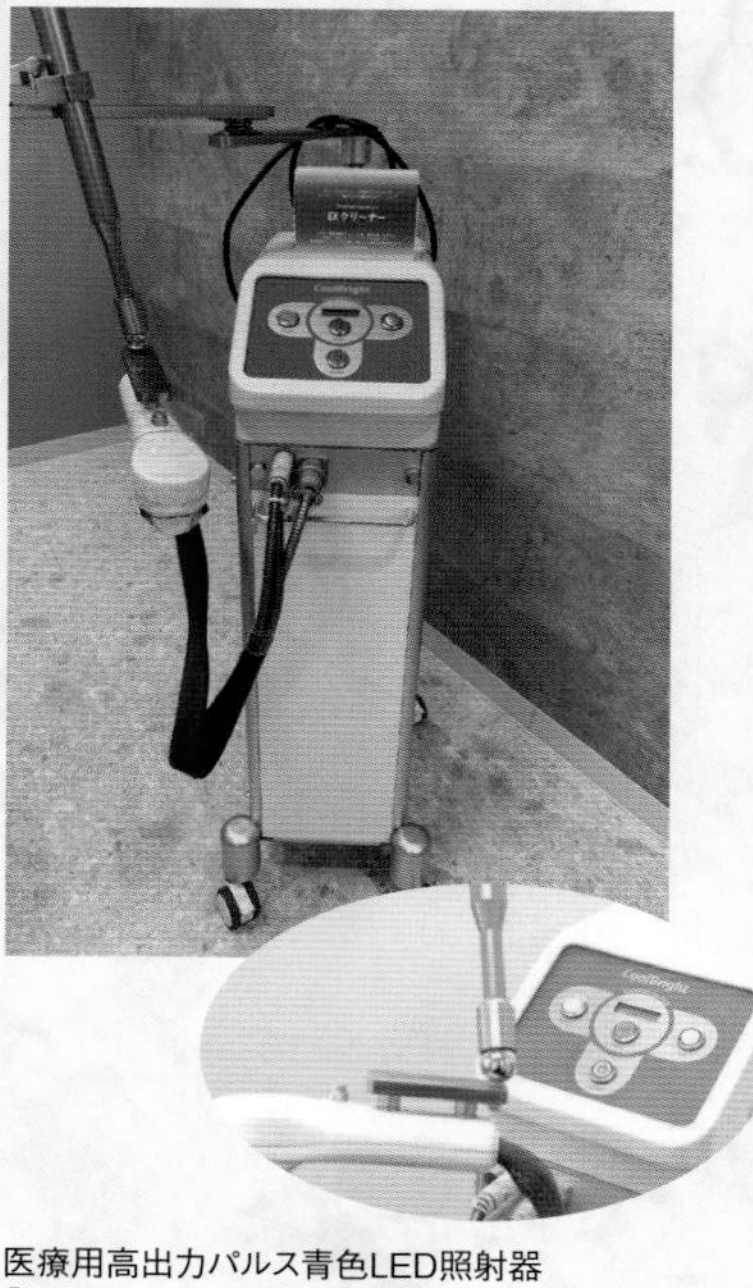

医療用高出力パルス青色LED照射器
「COOLBrightエックスリミット」

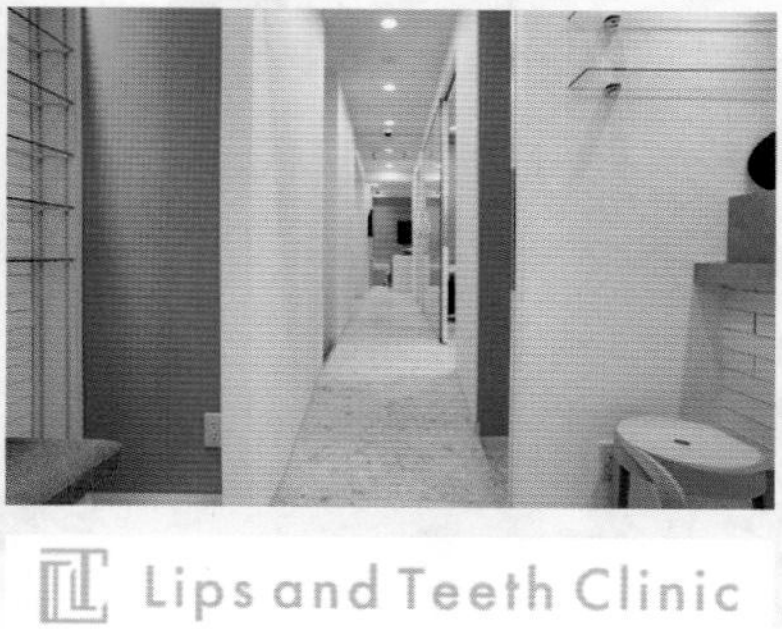

Lips and Teeth Clinic

村井由佳 理事長 兼 院長
近畿大学医学部卒。同医学部付属病院などでの勤務医を経て、2008年『Mキッズクリニック』開院。ピーターウォーカーベビーマッサージ認定講師。小学校校医、保育園園医。

# 子育て世帯にとって頼れるかかりつけ医 病気の子どもを預かる病児保育園も併設

## 経験を診療体制に投影 母乳相談で母親も支援

「子育て中の母親にとって本当に頼りになる存在です」

『医療法人LadyBird Mキッズクリニック&mランド保育園』の受診者が異口同音に口にする評価だ。新生児から思春期までの子どもの病気の治療だけでなく、産後の母乳養育も支援し、さらには病気のために保育所や学校に行けない子どもを一時的に預かる病児保育園まで併設する文字通り包括的な診療体制だ。病弱な母親が医師に助けられた幼少期の記憶から医師の道に進み、勤務医時代に多くの子どもと触れ合い、子育てもしてきた村井由佳理事長兼院長の経験から生まれた診療体制だ。

小児科では、気管支炎や肺炎、咽頭炎、中耳炎、副鼻腔炎、結膜炎などの感染症、アトピー性皮膚炎や花粉症、食物アレルギーなどのアレルギー疾患、気管支喘息や夜尿症、血尿、便秘症などの慢性疾患、乳幼児の哺乳力低下や体重増加不全、思春期の陰部の疾患、過敏性腸炎、腋窩多汗症、起立性調節障害などまでカバーする。

さらに、子どもの健康を維持するための取り組みとして、スキンケアの指導、生後6ヵ月から使用できる視力検

Mキッズクリニック M Kid's clinic

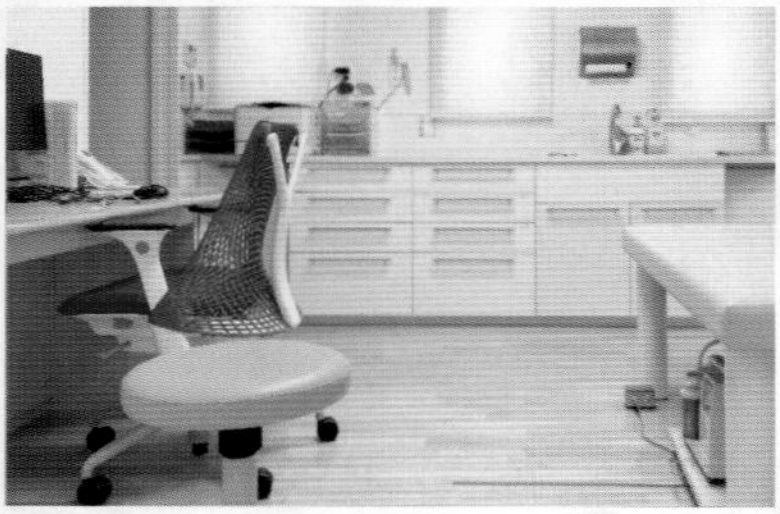

「診察室」

診 9:00〜12:00　15:30〜17:30
（火・水金14:00〜15:30　予約の予防接種）
休 木・日曜日・祝日・土曜日午後

医療法人 LadyBird Mキッズクリニック
エムキッズクリニック
☎ 0742-53-5525　✉ mkids@joy.ocn.ne.jp
住 奈良県奈良市西登美ヶ丘2-11-12
https://www.m-kids-clinic.com/

査機器も導入し眼の異常をいち早く発見する検査や、姿勢が悪くよくこける、首が痛いといった子どもたちの姿勢改善のための重心検査などを取り入れているほか、多毛などで悩んでいる子どもたちのために思春期から大人まで脱毛などを行う美容皮膚科も設けている。夜泣きや疳の虫など子ども特有の症状に対する痛みのない小児はり（鍼）も行う。

母親に喜ばれているのが母乳相談。母乳が出にくい人に母乳で育てるための指導や処置をしたり、乳腺炎になった場合に処置をしたりして、赤ちゃんが母乳ですくすく育つよう支援する。

病児保育園の『mランド保育園』は、2019年に開園し、風邪やインフルエンザなどの感染症、下痢症、喘息発作などにかかった1歳から小学校6年生までの奈良市在住の子どもを預かり、保護者の子育てと仕事の両立をサポートする。

「お子さんが病気の時に、お仕事で休みが取りづらい、どうしても用事が変更できない、そんな困った時に、保護者の方がお一人で悩みを抱え込まないようにと開設したのが病児保育園です。病気のお子さまを安心してお預けすることができる医療サポート施設なのです」

子育て世帯にとって頼れる「かかりつけ医」のあるべき姿がここにはある。

（ライター／斎藤紘）

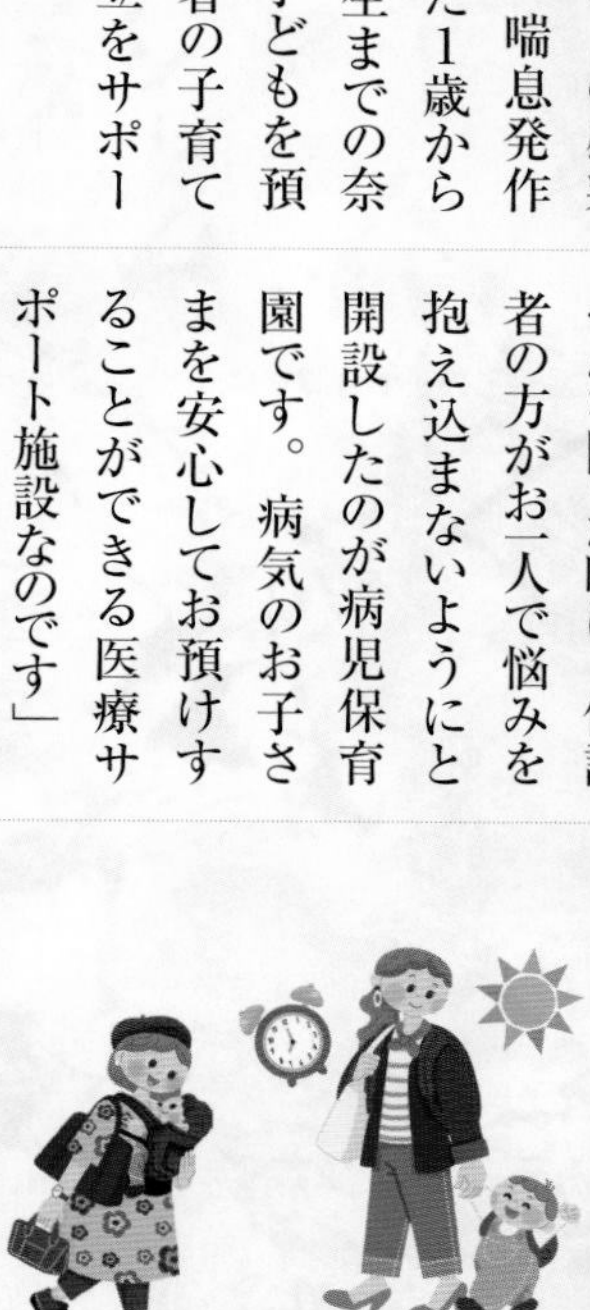

「受付・待合室」

「プレイエリア」

M Land Nursery school
mランド保育園

受付ホール・スタッフステーション

0742-53-5315
保育時間 8:30～17:00
（早朝8:00～8:30、延長17:00～18:00）
㊡ 土・日曜日・祝日

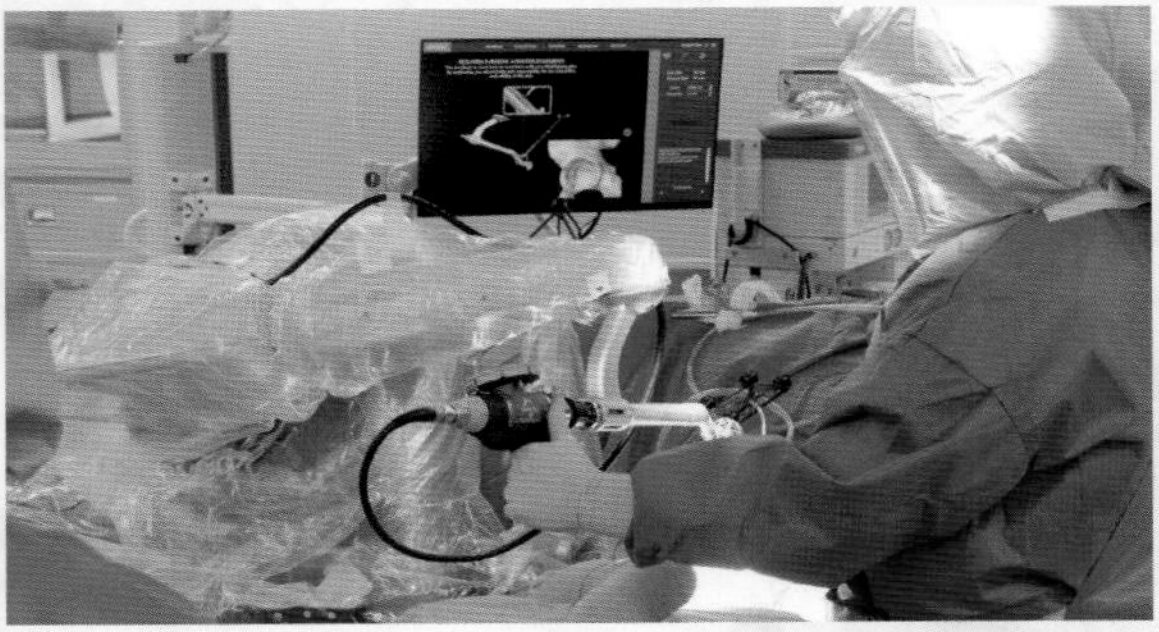

人工股関節全置換術

# 先進的な股関節鏡手術で股関節疾患治療 人工関節手術にロボティックアーム導入

## 手術の精度と効率追求 低侵襲と安全性も重視

『神奈川リハビリテーション病院』の杉山肇院長は日本股関節学会理事長を3年間務めた股関節疾患に対する外科治療の国内屈指の名医。先進的な医療技術を積極的に導入、手術の精度と効率を高めてきた。その一つが、診断が難しい股関節唇損傷(FAI)の股関節鏡手術だ。

「股関節唇損傷は股関節が運動する際に骨盤の縁についている軟骨の一部が骨盤と大腿骨に挟まれて損傷する疾患。リハビリなどでも改善しない症例では、比較的低侵襲な股関節鏡手術で治療します。約1cm程度の切開を3ヵ所加え、股関節鏡で股関節の中を観察しながら損傷した関節唇を縫合し、余分な骨を切除して骨の衝突を解消します」

もう一つが、人工股関節全置換術や人工膝関節置換術にロボティックアーム手術支援システム「MAKO(メイコー)」を導入したことだ。人工関節を設置する際に傷んだ骨を削るために使われるコンピュータ制御の機械の腕(アーム)で、医師が操作するが、治療計画にない動きを制御することができ、安全かつ正確な手術を行うことができるという。

(ライター/斎藤紘)

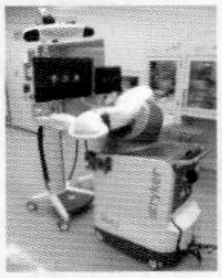

ロボット手術支援システム「Mako」

杉山肇 病院長
東京慈恵医科大学卒。医学博士。日本整形外科学会認定整形外科専門医。日本人工関節学会評議員。日本股関節学会前理事長。

佐藤龍一 整形外科第一医長
山梨大学卒。医学博士。日本整形外科学会認定整形外科専門医。

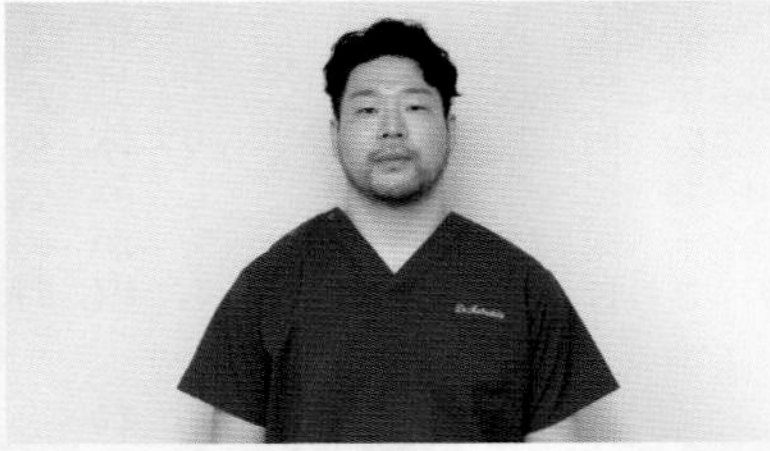

松下洋平 整形外科第一医長
東京慈恵医科大学卒。日本整形外科学会認定整形外科専門医。

診 8:30〜16:00 休 土曜日・日曜日・祝日

**神奈川リハビリテーション病院**
かながわリハビリテーションびょういん
046-249-2220 FAX 046-249-2502
住 神奈川県厚木市七沢516
https://www.kanariha-hp.kanagawa-rehab.or.jp/

# 早朝診療＆夜間診療 フレキシブルな対応で 忙しくても通える 患者さんに寄り添う

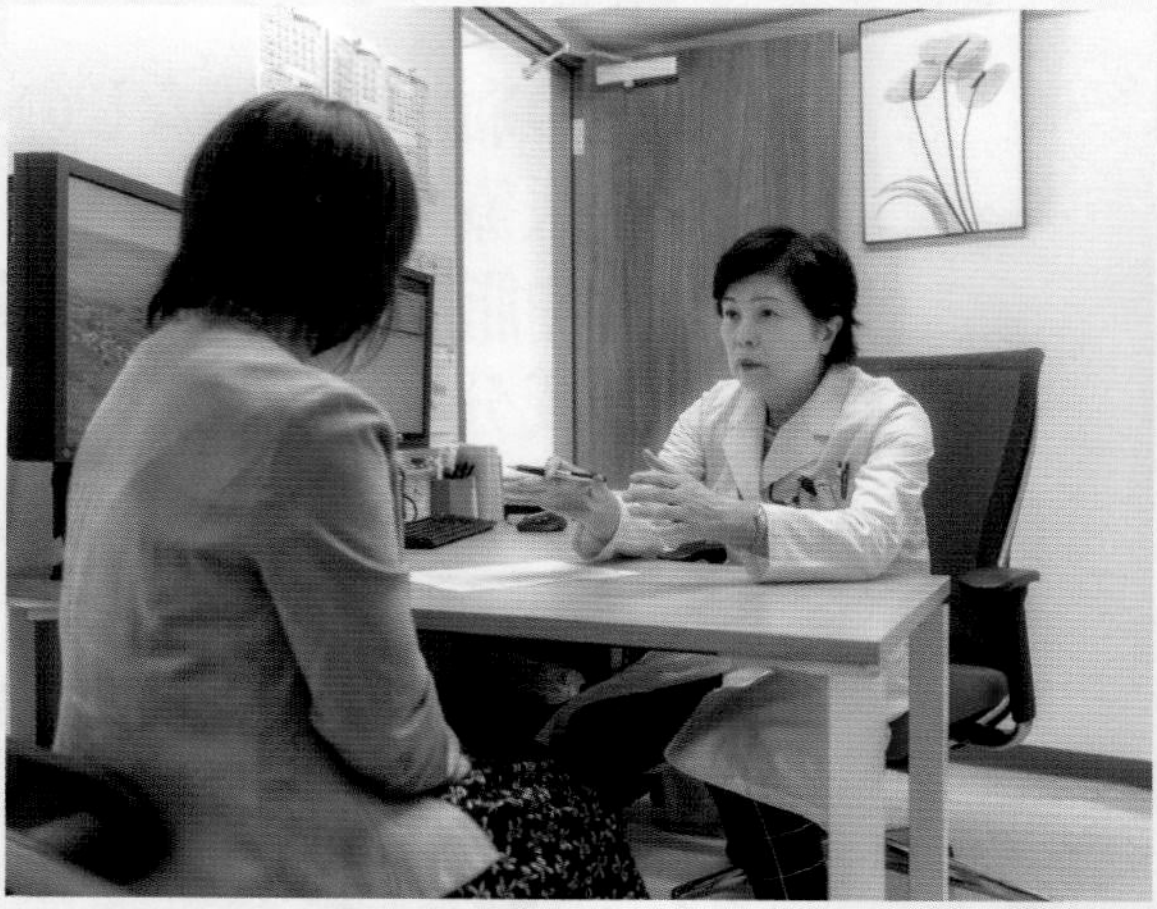

斎藤三代子 院長
茨城県那珂市にある「那珂記念クリニック」で培ってきた医療経験やノウハウをもとに2010年『那珂記念MITOクリニック』開院。2023年「未病段階から気軽に通えるように」とひたちなか市に移転。

## 未病段階からケア 生活習慣病予防に特化

茨城県ひたちなか市の勝田駅からすぐの場所に移転オープンした『那珂記念MITOクリニック』は、主に糖尿病や動脈硬化、脂質異常など、生活習慣に関わる病気を中心とした内科クリニックだ。

駅前に移転したのは、「未病段階の若い方も気軽に訪れやすい場所にしたかった」という斎藤三代子院長の思いからだ。忙しく働く若者世代のため、平日は8時から、土曜日は7時から受け付けを開始し、水曜日は仕事終わりの19時まで診療を受け付ける。特に土曜日の早朝診療は、「休日を有効に使える」と高い評判を得ている。来院から約1時間以内で検査・診察が行えるよう時間を調整し、忙しい日々の合間でも通いやすい工夫を心掛けている。また、充実した検査体制で検体検査(HbA1c)、血糖、肝機能、コレステロールなど)や動脈硬化の検査機器なども揃い、一度の通院でほぼすべての結果が分かる。X線検査、頸動脈エコー、眼底カメラ、心電計など生理検査の機器も完備。丁寧でわかりやすい説明で、安心して受けられる。

卒煙を希望される方向けに禁煙指導も行っている。

（ライター／播磨杏）

㊟ 月曜日8:00〜12:00
火・金曜日8:00〜12:00　14:00〜17:00
水曜日10:00〜14:00　16:00〜20:00
土曜日7:00〜11:30　12:30〜15:30
㊡ 木・日曜日・祝日・月曜日午後

**那珂記念MITOクリニック**
なかきねんミトクリニック
029-229-2580　FAX 029-229-2581
㊟ 茨城県ひたちなか市勝田中央5-1 平戸ビル3F
https://www.kensei-kai.com/mito/

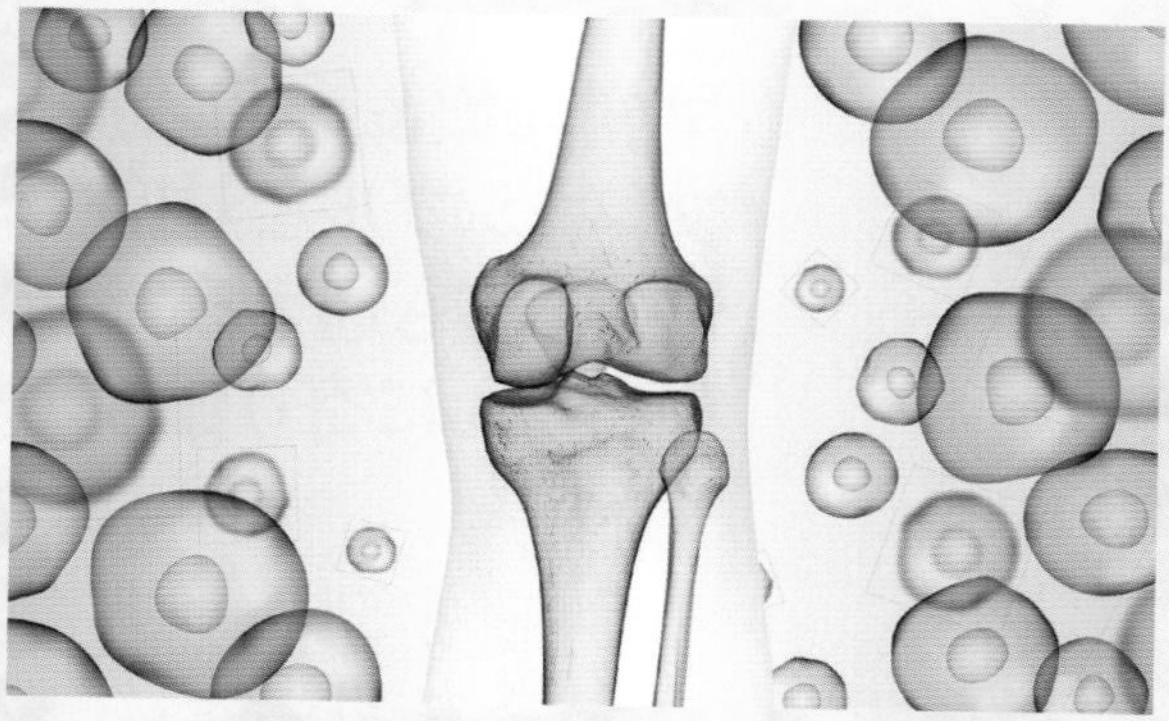

# 関節の痛みを手術なしの再生医療で改善
# 血液や脂肪から抽出した有効成分を活用

## 注射のみの小負担治療
## 膝肘肩手指の痛み対象

膝や肘、肩、手、指などの骨や腱などの損傷や炎症による痛みを手術なしに短期間で改善する再生医療で声価を高めているのが『シン・整形外科銀座』の中村匠院長だ。受療者自身の血液や脂肪から抽出した、組織の修復に働く有効成分を活用し、注射のみの負担の少ない治療法だ。

シン・整形外科が行う主な治療法は、皮下脂肪から抽出した幹細胞を約1ヵ月培養し、ひざ関節に注入して痛みの原因である炎症を抑え、組織の修復を促す幹細胞培養治療、血小板に含まれ、組織や細胞の修復を促す働きがある成長因子やサイトカインを専門施設で調製して使用するPRP-PRO治療、血小板を濃縮した液体成分を活性化し、無細胞化してフリーズドライ加工したものを損傷部位に注入して組織の修復を促すPRP-FD治療。いずれも長期的な痛みの軽減が期待できるという。

再生医療で痛みが改善した症例は、変形性膝関節症、半月板損傷、肩関節周囲炎（四十肩、五十肩）、ゴルフ肘（上腕骨内側上顆炎）、テニス肘（上腕骨外側上顆炎）、腱鞘炎、母指CM関節症など多岐にわたる。

（ライター／斎藤紘）

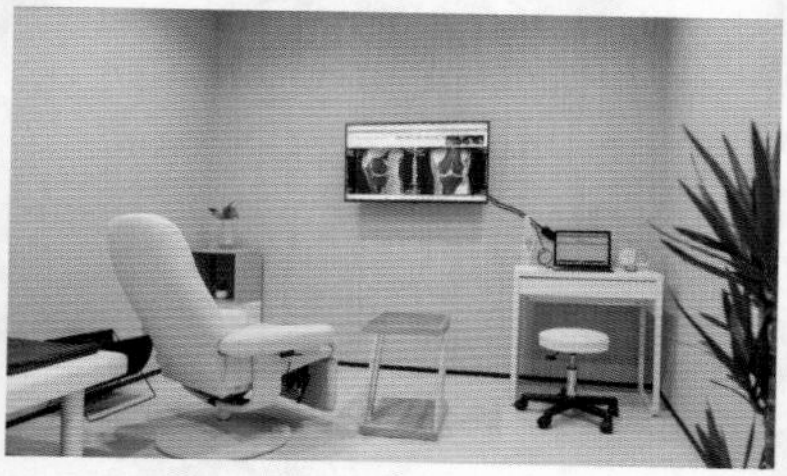

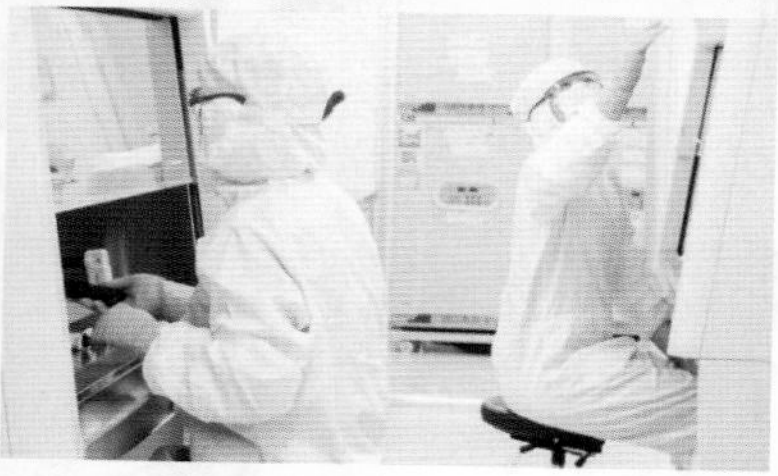

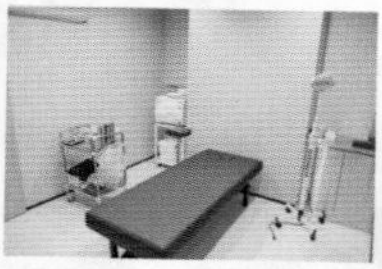

診 9:00〜18:00　休 日曜日・祝日

**シン・整形外科銀座**
シン・せいけいげかぎんざ
0120-961-498
住 東京都中央区銀座5-9-15 銀座清月堂ビル5F
https://tokyo-jointclinic.jp/lp-shin/

# 不調の原因を突き止め症状を必ず治す整形外科系疾患に向き合う揺るがぬ信念

## スマホ肩凝りにも対応 心身が安定する気功も

「治るという結果を最重視し、来た時と同じ姿では返しません」

骨や筋肉、関節、神経などの運動機器疾患、外傷に関する整形外科全般の診療を行う『小坂整形外科』の小坂正院長は、この言葉通り治療実績を重ね、信頼できる地域のかかりつけ医として声価を高めてきた。

小坂院長は国立病院医療センター時代、病院に出向いて数多くの手術を手がけた経験を持つ。医院での診療のスタンスは明確だ。

「一番大切なのは、根本的な原因を知ることです。病気とひとくくりにするのではなく、不調と捉えて原因を探るようにしています。最近の傾向は、パソコンやスマホを長時間使うことによる肩凝りや腰痛、膝の痛みなど身近な症状でお悩みの人が多いことです。痛みは疲れからきます。ほとんどは仕事の疲れです。働いて疲れて痛くなります。原因（疲れ）と結果（痛み）を一緒に取ります。ケガ、事故では治癒力のアップです。これが本当の治療です。治ります」（ライター／斎藤紘）

小坂正 院長
弘前大学医学部卒。自治医科大学付属病院や国立病院医療センター（現在の国立国際医療センター）で研修後、関東一円の病院の勤務医を経て、1985年開院。

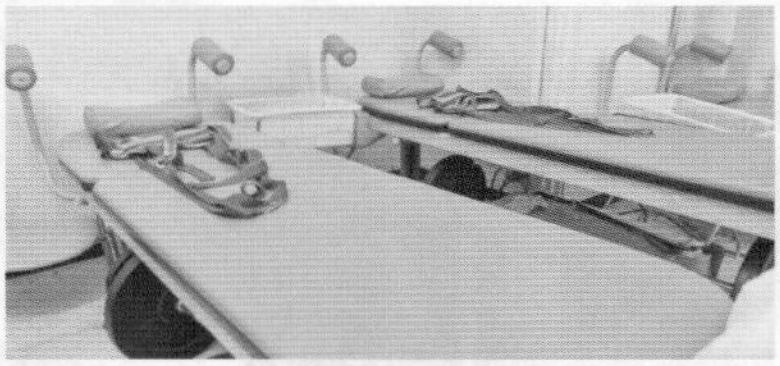

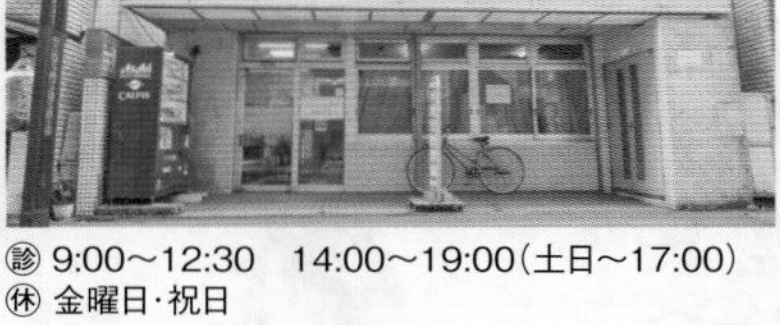


㊟ 9:00～12:30　14:00～19:00（土日～17:00）
㊡ 金曜日·祝日


**小坂整形外科**
こさかせいけいげか
✆ 03-3989-1655　✉ tadashi@kosakaseikei.com
㊟ 東京都豊島区池袋2-58-10
https://kosakaseikei.com/

# 整形外科疾患の治療や運動器リハビリで実績スポーツ障害の診療でアスリートをサポート

芹ヶ野健司 院長
東海大学医学部卒。同医学部外科学系整形外科講師などを経て、2023年4月開院。日本整形外科学会認定整形外科専門医　日本スポーツ協会公認スポーツドクター。

## 病院で重ねた臨床経験 骨粗鬆症の診療も重視

2023年4月に開院した『せりがの整形外科』の芹ヶ野健司院長は、母校の大学病院や地域の中核病院で膝関節を中心とした下肢の変性疾患やスポーツ障害の診療、手術の経験を重ねてきた日本整形外科学会認定整形外科専門医、日本スポーツ協会公認スポーツドクター。腰痛や関節痛などの治療、運動器リハビリと並んで力を入れているのがスポーツ障害の治療とアスリートのコンディショニングのサポートだ。

「日々同じ動作を反復するスポーツの練習で起こる野球肩やジャンパー膝、脛骨の周りにある骨膜が炎症を起こすシンスプリントや疲労骨折などがスポーツ障害の一部です。膝関節の捻挫の中には、靭帯や半月板などが損傷していることもあり注意が必要です。選手生命をできるだけ長くするためにも、スポーツ障害は軽症であっても医師による診断治療をお勧めします」

芹ヶ野院長は、健康寿命を延ばすための予防医学も重視、特に要介護や寝たきりなどの大きな要因になる骨粗鬆症についてDEXA法というエックス線による骨密度測定による診断と治療にも力を入れている。

（ライター／斎藤紘）

車椅子でも移動できる30坪のリハビリスペース。

㊟ 9:00～12:30　14:00～18:30
土9:00～14:00
㊡ 日曜日・祝日・水、土曜日午後

**せりがの整形外科**
せりがのせいけいげか
0463-63-3191
㊟ 神奈川県伊勢原市下糟屋3005-5
https://www.serigano-seikei.com/

# 身体機能回復の効率化に先進的機器導入
# 神経や血管、靱帯などの検査精度も向上

中村浩一郎 理事長 兼 院長
東京大学医学部卒。2006年「医療法人春風会田上記念病院」理事長。日本内科学会認定医、日本神経学会脳神経内科専門医。

## 生活再構築のリハビリ
## 自動車運転復帰訓練も

骨折や筋力低下、脳神経系や心疾患の人の生活を再構築するためのリハビリに力を入れる『田上記念病院』の中村浩一郎理事長兼院長は、診療の質を向上させるための機器を積極的に導入してきた医師だ。神経、血管、靱帯などの部位を描写する画像診断装置『EXCELART VantageV 9.51 1.5テスラ』を導入し、検査の精度を高めたのはその象徴だ。

身体機能回復では、効率的な歩行練習を提供することが可能になるトヨタ自動車開発の革新的なリハビリテーション支援ロボット『ウェルウォークWW-2000』、独自のテクノロジーの3次元ハーモニック振動を使い、全身の細部に負荷をかけ、短時間で効率的なエクササイズをすることができる『パワープレート』、脳卒中や脊髄損傷などで生じる手や足の麻痺を改善するために筋肉に電気刺激を与え運動をサポートする『随意運動介助型電気刺激装置IVES(アイビス)』のほか、退院後の自動車運転復帰のための訓練をサポートし、自分の運転レベルを確認できるドライビングシミュレーター『Hondaセーフティナビ』も導入した。

（ライター／斎藤紘）

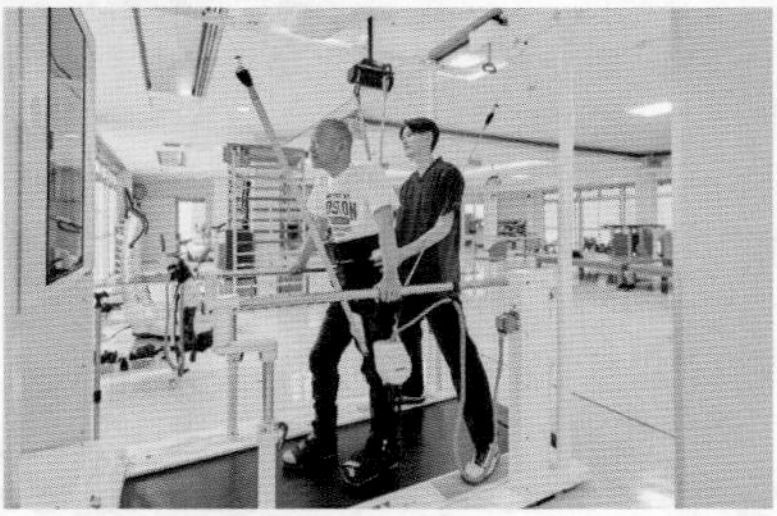

リハビリテーション支援ロボット『ウェルウォークWW-2000』

『Hondaセーフティナビ』

㊟ 9:00〜12:30　14:00〜17:30
㊡ 日曜日・祝日

医療法人 春風会 **田上記念病院**
たがみきねんびょういん
099-282-0051　info@shunpukai.com
㊟ 鹿児島県鹿児島市西別府町1799
https://tagamikinen-hp.jp/

# 街のお医者さんと
# 頼りにされて35年
# 専門は婦人科で
# 多様な女性の悩みに対応

段塚桜綾香（さやか） 院長
日本大学医学部卒。1988年先代の父親が他界した後、『段塚クリニック』を受け継ぎ、院長に就任。
「女性を中心に、子どもから高齢者まで健やかな生活を支えています」

## 幅広い世代の人が受診
## 安心の育児もサポート

1966年開院の『段塚クリニック』を引き継いで35年、亡き父親と同じように「街のお医者さん」として親しまれ、頼りにされているのが段塚桜綾香院長だ。婦人科、内科、小児科の疾患に対応しているが、特に院長が専門とする婦人科の受診者が多いのが特長だ。

「婦人科では、月経不順や月経痛、月経前症候群PMSなど月経にまつわる症状、更年期の心と体の不調、子宮や膀胱の一部が膣から脱出してしまう骨盤臓器脱、痛みや痒み、できものといった高齢女性の疾患まで幅広く診療しています。性病や卵巣腫瘍、子宮内膜症、子宮筋腫などの検査にも力を入れています。また、当院では入間市の子宮がん検診を受けることもできます。人工中絶手術も行っています」

内科では、高血圧や高脂血症、糖尿病などの生活習慣病まで幅広く診療し、小児科では、夜間の急な発熱や嘔吐への対処法など、日常的な子どもの健康管理についてもきめ細かくアドバイスし、安心して子育てできるよう女医ならではの心遣いで親身にサポートしている。

（ライター／斎藤紘）

診 9:00〜12:00　14:00〜17:30
休 日曜日・祝日・土曜日午後

**段塚クリニック**
だんつかクリニック
☎ 04-2964-3511
住 埼玉県入間市下藤沢3-1-1
段塚クリニック　検索

# メスを使わず切らない こだわりの美容医療 より自然に なりたい美しさを実現

## 美容専門家の力を借り 垢抜けた自分へ

東京・麻布十番駅より徒歩約1分の『ELM CLINIC麻布院』は、メスを使わず美しさを追求する治療理念で、全国トップクラスの実績を重ねている美容クリニック。

横山歩依里 院長
広島大学医学部医学科卒業後、JCHO東京新宿メディカルセンター及び関連病院にて勤務。皮膚科・形成外科研修を経て、2022年『エルムクリニック麻布院』開院。ラグジュアリーホテルを彷彿とさせるような都会的で洗練された空間。かかりつけの美容皮膚科として地域に愛されるクリニックを目指している。

皮膚の構造やメカニズムを熟知した美容皮膚科医が、様々な肌の悩みを解決する。特に人気なのが注入医療と糸リフト。ヒアルロン酸注入では、短期間で気になるしわ、たるみ、へこみを改善。ボトックス注入では、表情じわや多汗症を改善したり、部分痩せやリフトアップに効果を発揮する。

「エルム式糸リフト」は、独自のメソッドと糸で切ることなく頬や顎のたるみを改善して、施術直後から劇的なリフトアップを実現。肌に吸収される「溶ける糸」には、コラーゲン生成を促進させる効果があり、自然な肌のハリや弾力も持続する。また、美肌治療機器「ポテンツァ」を使用して、クレーターやニキビ跡、毛穴、赤み、たるみなど様々な肌の悩みに対応。痛みが少なく、翌日にはメイクもOK。

医療アートメイクは、国内外の最新技術を駆使して専門の医療従事者が行う。磨かれたセンスと高い技術で立体的かつ自然で本物の眉に近い仕上がりに。眉だけでなく、リップ、アイラインなど好みに合わせて様々なメニューを選べる。麻布院のみで提供されている医療ホワイトニングも評判だ。

（ライター／播磨杏）

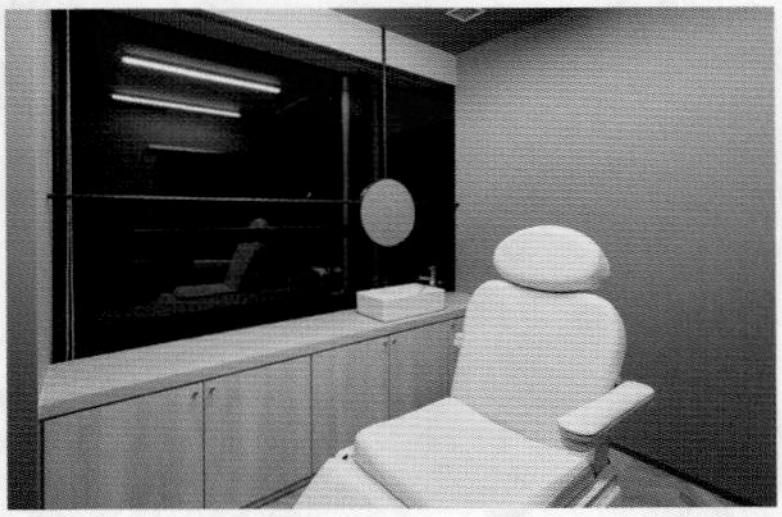

㊡ 10:00〜19:00　土・日・祝9:30〜18:30
㊡ 火・水曜日

**ELM CLINIC** 麻布院
エルム クリニック
03-6807-4171
㊟ 東京都港区麻布十番1-9-7 麻布KFビル4F
https://azabu.elm-cliniclp.com/

# 入れ歯の進化が伝わる最先端モデルを導入 デジタル技術で少数損義歯や総入れ歯製作

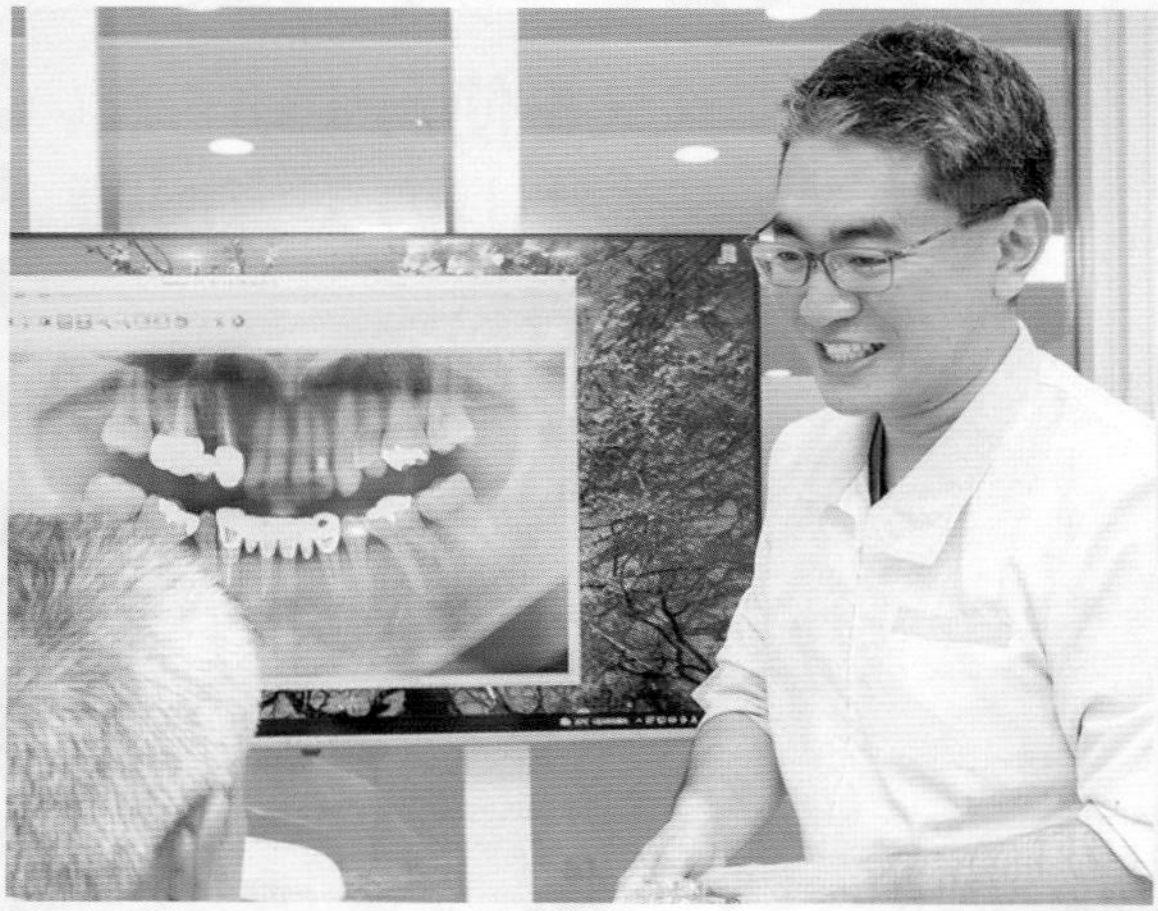

乙丸貴史 院長
東京医科歯科大学歯学部卒。同大大学院顎顔面補綴学分野修了。歯学博士。日本補綴歯科学会認定指導医、専門医、日本顎顔面補綴学会認定医、日本口蓋裂学会認定師。

## 治療時間が大幅に短縮 17年超の入れ歯治療歴

歯を失った部分を補う入れ歯の進化が実感できるのが入れ歯専門外来を標榜する『日比谷公園前歯科医院』の乙丸貴史院長が導入した最先端モデルだ。製作プロセスがデジタル化されたのが大きな特長だ。

その一つが3Dプリント技術で製作する、やわらかいクッション付きの総入れ歯『rēva（リーバ）』。通常の入れ歯の製作にかかる通院回数を50％以上削減し、最短2回の通院で完成する。歯茎にあたるほぼ全面に利用者の口の形状に合わせて、均一に0・8㎜のシリコーン加工を施すことによって総入れ歯の悩みが緩和される。もう一つが、口腔内スキャナーデータから製造する『ノンメタルクラスプ義歯』。通常、1～3本の歯の欠損を補う部分床義歯は、上下顎の石膏模型とバイト材を技工所へ郵送して製作するが、口腔内スキャナーデータを使って製作する。

乙丸院長は、入れ歯分野の研究で歯学博士の学位を取得、入れ歯の治療で17年超の経験を持つ日本補綴歯科学会認定専門医。目立たない入れ歯や歯ぐきへの当たりがソフトな入れ歯などで声価を高めてきた。

（ライター／斎藤紘）

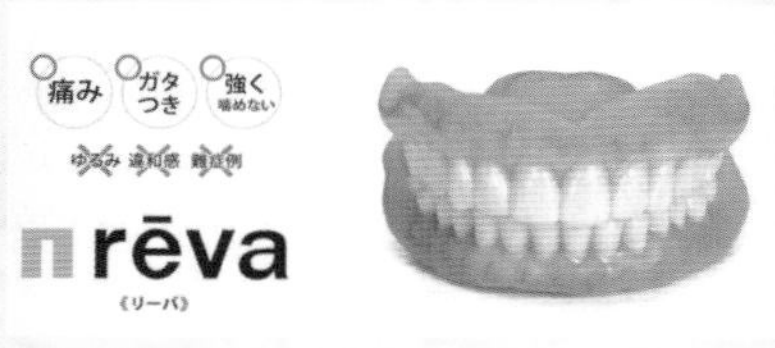

総入れ歯『rēva』

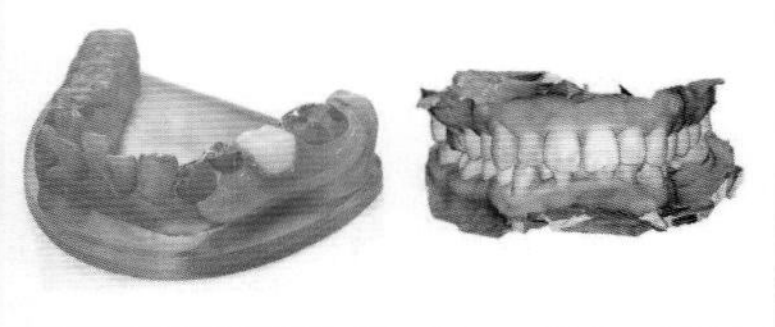
『ノンメタルクラスプ義歯』

診 9:30～13:00　14:00～18:30
休 日曜日・祝日

**日比谷公園前歯科医院**
ひびやこうえんまえしかいいん
03-5510-5550
住 東京都千代田区内幸町2-2-2 富国生命ビル地下1F
https://hibiya-denture.jp/

# 暮らしに役立つ
# 注目のアイテム

# 太陽光に近い光を再現したLED照明 自動調光調色機能で太陽光の変化に同期

# 健康・幸福《ウェルビーイング》を創出する

陽光LED照明「明王 Myo-Ou」

## サーカディアンリズムを整え ウェルビーイングを創り出す照明

日本人研究者がノーベル物理学賞を受賞した光る半導体「LED(Light Emitting Diode)」。電圧を加えると光を発する特性を持ち、省エネ性能、高い発光効率、長寿命性から照明に革命をもたらしたが、そのLED照明を全く新しい視点と技術力で進化させた次世代LED照明が誕生した。名古屋大学発の産学連携企業、『株式会社グリーンユーティリティー』の陽光LED照明『明王 Myo-Ou』。開発を主導した森幸一社長はその特長を「限りなく太陽と同じ光を再現したLED照明」といい、光の質が太陽光の一日の変化に同調して自動で変化する画期的な照明だ。

『明王』を開発した理由を森社長は次のように解説する。

「我々人間や動物、植物は太陽光の恩恵で健康を維持しています。太陽光には、虹色つまり7色の光がありますが、実際には15の光が存在し、それぞれが我々に絶対的に必要なバランスの良い波長を有し、肌の修復や免疫力の向上、さらには体内時計を整え、セロトニン、メラトニンの生成など、重要な恩恵をもたらしてくれています。ところが、家庭や職場で一般的に使用されている蛍光灯、LED照明は、明るくて省エネルギーではありますが、太陽光の恩恵は受けられません。日本が『世界一の病気大国』といわれている状況は、高度成長に伴う負の遺産といっても過言ではないのです。照明は明るさが必須ですが、私たちは365日、照明の下で活動しているので、その光によって健康を害するようなことがあってはなりません。しかし、一般のLEDにはブルーライト、電磁波、低演色性、フリッカーというちらつき、その他の健康を害するリスクを有している可能性があります。ブルーライトは波長が短いため眼底まで到達し、そのエネルギーも強いため目への負担が大きく、網膜に炎症が起き

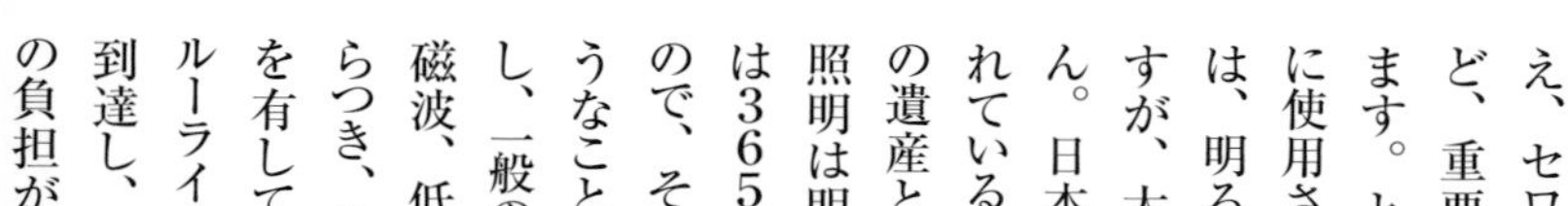

概日リズムの乱れが心身の不調を招く

眠れない、だるい、いらつく、頭痛など不調に悩まされる。

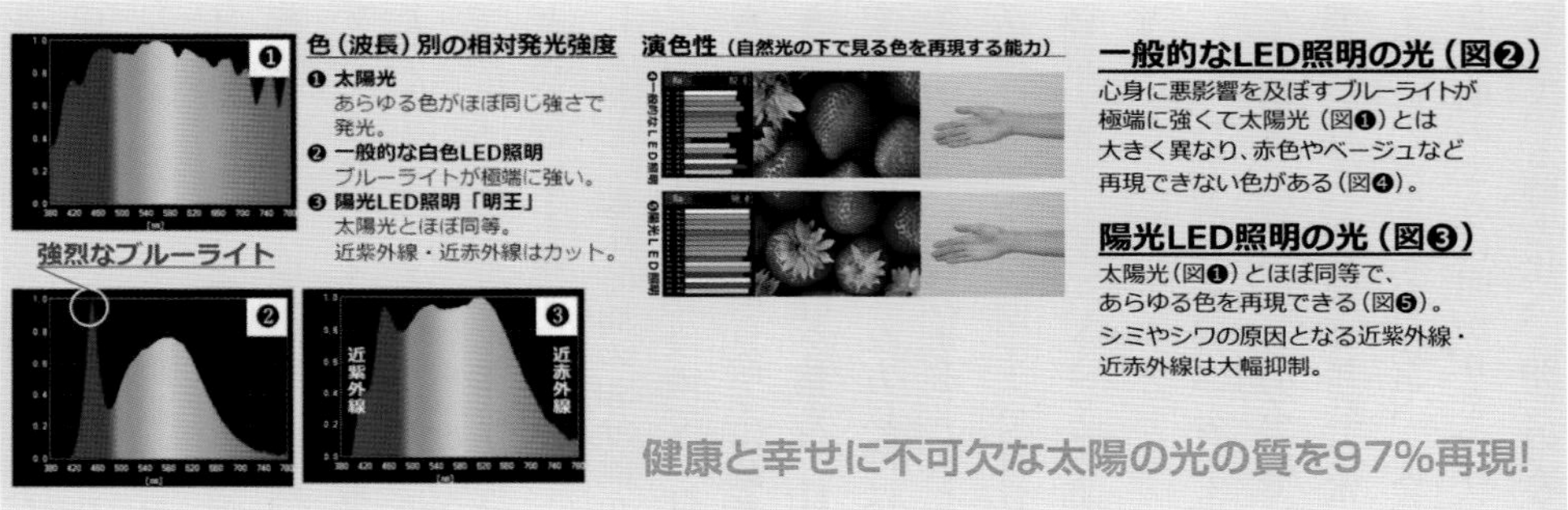

色（波長）別の相対発光強度
❶ 太陽光
あらゆる色がほぼ同じ強さで発光。
❷ 一般的な白色LED照明
ブルーライトが極端に強い。
❸ 陽光LED照明「明王」
太陽光とほぼ同等。
近紫外線・近赤外線はカット。
強烈なブルーライト
近紫外線
近赤外線
演色性（自然光の下で見る色を再現する能力）
❹一般的なLED照明
❺陽光LED照明
一般的なLED照明の光（図❷）
心身に悪影響を及ぼすブルーライトが
極端に強くて太陽光（図❶）とは
大きく異なり、赤色やベージュなど
再現できない色がある（図❹）。
陽光LED照明の光（図❸）
太陽光（図❶）とほぼ同等で、
あらゆる色を再現できる（図❺）。
シミやシワの原因となる近紫外線・
近赤外線は大幅抑制。
健康と幸せに不可欠な太陽の光の質を97%再現!

るなどの怖れがあります。また、ブルーライトを就寝数時間前に浴びると睡眠を促すメラトニンの分泌が抑制され、睡眠リズムが乱され、不眠症におちいります。電磁波は、ＬＥＤのインバータ回路から発振され、ＴＶの電波障害やロボットの誤動作などを引き起しますが、人の体も電磁波を受信します。人体が電磁波を受信することで、電磁波の波長に応じて様々なサイズの部位、組織が共振し、イライラや頭痛などの不定愁訴をはじめ、細胞のＤＮＡを損傷してガン化させるなどの健康被害が現れます。低演色性とは、物体を照らしたとき、その色の見え方が自然光のときとは異なった色合いに見えることをいいます。電球色の場合、真逆の緑色（補色）の光を出すことでストレスとなります。こうした課題を一つひとつクリアして完成させたのが『明王』です」

『明王』の最大の特長は、太陽と同等の光を再現したことだ。通常のＬＥＤ照明は４６７ｎｍの波長のブルーライトが際立っている点が問題とされていたが、『明王』はブルーライトを太陽光レベルまで低減し、赤色や肌色を含む15種類の試験色全てを太陽光と同レベルに再現することに成功した。

「自然光と同じ色あざやかさ」の指標であるＲａ（演色評価数）も太陽光を基準に１００点とした場合、１００点満点中97点とハイスコアを実現。太陽光に極めて近い見え方で、屋内、屋外のギャップを最小限に抑えた。Ｒａ（演色性）が97という高演色性のため、メイクの濃さや肌の色が違って見えるという課題もクリアし、本来の色を忠実に再現する。

また、ＬＥＤのインバータ回路の独自の設計で、電磁放射とフリッカーを限りなくゼロに近いレベルまで抑えることにもに成功した。

もう一つ、『明王』の特長を際立たせているのが自動調光調色機能だ。

「私たちの一日の生活は、太陽の一日の動きと同期したリズムによって、睡眠と活動のサイクルや、血圧、体温、ホ

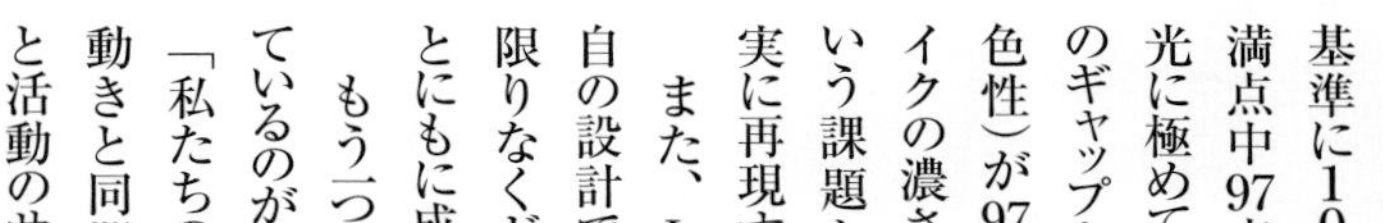

明け方
午前
午後
夜

朝は指定の時刻に快適に目覚められるよう自動で段階的に点灯し、日中は自動で最も健康的で快適な光に10分単位で変化するため、健やかで幸せにいきいきと暮らすことができる画期的な照明。

ルモン分泌などが調和し、私たちの健康が維持されています。概日リズムが乱れると不眠などの睡眠障害、高血圧、糖尿病、心臓系疾患などを引き起こします。『明王』は、自然光に近い光で身体のバイオリズムを取り戻すよう設計されているのです。リモコンで明るさを変える必要がなく、照度と色温度が太陽光に同調して自動的に変化し、起床時間の30分前から徐々に明るくなり、10段階で点灯していき、消灯10分前から徐々に減光していきます。体内時計を整え、日中は作業効率が高まり、夕方以降は心が癒されます。眠りのサポートとしても活用できます。『明王』で目覚め力と睡眠力が変化していくことが期待できます」

この自動調光機能は、省エネ効果も生み出す。一日中同じ明るさではなく、朝方、日中、夜間は無駄な電力を抑えることができるためで、従来のLED照明のように明かりをつけっぱなしにしている時と比べ、39％の省エネになる。電気代の節約にもなり、電気代は一日あたりたった約12円で済む。また、消費電力が抑えられることによって照明自体も長持ちしやすくなる。

省エネ性能は、結果的に二酸化炭素の排出の抑制にもつながり、脱炭素による地球温暖化抑止や自然環境の保全を目指す「SDGs」持続可能な開発目標にも寄与する。

Myo-Ou
陽光LED照明「明王」
健康・幸福を
創出する
GREEN UTILITY

『陽光LED照明　明王 Myo-Ou』
シーリングライト6畳用
98,450円（税込）

人生100年時代を
健康で幸せに生きるための照明です。

## ウェルビーイングを「照明」一つでつくれる時代に！

「ウェルビーイング」とは元々、WHO 世界保健機関が「健康の定義」の中で用いた言葉で、健康・幸福などの意味があります。陽光LED照明「明王Myo-Ou」の登場により、今や「ウェルビーイング」は、照明一つで創り出せる時代になったのです！

2006年　名古屋大学で共同研究スタート
2019年　40形ベースライト製品化に成功
2022年　シーリングライト正式販売開始
2023年　電球型対応ライト・ダウンライト・スポットライト・20形ベースライト新発売
その他高天井用照明・投光器・屋外照明等ラインナップ多数

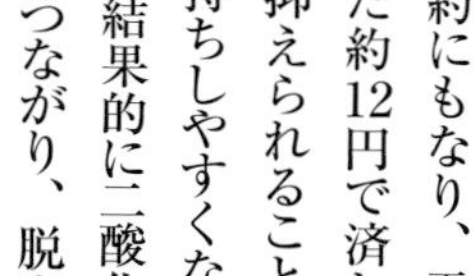

取り付け方法が簡単なのも利点だ。工事不要で、天井に引掛シーリングがあれば、誰でも取り付けることができる。照明を操作するリモコンもユーザー目線を考えた新設計。大きなボタンと見やすい文字で操作性に優れた新液晶画面は、各種機能の設定状態が一目でわかる。よく使う全灯、消灯ボタンに突起があり、ブラインドタッチでも操作できる。おやすみタイマー、おまかせ留守タイマー、お目覚めタイマーなどの機能もある。子どもの学習や読書に適したコントラストがはっきりとした昼光色や家族の団らんや食事に適した自然なみずみずしい色の昼白色など暮らしのシーンに合わせた光をボタン一つで再現することも可能だ。

『明王』には、シーリングライトの他にもベースライト、電球型対応ライト、ダウンライト、スポットライトなどのラインアップがあり、様々な環境に対応でき、耐震、防塵、塩害対策などの機能のほか、マイナス60℃～１００℃

までの極端な温度幅にも耐え抜く性能を付加することができる。不具合などが起きた場合、交換や代替え品の提供など状況に合わせてしっかりと対応する3年の長期保証でユーザーをサポートする。その開発コンセプト、機能性、有用性が高く評価され、オフィスやショッピングセンター、大学、地下鉄など全国で導入が進んでいる。

『株式会社グリーンユーティリティー』は、名古屋大学での研究成果の実用化やエネルギーに関する健康問題の改善を目的に２００３年に産学共同事業として設立された会社。森社長が国立大学7校の工学部教授や医学博士を理事に迎えて設立した一般財団法人地球温暖化防止LSE技術アカデミアと連携し、省エネ・環境改善に関するコンサルティングを行うESP（エコロジー・ソリューション・プロバイダー）事業を主軸に据える。『明王』のほか、オゾン、紫外線、光触媒の三つを利用した次世代型空気清浄機なども開発している。

（ライター／斎藤紘）

株式会社 グリーンユーティリティー
052-979-8900
mori@greenutility.co.jp
㊟ 愛知県名古屋市東区代官町33-13
https://greenutility.co.jp/

# ひと休み×深呼吸 蒸気で カフェイン&GABA 新感覚デバイス

一息で、
ひと休みを
あなたの力に。

## 頑張る人のひと休みをアップデート

「デスクワーク中につい、エナジードリンクやお菓子に手を伸ばしてしまう」「リフレッシュの仕方に悩んでいる」といったワーカーさんは多いのではないだろうか。そんな中、編集部は画期的な次世代の休憩アイテムを発見した。それが『ston s（ストン エス）』。ニコチン、タールフリーで電子タバコともVAPEともまったく違う。エナジードリンクやカフェインドリンクとも違う。深呼吸と共に蒸気でカフェイン・GABAを摂取できる新感覚の深呼吸サポートツールだ。開発したのは、「頑張る人のひと休みをアップデートする」をコンセプトに誕生した『BREATHER 株式会社』。デジタルツールの発展により、便利になったと共に働き方が多様化する中、それに合ったひと休み方法が求められている。

代表の御神村友樹さんと『BREATHER』スタッフは、「日々頑張る人のイノベーションの新たな息吹をサポートする」ことを使命に、ライフサイエンスからエンジニアリングまで、多様な技術を結集させて新たなデバイスの開発に取り組んだ。そこで誕生したのが

ston s ストン エス
ひと息で、
新たなリフレッシュを

『ston s』1,500円（税込）

このように新しい休憩を
提供するために生まれた
"ひと休み専用"デバイス。

働き方の変容における「ひと休み」

休憩についての情報やツールに興味がありますか？

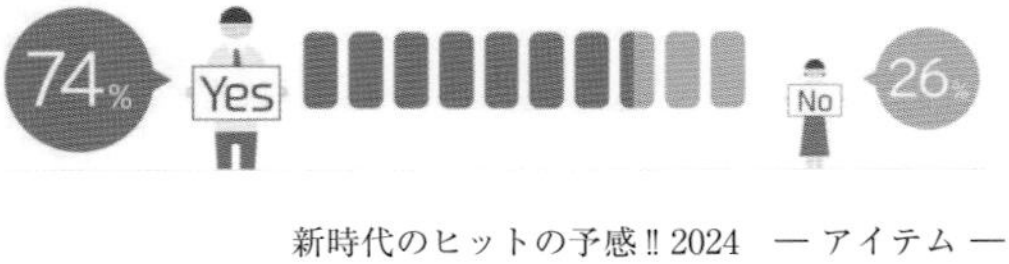
74%
Yes
No
26%

2021年4月20日～4月21日 インターネットによる調査

REFRESH Mint
×
カフェイン配合

REGAIN Energy drink
×
カフェイン配合

RECHARGE Blueberry
×
カフェイン配合

REST Coconut
×
GABA配合

『ston s』だ。

独自のテクノロジーを搭載したデバイスの先端を吸い込むとカートリッジ内のリキッドが熱されて蒸気が発生。蒸気と共にカフェイン・GABAといった成分とフレーバーを楽しむことができる。ミント・エナジードリンク・ブルーベリーフレーバーはカフェイン配合で、ここ一番頑張りたい会議前や眠気に襲われる午後、残業で疲れが出始めた時のリフレッシュに。ココナッツフレーバーはGABA配合で、落ち着きたい、ゆったりとしたい時に。

エナジードリンクやお菓子と異なり、蒸気と共にフレーバーを楽しむので、カロリーも糖質も0。心地よい香りのフレーバーを楽しみながら、罪悪感0で瞬間リフレッシュができる。忙しい仕事の合間のリフレッシュに効果的だ。また、より深呼吸することで、蒸気が見えにくくなる。においが残ることが無く、接客業や休憩時間が限られている方にも安心だ。

また、コストパフォーマンスの点も優

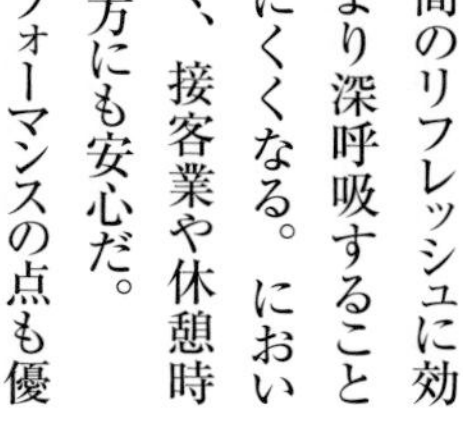
POINT 01
休憩を自分でコントロールしたい！
すでにできている 26%
半数以上
52%

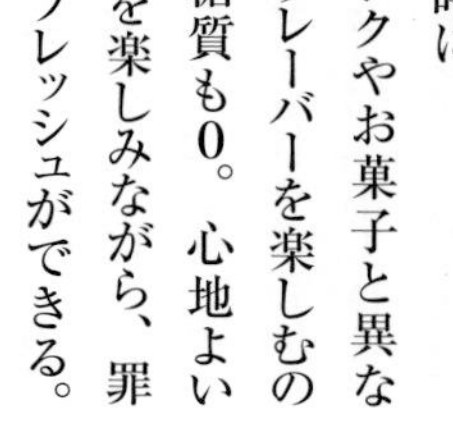
POINT 02
自分に合った休憩の仕方を知りたい！
すでに知っている 20%
半数以上
50%

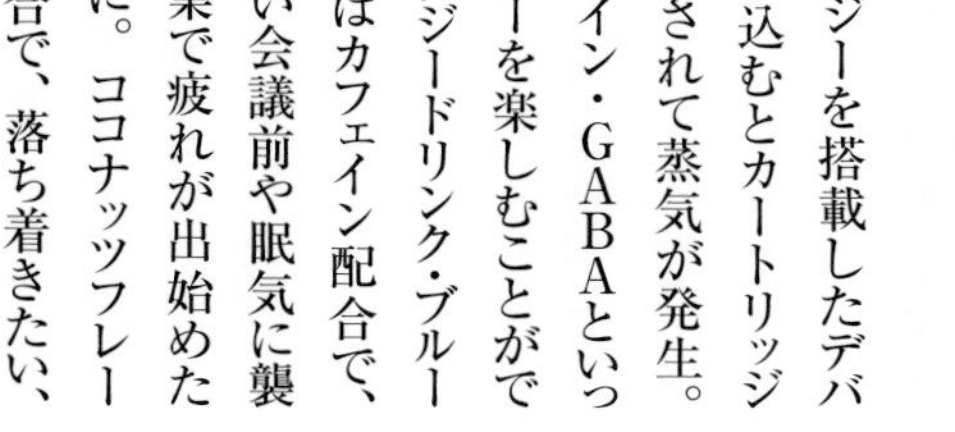
オフィスワークからリモートワークになって変わったこと
1 「自分の今の状態や気分」で休憩を取っている 26%
2 ランチやトイレ休憩以外の休憩が増えた 22%
3 1日の中で休憩を取る頻度が増えた 20%

秀だ。『ston s』の場合、1セット5回吸引してもたったの20円(※吸い方によって異なる)。高いコストパフォーマンスと、GABAやカフェインを摂取することでリフレッシュできることも魅力。販売も好調で、2022年2月7日(月)から多くのユーザーに指示されている。販売先も自社サイト、Amazon、楽天市場、その他、セレクトショップarenotや恵比寿駅有隣堂書店でも販売中だ。

同じく販売されているチャージ式の『ston(ストン)』は、デバイスを握った時の手触りや心地よさを求め、自然物である「石」がモチーフ。ころんとした形状で違和感なく手に馴染む。自然と日常に溶け込んだ「月白」「浅葱」「鉄紺」「茜」の4色から選べる。約50×20×65㎜とコンパクトでポケットやポーチに入れてもかさばらない。「REST ココナッツ×GABA」「RECHARGE ブルーベリー×カフェイン」「REGAIN エナジードリンク×カフェイン」「REFRESH ミント×カフェイン」

ston s ストン エス
ひと息で、
新たなリフレッシュを

の4色。『ston s』は、ペンのようなスティックタイプで、シンプル&スタイリッシュデザイン。新たな休憩ツールとしてビジネスパーソンを中心に注目を集め、Amazonの「健康家電カテゴリー」と「ホーム&キッチンカテゴリー」の売れ筋一位を獲得したことも。その後もリモートワークなど新しい働き方の普及を受け、入荷と完売を繰り返す製品となった。デザイン性や革新的なコンセプトも評価され、「JIDAデザインミュージアムセレクションvol.22」選定、「A'Design Award and Competition」銀賞、「FYTTE ハッピーおうち時間グッズ大賞2020」選定、「an・an カラダにいいもの大賞」ファイナリスト選出など 国内外で多くの評価を得ている。

購入者からは、「意外と落ち着かない時に忘れているのが深呼吸だと思います。この商品は、深呼吸を意識的にすることができると感じました」「空いた時間やドライブ中に手軽に気分転換ができる。深く吸い込むと

★★★★★
**すきま時間にリフレッシュ♪**
今までは害のあるタバコがメインだったが、空いた時間やドライブ中にも健康的な気分転換ができる。エナジー…

★★★★★
**リラックスできる**
普段深呼吸をすることは意識していないとできませんが、ston sを使用すると無意識に深呼吸ができとて…

★★★★★
**良かったです。**
初めて使用してみましたが、眉唾かなぁ？と思いきや割と良かったです。…

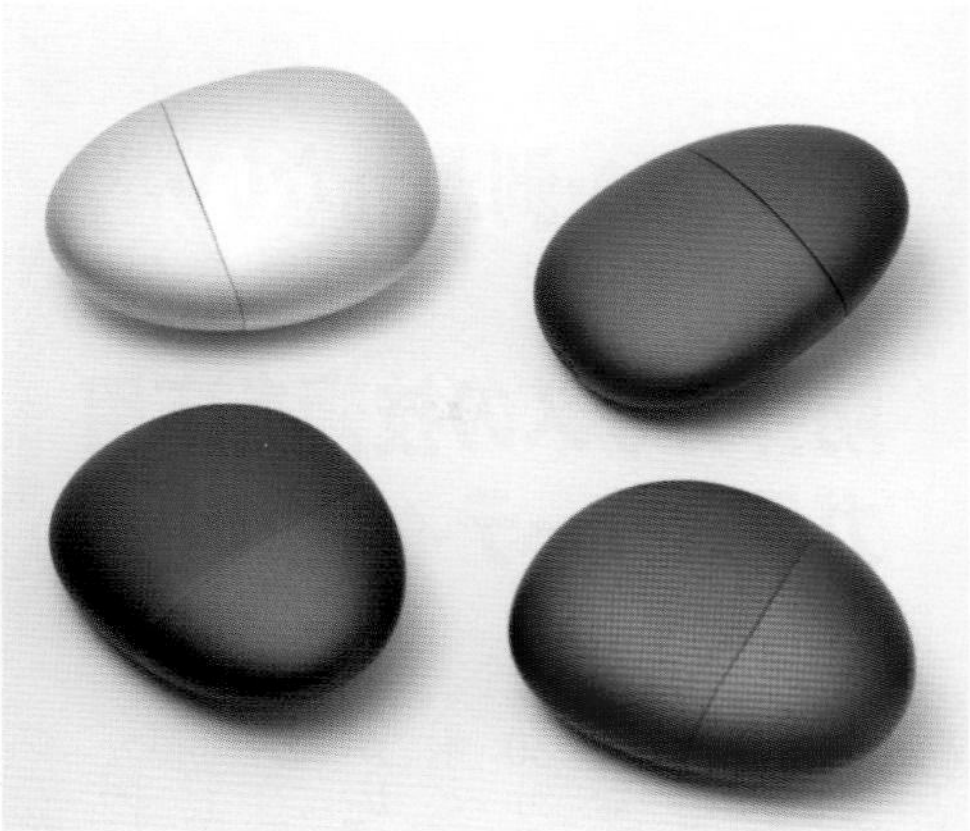

# ston ストン

『ston（ストン）』
6,600円（税込）

普段なかなかできていない深呼吸ができて気に入ってます」など喜びのコメントが多数寄せられている。実際の利用コメントを聞いていると、まさに深呼吸に着目した今までにない新しいリフレッシュ方法を体感できるデバイスだと実感できる。

「世界を変えるイノベーションは、誰が起こすのか、いつ起きるのか。いったい何が起きるのか。想像もつきません。ただ、一ついえることがあるとすれば、すべてのイノベーションは人が起こすということ。頑張っている人こそが、イノベーションを起こすのです。しかし、イノベーションはパンドラの箱のようなものです。箱の底に残る希望にたどりつくには、その前に到来するありとあらゆる試練に立ち向かわなくてはなりません。頑張る人が試練に立ち向かい、ベストパフォーマンスを常に出せるように。私たちがアップデートしたいのは『ひと休み』です」

一息で、ひと休みをあなたの力に。

（ライター／播磨杏）

**BREATHER** 株式会社
ブリーザー
0120-012-460
breather-info@breather.co.jp
㊟ 東京都港区新橋4-31-3
https://www.breather.co.jp/

BREATHER

# 割れない・剥がれない・劣化しない
# 防弾ガラスの技術を応用 ガラスコーティング剤

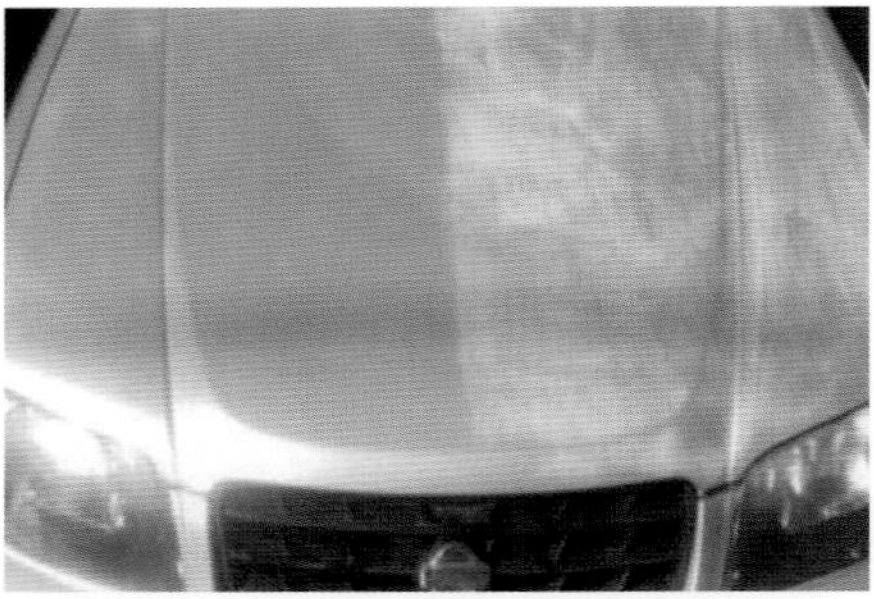

10年経過比較（右コーティング、左未施工）

## スマホコーティングビジネスを創造
## コロナが明けて再ブレイク

『株式会社G-POWER』が防弾ガラスを超粒子化するナノテクノロジーで生み出した、劣化せず、剥がれず、美しい光沢の強靭なナノレベルのシリカ膜を形成するガラスコーティング剤『G-POWER』の活躍シーンが広がり続けている。スマホや自動車、スニーカーへのコーティング需要が拡大しているのはその象徴。海外での販路もアジアから米国、大洋州、中東まで12カ国に広がった。

『G-POWER』は、対象物に塗布すると、ガラスの元のシリカをエーテル剤が広げていき、エーテル剤が蒸発して水と反応、シリカが残留してラップの50分の1の薄さの膜を形成、目に見えないマイクロクラックも埋める。膜の硬さは鉛筆ひっかき高度試験で9H以上。これまで様々な用途のヴァージョンが開発され、アクセサリーや伝統工芸品、建築物、伝統文化財などを保護する手段にもなるほか、革や布、紙など柔らかい物にもコーティングが可能。剥がれないため、あらゆるコーティングのベースコーティングとして使用できるのも大きな特長だ。

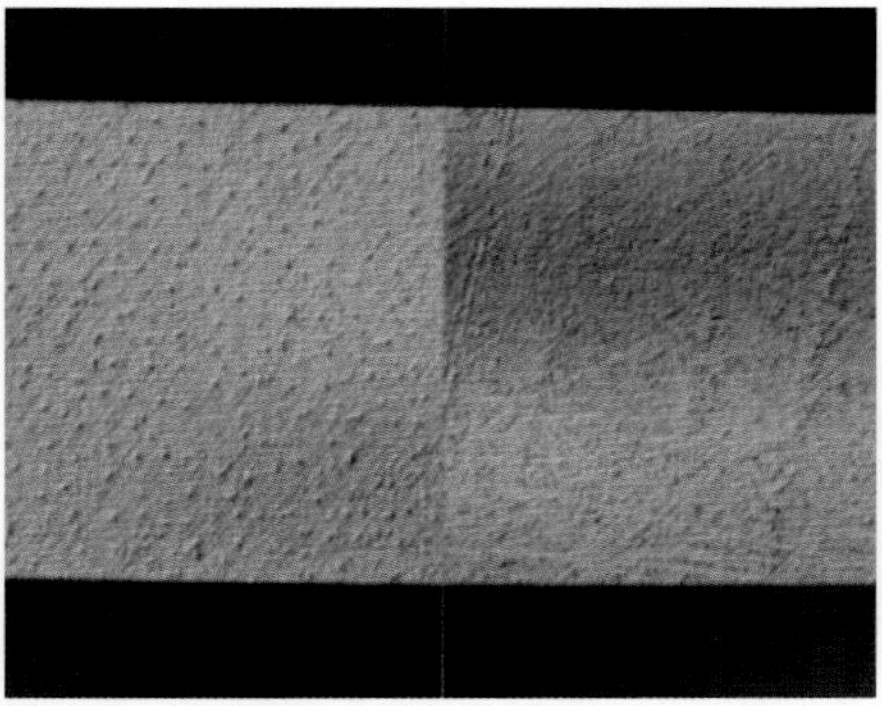

施工面超拡大（右コーティング。左未施工）
目に見えないマイクロクラックを埋め、輝きが増し、割れを防ぐ。

**スマホコーティング施工実験**
**1000万台突破!**

『G-POWER』施工断面写真
（石垣状の構造で衝撃を緩和）

JDJ1
長澤翼選手
公式サポーター

ロータスカーズ
で採用。

石垣上の構造で柔らかい物への施工も可能。

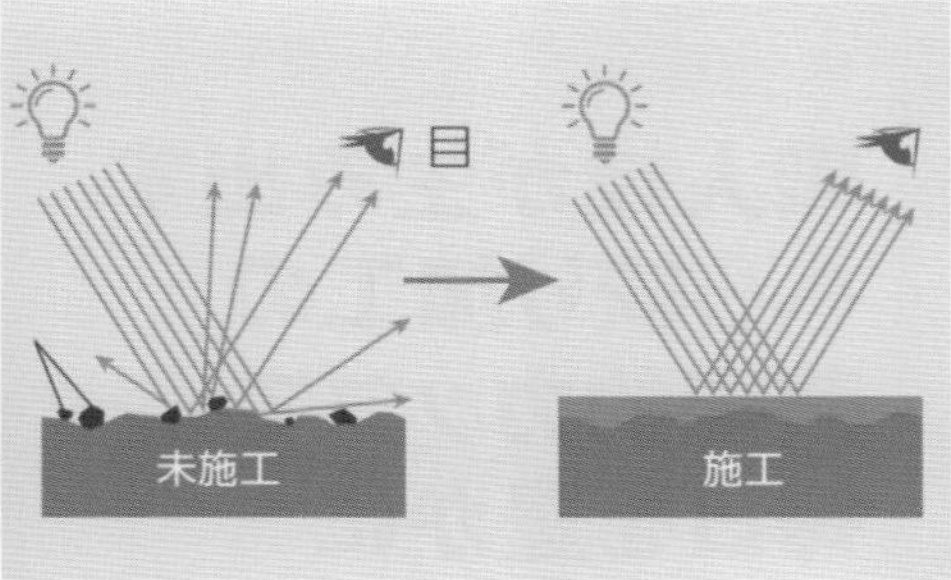

施工面が輝く原理と汚れがつきにくく取れやすい原理。

スマホコーティングは、衝撃を緩和し、割れや傷を軽減するほか、細菌や汚れなどがつきにくくなる。コロナ禍では抗菌効果を持つコーティングが好評を博した。施工は携帯電話のサービスを提供する全国の大手キャリア店舗、大手百貨店、『G-POWER』代理店の店舗200店舗以上が実施、一日40万円以上売り上げた店舗もあるほどの人気だ。カーコーティングは、大手自動車会社への原料供給量が増えているほか、2023年にはレーシングカーのロータスカーズや消防車への採用が決定した。

『G-POWER』の需要増に応えるため同社は企業グループを形成、製品開発を担う同社を中核に、製品の性能試験や施工の講習などで協力する「G-POWERラボ（株式会社ティーシーイーコーポレーション）」、コーティング販売コンサル、プロモーションを請負う「株式会社G-POWER Earth」、BtoBtoC販売会社として「株式会社G-POWER Leading」を設立した。

BtoBのOEMによる原料供給だけでなく、BtoCでも副業ブームに着目して地方で施工業者を増やしている。また店舗型事業者の新たなキャッシュポイントとしても注目され、東京では、「G-POWERコーティング上野御徒町店」と「G-POWERコーティング池袋店」が開店するなど、『G-POWER』ブランドがさらに広く浸透する事業基盤の形成が加速化している。

（ライター／斎藤紘）

インドネシア展示会「GIIAS」

**G-POWERグループ**
G-POWER グループ
048-788-1503
knym4ahdm@gpowerleading.com
㊟ 埼玉県さいたま市西区二ツ宮568-1
https://g-power-japan.com/

三重県にて『G-POWER』ラボ2店舗目開店。

# 職人技が生み出す へら絞り加工の 芸術的カップで 毎日を豊かに

東京 江戸川区の町工場で
世界に誇れる ヘラ絞り

## 機能性×デザイン性 老舗町工場のクラフト品

戦後復興の昭和24年の創業より、各種金属へらしぼり加工、金属溶接、板金加工などの事業を行う東京・江戸川区の町工場『髙橋鉸工業株式会社』。同社の「絞り加工」という技術を駆使してライフスタイルプロダクトをデザインするブランドとして立ち上げたのが『TASHIKA』だ。

『TASHIKA Cup』は、絞り加工独特なヘラ目をデザインエレメントとしてそのまま加工。仕上げ塗装はアルマイト塗装（白銀）で施し、シックでスタイリッシュな印象。シャープなフォルムで、どんなスタイルのインテリアにも馴染む。一つひとつ手作業で仕上げられている唯一無二な芸術品だ。手に取ると感じる独特の手触り感も魅力。

『TASHIKA Cup LOGOver.』は、レーザー刻印でブランドロゴをあしらい、より洗練された印象に仕上がっている。目には見えない細かな職人技が詰まった逸品は、プレゼントにもぴったり。アルミ製のカップは熱伝導率が高いので冷たさや温かさをキープ。軽いのも特長で自宅やオフィス、アウトドアシーンでも活躍する。

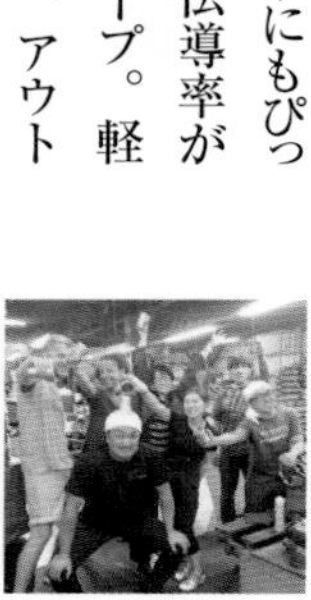

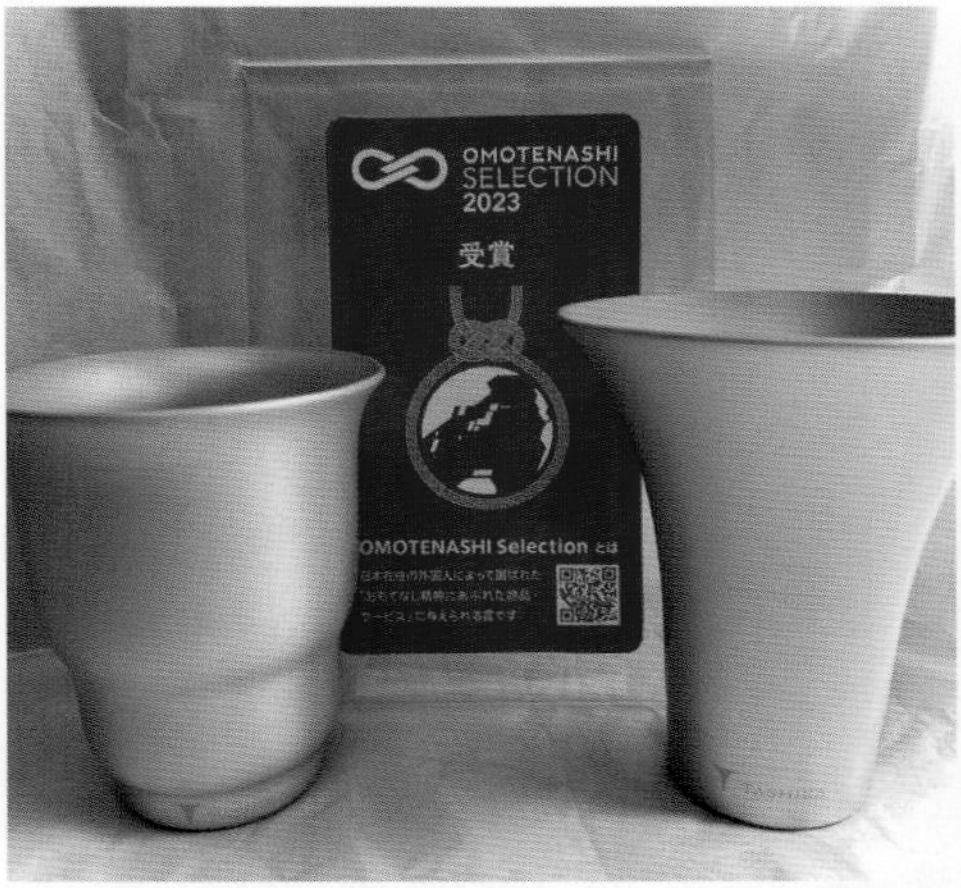


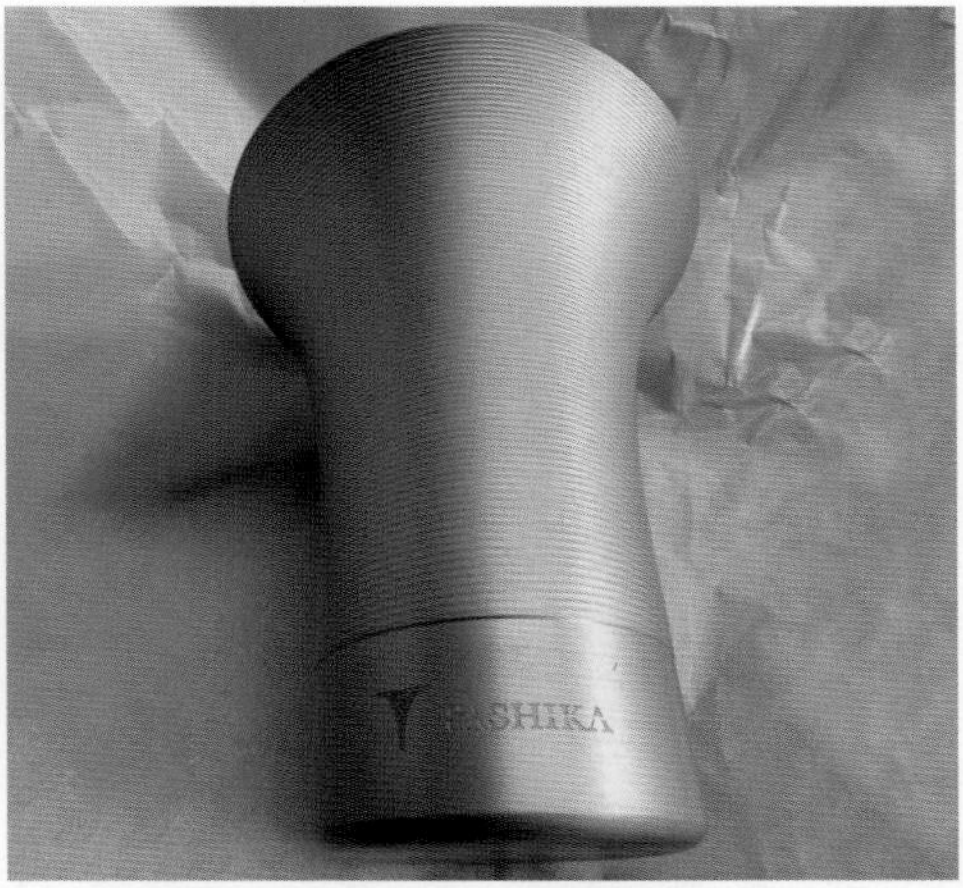


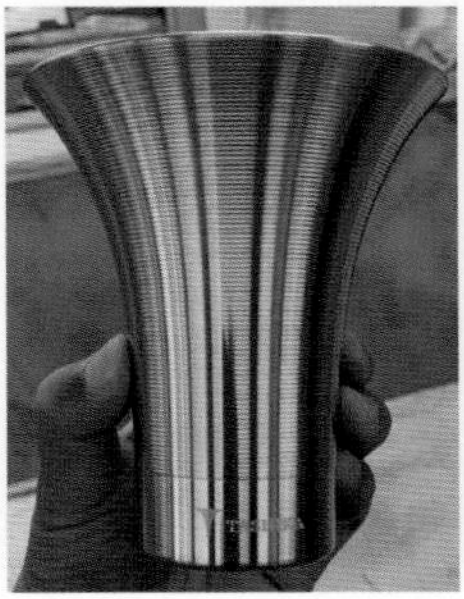

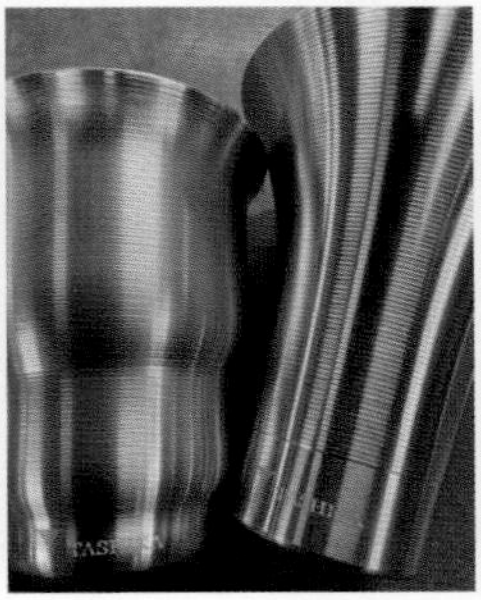

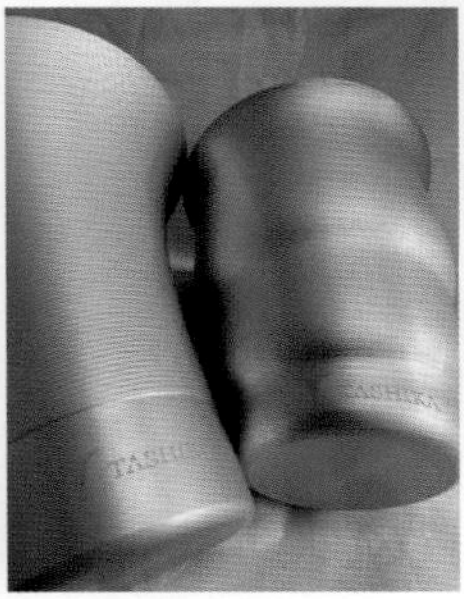

https://tashikashop.stores.jp/

『TASHIKA Cup』と『TASHIKA Cup LOGOver.』は、日本在住外国人が日本中から集めた日本の良いものや良いサービスをセレクトし、世界に向けたPRなどをサポートするプログラム「おもてなしセレクション」2023年度第1期で見事W受賞。日本の老舗町工場が誇る職人の繊細な技術は、世界中で注目されている。

他にも、携帯用太陽光発電アイテムGOALZEROにぴったりなランプシェード『LAMP SHADE for goal zero』も人気。職人の手作業で叩いて施した、繊細で美しい槌目デザインがクラフト感のあるムード。一つとして同じ模様がないところが、より愛おしさを感じさせる。

経年変化を楽しめる「銅」、ヴィンテージ使用の「真鍮」、上品に輝く「シルバーメッキ」、炙りを施したブルーが存在感を表す「チタン・炙り」など好みに合わせて素材を選べるのも嬉しい。

（ライター／播磨杏）

**髙橋絞工業** 株式会社
たかはししぼりこうぎょう
☎ 03-3681-5519
✉ tashika@sage.ocn.ne.jp
㊟ 東京都江戸川区平井2-9-16
https://www.shibori-takahashi.com/

へら絞り・ヘラ絞り・ヘラシボリ
髙橋絞工業株式会社

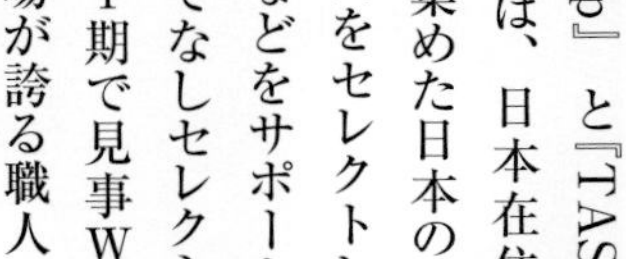

# 芸術性×大量生産技術器に施す切子模様

## 縁起の良い七宝繋ぎの吉祥文様

奈良時代から常に技術を進化し続け、手間暇かけた美しい作品の数々で人間国宝を最多輩出してきた美濃焼。その一方で大量生産の技術を確立し、日本で生産される器の半数以上を占め、多くの方が日常的に使用している。手間暇をかけて丁寧に作り上げた焼き物と技術向上により大量生産された焼き物は、同じ美濃焼でもこれまで混ざり合ってこなかった。2021年「作家と産業をつなぐ、新しい美濃焼のかたち」をテーマに、両者の良さを活かし、手間暇かけた量産を実現した『HINOMI YA』は、数々のジャンルとのコラボレーションなど美濃焼の可能性を広げ続ける陶芸家の宮下将太さんが手掛ける。

宮下将太さんは普段、0・001gに及ぶ調合、1度単位の焼成など独自の研究が生み出した釉薬を使用した煌びやかな器を製作しているが今回は釉薬を使わず「デザイン」と「素材」による従来の美濃焼のアップデートプロダクトに挑戦した。

最高級磁土を無垢で焼き上げた白

陶芸家
宮下将太さん

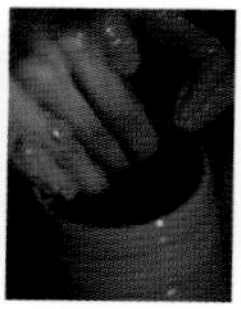

作家と産業を繋ぐ、
新しい美濃焼のかたち
HINOMIYA

色の器を丁寧に磨き上げ、光に透ける華やかな切子模様は他にはない美しさ。器の成形は、伝統的な大量生産のための技法「圧力鋳込み」。一定の圧力をかけながら石膏型の隙間に泥を流し込むのが特長だが、石膏型の中を流れる土の入り口と出口を繋ぐように重ねることで手で彫り込んだ様なデザインを同時に複数のものを作ることができる。デザインは、世界で活躍する現代アーティスト東金聖さんの作品制作で培われた3Dデータ技術を使用。彫りは七宝繋ぎの吉祥文様。円が重なり続けていく様子から子孫繁栄や人と人との縁、円滑な人間関係などの意味を持つ縁起の良い模様だ。華やかで高級感があり、日常使いはもちろん、ハレの日のお祝いにもピッタリ。どんな料理を盛り付けても映える上、食洗機や電子レンジ、150度までならオーブンの使用も可能で、使い勝手抜群。自宅で愛用するのはもちろん、結婚式の引き出物や大切な方へのギフトにもオススメだ。

（ライター／彩未）

陶芸家 **宮下将太**
みやしたしょうた
✉ shotamiyashita.com@gmail.com
㊟ 岐阜県土岐市下石町322-77
https://www.shotamiyashita.com/

こちらからも
検索できます。

# 華やかな
# 着物の思い出を
# カタチに
# 着物リメイク

## 完全オーダーメイドで思い通りのアイテムへ

美しさと繊細なデザインから多くの人々の心を魅了している日本の伝統的な着物。日常では着る機会が減ってきているものの、イベントには未だに欠かせない存在。だからこそ、その一着の着物に思い出が詰まっている方も多いのではないだろうか。産着や振袖、譲り受けた着物など大切な思い出や感情が詰まった一着は、そのまましまいこんでおくには惜しいもの。

『着物リメイクshopるりまつり』では、大切な着物を預かり、個々の思い出をテディベアやアクセサリーなどのアイテムに完全オーダーメイドでリメイクするサービスを行っている。「せっかく日本に生まれ育ったなら、日本人にしかできない仕事がしたい」というのが立ち上げのきっかけだという。

制作に際し、着物の柄やどの部分を活かして制作するかをヒアリング。手作業で一つひとつ丁寧に仕上げる心のこもった作業で大切な思い出が新たなカタチへと生まれ変わる。

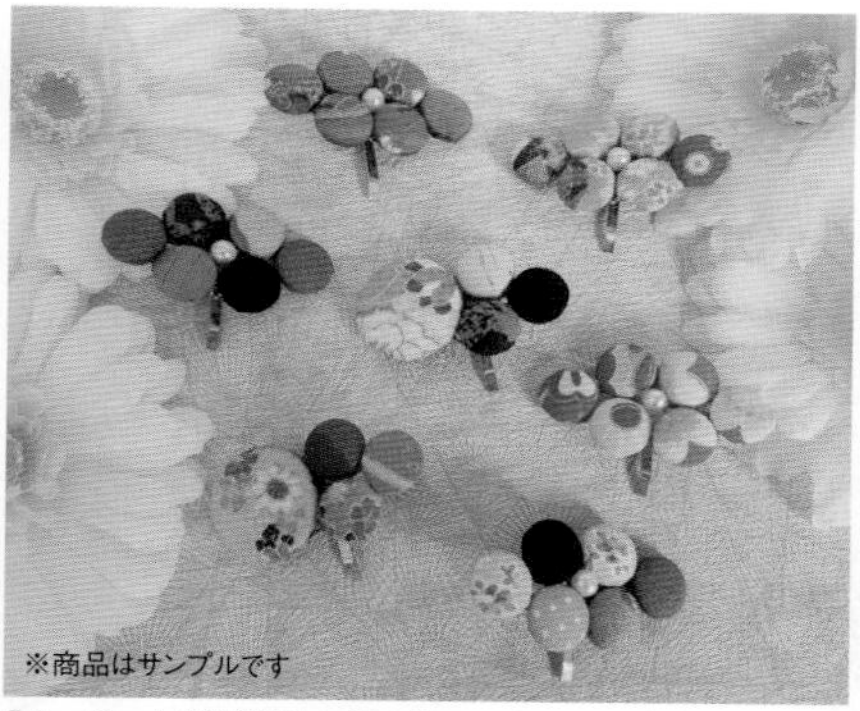


『オーダーメイド着物リメイク ピアス／イヤリング』
3点セット 4,000円（税込）

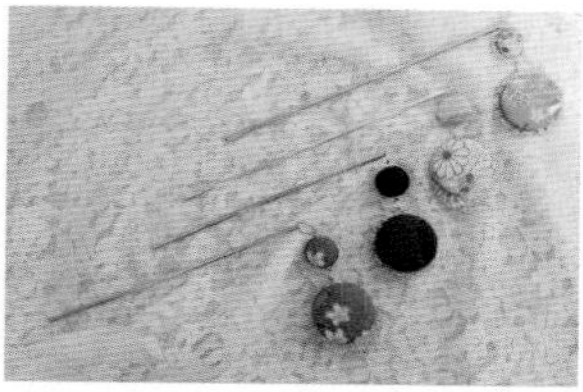

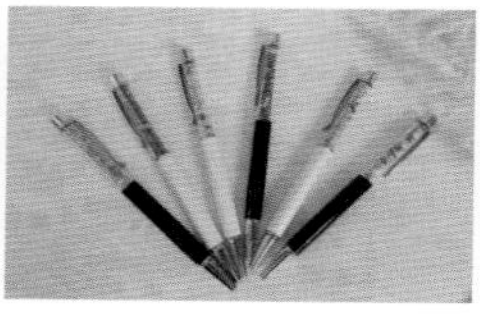

『オーダーメイド着物リメイク（ミニチュア着物）』10,000円（税込）

『オーダーメイド
着物リメイクテディベア』
Lサイズ 5,000円（税込）
Mサイズ 3,000円（税込）
Sサイズ 1,800円（税込）
S（座高約5cm）、M（座高約8cm）、L（座高約13cm）の3サイズ展開。

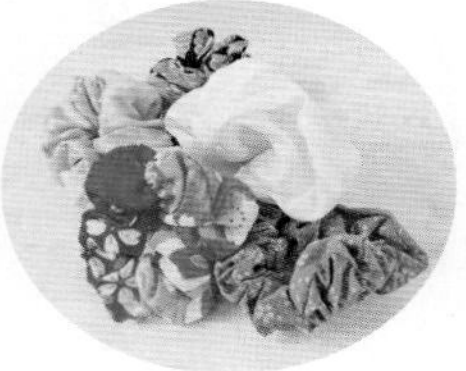

人気のテディベアは、成人式の振袖など思い出の着物をリメイクにして、ご両親へプレゼントする方も多いという。テディベアだけでなく、ドール（リカちゃん）サイズのミニチュア着物も人気。そのまま飾るのはもちろん、着せ替えとしてお子様へのプレゼントとしてもオススメだ。着物と帯はそれぞれボタンで簡単に着脱できるので着せ替えも簡単。眼鏡ケースやアクセサリー、シュシュなど幅広いアイテムへのリメイクも展開。大切な思い出が詰まった着物をしまい込んでしまうことなく、日常に取り入れて楽しむことができる。

着物の持つ美しさと思い出を豊かな着物文化を尊重しながら現代のライフスタイルにマッチするアイテムへと再生し、新たなカタチで現代に蘇らせることで、着物文化を未来へと繋ぐ一翼を担ってもいる。

（ライター／長谷川望）

**着物リメイクshop るりまつり**

✉ remakeshop_rurimatsuri@gmail.com
㊟ 埼玉県春日部市西金野井
https://rurimatsuri.shopinfo.jp/

Instagram

## 着物リメイクshop るりまつり

# シンプルかつセクシー
# 女性らしさを彩る
# とっておきの
# ジュエリーを

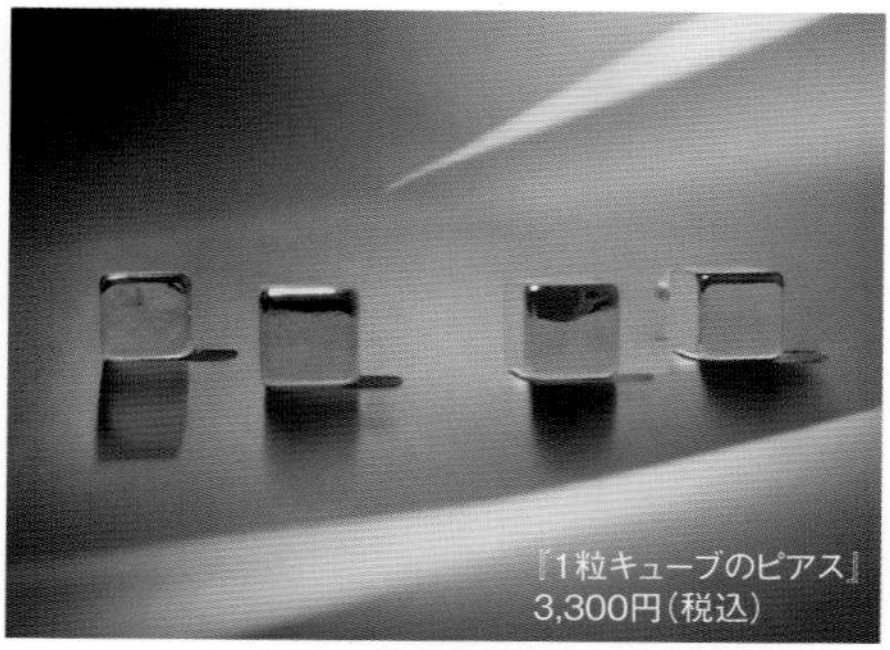
『1粒キューブのピアス』
3,300円（税込）

## 大人女子を演出
## 上品で洗練されたジュエリー

「シンプル・セクシー・女性らしい力強さ」をコンセプトにデザインされたアクセサリーを展開するブランド『KRONOS』。都会的に洗練された作品は、シンプルかつスパイスが効いたデザインで、さりげない個性を演出する。

イチオシは、『ホワイトジルコニアのロングバーピアスorイヤリング』。キャッチが二つ付いているので、シンプルなバーピアスにもアレンジ可能。デニムなどカジュアルスタイルには、シンプルなバーピアス、女子会やお呼ばれでフェミニンにスタイルアップしたいシーンはパールをつけて耳元を華やかになど、シーンに合わせて使い分けられる万能アイテムだ。

『トリプルパール』は、耳たぶに沿うように設計されていて、パールが耳元を流れるように彩る。シンプルでありながら華やかな印象で、流行りに左右されないパールアイテムはマスト。

耳元で揺れて存在感を放つ、華やかなデザイン『リーフのスイングピアス』もオススメだ。

（ライター／播磨杏）

『ホワイトジルコニアピアス』
3,960円（税込）

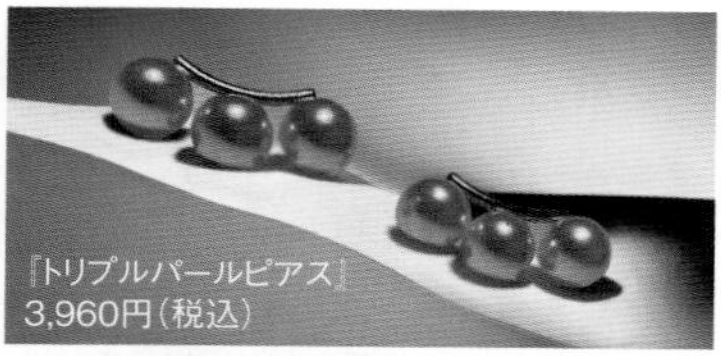
『トリプルパールピアス』
3,960円（税込）

『リーフのスイングピアス』3,960円（税込）

**KRONOS**
クロノス
✉ kronos_jewel@gmail.com
https://kronosjewel.base.shop/
@kronos_jewel

ピアス穴が空いていなくても、イヤリングに変更も可能。片耳をなくしてしまったり、壊れてしまった場合も対応してくれる。

『シンプルパールピアス』
3,740円（税込）

# エッセンシャルオイル専門店のオンラインストアがリニューアル

+F
+F Hinohara in Tokyo Japan
With Gratitude 5th Year Anniversary

## 40種のブレンドオイルなど

『+F』は、檜原村に移住したデザイナーの吉田光世さんとエンジニアの山口雄二さんが営む檜原村ヒノキエッセンシャルオイル専門店。2018年より檜原産ヒノキの幹・葉から抽出した精油（エッセンシャルオイル）の商品化に取り組んでいる。ヒノキの香りは、日本人だけではなく、世界中の人に癒しをもたらすことができると日々奮闘している。

2023年8月8日には、『+F公式オンラインストア』をリニューアルオープン。『檜原産ヒノキ幹エッセンシャルオイル（贈答用ヒノキ木箱入り）』や『檜原産ヒノキのギフトセット（シューズキーパー&エッセンシャルオイルブレンド）』、『檜原産エアーフレッシュナー』など様々なラインナップが揃う。

また、2023年8月に5周年迎え、数量限定の記念ボトルなどスペシャルなアイテムも用意。

5周年記念ボトル『HF-01 DEEP SLEEP（ディープスリープ）』6,600円（税込）

『ヒノキ幹エッセンシャルオイル』3,850円（税込）

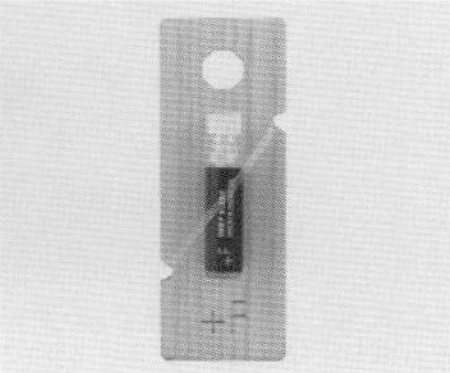

『H-01 DEEP SLEEP（ディープスリープ）』1ml 770円（税込）10ml 5,500円（税込）

世界に一つだけの香りのギフトを大切な人に贈ってみては。

（ライター／河村ももよ）


+F　ひのはらファクトリー
プラスエフ
042-588-5170
info@plus-fff.com
㊟ 東京都西多摩郡檜原村小沢4023-1
https://plus-fff.com/

# ライフステージに寄り添う新品家電家具のレンタルサブスク

生活に彩りを、
心に豊かさを。
家具・家電のサブスク（レンタル）サービスで
生活状況の変化にスマートに対応
Rich and Colorful
Life Environment as a Service.
Kitchen
Hall
Bed Room
Shoe Rack

## 小型家電から大型家電まですべて新品でレンタル可能

ライフスタイルの変化にスマートに適応してくれるのが新品家電家具のレンタルサブスクサービス『RaCLEaaS』。

月額利用の料金設定なので初期費用なしで必要ものを揃えることができる。レンタル商品も美容家電などの小型家電、洗濯機や冷蔵庫といった大型家電、ベッドルーム家具など豊富に展開。

商品は、すべて新品なので清潔。家電は5年間の自然故障や落下破損、水濡れの保障、家具は傷つきや汚れ経年劣化を気にせず使用できるので安心。契約期間満了後には、新商品への交換、割引料金での契約延長、商品の買取と三つの選択肢の中からその時のライフステージに合わせたプランを選択できる。

進学や単身赴任により独立する方、一人から二人で新たに生活をスタートする方など様々な方にオススメだ。

ライフスタイルに合わせて、家具・家電を揃えてみよう。

（ライター／長谷川望）

「一人暮し」から「二人暮し」の生活へ。
『生活エンジョイ3点セット』4,780円/月～

「二人暮し」から「子育て」の生活へ。
『お手伝いさん4点セット』12,620円/月～

RaCLEaaS グランドランドAZ 株式会社
ラクリアーズ
050-1753-8205
support@grandland-az.com
㊟ 広島県広島市西区古江新町4-23 アルファ大田202
https://racleaas.com/

こちらからも
検索できます。

RaCLEaaS ラクリアーズ

# 快適な睡眠を実現
# 独自の曲線形状で
# 自然な姿勢へ
# 寝起きの良さに驚き

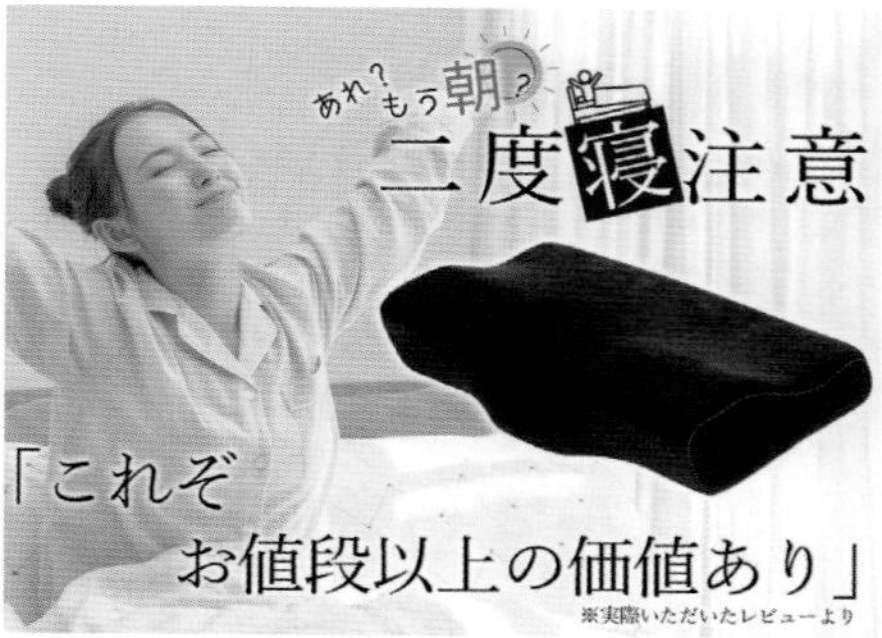
あれ？もう朝？
二度寝注意
「これぞ
お値段以上の価値あり」
※実際いただいたレビューより

## 睡眠のプロも推奨する次世代型低反発枕

快適な睡眠をサポートするアイテムが『WorldGem』が販売する「RoyalLife」ブランドの低反発枕『二度寝注意枕』。竹炭配合×穴あき加工×高さ調整のトリプル効果で様々な睡眠のお悩みを解決する次世代型の機能性枕だ。両サイドが盛り上がり、中央がへこんだ曲線状の形状で仰向き時の首の位置、横向き時の肩の高さに心地よくフィットし、睡眠時の姿勢を自然な形でサポートする。宇宙飛行士の体への負担軽減のためにNASAで開発された高品質の低反発素材で、頭の重さをじんわりと吸収。理学療法士、睡眠改善インストラクターも推奨するプロお墨付きの使い心地を実現した。「高さが合わない」を解消するため、4段階高さ調整が可能。また、本体に穴があることで通気性が良く、熱やムレを防いでくれる。竹炭成分配合でニオイや湿気を吸着し、寝苦しい夜も快適に。寝起き時の気持ちよさに驚きと喜びの声が多数あがっている。肩こりや首の痛みにお悩みの方にもオススメだ。

（ライター／播磨杏）

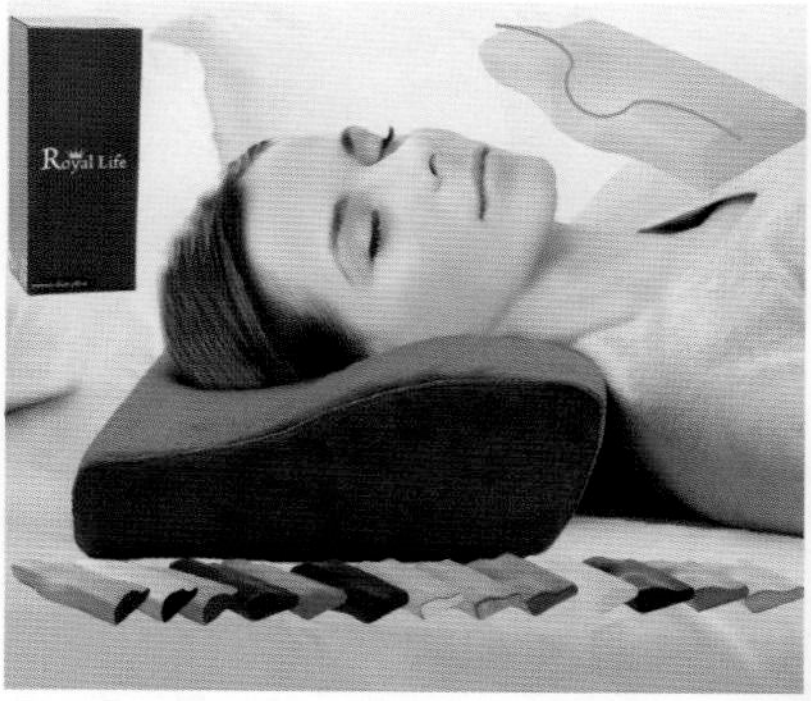
Royal Life

『二度寝注意枕』(オリジナルタイプ、ファブリックタイプ、ハニカムタイプ、やわらかメッシュタイプ) 2,580円(税込)

じんわり沈む
だから…肩や首への負担を軽減

体の形にそって沈み込みゆっくりと元の形状に戻ります

**World Gem** 株式会社 プロスペリタ
ワールドジェム
☎ 0554-88-9015
✉ info@prosperita21.com
㊟ 山梨県都留市小野343
https://www.rakuten.ne.jp/gold/orlando/

シートを抜いて
8cm
シートをつけて
10cm

# つらい首こりや肩こりにさよなら 高機能ワークチェアで悩みをすっきり解決

生産性をアシスト！
人間工学デザイン
腰を支え、姿勢を保つ
ワークチェア

## デスクワークの強い味方 人間工学で正しい姿勢

『Rasical Japan 合同会社』が人間工学に基づいて設計した作業中の姿勢を正しくキープするハイテク高機能ワークチェア『GrowSpica Pro（グロウスピカプロ）』が好評だ。腰背部分が突起し、座ると背骨が自然なカーブを描く設計と5段階まで細かく調整可能な独立可動式ランバーサポートで常に腰椎が自然なカーブを描く。背もたれの高さ調節機能がついていることで作業中の姿勢が崩れないよう完璧にサポートする。

また、新たに登場した上位モデルの『GrowSpica Elite（グロウスピカエリート）』もオススメ。アルミ合金で重さがあるためぐらつきが少なく、安定感アップ。レバーを後ろに倒してリクライニングするとアームレストが追従し、より便利に。

どちらも無理のない姿勢で疲れにくく、作業効率が大幅に上がる。軽量で安価な『Pro』、重厚感と高級感がある『Elite』、お好みのタイプを選んでみては。

（ライター／彩未）

『GrowSpica Pro』

**Rasical Japan** 合同会社
ラシカル ジャパン
050-1807-3231　support@rasical.com
㊟ 京都府京都市下京区中堂寺南町134
公益財団法人京都高度技術研究所8B03
https://www.rasical.com/collections/growspica/

Rasical

こちらからも検索できます。

高品質メッシュで快適な座り心地。

# コンパクトに収納
# 未来のキックボードK2
# IP66防水防塵
# スマートフォンレベルのK1

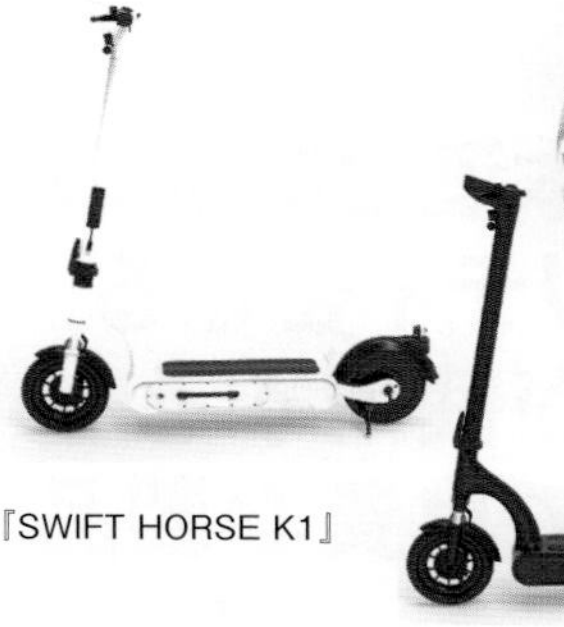

『SWIFT HORSE K1』

折り畳んで
持ち運びが簡単。

## 唯一無二の魅力を放つ
## スタイリッシュなデザイン

個性的なデザインで唯一無二の存在と今話題のキックボード『SWIFT HORSE K2』が『福田国際株式会社』から開発して販売予定。その湾曲した車体を活かし、タイヤ一つ分のサイズ（14インチ）まで折り畳むことが可能。キャリーバッグのように転がして持ち運ぶことができるので快適。キックボードには珍しく椅子付きなので長時間の移動も疲れにくい。大きめの14インチタイヤで安定した走行。基本の「走行モード」、収納に優れた「円形モード」、運搬に優れた「ドラッグモード」の三つのモードで設計されている。2023年11月頃にマクアケにて販売予定。『SWIFT HORSE K1』は、一般的なキックボードで採用されるアルミニウム合金ではなく、IP66防水防塵のためのマグネシウム合金フレームを採用した丈夫なボディが魅力。配線をボディに内蔵しているのでボディには継ぎ目がなく、滑らかで美しいデザインで高品質。2023年11月〜12月頃にマクアケにて販売予定。販売先は、ホームページ（QRコード）をチェック。

（ライター／長谷川望）

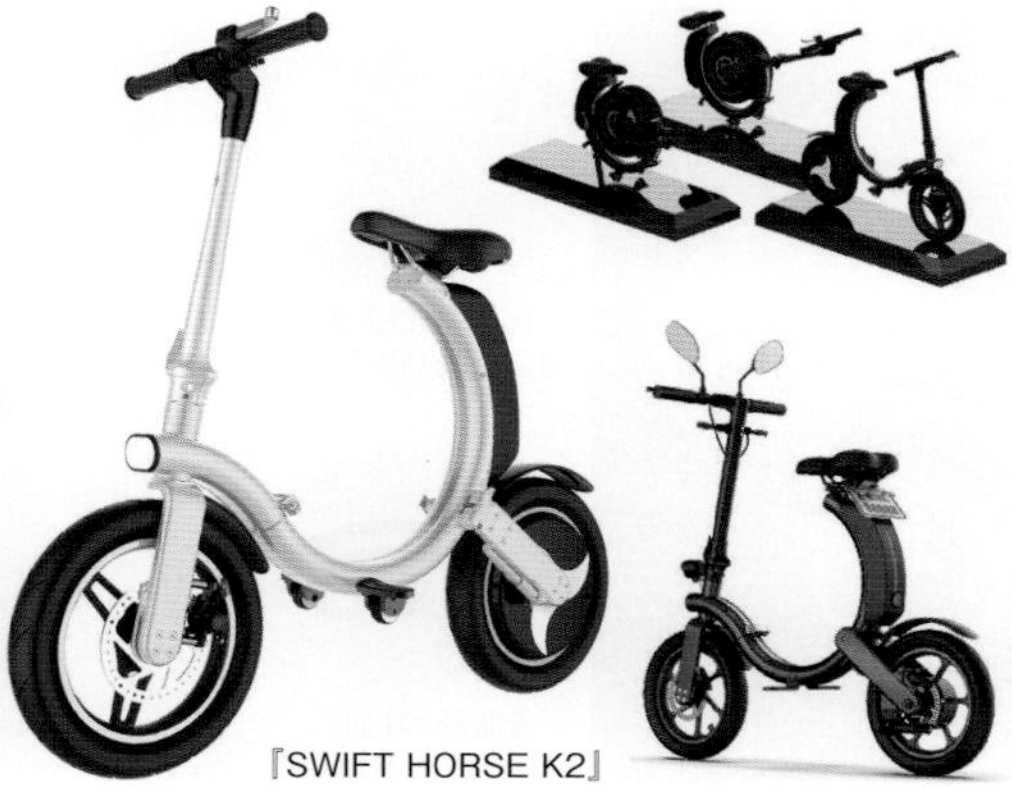

『SWIFT HORSE K2』


**福田国際** 株式会社
ふくだこくさい
027-226-1863
info@fukuda-japan.com
㊟ 群馬県前橋市広瀬町3-7-15 内山ビル1F
https://www.fukuda-japan.com/


こちらからも
検索できます。

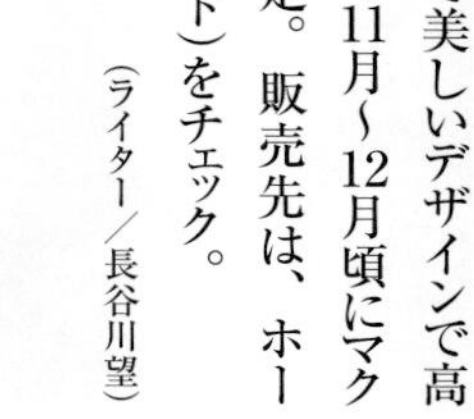

タイヤ一つ分の
サイズまで折り畳
め、キャリーバッグ
のように転がすこ
とができる。

# 我日本酒と醤油のクオリティを守るプロが使用する繊細で良質な製品

## オリジナル陶器で楽しい酒に乾杯

長い伝統を誇る岐阜県多治見市の陶磁器メーカー『カネ幸陶器株式会社』。

『1合蛇の目入本唎猪口』は、日本酒を作る杜氏が日本酒の出来具合を確認するきき酒をする時に用いられる大きなお猪口で、白磁器の内側の底に同心円の二重の輪・蛇の目が青色呉須で描かれている。鑑評会でも公式に使用されるものだ。『本唎猪口(ほんききちょこ)』は、生地が薄いのが特長。蛇の目の部分でお酒の色や濁りを判断するもので、酒造りの現場には欠かせない道具の一つだ。『正1合蛇の目入本唎猪口』は、1合蛇の目入本唎猪口は実質1合以上お酒が入るので、酒販店や居酒屋向けに若干サイズ感を小さくし1合ぴったりのお酒が入るサイズにしたもの。

『醤油きき皿(小)』は醤油の品評会などで使われるお皿で、お猪口と同じ蛇の目がついている。醤油の色の濃い薄い、てりや透明感、味や全体のバランスなどを評価するために欠かせない本物のプロ仕様の製品だ。

(ライター/大坪覚)

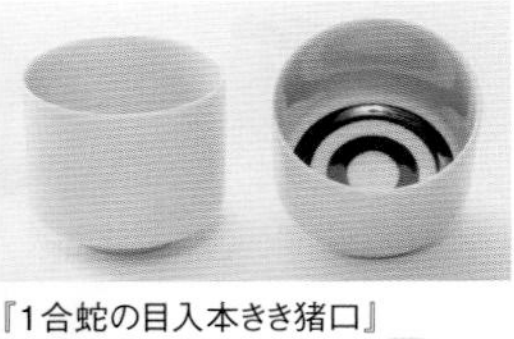

『1合蛇の目入本きき猪口』
2,200円(税込)

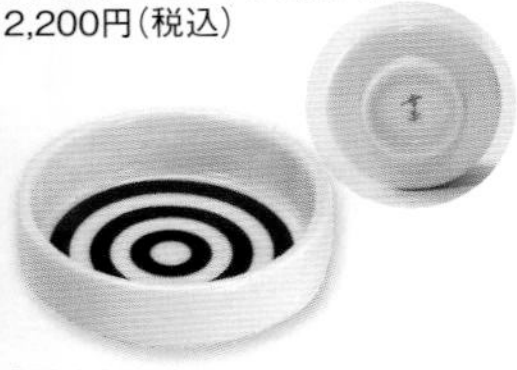

『醤油利き味皿』
10枚セット 6,000円(税込)


**カネ幸陶器** 株式会社
カネこうとうき
0572-24-8211
kanekoh@poplar.ocn.ne.jp
㊟ 岐阜県多治見市宮前町1-19
https://kanekoh.web.fc2.com/


こちらからも
検索できます。

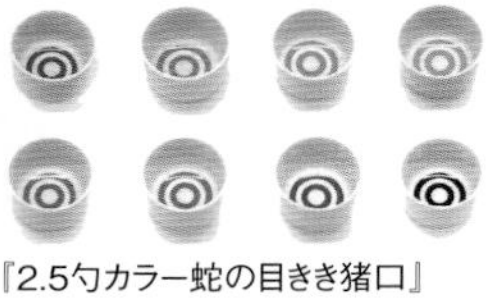

『2.5勺カラー蛇の目きき猪口』

『正1合
本きき猪口』

『1合
本きき猪口』

# 未来への
# ビジョンを照らす
# ねじり加工の
# デザインタンブラー

## スピニング加工で成形された独特のデザイン

『株式会社大東スピニング』の『megsel（メグセル）』は、ねじり加工が施された特別な形状を持つタンブラーなどの商品を展開するブランド。

家庭やアウトドア、お店などの照明の光や炎によって様々な表情を生み出し、普通のタンブラーとは違った風合いが楽しめる。タンブラーを通して放たれる光は、見る人の心に新たな活力を与え、未来への一歩を踏み出す勇気を鼓舞してくれる。その独特なデザインは3D-CADとスピニング加工で成形されている。

『megsel』という名前は、ノルウェー語の「megselv（自分自身）」に由来し、そこから「v(vison)」を外し、商品を通じて自分自身の新しい「vision」を切り開いてほしいとの意味が込められている。

『megsel』は、卓越したクラフトマンシップと確かなvisonのもと作られた逸品。この洗練されたタンブラーを通じて未来の明るいvisionを描いてみては。

（ライター／長谷川望）

ロングサイズ　ショートサイズ

株式会社 大東スピニング
だいとうスピニング
0276-70-2350
info@daito-spinning.jp
㊟ 群馬県邑楽郡邑楽町中野738-5
https://daito-spinning.jp/

megsel

# 煙が出ない新感覚のBBQ用焼き網ホームBBQも快適に！

レールに沿って流れた脂は、処理しやすいよう紙コップが受け止める。

軽量で、組み立てが簡単。持ち運びもしやすい。

## 煙を抑えてより快適よりヘルシーなBBQ

ＢＢＱでお肉や野菜を調理中に目が痛くなったり、衣服や髪にニオイが移ったり、コゲが多いお肉が焼けてしまうなど、煙で困ったことがある方も多いのではないだろうか。

『合同会社 ILLMINATE LIFE』の『Hue-grill（ヒューグリル）』は、煙を抑えてＢＢＱを楽むことができるよう設計された新感覚の焼き網。肉や海鮮の脂が傾斜のついた特殊構造のガイドに沿って落ちていくため、炭に脂が落ちず、煙がたちにくい設計だ。焼き網には２００以上の穴が開いており、ヘルシーながらも炭火ならではの香りや味わいはそのままで煙が抑えられることから、隣近所への気遣いもグッと減り、お庭やベランダなどでのホームＢＢＱも快適に気軽に楽しめると人気だ。ステンレス４３０を採用しており、その耐久性も抜群。長く使用できるので使い捨ての焼き網に比べて財布にも環境にも優しく、専用のコンロ台もあるが、既に所有しているコンロ台も網も付属の磁石を使って利用できるのも嬉しい。

（ライター／長谷川望）

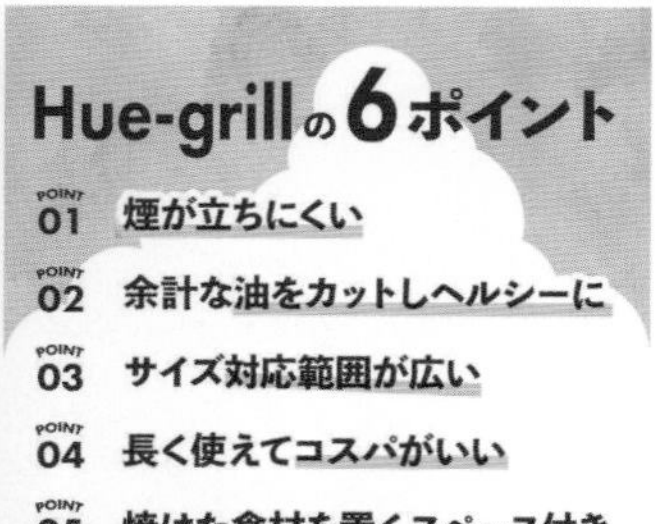

## Hue-grillの6ポイント

| POINT | |
|---|---|
| 01 | 煙が立ちにくい |
| 02 | 余計な油をカットしヘルシーに |
| 03 | サイズ対応範囲が広い |
| 04 | 長く使えてコスパがいい |
| 05 | 焼けた食材を置くスペース付き |
| 06 | 軽量で持ち運び簡単 |

合同会社 ILLMINATE LIFE
イルミネイト ライフ
090-4612-0697
info@illuminate-life.jp
㊟ 東京都江東区森下2-24-3 グレアハウス301
https://illuminate-life.jp/

『Hue-grill』にジャストフィットする専用のコンロ。

真ん中に皿を取り付け可能なタイプと取り付けないタイプがある。

# 高い利便性と機能性で充実したキャンプ体験を

ポータブルテーブル
EAT-BOX

## キャンプを身軽に
## 便利で楽しく

「荷物が多くなかなかキャンプグッズを揃えられない」「BBQの用意が面倒」といったキャンプにおけるありがちな悩みから開放し魅力的なキャンプ体験を提供してくれる待望のアウトドアギアが登場。『株式会社キャンプベニー』の『EAT-BOX（イートボックス）』は、キャンプを身軽に、便利で、楽しく」をコンセプトにつくられた収納ボックスとテーブルが一体となったポータブルテーブル。キャスター付きで65Lの大容量ながら軽量。大量の食材を収納しても誰でもラクに持ち運びできる。拡張性が高く、自由なレイアウトで組み立てることが可能。また、フラットバーナーや専用の折りたたみグリルなどを取り付けることができるで多彩な料理を楽しめる。すべてのテーブルの素材にはスチールよりも硬く、アルミニウムよりも軽いHard MATERIAL-SMCを採用し、耐熱性や耐食性も抜群。アウトドア好きでもアウトドア初心者でも使いやすい『EAT-BOX』が充実したキャンプ体験を演出してくれる。

（ライター／長谷川望）

IGT規格対応切り替えテーブル
専用グリルやSNOWPEAKフラットバーナー対応
コンセント不要で電源の心配なし！

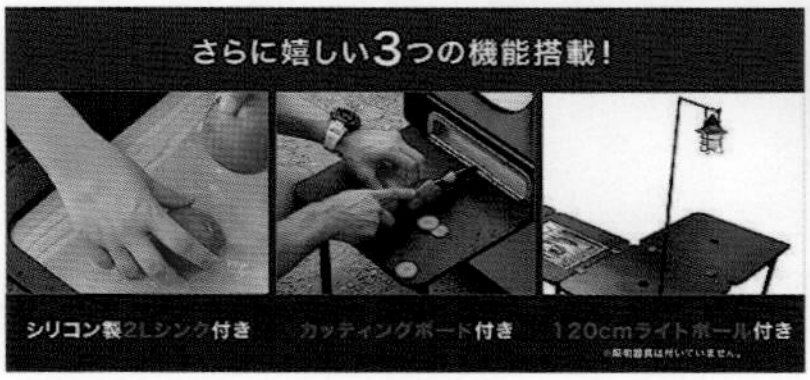
さらに嬉しい3つの機能搭載！
シリコン製2Lシンク付き
カッティングボード付き
120cmライトポール付き

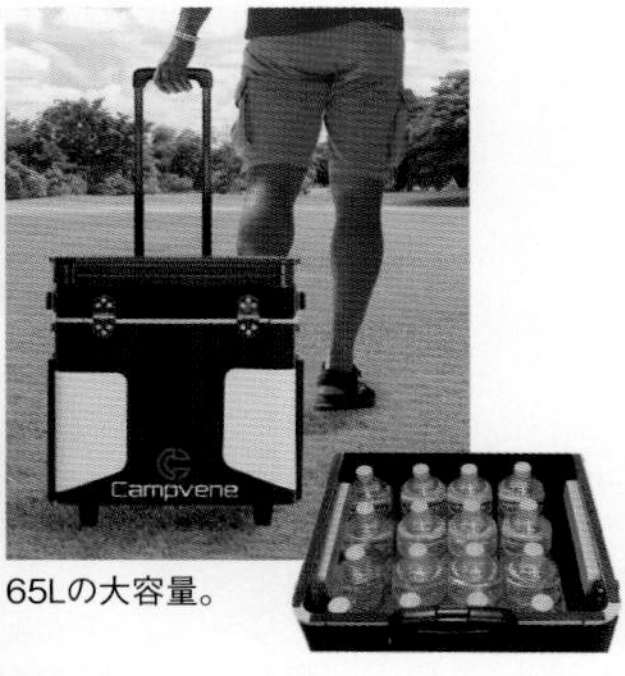
Campvene
65Lの大容量。

『EAT-BOX』グリル付 38,916円（税込）
グリルなし 29,574円（税込）

株式会社 キャンプベニー

080-7835-7122
campvene@venesys.net
㊟ 山口県周南市秋月3-13-16
https://campvene.base.shop/

Campvene

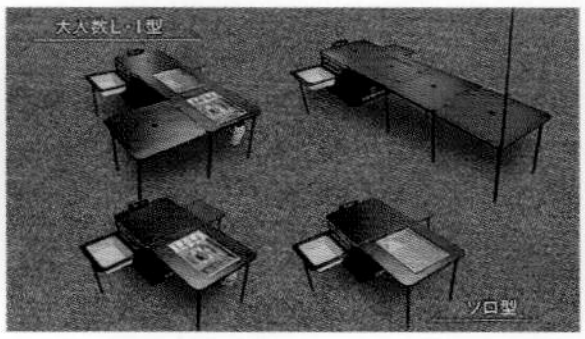
ソロ型

# 安全性とスタイリッシュさを両立した新しいレインウェア

## 全面反射素材の使用による圧倒的な視認性の高さ

『向陽株式会社』の『Tapetum（タペタム）』は、交通事故ゼロを目指して老舗メーカーが本気で開発した全面反射のレインウェア。レインウェアーのOEM専門工場である同社が「あらゆる気候条件下で体を濡らさない」を目指して開発した。スタイリッシュでありながらも全面反射&防風防水を実現した新しいレインウェアとして注目を集めている。最大の特長は、独自開発した全面反射素材の使用による視認性の高さ。一般的なレインウェアに比べ、格段に高いその視認性は、「一般社団法人日本反射材普及協会」の「JPマーク認定」を取得している。

PUラミネート加工が施されたウェアは、あらゆる気候条件下でも防風防水を実現してくれるなどレインウェアとしての機能も高い。通勤・通学・野外活動、さらには災害時にも対応可能。ジャケットは、通常タイプに加えてバックパックを背負ったままでの着用できる丈が長いタイプも展開しておりバックパックを背負う方にもオススメ。

（ライター／長谷川望）

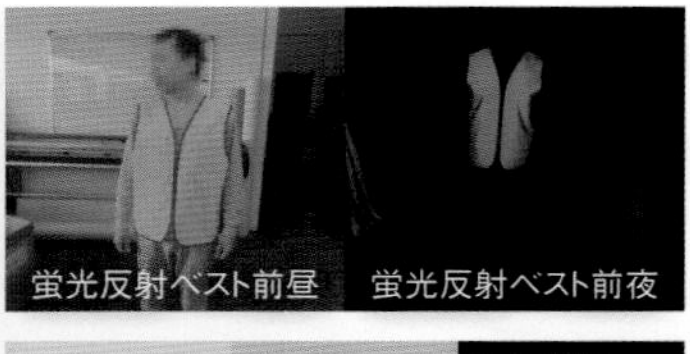

『RFRJ1000レインジャケットベンチレーションタイプ』『RFRJ2000レインジャケットバックイン』
『RFRC4000レインコートベンチレーションタイプ』『RFRC5000レインコートバックイン』
『RFRP3000レインパンツ』『RFRH6000専用ヘルメット対応帽子』

**向陽** 株式会社
こうよう
078-940-6396
npc-iwao@voipack.net
㊟ 神戸市西区櫨野台6-7-7
https://koyo.voipack.net/

「JPマーク」は、高品質な反射素材製品の普及促進を目的として設定。

『Tapetum』は、「JPマーク」認定取得商品。

# 忘れたくない着物の想い出を普段使いにリメイク

瑠璃猫
RURINEKO
めぐり　つむぐ　きもの

## しまわない想い出　懐かしさに新しさをプラス

タンスの中に眠っている祖母や母から譲り受けた大切な着物、七五三や成人式で着た思い出の着物を一点もののアイテムにリメイク・カスタマイズするサービスを提供する『紬屋瑠璃猫株式会社』。

お客様が持ち込んだ思い出の詰まった着物を丁寧に解いて洗い、ジレストールやストール、A4トートバッグ、3wayバッグ、リールホルダー、道中財布などの普段使いできるアイテムにリメイク。在りし日の思い出が蘇り、懐かしさを感じられると好評だ。

一枚の着物から複数のアイテムを製作することも可能。着物は、部位によって柄が大きく異なるため、柄の取り方次第で同じ生地でも印象が全く違うアイテムができあがる。

着物の世界がより身近なものに感じられ、着る予定のなかった着物に新たな命を吹き込む魅力的な取り組みだ。

（ライター／彩未）

**紬屋瑠璃猫** 株式会社
つむぎやるりねこ
050-6860-8816
info@rurineko.shop
㊟ 神奈川県横浜市旭区三反田町271-2
https://rurineko.shop/


こちらからも
検索できます。

# 50秒で
# 目覚める感覚!!
# 伝統技術×スポーツ科学による
# 美しきバランス下駄

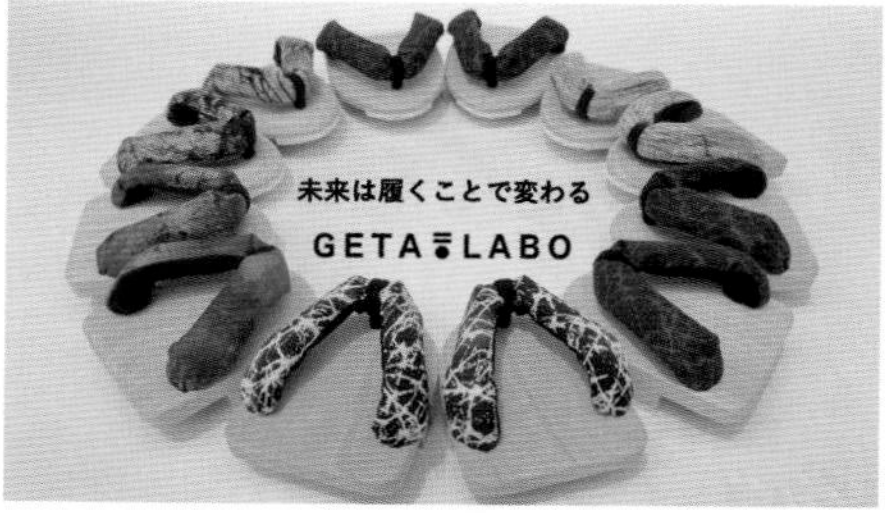
未来は履くことで変わる
GETA LABO

BALANCETEC KYOTO

## 未来は履くことで変わる
## 一本歯下駄がもたらす「可能性」と「感動」を

日本古来の履物である下駄。中でも一本の歯で立ったり歩いたりしなければいけない「一本歯下駄」は、険しい山々にて修行をする行者や山伏、はたまた天狗が履くイメージを持っているのではないだろうか。実は「一本歯下駄」は、履きこなすことで体幹をうまく使えるようになり、急で荒れた山道などでも滑りにくく安定し、歩きやすい履物だ。そんな「一本歯下駄」の伝統を尊重し、スポーツ科学によるアプローチで現代版にアップデートして製造開発しているのが『GETA LABO』。京都を拠点に長年磨き上げた職人の手仕事による日本のものづくりの技が詰まった逸品だ。下駄を履いたことのない初心者には、健康的な毎日を足元から。そして本格的に体を鍛えるプロスポーツ選手などの上級者には、体幹やボディバランスの強化と目的に合わせて幅広くラインナップ。「足元革命で未来の可能性を創造する」を理念に、一人ひとりの笑顔を創出し、地域社会の活性化、世界に誇れる京都・日本文化の継承に向けて、伝統・スポーツ・健康・教育・観光など多岐に渡る挑戦を続けている。

（ライター／今井淳二）

京都「染めの匠」
京都発
下駄ラボ「チームと京都の職人技が集結した「美しい一本歯下駄」
京都「下駄・木工の匠」

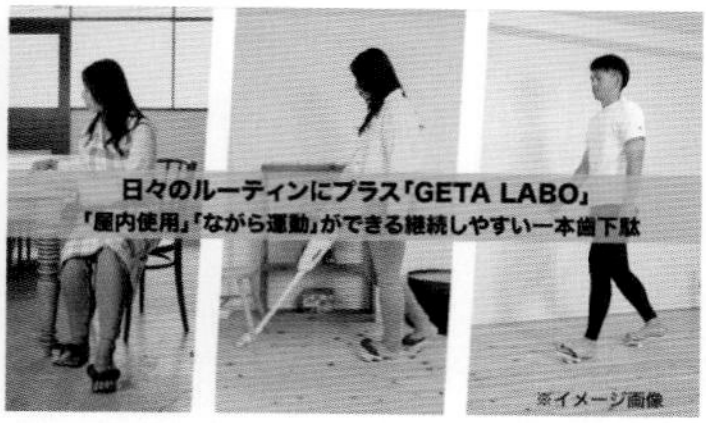
日々のルーティンにプラス「GETA LABO」
「屋内使用」「ながら運動」ができる継続しやすい一本歯下駄
※イメージ画像

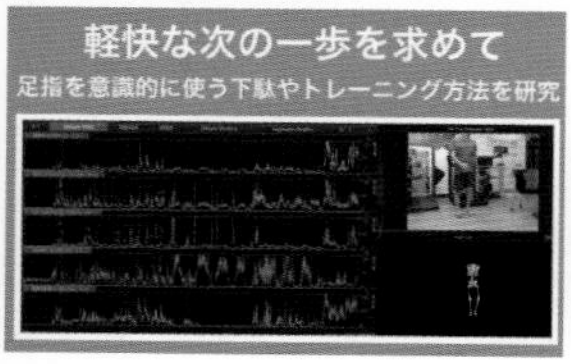
軽快な次の一歩を求めて
足指を意識的に使う下駄やトレーニング方法を研究

『GETA LABO』開発チームのもと様々な研究、データによる検証。

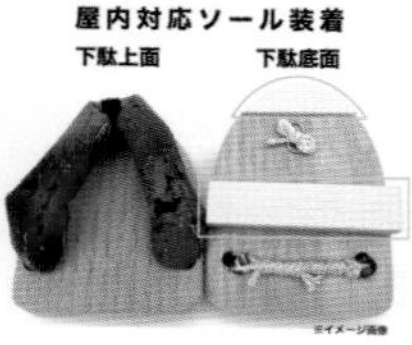
屋内対応ソール装着
下駄上面
下駄底面
※イメージ画像

屋内での使用に対応するため、接地機会の多い箇所には専用のソールを装着。

株式会社 バランステック京都 GETA LABO
バランステックきょうと
075-644-7970
contact@balancetec.co.jp
京都府京都市伏見区新町4-465-5 マースリヴィエール1F
https://getta-vl.jp/

公式ホームページ　オンラインショップ（STORES）　オンラインショップ（ツクツク!!!）　Instagram

# 脱力の感覚をつかんで
# ヘッドスピードアップ
# 未来のメジャーリーガー
# を目指す野球選手に贈る

UCHIDA 内田販売システム

## ヘッドスピードを上げ
## 体幹のねじれを強化

野球におけるバッティング向上の第一条件はヘッドスピードを上げること。そのためにはまず体幹のねじれを強化しなくてはいけない。やみくもに素振りを繰り返すだけではない、効果的な練習のために開発されたのがこの『伸びるバット』。通常のバットは当然ながらヘッドが重いため、肩に力が入るが、振り出しの際は脱力が容易にできる短いバットの状態で、素早くインパクトまで振り抜くことでバットが伸長し、体幹を使った前へ大きく押し込むバッティングフォームと、ヘッドスピードが身につくのだ。肩や腕に力が入らないことで下半身と体幹をよりよく使った素早いスイングが可能となり、体幹強化によって飛距離アップにもつながる。大砲としてボールを飛ばすのに必要なのは腕力ではなく脱力といわれても、具体的にどう練習すればいいのかという悩みを鮮やかに解決してくれる『伸びるバット』は試す価値がある。

（ライター／大坪覚）

『伸びるバット』 19,800円（税込）
軽量タイプと重量タイプあり。

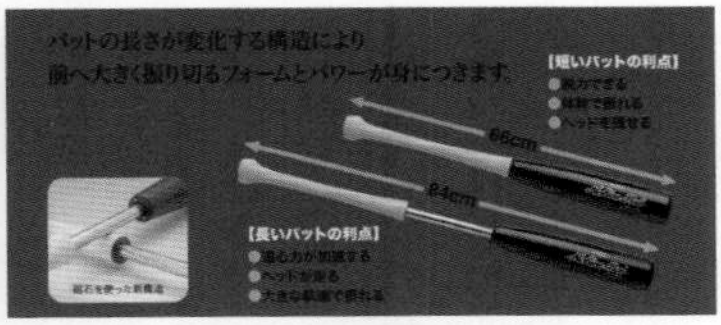


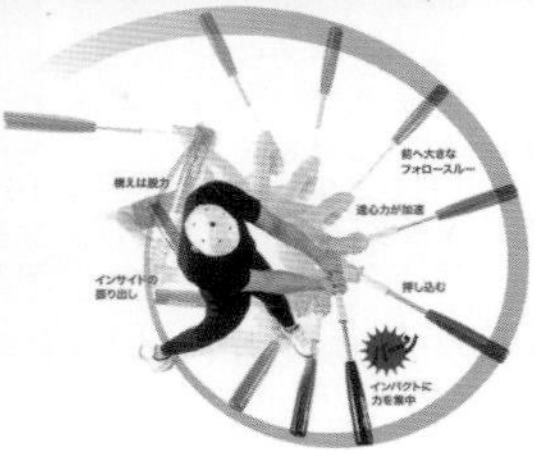



有限会社 **内田販売システム**
うちだはんばいシステム
0120-56-5557
uchidaps@uchida-power.jp
㊟ 岩手県宮古市刈屋4-1-1
https://www.uchida-power.jp/


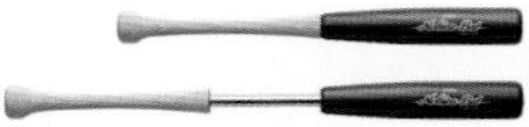

【軽量タイプ】型番:NB-80DR
総重量:740g
平均全長:最短62cm/最長80cm
カラー:ダークレッド

【重量タイプ】型番:NB-84BK
総重量:900g
平均全長:最短66cm/最長84cm
カラー:ブラック

# 連綿と受け継がれてきた歴史を感じる家紋を制作

## お好みに合わせたオリジナルの家紋も制作可能

家紋、それは家や一族の誇りを象徴するもの。お墓や紋付き袴、欄間などにも見かけることができ、家族の歴史を想起させるものでもある。『有限会社杉山木型製作所』では、家紋を様々な銘木でインテリアとして加工、『家紋彫刻』として受注生産にて販売している。家紋は、シンプルな木目を生かしたものから鮮やかな多彩なカラーで彩ったものまで様々なスタイルが存在。神が宿る木とされ不老長寿の象徴とされている松をモチーフにした『左三階松』や雷を表している家紋である巴紋を配した『右三つ巴』など連綿と受け継がれてきた歴史を感じる多種多様な家紋を制作している。受注生産ならではの柔軟性により、お好みに合わせたオリジナルの家紋も制作できる。大きさも指定できるので飾りたい場所に合わせて注文可能。

歴史と伝統を表したその姿は、和室にも、洋室にも、どんな場所にも調和して溶け込み、その場の雰囲気を引き立ててくれる。

（ライター／長谷川望）

木彫り立体家紋
「七十二番」
家紋名『龍神』
桂（かつら） 423ミリ

木彫り立体家紋
「七十三番」
家紋名『四季』
アガチス 423ミリ

木彫り立体家紋「百十三番」家紋名『西六条藤』
天竜欅（ケヤキ） 423ミリ 180,000円（税込）
※家紋など個別に制作いたします。お問い合わせ下さい。


有限会社 **杉山木型製作所**
すぎやまきがたせいさくしょ
053-441-5958
s-kigata@sea.plala.or.jp
㊟ 静岡県浜松市南区田尻町31
https://s-kigata-kamon.work/

# 『伊勢七宝まり』の吊るし飾り 伊勢神宮へ奉納で運気アップ

## 日頃の感謝の気持ちを込めて ひと針ひと針丁寧に

『伊勢薫り縁』では、日本伝統のつるし飾りの主役「七宝まり」だけを制作。その「七宝まり」を、～伊勢の地から～美しい七宝柄の重なりつつ無限に続くその様子は「子孫繁栄」「調和」を表現しているが、ここ、伊勢の「神宮」も日々の祭典や式年遷宮が連綿と続き『繋ぐ、伝える』伝統が生きている。その趣旨が似ている様子から、『伊勢薫り縁』では『伊勢七宝まり』と命名。『伊勢七宝まり』のコンセプトは、心からの作品作りを特別な時間とともに初心者の方も、経験者の方も、楽しみながら、身近な匠の技を感じられる。また、『伊勢七宝まり』は七つのパワーストーンに願いを込めながら包み入れて作るので、「御守り」としても贈答品としても充分満足いただける仕上がりとなっている。『伊勢薫り縁』では体験として、「いせ小箱」短時間体験、各種「七宝まり」作り体験をご自身で選んで進めるプランなども用意。もちろん商品として各種七宝まりの販売、オーダーメイドも承っている。そして新たに、「神宮奉納のプラン」を制作。お一人様一個の「七宝まり」を作り、それを30名様の「七宝まり」を繋ぎ、つるし飾りに仕上げ、30名様と共に伊勢神宮奉納ができるようにしている。

（ライター／彩未）

『伊勢七宝まり』15,000円

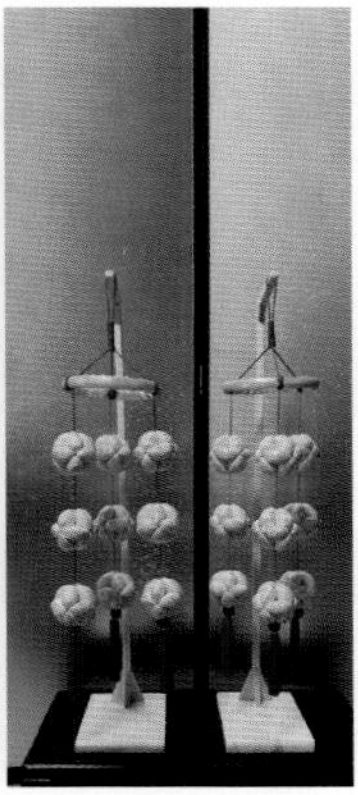

**伊勢薫り縁**
いせかおりえん
✆ 090-5853-5343
✉ kaorien1217@gmail.com
㊟ 三重県伊勢市神田久志本町1476-4
https://ise-kaorien.jp/

オンラインショップも開催。

「七つの宝」を象徴するパワーストーンを入れている。

ひと針ひと針、思いを込めて。

# 感謝の気持ちや お祝いに いろいろな思いを 筆に乗せたギフト

## 世界に一つだけ オリジナルの書

『玲アートstudio』では、書道を始めて40年、書道講師歴20年の書道師範保持の書道家、翠玲（すいれい）さんが書とアートを掛け合わせた作品を販売している。文字と言葉の力で空間と心を彩る世界に一つだけの色紙額は、それぞれの言葉にあう色合いで仕上げてあり、写真額や命名額としてもオーダーが可能。オリジナル色紙額には、フラワーやキラキラ、カラフルや華麗など様々なコンセプトに合わせて制作。

キャンバスやウッド油絵具やアクリル絵の具を使ったこだわりの作品の販売。漢字や熟語などオーダーメイドは字体やデザインも希望できる。

また、書道講師としての経験を活かした動画を使用したオンライン講座も行っており、短期間で上手く書けるようなコツを教えている。

手作りならではの温かみあるこの世にたった一つだけのオーダーメイドプレゼントにぜひ。

（ライター／奈良岡志保）

書道家 翠玲（すいれい）

『オーダー たった一つのオリジナル額』11,000円（税込）

**玲アートstudio**
れいアートスタジオ
✉ rei.junko@icloud.com
㊟ 兵庫県 神戸市北区
https://reiartstudio.base.shop/

こちらからも
検索できます。

『癒しの
オリジナル書』

『オリジナル書
パズルアート』
（一期一会、感謝、
円満、敬愛など）

# 算数タブレット教材『RISU算数』の会社子どもの学習姿勢を考えた最先端文具

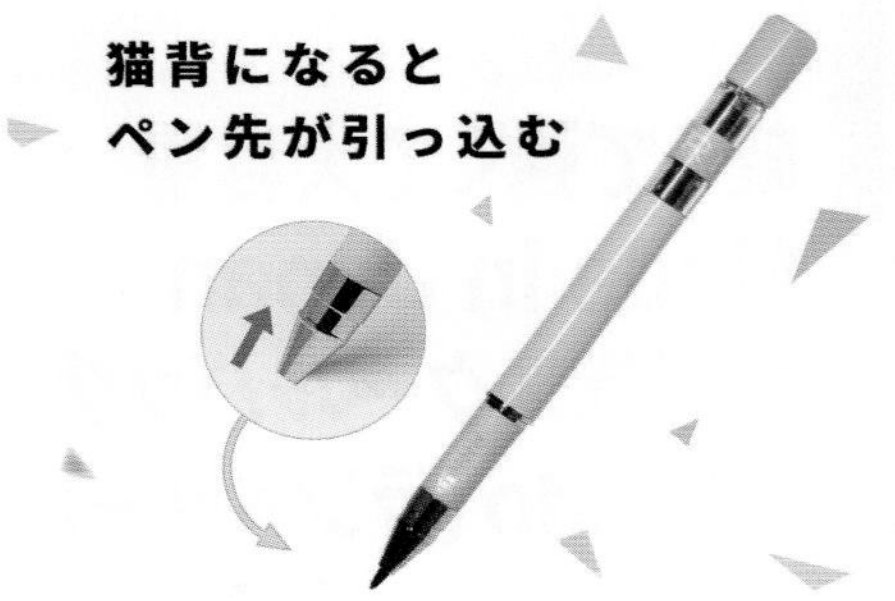


## 「姿勢が悪いと書けない」センサー搭載のシャープペン

「今、姿勢の悪い子どもが増えている」という。

昔に比べて筋力など身体能力が総じて低下していたり、スマホやゲーム機の使用過多も拍車をかけている。

猫背で机に向かうと首や肩に負担がかかり子どものうちから肩こりに悩まされたり、近距離で物を見ることが多くなって近視になりやすいという。

『RISU Japan 株式会社』の正しい姿勢を保つよう矯正できる『スマート姿勢改善ペン』は、360度近接センサーとマイクロチップを搭載したシャープペン。

ペンと目の距離を計測し、使用者の顔が近づくと自動でペン先が引っ込み、正しい姿勢になるとペン先が出て書けるようになる。

継続して使用することにより、正しい姿勢を自然と体に覚え込ませる。正しい姿勢は、脳もよく働き、集中力・やる気につながってくる。

（ライター／今井淳二）

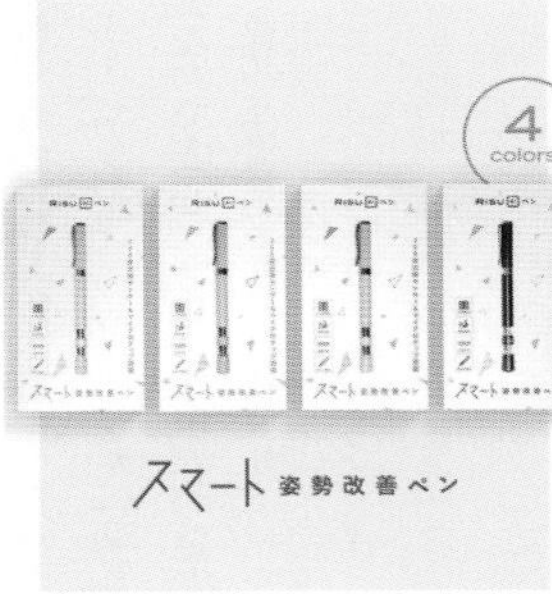


『スマート姿勢改善ペン』

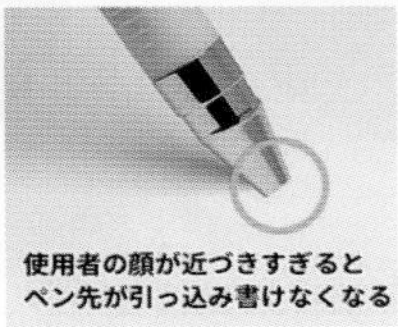


RISU Japan 株式会社
リス ジャパン
0120-84-1031
support@risu-japan.com
㊟ 東京都文京区本郷3-21-8 ケイアイビル6F
https://www.risu-japan.com/device/pen/

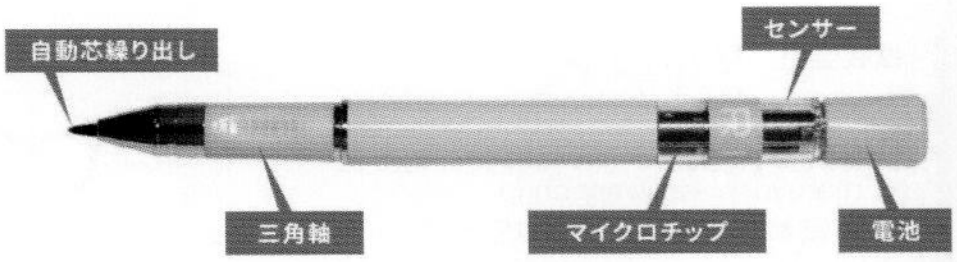

# 軽くて強くて大容量
# Made in Japan
# 新感覚スクールバッグ
# 『Rundo（ランドゥー）』

『シンプルタイプ』18,480円（税込）
（カラー／ブラック、オーシャンブルー、ネイビー、ラベンダー、ベビーピンク、ベビーブルー）

## 職人の知識と技術で監修
## 計算し尽くされた構造

布地学生手提げカバンの製造工場として創業した『株式会社マルヨシ』は、幅広い世代の職人たちによる感性と熟練した匠の技術・経験を融合しながら、斬新な創作とアイデア、縫製の新技術を生み出す「ものづくり」を続けている。主に小学生向けとして使い勝手と安全性を考えたスクールバッグ『Rundo（ランドゥー）』を開発。軽さと十分な容量を兼ね備えた形状の異なる2種類が揃う。『ランドセルタイプ』は、軽さ・耐久性・大容量を兼ね備えた新感覚のランドセル。背が当たる部分には通気性を考えメッシュ素材を採用し、立体構造に仕上げた。チェストベルトは、マグネット式で低学年のお子様も簡単に取り外しができる。内部にはPC・タブレット用ポケットも。取り外し可能なカブセを取るとデイパックになり、幅広い用途で使用可能に。約980gと軽量ながら、16Lの大容量。前後左右4面に反射機能が付いており、安全性も抜群だ。スタイリッシュな『シンプルタイプ』は、約780gと軽量なのに14Lの大容量。豊富なカラーバリエーションでファッショナブルに楽しめ、日本製なので安心。2024年春の発売予定。

※商品は、今後変更される可能性あり。

（ライター／播磨杏）

カブセを取るとデイパックになる。

『ランドセルタイプ』32,780円（税込）
（カラー／ブラック、オーシャンブルー、ラベンダー、ベビーピンク、ベビーブルー）


株式会社 マルヨシ

03-3828-2131
maruyoshi-hp@mry.co.jp
㊟ 東京都文京区千駄木3-48-5
https://www.maruyoshi-bag.jp/


株式会社 マルヨシ MARUYOSHI RUNDO

# 楽しくのびのびと小学6年間を通学 軽さと丈夫さの新感覚ランドセル

## 現役ママたちのアイデア 楽しく快適な登校を

近年、注目されるようになった「ランドセル問題」。小学校6年間の長期使用に耐えるため、牛革などで丈夫に作られた大きなランドセルを、体格がまだ幼児と変わらない1年生のうちから背負わせるのはいかがなものかというもの。全国的に「ランドセル廃止」または「個人の選択にゆだねる」とする地域・学校も増えてきている。

軽くて丈夫、そしてカッコいいランドセルを全国の小学生に背負って欲しい。そんな思いを形にしたのが、『株式会社エールコーポレーション』の新時代ランドセル『エールランド』（商標登録中）。十分な収納力があり、かつ、スタイリッシュで機能的なデザイン。生地には優れた防水性能と高い耐久性で、登山用ザックなどのアウトドアギアで定評のある「X-pac」を使用し、従来の革製ランドセルに比べて約半分の重量約700gと驚きの軽さを実現。鞄のまちとして有名な兵庫県豊岡で、厳密な品質管理の元で製造している安心の国内産。6年間の縫製保証付き。カラーも全3色から選べる。

（ライター／今井淳二）

『エールランド』

中身が底まで見やすい。タブレット収納可。

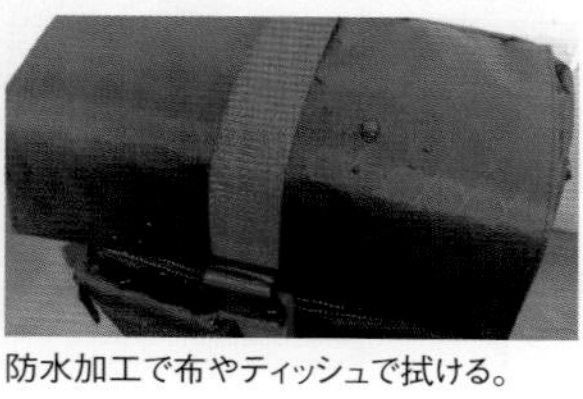

防水加工で布やティッシュで拭ける。



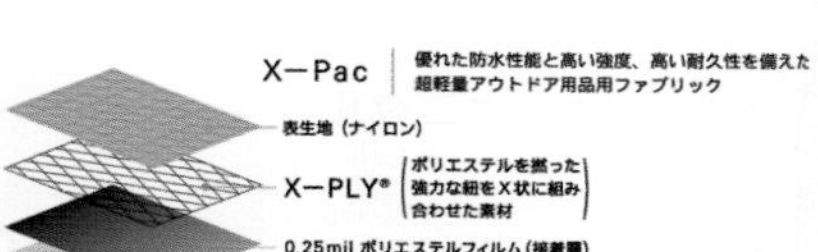

# LED光で室内栽培 無農薬でも 一年を通して 安定して野菜を収穫

## 初心者でも安心 土耕栽培で葉物野菜も根菜も

農作物の生産性の向上や収穫量の増加を目指すために、効率的な農業技術の開発や作物の品種改良などで農業を支援する『合同会社オーガニクル』が日本郵便メンテナンス株式会社と合同で開発した『LED人工光土耕型植物育成システム』。

植物の生育に必要なのは、太陽光の中の可視光線の一部の波長。LEDは、様々な波長の光を発光でき、太陽光の代わりに植物の生育を促すことができる。室内での栽培のため、天候に左右されることなく一年を通して安定した野菜を供給できるのも大きなメリット。また、害虫がつかないので農薬も不要。リーフレタスやほうれん草などの葉物野菜の他にもカブやラディッシュ、ミニ大根など様々な野菜の栽培が可能。

『LED植物育成ラック』は、幅広い用途で使用できるアルミフレーム。空きスペースを有効活用でき、リスクも少ないので初心者でも安心して野菜の栽培を始められる。

（ライター／彩未）

ワンルームマンションでの例 (6畳)

植物工場設置例 (かん水装置は別売です)

植物育成用 LED 照明部分

合同会社 **オーガニクル**

0584-71-6886
info@organicl.co.jp
㊟ 岐阜県大垣市今宿6-52-16 ドリームコア314
http://www.organicl.co.jp/

# バランスよく ミネラルを補給し 体の中から イキイキ

## フランス生まれの超硬水で 水分とミネラルをチャージ

EUのナチュラルミネラルウォーターとは、単一の地下水源から汲み出された水のこと。生菌数を変化させる可能性があるので、殺菌処理や添加は禁止されているだけでなく、水質を保つため、水源周辺の環境保護が義務付けられており、安心して飲むことができる。

『Contrex』は、フランスのヴォージュ、コントレックスヴィルで採取される湧き水。歴史は長く、1760年に医師がコントレックスヴィルから出る湧き水を発見し、1861年にフランス厚生省が公認。日本の軟水に比べ、ヨーロッパの土壌は石灰質を豊富に含み、ミネラル成分が水に溶け出て硬度が高く、カルシウムやマグネシウムも多く含まれている。

こうしたミネラルは、女性の健康や美容に重要な栄養分だといわれているが、多くの方が不足している。※

天然のカルシウムやマグネシウムを含む『コントレックス』なら毎日飲む水でこうしたミネラルを自然に取り入れられる。

※日本人の食事摂取基準2020年版。

（ライター／河村ももよ）

『コントレックス』
1.5L、1L、500ml

株式会社 **大香**《だいこう》（輸入販売元）
☎ 0120-71-1733
✉ info-water@daiko-inc.co.jp
https://www.contrex.jp/

ボトルを輸送するために$CO_2$排出量の少ない鉄道の利用を開始。

水源の保護と自然の水循環の持続可能な管理を行っている。

# 高品質天然シルクのデンタルケアでペットの健康を維持

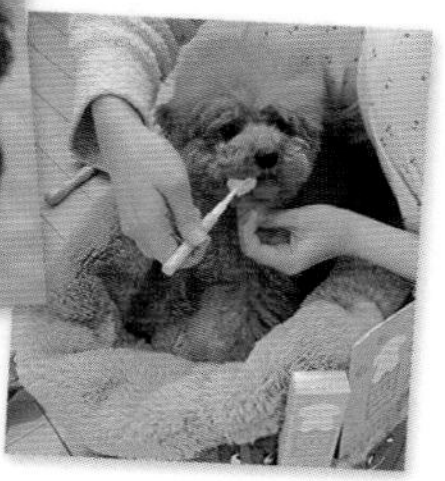

## SNSでも大人気！ ふわふわミルクでスッキリ

おうちのワンちゃん、ネコちゃんは毎日歯磨きできているだろうか。口内環境の悪化は歯周病だけでなく、肝臓や心臓などの内臓疾患の原因になることもあるという。いつまでも元気でいて欲しい、そんな願いが日々のデンタルケアで叶うかも。

『株式会社フロンティアーズ』のデンタルケア『ふわふわシルク歯ブラシ』は、世界遺産・富岡製糸の高品質天然素材のシルクで職人が一つひとつ手作りしている。群馬県シルクブランド協議会認定のシルクを100%使用しており、優しい感触で愛犬や愛猫に痛みを与えない。気になる口臭や歯石、歯茎や頬の内側のマッサージや舌のぬめりのケアとしても使えるだけでなく、シルクの殺菌効果も期待できる優れもの。

ヘッドがコンパクトなのでお口の小さなワンちゃん、ネコちゃんにも問題なく使用できる。ぜひ毎日のケアに取り入れてほしい。（ライター／河村ももよ）

『ふわふわシルク歯ブラシ』
2,200円（税込）

**株式会社 フロンティアーズ**

03-6809-3859
info@f-rontiers.com
㊟ 東京都港区芝3-15-13 YODAビル7F
http://fuwa-fuwa.jp/ @fuwafuwa_tooth

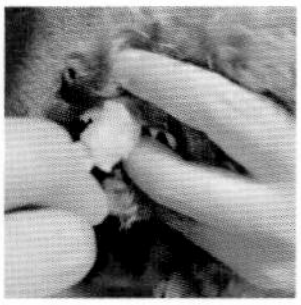

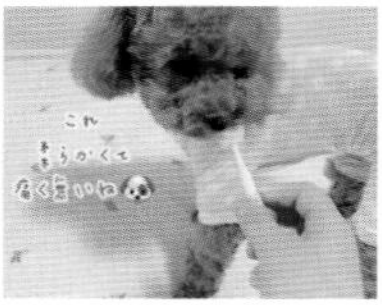

# 冬の氷点下にまで気温がさがる牛舎厳しい環境から大切な仔牛を守る

仔牛用の防寒コート『モーっとほっと』

熱中症対策マフラー『モーっとクール』

## 大切な仔牛の体温維持を

肉牛・乳牛などの畜産農家にとって大切な財産である仔牛。病気や不慮の事故などで死亡してしまうことも。その原因の一つに冬の寒さや夏季の熱中症などが挙げられている。

ユニフォームや作業用品を取り扱う『株式会社オオツキ』の牛専用品ブランド『USIMO』の新製品『ぬっくモーる』は、人間と同様に太い血管の通る首元を温め、寒い牛舎内でも仔牛の体温保護効果を得られる仔牛用電熱線入マフラーだ。充電式バッテリーとコードレスで仔牛が嫌がらず少しでも保温面積が確保可能な大きさにできており、自由に動くことができる。手洗いで洗濯も可能。寒さによる仔牛の死亡事故が0になったと喜びの声も続出している。

他にも蓄熱素材とアルミ素材の特殊3層構造の防寒コート『モーっとほっと』や特殊な冷感プリントと水分を保持する保水綿で長時間冷感を感じる熱中症対策マフラー『モーっとクール』なども好評。

（ライター／今井淳二）

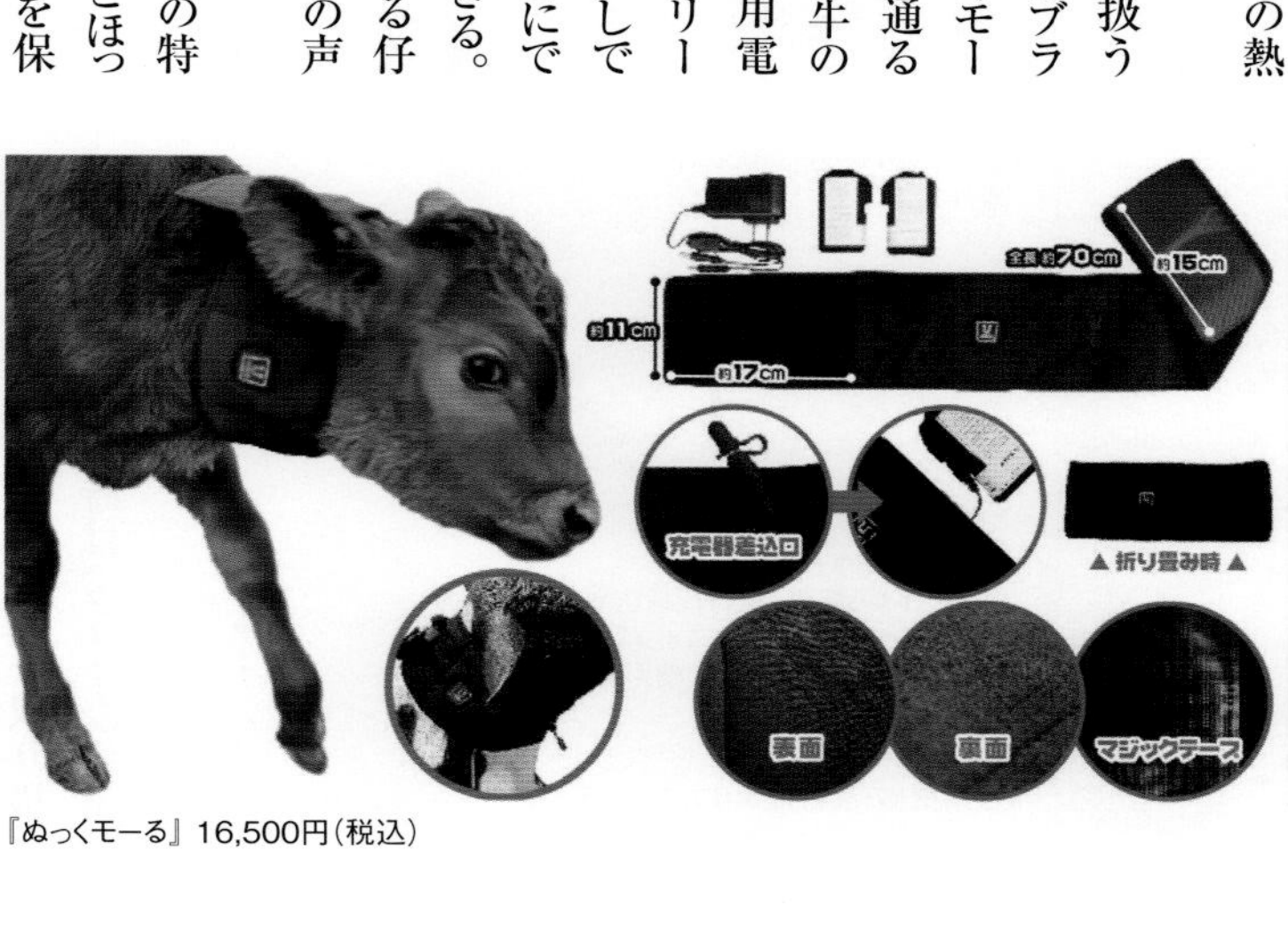


『ぬっくモーる』16,500円（税込）

株式会社 オオツキ USIMO事業部

0795-74-0179
usimo@otsuki.ne.jp
㊟ 兵庫県丹波市春日町新才518
https://usimo.jp/

こちらからも
検索できます。

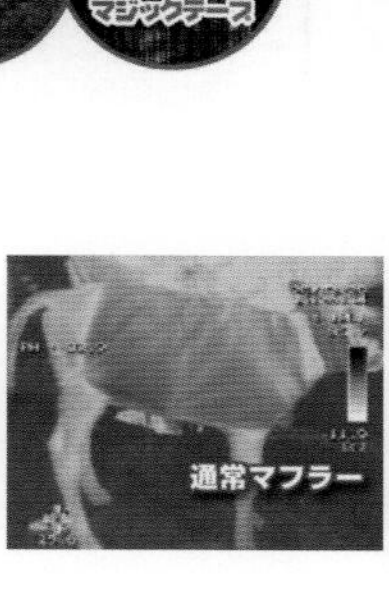


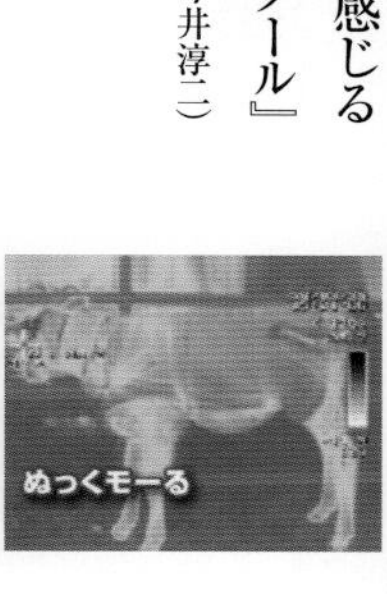

# 時代の要請に対する一つの答え 持ち運びに便利な携帯型ウェットシート

「困った時のタメイシ産業」と呼ばれる喜び

## アイデア一つで「ウエットシート」から「消毒シート」へ

包装資材や工業資材を取り扱う総合商社『株式会社タメイシ産業』では、「省エネや省資源意識の高まりなどに着目し、時代の要請に応える製品を見出していく」中で、タブレット状の携帯型ウエットシート『水にポンでウエットシート』を開発した。使い方は、とても簡単。使用したい時に少量の水に浸すだけで水を吸収してモコモコと膨張し、わずか数秒でウエットシートに様変わりしてくれる。ペットの散歩などちょっとしたお出かけからアウトドアレジャー、出張や旅行、そして水が貴重になる災害時などの非常時にコンパクトに持ち運べる。材質は、天然パルプ不織布で丈夫さもあり、無漂白と環境にも配慮した製品だ。現在コロナ禍で、消毒液を吹きかけて、消毒シートに早変わり。手軽に使え、便利で重宝する。

その他、いろいろな商品を取り扱っているので「困った時は『タメイシ産業』へ」ご相談を。

（ライター／今井淳二）

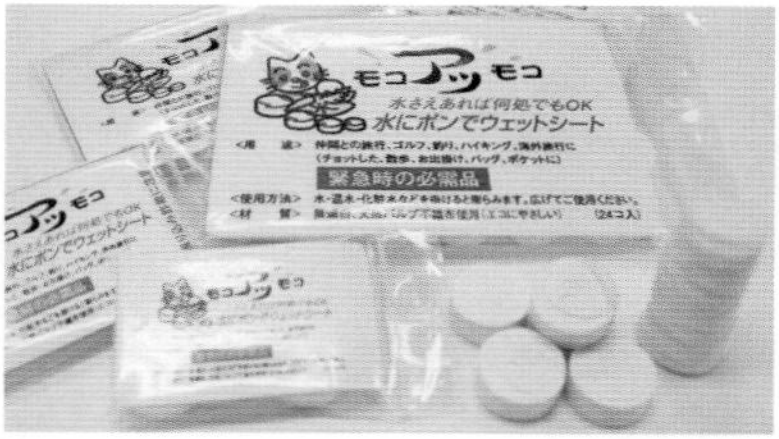


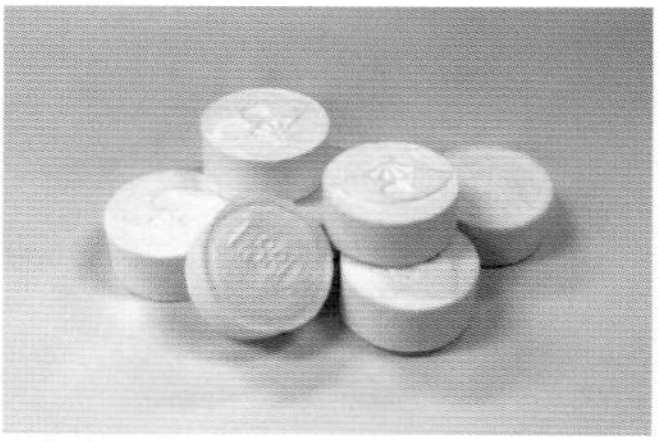

『水にポンでウェットシート』
6個セットから販売。旅行代理店や生命保険のアメニティーとしてもオススメ。バックに常備しておけば、いざという時にすぐ使える。

フッ素樹脂・高密度ポリエチレンテープ・フィルム・両面テープ加工各種取り扱い。

株式会社 タメイシ産業
タメイシさんぎょう
042-476-1991
info@tameishi.co.jp
㊟ 東京都東久留米市中央町5-7-41
https://www.tameishi.co.jp/

東久留米本社

## 存在感のある魅惑的なキラめきと彩りブライダルにも最適な品格あるジュエリー

『BOUQUET』*rio*

『ELEGANT』*bermuda blue*

『AURA』

*fire opal*　*vitral medium*

『gioielli bouquet』は、イタリアのジュエリーブランド「ANDREA MARAZZINI」（2007年に創業しイタリア国内に4店舗、他フランス・スペインなどヨーロッパにも展開中）を厳選し、日本国内向けに販売している。彩り豊かでイルミネーションのように輝くスワロフスキーと、それを包む真鍮のデザインは芸術的かつ個性的。この存在感あるジュエリーを纏うことで、明るく華やかな印象を与えつつ、女性らしい品格と自信を持たせてくれる。ブライダルにも最適。

（ライター／奈良岡志保）

**gioielli bouquet**
ジョイエッリ ブーケ
✉ gioielli.select@gmail.com
https://shop.gioielli-bouquet.com/

こちらからも検索できます。

## いつもとは違う私になれる優しく和モダンな抜染ピアスや小物

矢絣 -Yagasuri-

紗綾 -Saya-

京都にて60年以上染色補正を行ってきた伯父と父に強い影響を受け、『takada』を立ち上げたアクセサリー作家の髙田有里さん。あらかじめ無地染した布に白く模様を描く染技法の一つである「抜染（ばっせん）」という技法で布に柄を描き、その布でアクセサリーや小物を制作・販売している。その絵柄は繊細で、様々な日本の伝統紋様などを描いたピアスは、ボタン型や菱形などヴァリエーションがある。プレゼントとしても喜ばれている。

（ライター／河村ももよ）

**髙田加工所 takada**
たかだかこうじょ タカダ
✉ takaday@kyoto-takada.jp
㊟ 京都府京都市下京区七条通油小路東入大黒町227 第二キョートビル402
http://kyoto-takada.stores.jp/

## 毎日の装いに古き良きそして愛らしい英国モチーフを

英国発テキスタイルやキャラクター、著名な絵画の複製ライセンスを取得し、何千色もの中から選んだ糸で織り上げたバッグをはじめとする服飾雑貨などを取り揃える英国ライフスタイルブランドが『signare®』。日本でも人気のウイリアム・モリスなどのアール・ヌーヴォー柄やリバティ柄に伝統のボタニカル柄、パディントンやピーター・ラビットなど、英国好きはもちろん、レトロチックなモチーフが好きな人にも見逃せないブランドだ。

（ライター／今井淳二）

『V&A リュック（ボタニカル柄）』

『2wayバッグ（アール・ヌーボー柄）』

『トートバッグ・ピーターラビット ショルダーバッグ・パディントンベアー』

『エコバッグ アリス』

ECサイトはこちら。

Signare®


signare®
シグナーレ
株式会社 ブローニュ
0566-77-8833　info@boulogne.co.jp
㊟ 愛知県安城市高棚町井池 65-3
https://signare.jp/
東京オフィス　㊟ 東京都千代田区一番町10-8 一番町ウエストビル5F


## 機能性とファッション性を兼ね備えた日本製エコバッグ

200年以上の歴史があり、兵庫県西脇市を中心とする北播磨地域で生産される綿織物である「播州織」。糸を先に染める先染めの手法で深みのあるチェックやストライプ柄が特長の汎用性の高い織物だ。綿100%の「播州織」に抗ウイルス&撥水加工を施したエコバッグ『With Rubco（ウィズ ラブコ）』は、長財布やスマホも入るポケット付き、大容量なのに115gと軽量。シックな色合いのチェック柄、全7種類がラインナップ。

（ライター／今井淳二）

『With Rubco』
全7種類 4,500円（税込）


播州織工業協同組合
ばんしゅうおりこうぎょうきょうどうくみあい
0795-22-1818
bok_seiri@ban-ori.com
㊟ 兵庫県西脇市鹿野町162
http://ban-ori.com/　https://www.rakuten.co.jp/ban-ori/

# 熟練の職人が心を込めて作り上げる革製品を楽しめるレザーブランド

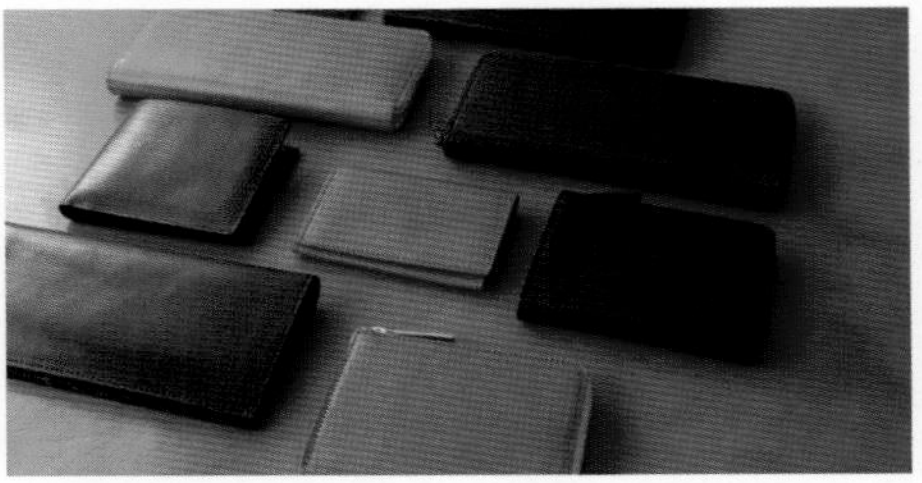

『SOLSOMARE』は、国産牛革やイタリア産牛革など厳選素材を用い、熟練の職人が心を込めて作り上げる港町横浜発の日本製レザーアイテムブランド。力強さと穏やかさが交わる海岸の風景をモチーフにした『コスタシリーズ』は、国産牛革スムースを使用した手になじむ軽さと柔らかな手触りが魅力。シルバーの金具や手編みの編込みモチーフといったアクセントが重厚感と洗練された美しさを演出。朝靄の海峡に差す太陽と海をモチーフにした『カナーレシリーズ』や夕焼けの太陽と海をモチーフにした『トラモントシリーズ』など様々なラインを展開。

（ライター／長谷川望）

『SOLSOMARE』らしい自然の豊かさや情景がモチーフのレザーアイテムは、職人がこだわりぬいた素材と製法で作り上げている。
『Alba』『Canale』『Tramonto』『Costa』『Riva』

**SOLSOMARE**
ソルソマーレ
045-718-6589
info@solsomare.com
住 神奈川県横浜市港北区綱島西5-21-29
https://solsomare.com/


# 作業場で余ってしまった素材で創り上げる「SDGs」な革小物

『SAHM』は、「良い素材を余すことなくお客様の元へ」をコンセプトに商品を提案しているレザーブランド。国内有名ブランドのOEM製品で使われて工房で眠っている材料を「SDGs」の理念に基づいて商品化し、通常よりも低価格で商品を提供している。子どもから大人まで「あったら便利だな」をテーマに、フラグメントケースや小物入れなど幅広い商品を展開。工夫の凝らされたデザインと豊かな色彩の革小物は、バッグの中を彩ってくれる。熟練の職人が創り出す国産本革製品を手軽なお値段で楽しめるので、国産本革デビューにもオススメ。

（ライター／長谷川望）

『小物入れ』

『メタル名刺入れ』


**SAHM (Sustainability And HandMade)**
サステナビリティ アンド ハンドメイド
045-718-6388
info@onecraft.co.jp
住 神奈川県横浜市港北区綱島西5-21-29
https://sahm.base.shop/

## 帯やデニムを アップサイクル あなただけの オリジナルアイテムに

KAGUYA

『九頭竜』31,790円(税込)
『華』29,900円(税込)など。

MIYABI

『四季』
39,900円
(税込)

『Mr.Lund』の『KAGUYA』は、個性的なデザインが特長的なサイドテーブル付きの一人掛け椅子だ。使用している木材は富士檜。椅子の座面は素材にこだわり、帯やデニムをアップサイクルし、美しくデザインで素敵な椅子に大変身。すべて1点物なので、あなただけのオンリーワンの椅子になる。また、天板にそれぞれ異なる4枚の手書きタイルが貼られている『MIYABI』も芸術的な感覚を刺激し、心を癒してくれる。

（ライター／河村ももよ）

Gallery **Mr.Lund**
ミスター.ランド
✆ 080-6984-3747
✉ lund7garry@gmail.com
㊟ 静岡県富士市貴船町5-30
https://mr-lund.com/

## 夜に咲く朝顔の花 ポータブルランプの 幻想的な灯りで リラックス

『アサガオランプ』27,500円(税込)

『中金硝子総合株式会社』の『アサガオランプ』は、手造りガラスに切り子技法を用い、江戸時代からの伝統技術を活かして創作された灯りを楽しむポータブルランプ。手びねりの技術で作られたガラスシェードは、天井や周りに反射し光のアサガオの花が咲く。2色のガラスを重ねて吹く独自の研究・開発から作られた『中金色被せガラス』の輝きや透明感、天然素材を原料とした発色の良さは、多くの人に愛されている。ランプはゴールド、ブルー、パープルの3色展開。弱点灯、強点灯、揺らぎ点灯の3種類がある。

（ライター／奈良岡志保）

**中金硝子総合** 株式会社
なかきんがらすそうごう
✆ 03-3684-4611
✉ info@nakakinglass.com
㊟ 東京都江戸川区平井2-11-29
https://nakakinglass.com/wordpress/

# バルーン専門メーカーが作る観葉植物形状のバルーンインテリア

『AIR-ECHINOPSIS（クウキウニサボテン）』
1,870円（税込）

『AIR-BANYAN（クウキガジュマル）』
1,870円（税込）

土や水も不要、濡らしたり汚したりできないような場所や環境でも手軽にインテリアとして楽しめる植物が『エスエージーバルーンズ株式会社』の『QooSo Plants（クーソープランツ）』。その正体は、形状、質感、重量感ともに厳密に再現したバルーン。パッケージも植物標本をイメージし、台紙にはユニークなストーリーが。標本状態から専用ポンプで空気を入れると、たちまち元気な姿になる。親しい人へのちょっとしたギフトとしても最適。

（ライター／今井淳二）

エスエージーバルーンズ 株式会社
☎ 03-3624-2641
✉ info@sagballoons.com
㊟ 東京都墨田区東駒形1-9-11
https://qooso.jp/

こちらからも検索できます。

# 「感謝」をカタチに『親孝行Flower』で家族を繋ぐお花を

『親孝行Flower』

自分の誕生日に親への感謝を伝えるという新しい取り組みを行っている『Flower Shop grace.』。両親を喜ばせるお花に特化した『親孝行Flower』を2024年からスタート。家族を繋ぐお花は、すべてメッセージ付き。想いを届ける文化のある心の豊かさ、人生の質の向上へとつながっていくことを大切にしている。いつまでも思い出に残るお花を贈りたい方にオススメのフラワーショップだ。

（ライター／河村ももよ）

Flower Shop grace.
グレイス.
☎ 090-5550-4768
✉ info@graceflower.jp
㊟ 神奈川県横浜市港南区大久保2-3-25
http://graceflower.jp/

# 400年の歴史 波佐見焼を食卓で

長崎県波佐見町にある『一龍陶苑』は、江戸後期の創業で、約400年の歴史を誇る『波佐見焼』の窯元。これまでの伝統技法を昇華させ、現代の食卓を彩るアイデア溢れた様々な食器シリーズを展開している。仲でも『しのぎシリーズ』は、エッジの効いたフォルムに落ち着いた色釉と鎬(しのぎ)のコントラストがとても美しい器。プレートやボウル、カップ、ポットなども揃う。電子レンジ・食洗機も使用可能で、和食洋食どんな料理にも合う食器だ。

（ライター／奈良岡志保）

『しのぎ 中皿』
2,420円(税込)

『しのぎ 小付』
900円(税込)

『しのぎ スープカップ』
2,420円(税込)

『しのぎ 仙茶』
1,000円(税込)

株式会社 **一龍陶苑**
いちりゅうとうえん
✆ 0956-85-2495
✉ info@1ryu.jp
㊟ 長崎県東彼杵郡波佐見町中尾郷975
https://www.1ryu.shop/

# 『冷温プレート』でひんやり美味しさもキープ

『believe shine company』の料理皿専用『冷温プレート』は、刺身や冷たい料理を長く、ひんやり美味しい適温に保つことができるアイテム。プレートは、スッキリとお皿の下に隠れる丸形で食卓の邪魔をせずに置ける。冷凍庫で凍らせた『冷温プレート』を敷くことで、敷かない時よりも2時間ほど長く適温のままに。屋内はもちろん、屋外でも使用可能。現在は水色のみだが、ピンクと黄色も作る予定。料理皿専用にデザインされた新しい保冷剤で美味しく楽しい時間を。

（ライター／奈良岡志保）

『冷温プレート』2,750円(税込)

**Believe shine company**
ビリーブ シャイン カンパニー
✆ 072-921-5556
✉ believe-shine@leto.eonet.ne.jp
㊟ 大阪府羽曳野市郡戸300-90
https://www.believe-shine.com/

## 冷蔵庫に一つ プロ用除菌ツール 食品の表面についた ウイルスや雑菌も除去

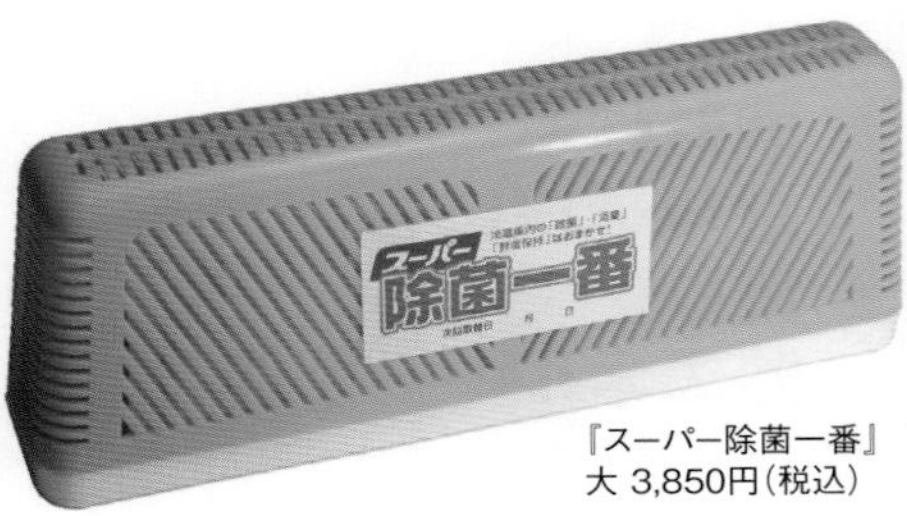

『スーパー除菌一番』
大 3,850円（税込）

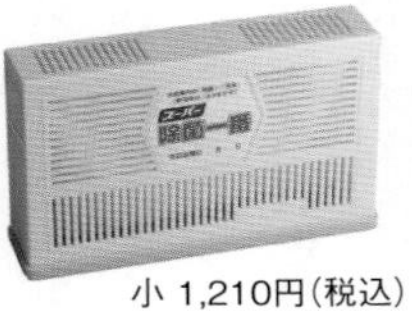

小 1,210円（税込）

中 1,870円（税込）

e除菌ショップ

『株式会社スマイル・ライフ・クリエーション』の『スーパー除菌一番』は、冷蔵庫内で雑菌の繁殖を防ぎ食物の鮮度を保ち除菌・消臭できる独自の除菌剤。冷蔵庫内に一つ置くと食材が長持ちし、気になるニオイ移りを防ぐことができる。持続効果は2ヵ月ほどで、食材ロスの削減や仕込み作業の改善が可能。飲料水の殺菌にも使われる安全な成分を使用しているので、安心して使用できる。洋菓子店、すし店、高級ホテルの厨房などでも愛用されている。

（ライター／奈良岡志保）

株式会社 スマイル・ライフ・クリエーション
050-8885-5254
jokin@smacre.com
㊟ 東京都大田区上池台5-38-9-3F
https://shop.smacre.com/

## 様々な分野のプロが 監修した 快適な 暮らしグッズ

『シーツハンガー』
2,880円（税込）

『割れない安全ミラー』
3,380円（税込）

日常生活にワンランク上の快適さを届ける商品開発をしている『AHEART』の人気商品『シーツハンガー』は、場所を取らずシーツやバスタオルなどの大物を効率的に干せるアイデア製品。くるくる回転するスパイラル状だから重ならず簡単に洗濯物を掛けられ、使用しないときは折りたたんでコンパクトに収納できる。またどこにでも貼れて、小さなこどもがいる家庭でも安心して使える全身鏡『割れない安全ミラー』も好評。

（ライター／今井淳二）

AHEART
エーハート
090-1342-4810
freestyle100799@gmail.com
㊟ 佐賀県佐賀市兵庫北1-17-9

# 家計にも地球環境にも優しく熱エネルギーを得る

「温水温度計」

「温度感知ブザー」

『家庭用木質バイオマスボイラー』オープン価格

戦争や紛争による世界的な世情不安も手伝い、光熱費の高騰が家計を直撃し始めている。そんな中、今注目されているのが熱エネルギーの自給自足。『エコライフ石川』の『家庭用木質バイオマスボイラー』は、薪や剪定枝などはもちろん、竹、建築端材なども燃料とし、電気やガスを利用する既存の給湯設備を代替できるボイラー。驚くほど光熱費が安く抑えられる上、地球温暖化を助長する化石燃料由来の二酸化炭素を排出しない。

（ライター／今井淳二）

**エコライフ石川** 株式会社 AYテクニカ
エコライフいしかわ
076-225-3001
pltsviskw@amail.plala.or.jp
㊟ 石川県白山市末正町ト22
https://ecolife-boiler.com/

## 屋外を知り尽くした外装建築金具メーカーが作るテント

エアポンプ式で簡単に設営。　冬は冷気を遮断。

『ジオAIR TC BK』121,000円（税込）

金属加工の町新潟・燕三条生まれのアウトドアガレージブランド『LALPHA』の次世代型テント『ジオAIR TC BK』は、リビングと寝室を備えた2ルームシェルター。遮光性と通気性に優れ、火の粉にも強いTC素材による一体型。フレームはシンプルで耐久性にも優れたエアフレームだから、面倒なセッティングが不要な上、エアポンプでスピーディーに設営できる。インナーテントでは最大4人が就寝可能。ファミリーキャンプに最適だ。

（ライター／今井淳二）

**LALPHA**　スワロー工業 株式会社
ラルファ
0256-63-6031
lalpha@swallow-k.co.jp
㊟ 新潟県燕市小関657
https://www.lalpha.net/

## 子どもからお年寄りまで楽しめるねじの玩具

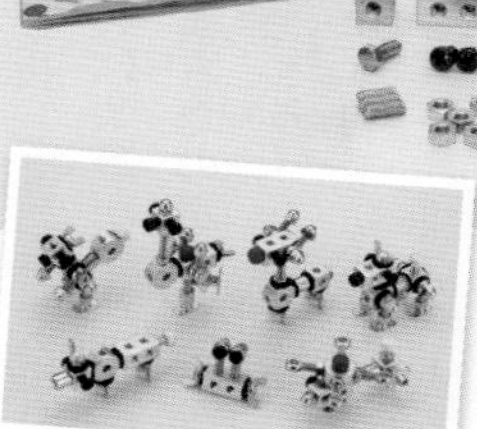

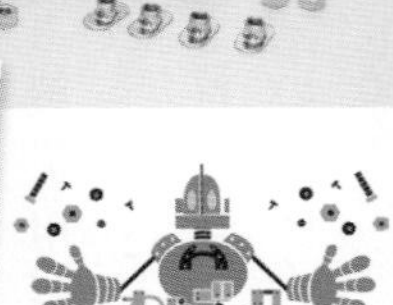


『橋本螺子株式会社』が販売する『ねじブロックスターターキット』は、ものづくりにはかかせないねじを主役にした玩具。ねじでブロック同士を自由につなぎ合わせ組み立てることで、動物やロボットなど様々なオブジェを作ることができる。組み合わせでできる作品のバリエーションは無限大。子どもたちの玩具にはもちろん、お年寄りのためのリハビリや作業療法、遊びながらの思考力の向上など年代を問わず楽しめる玩具に仕上がっている。

（ライター／長谷川望）

**橋本螺子** 株式会社
はしもとらし
053-461-5012
neji-block@hashimoto-neji.co.jp
㊟ 静岡県浜松市南区飯田町155
https://www.neji-block.com/

## 世界的な卓球大国日本だからこそ必要なショップ

オリンピックや世界大会での選手の活躍やプロリーグの発足により、以前にも増して競技人口が増えてきている卓球。老若男女、入門・初心者用からプロ仕様の道具まで、卓球用品なら何でも揃うのが『卓球グッズ.com』だ。ラケットやラバー、ボールはもちろん、シューズにウェア、メンテナンス用品、アクセサリーまで、卓球グッズに関する品揃えは国内随一。ネットショッピングが苦手な人は、電話での注文・問い合わせもできる。

（ライター／今井淳二）

**卓球グッズ.com**
たっきゅうグッズ.コム
045-367-8899
netshop@tk-goods.com
㊟ 神奈川県横浜市栄区桂町158-7-201
https://shop.tk-goods.com/

こちらからも
検索できます。

## 独自手法でたちまち上達いろんな曲が伴奏つきで弾ける

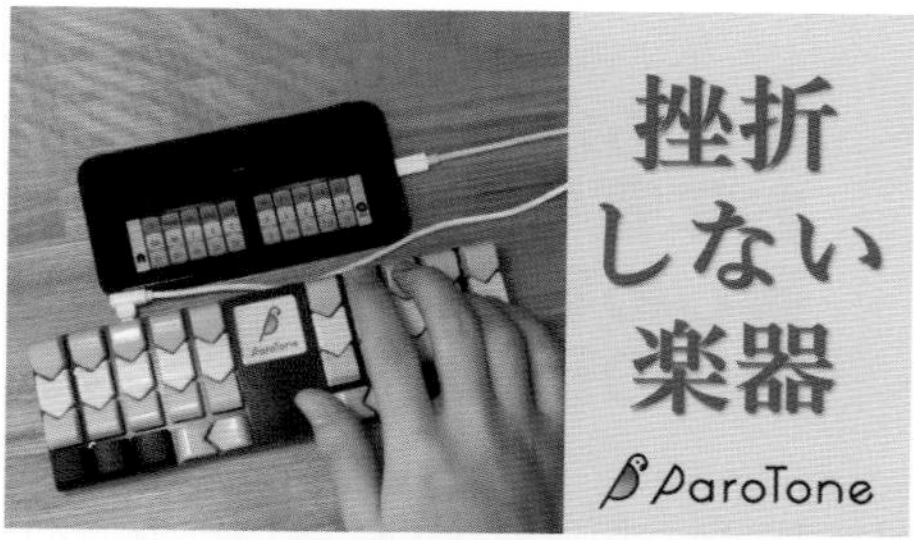


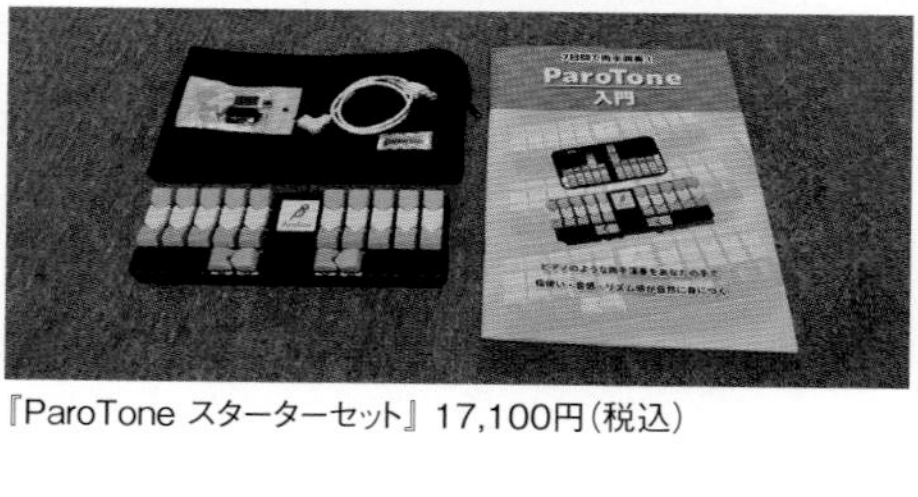

『ParoTone スターターセット』17,100円（税込）

楽器を弾けるようになる前に途中で挫折してしまった人も多いだろう。それは楽器が難しいせいという観点から生まれたのが『eMotto 株式会社』の『ParoTone（パロトーン）』。音楽理論に則った配列で指一本で和音が弾けるシンプルな鍵盤と独自の5レーン配列で直感的に読める楽譜を用い、スマホと連動してゲーム感覚で弾くことができる。ピアノの5倍も習得スピードが早いというデータも。手のひらサイズで、いつでもどこでも楽しめる。

（ライター／今井淳二）

**eMotto 株式会社**
エモット
06-4256-6213
info@emotto.org
㊟ 大阪府大阪市北区梅田1-2-2-200 大阪駅前第2ビル2F-1-1-1
https://jpn.emotto.org/

## 圧倒的な手軽さで 即日使用可能 新時代の モバイルWi-Fi

「株式会社Seegram」の『CHEETAH WiFi』は、圧倒的な手軽さが魅力のチャージ式モバイルWi-Fi。契約手続きや月額払いなどの面倒ごとは一切不要で、電源を入れるだけで即日利用可能。容量の有効期限は1年間と無駄なく使え、使い切っても簡単に追加購入できる。また、海外での利用も可能で海外ギガを購入するだけで、現地到着後すぐに使用可能。出先での動画視聴やオンラインミーティングなど様々なシーンで活躍する。

（ライター／長谷川望）

こちらからも検索できます。

『CHEETAHWiFi』
100GB25,980円（税込）　50GB23,980円（税込）など。


CHEETAH WiFi　株式会社 Seegram
チーター ワイファイ
06-6394-5555
cheetah@seegram.jp
㊟ 大阪府大阪市淀川区西三国4-8-19 三国ビルディング4F
https://cheetahwifi.seegrammobile.jp/lp/


## 既存LANで 繋がるため 低コスト導入が可能 放送設備システム

『株式会社エルーア・システム』の『AS-AU100』は、音声と接点信号を送受信できるユニット。LANと接続することでユニット同士の個別送受信、グループ送信、一斉送信ができ、インターネットを経由した遠隔地への放送もできる。構内LANを使用するため、新たな配線工事は不要。低コストで始められ、小中規模の工場での導入実績のほか、遠隔地方事務所への連絡網、放送設備同士の相互接続、離れた教室間のコミュニケーションなど、利用シーンが広がっている。

（ライター／長谷川望）

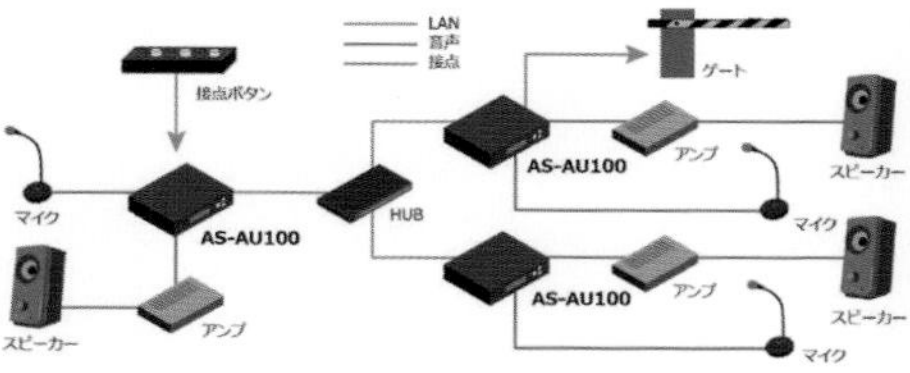


『AS-AU100』システムの特長
- 音声は圧縮して伝送、接点も最大8点を送受信できる。
- 1対100台に配信が可能、グループ送信も可能。
- 運用に別途PCやソフトウェアを必要としないシンプル操作。


株式会社 エルーア・システム
045-532-6810
aileun_system@aileunsys.co.jp
㊟ 神奈川県横浜市都筑区川和町1542-2
https://aileunsys.co.jp/

# 紙巻きタバコを吸うキック感ニコチンフリーでも同じ刺激を

従来の電子タバコにはなかった加熱式タバコや紙巻タバコを吸う際の刺激感を特許技術により最大限再現したのが『HiNIC META POD（ハイニック　メタポット）』。リキッドメーカーとして10年以上にわたり香料や調和技術の研究を重ねてきた『株式会社 HiLiQ』のオリジナル使い捨てタイプの電子タバコだ。吸引時のキック感が魅力で禁煙中の方やニコチンを気にされる方、タバコやシーシャを試したい方にも最適な製品。

（ライター／奈良岡志保）

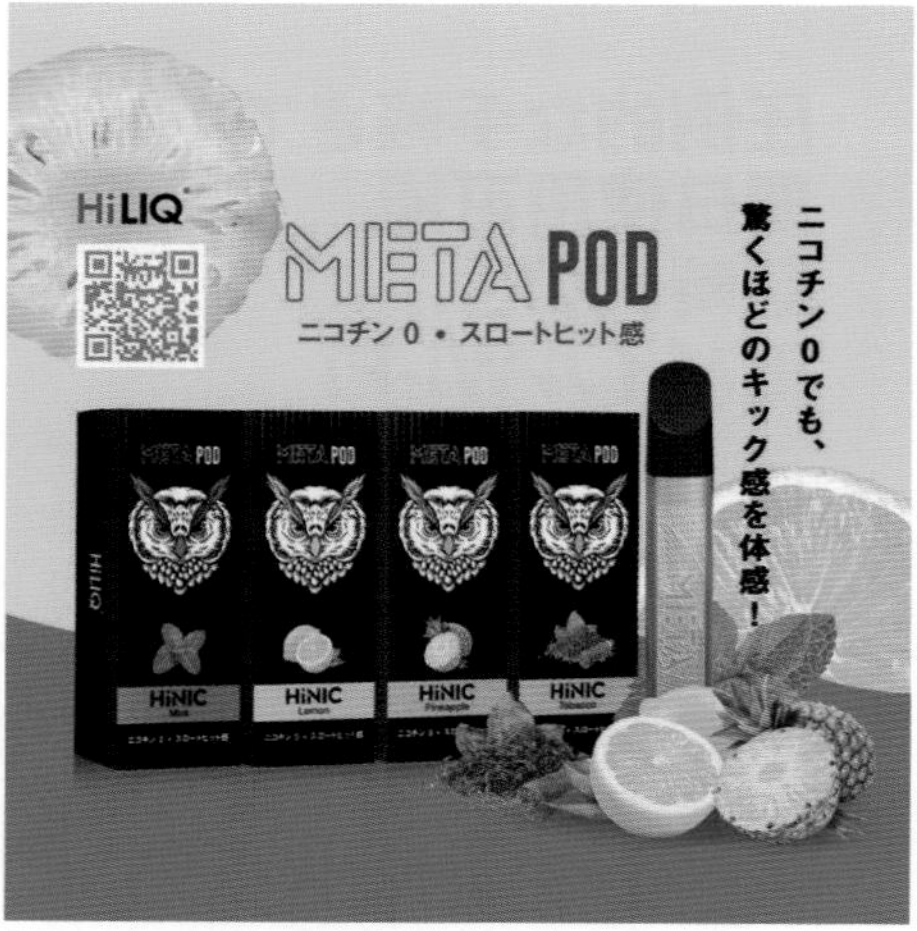

『HiNIC META POD 初心者キット』3,380円（税込）

株式会社 HiLIQ
ハイリク
050-3136-7895
jp@hiliq.com
㊟ 広島県広島市安佐南区伴東8-37-15-3
https://www.hiliq.jp/

# 故人の新たな旅立ちを彩る オーダーメイドの骨壷

木津様ご夫婦

『さくらノート
（エンディングノート）』

『ラストドレス® 月』

『ラスト
タキシード®』

装束:実用新案登録第3194134号
商標:ラストドレス第5546103号
ラストキモノ第5756538号
ラストタキシード第5728653号

人生最期の門出を彩る納棺用衣装『ラストドレス』を提案し、故人の新たな旅立ちを彩っている『アトリエemu株式会社』。「人生の最期を自分らしい姿でいることを考え、日々を活き活きと過ごしていただきたい」という想いで製品開発に臨んでいる。オーダーメイドが可能な骨壷は、骨壺に記されたQRコードにスマホをかざすと音楽や写真・動画を簡単に見ることができる仕組みがあり、生前から準備することで故人の思い出に触れながら旅立ちを見守ることができる。また、骨壺の表面にアート作品を施しているのでお骨を入れて納骨後も故人の思い出の品や貴重品を入れて再利用も可能だ。部屋に飾っても違和感がなく、インテリアとしてもオススメ。故人亡き後もいつでも故人を身近に感じることができる。

アルミ合金鋳物製の結露防止・高温断熱製法で耐震性にすぐれた永年耐久の製品。

『ラストドレス®芙蓉』

『ラストドレス®水』

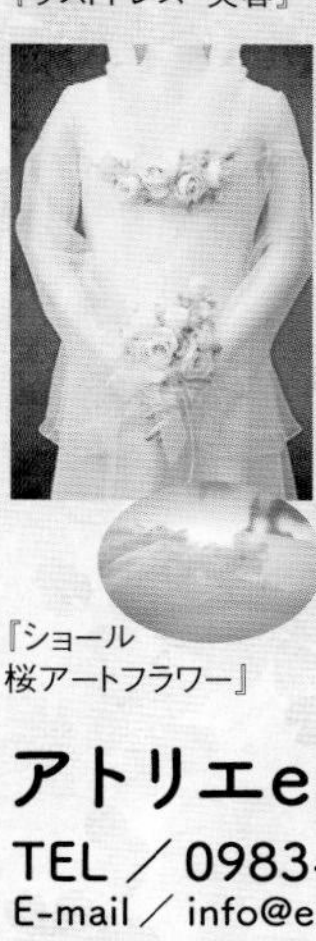

『ショール
桜アートフラワー』

『ラスト キモノ®』


**アトリエemu 株式会社**
TEL ／ 0983-32-2420
E-mail ／ info@emu5010.biz
宮崎県児湯郡木城町椎木 5010-1
https://www.emu5010.biz/

現実とファンタジー

# 魔女御用達?!
# 魔力溢れる奇妙な洋装雑貨店

失われた
時を刻む時計
～インパクトがある
個性派Bag～

13,800円(税込)
実際に動くリアル時計があしらわれた、不思議の国アリスのようなレトロデザインが目を惹く。魔女コーデなど、少しダークで可愛いスタイルにぴったり。

幻想生物図鑑
～ドラゴンの
目覚めノート～

5,980円(税込)
2024年の干支辰(ドラゴン)モチーフのノートは重厚感があり、インパクト抜群。魔女のグリモワールとしていかが。

『紺碧の蝶
～蝶が舞うチュールセットアップ』
14,800円(税込)

『四は棄てよ～魔女の正装
ブラックワンピース』
9,980円(税込)

デネブ～
魔女のショールケープ
ブラウス～

8,980円(税込)

現実とファンタジーの狭間にある奇妙な洋装雑貨店『マギカバザール』は、魔女やファンタジーが好きな大人のための不思議なお店だ。店主であるミスリザが集めた魔女やおとぎ話をテーマにした洋服、魔力溢れるちょっぴり不思議なアイテムなどが揃う。秋冬の人気アイテムは魔女をイメージしたアウターコレクション。あなたに似合う魔女コーデを見つけてみてはいかが。魔女・魔法使い・魔法・妖精・幻想生物・おとぎ話が好きな方は、ぜひ店主リザのコレクションを覗いてみては。

時の番人
〜15分間砂時計〜

6,980円

## 奇妙な洋装雑貨店　マギカバザール　Magica Bazaar

魔女のアウター
取扱店
その他魔法アイテム多数

支度
あなたも魔女コーデ始めませんか？

こちらからも
検索できます。

奇妙な洋装雑貨店　マギカバザール
E-mail/magica.bazaar@gmail.com

https://www.magica-bazaar.com/

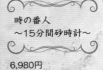

column

# 部下に関する悩み相談に先々まで見据えたアドバイス

## パワハラと受け取られない叱り方とは

NGH（米国催眠士協会）認定ヒプノティストの資格証。

NORIKO ISHIBASHI
いしばしのりこ
TEL/080-4096-5858　E-mail/n.ishibashi58@gmail.com
東京都渋谷区神宮前2 INSIDE
https://noriko-stone.com/
Youtube　INSIDE ヒプノシス 音声ファイル　検索
こちらからも検索できます。

経営者の方からは、部下の育て方に関するお悩み相談を受けることがあります。私はよく、「まずある程度の指示を出した上で、失敗を含めて体験させてみてはいかがですか」とアドバイスしております。納期に間に合うか否かという点だけを着目するのではなく、達成するためのペース配分やプロセス、失敗した際の対応の仕方なども観察していけば、その人の能力や特性が分かってきます。そうすることで、今後その人物に何の役割を与えていくか、そして誰と組ませていくかという〝適材適所〟が見えてくるでしょう。

より踏み込んだお悩みとして、「叱るとパワハラ扱いされる」というのもあります。感情的に話すと、怒っている表情などの印象が強く、相手に本質を受け取ってもらえません。ですので、伝えたいことがある際には、頭ごなしに怒るのではなく、なるべく淡々と話すことが重要だと思っています。また、伝えることが多すぎると、相手の情報処理能力が追いつかないので、多くても二点まで。言い方や声のトーンに気をつけ、要点を絞って話せば、〝ハラスメント〟になる可能性は減るのではないでしょうか。

あらゆる点に気を使いつつ注意しても、改善が見られない場合はどうするのか。何らかのペナルティを課し、それでも効かなければ、契約形態の見直しを。ただしモチベーションも下がってしまうので、そのためにも、まずは試用期間の際にじっくりと観察することが大切なのです。

主宰
石橋典子さん

学習院大学法学部政治学科卒。実業家の祖父からビジネスについてレクチャーを受け、大学卒業後は民間気象事業会社、クリエイティブ事業会社にてセールス・マーケティング・ブランディング業務に携わる。現在はカウンセラーとして、様々な業界のクライアントにメンタルヘルスの大切さを伝えている。

# 生活を支え地域を活性化させる
# サービス&ビジネス

# シェアリングサービスの新しい腕時計ライフ

## 預託使用料による収入で投資の一環としても

高級腕時計は、洗練されたデザインや精巧な機械式ムーブメント、ブランドの歴史などから多くの人にとって憧れのアクセサリー。しかし、高価な価格や維持費などからなかなか購入に踏み切れない方も多いのが現実だ。また、高級腕時計の所有者にとっても買ったは良いもののなかなかつける機会が無い、売るのはもったいないので何か良い運用方法はないかと悩んでいる方も多い。そんな両者の悩みを解決し、新しい形の腕時計ライフを提案するのが『TOKEMATCH』。高級ブランド時計を月額制でレンタルできるユーザーと高級ブランド時計を預託するオーナーを繋ぐシェアリングサービスだ。購入するよりも経済的なサブスクリプションと、売却するよりも実利的なシェアリングエコノミーを掛け合わせた新しい形の腕時計ライフとして注目を集めている。

大きな特長は時計を貸す側、借りる側双方にメリットがある点。レンタルする側は、すべての手続きをオンラインで行うことができる。商品選択、レンタル申し込み、審査、保険加入、決済、商品の発送の6つステップで完結。ロレックスやオメガ、カルティエといった人気ブランドを中心に取り揃えられた50本以上のストックの中

オメガ

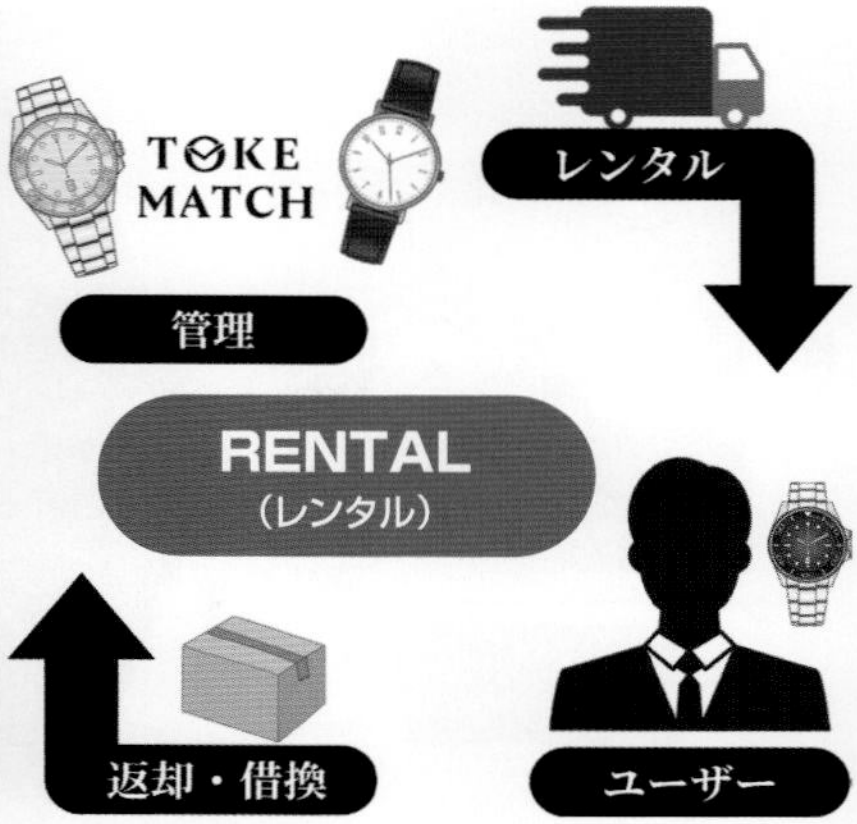


**シルバープラン**
評価額60万円以下
¥19,800/月

**プラチナプラン**
評価額150万円以下
¥39,800/月

**ゴールドプラン**
評価額100万円以下
¥29,800/月

**ブラックプラン**
評価額150万円以上
ASK/月

から、自身のプランに基づき好きな腕時計をレンタルできる。

プランはブロンズプランやシルバープラン、ゴールドプランなど計5プラン。レンタル料金は、中古市場における時計の評価額に基づいて設定。ライフスタイルやシチュエーションに合わせ、理想の自分を演出できる。レンタルする時計は、すべて専門の鑑定士による真贋鑑定済み。発送時には、メンテナンスやサイズ調整も行い、時計が届いたその日から楽しむことができる。

また、時計を貸す側（オーナー側）の大きなメリットは、通常のレンタル使用料に加えて月額の預託使用料も付属する点だ。預託使用料は中古市場における時計の評価額に基づきプラン毎に分類される仕組み。プラチナプラン、ゴールドプランなど各プランの評価額に

カルティエ

タグホイヤー

ロレックス

基づいた金額を受け取ることができる。

預託使用料は、利用者のレンタルの有無にかかわらず毎月発生するので、オーナー側は安定した収入を得ることができるのも魅力。例えば、月額19900円のプラチナプランの腕時計を1年間預託する場合には、年額238000円（月額預託使用料19900円×12ヵ月）を受け取ることができる。長期的な投資や副業の一環として利用する方も多いという。

メンテナンスやクリーニングといった管理も一切不要なので、面倒な維持やケアも負担してくれる。紛失や盗難された場合の損害賠償は、『TOKEMATCH』側の負担となり、万が一が起こった時もオーナー側が損になることはない。預託の流れも預託申し込み、仮審

『ウブロ
ビッグバン ウニコ
キングゴールド
セラミック』
69,800円
（税込）

『ロレックス
デイデイト
8Pラウンド』
69,800円
（税込）

『ヴァシュロン
コンスタンタン
フィフティー
シックス』
59,800円
（税込）

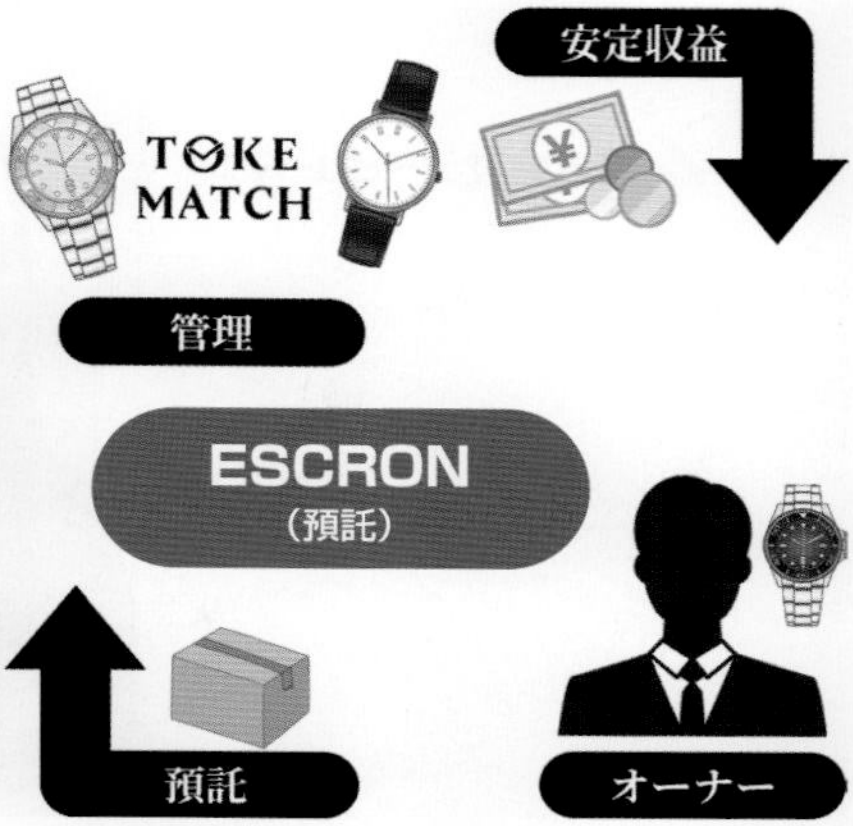


**プラチナプラン**
評価額150万円以下
**¥19,900/月**

**ゴールドプラン**
評価額100万円以下
**¥14,900/月**

**ブラックプラン**
評価額150万円以上
**ASK/月**

査、時計の発送、本査定の計4ステップと簡単。初めての方でも安心して腕時計を預託できる仕組みが整っている。

高級ブランド時計は持っているだけでも大きな資産であることは間違いない。だが、自宅で眠らせているだけでは宝の持ち腐れなのも事実。眠ってしまっている腕時計を活用し、資産として運用してみてみるのも良いかもしれない。

『TOKEMATCH』は、念願の高級腕時計を身につけられたり、腕時計を投資の一環として利用できたりと貸す側、借りる側それぞれが数多くのメリットを享受できるサービスに仕上がっている。

（ライター／長谷川望）

TOKEMATCH　合同会社 ネオリバース
トケマッチ
0120-39-1091
info@toke-match.com
㊟ 大阪府大阪市中央区常盤町1-4-1-608
https://toke-match.com/

SHARING ECONOMY ASSOCIATION JAPAN

※『TOKEMATCH』は、シェアリングサービスを安心して利用できる環境作りと法的整備を推進するシェアリングエコノミー協会の正会員です。

TOKE MATCH

代表取締役社長
尾向和子さん

# よいものをこの手から 高齢者が安心して過ごす終の棲家

## 身体の状態のあわせた きめ細やかな生活支援

「まだまだ元気」と思っていても、いつ何が起こるかわからない高齢者。いつまでも元気で自立した生活を送る方もいる一方で、加齢や病気、思わぬ怪我によって思うように身体を動かすことが難しくなったり、身の回りのことができなくなり介護が必要になる方も。

「よいものをこの手から」を経営理念に、サービス付き高齢者向け住宅、有料老人ホームの居室への訪問看護サービスや訪問介護サービスを中心に施設の運営・管理も手掛ける『株式会社シーヒューマン』。日常生活を送るうえで、利用者が一人だけで生活するには困難な部分を見極め、一人ひとりのレベルに合わせた生活支援や医療ケアを行う。また、介護保険・在宅介護の相談からサービス付き高齢者住宅や住宅型有料老人ホームへの入居相談、入居後の支援まで徹底的にサポート。万が一、加齢や病気などで介護や医療ケアが必要になったときに住み替えをすることなく「いつまでも住み慣れた場所で安心して暮らしたい」という高齢者の望みを叶える。

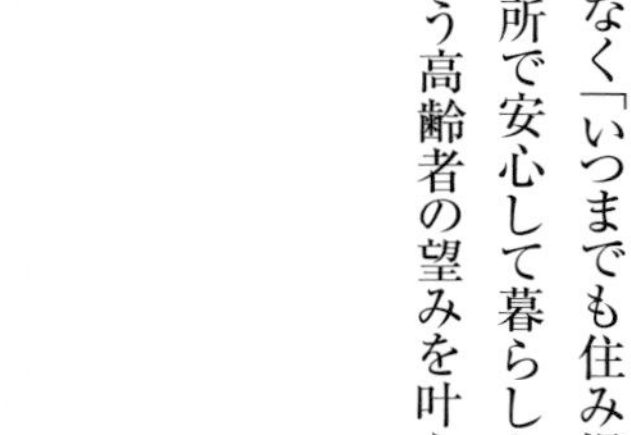
『ケヤキ倶楽部浦和美園』スタッフルーム

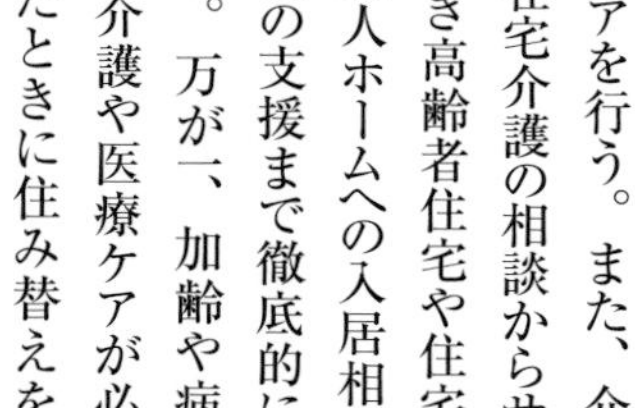
『ケヤキ倶楽部上木崎』浴室

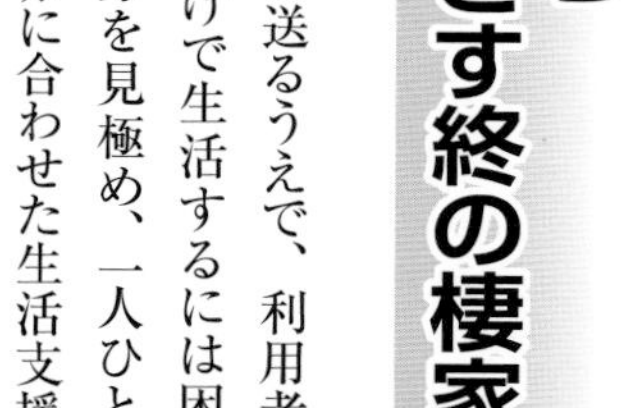
『ケヤキ倶楽部三橋』施設内廊下

『ケヤキ倶楽部蓮田』(埼玉県蓮田市)

『ケヤキ倶楽部越谷』(埼玉県越谷市)

『ケヤキ倶楽部三橋』(さいたま市西区)

『ケヤキ倶楽部上木崎』(さいたま市浦和区)

『ケヤキ倶楽部東浦和』(さいたま市緑区)

『ケヤキ倶楽部日高』(埼玉県日高市)

『ケヤキ倶楽部浦和美園』(さいたま市岩槻区)

『ケヤキ倶楽部大間木』(さいたま市緑区)

訪問介護サービスは、要介護の高齢者の居住空間にプロの介護スタッフが訪問し、入浴や排泄などの生活支援、食事などの介助、掃除、洗濯や調理などの援助、通院時の送迎など幅広く生活援助を行う。身体の機能をできるだけ維持するために、自分一人だけで行うことが難しい部分を中心にサポート。プロの介護スタッフに手伝ってもらいながら日常生活を送ることで、介護が必要になっても比較的自由度の高い生活を維持することが可能となる。

訪問看護サービスでは、主治医の指示に基づいて健康状態の観察や服薬管理、点滴などの医療措置、病状悪化の防止・回復、歩行訓練などのリハビリテーションなどを行う。看護師は、ほぼ24時間体制となっており、体調の急変や怪

『ケヤキ倶楽部浦和美園』食堂

『アイリス倶楽部初芝 』(大阪府堺市)

『夢の里』(大阪市西成区)

『ハナミズキ倶楽部尼崎』(兵庫県尼崎市)

『グラン倶楽部合志』(熊本県合志市)

『サルビア倶楽部雲雀ヶ丘』(神戸市長田区)

我などのトラブルにも主治医と連携をとってしっかり対応。さらに、歯科医師、薬剤師、ケアマネジャーなどの他業種とも密に連携をとることで、特定疾患や精神疾患の方でも適切な医療ケアを受けることができる。

訪問介護サービス、訪問看護サービスともに介護職員初任者研修や看護師の資格を持つ有資格者が担当する。豊富な知識と経験があり、どうすればよりスムーズに、利用者にとってより良い支援ができるかを意識しながら業務を行う。入居者への挨拶、気遣いはもちろん、スタッフ同士の挨拶や仕事上の情報交換、労いなどの声掛けも盛んに行われている。スタッフ同士のチームワークが良く連携もとれているため、休みなどで急に担当スタッフが変わってもスムーズな支援を行うことが可能。明るく和やかな雰囲気のスタッフが多く、日常生活の中で業務中に気になった些細な出来事や悩みを相談しやすい。些細な不安や困り事があっても早い段階で適切な対処をしてもらうことができる。体調の急変や転倒、その他緊急事態が起きてもすぐに駆けつけて貰える見守りサービスもあり、居室でも安心して過ごすことができる。

同社が運営するサービス付き高齢者住宅や有料老人ホームの居住空間は、車椅子とすれ違っても問題なく通れるよう広々としたゆったり設計。プライベートにもしっかりと配慮されており、落ち着いた雰囲気の空間で一人ひとりの身体の状態に合わせたきめ細やかな支援を受けられる。

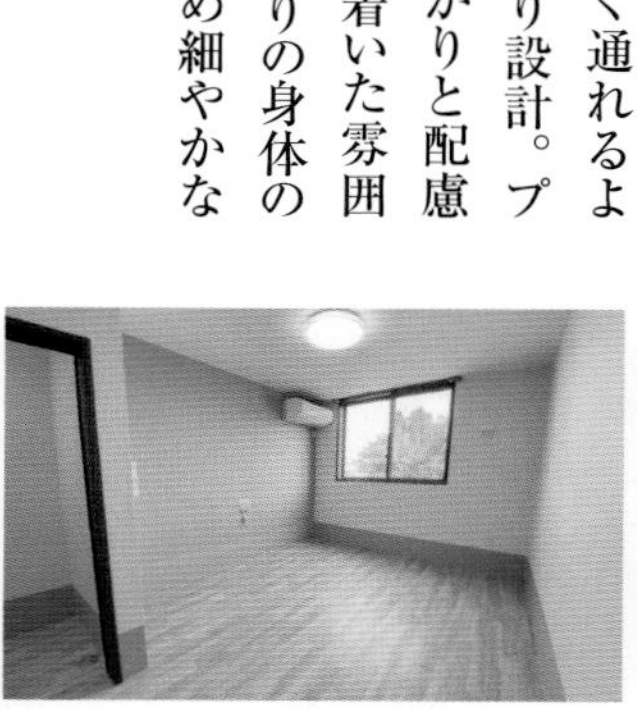
『ケヤキ倶楽部上木崎』居室

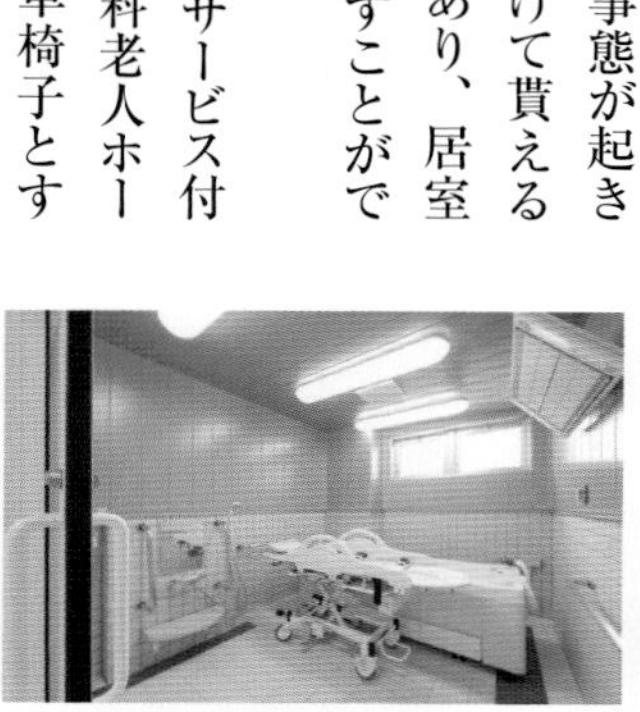
『ケヤキ倶楽部浦和美園』浴室

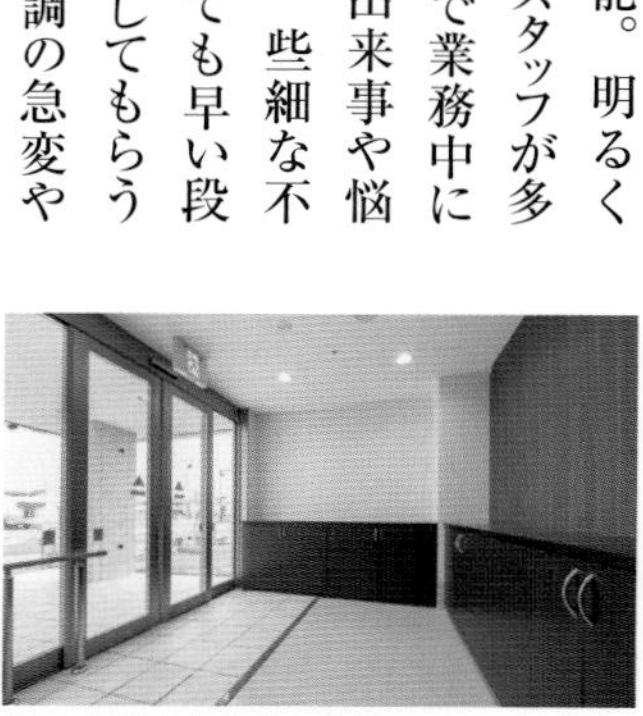
『ケヤキ倶楽部越谷』玄関

| 施設名 | 所在地 |
| --- | --- |
| オーシャン倶楽部田辺 | 和歌山県田辺市 |
| ケヤキ倶楽部越谷 | 埼玉県越谷市 |
| ケヤキ倶楽部東浦和 | 埼玉県さいたま市 |
| ケヤキ倶楽部大間木 | 埼玉県さいたま市 |
| ケヤキ倶楽部浦和美園 | 埼玉県さいたま市 |
| ケヤキ倶楽部上木崎 | 埼玉県さいたま市 |
| ケヤキ倶楽部三橋 | 埼玉県さいたま市 |
| ケヤキ倶楽部日高 | 埼玉県日高市 |
| ケヤキ倶楽部蓮田 | 埼玉県蓮田市 |
| アイリス倶楽部初芝 | 大阪府堺市 |
| 夢 の 里 | 大阪府大阪市 |
| ハナミズキ倶楽部尼崎 | 兵庫県尼崎市 |
| サルビア倶楽部雲雀ヶ丘 | 兵庫県神戸市 |
| グラン倶楽部合志 | 熊本県合志市 |

**シーヒューマン管理物件**

| | |
| --- | --- |
| ゆうゆう初芝 | 大阪府堺市 |
| サルビア倶楽部三木広野 | 兵庫県三木市 |
| サルビア倶楽部東大池 | 兵庫県神戸市 |

栃木県足利市に近日オープン予定！

令和5年10月オープン『オーシャン倶楽部田辺』
和歌山県田辺市

介護業界における人財確保や育成の難しさ、経営の難しさから事業拡大を見送る会社も増えている中で、高齢者がいつまでも住み慣れた場所で安心して生活を送りたいというニーズに応えるために、現在も事業や施設の拡大、人材育成に精力的に取り組む。

すべての高齢者が生きがいを感じながら、いつまでも自分らしく快適に過ごせるようサポートする。プロの看護・介護スタッフによる高品質なサービスを提供しながら、社会的ニーズに応えることで地域社会に大きく貢献している。

現在は大阪府や兵庫県、埼玉県、熊本県を中心に事業を展開中だが、今後は埼玉県や栃木県、和歌山県などに続々とオープンが予定されている。全国規模での訪問看護サービス・訪問介護サービスを運営する。

（ライター／彩未）

『オーシャン倶楽部田辺』居室

株式会社 シーヒューマン
06-4304-0050
info@c-human.co.jp
㊟ 大阪府大阪市天王寺区上本町6-2-26 大和上六ビル504
https://www.c-human.co.jp/

旧軽井沢「ホテル音羽ノ森」

「Jホテル東京ジオ」

# 時代の要請に応える事業で社会貢献 不動産開発を主軸に百年企業を目指す

## ホテル建設主軸に前進 「SDGs」の達成にも寄与

「時代の流れを敏感に察知しながら、その時々で、世の中が求めていることを事業にし、複数の柱を持つことで、経営の安定を図ってきました」

２０２４年６月に創業60周年を迎える『東日本都市開発株式会社』は、代表取締役会長ＣＥＯ山岡幸夫さんのこの言葉通り、ホテル建設開発事業、保育園建設開発事業、航空機リース事業、公共工事等建設事業、住宅建設分譲事業、太陽光発電事業などを多角的に展開、成長軌道を歩んできた会社だ。ＣＯＯを務める代表取締役社長の伊能博さんは、この路線を継承し、新たな歴史を刻みながら百年企業を目指していく決意だ。

現在の主力事業は、観光ホテルやビジネスホテルの建設開発。政府のインバウンド戦略に沿って推進、賃貸用に自社で建てたもの、事業者からの依頼で建てたものを合わせて銀座、日本橋、浅草、軽井沢、熱海など16ものホテルを建設した。いずれも東京観光に便利な地域に建てたのが特長。コロナ禍で制限された訪日観光が２０２３年に解禁になったことから、今後もホテル建設に力を入れていく考えだ。

保育園建設事業では、千葉、東京で待機児童の多いエリアを中心に駅近くに保育園

「そらまめ保育園 かなでの杜」

「そらまめこども園 船橋駅前」

「シエルタウン船橋海神」

「（仮称）
二天門第二ホテル」

共同オーナーの「ボーイングB777-300ER」

を8ヵ所建てて賃貸。太陽光発電施設事業は、千葉県で5カ所、茨城県で1ヵ所太陽光発電所を建設、電力会社に電力を供給している。航空機リース事業は、ボーイング社製やエアバス社製の航空機を共同オーナーとして所有し、全日空やデルタ航空、ＴＵＩ航空などにリースしている。

建設事業は、ホテル建設のほか、公共工事でも実績を重ねる。船橋市から受注し、２０２２年に施工した管渠布設工事は、現場の安全管理と丁寧な仕上げが評価され、請負額１０００万円以上の工事１９４件の施工業者の中から船橋市優良建設業者に選ばれ、２０２３年7月に船橋市庁舎であった表彰式で市長から山岡さんに表彰状とトロフィーが授与された。

同社は、「ＳＤＧｓ」持続可能な開発目標の達成に寄与することにも熱心で、保育園建設事業、太陽光発電施設事業、プラスチック製品削減活動の3項目が２０２１年に「一般社団法人日本ＳＤＧｓ協会」からＳＤＧｓ事業と認定されたのはその象徴。２０２２年には「ＳＤＧｓ」達成に向けた宣言書も社内で採択、さらに貢献度を高めていく考えだ。

同社は、社会貢献活動にも力を入れており、２０１９年に発生した台風15号では約６００万円、台風19号では約１１００万円の義援金を千葉県内の被災された方々と被災地復興支援のため日本赤十字社を通じて寄付した。また、来年２０２４年度、同社の創業60周年の記念事業として船橋市に救急車を寄贈する計画だ。

（ライター／斎藤紘）

**東日本都市開発** 株式会社
ひがしにほんとしかいはつ
047-460-3000
㊟ 千葉県船橋市本町1-3-1
http://www.hn-tk.co.jp/

東日本都市開発

LIGHT
UP
GARDEN
高級感あふれるエクステリアを
低価格時で実現

# ハイセンスな外構エクステリア工事
# 高度技術とデザイン感覚で空間演出

**最新の建材を有効活用**
**自社施工でコスト抑制**

夜ライトアップされると植栽や文字が浮き出る門袖、ホームヤードルーフにダウンライトを入れた高級感のあるアプローチ、タイルを使った高級感のある塀、オシャレで機能的なウッドデッキ、人工芝を張ったドッグランのある庭、ぬくもりを感じる和風の庭…。戸建て住宅の外観や価値を左右する庭や玄関周りを整える外構、エクステリア工事が専門の『株式会社ライトアップガーデン』の施工実績の一端だ。施主の希望に沿いながら独自のデザイン感覚と高度の施工技術、最新の建材を駆使して仕上げるハイセンスな空間演出が評判になり、施工依頼が後を絶たない。

同社の外構、エクステリア工事は、ブロック工事やコンクリート工事、一般建設工事の技術を生かして行うもので、「低予算で高級感のあるお庭づくり」がキャッチフレーズ。東洋工業の木調ブロックのヴィンテージウッドウォール、YKKのスクリーンフェンス、LIXILの多段目隠しフェンス、INAXのストーンタイプコレクションのタイル、大型カーポートのレイナトリプルポートグラン、人工芝などを適宜利用し、特に門柱、門扉、門袖、塀、外周フェンス、カーポート、ウッドデッキなどの完成度の高い仕事ぶ

お客様の想いを最大限に表現。

りで評価を得てきた。

「高級感のあるお庭をお客様に寄り添った予算で施工致します。外構、エクステリア工事を大手施工会社に依頼すると、多数の職人や会社が中間に入るため費用が掛かってきますが、当社では営業から設計、デザイン、施工まで自社の職人が行っておりますので、余分な中間マージンが発生せず、他社様よりもコストを抑えて、オーダーメイドで憧れのお庭を実現できるのが強みです。施工に当たったは細部にまでこだわり、ブロックを積み重ねる前の骨組み部分やタイルを張り付ける前の下地部分なども丁寧に施工します」

同社の特長をこう説明する代表取締役の戸井田卓さんは、電話かメールで工事の相談を受けると、簡単にヒアリングし、調査訪問日を調整して現地調査を実施、住宅の状況や周辺環境を確認した上で要望を詳しくヒアリングし、工事開始に前に近隣住民への挨拶も行って着工、工事後のアフターケアも責任を持って行う丁寧なプロセスを踏む。新築工事、リフォーム工事どちらも可能で、「玄関周りを綺麗にしたい」「壊れた塀を直して欲しい」などといった部分工事の要望にも迅速に対応する。

（ライター／斎藤紘）

ひと手間に
こだわり、
魅せる庭。


**株式会社 ライトアップガーデン**

029-279-8651
toida-industry@gmail.com
㊟ 茨城県水戸市開江町1111
https://www.toida-industry.com/

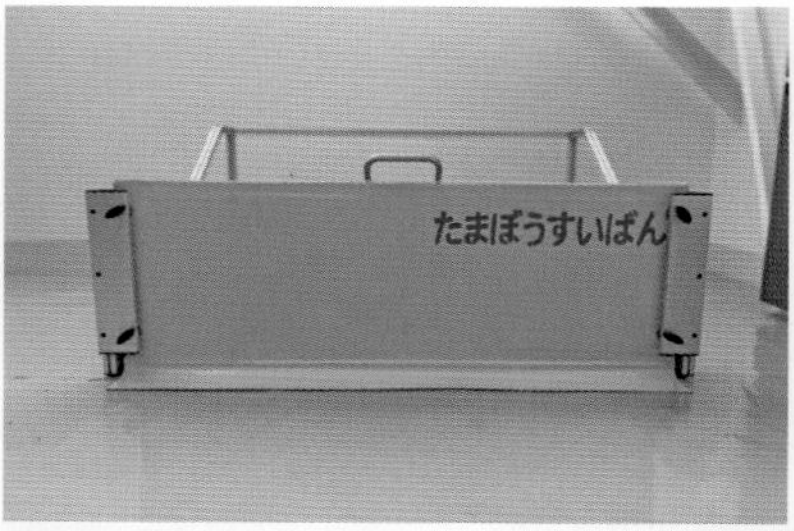
たまぼうすいばん

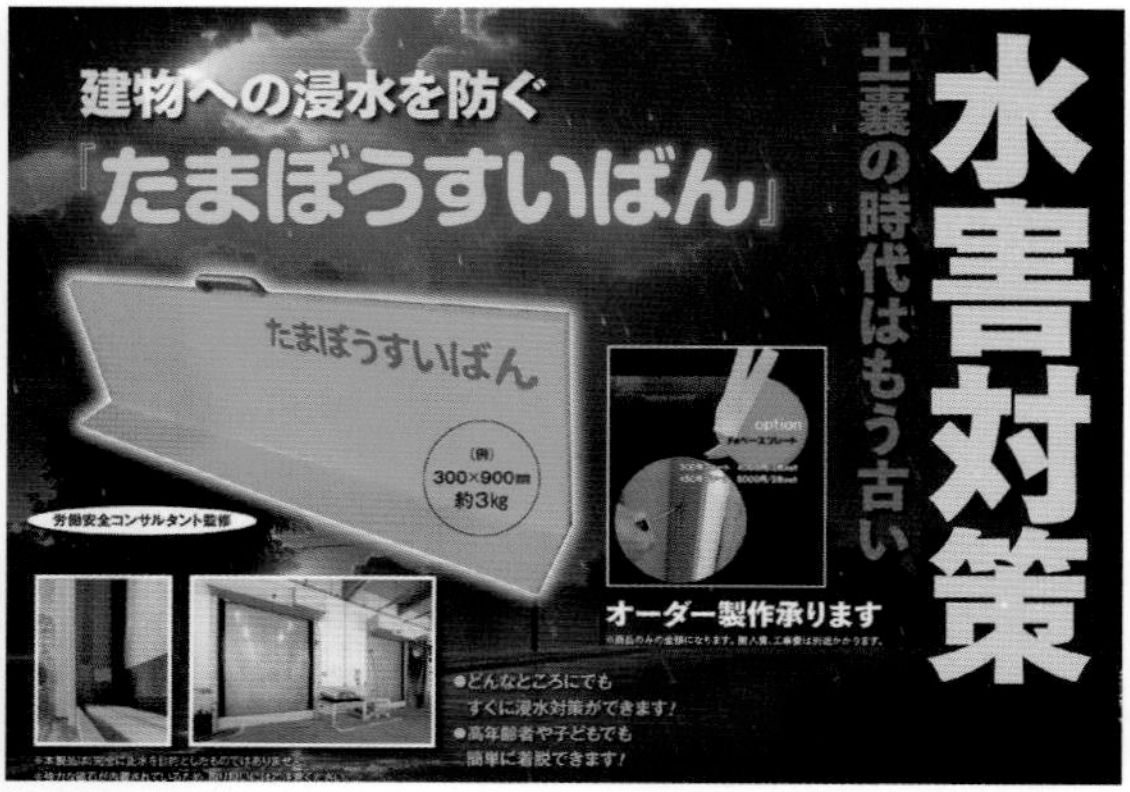
水害対策
土嚢の時代はもう古い
建物への浸水を防ぐ
『たまぼうすいばん』
たまぼうすいばん
(例)
300×900㎜
約3kg
労働安全コンサルタント監修
option
オーダー製作承ります
●どんなところにでも
すぐに浸水対策ができます!
●高年齢者や子どもでも
簡単に着脱できます!

『たまぼうすいばん』

# 簡単設置の頑強軽量の防水板
# 木製より軽い同材質の枕木も

## 工場や店舗などで活躍
## 労働環境の改善に寄与

豪雨災害が激甚化、頻発化し、各地で甚大な被害が相次ぐ中、店舗や工場などへの浸水対策になる製品が登場した。富山県立山町の『Nicold system 株式会社』が販売する『たまぼうすいばん』。頑丈かつ軽量で簡単に出入口に設置できるのが特長で、完全に浸水を止めることはできないものの、浸水を極力抑え、その間室内で商品の移動や機器、設備の養生などをする時間の余裕ができるのが導入メリットだ。

『たまぼうすいばん』は、アルミニウム製フレームと発泡体を組み合わせ、防水性を持たせたり、発泡体の弱点である紫外線の影響を抑えたりするため表面をポリウレア樹脂でコーティングした防水板。高さ30cm、長さが3mで、重さが8・9kg。軽量なので高齢者や女性でも簡単に運べる。板の裏に強力な磁石を備え、鉄製の柱などにワンタッチで設置が可能なほか、オプションで鉄製のプレートを用意すれば、磁石で取り付けできない箇所でも使える。事業所では、土嚢で浸水を防いだりしているところもあるが、土嚢の代わりとして使えば作業負担が軽減される。

同社は、2023年8月に立山町消防本部に集中豪雨時

『たまぼう』

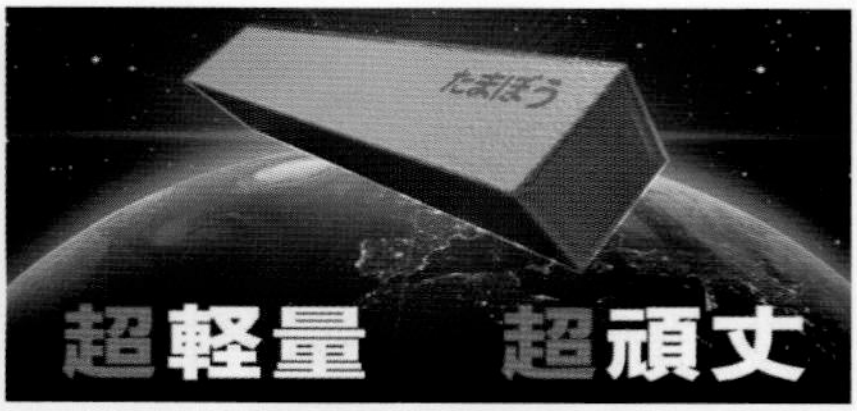

の浸水対策防災資機材として寄贈したほか、石川県金沢市や小松市などの会社の工場搬入シャッター部用に納入している。さらに、工場やオフィス、自治体などに防水対策として提案していく考えだ。

　これとは別に、同社は『たまぼうすいばん』と同じ素材でできた枕木『たまぼう』も販売している。荷物が直接地面に触れないよう地面と荷物の間に置いて使うもので、高さ、奥行が10㎝、幅1・8m、重さが3・6kg。同サイズの木材に比べ3割ほど軽く、腐食しないのが大きな特長。木製枕木は腐食し、屋外では水分を吸って重量が増え、木のささくれで負傷したり、運搬時に腰痛などの労働災害が発生したりするが、『たまぼう』を導入すれば、高年齢や女性の労働者の作業環境が改善される。同社は枕木としての用途のほか、屋上用太陽光パネル架台や溝蓋、屋根材、重量物用ライナーなどでの利用も模索している。『たまぼうすいばん』『たまぼう』ともメーカーは、防水技術で数々の特許を持つ東京・八王子市の多摩防水技研株式会社。『Nicold system』は経営、安全、開発などのコンサルティング業、システム開発設計、機械カバーの設計製造販売などを主力事業に2022年8月に設立した。

（ライター／斎藤紘）

**Nicold system 株式会社**
ニコルドシステム
090-3298-7277
nicoldsystem@Yahoo.co.jp
㊟ 富山県中新川郡立山町新堀1282-4
https://www.big-advance.site/c/138/2032

**完全受注生産、世界に一つだけ!!**

ライフスタイルや目的に沿った大きさ、形、色、内装、設備など細部に渡るこだわりもじっくりと相談、ベストな一台を提供してくれる。

# 軽トラの特性を活かしたオリジナルのカスタムカー

## 様々な用途で活躍 キッチンカーなど

兵庫県に本拠を置く『SECRETBASE 58』は、『トラキャン』と呼ばれる軽トラックの荷台に居住用のキャンピングシェルを装着したカスタムカーの製造・販売で注目を浴びている企業。同社では、市販車をそれぞれの使用目的に特化した改装を行い、使い勝手の良いキャンピングカーを手ごろな価格で提供している。

『トラキャン』は、燃費が良い、価格が安い、税金が安いなどの優れた経済性と市町村道などの細い道路や狭い駐車スペースでも取り回しがラクな使いやすさが特長。日本の自動車事情に適した作りになっており、誰もが手軽に『トラキャン』にチャレンジできる。

同社がこれまで培ってきた住宅リフォームと自動車鈑金塗装の技術を活かしてシェルと呼ばれる内部の居住空間をオリジナルで製作。シェル内の壁・床・天井には、住居用の断熱材、外壁には遮熱性にも優れているガルバリウム鋼板を使用するなど居住空間としての質を高いクオリティで担保している。外壁のカラーは、約65種類のカラーバリエーションの中からお好きなカラー選ぶことができる。

室内は見た目以上に広々としており、室内で立ったり足を伸ばして寝ることにも不自

由しない。水回りを設けたり、冷暖房空調設備を備えることも可能で、用途に合わせたカスタマイズ性の高さも同社が選ばれる理由の一つだ。シェルは取り外すことも可能なので、使用しない時は普通の軽トラックとして活用することができうる。

住居用素材の採用と高いカスタマイズ性を誇るしたシェル内、そして高い耐久性とオシャレを両立させた外観を実現している『SECRETBASE 58』の『トラキャン』。キャンピングカーやキッチンカー、移動事務所など様々な用途での活躍に対応。設備なども細部に渡ってお客様の要望をじっくりと聞き、丁寧な対応で「世界に一つしかない」唯一無二の一台を作り上げてくれる。

またYouTube公式チャンネルも開設し、日々様々な情報を発信中。特に全国のオリジナルキャンピングカーのオーナー紹介は、一台一台まったく異なる仕上がりのキャンピングカーと各オーナーのこだわりが存分に見られると話題だ。

（ライター／長谷川望）

**SECRET BASE 58**
シークレット ベース ごじゅうはち
090-3281-0058
secret-base-58@docomo.ne.jp
㊟ 兵庫県加古川市東神吉町天下原52
https://secretbase58.com/　@secretbase58


こちらからも
検索できます。

LINE

御用聞きモール
マルクト
Markt
マルクト手ぶら便
ネットスーパーモールのご提供から店舗来店時の宅配までフルサポート

# 地域商店の商品をネットでまとめ買い 国内初のモール型ネットスーパー好評

## IT時代版の御用聞き 売上利用が右肩上がり

家々を回って注文をとり、商品を配達していた御用聞き。通信手段の発達で今ではほとんど見なくなったこの商法をネットで蘇らせたのが、配送事業や物流システムの開発を手がける『株式会社ルーフィ』代表取締役の渡辺泰章さんが考案した御用聞きモール『マルクト』だ。米穀店や酒店などそれぞれの店舗が行う御用聞きと違い、地域の複数の店舗の商品を特設サイトでまとめて注文し、一括決済で最短当日受け取りができる国内初のモール型ネットスーパーだ。2021年から都内3エリアで展開しているが、需要動向を見極めながらエリアを拡大していく計画だ。

『マルクト』は、世界規模の通販サイトや大手小売り企業のネットスーパーとは異なり、渡辺社長が掲げたコンセプトは「小規模ながらも特定地域の店舗、商品に焦点を当てた魅力ある通信販売システム」。具体的なスキームは、地域の店舗から加盟店を募り、ウェブサイト『御用聞きモール マルクト』に集約、利用者はサイトから複数店舗の商品を一括注文(クレジットカードか代引決済)すれば、一括で受け取りができる。最低注文金額は1000円。商品の配送は午前10時30分から午後8時まで

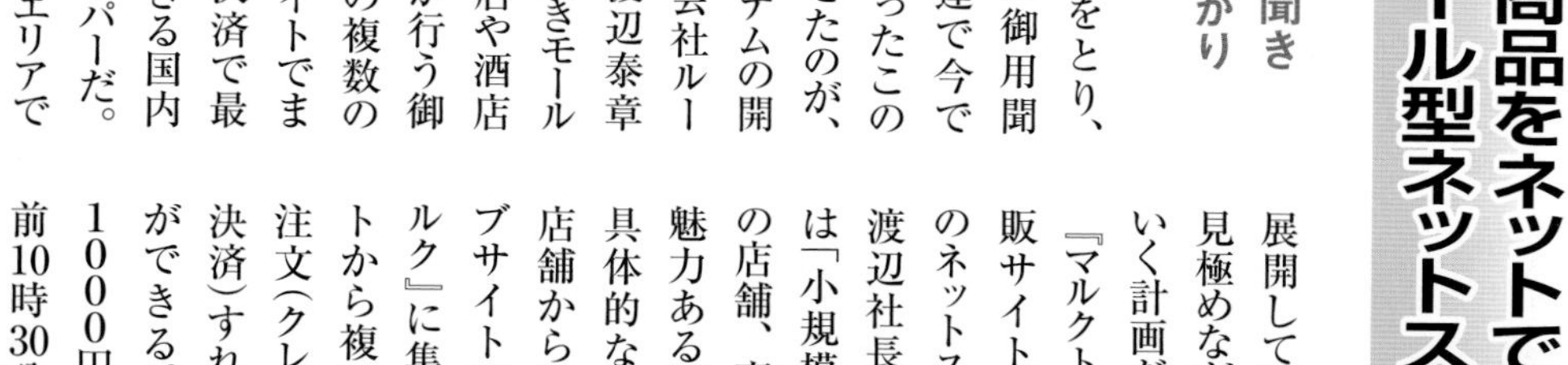
取扱商品 約17,000点!

1日4便、午後1時までの注文で当日配送が可能で、当日、翌日のお届け時間の指定もできる。配送料は、購入金額が3000円未満の場合は一律で税込330円、3000円以上の場合は無料だ。

「このモールは、食品スーパーやドラッグストアを中心に、その周辺にベーカリーや、スイーツ・和菓子店などがあり、日常の買い物をWEBで横断的に買いまわるイメージです。商品は賞味、消費期限にできるだけ余裕があるもの、新鮮で美味しそうなものを各店舗スタッフが目利き選定します。電子クーポンやメルマガ等のデジタル販促に加え、チラシやポスターなどの周辺住民へのポスティングなども当社が行っています。集荷もあるため、商圏は3キロ圏内とコンパクトにしたのが特長です」

大田区、豊島区、江東区を中心としたエリアの3エリアで展開。加盟店は約20店舗、取り扱う商品の点数は約1万7000点まで拡大。売上高、会員数ともに200～300％で推移しているという。会員は30～40代の女性が中心で、利用頻度は月約2・6回で、大手ネットスーパーの平均約2・0回を上回るという。今後は主要都市を中心に10エリアまで拡大する計画だ。

（ライター／斎藤紘）

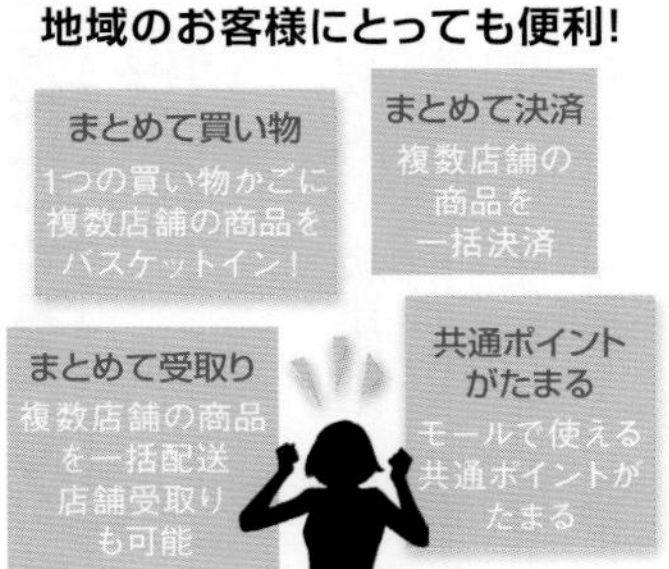


株式会社 ルーフィ

03-5255-3281
info@markt-mall.jp
㊟ 東京都中央区日本橋3-8-3 日本橋通りビル7F
https://markt-mall.jp/　https://www.lufi.co.jp/

LUFI

複数の視点から学びを深め、
新しい"造形"の可能性を追究する

# 日本初！ 最短で建築士合格・取得 画期的なシステム構築

## 建築士になりたい学生を本気でバックアップ

日本で初めて、在学中の一級・二級建築士資格合格・取得を可能にした『京都建築大学校』『京都美術工芸大学』のシステムが今大きな話題となっている。

建築士とは、建物の設計や工事の監督に携わる国家資格。扱う建物や大きさなどにより一級、二級、木造に分類されるが、一級は大学や専門学校卒業後にしか受験できない。

『京都建築大学校』は、一級・二級建築士試験合格者を在学中に、そして大卒資格取得者を多数輩出してしてきた有名校で、二級建築士は開校以来在学中に5168名が取得している。また、2020年令和2年の建築士法改正後、一級の学科試験を42名が、製図試験を7名が4年間の在学中に突破している。専門学校でありながら大学並みのゼミ活動や大卒資格取得など学生へのサポートも手厚い。

『京都美術工芸大学』では、『Wスクールシステム』により、大学入学時にグループ校の『京都建築大学校』にも同時入学することができる。1・2年次に受験資格取得講座を履修して『京都建築大学校』を卒業することで大学3年次での二級建築士受験が可能に。さらに、4年次の一級建築士・学

KYOBI 京都美術工芸大学

京都美術工芸大学（きょうとびじゅつこうげいだいがく）
075-525-1515
㊟ 京都府京都市東山区川端通七条上ル
https://www.kyobi.ac.jp/

科試験対策講座を受講すると、在学中に一級建築士の学科合格を得られる仕組みだ。さらに同大学院に進学すると、一級建築士製図合格まで可能だ。

『京都美術工芸大学』では、2022年に建築学部を開設。芸術学部との2学部体制となり、独自の連携で高度な建築の知識と美術大学ならではの豊かなデザインセンスを身につけた人財育成に取り組む。二級建築士やインテリアプランナーなどの資格取得を目指して入学する学生も多く、特に建築士を志す学生達は、長期休み中も大学の試験対策講座で勉学に励む。

建築士は、医者や弁護士、会計士に並ぶ難関業務独占資格。通常は、大学卒業後に仕事をしながら資格スクールに通って勉学に励み資格取得を目指す。しかし、肉体的にも精神的にも、また金銭的に大きな負担がかかるため、建築士の資格取得を諦めてしまうことも少なくない。30代前後での資格取得者が多いが、この二校のシステムを利用すると20代前半での最短合格が可能となるという。

同じ目標をもつ仲間と切磋琢磨しながら目標に向かって学びを深めていくので、その熱量も高い。在学中に確かな実力と資格を取得し、将来建築士として活躍したい学生を本気でバックアップしてくれる。

（ライター／彩未）

**京都建築大学校**
きょうとけんちくだいがっこう
☎ 0771-63-1010
㊟ 京都府南丹市園部町二本松1-17
https://www.kasd.ac.jp/

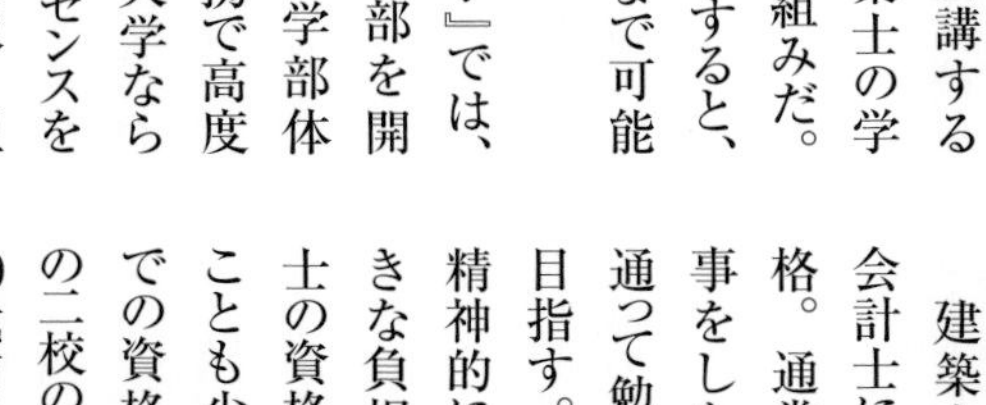

『リーフエスコート
あざみ野』
㊟ 神奈川県横浜市
青葉区あざみ野
2-14-7

『リーフエスコート
国立富士見台』
㊟ 東京都国立市
富士見台
4-10-1

# サービス付き高齢者向け住宅の理想形
# 快適な居住環境に充実の医療介護体制

## 好立地の4住宅運営
## 一時金が不要の賃貸

　超高齢社会に向かっていく時代にあって、高齢者のための住まいの確保と医療や福祉サービスの充実化を目的に、国土交通省と厚生労働省が「高齢者の居住の安定確保に関する法律」に基づいて推進しているのが「サービス付き高齢者向け住宅（サ高住）」だ。セコムグループに属し、賃貸ビル事業や不動産開発事業などで57年の歴史を刻む『株式会社荒井商店』が東京、神奈川の4ヵ所で運営する『リーフエスコート』シリーズの「サ高住」は、その理想形ともいえるものだ。

　4ヵ所の「サ高住」は、桜並木が美しい東京都国立市にあり、最寄駅から徒歩約1分の利便性の良い、鉄筋コンクリート造4階建て、居室数46戸の『リーフエスコート国立富士見台』、近隣に約700mの桜並木がある神奈川県横浜市青葉区に所在する、コンクリート造地上3階地下1階建て、居室数36戸の『リーフエスコートあざみ野』は、各地へのアクセスも良好で閑静な住宅地でもあり、最寄り駅から徒歩約5分の利便性と自然豊かな環境だ。そして、自然豊かな丹沢の麓、小田急小田原線鶴巻温泉駅より徒歩7分の神奈川県秦野市にあり、鉄筋コンクリート造6階建て、居室数12戸の『リーフエスコートレジデンスあじさいの丘』、

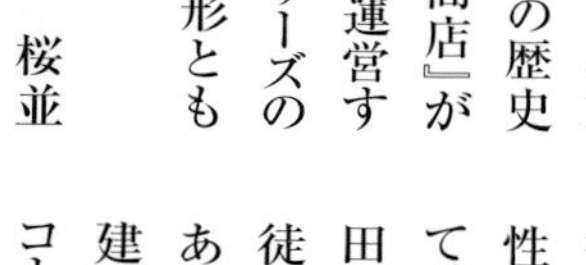

各住宅で特別メニューも。

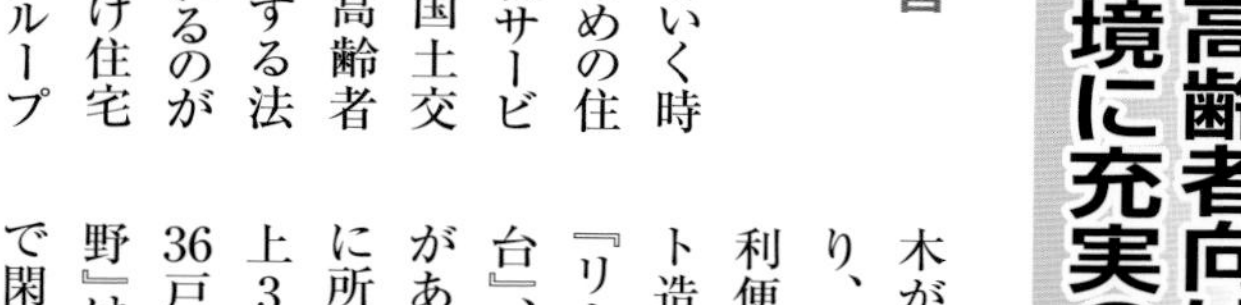

『リーフエスコート
あじさいの丘Ⅱ』
㊟ 神奈川県秦野市
鶴巻北2-14-21

『リーフエスコート
レジデンス
あじさいの丘』
㊟ 神奈川県秦野市
鶴巻北2-14-2

鉄骨造3階建て、居室数30戸の『リーフエスコートあじさいの丘Ⅱ』。いずれも環境に恵まれた地域にある。

『リーフエスコート』シリーズのサ高住には、共通した三つの大きな特長がある。一つがセコムグループのノウハウを生かした「安全、安心で便利なサービスを提供」。高齢者が安心して自分らしいシニアライフを送れるように24時間有人管理による多様なサービスで、入居者の様々な要望に対応し、日々の生活の負担を軽減する。

二つ目が「充実した医療、介護体制」。神奈川県内で病院や訪問医療クリニック、介護老人保健施設、訪問看護ステーションなどを運営する『荒井商店』グループの医療法人社団三喜会や地域のクリニックと提携、建物内にデイサービスやクリニック、居宅介護支援センターなどを併設、入居者の健康で快適な生活を支える。

三つ目が「入居の敷居の低さと快適な居住環境」。バリアフリー構造で、キッチン、浴室、トイレ、クローゼット、エアコンが標準装備。有料オプションサービスとして、現地調理による食事サービスの他、各種生活をサポートするサービスがある。入居一時金が不要で、賃貸住宅として気軽に生活を始めることができ、これまでの自宅と同様の生活を送ることができる。

（ライター／斎藤紘）

『リーフエスコート』は、セコムグループの『荒井商店』が運営するサービス付き高齢者向け住宅で、安心・安全な暮らし。

**株式会社 荒井商店**
あらいしょうてん
☎ 03-5466-8700
✉ senior@arai-s.co.jp
㊟ 東京都渋谷区神宮前 6-19-20 第15荒井ビル
https://www.arai-s.co.jp/　https://www.leafescort.com/

Leaf Escort

こちらからも
検索できます。

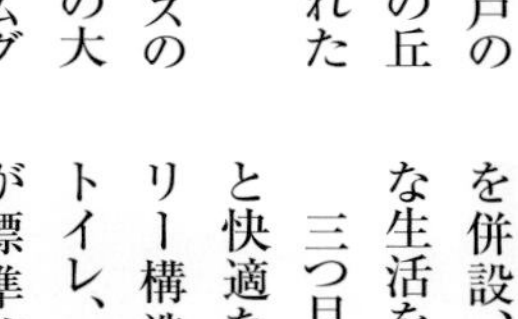

# 地下水の有効利用の可能性を広げる
# 国内初の地下水価格マップに高評価

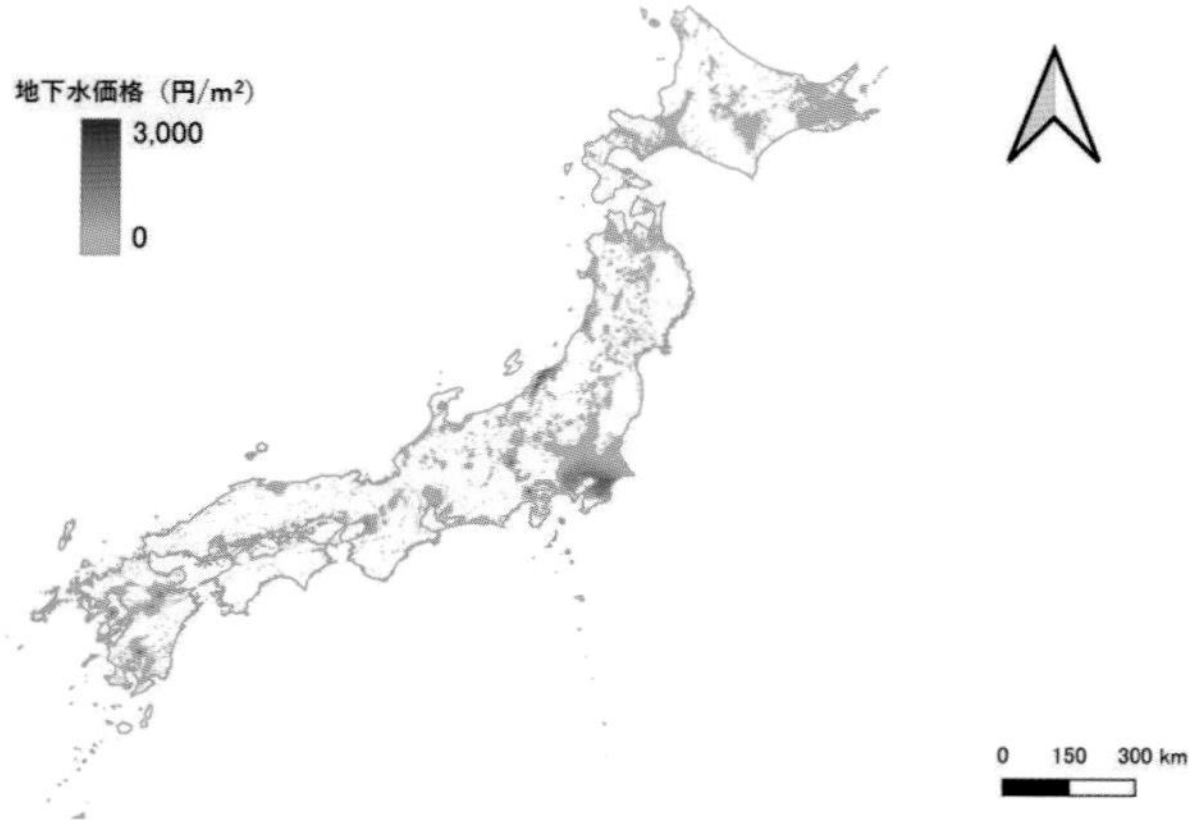


### 地下水価格マップ

近い将来、我が国は、地球温暖化に伴う降水量の増加、少子高齢化の影響を受けての人口減、離農地の管理、産業構造の変化などを余儀なくされる。我が国では唯一の資源ともいえる地下水について、そのボリュームや継続的な利用ができるかなどの地下水本来の価値が問われ始めている。

## 地下水利用の製造業や防災用井戸などに寄与

「防災用井戸を建設したい自治体やきれいな地下水のある土地で工場建設を目指す製造業の可能性を広げる」

さく井と地下水開発のトップ企業、『株式会社日さく』が産業技術総合研究所と連携して開発した国内初のデジタルデータ『地下水価格マップ』を表彰した企業経営者団体の評価だ。全国各地を500m区画で区切った地図上に地下水の量や価格を表示したもので、重要な資源である地下水の有効利用に資するマップだ。同マップは、地下水が工業用水や飲用水、レジャー用水などとして利用されることを前提に、地下水に関する同研究所のデータベースを利用し、同社のさく井工事や地下水調査の経験、研究の成果も合わせ、地下水の存在場所や量、活用法による地下水の価値評価を加えて作成したもので、万一環境汚染の可能性がある場合はどの程度掘った場合に悪影響が出るのかといったデータも含まれる。

（ライター／斎藤紘）

『ハンドポンプ』

株式会社 日さく
にっさく
048-644-3911
㊟ 埼玉県さいたま市大宮区桜木町4-199-3
https://www.nissaku.co.jp/

大正13年（1924年）吹上御所での井戸掘削工事。

大正2年（1913年）日本発の機械掘りによる井戸掘削工事。

# 都市部での地下管路構築の効率向上 「シールド工法」と「推進工法」の利点融合

## 急曲線や長距離に対応 施工で高まる採用頻度

推進・シールド併用工法

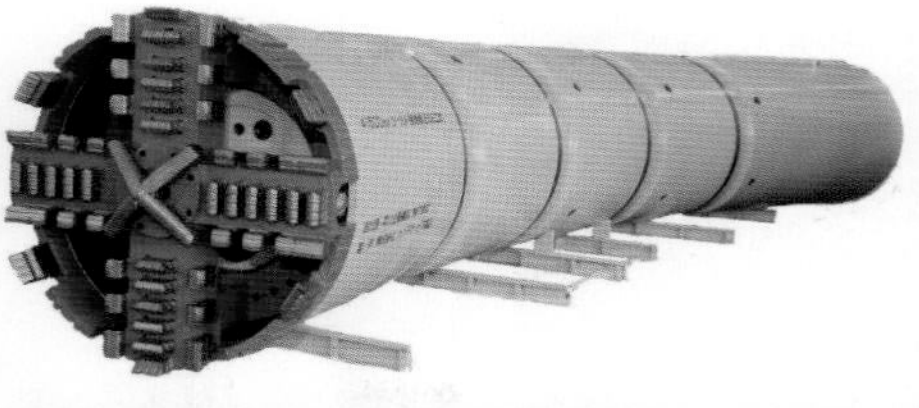

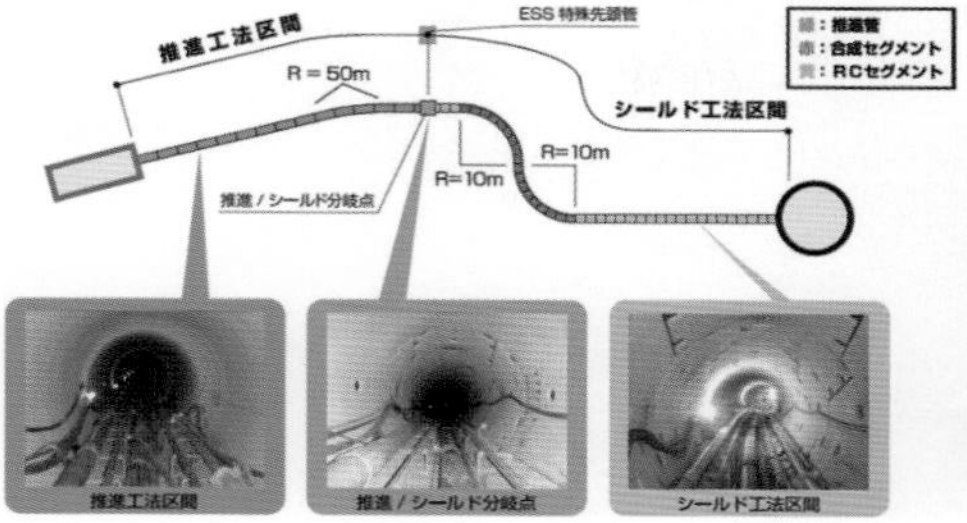

交通網や地下構造物などが縦横に存在し、施工の制約の多い都市部での地下管路構築工事の効率を飛躍的な高め、しかも急曲線や長距離施工、軌条横断、河川横断も可能な工法として採用頻度を高めているのが『ECO SPEED SHIELD 工法協会』の『推進・シールド併用工法』だ。「シールドマシン」と呼ばれる掘進機を、発進立坑に吊り降ろし、地中を掘り進めながら、元押しジャッキで押し込む「推進工法」と掘進機内でセグメントを組立て、掘り進めて行く「シールド工法」双方のメリットを融合させたもので、推進限界もしくは急曲線手前の任意地点まで「推進工法」で掘進し、以後は特殊先頭管を分岐点として立坑なしで「シールド工法」に切替えることができるのが特長。管路の仕上内径1000㎜～2400㎜を対象に推進距離1㎞を超えるカーブにも対応できるほか、玉石や砂礫層や軟岩層を含む複合地盤から普通土層まで長距離曲線施工が可能だ。

（ライター／斎藤紘）

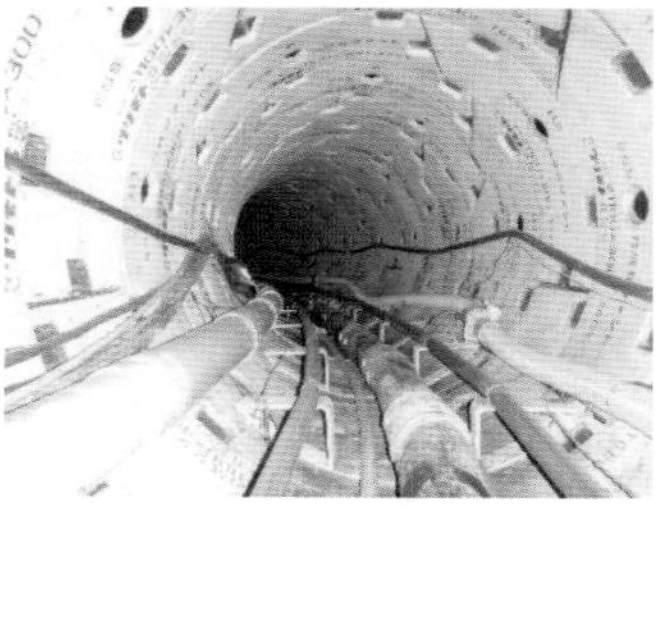

ECO SPEED SHIELD 工法協会
エコ スピード シールド こうほうきょうかい
06-6252-1139
info@eco-speed-shield.com
㊟ 大阪府大阪市中央区博労町4-2-15 ヨドコウ第2ビル4F
http://www.eco-speed-shield.com

標準タイプ（機内交換）

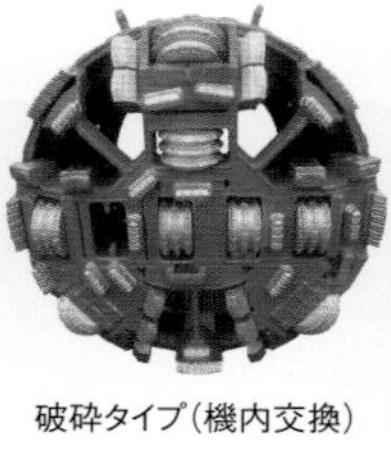
破砕タイプ（機内交換）

道路舗装工事

# 建築物の新設工事・補修工事に伴う土木工事や舗装工事に光る技術力

## 建物の外回りを整備 道路を奇麗に仕上げ

『株式会社道幸』は、戸建て住宅やマンション、商業施設、ビル、店舗、学校の新設工事、補修工事に伴う土木工事や舗装工事の確かな仕事ぶりで信頼を集めてきた会社だ。運送業や舗装工事で経験を重ねた代表の小川道幸さんが2008年に個人事業として始め、2021年に法人化して経営基盤を固め、施工エリアは滋賀、愛知、大阪に広がる。土木工事は、造成工事、外構工事、ブロック工事、道路工事など建物の外回りを土や砂利、コンクリート、アスファルトなどの資材を駆使して整備する工事。庭を駐車場にしたり、駐車場を庭にしたりする敷地の用途変更工事でも実績がある。舗装工事は、公道、私道、高速道路などの舗装工事全般に対応する。地盤が崩れないように砂利や砕いた石などを敷き、圧力をかけてしっかりと固め、その上にアスファルトを敷いて均一にならし、綺麗な道路を造る。

（ライター／斎藤紘）

大型駐車場舗装工事

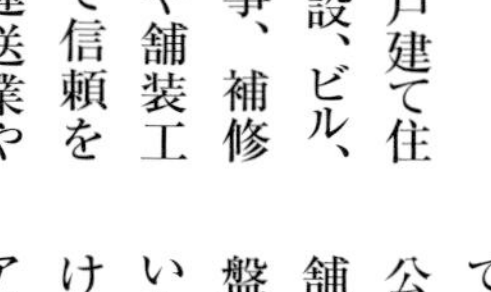

公共工事

新築工事

株式会社 道幸《どうこう》
☎ 0748-34-3373
㊟ 滋賀県近江八幡市円山町640
https://kk-doukou.com/

# 建設工事の取引業者選定に役立つ建設業者の口コミ評価サイト登場

## 全国で初めて建設業者の生の口コミサイトが誕生

「建設工事で取り引きする業者の選定に役立ててほしい」と『株式会社 Daigou』が開設した建設業者の口コミ評価サイト『ゲンバくん』が評判だ。建設業者が情報交換し助け合う全国建設案件互助会のLINEオープンチャットと連動、同チャットに法人名か屋号で登録後に『ゲンバくん』で特定業者の評価を投稿、チャット参加業者はその内容を見て取り引きする業者の選定に役立てることができるもので、建設関係の29業種が対象になっている。投稿の内容は、過去に取り引きした業者について、施工能力の高さや弱点、契約をめぐるトラブル、工事代金の未払いなどで、生の声をそのまま掲載する。業者名などから検索することができるほか、口コミをベースに29業種をランキングしたページも設けている。建設場関係の法人経営者、個人事業主、従業員であればだれでも参加できる。

（ライター／斎藤紘）

株式会社 Daigou
ダイゴウ
06-6537-9990
taiyouplanning@yahoo.co.jp
㊓ 大阪府大阪市西成区萩之茶屋2-5-14
https://daigo0528.com/　https://genbakun.com/

こちらからも
検索できます。

# 東北３県で太陽光発電事業を展開
# 地球温暖化防止に貢献が経営理念

## 29ヵ所に発電所展開
## 視野に電力の地産地消

２０２２年２月創業の『スズデンホールディング株式会社』は、社員が４人の会社だが、山形県に11ヵ所、宮城県に1ヵ所、福島県に15ヵ所、グループ企業２社の２ヵ所を含めれば29ヵ所に大型太陽光発電所を設置し、発電している２３９８９ｋｗの電力を東北電力に売電するという広域、大規模な事業で躍進している会社だ。

「地球規模に広がる環境問題に比べれば、当社の活動の影響力など微々たるものですが、どんなに小さな一歩でも、より良い未来へ近づくための一歩には違いありません。太陽光発電の普及に携わることに誇りをもち、微力ながら地球温暖化防止に貢献したいと考えています」

こう抱負を語る代表取締役の鈴木達也さんは、再生可能エネルギーの固定価格買取制度（ＦＩＴ）を利用した買取期限期間が終了した時には地元の企業とも電力契約を結び、電力の地産地消を通して地域に貢献していく考えだ。

（ライター／斎藤紘）

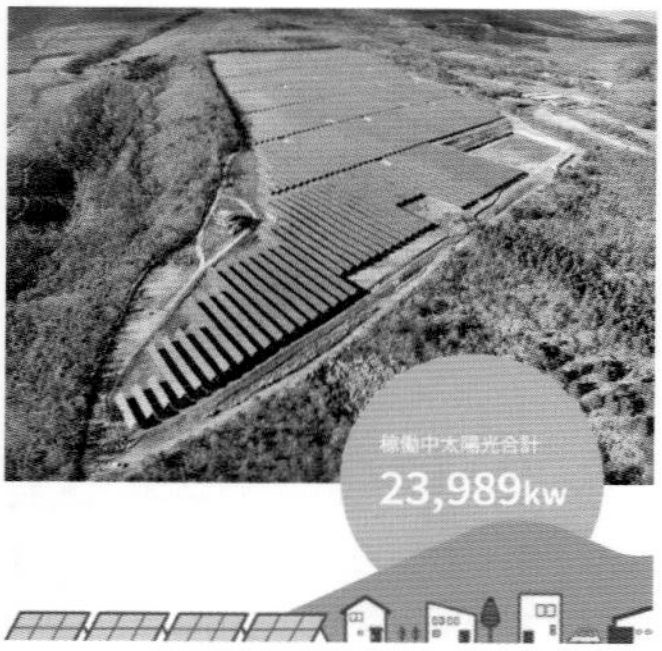


スズデンホールディング 株式会社

0238-49-9750
suzuden-hd@coral.plala.or.jp
㊟ 山形県南陽市長岡480-3
https://suzuden-hd.co.jp/

スズデンホールディング株式会社

時代は売電から自家消費型へ。
太陽光発電・自家消費のことなら
発電歴19年、自ら農業法人を営む
発電マンにお任せください。

# 古い屋根を壊さず太陽光パネル設置
# 特許技術に基づく画期的な工法開発

## 特殊な樹脂で固め施工
## 太陽光発電拡大に寄与

太陽光発電設備施工で20年の経験を持つ『発電マン株式会社』が、改修工事が高額となるアスベストを含む古いスレート屋根を壊さずに太陽光発電パネルを設置する新工法『発電マンNH工法』を開発、2023年5月から施工の受注を開始した。高騰する電気代対策や脱炭素社会で重要な太陽光発電設置の可能性を大幅に広げる画期的な技術だ。これまで古いストレート屋根に太陽光発電パネルを設置するには、支持金具用の穴を開けなくてはならず、アスベストが飛散する危険性があり、屋根を改修してから設置するには大きな費用がかかるという課題があった。同社『発電マンNH工法』は、同社が特許を取得した取付器具及び取付器具の取り付け方法でこうした課題を克服したもので、屋根を特殊な樹脂で固め、その上に取付器具で太陽光発電パネルを設置する。アスベストを含む屋根に適用できるのが特長だ。

（ライター／斎藤紘）

After

Before

産業用太陽光発電 システム設置例

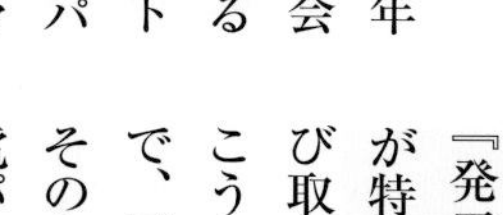

発電マン 株式会社
はつでんマン
054-204-4878
info@hatsudenman.co.jp
㊟ 静岡県静岡市駿河区見瀬35-9
https://hatsudenman.co.jp/

陸・海・空すべてのアクセスに恵まれながらも静かで自然豊かな美しい場所。

清流鵡川：一級河川の鵡川の風景。

# 北海道で地域おこし協力隊募集 働きながら北海道ライフ

## 移住のお試しにも 自然豊かで便利な町

地域おこし協力隊を募集している。『むかわ町』は、札幌、苫小牧、新千歳空港に近接する人口約7500人の町。「鵡川ししゃも」「ほべつメロン」など海の幸や山の幸にも恵まれている。募集しているのは、空き地・空き家対策、商品開発・販売業務、放課後教育・子育て支援業務など企業研修型と、博物館普及活動を行う学芸員など。いずれも月給と活動経費に加え、家賃補助、車両手当も支給される。

応募資格は、三大都市圏をはじめとする都市地域に在住し、『むかわ町』内に住民票を異動し移住できる方。普通自動車免許さえあれば、年齢制限や特別な資格・学歴は必要ない。任期は1~3年。そのまま移住することも可能で、地域おこしに興味がある方だけではなく、移住に迷っている方、移住したいけれどお金や仕事に不安がある方にもぴったりな制度だ。

（ライター／播磨杏）

現在地域おこし協力隊が活動しているキャンプ場で4名の協力隊員が活動している。

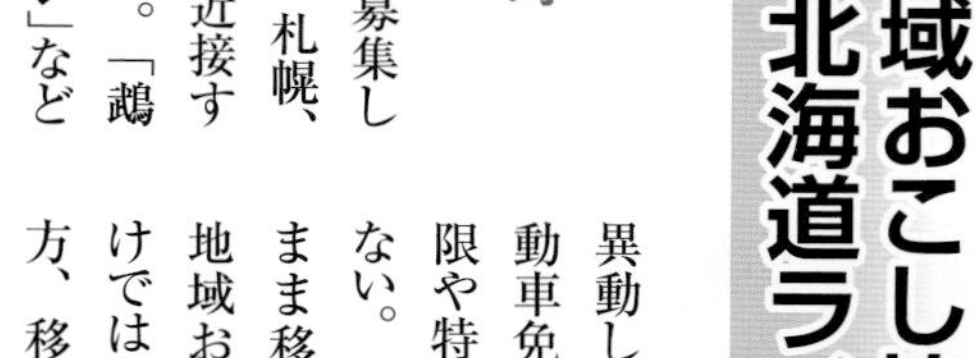

企業研修型で募集している子育て支援事業「むかこみゅ」の絵の具遊びや地引き網体験。

**北海道むかわ町** 商工観光戦略グループ
ほっかいどうむかわちょう
0145-42-2411
keizai@town.mukawa.lg.jp
㊟ 北海道勇払郡むかわ町美幸2-88
http://www.town.mukawa.lg.jp/

# トラブル時にパッと展開 革新的技術でドローンを守る

## ドローンの落下時に パラシュートで安全に降下

郵送や物流、空撮、測量、インフラ点検、農薬散布など様々な場面で活躍する産業用ドローン。新たなビジネスモデルとして導入が進む一方で、操作ミスや機体トラブルによる墜落事故を心配する声も増えている。『日本化薬株式会社』が開発した産業用ドローン向け緊急パラシュートシステム『PARASAFE®（パラセーフ）』は、自動車用エアバッグなどの技術を応用し、ドローンが落下し始めた時に極少量の火薬で素早くパラシュートを射出・展開する。さらに誤作動防止装置も搭載。万が一の時にパッと開き、ドローンをゆっくり降下させることにより、人的・物損被害、ドローン本体や搭載物などの被害も軽減することができる。ドローンの推力や傾き、下降速度などから飛行の異常を検知し、自動で『PARASAFE®』を起動させることのできる「ATS（自動トリガーシステム）」も現在開発中である。これからの産業の発展には欠かせない革新的技術だ。

（ライター／彩末）

「PS CA06-01」
最大離重15kgまで対応。

「PS CA12-01」
最大離重25kgまで対応。

**日本化薬** 株式会社
にっぽんかやく
03-6731-5200（代表）
parasafe@nipponkayaku.co.jp
㊟ 東京都千代田区丸の内2-1-1 明治安田生命ビル19F・20F
https://www.nipponkayaku.co.jp/ https://parasafe.jp/

Let’s do
exciting work !
業種に拘らず私たちがワクワクする仕事を広げで形にしています。

社名には「夢を想い描き叶えていく一羽のガチョウのように、諦めず夢を形にしていく」という思いを込めている。

「運送事業」

「内装事業」

「狩猟事業」

# 「ゴーストキッチン事業」を主軸に運送や内装など多様な事業展開

## 目的が明確な狩猟事業 果樹栽培し養鶏も計画

『AGOOSE DREAM FACTORY』は、「ゴーストキッチン事業」、「運送事業」、「内装事業」、「狩猟事業」の異なるジャンルの事業で躍進している会社だ。主軸の「ゴーストキッチン事業」は、フードデリバリーの需要増に対応したもので、UberEatsや出前館から注文が入ると調理する作業をワンオペで実践中だ。現在は15店舗のブランド料理を扱う24時間365日オープンの営業体制を目指す。「運送事業」は、病院の医師への弁当配送と24時間全国対応のドライアイス緊急配送が中心だ。「内装事業」は、店舗作りから営業許可申請まで対応、また原状回復のカテゴリーで壁紙再生工法の代理店として売り込み中。現在ある管理会社より案件も入り始め、益々精力的に活動中。「狩猟事業」は、捕獲した獲物を自分たちが食す分とペットたちへのペットフードへと形を変えて生かしていく取り組みと近隣の解体処理施設との連携により、食肉用の流通展開が視野に入ってきた。「数年以内には自社の処理施設を作りたい」と意欲的な代表の伊藤真志さん。また、食料自給率を上げるために畑をつくって果樹を育てているほか、鶏を平飼いし、卵から孵化させることも計画中だ。

（ライター／斎藤紘）

「ゴーストキッチン事業」
ワンオペで実践中。

株式会社 AGOOSE DREAM FACTORY
アグース ドリーム ファクトリー
080-4446-2540
agoose55@icloud.com
㊟ 東京都江東区南砂5-8-2
https://agoose.net/

こちらからも
検索できます。

店舗運営の革新的時短システム
manasys
マナシス
「マナシス」に登録。
最新のオススメサイト。

# EV車や中古トラックの調達を支援
# 中小企業の環境対策や経費削減に寄与

## 普通免許で運転が可能 条件に合った車両提案

中小企業の成長の手助けをしたいと2023年2月に創業した『vento株式会社』の事業で環境対策、経費削減、売上拡大に寄与しているのが電気自動車（EV）や中古トラックの調達支援だ。調達するEVは、次世代自動車の開発を手がける京都大発のベンチャー、フォロフライ社が開発し、中国で生産したバンタイプの「F1 VAN」。普通免許運転可能車種で最大積載量950kg、航続可能距離300kmで、小型貨物EVとして国内初の緑ナンバーを取得、価格もガソリン車と同等の低価格だ。平ボディタイプの「F1トラック」の調達にも応じる。中古トラックの調達は、ヤマトリースで中古トラックの販売で活躍した代表取締役の野田雅央さんの経験を生かしたもので、中古車販売会社と構築したネットワークを活用し、企業の条件にあった車両を探して提案するほか、架装や車検整備、登録納車まで希望に合わせて手配する。

（ライター／斎藤紘）

『フォロフライEV F1 VAN（法人限定）』

『UDトラックス クオン アルミウィング ハイルーフ』

vento 株式会社
ヴェント
✆ 03-5050-2964
㊟ 東京都中央区日本橋3-2-14 新槇町ビル別館第一1F
https://www.vento-hd.co.jp/

※ITreview RPA部門にて
3年連続受賞

BizRobo!

# 企業・働く人を日々の煩わしい業務から開放する

## デジタルの力を活用し煩わしい業務から開放

『RPAテクノロジーズ株式会社』が提供する『BizRobo!』と『オペトラ』は、業務効率化に新たな可能性をもたらす革新的な製品。『BizRobo!』は、働くすべての人をルーティンワークから解放するソフトウェアのロボット。RPA（Robotic Process Automation）の核心技術を活用し、作業を学習させることで圧倒的なスピードで業務を実行。慣れれば慣れるほど仕事を任せていけるので加速的な生産性の向上が期待できる。『オペトラ』は、現場とオフィスをつなぐプロセス管理サービス。報告書、提出書類、点検票など日々の業務における紙、エクセル、PDFなどのファイルのやりとりや管理の業務をブラウザ上で一元的に実行管理。入力機能の充実やデータ連携の柔軟さ、承認・進捗管理の簡単な実行など現場というノンデスクワーク環境においてもデジタルの力で日々の煩わしい業務から開放してくれる。

（ライター／長谷川望）

オペトラ
OPERATION TRANSFORMATION

現場からすぐ報告。管理と作業をスムーズに。

RPAテクノロジーズ株式会社
アールピーエーテクノロジーズ
03-5157-6370
marketing@bizrobo.com
㊟ 東京都港区虎ノ門1-23-1 虎ノ門ヒルズ森タワー8F
https://rpa-technologies.com/

RPA TECHNOLOGIES

お問い合わせはこちら。

あなたのホスピタリティ度はどれくらい？
日常生活やビジネスの場面ですぐに実践できる
「ホスピタリティ・マインド」を
高めませんか？
日本ホスピタリティ検定協会

# ビジネスに役立つホスピタリティ講座
# 基本知識やマインド・マナーなどを伝授

## 良好な顧客対応に有効 理解度図る検定試験も

「心のこもったもてなし」と和訳されるホスピタリティを様々なビジネスシーンで実践するために必要な知識やマナーが学べる講座が評判だ。『株式会社経済法令研究会』の『気持ちを伝え心を動かす ホスピタリティ・マスターコース』。ワンランク上のお客様対応、良好な人間関係の構築に役立つのが支持される理由だ。講座はホスピタリティを「相手と自分の違いを認識し、その違いを受け入れたうえで、相手の力になりたいと考えて相手に接すること」と定義付け、2ヵ月の受講期間で、ホスピタリティ・マインドやホスピタリティ・マナー、ホスピタリティ・コミュニケーションなどについて伝授する。また、新入社員から管理者までを対象に、ホスピタリティの考え方や重要性などについての基本的な理解の習得程度を測定する『社会人ホスピタリティ検定試験』も随時行っている。

（ライター／斎藤紘）

ホスピタリティ・
マスターコース
TEXT
『ホスピタリティ・マスターコース』
受講料9,570円（税込）

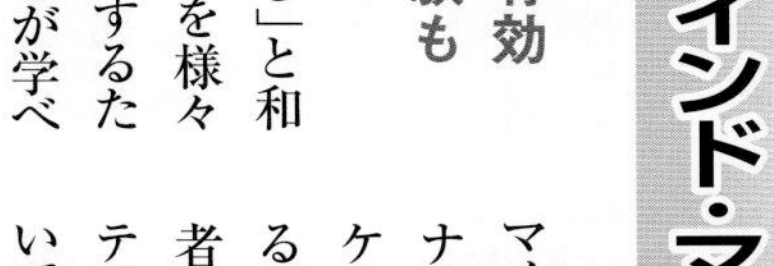
日本ホスピタリティ検定協会
ビジネス・日常生活でのおもてなしの心を学ぶ
社会人ホスピタリティ検定試験
CBT方式試験
新しい日常の新たな試験スタイル
試験日と試験会場を自分で選べる
『社会人ホスピタリティ検定試験』（主催/日本ホスピタリティ検定協会）

株式会社 経済法令研究会
けいざいほうれいけんきゅうかい
03-3267-4810
㊟ 東京都新宿区市谷本村町3-21
https://www.khk.co.jp/
こちらからも
検索できます。

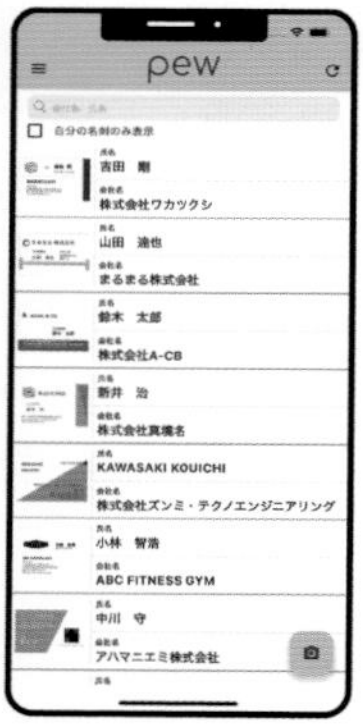


データは写真と一緒にkintoneに保存されます。

読み取った文字が自動入力されます。「登録」を押してデータを保存します。

カメラがブレないように固定すると白い四角が名刺に重なります。

# 業務効率化に貢献する名刺管理アプリ

## 名刺データを「kintone」に直接保存するアプリ

『pew(ピュー)』は、『株式会社ベネモ』が開発したサイボウズのクラウドサービス「kintone(キントーン)」と直接連携している便利な名刺管理アプリ。名刺をスマートフォンなどのカメラで撮影するだけで名刺に記載されている社名、部署、名前といった情報をOCR(光学文字認識)とAIが自動で識別し適切な項目に分類・登録してくれる。登録された名刺データは「kintone」に直接保存されるため、社内共有・閲覧が簡単にできる。「kintone」内の顧客管理や日報などの他アプリと連動して活用できるのが利点だ。日報アプリで誰とどこで会ったのか記録する際、登録した名刺の情報を選ぶだけで会社名や住所が自動で入力される。名刺データの共有の問題を解決するとともにビジネスの成果を最大限に引き出すことができる。『pew』の導入が社内のDX化を推進し業務効率化に貢献してくれる。

(ライター/長谷川望)

名刺をピュ～っとkintoneへ

名刺管理アプリ
「pew ピュー」

従業員や保存した名刺の数に関わらず、
月額5,500円(税込)
※月に1000枚まで定額、100枚毎に1,100円(税込)が追加課金となります。
※初期導入費用110,000円(税込)
※ご利用には「kintone」のライセンスが必要になります。

株式会社 ベネモ

052-218-6180
info2@benemo.jp
㊟ 愛知県名古屋市中区錦1-7-26 錦MJビル7F
https://benemo.jp/

Benemo

App Store　Google Play

「書類だけ」「ホームページだけ」では伝わらないことも多い
まず会おう、
まず話そう
トビダイ

# 会って話して求人求職マッチング
# 書類選考なしの異例の転職支援好評

## 相性方向性見極め可能
## 登録翌日に面接実現も

数ある職業紹介会社の中で、「書類選考を行わない転職支援」という異例のビジネスモデルで注目度を高めているのが『株式会社飛び台』だ。転職サイトに登録した求職者の資質診断に基づいて、登録企業の中から活躍できる可能性があると判断された企業が紹介され、履歴書不要で経営陣や人事担当者と直接話す機会が必ず得られるサービスで、ホームページや募集要項、履歴書だけでは分からなかった相性や目指す方向性を求職者、求人企業が確認でき、ミスマッチを回避できる。登録した求職者は、一芸を持った才能豊かな人から高学歴の大学院生、キャリアを積んだビジネスマンなどのほか、転職活動をしている時間がない、履歴書作成が面倒で先に進まない、自分の強みを履歴書でアピールするのが苦手などといった人たちも登録しているという。登録後、最短で翌日に企業と面接できるという。

（ライター／斎藤紘）

**求職者の方へ** -POINT特徴-

01 書類選考なし、企業と面接ができる。

02 「転職診断」で職種だけでなく、職場適正も図れる。

03 LINE登録後、最短翌日に企業と面接できる可能。

**企業の方へ** -POINT特徴-

01 採用時の成功報酬は頂かない。

02 面接数はコミット。今までにない新しい人材紹介事業。

03 やめない、活躍する人材を再現性をもって見つける。

株式会社 飛び台
とびだい
03-6264-3194
info@tobidai.com
㊟ 東京都中央区八丁堀4-14-4 BizSQUARE八丁堀2F
https://www.tobidai.com/

こちらからも検索できます。

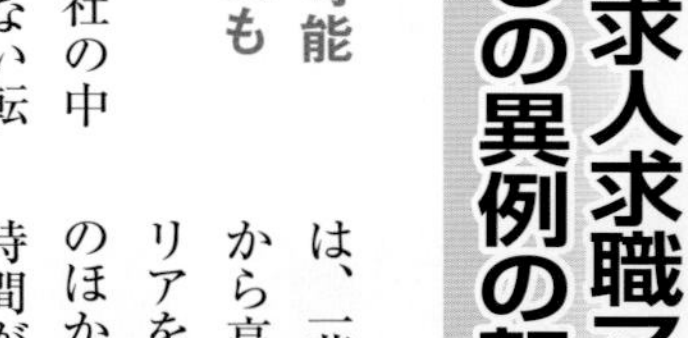

# InterCollegiate Cross-Boundary Learning Program
## －大学間越境学習プログラム－

# 大学間越境学習プログラムが始動 相対的視野が養える画期的な試み

### テーマを決め探究活動 オンラインで成果発表

大学の新しい学びの方法として注目を集めているのが、桐蔭横浜大学が事務局となって開催する『大学間越境学習プログラム』だ。全国から参加校を募り、一つのテーマについて、地域の特性と課題、解決策をそれぞれの大学のチームが探究し、オンラインでその成果を発表、議論しながら幅広い価値観を習得できる画期的な取り組みだ。2022年度のプログラムは、2023年2〜3月に行われ、桐蔭横浜大学、北海道科学大学、東北工業大学、山梨学院大学、京都文教大学、日本文理大学の6大学9チーム38人が参加、「持続可能なエネルギー社会を考える」をテーマにおいた。授業は、オンデマンドでエネルギーに関する最先端の研究動向を学ぶ「知識習得フェーズ」と、学生が探究活動を行う「探究フェーズ」で構成される。探究活動は、毎週オンラインツールを活用した進捗報告により、他チームの動向も共有できる仕組みだ。大学を超えて議論することで相対的な視野を養うことができることから「学びの効果を飛躍的に高めるプログラム」と桐蔭横浜大学の森朋子学長は評価、2023年度以降も実施予定。参加校も拡大したい意向だ。

（ライター／斎藤紘）

YouTubeの
紹介動画はこちら。


**大学間越境学習プログラム事務局**
だいがくかんえっきょうがくしゅうプログラムじむきょく
☎ 045-972-5881
✉ u-koho@toin.ac.jp
㊟ 神奈川県横浜市青葉区鉄町1614
https://toin.ac.jp/univ/icl/


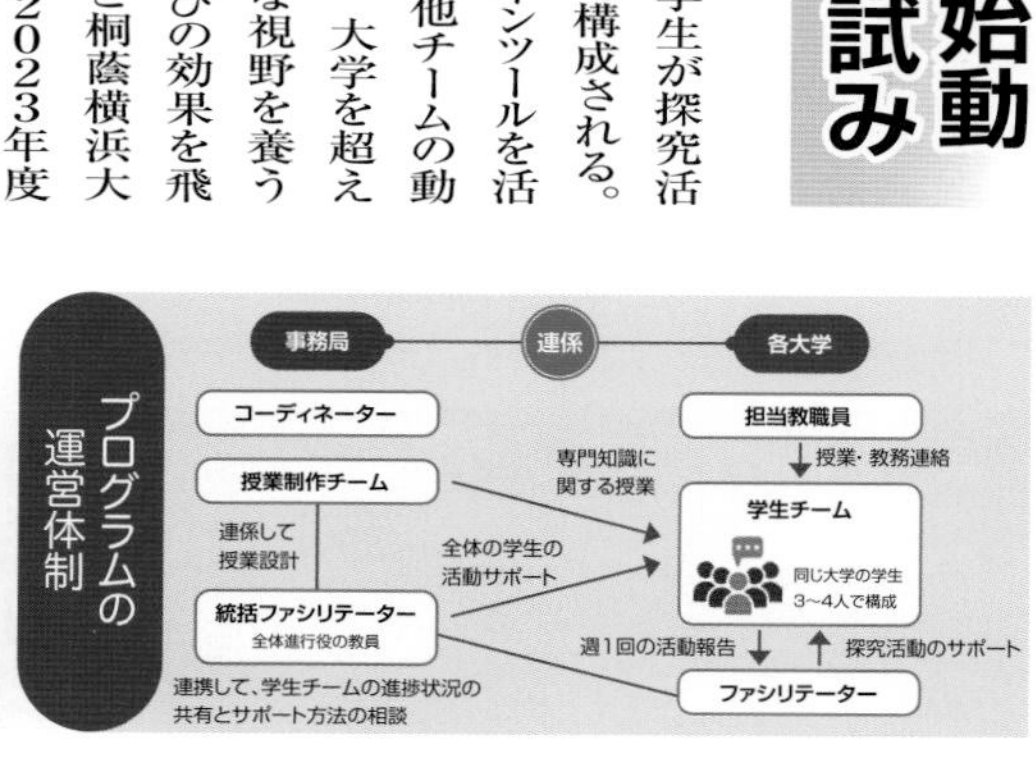

ThreeBuddy'z
Make camping happiere
ThreeBuddy'z rental gear
Three Buddy'zのレンタルギアで
キャンプをもっとハッピーに

# レンタルキャンプギアで手軽にアウトドアライフを

## キャンプギア×レンタカーで初心者も安心

「アウトドアの楽しみを、もっと身近に、もっと手軽に」。そんな想いから生まれた『Three Buddy'z』は、アウトドア好きな女性スタッフによるキャンプギアのレンタルショップ。おしゃれで機能性に優れた様々な種類のテントとアイテムが手軽にレンタルできると人気沸騰中だ。

ビギナーでも安心してキャンプを楽しめる『初心者キャンパーセット』や家族でゆったり過ごせる『ファミリーキャンプセット』、ほかにも『ソロキャンプセット』や『ガールズキャンプセット』など誰でも心地よく過ごせるようにセレクトされたアイテムが豊富にラインナップされている。

利用後の洗濯や掃除などの煩わしいメンテナンスは不要。キャンプ用品を積んだ状態で提供されるレンタカーも取り扱っており、キャンプギア×レンタカーで簡単にアウトドアを楽しむことができる。

（ライター／長谷川望）

初心者キャンパーセット1名
『tent-Mark DESIGNS サーカス TC DX+ダックグリーン』レンタル 11,000円（税込）

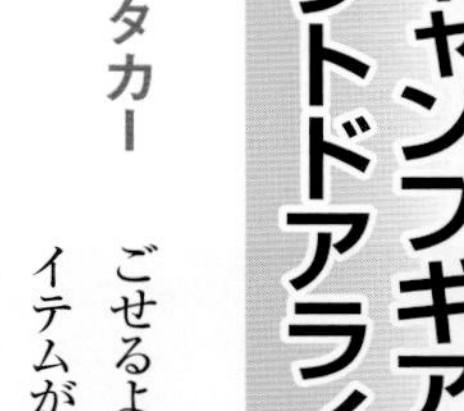
『3名～ TENT FACTORY ブルーウィンド トンネル 2ルームテントLA』
レンタル 23,100円（税込）

**Three Buddy'z**
スリー バディーズ
0465-20-5701
info@threebuddyz.jp
㊟ 神奈川県小田原市成田443-2-101
https://threebuddyz.jp/

さらに、訪問看護のクオリティと安全性が向上し、
患者へのケアにおいても信頼性が高まることが期待できます。
『Remote
Nursing System』
こちらからも
検索できます。

# 少子高齢化を迎えている日本
# 訪問看護の需要は右肩上がり

## 電子カルテなどを利用
## 教育コストを大幅削減

訪問看護ステーションの経営は難しく、全業種の年間廃業率の約2倍もの割合で廃業するのが現状。その主な原因は訪問看護師の人材不足によるものだ。新たに新人看護師が入職しても先輩看護師が自らの業務で手一杯で、サポート・指導することができずに離職してしまうことがある。その解決策として注目されるのが、『アクティブライフ株式会社』代表取締役の永樂彩乃さんが構築した『リモートナーシングシステム(RNS)』。ベテラン看護師が付き添うように通信端末を使ってオンラインでやり取りしながら教育支援を行うシステムだ。デジタルデバイスを利用してリモートで看護業務をフォローし、初めて直面する状況に対しても臨機応変に助言する。付きっ切りで行う場合の教育コストを50%以上削減できる。現在、30のステーションが『RNS』を導入。介護施設や外国人労働者の人材育成の利用の問い合せも増えている。

（ライター／斎藤紘）

人件費の削減、売上の増加、人材確保や定着の三つのメリット『リモートナースシステム』。

代表取締役 永樂彩乃さん
「遠隔サポートで在宅看護の課題を解決し、住み慣れた場所で最期を迎えられる社会へクラウドナーシング」で第8回女性起業チャレンジ大賞でグランプリ受賞。「朝日新聞社SDGsジャパンスカラシップ岩佐賞」医療の部受賞。

**アクティブライフ** 株式会社

03-6826-9618
activelife.3e@gmail.com
㊟ 東京都中央区新川1-26-16-703
https://activelife3eee.com/

『未来ギフトアルバム』「自分の人生を綴った自分史」や家族との思い出、一族の家系図、資料とともに一冊に。

# デジタル技術で古い写真を整理 遺品整理の厄介な作業を即解決

## リメイク法を塾で指導 DVD化作業も請け負う

生前整理や遺品整理で困るのが、思い出写真がいっぱい詰まった重くてかさばるアルバムの処理だ。その解決策として『池田パソコン塾』代表の池田小百合さんが分かりやすく手ほどきするデジタル技術による写真整理方法が好評だ。リメイクしたアルバムを次世代に伝える『未来ギフトアルバム』と呼び、その制作にも応じる。

「スキャン機能のあるプリンタ複合機や無料のアプリをインストールしたスマホで写真をデジタル化し、パソコンにスイスイ取り込んで、後で探しやすいように年代ごとやイベントごとにフォルダ名やファイル名をつけて整理し、DVDで残す方法などをお教えします」

制作請負では、60数年前からの2700枚ものアルバム写真をDVD8枚に分類した例もある。池田さんは、アナログ写真だけでなく、スマホに溜まった膨大なデジタル写真を同じように整理する方法も教える。

（ライター／斎藤紘）

A4サイズ見開き24ページ。写真枚数200枚余り使用。

未来ギフトアルバム運営事務局 **池田パソコン塾**
いけだパソコンじゅく
0982-63-6262
ikeda-pc-juku@ace.ocn.ne.jp
㊟ 宮崎県東臼杵郡門川町南ヶ丘1-24
http://mirai-gift.com/ https://ameblo.jp/miraigoft-album/

こちらからも
検索できます。

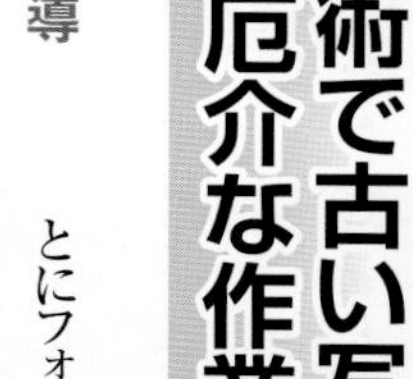

代表
池田小百合さん

# 心癒す美しい自然環境に立つ古刹 観音像が見守る永代供養墓が評判

## 住職が墓前で適宜法要 不要品のお焚き上げも

室町時代の1558年創建の『宝昌院』は、千葉県鴨川市の自然豊かな地に立つ曹洞宗の古刹。春には桜、夏には蓮の花が美しく咲き、秋には大銀杏が黄金色に染まる。心が癒される環境の中に建立された永代供養墓の上には観音様の立像があり、その慈しみ深い眼差しに見守られながら安らかに永遠の眠りにつくことができる。永代供養墓は、「お墓の跡継ぎがいない」「残される家族に負担を掛けたくない」といった人たちのお骨を納め、寺院が代わって永代にわたり供養する共同墓。黒岩良次住職がお盆やお彼岸、年忌などに墓前で法要を営む。宗派の制限なく受け入れ、希望者からの問い合わせが後を絶たない。仏壇仏具やお守り、お札、人形、愛用品など捨てるに捨てられないものを預かり、天に還す儀式のお焚き上げも行う。穏やかなメロディの曹洞宗の詠讃歌が学べる梅花講習も毎月開催している。（ライター／斎藤紘）

黒岩良次 住職

棚田や蓮田が見下ろせる高台の上。周囲には季節の草花が彩り、ゆったり過ごせるテラスがあり。


曹洞宗 **宝昌院**
ほうしょういん
☎ 04-7092-9203
㊟ 千葉県鴨川市代1-1
https://housyoin.com/

# インフラの長寿命化に最適 保守点検で着脱不要な透明度

ボトルナット防錆キャップ『まもるくん®』

『共和ゴム株式会社』のボトルナット防錆キャップ『まもるくん®』は、塩害地域、凍結防止剤散布地域をはじめとした様々な場所に取り付けることが可能。風雨、泥の付着から守り、錆を防ぐ。高品質ポリカーボネート製でガラスの250倍以上、アクリルと比較しても30倍以上の耐衝撃性を持ち、耐熱性・耐候性も高い。ガラスと同水準の透明度を有しているので保守点検の際に目視検査が可能。インフラの長寿命化に最適なキャップだ。

（ライター／奈良岡志保）

**共和ゴム** 株式会社
きょうわゴム
072-855-1039
info@kyowa-r.com
住 大阪府枚方市長尾家具町3-4-3
v
こちらからも検索できます。

# 里山の人と作物を守り「SDGs」にもつながる

猪鹿捕獲用箱わな『INORI（猪檻）』

近年、人里に現れて田畑の作物を食い荒らすイノシシや鹿など野生動物（害獣）の被害が深刻化しており、適切な駆除の必要性が叫ばれている。その手段の一つが罠を仕掛けた檻による捕獲。『房総HOUSE』の『INORI（猪檻）』は、6分割構成で設置・移設が楽なアルミ製害獣捕獲檻。アルミ製なので従来品の鉄製檻よりも軽量で錆びにくく、風雨にも強い。捕獲した動物は、ジビエの食材として有効活用の道も。

（ライター／今井淳二）

**房総HOUSE** 房総プラント 株式会社
ぼうそうハウス
0475-33-3712
al-sec@boso-plant.jp
住 千葉県白子町幸治3954-3
https://www.boso-plant.jp/

# ビジネス創出と地域振興に貢献するアプリ開発

『エカイブ・エージェント株式会社』の自社開発の情報プラットフォームアプリ『LocaCo（ロカコ）』は、地域の事業者と住民、また住民同士をつなぐことで地域に活力を創出するスマホアプリ。地元、島根県安来市にて検証版をリリースし、内発型の地方創生の仕組みとして他の地方自治体などにも提案している。また、『ロカコママ』は、女性が子育てしながら在宅でバナー制作などの副業ができる仕組みであり、地域の女性活躍の促進に向け注目されている。

（ライター／大坪覚）

エカイブ・エージェント 株式会社
0854-26-4937
info@ecaib.co.jp
住 島根県安来市安来町1116-1
https://ecaib.co.jp/

# スリットカーテンで冷暖房費節減へ

『ecoスリットカーテン』
冷蔵ショーケースに設置することで約3割の節電効果。

電気代が高騰する中、省エネ対策にビニールカーテンの製造販売会社の『石塚株式会社』の『ecoスリットカーテン』が注目を集めている。コンビニ、スーパーなどで使われる冷蔵ショーケースに取り付けることで商品の冷却効率を高められる製品だ。

平均3割程度の節電効果が見込める上に、店舗側で簡単に取り付けが行えるため、初期投資を抑えることができる。

（ライター／大坪覚）

石塚 株式会社
いしづか
03-3866-8201
mail-ishizuka@ishizuka-net.co.jp
住 東京都千代田区神田和泉町2-29
https://ishizuka-net.co.jp/

大切な家族に遺したい不動産資産。近年では、高齢化に伴う認知症、病気やケガなどにより、法的に意志判断欠如の烙印を押され、資産の凍結や取引・相続に後見人が必要になるケースも少なくない。そうした高齢者の不動産リスクマネジメントに特化した不動産コンサルティング業務を行っているのが、各種資格を持つ不動産のプロフェッショナルで不動産リスクマネージメントの都築潔さん。いざという時のため、ぜひ早めの相談を。

（ライター／今井淳二）

# 後顧の憂いなく 笑顔でいられるために

お客様の「想い」を具現化し、資産凍結防止を考える。

不動産リスクマネジメント 都築潔
つづききよし
0422-52-1960
info@frm-tokyo.pro
㊟ 東京都小金井市梶野町1-2-36 東小金井事業創造センター
https://rm-polarstar-site.club/

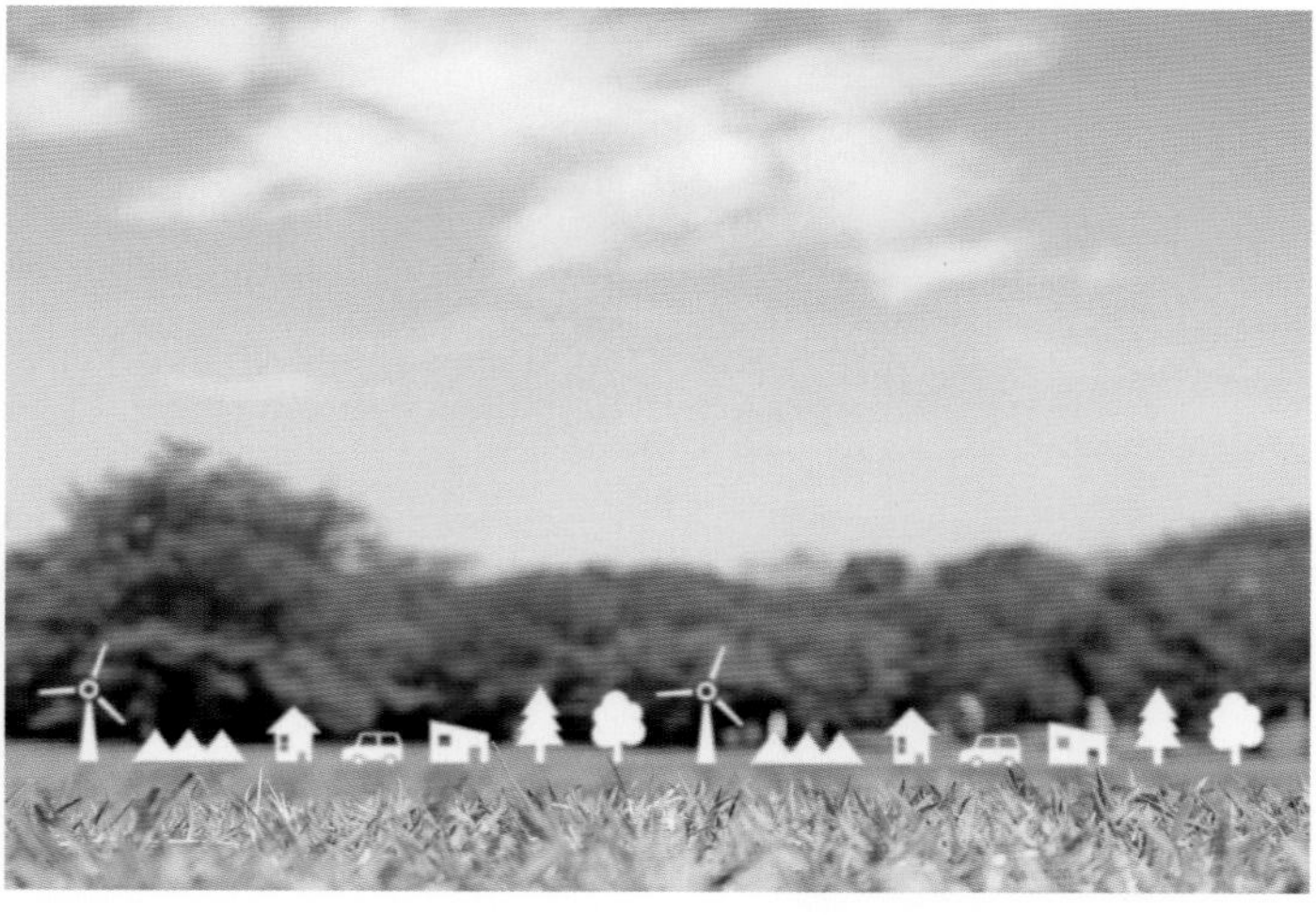

# ベテラン看護師による看護師への心のサポート

『自分らしさを知ると幸せが加速するセミナー』
60分 11,000円（税込）
『心のサポートナース育成講座』
全48回（1ヵ月4回×1年間）
440,000円（税込）など。

スピリチュアルライフコーチのふ望さん。

看護師36年、師長13年の経験を活かして、心理カウンセラー、スピリチュアルライフコーチとして、看護師の心の問題に取り組みながら心理学や宇宙の法則などの考え方やカウンセリングスキルを学び、自身の心を整え周りの人々の心の安定を図れるよう看護師同士で学ぶ活動を行っている看護師だけの協会。現在200名の『看護人生肯定インタビュー』で、悩みを聞き無料でカウンセリングとタロットカードで潜在意識を可視して背中を押している。

（ライター／奈良岡志保）

**一般社団法人 NURSE WISH協会**
ナース ウィッシュきょうかい
☎ 090-6145-5070
✉ bun860298@gmail.com
㊟ 神奈川県横浜市　Instagram @fumie0888
https://home.tsuku2.jp/storeDetail.php?scd=0000212512

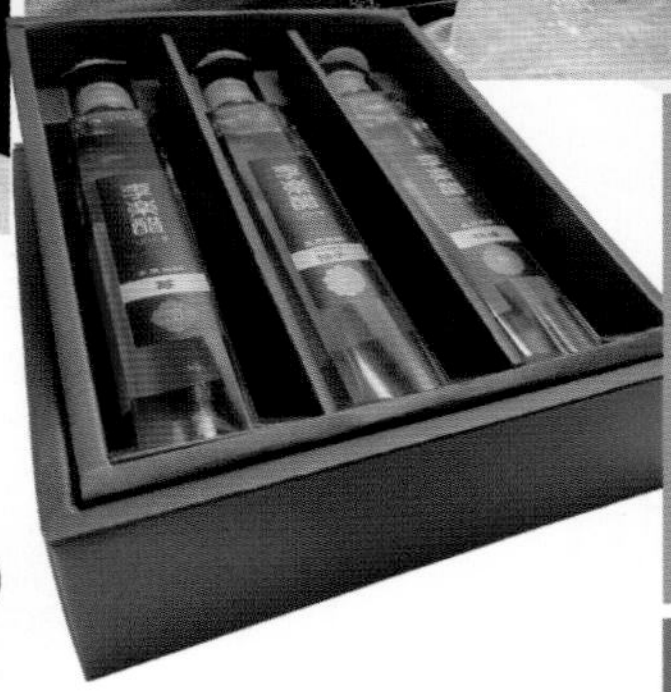

## 講師陣が厳選したいいものを紹介

『きゃらちふる通販』はこちらから。

きゃらちふる魔法学校

『きゃらちふる魔法学校』の人気講師たちが心と身体に本当に良いものだけを厳選してお届けする『きゃらちふる通販』も人気。毒素や重金属などのデトックス効果や抗酸化力の向上が期待できる『フルビコプラスマイナス』や強い浄化作用を持つ『ホワイトセージ』、福を呼び込む『フローライト』、気の乱れを正常に戻す『クリスタルクォーツ』、他にもワンドや護符など種類豊富に取り扱う。また、通販ページから『ワークショップ』の参加申し込みも可能。今の自分に必要な香りを見つけてオリジナルミストを作る『香りのミスト』や初心者向けの『カードリーディング講座』、『ライトランゲージ講座』などを開催している。気さくな講師陣と楽しく交流しながら、ためになる時間を過ごしてみて。

@carachful

https://carachful.com/

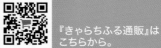

# 多角的セッションで
# 経営の悩みの原因が鮮明に

## まるで魔法のよう

自分の内面を探求して内側に眠る可能性を目覚めさせ、より良い方向へ歩めるようにサポートする『きゃらちふる魔法学校』が行う『三人の講師による企業経営者向けセッション』が好評だ。売上げが安定しない、社内の人間関係のトラブルなどをはじめとする企業経営の悩みや企業の立ち上げに関する悩みを三人の講師がそれぞれの視点から原因を探ってアドバイス。絶対様、未来リーディングやカードリーディングなどが得意な由心さん、レイキヒーリングやインナーチャイルドの開放などが得意な夢加さん、霊視や口寄せ、先祖のお住み分けなど霊能関係が得意な絹花さんの知恵を結集。複雑な事象でも問題の原因を明らかにし、経営者の悩みが解決するよう導く。

絹花さん　由心さん　夢加さん　天真さん

共に学ぶ同期生・卒業生との交流が、起業のきっかけに。

きゃらちふる魔法学校

大阪府大阪市中央区南船場2

TEL / 06-4400-3964

E-mail / info@carachful.com

# 令和のエキスパート

「一般社団法人やさしいあかりでつなぐ地方創生ネットワーク」に加盟。

会長
**菱沼博之** さん

祖父や父親が経営者で早くから独立心を抱く。自衛隊を除隊した21歳の時から父親の仕事を手伝いながら建設業のノウハウを磨き、24歳で独立。『ライフ建設』、『ライフ興産』、『ライフ開発』、『ニシオカリース』で構成する『ライフグループ』会長。

# 社を挙げて取り組む災害リスク対策
# マニュアル化し地域の安全確保に寄与

## 災害予測に社員を動員
## 老朽化インフラを危惧

「木も、森も見る」

傘下に4事業会社を擁し、栃木県真岡市を拠点に土木・建築工事、造成工事、建設残土処理事業、太陽光・風力・水力発電事業など約20の事業を展開する『ライフグループ』の会長菱沼博之さんは、社会の全体状況を俯瞰しながら、地域の課題にも心を配り、企業の社会的責任の域を超え、様々な経営資源を活用して社会に貢献する活動に力を注いできた経営者だ。その活動の象徴が災害リスク対策。他に例を見ないほどの徹底ぶりだ。

「災害はどこにも潜んでいる」

菱沼さんが災害リスク対策を重視する理由だが、その背景には国の国土交通白書や災害研究所などのリポートなどに目を通し、そこから得られた国土の特徴と自然災害に対する認識がある。

「日本は、国土の7割が山地であるため、河川は急勾配で流れも速く、氾濫などが起きやすい地形です。また活発な地殻変動によって複雑、不安定な地形、地質が形成され、温帯多雨という気象条件から土砂災害も起こりやすくなって

株式会社 **ライフ建設**
ライフけんせつ

0285-81-7916
lifeconstruction@themis.ocn.ne.jp
㊟ 栃木県真岡市西田井1129-2
http://life-group-global.com/

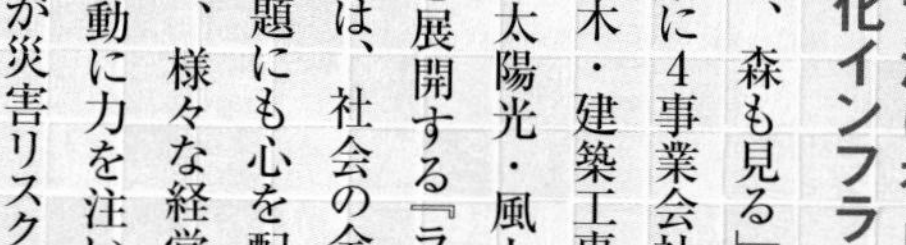

います。洪水や土砂災害、地震、津波といった災害リスクが高い地域は国土の21・5%にのぼり、しかも全人口の67・7%がそこに集中して居住しています。また、地球温暖化によって水災害が激甚化、頻発化し、時間強雨の発生頻度は、直近30〜40年間で約1・4倍に拡大しているとも指摘されています。大地震も予測されています。『天災は忘れた頃にやってくる』は科学者で随筆家の寺田寅彦の言葉といわれていますが、近年は忘れる暇もないくらいに大規模な災害が起きています。災害リスク対策は企業として積極的に取り組むべき課題というのが当社のスタンスです」

その具体的な取り組みはマニュアル化された一大プロジェクトのようだ。

「災害リスク対策は、災害の発生が予測された場合に各セクションがすべき対策や、社員の連絡網など文書化したマニュアルに沿って行います。栃木県南東部から茨城県北東部までのエリアで災害の発生が予測される箇所を事前の調査でピックアップし、降った雨の流れる方向と水害のリスク、山間地を走る道路ののり面の崩落や落石などのリスクの度合いを10段階で示したチェックリストを作っています。線状降水帯などによって時間雨量が50ミリを超える豪雨が予測されるときは全員が待機し、降雨が激しくなると、社員が手分けして社の車両に分乗し、リストに載せた危険個所を見回り、崩落の恐れがあるのり面にシートをかぶせるなどの応急対策を施します。がけの崩落が起きないよう鉱滓とセメントを利用する独自の工法でのり面を強化する作業も行っています。これが当社の災害リスク対策の基本形です」

菱沼さんが構築した災害リスク対策はこれに止まらない。

「豪雨によって道路が冠水し、車が動けなくなって運転者が亡くなる不幸な災害も後を絶ちません。また当社の社員が経験したことですが、アスファルト道路が突然陥没し、車が穴に落ち込んでしまったような事故もあります。そのような事態に備えるため、豪雨が予測される天候になった時は、当社所有の重機7台を待機させ、危機に陥った車をワイヤーで救出できる段取りも整えています。また当社が造成したゴルフ場や造った太陽光発電所なども担当者を決めて災害発生のおそれがないか監視します。当社は採石業も行っていますが、週に1回写真を撮って、採石する山に亀裂などがないかをチェックし、災害に備えています。さらに静岡県熱海市で多くの死者を出して問題になった建設残土についても、捨て場なく

有限会社ライフ興産　㊟ 栃木県芳賀郡益子町大字益子3312-1

株式会社ニシオカリース　㊟ 栃木県真岡市西田井字東原1144-8

株式会社ライフ開発　㊟ 栃木県真岡市西田井東原11-1

困っている自治体や建設業者の建設残土を当社が所有する40ヘクタールの建設残土処理場に受け入れているのも広い意味の災害対策だと思っています」

このほか、雪が降って5㎝以上積もったときは、地域のスクールゾーンや道路の交差点の除雪を自発的に行い、自然災害対策とは次元が異なるが、火災発生時に消防車に水中ポンプ車で水を供給するなど地域の安全安心な環境に寄与する活動も行っている。

菱沼さんは、自然災害リスクと同じように、高度成長期以降に整備された道路橋、トンネル、河川、下水道、港湾などのインフラの老朽化も危惧する。

「我が国のインフラの老朽化で最も懸念されるのが道路橋です。国土交通白書によりますと、道路橋は全国約72万カ所あり、その66%を市区町村、26%を都道府県と政令市が管理していますが、建設後50年を経過する道路橋の割合は２０１９年3月時点では27%でしたが、２０２９年3月には52%へと急増することが予想されています。補修強化で寿命化を図ったり、架け替えたりすることが急務ですが、すでに集中豪雨などで河川が増水、激流化し、老朽化した橋が崩壊し、地域住民が孤立するケースが相次いで起きています。国は河川の氾濫による洪水の対策に力を入れ、護岸工事や堤防工事に膨大な予算を投入してきましたが、前例主義にとらわれず、河川の底に溜まった土砂を浚渫し、河川の容積を大きくするなど工費を節減できる方法も考えていくべきだと思っています」

『ライフグループ』は、『ライフ建設』『ライフ興産』『ライフ開発』『ニシオカリース』の4社で構成。中核を担う『ライフ建設』は、専任技術者として1級土木管理施工技士の国家資格保有者など技術スタッフが約70人在籍する。また、グループ全体で重機138台、車両55台、重機を運ぶトレーラーなど大型運搬車9台、杭打機、破砕機、草刈機、水中ポンプ、発電機など保有している。

グループで行う事業は、土木・建築工事、土木建築に関する測量及び設計、造成工事、解体工事、建設残土処理事業、太陽光・風力・水力発電トータルプランナー事業、産業廃棄物の運搬処理事業、土石採取、山林立木の伐採、建設資材の運搬、木材チップの製造販売、重機・車両リース、不動産の売買仲介、不動産の管理、自動車修理など多岐にわたる。

「企業の社会的責任という言葉があり、そこで求められる説明責任や経営の透明性、倫理的な行動、ステークホルダーの尊重、法の支配の尊重、人権の尊重などは確かに大事ですが、企業が拠って立つ地域の課題に目を向け、経営資源を生かしてその解決に寄与することも大事な役割です。自然災害が頻発し、不安感が増している時代、人命や生活、経済基盤を守る上で重要性が増していく災害リスク対策に今後もしっかり取り組んでいきたいと思っています」

（ライター／斎藤紘）

菱沼会長と国子夫人、そして伏見宮殿下（右）。

代表取締役
**宍戸信照** さん

神奈川県出身。『有限会社信和土建』を創建した父親の「仕事は見て覚えろ。ワザは盗むもの」という教えを胸に経験を積み、27歳のとき事業を継承。仲間の職人たちと協力し合い施工。基礎工事の配筋マイスター、転圧マイスター。

# すぐに見えなくなるからこそ重要な捨てコンクリート施工

## 丁寧な捨てコンクリート施工が作業効率や建築の質を高める

神奈川県相模原で長年にわたって基礎工事を手がけている『有限会社信和土建』は、細部にまでこだわった正確で妥協のない施工に定評がある。年間を通して工事依頼が絶えない実力と実績を兼ね備えた建設会社だ。

基礎工事とは、建物の形状に合わせて穴を掘り、そこに砂利を敷き詰めて下地を作り、その上に鉄筋を組んでコンクリートを流して形成して建物の土台を作る工程。工事が終われば見えなくなってしまうが、建物の重さや地震の揺れを地盤に伝え建物の一部分だけ沈んで傾いてしまう不同沈下を防いでくれる地盤と建物をつなぐ重要な役割を果たしている。この基礎工事がしっかりしていなければ、大きな事故につながることもあるといい、まさに建物の基礎を担う極めて重要な工事だ。

代表取締役の宍戸信照さんは、第三者住宅検査機関のホームリサーチ社が卓越した技術を持つ職人を顕彰する制度で、最高位の三ツ星の転圧マイスターと配筋マイスターの称号を与えられ、全国工務店グランプリで「匠の盾」も受賞。建物の安定性、耐久性、耐震性に関わる土台造りといっ


有限会社 **信和土建**
しんわどけん

042-763-4443
㊟ 神奈川県相模原市中央区田名7165-13


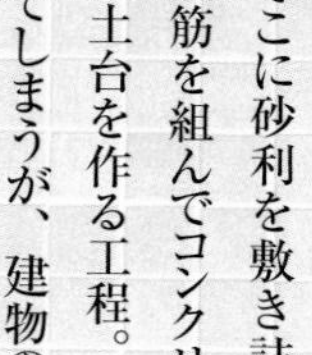

2020年、工務店グランプリ『匠』受賞。

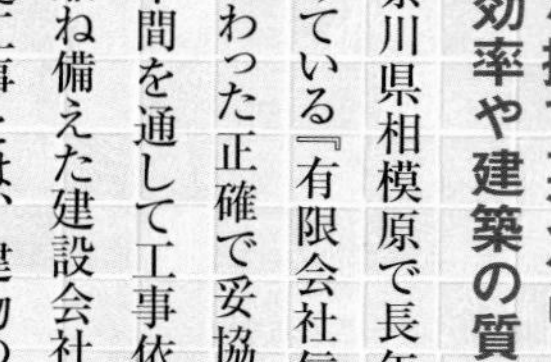

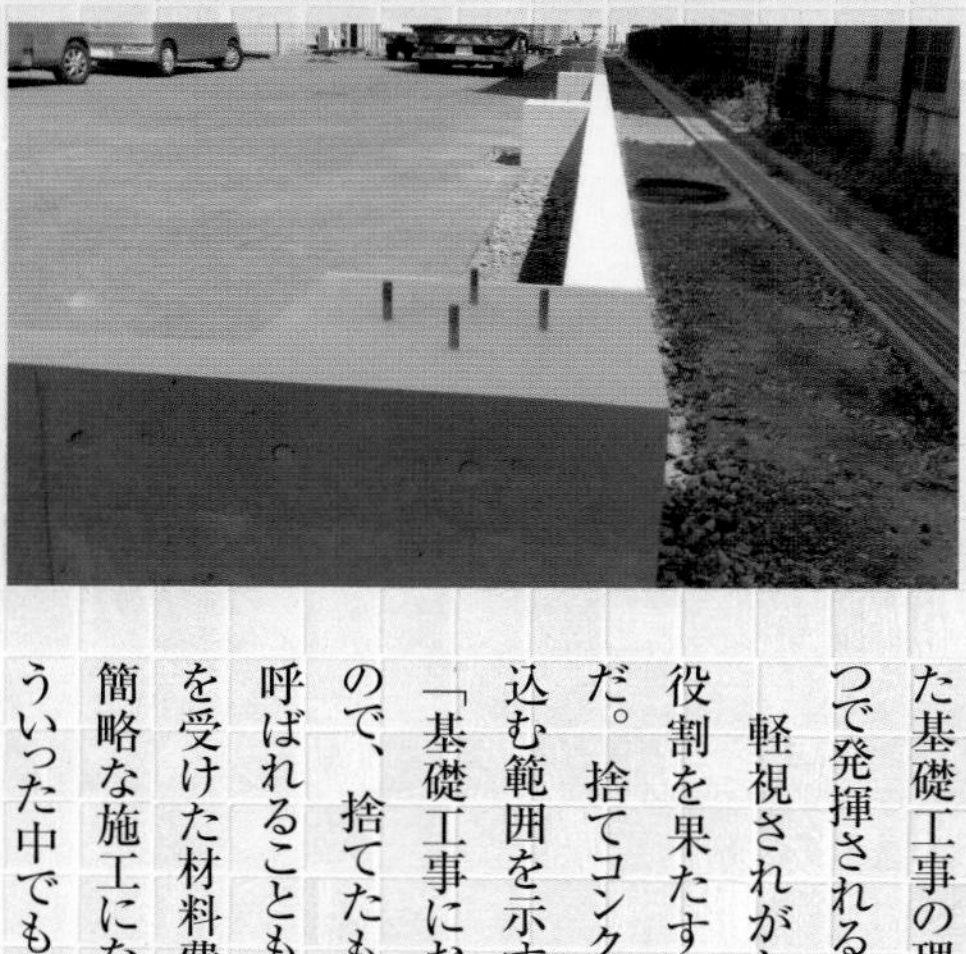

た基礎工事の理想形を日々追求し、工程一つひとつで発揮される正確さと完成度を高めている。

軽視されがちだが、基礎工事において重要な役割を果たすというのが捨てコンクリート施工だ。捨てコンクリートとは、コンクリートを流し込む範囲を示す型枠の土台のこと。

「基礎工事においてすぐに見えなくなってしまうので、捨てたも同然のコンクリート「捨てコン」と呼ばれることも多いです。昨今の物価上昇の流れを受けた材料費の高騰や人件費の値上げにより、簡略な施工になっていることもあるようです。そういった中でも捨てコンクリート施工を含む基礎工事の手間を省くことには反対です。特に基礎工事の場合、目に見えなくなる部分なので、手間を省こうと思えば、いくらでもやり方はあります。例えば、コンクリートを流し込む打設という作業の際、流し込んだコンクリートをコテでならしますが。この作業を3回から1回に減らしてしまう。そうして時間を節約できれば、その分、他の作業に手を回せます。コストのことだけ考えるのならば、作業の分、人件費で赤字になりかねない。コテでならす作業を減らしたところで、上にちゃんと建物ができれば、何も問題はないわけですから、これは手抜き工事ではない、という理

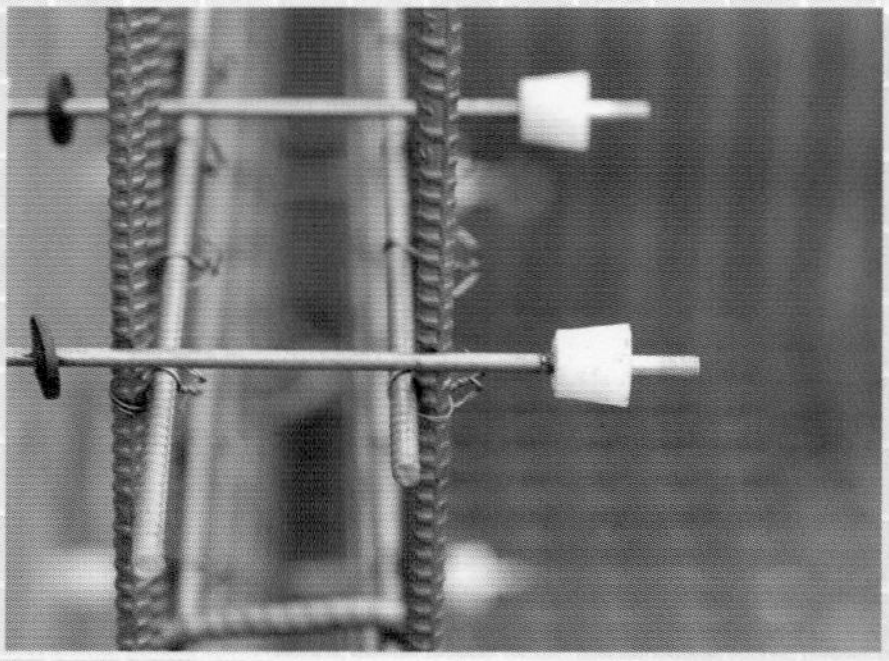

屈も成り立つのかもしれません。でも私は、そういう考えは少し違うと思っています。飲食店で考えてみると、同じ食材を使って同じレシピで作った料理は、みんな同じ味になるでしょうか。盛り付けや隠し味、目に見えないところにきちんと手間をかけてある料理は、やはりひと味違うのではないでしょうか。私は職人なので、ただ漠然と作るのではなく、ましてや同じ料金なら楽して作った方が良いなどとは決して考えたりせず、取り組んだ現場はすべて一生残る作品として仕上げたいものだと思っています。ですから手間を惜しむことはしません。したくありません。特に捨てコンの場合、ある部分は雑に作られていて、他の部分は綺麗だ、というのは、やはり良い仕事ではないと思います」

夜遅くまで夫婦で打ち合わせ。「手を抜かず、妥協しない」精神は、優れた職人に選ばれるほど。お客様に満足していただくため、日々努力を重ねていく。

妥協を許さぬマイスターの工具。高い道具を使い、大事にしていく。安い道具も同じ大事にする。

「馬筋」

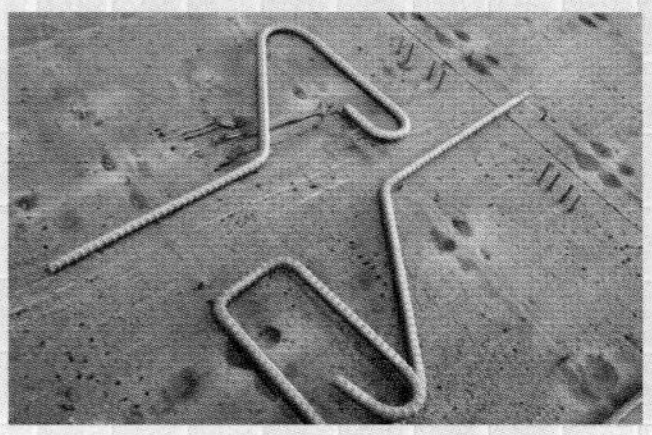

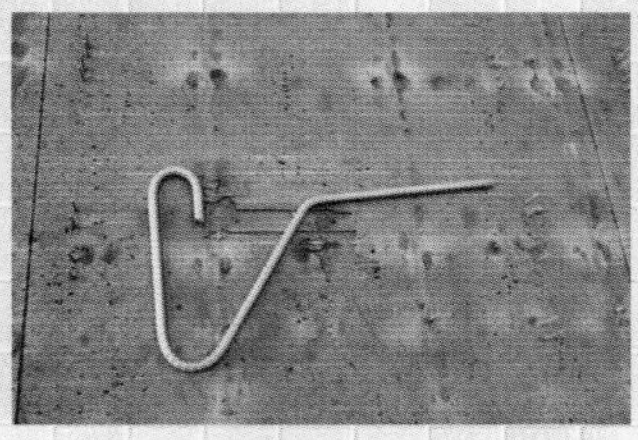

同社が基礎工事、捨てコンクリート施工の手を抜かいないのには、こだわり抜いた基礎工事が最終的に作業効率や建築の質を高めるといった理由もある。

「捨てコンはまず、基礎の位置を示す墨出しの下地として役立ちます。1階から2階へと垂直方向に建物を作ろうという場合、墨出しした目印が不可欠です。捨てコンの上に墨出しをしておくと簡単には消えないので、正確な位置を示すことができます。また、作業箇所を平滑化することによって、効率的になるメリットもあります。捨てコンの表面を丹念にならして水平な下地が作られていれば、型枠や鉄筋を正確に設置することが可能になります。地味で、本当に必要なことを分かっていただくのが難しい工程なのですが、捨てコンを粗末に考えてはいけません」

長年の経験に裏打ちされた知識と技術力で基礎工事の細部に至るまで丁寧に仕上げていくのが同社の強み。この質の高さが多くの人から信頼を獲得する基礎工事へと繋がっている。

（ライター／長谷川望）

理事長 兼 園長
**山本良一** さん

関西学院大社会学部社会福祉・社会学コース卒。大阪市中央児童相談所で児童福祉司として活躍。1976年、「社会福祉法人弘法会」理事長、「大東わかば保育園」園長。大東市児童福祉審議会委員、花園大学非常勤講師などを歴任。

# 子どもの豊かな心を育む年中行事
# 積極的保育で重ねる不断の努力と工夫

## 成長促す合同あそび
## 日常のあそびも工夫

「子どもたちがどのような内容を体験すれば、心が豊かになるのかを意識して取り組む」

0歳児から就学前の5歳児まで105人の子どもを預かる幼保連携型認定こども園『大東わかば保育園』園長の山本良一さんが毎日の保育、年中行事で大切にしてきたスタンスだ。1976年の開園から47年間、「現実的な諸問題にとらわれずに、子どもの力を信じて伸ばしていくことを第一に考え、安心、信頼、感動を重視して保育に取り組む」独自の積極的保育と「子どもにとっては、いまの時間がすべて」「大切なことはみんな保育園で学ぶ」という考えの下で進めてきた保育は、エッセンシャルワークと位置付けられる保育園のあるべき姿の一つのモデルになるものだ。

「乳幼児期における教育及び保育は、子どもの健全な心身の発達を図りつつ生涯にわたる人間形成の基礎を培う重要ものであり，家庭や地域での生活を含めた園児の生活全体が豊かなものとなるように努めなければならない」（内閣府の幼保型連携認定こども園教育要領）「保育所の生活における子どもの発達過程を見直し、生活の連続性、季節の変化などを考慮し、子どもの実態

社会福祉法人 弘法会 認定こども園 **大東わかば保育園**
だいとうわかばほいくえん
072-878-4121
㊟ 大阪府大東市北条1-21-36
http://www.eonet.ne.jp/~wakaba-hoikuen/

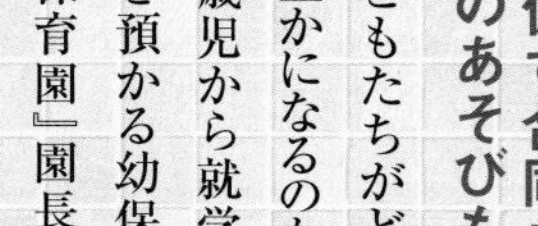

に即した具体的な狙い及び内容を設定すること」（厚生労働省の保育所保育指針）。

子どもにとって保育がいかに重要かを行政機関が示したものだが、これを保育の第一線で実践するには不断の努力と工夫が必要であることは、山本さんの言葉から伝わる。

「子どもと真正面に向き合い、一人ひとりの子どもをよく見つめて、その時々にできるだけのことをしようという姿勢で臨むならば、一歩一歩と良い方向に向かうのではないか」

不断の努力と工夫が凝縮されているのが、『大東わかば保育園』で重要な位置を占め、「園児や先生との関係を深めるとともに、いろいろな能力を飛躍的に高め、感動を受けてこころを豊かにする機会」と山本さんがいう年中行事だ。

▽5月／子ども動物園、玉ねぎ取り（4〜5歳児）▽6月／プラネタリウム見学（5歳児）、ジャガイモ掘り▽7月／星祭り（七夕）、夏まつり、お泊まり保育（5歳児）▽9月／子ども運動会予行練習▽10月／うんどう会、おもしろ運動会、さつまいも掘り、親子遠足（全園児）、ハロウィーン▽11月／焼き芋大会 海遊館見学（5歳児）▽12月／作品展、クリスマス会、お餅つき▽1月／獅子舞▽2月／節分、生活発表会、お別れ遠

足・動物園（5歳児）、レストランごっこ▽3月／お別れ遠足・飯盛山登山（5歳児）…。

この中で、夏まつりは大事な人との交流の機会になっている。

「夏まつりは開園2年目から始まり、第一回から園と父母の会との共催というかたちで7月の第一土曜日か第二土曜日の夕方から8時までの時間帯で行ってきました。園の子どもたちが歌ったり踊ったりするもので、地域の人も自由に参加できます。当日は、園庭の中央に紅白の幕とちょうちんをつるした小さなやぐらを設け、模擬店も出ます。子どもたちは、約2週間前からアンパンマン音頭などの踊りの練習をします。そして保護者も炭坑節や東京音頭店河内音頭などの踊りを先生たちから教わります。模擬店では、くじ引き、フランクフルト、ミックスジュース、コーヒー、ヨーヨー、マフィンなどの手作りのお菓子を販売し、大盛況です。子どもも大人もほとんどが浴衣での参加であり、卒園児やその保護者、地域の人も多数参加され、子どもたちと大人が交流する地域にとってはなくてはならない夏の催しになっています」

# わかば式 合同あそび

● 毎年テーマを決め、ストーリーを考えて全園児が遊びます。

各クラスの役割決定

どんなお話にするか、5才児中心に決定

クラスで子どもたちの成長を考えながらくり返し遊び、発展させていきます。全体でも合同あそびが行われます。

園庭での合同あそび
ストーリーをまとめ動きなども確認していきます。

うんどうかい!!

合同あそび
★1部 ★2部で見ていただきます

こうした年中行事とは別に年間を通して取り組み、子どもの成長を促す様々な工夫で組み立てられているのが「合同あそび」だ。うんどう会では複数クラスの子どもたちが園庭で繰り広げる野外劇として、また生活発表会では4～5歳児クラスの創作劇として年齢を超えて子どものアイデアを取り入れながら、日常のあそびの延長で年間を通して繰り広げられるユニークな取り組みだ。

「3月中旬ころからストーリーをどのようにしようかという話し合いが始まります。何冊もの絵本や童話を参考に先生たちがテーマとストーリーのあらすじを決め、子どもたちや先生の動き、用具の出し入れのタイミングや配置などが綿密に検討され、台本を作り、それに沿って、何回も練習を繰り返します。9月初旬頃には子どもたちはストーリーを大体理解し流れに沿って動けるようになります。ストーリーの理解が進むにつれ、年長クラスの子どもたちからはどんどんアイデアが出されるようになり、ストーリーが膨らんだり、変化したりしていきます。『合同あそび』は、準備するプロセスそのものが子どもたちを大きく成長させますし、言葉やストーリーを理解する力も伸び、年齢の壁を越えて絆も強まります」

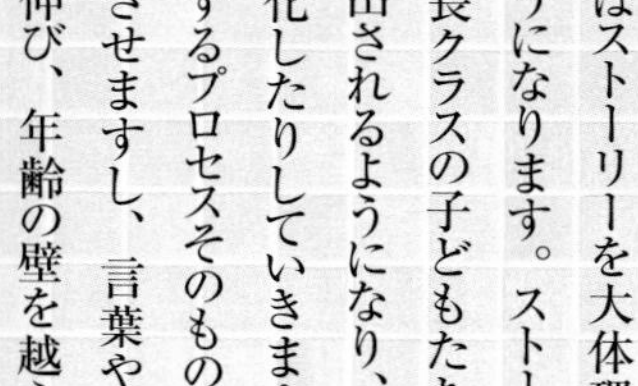

生活発表会

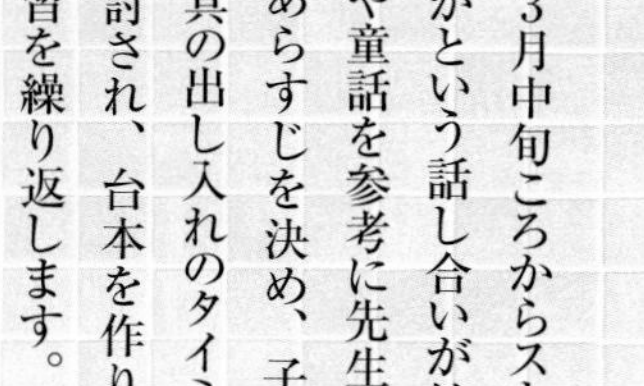

おもちつき

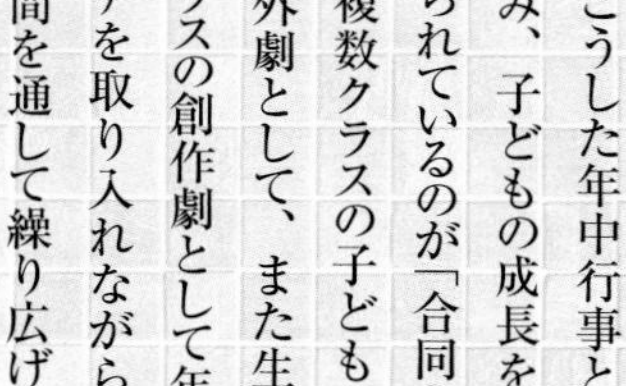


作品展

もう一つ。5歳児の子どもたちが月に1回のペースで行うクッキングもユニークな取り組みだ。

「子どもたちは、家から包丁やまな板、エプロン、三角巾を持参し、4つのグループに分かれます。それぞれのグループには先生が一人入り、子どもたちと調理を進めます。包丁を使うのは初めての子がほとんどですが、1年間を通して約15種類のメニューを作る中で、子どもたちはたくさんのことを学びます」

『大東わかば保育園』の一日のスケジュールは0歳児、1～2歳児、3歳児、4～5歳児ごとに設定されている。9時／外あそび。9時25分／片付け・季節によって体操・乾布摩擦など。11時30分／昼食・歯磨き・外あそび、12時45分／昼寝、14時40分／起床、15時／おやつ・降園準備、16時／外あそび・順次降園、16時30分／室内あそび・延長保育というのが基本だ。

この中で、山本さんが重視するのが、外あそびで採用した「自由遊び」だ。木製遊具、砂場、うんてい、アルプスが配置された約350㎡の園庭で、年齢ごとにクラス分けした保育とは別に、午前8時半～9時半、午後4時前～4時半の2回、1歳児から5歳児までが一緒に遊び、昼食後も1、2歳児、3～5歳児の順に園庭で遊び回る。

最新刊
「保育に、哲学を!
一人ひとりの子どもを深く見つめる、
真の保育とは?」幻冬舎刊

絶賛発売中!!

これまでに数々の本を出版。

卒園式

「年齢の壁を越えて自由に入り乱れて遊ぶと、自然に友達との遊び方を学んだり、危険を察知して避ける力を身に付けたりして、自分を伸ばすことに意欲的な子どもが育っていくのがわかります。何気ない遊びが学びに進化していくのです」

積極的保育の理念の下で、子どもの成長のために注ぐ山本さんの不断の努力はこれからも続く。

（ライター／斎藤紘）

住職
**塚田雅俊** さん

『曹洞宗宝壽山正安寺』の37代目住職。先代住職だった父親から学び、寺院運営の改革に着手。人に笑って和んでもらえるような要素を入れた法話で人気。FacebookやYouTubeなどのSNSでも情報を発信。

# 寺院を取り巻く厳しい環境を背景に<br>慣行因習を越えて檀家制度などを改革

## 会員制で檀家信徒募集<br>お布施などの金額明示

属する宗教の戒律を破る破戒僧ならぬ、改革僧として注目を集める僧侶がいる。平安時代の創建から９５０年超の歴史を刻む長野県佐久市の『曹洞宗宝寿山正安寺』住職の塚田雅俊さん。少子高齢化、人口減少、核家族化、地方の過疎化、葬送意識の変化、信仰離れなどを背景に寺院の減少が加速度的に進んでいく状況に危機感を抱き、寺院の古くからの慣行や因習を打ち破り、持続可能な寺院経営のために様々な改革を断行した僧侶だ。

「人口減少などで、今後20年で半数近くの寺院が消失し、檀家制度重視の地域密着型運営がますます厳しくなるであろう」

塚田さんの危機感を表す言葉だ。文化庁宗務課の宗教統計調査によると、日本の寺院数は約７万７千、そのうち約２万が住職のいない無居住寺院といわれる。深刻化する人口減少で消滅可能性都市と言われる市区町村との関連で、寺院の３分の１以上が２０４０年までに消滅する可能性があると試算する宗教学者もいる。塚田さんが改革に着手した大きな動機になったのが寺院をめぐるこうした厳しい状況だ。

曹洞宗 宝壽山 **正安寺**
しょうあんじ

0267-62-6499
syoanji@fitcall.ne.jp
㊟ 長野県佐久市内山7864
https://www.syoanji.jp/　@syoanji
https://www.facebook.com/syoanji55/

ホームページ　YouTube

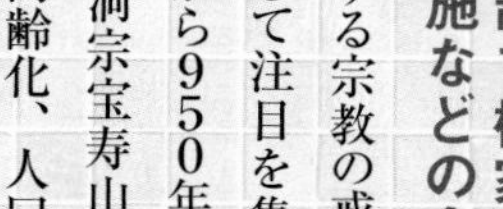

法要の様子

法堂 法要堂場

佛殿での大般若法要

佛殿

寺院葬の様子

「私は20年以上前から、少子高齢化を含めた社会状況の変遷に伴い、各家庭のあり様と同時に神社仏閣をはじめとする宗教施設の維持管理が今後益々厳しくなり、寺院の運営に真摯に向き合う住職であるほど前例や因習にとらわれず、少しでも早い段階から目指すべき目標を掲げ、邁進できる体制を構築すべきであると考えてきました。特に若い世代にもわかり易く、興味を持たれ、様々な方面からでも正安寺にアクセスできるような改革を進めてきました」

核心となる改革は、檀家制度に風穴をあけたことだ。檀家とは地域の特定のお寺に所属し、葬祭や供養などを専属で営んでもらう代わりにそのお寺を経済的に支援する家のことを指す。檀家制度は江戸時代に始まり、長く続いてきたが、人口減少や都会への人口流出による過疎化に歯止めがかからず、制度を支える基盤が揺らいでいるという。塚田さんは、この「地域の特定のお寺」の「地域」を「全国」に広げ、檀家を全国から募集し始めたのが改革の第一歩だ。

「日本人の精神構造には、長かった江戸時代の感覚がずっと残っています。現代人も檀家であるお寺を変更することが悪いことのように思っていますが、よく考えるとおかしな話です。そろそろ各寺が宗教法人として個性を出し、互いに切磋琢磨する動きが必要だと思い、檀家制度の改革に着手しました。その背景になったのが檀家制度の基盤の揺らぎです。田舎の実家を継いだ長子も独身、独居の生活者が増え、将来に対する不安のご相談が急激に増えています。また弟妹が田舎から都会に出て家庭を築いて、田舎とも疎遠になり、寺院との縁もなく、どうしたらよいのかわからないというケースは少なくありません。こうした状況を考え、全国から檀家を募った結果、東京など関東周辺に居住される方々を中心に県外居住のお檀家様が全体の2～3割を占めるまで増えました。今後益々この傾向が強まっていくと思っています」

第二の改革は、檀家の全国募集を支え、『正安寺』へのアクセスを容易にするための会員制の導入とシステムの構築だ。ホームページに「会員様ログインページ」を設け、檀家か信徒になれば、様々な特典を享受できるようにした。

境内中庭

受処大玄関

土蔵内時代籠

「会員制度は人生の最期を意識して、よりよい日々を過ごす終活をお手伝いする一環と考えています。檀家になると、毎年の年会費を納めていただきますが、正安寺便りなど各種行事の案内が届きます。境内墓地のご契約、お墓の建立ができますし、永代供養のお祀りができます。ご家族の中で逝去された方がおられれば、必ず正安寺にご連絡いただき、葬送の儀式を勤めることとなります。個人として信仰される信徒になると、菩提寺として正安寺へのお参りや山主ご住職への相談がご自由に行えます。毎年の年会費は不要です。信徒として登録した後に檀家の契約へ変更することも可能です。諸事情によって独身世帯にして頼るべきところもない方には、信徒として会員登録されることをお勧めしています」

第三の改革は、会員登録で享受できる特典として、葬儀や法事、お布施などの費用の透明化などを図ったことだ。

「寺院の運営は檀家や信徒の皆さんからのお布施と寄付で成り立っていますが、お布施の相場がまったくわからないので不安だ、お寺に葬儀をお願いすると高くなってしまいそうといった声が絶えません。そこでお布施の金額を明示したほか、生前にご自身で戒名を手配できるようにしてその金

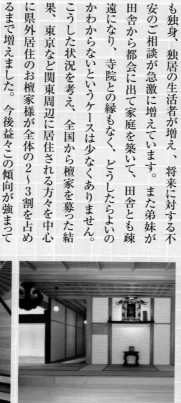

額も明示しました。葬儀式の費用を事前に見積りできるログイン画面も設けました」

このほかにも、斎場を持っていない葬祭会社と組んで、一般的な葬儀に比べて6割の価格でお葬式ができるシステムも作るなど、寺院を利用する人の立場に立って考える姿勢は鮮明だ。

「当寺は他の寺から見ると変わったことをやってるなと見えるかもしれませんが、これまでの寺院の経営感覚が20年ぐらい遅く、あえて引っ張る例が必要と改革を進めてきました」

『正安寺』は延久4（1072）年、長野県佐久市と群馬県下仁田町の境に位置する荒船山麓の館ヶ沢に端を発し、正安元年（1299）に現在の佐久市苦水に移り開創。初めは天台宗だったが、文亀元（1501）年、甲州の総泉院より海秀玄岱禅師が来訪し、古城主・内山美作守の助力を得て旧跡を取り立て『曹洞宗正安寺』として再開創した。曹洞宗は中国大陸あるいは朝鮮半島などを経由して日本に伝来した仏教。現在は寺内を美術館として狩野永徳、雪舟、尾形光琳、伊藤若沖、円山応挙、葛飾北斎、橋本雅邦などの名画も所蔵し、参詣時に見ることができる。

塚田さんは、『曹洞宗正安寺』になってから37代目の住職だ。「葬儀は厳かなところでやりたいのが心情」と自分の給料もつぎ込んで、参道に続く道路を整備したり、地元から切り出される佐久石で石垣を改修したり、樹齢400年の杉の手を入れたりした。

「私は、父である先代の師匠に恵まれました。先代は善悪とはまた違った面白い角度を持って物事を考えていました。そういう目線も持たないと真実は分かりません。お寺にとって本当に厳しい時代。逆もまた真なりという俯瞰を大切にしながら、基本的にはビジネスで当たり前のことに取り組んでいきたい。今後も次の世代にこの寺を残すために、切磋琢磨の中で信頼される寺を目指して努力を重ねていきたいと思っています」

（ライター／斎藤紘）

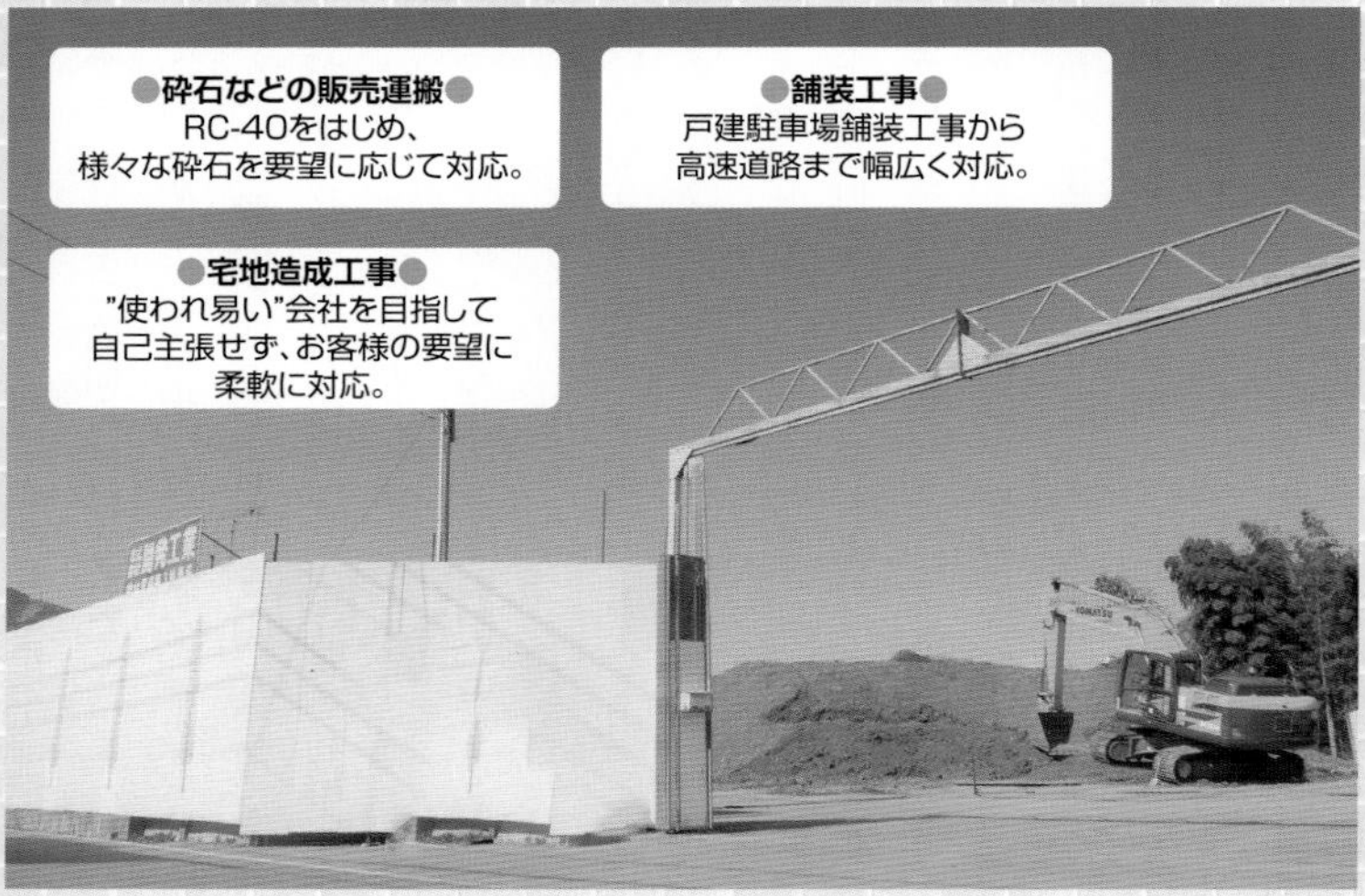
●砕石などの販売運搬●
RC-40をはじめ、
様々な砕石を要望に応じて対応。
●舗装工事●
戸建駐車場舗装工事から
高速道路まで幅広く対応。
●宅地造成工事●
"使われ易い"会社を目指して
自己主張せず、お客様の要望に
柔軟に対応。

代表取締役社長
**坂巻美代子** さん

土木工事を担う夫と結婚。1982年、土木施工管理技士の国家資格取得。1986年に『株式会社開発工業』を設立後、経理などの管理部門を担当。1999年、夫は会長になり、代表取締役社長の重責を担う。夫は2012年に他界。

# 事業運営に光る国家資格の知見
# ゼネコンの信頼厚い人・建機一対派遣

## 建設業界で稀有な存在
## 絶え間ない受注の連鎖

「土木業界という男性社会の中、女社長で頑張っています」

実業界で活躍する女性の国際ボランティア奉仕組織、国際ソロプチミスト厚木が会員の『株式会社開発工業』代表取締役社長の坂巻美代子さんを紹介した言葉だ。帝国データバンクの調査で建設業の経営者のわずか4・8%という女性経営者の一人だが、坂巻さんはそれだけでない。土木施工管理技士の国家資格を持ち、土木工事の施工計画や工程、安全、品質、コストの管理に関する知見を事業運営に生かす稀有な存在。その象徴が長年堅持してきた「人・建機一対派遣体制」だ。

同社の業績で光るのは、請け負う仕事の8割が土地開発や道路建設などの公共工事の元請けとなるゼネコンからの依頼という実態。その業績を支えてきたのが、この施工体制だ。

「公共土木工事は施工の品質や工期を守ることが絶対的な命題です。この厳格な条件の下、元請けのゼネコン様の下請けとなって業務を遂行するためには、工事に必要な作業員や技術者、建機を揃え、工事現場に義務付けられた主任技術者や監理技術者も配置しなければなりません。この要請に応

株式会社 **開発工業**
かいはつこうぎょう

046-241-3364
info@kaihatsu-kogyo
神奈川県厚木市下荻野863-2
http://kaihatsu-kogyo.co.jp/

KOMATSU
2.9t

宅地造成ならお任せください
施工の大小を問わずあらゆる造成工事から舗装工事を承ります

建設用石材、砕石販売
砕石などの材料販売も承っております

えることができるのが『人・建機一対派遣体制』なのです。工事の都度、作業員をかき集め、建機をリースして対応するような体制とは一線を画す戦略的な施工体制です。当社がゼネコン様から信頼を得てこられた最大の要因と思っています」

具体的には、監理技術者となるスタッフ、建機オペレーター、作業員と最新鋭の建機をセットで現場ごとに派遣、完工まで現地に滞在して作業し、機動力と施工力を最大化する。建機は5年ごとに更新し、創業以来導入した建機は205台にのぼる。現在は最新鋭の情報通信技術搭載機などを含め約50台を保有、工事の内容によって必要な建機を選ぶことができる。また建機オペレーターも自社で育成してきた。

業務エリアは本州全域で、常時4〜5ヵ所で作業する。土地造成や道路工事を軸に、太陽光発電のメガソーラー用敷地の造成、都市部の河川浚渫、建設残土の処理、運搬なども請け負う。作業現場ではスタッフは地域のアパートを借り、工事を完遂すれば、会社に戻り、坂巻さんの指揮の下、次の工事のためのチームを編成するという業務の連鎖を絶やすことなく維持し、着実に成長軌道を歩んできた。女社長で頑張る坂巻さんの経営手腕が際立つ施工体制だ。

（ライター／斎藤紘）

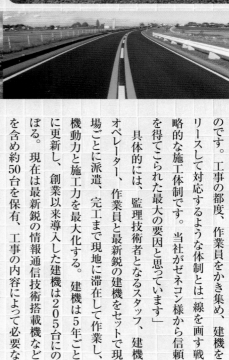

「タイル面コーティング滑り止め工法」

**業務提携会社**

- 六景 株式会社
- 株式会社 非破壊調査SST研究所
  大阪 ✆ 06-6944-7177　福岡 ✆ 092-526-3255
- 株式会社 ピアレックス・テクノロジーズ
  ✆ 0725-22-5361
- 株式会社 あつまり暮らすと　✆ 0798-35-5075
- 株式会社 ナカノセラミック　✆ 06-6368-3030

大規模完成マンション

代表取締役
**上村允郎** さん

大学卒業後、大阪の建築事務所に就職、転職を経て大規模修繕工事に出会う。2012年『建築設計事務所』設立。NPO法人集合住宅改善センター設計監理事業部長。耐震総合安全機構会員。

# マンション大規模修繕の要点を解説
# 給排水管の劣化状況の調査と改修工法

## 漏水等のトラブル防止
## 専門家への相談を推奨

築古マンションは経年劣化や地震などの自然災害による損傷、不具合が生じる。中でも厄介なのが目に見えない給排水管だ。劣化などを放置すると詰まりや濁水、漏水といったトラブルのリスクが高まる。大規模修繕のコンサルティングで頼りにされる『K15建築設計事務所』所長の上村允郎さんは、関西電力グループのIT企業「オプテージ」が主催する「未来を考える大規模修繕セミナー」の講師としてこの課題を取り上げ、改修に当たっての要点を分かり易く解説、参加したマンション管理組合の担当者などの理解を深めた。

「給排水管のトラブルを未然に防ぐために配管の修繕は必要不可欠です。近年の給排水管は、硬質ビニルライニング鋼管など耐久性や耐食性に優れた管が使用されていますが、古いマンションでは鉄管が使われ、腐食したり、錆コブができたり、劣化による亀裂が生じたりして漏水や詰まりなどのトラブルがいつ起きてもおかしくないと考えなくてはなりません。この認識が改修の起点です」

セミナーでは、道路下の水道本管、マンションの共用部、専有部含めた全体の配管や受水槽、台所や浴室などの生活排水管、トイレの排水管などの構

株式会社 **K15建築設計事務所**
ケイ・イチゴけんちくせっけいじむしょ

✆ 06-6809-4303
✉ k15_kamimura@yahoo.co.jp
㊟ 大阪府大阪市中央区大手通2-3-9 大手通キャッスルヴィラ601
https://www.kei-ichigo.com/

創造と技術のちいさな不思議な会社

KEIICHIGO

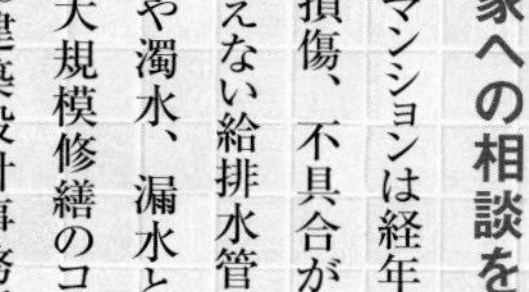

## 未来を見据えた大規模修繕工事

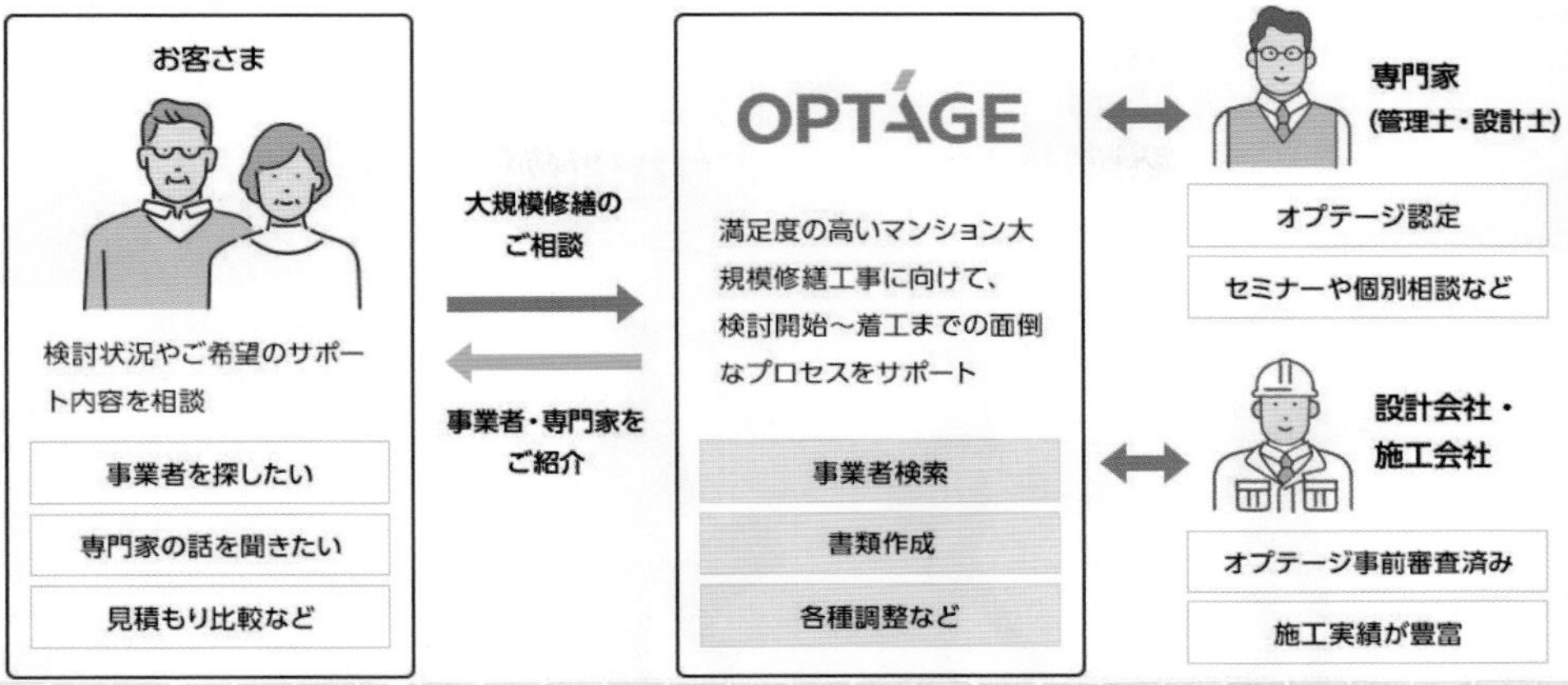


未来を見据えた大規模修繕工事セミナー　専用サイト
https://optage.co.jp/specialist-matching/seminarpage/

こちらからも
検索できます。

オプテージ 大規模修繕　検索

株式会社　オプテージ
06-7507-2419（本件に関するお問い合わせ先）　mirai-syuzen@optage.co.jp
㊟ 大阪府大阪市中央区城見2-1-5 オプテージビル　https://optage.co.jp/specialist-matching/

造、給水方式や排水方式の種類などを説明、その上で劣化状況の検査診断の方法を紹介した。その方法は、ポンプ室の漏水状況や架台の発錆状況の目視による検査、受水槽内部のゴミや錆びなど蓄積状況などを目視で調べる検査、給水管の一部を切り取り、管の材質や劣化状況、閉塞状況を把握するサンプリング調査、全戸を断水して高架水槽の水を抜き、降り給水管と揚水管の中にビデオスコープを挿入して内部状況を把握する検査、洗濯用の給水栓に測定器を接続して行う水圧・水量検査、地盤沈下などによる雨水排水管の湾曲や埋没などを手鏡や管内カメラで調べる外構調査など多岐にわたるが、いずれも専門の業者に依頼して行う。

上村さんは、劣化や損傷が確認されて場合の改修の工法を示し、工事に最適な管材商品も提案した。

「マンションの外部や内部に劣化や損傷があれば、建物全体の耐久性や機能性が低下し、資産価値が下がります。給排水管はインフラ中のインフラ。問題が起きる前に検査診断してもらうことが肝要です。改修する場合は、規模や工法によって工費も変わってきますので、専門家に相談して、住民が納得できる適正な方法で行うことも重要です」

（ライター／斎藤紘）

代表取締役
**小松圭太** さん

新築区分マンションの大手販売会社に勤務して20年以上。独自の営業理念によってトップ営業マン、取締役営業部長を経験。2011年『株式会社クレド』設立。右肩上がりで12期となる今期は、年商50億円に成長させる。

100種類にも及ぶ
独自の調査方式で
市場を分析。

# AIを使い不動産投資の優良物件紹介
# 集客力ある中古築浅マンションに特化

## セイフティネット充実
## 賃貸管理も幅広く支援

情報社会の主役に躍り出たAI人工知能を使い、不動産投資を目指す人の希望に適合する物件を探し出す画期的な不動産マッチングプラットフォームが注目を集める。『株式会社クレド』代表取締役の小松圭太さんが開発を主導した『Quooly』。好条件のワンルームを中心に中古築浅マンションを選定して紹介する明確なビジネスモデルで安定した収益を得る不動産オーナーを生み出してきた同社の不動産投資サポートの深化が伝わる取り組みだ。

「不動産投資というと、リスクが高そう、難しそうと思う人が少なくありません。しかし、駅からのアクセスや物件価格、賃料相場、将来環境などの要点を抑えた優良物件で長期運用すれば健全にコツコツと運用することができます。不動産投資をもっと身近にと思ってもらえるように開発したのが『Quooly』です。お客様の希望と物件の相性をAIによって算出し、収支のシミュレーションも一目で分かるように設計し、ご希望に合う物件をいち早く見つけることができます」

このプラットフォームは、小松さんが構築した不動産投資サポートのビジネスモデルがベースになっ

株式会社 **クレド**

0120-04-9010
info@fudousan-toushi.jp
㊟ 東京都渋谷区恵比寿1-24-4 ASKビル8F
https://fudousan-toushi.jp/

CRED

Quooly

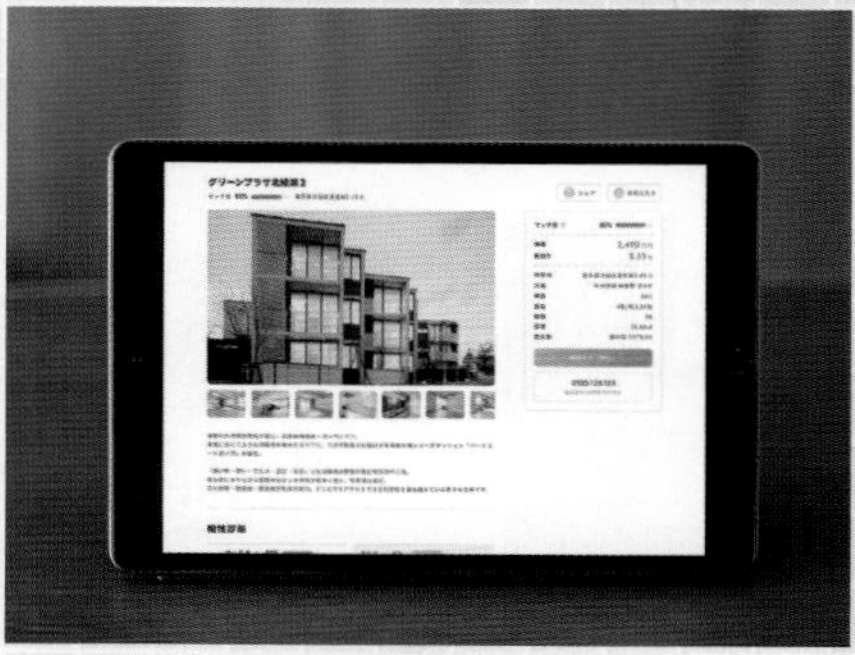

AIで有料物件とお客様の希望とをマッチング。

セミナー・コラムの充実。

購入後もアプリでサポート。

ていて、そのビジネスモデルは資産性に影響のある地盤の強度や周辺環境、駅力、ブランド力、集客力など徹底して市場調査に基づいて設定した独自の基準をクリアし、資産価値を長期間維持できる物件を紹介するのが基本型だ。

実際のサポートでは、優良物件の紹介に加え、顧客が目指す将来像や目標、収入、仕事、家庭などのヒアリングに基づいて、他の投資商品との資産配分も考慮に入れたファイナンシャルプランナーによる投資計画、優遇金利の利用ができる資金調達策の提案、入居者募集や賃借人への対応、集金代行、退去手続き、管理組合対応など物件購入後の賃貸管理まで重層的にカバーする。

また、不動産投資に伴うリスクへの不安を払拭するセイフティネットとして異例の経費補填サービスを行っているのも特長だ。3ヵ月以内に入居者が退去した場合に次の入居者が入るまでの家賃、1年以内に修繕積立金や建物管理費が上がった場合に3年間の差額分、3ヵ月以内に室内の設備が壊れた場合に修理費や買替え費用を補填するもので、「売ることがゴールではなく、一緒に最適を目指して並走する」という小松さんが業務で貫くスタンスを象徴するサービスだ。

（ライター／斎藤紘）

代表社員
**黒田規夫** さん

学業を終えてすぐ家業の大工の仕事を始める。2023年4月『合同会社ヒロホーム』を設立。茨城県西部、千葉県東部エリアを中心にリフォームを主軸にした内装工事、大工工事、外装・外構工事など実施。

# リフォームに光る職人の腕と経験 様々な方法で最善の形にする努力

## 施主の笑顔を励みに 大工仕事一本で30年

『合同会社ヒロホーム』の黒田規夫さんは、代表社員ながら戸建て住宅、マンション、アパート、店舗などのリフォーム全般を一人でこなす大工職人だ。学業を終えてすぐ家業の大工の仕事を始め、数知れない施工現場で培った職人技と経験が確かな仕事ぶりに表出する。

「大工一家に生まれ、学業を終えてすぐ大工の仕事を始めました。20歳くらいの時は昼に大工仕事、夜には工場でアルバイトと働きづめの毎日でしたが、職人としての技術力が磨かれていきました。そんな中、ある親方の下で階段の造り方を教えてもらい、その技術を習得したことでこの仕事に自信が持てるようになったのです。水まわりから建具、扉、窓の交換、襖、障子、床の張替えなどに対応しながら仕事の幅もお客様も広げてきました」

こうして大工職人としての経験を積み重ね、腕を磨いてきた黒田さんが手がける仕事は、水まわりや内装、外まわりのリフォーム、大工工事とオールラウンドだ。しかも一つひとつの仕事で目指す方向も明確だ。

「キッチンのリフォームは、変わってしまったライフ

合同会社 **ヒロホーム**

029-879-7435
info@hiro-hm.com
㊟ 茨城県つくば市高野台3-11-2 モアリッシェル高野台1-507
https://hiro-hm.com/

合同会社 笑顔になる、快適な住まいを ヒロホーム

こちらからも
検索できます。

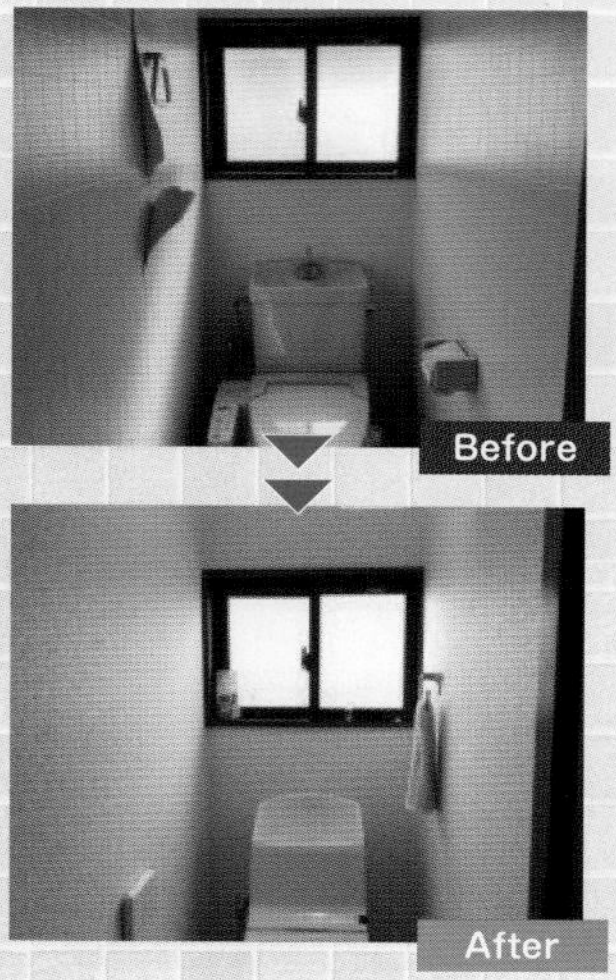

スタイルに合わせ、キッチンの高さ、収納スペース、簡単に整理整頓が可能な空間づくりなど新たなキッチンスペースと造作工事をご提案いたします。お風呂のリフォームは、冬でも寒くなく、お掃除が簡単で、足を伸ばせるお風呂に交換します。スペースがあれば湯船も大きくして、癒やしの空間に変えます。トイレのリフォームは、バリアフリー、快適性、デザイン性を重視した、落ち着いた空間に変えることができます」

内装のリフォームは、クロスや壁紙、フローリング、襖、畳などの張り替え、建具や扉、窓の交換修理などまで対応。外まわりのリフォームは、雨漏り、外壁の腐食、シーリングのひび割れなどの補修からシロアリ対策、ソーラーパネルやLED照明などの取り付けまで行う。大工工事は、建物に生じた小さな不具合の修理補強から建具や棚、手摺などの製作、取り付け、バリアフリー化、耐震工事などまで可能だ。業績を支えるのは確かな仕事ぶりだけではない。「HPに載せている私の笑顔の写真が評判の良いこと」と笑いながら語る黒田さんの底抜けに明るい人柄とユーモアセンスだ。「お客様に喜んで頂けるのが遣り甲斐」と大工仕事一本で歩んで30年超、「大工の仕事は一生続けていきたい」と現場で汗を流す日々が続く。

(ライター／斎藤紘)

代表取締役
**出井光** さん

幼少期に自宅を建てる工事の工程を見て大工職人にあこがれる。大手ハウスメーカーの資材製造工場で勤務した後、25歳で工務店に移り、2年半ほど修業し、2020年に独立、『株式会社光建築』を設立、代表取締役に就任。

# 施工前にリフォームの完成形を体感 日本初のリフォームショールーム

## ハイグレード空間実現 地域貢献の活動も熱心

「洋服のオーダーメイドのように生地を選び、仮縫いするような感覚で、安心して工事を任せられる」。埼玉県羽生市の『株式会社光建築』代表取締役の出井光さんが開設した国内初の『リフォーム体感ショールーム』を利用して施工を依頼した施主の感想だ。リフォームしたモデルルームを見せるショールームとは全く異なり、施主から聞いた理想像に沿って床材や壁紙などの素材を揃え、8畳と6畳の部屋で出井さん自らリフォームを実演、施工プロセスを見ることができる画期的なショールームだ。

出井さんがこのショールームを設けた理由から、ユーザー目線を大事にする姿勢が伝わる。

「リフォームを依頼して、完成後、イメージと違っていたというケースが少なくありません。居住空間は素材のカタログや画像データを基に頭で考えた場合と実際にその中に立った場合とでは、広さなどに対する感覚が異なるからです。話し合いだけでリフォームすると、その感覚の違いから意向に沿わないことも起こるのです。このような残念な結果を招かないように、完成形を体感してもらう仮想現実空間が『リフォーム体感ショールーム』などで

株式会社 **光建築**
ひかるけんちく

0485-01-7183
info@hikaru-kenchiku.jp
㊟ 埼玉県羽生市南5-3995
https://hikaru-kenchiku.jp/

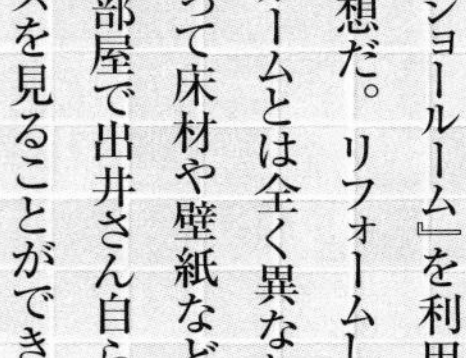

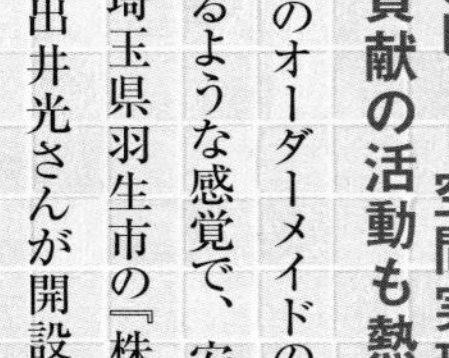

す」

　同社が手掛けるリフォームは、戸建て住宅や集合住宅、店舗の内装、水回りが中心で、クロスやフローリングの張り替えなども行う。

「多くの大工仕事に携わってきた少数精鋭の職人が伝統的な技術やノウハウ、知識を駆使して、建具を一つひとつ製作したり、壁、床、敷居などを丁寧に施工したり、畳のある和室を丸ごと洋室に変えたり、お客様にご満足いただける出来映えを目指して、時代にも即したデザイン性と機能性を兼ね備えたハイグレードな仕上がりを実現します」

　出井さんは、大手ハウスノーカーの工場で資材などの製品製造を手掛けた後、工務店で修業を重ね、培った建築技術と資材の知識を活かして独立。リフォーム事業を進めてきた。今後は戸建て住宅の新築にも力を入れていく方針だ。また、建築会社から依頼があれば、構造材を組み立てる建て方工事や室内装飾を仕上げる造作工事に職人を派遣するほか、雨漏りの修繕など住民の小さな困り事にも対応する。事業とは別に、出井さんは地域貢献活動も熱心で、「子どもたちをコロナなどの感染症から守りたい」と2年連続で、学校の冬休み中、羽生市内の小学校11校、中学校3校全てのトイレを無償で抗ウイルス施工した。

（ライター／斎藤紘）

ブルックリンカフェスタイルアパートメント『ESPRESSO』

代表取締役
**牛田寛千**(かんじ) さん

不動産企画コンサルタントとして、コンセプト型賃貸物件『エスプレッソ』でファンとなった入居者の集客から賃貸事業の企画提案、施工まで行う。不動産企画コンサルタント、宅地建物取引士。

# 話題のフェムテックサロン展開
# 輝く女性のサロン開業を支援

## 『ESPRESSO』で夢のサロン開業を実現

NYブルックリンの街角にある素敵なカフェのような佇まいが人気のデザイナーズアパートメント『ESPRESSO』を展開する『株式会社ESPRESSO』代表取締役で不動産企画コンサルタントの牛田寛千さんが『ESPRESSO』を利用した『ESPRESSO SALON』開業支援事業を開始した。その代表例が愛知県清須市の『ESPRESSO 清須』に2023年に開業した、女性特有の悩みを解決するフェムテックサロン『Litu(リツ)』。サロンのお洒落な雰囲気も手伝い、予約が後を絶たない。

『ESPRESSO』は、ヴィンテージ感漂うインテリア、レンガタイルの壁面、高い吹き抜けのある空間、階段で昇る隠れ家のようなロフトがブルックリン風の雰囲気を醸し出す。

開業支援の対象となるサロンは、美容やエステ、ネイル、整体、マッサージ、エクステ、占い、料理などを想定、開業希望者は愛知県の名古屋市、稲沢市や小牧市、清須市、一宮市、東京の大森南などにある『ESPRESSO』の空き部屋の中から選び、同社が店舗環境を整備し、備品代や材料代、給料などを支給するトライアルサロンから始め、そのまま経営を継続するだけで開業できる。

株式会社 ESPRESSO
エスプレッソ

☎ 0120-358-505
✉ lan@lan-c.jp
㊟ 愛知県清須市新清洲1-4-6 セゾン新清洲101
http://espresso-apartment.com/
@espresso.fanclub

ESPRESSO FANCLUB HP

サロン開業支援HP

LINE

youtube
「エスプレッソはニュースだ!」

# フェムテックサロン ESPRESSO SALON

ANOWAGEL

アノワジェル

femisson+

フェミゾンプラス

開業後の経費も家賃10万円、家具や備品のレンタル料2万円、材料代約5万円、広告・集客費用8万円、計25万円で済み、売上目標を月50万円とした場合、収入は月25万円になる計算だ。同社は、地域情報誌やLINE公式アカウントで入居サロンを紹介していて集客の環境も整っている。

『ESPRESSO 清須』で開業したフェムテックサロン『Litu』は、この開業支援事業のモデルケースの一つ。フェムテックはFemale（女性）とTechnology（テクノロジー）を掛け合わせた造語。デリケートゾーンの臭いやかゆみといった不快な症状を改善するのに役立つアノワジェルや服を着たまま座って出来る骨盤底筋群トレーニングマシンの魔法の椅子などを備え、生理や妊娠、出産、更年期などに伴う女性特有の悩みを解決する。

「『ESPRESSO』の隠れ家的なプライベートサロンであなただけの癒しの空間を演出できます。自分の好きな場所で、ゆったりとした時間でおもてなしをしながら、サービスを提供する、そんな理想的なサロンが実現します。特技や資格を生かしてサロンを開きたいが、どうやって開業するのかわからないといった方にも安心して開業までの支援をお手伝いさせて頂きます」（ライター／斎藤紘）

**代表取締役**
**糸藤盛** さん

高校の電気科で学び、工事資格を得る。卒業はそれをすぐ生かさず、20代後半と30代初めの頃に別業種で起業したものの共同経営者に裏切られて廃業。その後、電気工事での再挑戦を決め、2022年『株式会社EnFeel』を設立。

# 工場や倉庫の高温対策に威力発揮 太陽光を反射する遮熱シート工法

## 実証実験で効果を確認 多様な業種で進む導入

猛暑日が続き、2023年が過去126年間で最も暑い夏になるなど地球温暖化の影響が危惧される中、『Keep thermo Wall（キープサーモウォール）』という特殊素材を利用した遮熱シートによる高温対策工事に力を入れているのが、電気設備工事や携帯基地局工事、太陽光発電工事などを手がける『株式会社EnFeel』だ。工場や倉庫などが対象で、従業員や商品を高温から守るのに有効と代表取締役の糸藤盛さんは指摘し、早期の導入を推奨する。『Keep thermo Wall』は、アルミ箔と高密度ポリエチレン織布などで作られた特殊な遮熱シート。工場や倉庫の屋根の下地や屋根裏、内壁と外壁の間に張り付けるように施工する。

「建物の暑さ対策に断熱材がありますが、熱が伝わるスピードを遅くする材料で、熱そのものを防ぐものではありません。これに対し遮熱材は暑さの原因となる輻射熱を反射させ、熱の侵入を抑えることができるのです。『Keep thermo Wall』は、高い反射性能を持つため、太陽光の赤外線を反射します。均等の厚みで屋根に施工しなければならない遮熱塗料や特殊な反射板を屋根に設置する日陰施工は経年劣化しますが、遮熱シートは

**株式会社 EnFeel**
エンフィール

050-3150-8952
s-itofuji@enfeel301.jp
㊟ 愛知県名古屋市緑区鳴海町字小森48-1
https://enfeel301.jp/

こちらからも
検索できます。

En Feel

## 温暖化対策工事

「空調機室外機カバー」

室外機にカバーをつけて直射日光を遮れば、室外機が暑くなるのを防げるので、電気代節約に効果的。カバーありなしで4.3度の違い。『空調機カバー』は電気料金を10〜15%削減できる商材。特殊な素材を加工して、オーダーメイドで作成している。

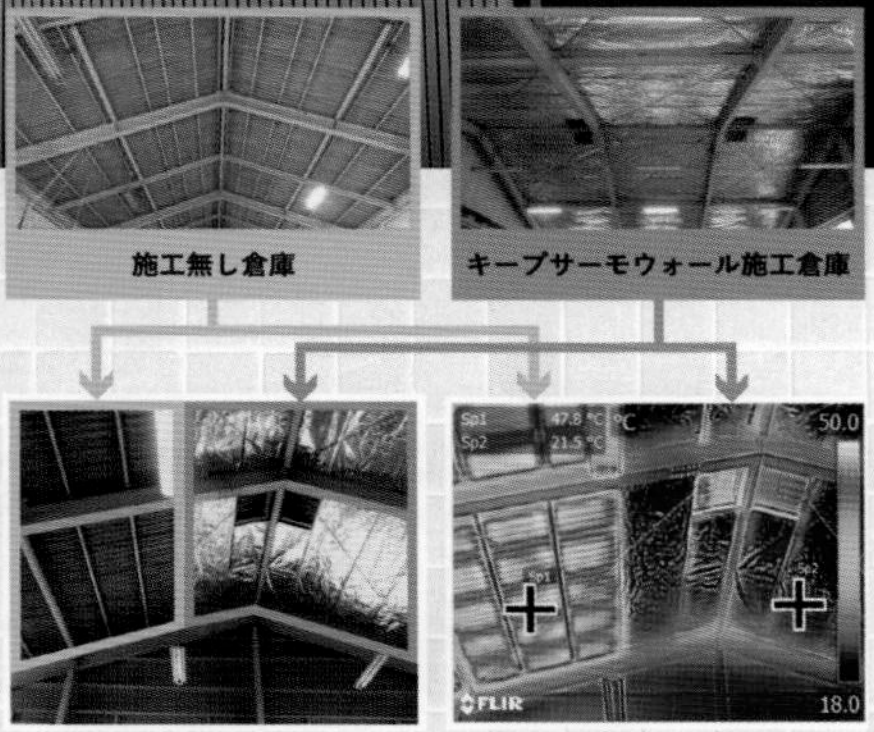

ビニールカーテン設置工事

プレハブ設置工事

ドローン保守業務

その心配もなく、外観を損ねたくない建物にお勧めです」

　2019年4月下旬にスレート屋根の倉庫でその性能を調べる実証実験を行ったところ、『Keep thermo Wall』を施さない倉庫の室内温度は47・8℃だったのに対し、施した倉庫は21・5℃と26・3℃もの差があったという。『Keep thermo Wall』の遮熱効果から、これまで建設機械メーカーや断熱材メーカー、飲料メーカーの工場　印刷工場、物流倉庫、危険物倉庫、防災品倉庫、ホームセンター、自動車ディーラーなどで採用されているという。同社は高温対策工事のほか、電気工事や電気通信工事、急速充電器、太陽光発電工事、LED照明工事などを主軸に、工場、倉庫、スーパーマーケットなどの防音、保温、防虫、防風、粉塵拡散防止用のビニールカーテン設置工事、太陽光発電設備や風力発電のメンテナンスなどのドローン保守業務、プレハブの住宅や事務所、倉庫、工場、ユニットハウスなどのプレハブ設置工事で実績を重ねている。

「温暖化に向かう中で、高温対策や省エネに向き合い、住みやすい環境、働きやすい環境をご提案できるよう、いろいろな商材を取り扱い、進めていきたい」

（ライター／斎藤紘）

代表
安間信裕 さん

編集プロダクション、個人事業を経て商業施設のプロデュース会社設立。負債を抱えて廃業後、建設会社社長に就任。同社を譲渡し、2018年『株式会社NO NAME』設立、再生可能エネルギー事業に参入。日本の伝統文化残す活動にも注力。

株式会社 **NO NAME**

# 事業・個人活動で存在感示す経営者『太陽光発電所建設工事』に光る強い思い

## 大震災契機に事業決意 多様な個人活動を展開

社名の英語は「自分は何者でもない」を意味するが、現実は真逆、明確な信念と理念で取り組む事業、個人活動で異彩を放っているのが『株式会社NO NAME』代表の安間信裕さんだ。会社の主力事業に『太陽光発電所建設工事』を掲げ、「この星に住む一人の人間として、地球温暖化の防止に貢献していきたい」と熱く語る情熱家であり、民俗学研究家として古来より日本人が育んできた伝統文化の継承に力を注ぐ活動は半端なく奥深い。安間さんが『太陽光発電所建設工事』を事業の主軸に据えたのは、前職の建設会社社長時代の経験によるものだ。

「2011年の東日本大震災の翌日、社員と協力会社の従業員30人ほどで、宮城県の気仙沼に入り、復興支援業務を行いました。大規模自然災害と原発事故の悲惨な状況を目の当たりにし、持続可能な未来を実現するための再生可能エネルギー事業に強い興味と可能性を感じたのです」

この事業を役員会で提起したものの承認されなかったことから会社を譲渡、何としてでも事業化すると立ち上げたのが『NO NAME』だ。太陽光発電所建設工事は、土木造成から測量、杭基礎工事、架台組立、パネル設置、電気工事まで一貫して請け

株式会社 NO NAME
ノー ネーム

0586-76-0090
info@kk-noname.co.jp
㊟ 愛知県一宮市島崎1-7-6
https://kk-noname.co.jp/

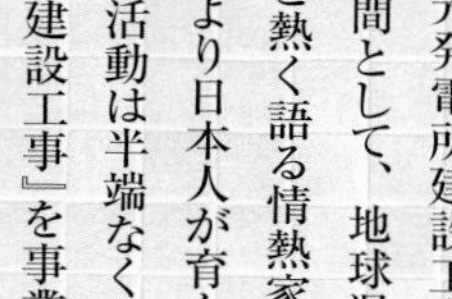
携帯基地局工事

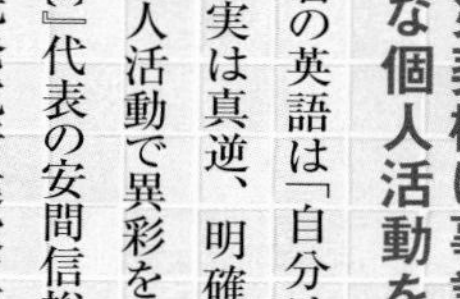
造成工事

太陽光発電所建設工事

負い、30度を超える急傾斜地工事、軟弱地盤による柱状改良工事、岩盤エリアでの削孔工事にも対応、小規模な太陽光発電所建設工事に伴う電気工事、機器据付・設置工事も行う徹底ぶりだ。このほか、携帯基地局工事、土木工事、一般電気工事、電気通信工事、水道設備工事でも実績を重ねる。

一方、日本民俗学会正会員でもある安間さんの個人活動は「子どものときから興味を持っていた」という日本の伝統文化の継承を重視したものだ。NPO法人「神麻注連縄奉納有志の会」の代表理事を務め、全国の神社仏閣に国産の麻で製作した注連縄(しめなわ)を奉納する活動を展開。古来より様々な場面で利用してきた麻を有益な植物として麻に関する伝統文化、生活文化の伝承と調査研究にも力を注ぐ。

また、日本食文化を国内外に発信し、食文化の共有による世界平和への貢献を目的とする一般社団法人日本食文化会議の理事としても活動している。さらに、甲冑、陣羽織、直垂、能狂言衣装、裃などを収集、「安間コレクション」として展示会や講演会も開催するなど活動範囲は広い。

「個性を重視するこの時代、信念を持ってやり遂げた先に評価が待っている」

これが安間さんの人生哲学だ。　(ライター／斎藤紘)

代表取締役
**那須美行** さん

北里学園衛生科学専門学院卒。臨床検査技師国家資格取得。38年間病院勤務、微生物学、寄生虫学、ウイルス学検査分野を担当。2020年『株式会社ナスメディック』設立。元ICMT(元感染制御認定臨床微生物検査技師)。研究論文顕彰等受賞歴多数。

# 水素の優れた抗菌・抗ウイルス作用を発見!
# 「水素含有抗微生物剤」として5ヵ国特許取得

## 多様な分野で応用可能
## 研究のパートナー募集

厚労省からAMR（薬剤耐性）に関する研究を委託されたAMR臨床リファレンスセンターによると、薬剤耐性をもつ細菌が世界中で増え、何も対策を講じない場合、2050年には世界で1000万人の死亡が想定されるという状況の中、そのソルーションとなる可能性を秘めた抗微生物剤がある。『株式会社ナスメディック』代表取締役の那須美行さんが日本、英国、豪州、香港、カナダで特許を取得した『水素含有抗微生物剤』。その形状は気体、エアロゾル、液体、固体、半固体、粉末などにすることが可能なことから、那須さんは製薬会社やベンチャー企業、大学などを対象に世界初の次世代水素医薬品を創り出すパートナーを募集している。

「水素には、人体や動植物に害のある細菌やウイルスなどの微生物に対して抗菌、殺菌、除菌作用があることがわかり、薬剤耐性微生物を発生させることなく、副作用が少なく、他の薬剤と併用しても悪影響の少ない抗微生物剤の研究を進めた結果、水素を含む組成物が様々な病原性微生物に対して高い抗微生物活性があり、薬剤耐性微生物にも効果があることを見出し、発明したのが水素含有抗微生物剤です。作用した後は水素と酸素が結びつき水へと中和還元されるため、

株式会社 ナスメディック

0178-43-5335
nasu0116@htv-net.ne.jp
(住) 青森県八戸市吹上4-9-6
https://nas-medic.com/

株式会社
ナスメディック

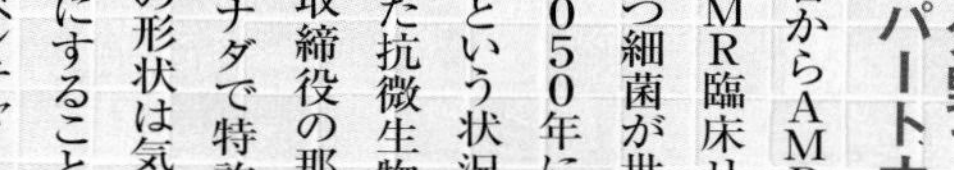

## 水素含有抗微生物剤・特許の活用分野

アスタミューゼ株式会社　技術活用を支援する企業より

| | |
|---|---|
| 医薬品製剤分野 | DDS（Drug Delivery System）薬物送達システムの活用。<br>皮膚から体内へ薬を吸収する方法、薬を体の中で徐々に放出する「徐放化、薬を目的の場所にきちんと届けて、効果を増すターゲティング |
| 動物分野 | 薬剤耐性（AMR）対策、動物用抗菌剤の販売、抗菌性飼料添加物、ペットのケガの治療及び病気予防対策。 |
| 無機化合物含有医薬分野 | 「新医薬品」とは、医療用に用いる、新有効成分含有医薬品、新医療用配合剤、新投与経路医薬品、新効能医薬品、新剤型医薬品、新用量医薬品など。 |
| 食品の保存分野 | お酒・味噌・醤油・食用酢等の保存、<br>弁当・冷凍食品・水産加工品の保存。<br>（腐敗しないように加工処理と長期保存）<br>レトルト食品は、より長期保存可能。 |
| 医薬の治療活性分野 | 医薬品の治療効果を維持しながら、副作用の軽減効果としての活用。<br>新しいバイオ医薬品としての活用、<br>世界初の次世代水素医薬品の創出。 |
| 農薬・動植物の保存分野 | 微生物の短時間不活化に用いるための微生物不活化剤。<br>各種農園芸作物の灰色かび病やうどんこ病、炭疽病、輪斑病、青かび病、緑かび病、軟腐病、等植物病防除剤・殺菌剤として活用。 |

人体に無害です。感染症を抗生物質で制圧するのではなく、抗生物質に頼らない感染症治療を水素がその役割を代用できる可能性があります」

『水素含有抗微生物剤』とは、パウダー状にした珊瑚粉に、水素分子を高温高圧で付着させた組成物のことで、生物対象における細菌の感染を防止又は処置するための抗微生物剤である。この物質特許は、広範な適用性が可能なことから「最強特許」と評価され、幅広い領域での実用性が高く、特に新薬の開発など多岐にわたる分野で高い評価を受けている。この特許技術は、水素そのものに抗菌・抗ウイルス作用があることを証明しており、世界初の次世代水素医薬品の開発に向けてデータの蓄積を進めている。

那須さんは、新型コロナウイルス感染症のような感染症対策や高病原性鳥インフルエンザ対策などから、医療、漁業、畜産、農業、動植物、歯科、食品、養鶏など幅広い分野で『水素含有抗微生物剤』を応用できると指摘する。

「当社の目標は、『水素含有抗微生物剤』の特許技術を用いて多岐にわたる領域で実用化することです。とりわけ医療分野では、安全で広範なスペクトラムを持つ医薬品を提供する貴重なチャンスであり、パートナーと研究開発に取り組み、医療の未来に貢献したいと思っています」

（ライター／斎藤紘）

投入槽

特許技術によって設けた処理槽

代表
野口昭司 さん

米作農家だったが、将来性への懸念から養豚業に転換し、『野口ファーム』設立。悪臭公害対策の延長線上で排尿対策に乗り出し、EM菌を活用した「畜産動物の排尿処理方法」で2013年、特許取得。2015年、中国で特許取得。

# 養豚の悪臭・水源汚染対策の決め手 有用微生物で排尿を浄化する特許技術

## 排水基準を下回る浄化 小さな初期投資で効果

「豚などの畜産動物の排尿を処理する排尿処理方法」

母豚を常時160頭飼育し、年間3500頭を出荷する『野口ファーム』の代表野口昭司さんが養豚に伴う悪臭公害や水源汚染の対策を研究する中で開発、日本と中国で特許を取得した技術だ。有機物を分解する有用微生物群EM菌を利用するのが特長で、養豚場で処理に困る排尿を水質汚濁防止法の基準をクリアして河川に流せるほど浄化する効果がある一方、手づくりで設置可能な上、初期費用は既存処理施設の10分の1程度で済み、小さな投資で大きな効果を生む排尿処理方法だ。

この方法の仕組みは、養豚場内の空き地に穴を掘り、ビニールシートを敷いた2個の水槽と、排尿を集めて、EM細菌と共に第一処理槽に導き、水中エジェクターポンプで攪拌させて尿の初期浄化を進行させる第一浄化工程、この初期浄化尿と槽内の浮遊汚泥を第二処理槽に導き、水中エジェクターポンプで攪拌させ、EM細菌を増殖させて尿の最終浄化を進行させる第二浄化工程、最終浄化尿を取り出す浄化尿排出工程とから成る。EM菌は、培養水と糖蜜、水道水を熱帯魚を飼育するサーモ

**野口ファーム**
のぐちファーム

FAX 0299-92-3167
住 茨城県神栖市高浜903

**日本と中国の特許番号**

中国 ZL201310356939.7号
日本 第5308570号

「Benguet State University College of Agriculture Department of animal science」
Mary Arnel D Garcia教授とそのスタッフ。専門家だけあって、その浄化能力の高さに驚いた様子。

**『野口ファーム』では20数年前からフィリピンより研修生と技術実習生を受け入れている。**

フィリピンバギオ市のホテルにて。合流から2日間に渡り目的がほぼ達成できた。

この施設の普及に、役所の力が必要となる。
「Bengust Provincial.Veterinary office」のPurita,L,Lesing室長と面会。ODAの摘要を受ける時の注意などの説明していただき、これからが本番になっていく。

研究農場に案内されて、スタッフより施設の説明を受け、排尿処理施設の設置場所などを協議。

スタット付きの水槽に入れ、その周りに水を張り36℃に設定、4日間で培養液が完成する。浄化した後の排尿の検査では、生物化学的酸素要求量が基準の16分の1、窒素含有量は5分の1と水質汚濁防止法の排水基準を大幅に下回った。『野口ファーム』では近くを流れる常陸川に浄化した排尿を放流しているが、その排水を測定した最新のデータでは、BOD生物化学的酸素要求量が基準の160ppmに対し10ppm、窒素含有量は120ppmに対し24・9ppmと放流基準より驚くほど低い数値だった。

「排尿処理槽はユンボなどの一般的な掘削用の建設機械と防水施工されるシート地の組み合わせで簡単に形成することができます。施工コストは処理槽がコンクリート構造物で地中深くに埋設された本格的な浄化処理施設の場合、数千万円単位の高価なものとなるのに比較して、発明技術の場合、約10分の1の350万円から400万円程度で済みます。また、廃業などの際もシート地を剥がして窪地を建設機械で埋め戻すだけ。処理槽に沈殿した汚泥は液肥として再利用することもでき、畜産を環境にやさしい産業にすることができます」

野口さんは、この処理法を養豚業が盛んな国に普及させるのが夢だ。

（ライター／斎藤紘）

クライアントとの打ち合わせ。

MBAの仲間とブランディング研究会。

代表
**宮内博明** さん

山梨大学工学部卒。科研製薬入社。KAKEN USA、KAKEN Europeで活躍。2014年、立教大学大学院で経営学修士MBAの学位取得。2016年、科研製薬を定年退職。2018年、企業経営アドバイザー認定。中小企業診断士として独立。

ドローン大学卒業式。

# 舞台俳優の本業は経営コンサルタント 事業承継やマーケティング支援で実績

## 国家資格と学位を保有 ドローンの事業も支援

「病は気からの落語芝居」劇団東俳が公演した喜劇で和尚役を演じた宮内博明さんは、タップダンスもできる俳優だが、本業は『宮内コンサルタント』代表、中小企業診断士の国家資格や経営学修士MBAの学位を持つ経営コンサルタントだ。前職の製薬会社時代には、欧米で勤務した経験があるほか、旺盛な探究心で企業経営アドバイザーやドローン操縦の資格まで取得、その幅広い専門知識と経験が中小企業や個人事業主を支援する周到かつ多角的な業務に投影される。

コンサルティングでまず経営者の心を掴むのは、金融機関の信用調査と同じ手法で行う経営分析だ。

「金融機関が融資の可否を判断する際、企業の財務諸表を見て、業況が良好で、財務内容にも特段の問題がないと認められる融資先か、貸出条件や返済履行状況に問題があり、業況が低調または不安定で、今後の管理に注意を要する融資先かを判断するように、財務諸表を精査して経営状況を把握し、どのようなアドバイスするべきかを考えていきます」

この経営分析を前提に、宮内さんが特に力を入


## 宮内コンサルタント
みやうちコンサルタント

090-9290-6930
hmiyau@aol.com
㊟ 千葉県長生郡一宮町東浪見8629
https://www.hmiyau.com/


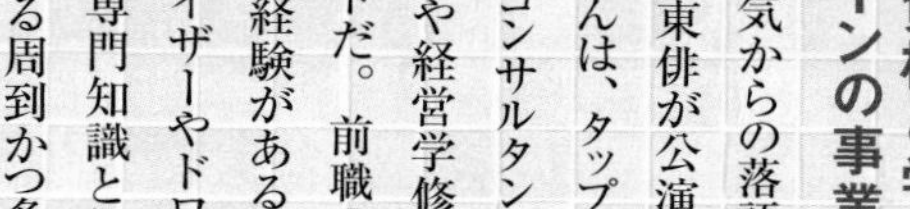

立教会MBAの仲間たちと。

ヨーロッパ出張時。

ゼミ仲間と。

山梨大学時代の友人と。

近所のトマト農園にて勉強会。

農業研究会参加。

れているのが企業の先行きを左右する事業承継と成長に関わるマーケティングの支援だ。

「中小企業の経営者の高齢化が進み、事業承継は喫緊の課題です。後継者の育成と経営力の強化に加え、後継者が会社経営をしていく上で必要な株式や事業資産を引き継がせる財産承継と、権限や責任といった経営者としての地位を引き継がせる経営承継の両方の側面から検討し、経営者が思い描く将来ビジョンの実現を支援します。マーケティング支援は少子高齢化で市場が縮小していく時代の販売戦略を考えるもので、市場の分析からターゲット市場の見極め、商品開発、顧客の設定、売上や費用、利益の計画作成、販促プランの作成、行動を経営者と一緒に考えます」

もう一つ、宮内さんが力を入れ始めたのが、活躍シーンが広がり続けるドローンに関するコンサルティングだ。ドローン大学校で学び、公的団体から飛行技術や安全運航管理に関する技能証明書を取得、その知見を生かすもので、ドローン自体の開発やドローンを利用したビジネスの開発を支援する経済産業省のものづくり補助金や事業再構築補助金、地域・企業共生型ビジネス導入・創業促進事業による補助金など様々な補助金制度の申請と新たなビジネス展開を支援する。

（ライター／斎藤紘）

最短最速で国家資格者を目指す
キャリアコンサルタント養成講習
他校より 格安で 受講可能
最短最速 1.5ヶ月で 受験資格
充実した 受験対策 講座
教育訓練給付金対応講座
給付制度の利用で受講料の最大
70%支給されます！

キャリアコンサルタント養成講習　受験対策講座

代表理事
**柴田郁夫 さん**

早大理工学部卒、同大学院修了。工業デザイン会社でシンクタンク業務など経験後、「株式会社志木サテライトオフィス・ビジネスセンター」設立。2013年『地域連携プラットフォーム』設立。元青森大学経営学部客員教授。

# 幸せに働く人を増やしたい一心で キャリアコンサルタント養成に注力

## テレワークの先駆者 受験向けの講習で実績

テレワークが広がり始めたコロナ禍の2021年9月に出版され、注目を集めた書籍がある。『一般社団法人地域連携プラットフォーム』代表理事の柴田郁夫さんの「ワーク・エンゲージメントの実践法則 ―テレワークによって生産性が下がる企業、上がる企業―」。約35年前からテレワークの原点、サテライトオフィスの普及に力を注いできた経験と知見を生かしたものだが、その根底に流れる「幸せに働く人を一人でも増やしたい」という思いは、終身雇用制が崩れ、テレワークの普及と並行して柴田さんが情熱を注ぐ事業になった。

「大学院の建設工学研究科で住居史を研究し、住居での生活から発想の連鎖で生活の一部である働くという行為に関心が移り、ワークライフバランスを実現する手段として職住近接のサテライトオフィスの普及に携わるようになったのです。さらに、労働環境が劇的に変化していることや米調査企業のグローバル就業環境調査で我が国で仕事満足度を感じる従業員の割合は5%と調査対象145ヵ国中最低レベルだったことに着目し、働く人を幸せにする援助職であるキャリアコンサルタントの養成に力を入れるようになったのです。働

一般社団法人 **地域連携プラットフォーム**
ちいきれんけいプラットフォーム

048-476-4600
info@careerjp.work
㊟ 埼玉県志木市館2-5-2 鹿島ビル4F
https://careerjp.work/cc1/

設立当初の志木サテライトオフィス。日本初の本格的テレワーク（職住近接）オフィス。

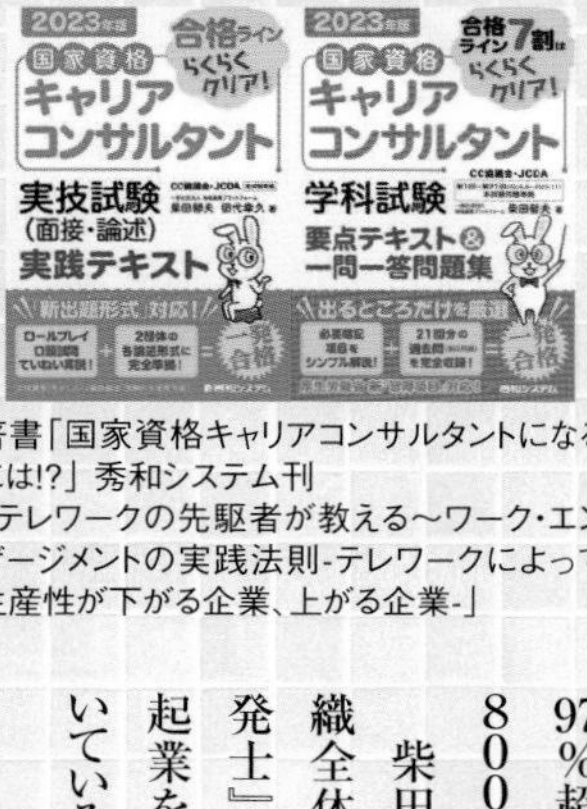


著書「国家資格キャリアコンサルタントになるには!?」秀和システム刊
「テレワークの先駆者が教える～ワーク・エンゲージメントの実践法則-テレワークによって生産性が下がる企業、上がる企業-」

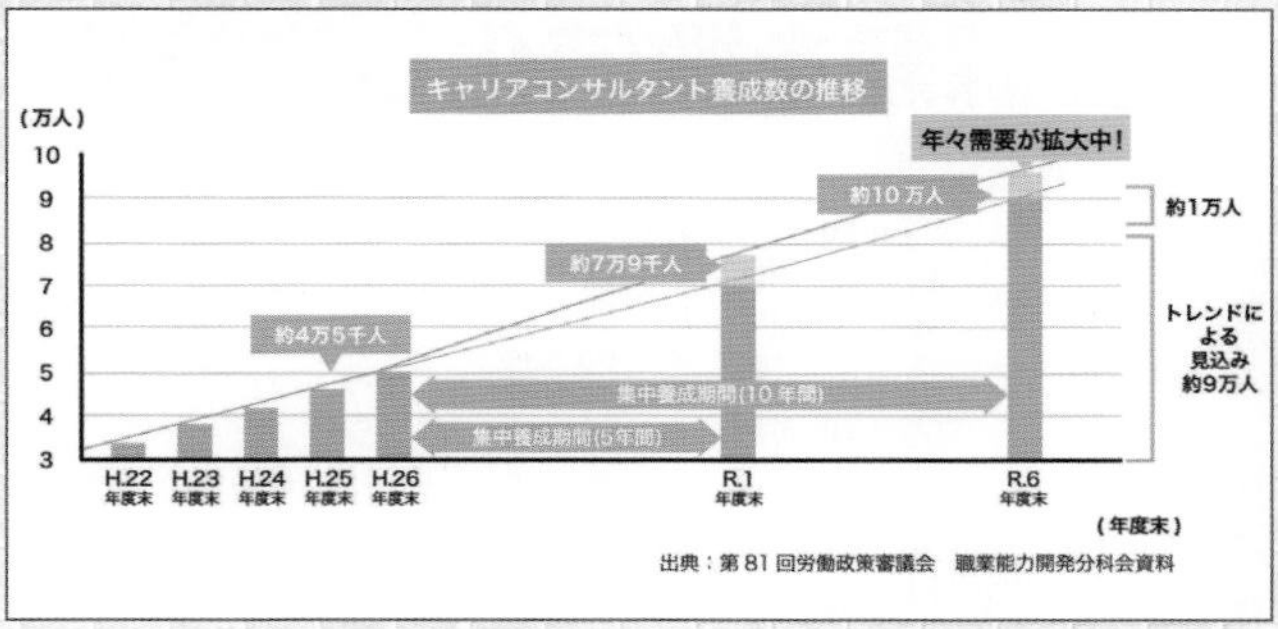

出典：第81回労働政策審議会　職業能力開発分科会資料

く人のメンタル面の不調を改善するカウンセラーと能力や志向に気付きを与えるコーチの両方の働きをするキャリアコンサルタントが増え、それによって幸せに働く人も増えるような社会になることを願っています」

このキャリアコンサルタントの養成事業は、国家試験受験資格が得られる、厚生労働大臣が認定した養成講習150時間（内70時間は自宅での通信学習）や受験対策講座からなり、いずれもZoomを使ったオンライン学習が原則。北海道から沖縄まで全国から受講生が集まっている。講習や講座には、キャリアコンサルタントの国家資格と上位の一級技能士の国家検定資格を持つ柴田さんの知見が生かされるほか、柴田さんが出版した受験対策参考書や問題集が使われる。全国平均で試験の合格率は65％前後だが、同校の受講生の97％超が合格し、これまで合格した受講生は約800人にのぼるという。

柴田さんはこのほか、働く人個人ではなく、組織全体の活性化をサポートする『組織キャリア開発士』という独自の資格を作り、その養成講座や起業を目指す人を支援する『創業スクール』も開いている。

（ライター／斎藤紘）

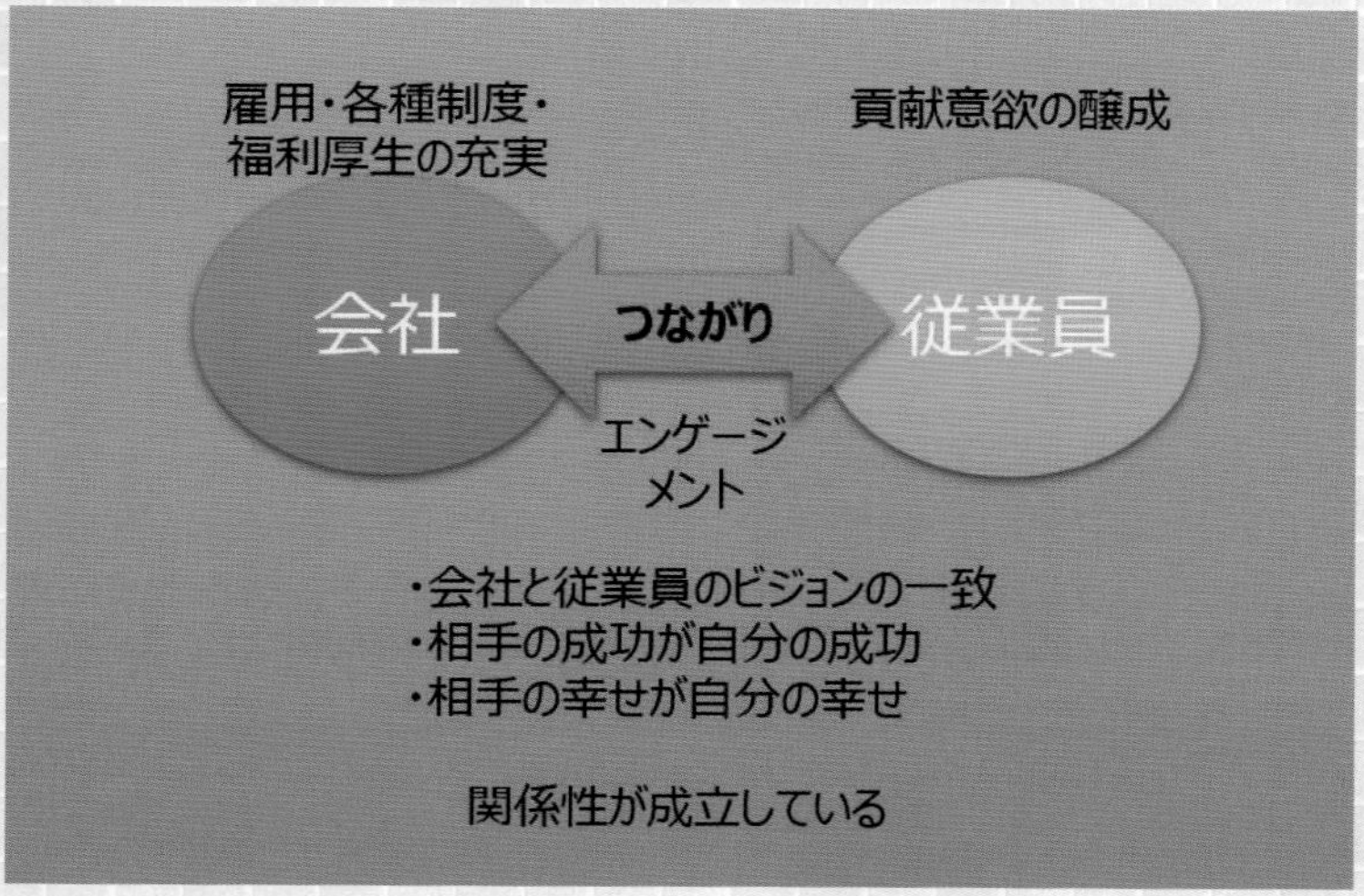

代表
**新井賢治** さん

5年前にコンサルタント業で独立し、人事評価制度、教育制度、課題改善型の研修プログラムを企画、開発し、中小企業を中心に職場環境改善や制度設計の構築、運用の支援を通じて経営改革の実現に寄与。

# 従業員エンゲージメントの調査で経営課題を数値化し改善策に導く

## 満足度より貢献度重視 30社の経営改革を支援

中小企業が抱える経営課題を解決に導くコンサルティングで業績を伸ばしているのが『Engrant』代表の新井賢治さんだ。人事制度や評価制度、教育制度、人材戦略、早期離職防止対策、職場環境づくりなどサポート対象は多岐にわたるが、経営者に好評なのが、新井さんが独自に開発した『企業力診断サーベイ』だ。企業の強みと弱みを把握できるもので、その結果に基づいて課題改善に向けた計画を立て、社を挙げて実践できるのが支持される理由だ。

「『企業力診断サーベイ』は、企業で働く社員の方々に詳細なアンケートを実施し、企業理念やビジョンを理解し、信頼感や貢献意欲を持って働いているかを表す指標である従業員エンゲージメントに関する様々な質問の答えを数値化し、レーダーチャートとして表示します。感覚的な判断ではなく、数字で状況を把握するのがポイントで、これによって組織の現状や抱えている課題が客観的に診断できるのです」

新井さんが従業員エンゲージメントを重視するのは、給与や賞与、福利厚生、休暇制度など会社から与えられる制度や会社環境に対する従業員の満足度と対比してのことで、満足度が高いことは好ましいものの、会社への貢献度とイコールではないといい、

Engrant
エングラント

✉ k.arai@engrant.jp
㊟ 東京都立川市泉町1156-4-807
https://www.engrant.net/

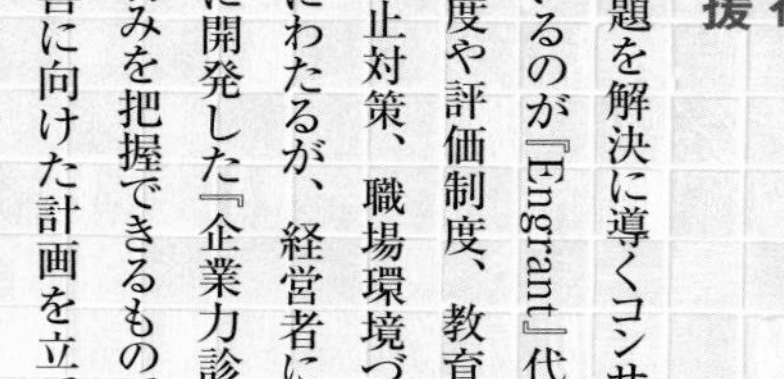

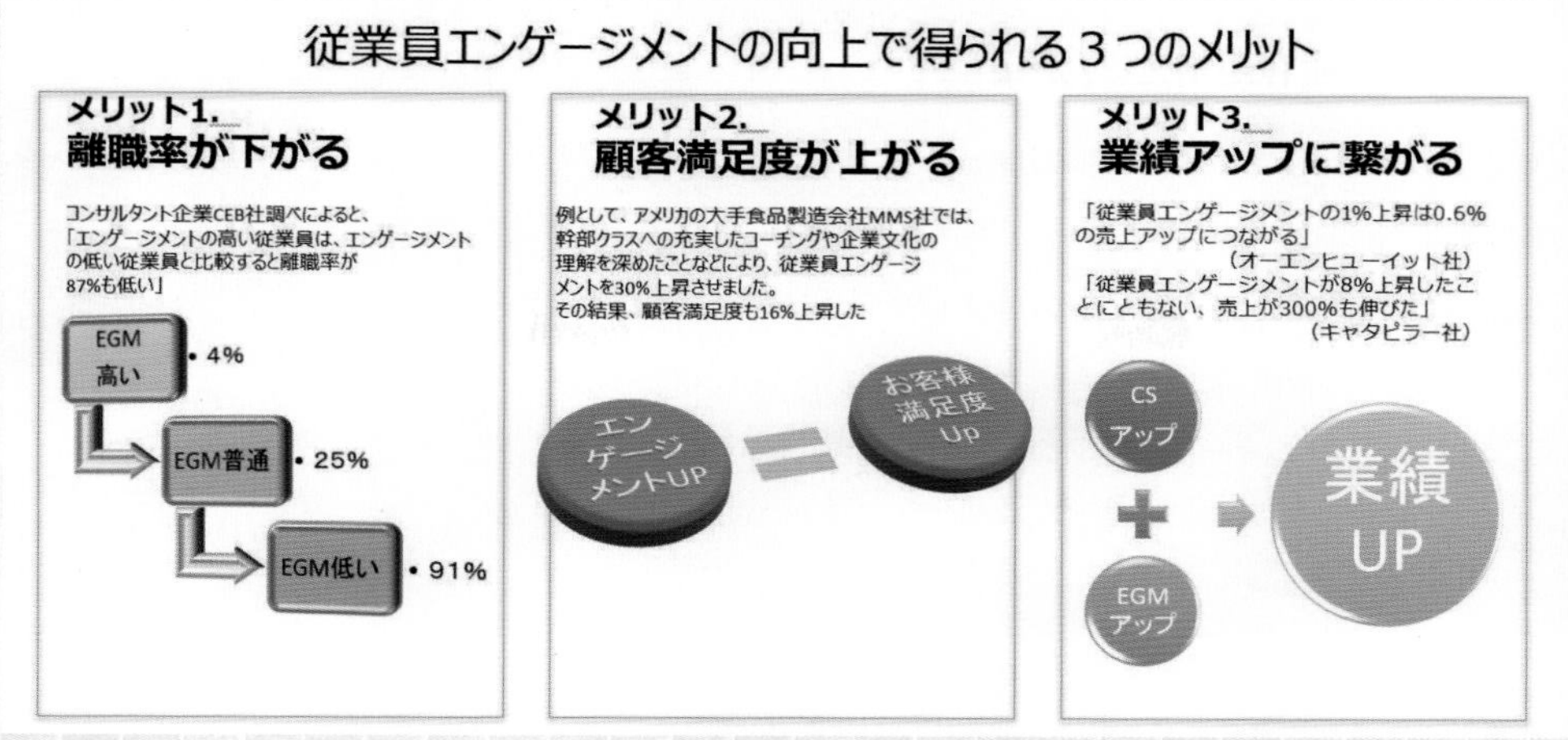
従業員エンゲージメントの向上で得られる３つのメリット
メリット1.
離職率が下がる
コンサルタント企業CEB社調べによると、
「エンゲージメントの高い従業員は、エンゲージメントの低い従業員と比較すると離職率が87%も低い」
EGM高い
・4%
EGM普通
・25%
EGM低い
・91%
メリット2.
顧客満足度が上がる
例として、アメリカの大手食品製造会社MMS社では、幹部クラスへの充実したコーチングや企業文化の理解を深めたことなどにより、従業員エンゲージメントを30%上昇させました。
その結果、顧客満足度も16%上昇した
エンゲージメントUP
お客様満足度Up
メリット3.
業績アップに繋がる
「従業員エンゲージメントの1%上昇は0.6%の売上アップにつながる」
（オーエンヒューイット社）
「従業員エンゲージメントが8%上昇したことにともない、売上が300%も伸びた」
（キャタピラー社）
CS
アップ
EGM
アップ
業績
UP

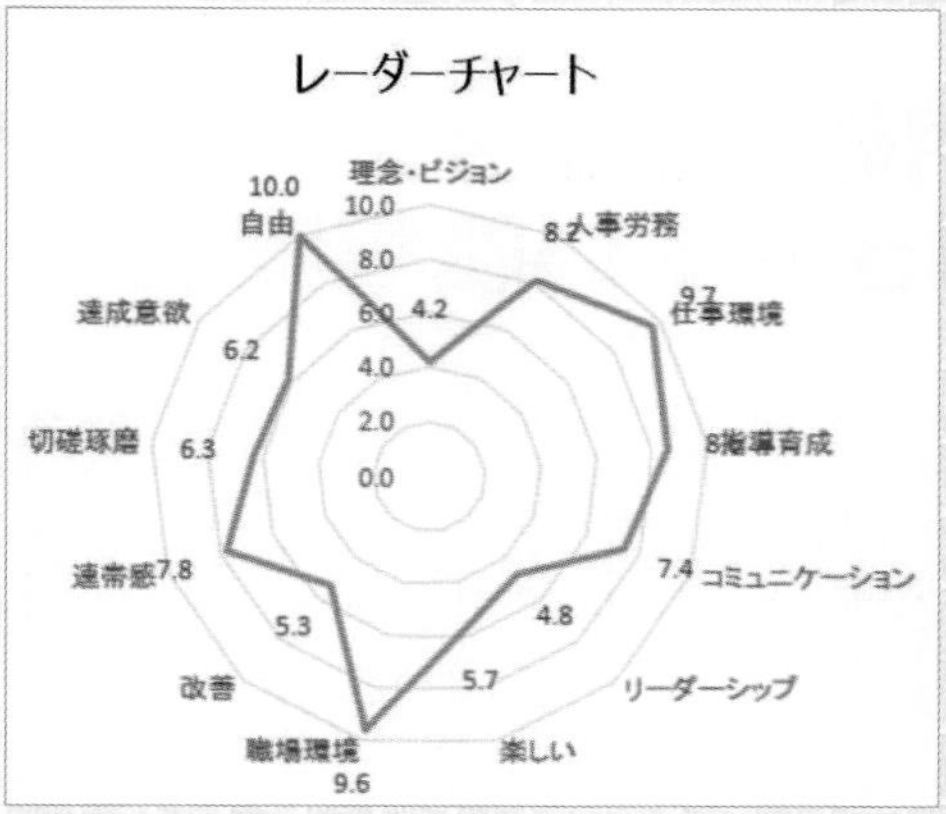
レーダーチャート
理念・ビジョン
人事労務
仕事環境
指導育成
コミュニケーション
リーダーシップ
楽しい
職場環境
改善
連帯感
切磋琢磨
達成意欲
自由
10.0
8.0
6.0
4.0
2.0
0.0
4.2
8.2
9.7
8
7.4
4.8
5.7
9.6
5.3
7.8
6.3
6.2
10.0

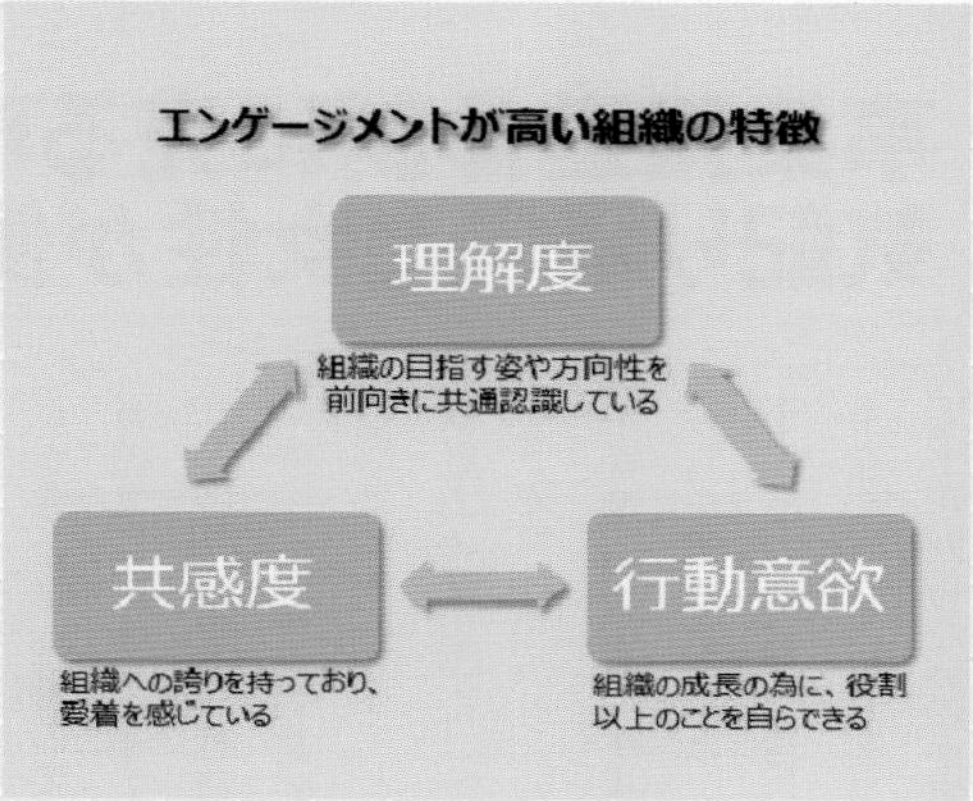
エンゲージメントが高い組織の特徴
理解度
組織の目指す姿や方向性を前向きに共通認識している
共感度
組織への誇りを持っており、愛着を感じている
行動意欲
組織の成長の為に、役割以上のことを自らできる

これに対し従業員エンゲージメントは、従業員各自が働く会社の風土や職場環境、仕事内容などを通じて、自社商品やサービス或は、社内の仕組みや制度を推奨しているのか、または批判しているのかが組織的にわかるからだという。 企業力診断後、新井さんは課題克服のために取り組むべきタスクを網羅した計画書の作成、その実行を牽引するプロジェクトチームの編成とリーダーとなる社員の選任などもサポートし、経営幹部と社員間のコミュニケーションを活発化させながら、Plan（計画）、Do（実行）、Check（評価）、Action（対策・改善）のPDCAプロセスの循環を通じて全社員の意識改革と行動変容へと導いていく。

新井さんは、大学卒業後、大手清掃用品レンタル企業の営業部長として若手リーダーを統率し毎期110％以上の売上成長を実現したほか、人事採用業務にも携わり、社員の離職率を50％から4％へ改善した実績を生かして、経営コンサルタントとして独立した。 これまで新井さんが経営改革を手がけた企業は一都一府一道9県の約30社に上り、その業種も金融、食品加工、解体、小売、人材派遣、製造販売、塗装、住宅販売、電気工事、自動車整備、自動車部品、医療、水産、IT、建材、プラント工事、保育など多岐にわたる。

（ライター／斎藤紘）

## 口コミで顧客が増える7か条

1. 信頼・誠実・尊敬を原則として個人の志を実現させる職場環境にする。
2. 経営者と従業員が高い品格とモチベーションで誠実に業務に取り組む。
3. 従業員の一人ひとりが同じ価値観で行動できるクレドの信条を持つ。
4. 心のこもったサービスを提供する際に、尊敬の念を持って人の心に寄り添う事。
5. 1対1の人間的向き合いの中で大切なのは提供する側のおもてなしの心にある。
6. 相手の置かれている情況を配慮した気配りにより、お客様に満足と感動を与える。
7. 以上の結果、お客様から常に望まれ、お客様が他の方にも勧めたいと思っていただける。

記帳代行:月次記帳～決算まで個人10,000円～/月法人20,000円～/月
クライアント:有限会社や株式会社に止まらず、外資系企業、NPO法人、有限責任事業組合、投資組合、小売業、出版業、旅行業、飲食業、広告業、イベント会社、不動産業、輸出輸入業、医業、作家、デザイナーにまで広がる。

代表取締役
**藤原久子** さん

学業終了後、大手企業に就職。結婚退職し、子育てが終わった後、簿記検定の資格を活かして会計事務所に勤務。記帳作成業務を通じた助言が評判になり、1989年『株式会社エンタープライズサービス』設立。

# 事業推進体制に光る明確なビジョン 気配り経営と女性が働きやすい職場実現

### 生活と仕事の両立重視 経営者向け啓発活動も

財務の記帳代行と経理事務員の派遣で中小企業や個人事業主などを支えて34年の歴史を刻む『株式会社エンタープライズサービス』代表の藤原久子さんは、明確な経営ビジョンを持ち、社の内外を問わず実践し、クライアントからも社員からも信頼を得てきた経営者だ。経営管理に関する高度の専門知識を駆使して経営の効率化、業績向上、企業文化の創造、成熟化などに貢献するスペシャリストである特定非営利活動法人日本経営士協会認定の経営士の資格も持ち、多角的な視点から企業経営の要諦を語る講演は経営者の視野拡大に寄与してきた。藤原さんの経営ビジョンは、「気配り経営」「社員の為の社員による組織体づくり」「CSR（企業の社会的責任）を果たす体制の構築」「プロフェッショナルな人財の育成」「穏やかな魅力の発信」だ。このうち「気配り経営」は同社の事業の目的から真意が伝わる。

「企業経営者の本来の業務は、将来を見据えて経営を推し進めていくことだと思います。しかし、小規模の企業や創業直後の企業は人員的な余裕もなく、経営者の皆様は忙しくて細かなところまで手が回らないのが実情です。また、経理に関し


株式会社 **エンタープライズサービス**

045-840-5700
info@ep-service.jp
㊟ 神奈川県横浜市港南区大久保1-4-15
http://www.ep-service.jp/


2010年度横浜型地域貢献企業の最上位企業に認定。

顧客第一主義のパンフレット。

## 経営理念

# 企業の存在意義は社会貢献にある。

企業の使命は顧客満足にあり、それは社会貢献に繋がる要素となる。
成長する企業体を形成するために、
私達は人間尊重の精神を基として創意工夫と
感動に溢れた企業体つくりに邁進する。

## 5つのビジョン

1. 気配り経営→顧客満足→顧客感動→社会貢献を目指す。
2. 社員の為、社員による組織体づくりに邁進する。
3. CSRマネージメントを構築する。
4. プロフェッショナルな「人材」としての社員を育成する。
5. 周りの幸せを願い、心を贅沢に使う事であったり、さりげない気配りの精神から穏やかな魅力を発信し続ける。



ては専門的な知識がなく、どうすればいいのかわからないという経営者の方も少なくありません。そのような企業の経理業務を代行し、経営者の方が安心して本来の仕事に専念していただけるようにご支援することが当社の事業の目的です」

同社の社員は大半が女性。「社員の為の社員による組織体づくり」は、ワーク・ライフ・バランスを重視した勤務形態で実現した。

「能力ある女性に社会で輝いてもらうために働きやすい職場づくりに努めてきました。育児や介護を含む家庭環境に合わせて、随時勤務形態を変更でき、就労時間も状況に応じて柔軟に決められるようにしています。家庭と仕事の両方を大切にすることで、仕事の質が向上し、結果として顧客満足につながったと思っています。今後も人間尊重を基として、創意工夫と感動に溢れた職場づくりに取り組んでいきます」

「40周年・50周年に向けてこれからもお客様に感謝の気持ちを忘れず、三位一体の精神でお客様と共に邁進してまいります。成長する企業様とともにありたい、決して背伸びしないお客様へのサービスの質の向上こそがわが社の信念です」

藤原さんは、ぶれない経営理念を語ってくれた。

（ライター／斎藤紘）

「企業セミナー」

代表
**庄野晴美** さん

鬱病と診断された過去や親の介護経験などから得た知識、心理学を学んで得た知識を活かし、「楽に生きられること」をもっと多くの方に伝えたい、などの想いからカウンセラーとコーチングの資格を取得し、会社を設立。

# 喫茶店感覚で訪れられるサロン 企業向けコンサルも大人気

## 豊富な知識と経験で人材育成 コーチングにも定評

海外では、出勤前や仕事帰りに気軽に寄る場所であるカウンセリングサロン。兵庫県伊丹市の『COCOHARELISS』も「喫茶店に行くような感じで訪れてほしい」という代表の庄野晴美さんの思いで設立されたサロンだ。「ただただ聞いてほしい」、その思いだけで大歓迎。相談は夫婦関係、恋愛、結婚、姑関係、子育て、人間関係などなんでも可能。上手く話せなくてもしっかり耳を傾け、共に解決策を探してくれる。最近評判なのが「自己肯定感について」のセミナー。日本人に欠如しがちな自己肯定感の仕組みを学び、物事をただポジティブに捉えて考えるだけではなく、そこからプラスの行動を日常生活の中で実践できるノウハウを学べる。カウンセリングで心を整え、学びの中から実践していくことにより、一歩ずつ前に進めるきっかけとなって頂けるようにサポートしてくれる。さらに注目なのが、「アンガーマネジメント」。人間関係に大切なコミュニケーションの手法の一つとして誰もが持っている「怒り」の感情の視点から、ノウハウを学ぶ心理トレーニングだ。「アンガーマネジメント叱り方講座」は、「叱る」について学ぶ。子育て中の保護者の方やこれからパパ・

株式会社 **COCOHARELISS**
ココハレリス

090-8797-5580
cocohareliss5580@gmail.com
㊟ 兵庫県伊丹市緑が丘1-324
https://cocohareliss.com/

こちらからも
検索できます。

『カウンセリング』60分 5,500円(税込)
『コーチング』60分 8,800円(税込)
学生割引あり。小中学生は無料。

「自己肯定感ノート」

ママになる方に特にオススメ。豊富な知識と経験を活かし、クライアント自らが主体性をもって行動していけるように導くコーチング・コンサル分野でも定評がある。近年では、企業向けのコンサル、セミナーが増加。特に目標達成のための具体的なイメージが描けない新入社員や後輩への接し方に戸惑う先輩社員が増えていて、依頼を受けることが多いという。企業の人材育成でも評価が高く、2023年度は、企業まるごとコーチングプラン」を作成。人材育成にも、先ほどの「アンガーマネジメント」を導入。近年「叱り方が分からない」「叱るとパワハラと思われる」など、叱ることについての誤解から「叱れない人」が増えてきている。「怒り」、「叱り方」を学ぶことにより、先輩後輩間で、お互いに尊重し合える関係をつくり、業務における生産性向上、組織づくりに繋がる。

「『アンガーマネジメント入門講座』『アンガーマネジメント叱り方講座』『アンガーマネジメントパワーハラスメント防止講座』これらを組込、各企業に合ったプログラムを作成いたします」

様々な面での高い評価から設立からわずか3年で様々な媒体からインタビューが殺到。カウンセリング・コーチングはZoomでも可能なので気になった方・企業の方はお問合せを。

(ライター／播磨杏)

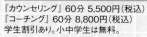

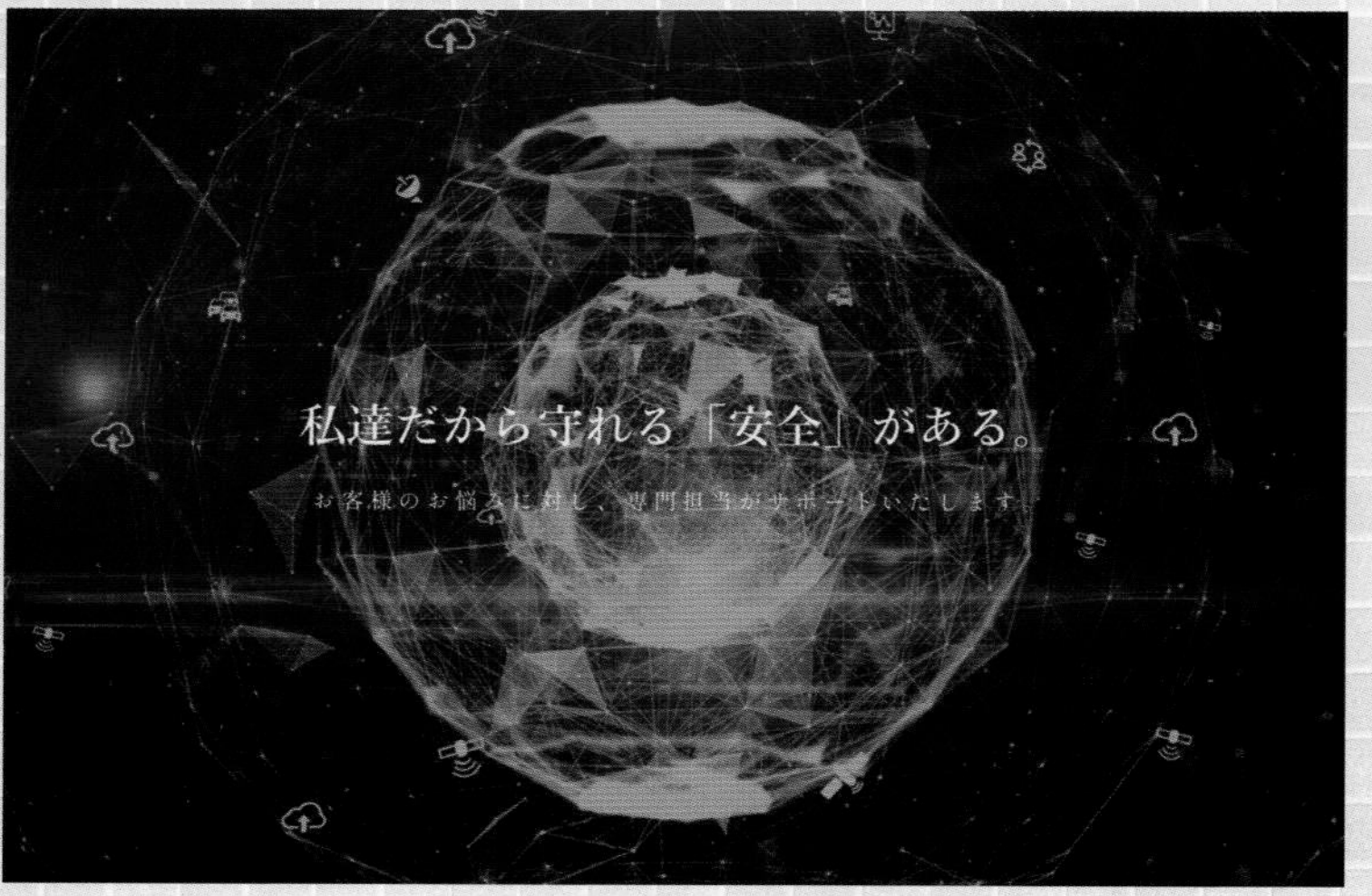

私達だから守れる「安全」がある。
お客様のお悩みに対し、専門担当がサポートいたします。

代表
**岩渕直樹** さん

セキュリティ関連企業で20年、SP歴10年の警備・警護のスペシャリスト。数多くの身辺警備を行った経験を生かし、2018年『株式会社レジデンスターミナル』設立。警備業、探偵業、不動産業、DV被害専門カウンセリングなどの事業展開。

# 業界初の女性専門警護サービス開始
# 完全成功報酬制の探偵業務でも実績

## ストーカーやDV想定
## 時間単位の低料金設定

警察庁が2023年3月に公表した統計によると、前年のストーカー事案の相談件数は19131件、その9割弱が女性、またDV家庭内暴力の相談件数は84496件でその7割強が女性だ。女性をめぐるこうした社会状況を背景に『株式会社レジデンスターミナル』代表の岩渕直樹さんが開始した警備業界では初の「女性専門警護サービス」が注目を集める。時間単位の低料金で、ボディガードが必要な時に頼めるのが特長で、不安を抱えた女性に寄り添う姿勢が鮮明だ。

「当社には、郵便物を勝手に開けられた方や顔の見えない相手から付きまとわれた方、痴漢被害を受けた方などから相談があり、そういった方を一人でも多くサポートしたいとの思いから女性専用警備サービスをスタートさせました。この中でこだわったのがロープライスです。気軽に相談していただきたいとの思いから、人材費や車両費などすべて込みで1時間3300円に設定し、初めての方には2200円で警備を提供しています。これまでの警備事例では、痴漢被害にあった方に自宅から会社までの通勤のみ同行したり、DV、ストーカー被害などを受けている方の別れ話に同行したり、相手がい

経験豊富な警備のプロが対応
警備119番
が選ばれ続ける理由

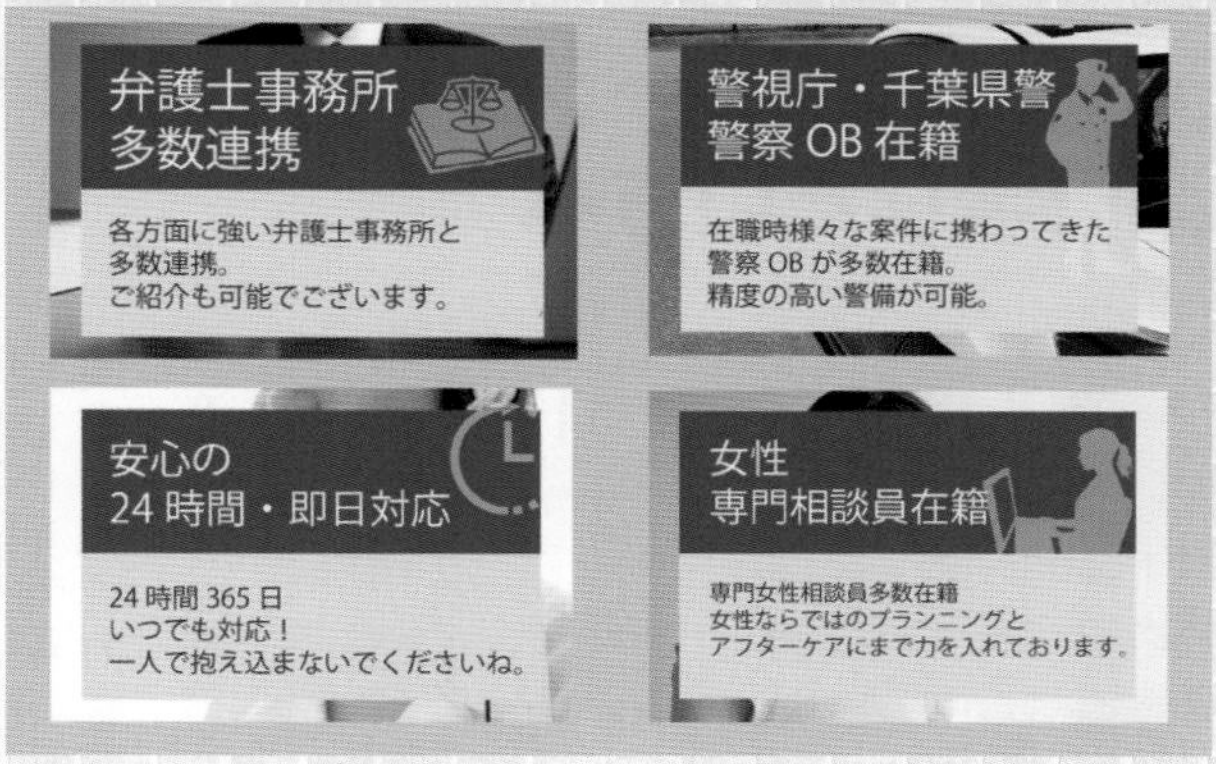
弁護士事務所
多数連携
各方面に強い弁護士事務所と
多数連携。
ご紹介も可能でございます。
警視庁・千葉県警
警察OB在籍
在職時様々な案件に携わってきた
警察OBが多数在籍。
精度の高い警備が可能。
安心の
24時間・即日対応
24時間365日
いつでも対応！
一人で抱え込まないでくださいね。
女性
専門相談員在籍
専門女性相談員多数在籍
女性ならではのプランニングと
アフターケアにまで力を入れております。

ないタイミングでの引っ越しの立ち会い警備をしたりしたケースなど訳あり引越サービスを行っています」

警備に当たるのは、警備員指導教育責任者や暴力団による不当要求防止責任者、メンタル心理カウンセラー、夫婦カウンセラーなどの有資格者、警察OBの武道の熟練者を中心に厳しい訓練を積み重ねたボディーガードだが、顧問として弁護士や警察OBもいるので、依頼主が置かれた状況に合わせてベストな態勢で警備に臨むことができるという。同社は、千葉県公安委員会から警備業の認定を受けているほか、探偵業の許可も得ている。探偵業では不倫、浮気調査やストーカー、DV調査で実績を重ねているが、依頼主に評価されたのが時間制安心定額プランと完全成功報酬プラン。時間制安心プランは依頼主に調査時間を決めてもらい、調査で余った時間は払い戻しされる。完全成功報酬プランは証拠が取れなければ費用は一切かからないとリーズナブルなものだ。調査に当たるのが警察OBから厳しい指導を受け、社内試験に合格した探偵調査員なのも信頼性を支える。最新鋭の調査機器を使い、スピード感を重視した調査で克明な報告書と裁判で使える証拠を提出する。連携する弁護士によるアフターサポート体制も整えている。

（ライター／斎藤紘）

代表
**笹木佳代** さん

桐朋学園大学音楽学部演奏学科卒。指導歴40年。神奈川県立音楽堂新人演奏会新人賞をはじめとする数々の賞を受賞。ベルリンフィル、パリ国立管弦楽団、ミラノスカラ座、NHK交響楽団などのソリストと各地で共演。

# 演奏技術と同じくらい「ソルフェージュ」を大切に
# 基礎から本気で音楽を学びたい方へ

## 理論に則り楽譜を解釈
## 演奏の表現力も磨かれる

楽典や音楽理論をしっかり理解したうえで楽譜を解釈してピアノを演奏することに重点を置いた指導が特長の『笹木ピアノ音楽教室』。ヨーロッパ国際ピアノコンクールやカワイ音楽コンクールをはじめとする数々のコンクールで指導者賞受賞の経歴をもつ代表の笹木佳代さんが、趣味からコンクール入賞を目指す方までそれぞれのレベルに合わせたきめ細かな指導を行っている。

生徒の半数以上が受けるという聴音「ソルフェージュ」の授業は、ピアノのレッスンとは別にしっかりと基礎から音楽理論や楽典を学ぶことができる。ピアノ学習準備段階の幼児に向けた『リトミッククラス』、ドイツ音名や調性・関係調、旋律・単音の書き取りを学ぶ『導入クラス』、2声・3声の旋律聴音、三和音、音楽記号、簡単な楽典、リズム叩き付「ソルフェージュ」を学ぶ『初級クラス』、大譜表の旋律聴音、4声体密集、和声分析、音程、度数、移調、暗譜の書き取りを学ぶ『中級クラス』、自由声部の旋律聴音、4声体開離、音楽理論、楽曲アナリーゼを学ぶ『プレ上級クラス』、受験校別に入試対策が可能な『上級クラス』を用意。楽譜と理論が繋がる瞬間が面白いと感

## 笹木ピアノ音楽教室
ささきピアノおんがくきょうしつ

☎ 0466-87-9203
✉ pf.1211kayo@gmail.com
㊟ 神奈川県藤沢市大庭5072-1
https://music.main.jp/

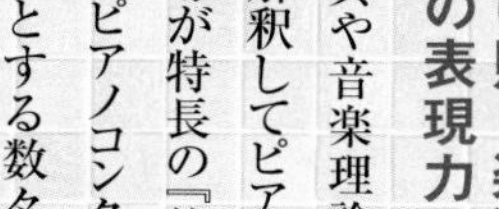

じる方も多い。

「同じ曲であっても解釈や曲の受け止め方はそれぞれです。受け止めたものを自分の表現で演奏するには、技術やテクニックではなく楽譜を理解する力、想像力が必要になってきます。大人になるほど、いろいろな人生経験をしていて哀しみも痛みも知っています。ですが、子どもたちの経験はまだ多くはありません。解釈した曲をどう表現するかはその子の想像力を働かせ、感情の引き出しを増すことが必要です」

また、世界三大ピアノのうちの2台、フルコンサートのスタインウェイとM型のベヒシュタインが導入されているのも大きな特長。ピアノはサイズにより、弦の長さやバランスが変わるため、音だけでなく弾き方も変わる。本番の会場でも使うピアノにレッスンから触れること が可能。

「本番を意識した指導が受けられ、実際に触れられるので、スタインウェイがあるからという理由でレッスンを受けにくる生徒さんもたくさんいらっしゃいます」

未就学児からシニアの方まで在籍し、基礎から本格的にピアノを学び、音楽の魅力を探求したい人にオススメしたいピアノ教室だ。（ライター／彩未）

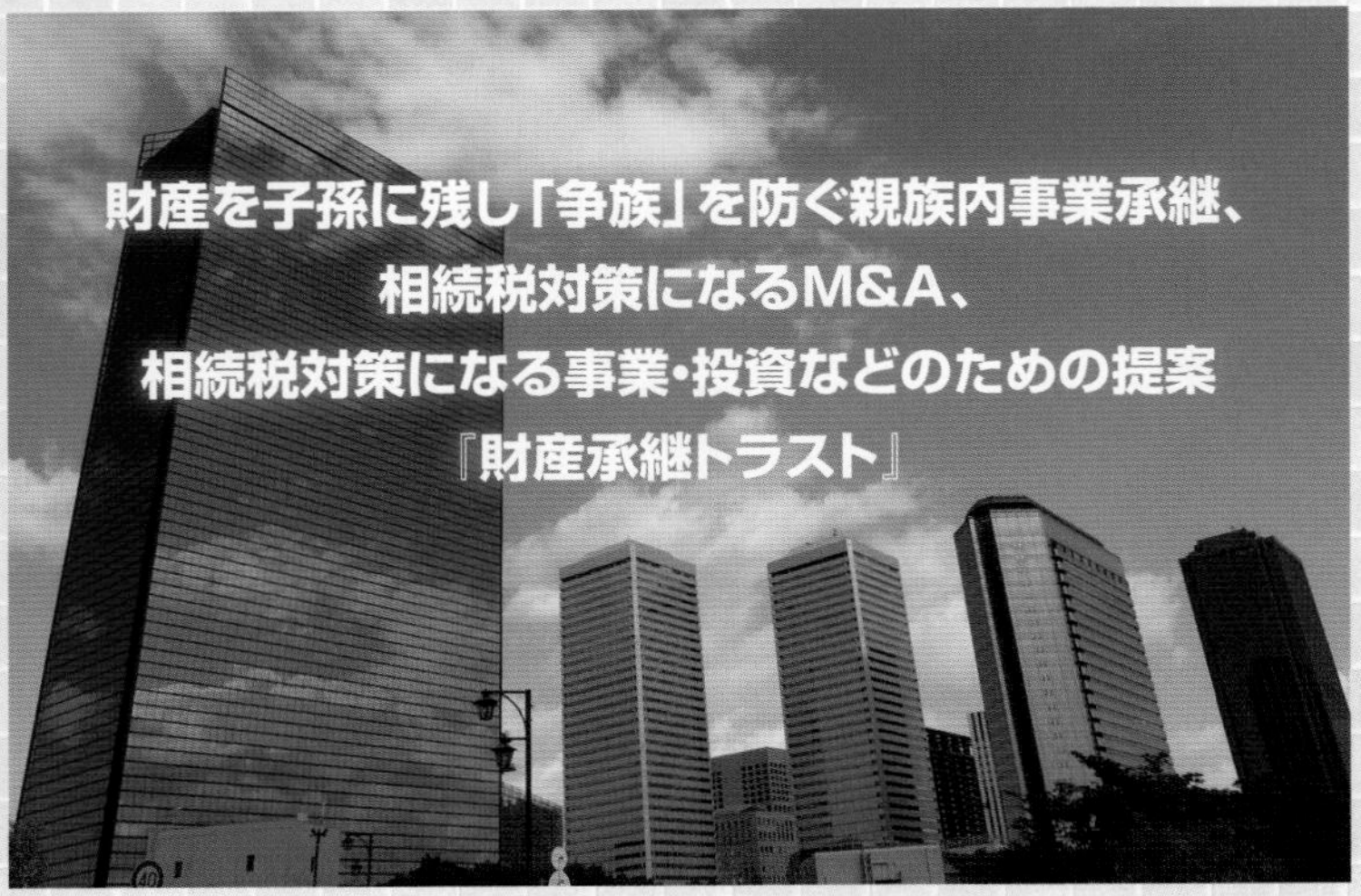
財産を子孫に残し「争族」を防ぐ親族内事業承継、
相続税対策になるM&A、
相続税対策になる事業・投資などのための提案
『財産承継トラスト』

代表取締役
**秋田康博** さん

早稲田大学法学部卒。米ワシントン大学法学修士。国際法律事務所勤務、米金融保証専門保険会社や国際協力銀行(前身:日本輸出入銀行)の社内顧問弁護士を経て、2015年『ボナウェイ・コンサルティング株式会社』設立。弁護士、税理士。

# 相続税のかからない財産を子孫に残し 争族を防止する親族内事業承継スキーム構築

## 一般社団法人活用が鍵 投資家向けスキームも

相続税のかからない財産を子孫に残し争族を防止する事業承継スキーム。社会の高齢化に伴って中小企業経営者の約4割が65歳を超え、事業承継のタイミングを迎えている時代、その有力な選択肢になると注目度を高めている事業承継スキームがある。弁護士と税理士の国家資格を併せ持つ『ボナウェイ・コンサルティング株式会社』代表取締役の秋田康博さんが構築した「財産承継トラスト」。相続税のかからない財産を子孫に残し、子孫間で財産を巡って争う争族を末代まで防止することができる画期的なスキームで、「親族内事業承継スキーム」といい、非営利型一般社団法人への寄附を活用するのがキーポイントだ。秋田さんが構築したスキームは四つのステップから成る。

ステップ1は、オーナー社長が非営利型一般社団法人を設立して代表理事に就任し、同法人に現金による寄附を行う。ステップ2は、同法人が第三者から会社(小規模可)を買収する。買収した会社を事業会社という。ステップ3は、自社を事業会社に売却する。売却した元自社を承継対象会社という。ステップ4は、承継対象会社と買収した事業会社は、オーナーが別途新たに設立する経

ボナウェイ・コンサルティング 株式会社

03-6434-0541
y.akita@kbh.biglobe.ne.jp
住 東京都港区南青山2-22-14 フォンテ青山702
https://bonaway.jp/

『財産承継トラスト』とは、
争族が末代まで起らない『親族内事業承継スキーム』
相続税対策になる『M&Aスキーム』
相続税対策になる『事業・投資スキーム』

第1ステップ　～　第3ステップ　（番号は取引の順序）

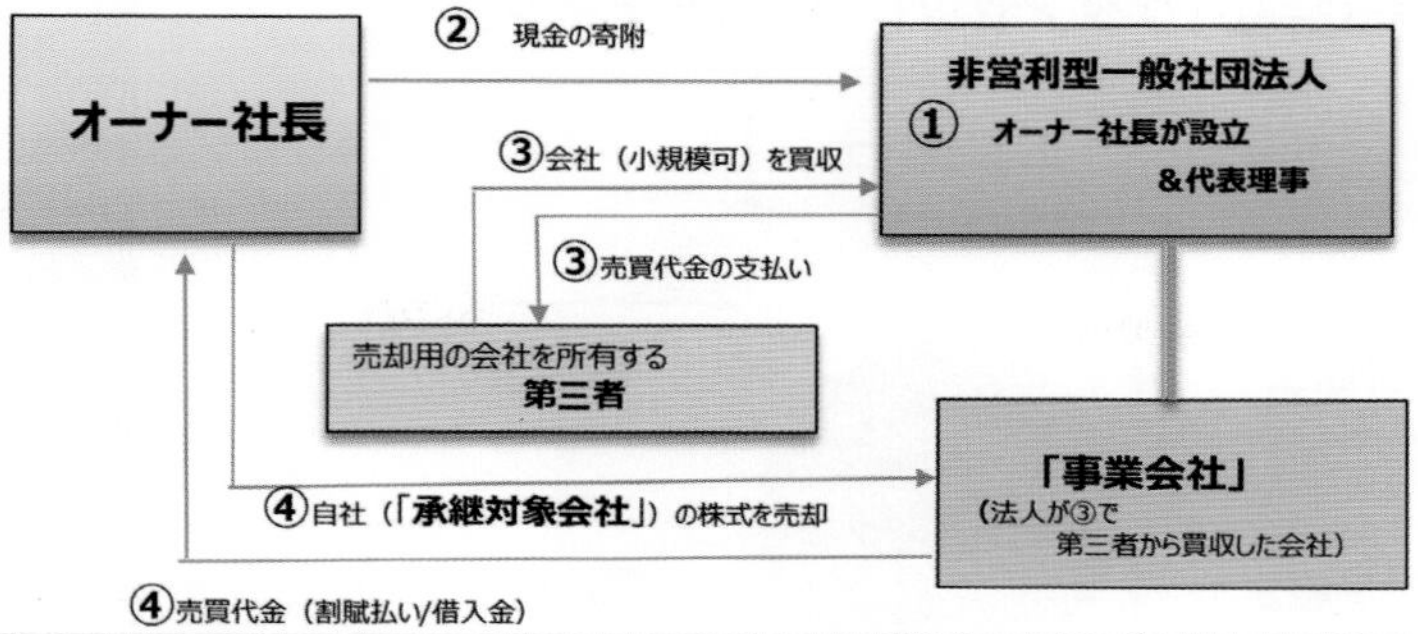


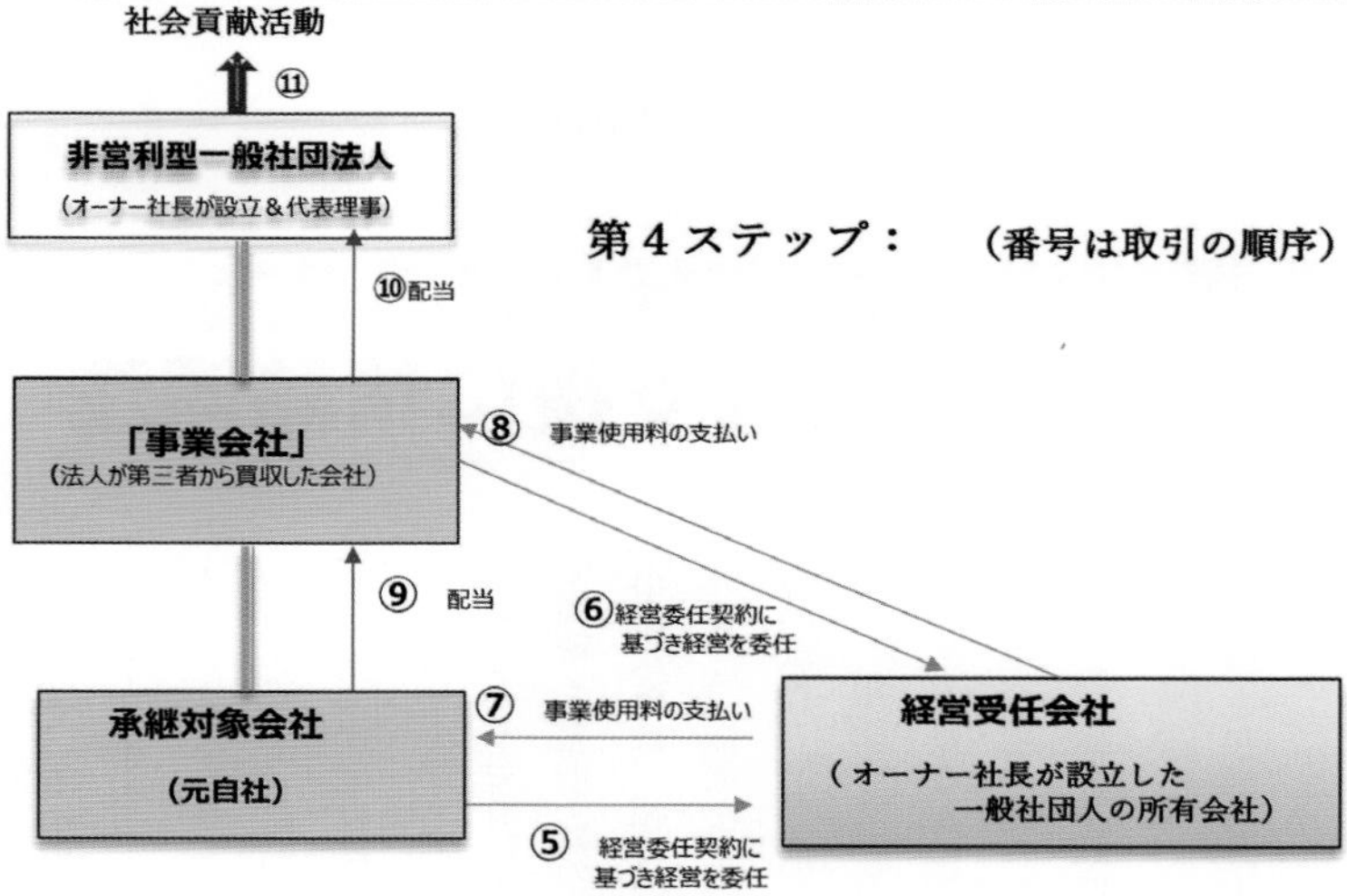


営受任会社に経営委任契約に基づいて経営を委任する。経営受任会社は、両会社の事業を、それぞれの会社の名をもって、自らの裁量及び計算において経営する。収益は、すべて経営受託会社に帰属し、その収益の一部を事業使用料として両会社に支払う。事業使用料は、同法人による社会貢献事業の活動資金に充てられる。

「非営利型一般社団法人は、社会貢献事業を主たる目的とし、設立登記のみをもって成立します。寄附金収入に対する課税や所有財産に対する相続税の課税がありません。また、承継対象会社と事業会社は相続税の対象になりません。このスキームを実行すれば、末代まで相続人間の争族が起らない事業承継を行うことができ、将来上記両会社の価値が高まっても相続税が増えることはありません。オーナー社長やその相続人は同両会社の経営を通じて所得を得続けることができますし、同両会社の経営を経営委任契約に基づいて完全に支配することができます」

秋田さんは、このスキームの類似形で、「相続税対策になるM&Aスキーム」と「相続税対策になる事業・投資スキーム」の提案も行っている。

（ライター／斎藤紘）

## 株式会社イケダアセットコンサルティング

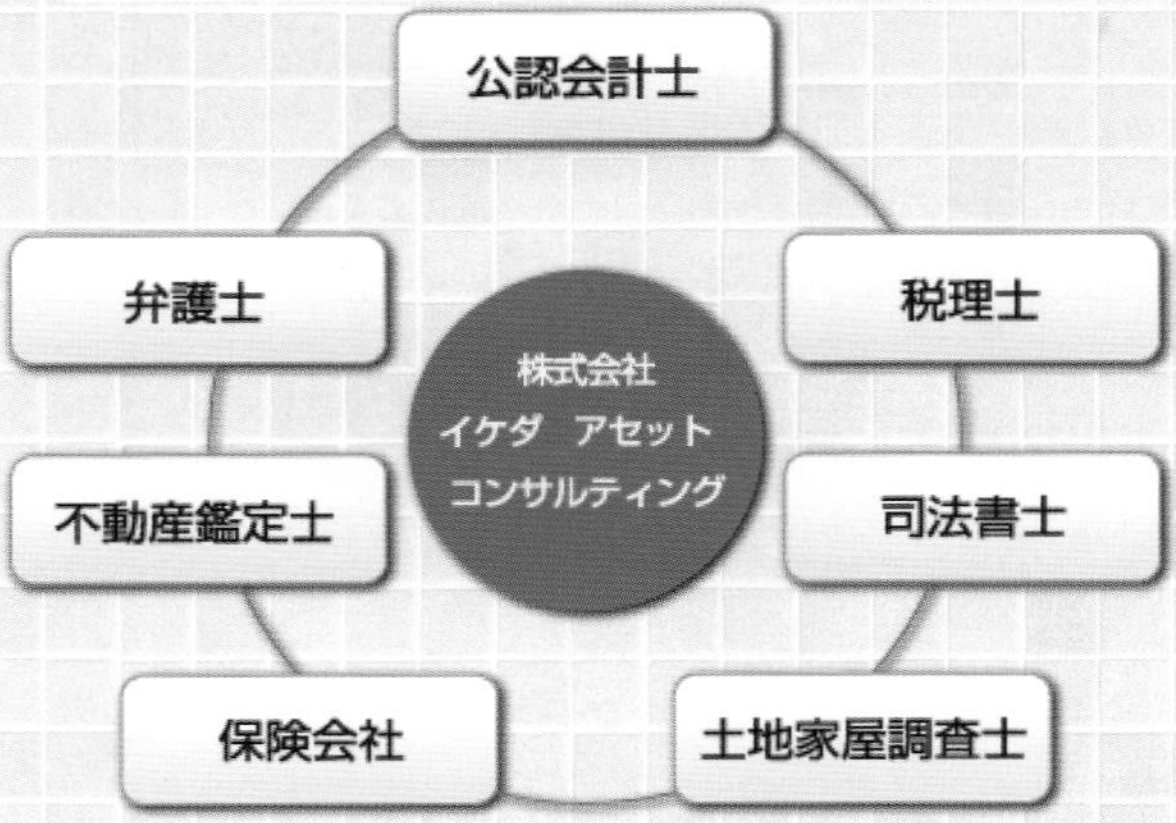

代表
**池田幸弘**さん

中小企業の取締役、「新日本有限責任」監査法人、「船井総研系」の財産コンサルティング企業、税理士法人勤務を経て、『池田幸弘公認会計士事務所』の開設及び『株式会社イケダアセットコンサルティング』を設立。東京税理士会研修会講師、日本公認会計士協会、税務第一委員会委員長、市川市市政戦略委員を歴任。

# 中小企業経営者の窮状に心を寄せ
# 事業承継の包括的な支援に情熱傾注

### 会社法の専門知識活用
### 経営者が心開く信頼性

「事業承継について相談できる専門家が地域にいないため、困っている中小企業経営者が全国に大勢いらっしゃいます。そういう経営者が休廃業に追い込まれないように一人でも多く支援したい」

公認会計士、税理士、行政書士の国家資格と相続診断士の民間資格を併せ持つ『池田幸弘公認会計士事務所』代表の池田幸弘さんが、公認会計士の独占業務である会計監査を行わず、税理士に軸足を置いて相続・事業承継の支援に業務を特化した理由だ。

「事業承継は、相続の法人版。資産や負債、収益性や成長性、株主などの分析、親族間の資産配分、相続税の試算、M&Aの検討など為すべきものは多岐にわたり、相談を受ける専門家には会計、税務、法務、金融、不動産などの知識が求められます。中でも会社組織や意思決定の権限や経営者の責任などについて定めた会社法の知識は重要です。税理士は、事業承継の相談を多く受ける士業ですが、会社法に精通し、事業承継を包括的に支援できる税理士は1%にも満たないのが実状で、経営者が相談できず困る状況が全国に広まっているのです」

その点、池田さんは税理士の知見に加え、公認会計士に求められる会社法の知識を生かせるのが強み


## 池田幸弘公認会計士事務所
いけだゆきひろこうにんかいけいしじむしょ

03-5335-7981
ikeda@ike-cpa.jp
㊟ 東京都杉並区荻窪5-16-14 カパラビル8F
http://ike-cpa.jp/


こちらからも
検索できます。

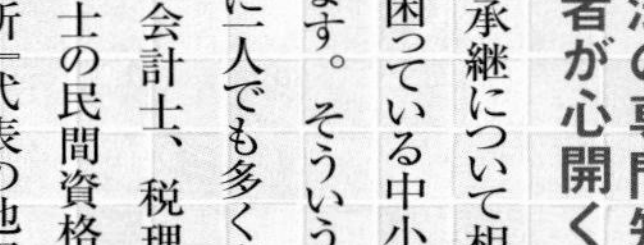

セミナー風景

税理士会支部研修会

だ。

「事業承継では、財産権と経営権を同時に考えていく必要があります。財産権には、税法の知識、経営権には会社法の知識が必須です。ご相談があれば、株式の保有状況、後継者の有無などを含めた現在の事業の状況やご家族の状況、社長様のお気持ちを踏まえた現状を把握し、加えて決算書などの資料からの株価試算の上、事業承継対策に必要な問題点の洗い出しを行います。それらを集約し、税務面及び法務面の両視点からお客様の状況に応じたオーダーメイドの最適な事業承継プランを提案します。添付する資料も、図やイラストを多く用い、カラフルで視覚的にも見やすいよう工夫して作成します」

公認会計士ブランドが持つ信頼性も強みだ。

「経営者の方から個人情報や資産の状況、親族の人間関係、場合によっては家族も知らないような秘密情報もお聞きしなくてはなりませんが、信頼性がなくては心を割って話していただくことはできないでしょう。公認会計士の資格がその役に立っていると感じています」

池田さんは、金融機関や保険会社からの紹介、相談した経営者からの紹介が連鎖的に全国に広がり、独立前からの分を含め相続・事業承継の相談件数は1300件超と国内屈指の実績だ。（ライター／斎藤紘）

突然のがんの宣告
家族の生活は一変しました
でも・・・
もうそんな心配はいりません
アラジンの「会員システム」が
あなたとご家族を守ります！

代表取締役
**箸尾浩至** さん

2022年11月『株式会社Immprex』設立、代表取締役に就任。がん免疫療法やがんワクチン、幹細胞治療などの研究開発と製造販売、免疫精密医療クリニックの運営、アンチエイジングの免疫治療などの開発が目標。

# がん免疫治療を大きく変えた みんなで作る理想の医療制度誕生！

## 一回200万円以上もするがん免役治療が わずか10分の1以下に…同居家族もカバー！

『がん免疫治療』『再生医療』をご存知だろうか。保険適用外で高額なため、富裕層のものといわれてきた。この度、その先進医療を誰でも気軽に受けられる医療スキームが民間の手で開発され2023年9月にメディア発表された。がん撲滅のための「未来医療」を理念に掲げた『株式会社Immprex』。代表の箸尾浩至さんと免疫医療では国内第一人者である岡本正人博士の元に免疫・再生医療の研究者らが結集し『アラジンシステム』を完成させた。医療業界に革命を起こすシステムは、一般人から生まれたところが画期的。正に患者さん目線、患者さん中心。そんな待望の医療がようやく始まる。アラジン会員がこの医療制度を支え、万が一の時に医療チームが会員の命を徹底的に守るという仕組み。その会員が支払う月会費は、なんと2500円だけ。しかも同居家族全員がカバーされる。最近では免疫医療対象の「がん保険」が登場しているが、実はすべてが対象ではない。その点、『アラジンシステム』は、一見保険に見えるが医療まで対応するので保険ではない。実にシンプル。しかも、自動車保険のように継続割引があり、6年目からの月会費は僅か800円と申し分ない。会員とその家族は、一回約200～300万円の免疫

株式会社 Immprex
インプレックス
06-7777-0474
info@immprex.com
㊟ 京都府木津川市城山台7-15-9
https://www.immprex.com/

公式WEBサイト

Immprex

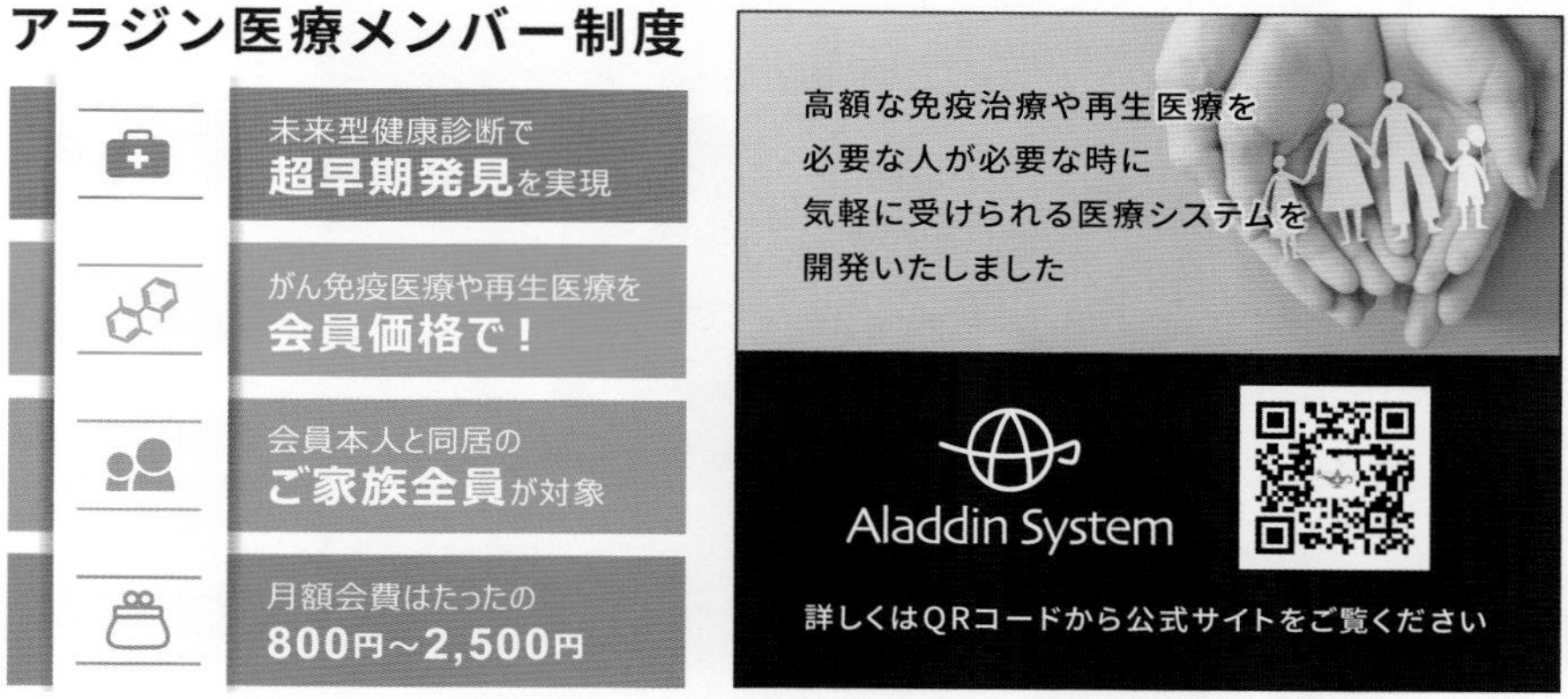

アラジン医療メンバー制度
未来型健康診断で
超早期発見を実現
がん免疫医療や再生医療を
会員価格で！
会員本人と同居の
ご家族全員が対象
月額会費はたったの
800円～2,500円
高額な免疫治療や再生医療を
必要な人が必要な時に
気軽に受けられる医療システムを
開発いたしました
Aladdin System
詳しくはQRコードから公式サイトをご覧ください

CPC（細胞培養施設）の開発と管理も自社で行う他、第三者管理委員員による培養製造品合格証を発行。全国に展開する「アラジンクリニック」で治療を実施。

右／代表取締役 箸尾浩至さん（診療データ管理統括）
左／取締役 岡本正人 博士（免疫・再生医療統括）
2023年9月5日メディア発表にて。

医療を製造コストの約20万円の負担だけで受診できる。医師の選択や変更も自由だ。

さらに特筆すべき『Immprex』の会員向けサービスとして「未来型健康診断」が用意されている。人間ドックでも受けられない最新のガンマーカー、ホルモンや免疫検査などをセットにしたオリジナル。個別で受けると何十万円もするが、これもコスト負担だけで受けられる。この健康診断を毎年受け続ければ、がん発生リスクは極端に下がる。見つけにくい膵がんもステージ0（ゼロ）～1で早期発見でき、5年後生存率は現在の6%から90%以上になるのは確実といわれる。がんも早期発見できれば、風邪程度の病気になるということだ。他にもアンチエイジング（抗老化）の「再生医療」、それに認知症や鬱などの難治病の治療を行う最先端の神経再生医療も会員になれば、気軽に受診できる。「未来型健康診断」を含む全メニューは、『アラジンシステム』を支える会員のために『Immprex』が提供する。アラジン会員からがんの死亡者を出さない取り組みだ。

2023年11月、横浜市内に研究用ラボと細胞培養施設を開設し、mRNA型がんワクチンなどの開発を加速する。『アラジンクリニック横浜』も2023年度内に開院する。驚きの詳細は、同社のホームページで確認して欲しい

（ライター／斎藤紘）

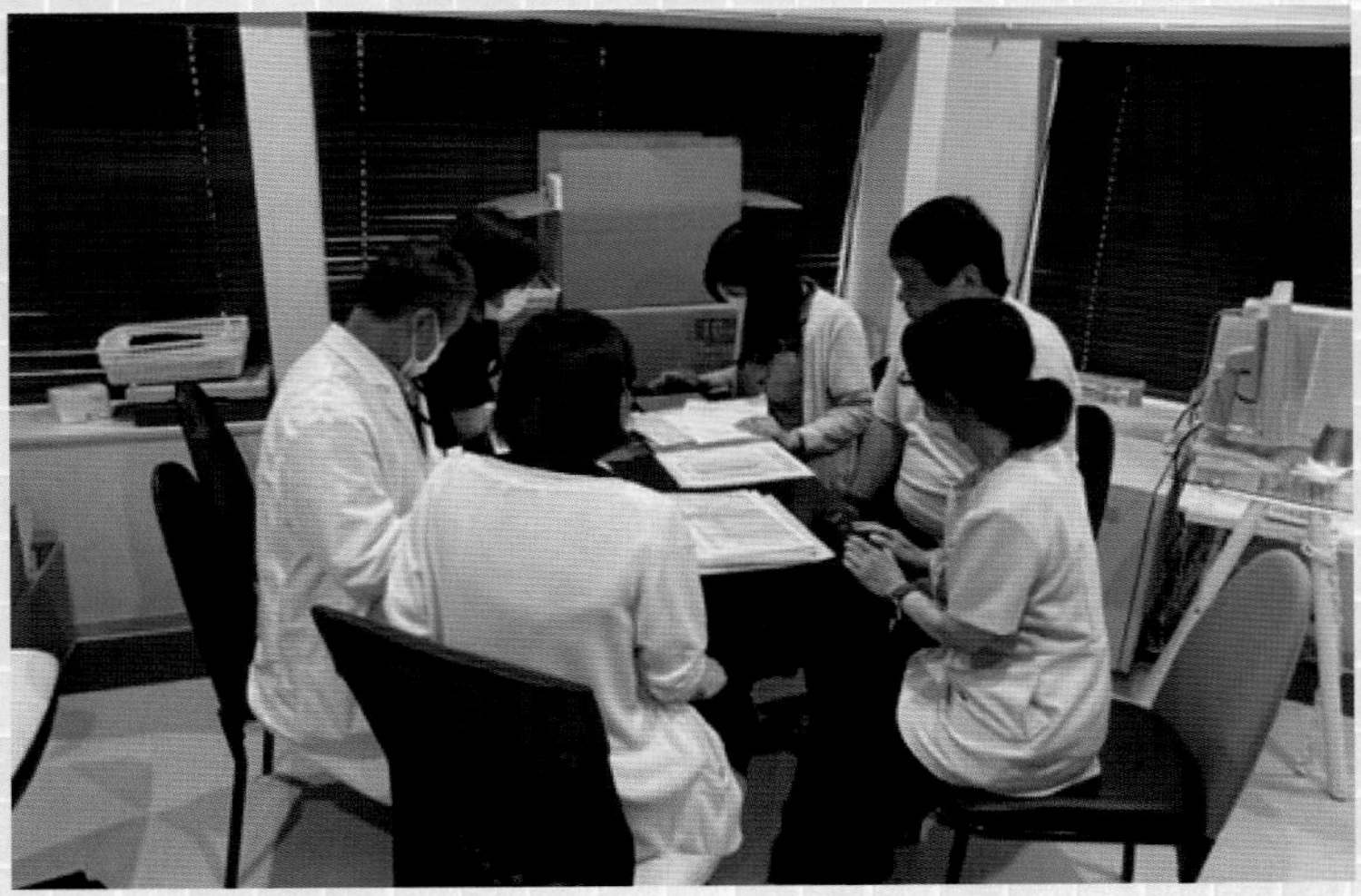

オーナー店長
池川茂生 さん

新薬メーカーのMRとして大学病院や地域中核病院を約25年担当した後、民間病院の薬剤部長などを経て2014年に「池川薬局」開局。認定薬剤師、認定実務実習指導薬剤師、スポーツファーマシスト。健康サポート薬局研修修了。

# がん薬物療法の相談など幅広い活動
# 薬剤師プラスアルファの資格を活用

## ドーピング相談も実施
## 薬学生実務実習も指導

大阪市住之江区の『池川薬局』は、大阪府薬剤師会認定のかかりつけ薬局、医療機関を限定せずに大阪府内の医療機関160超の施設が発行する処方箋で調剤する面分業調剤薬局、入退院時や在宅医療への移行時に他の医療提供施設と連携して対応できる地域連携薬局、在宅訪問サービス実施薬局など様々な顔を持つ典型的な無菌調整室を持つ多機能薬局だ。この体制を築いたオーナー店長の池川茂生さん自身も薬剤師プラスアルファの多様な資格や認可業務を持ち、多機能薬剤師ともいえるほど活動のウイングは広い。

その一つが、薬剤を注射や点滴、内服などでがん細胞を攻撃する薬物療法について、他の医療従事者と協働して実践し、患者さんに最大限の利益をもたらす薬物療法専門薬剤師として活動している。奥様の敦子さんは、認定遺伝カウンセラーでもあり、遺伝子情報によるオーダーメイド治療に関する情報提供にも相互に連携し相談体制を整えている。赤ちゃん体操をはじめ、癌治療についての相談を同薬局の別室の相談室で行い、遺伝性疾患やがん化学療法、遺伝子診断などについての相談も事前予約で行っている。もう一つが、公

## 池川薬局
いけがわやっきょく


06-6690-7777
ikegawayakkyoku@vega.ocn.ne.jp
㊟ 大阪府大阪市住之江区中加賀屋2-1-14
https://ikegawa-ya.com/


こちらからも
検索できます。

住之江区 中加賀屋
大阪府薬剤師会　認知かかりつけ薬局

どこの処方箋でもOK

# 身体の不調・お薬のお悩み お気軽にご相談ください

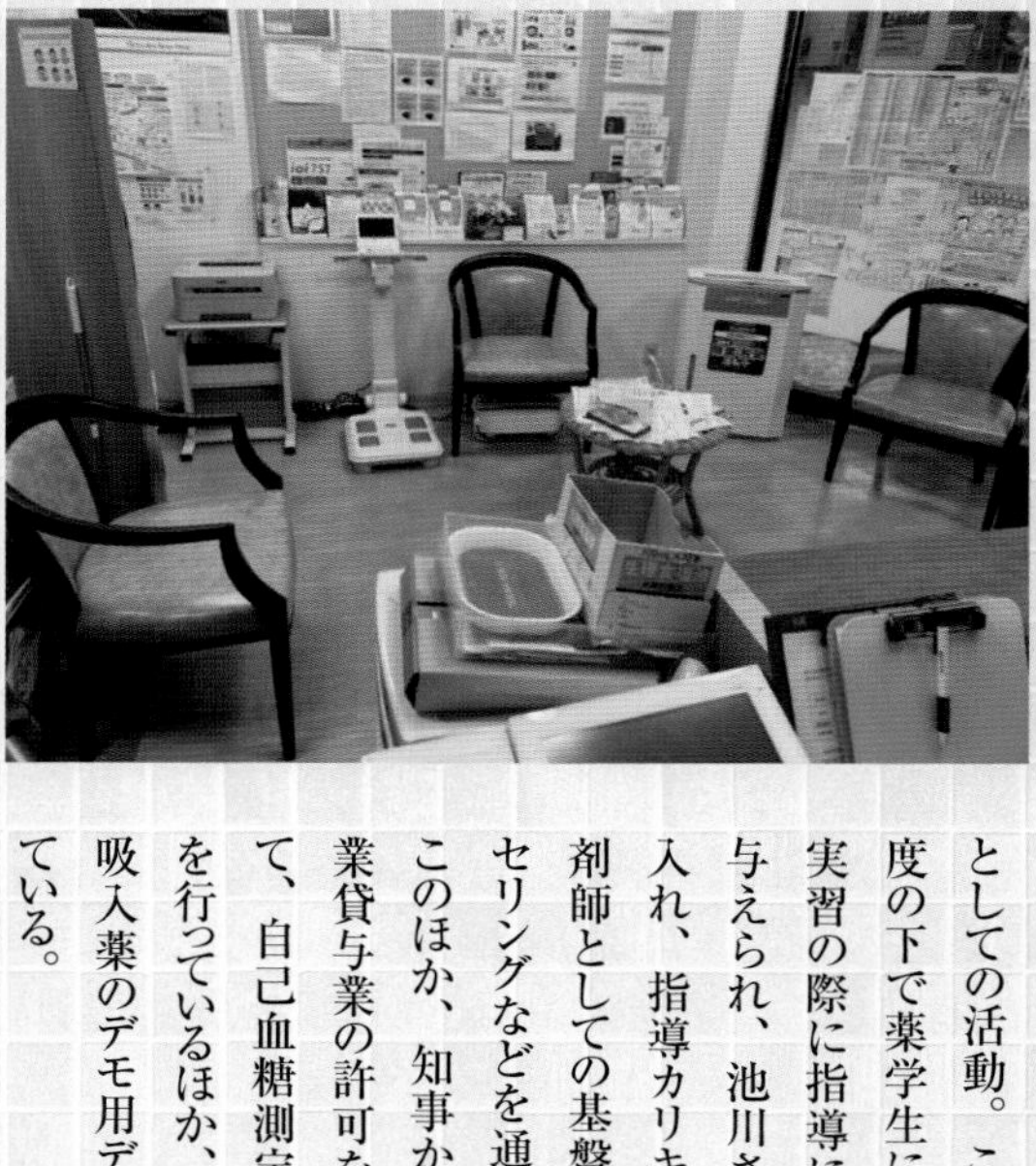

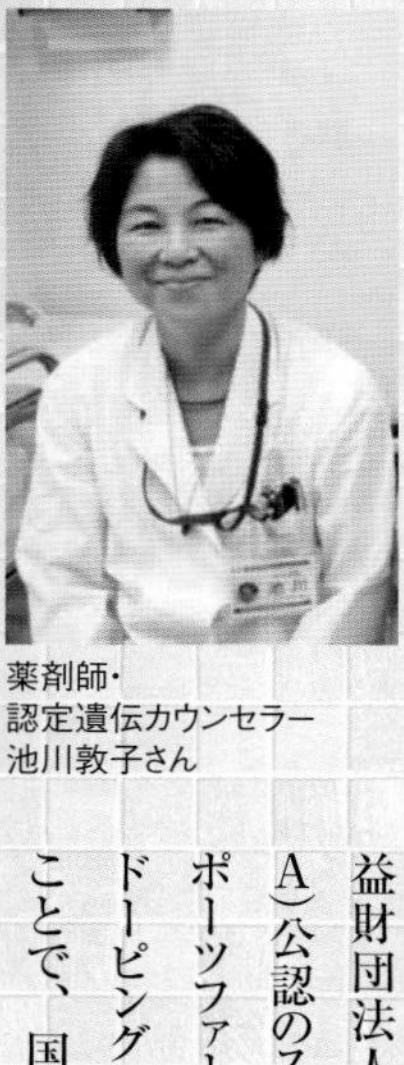

薬剤師・
認定遺伝カウンセラー
池川敦子さん

益財団法人日本アンチ・ドーピング機構（JADA）公認のスポーツファーマシストとしての活動。スポーツファーマシストは医療に係る最新のアンチ・ドーピング規則に関する知識を有する薬剤師のことで、国民スポーツ大会に向けての都道府県選手団への情報提供や学校教育現場でのアンチ・ドーピング情報を介した医薬品の使用に関する情報提供などを行うが、池川さんは、インターハイ選手からオリンピック参加者を対象にしたドーピングの相談も行っている。三つ目が、一般社団法人薬学教育協議会認定の実務実習指導薬剤師としての活動。この資格は6年制薬学部教育制度の下で薬学生に対して医療現場における実務実習の際に指導にあたることのできる薬剤師に与えられ、池川さんは、同薬局に薬学生を受け入れ、指導カリキュラムの作成や評価を行い、薬剤師としての基盤となる能力を養うほか、カウンセリングなどを通じて精神的なサポートも行う。このほか、知事から高度管理医療機器など販売業貸与業の許可を得た薬局の営業所管理者として、自己血糖測定機器等の使用方法などの指導を行っているほか、認定吸入支援相談薬局として、吸入薬のデモ用デバイスを用いた吸入指導も行っている。

（ライター／斎藤紘）

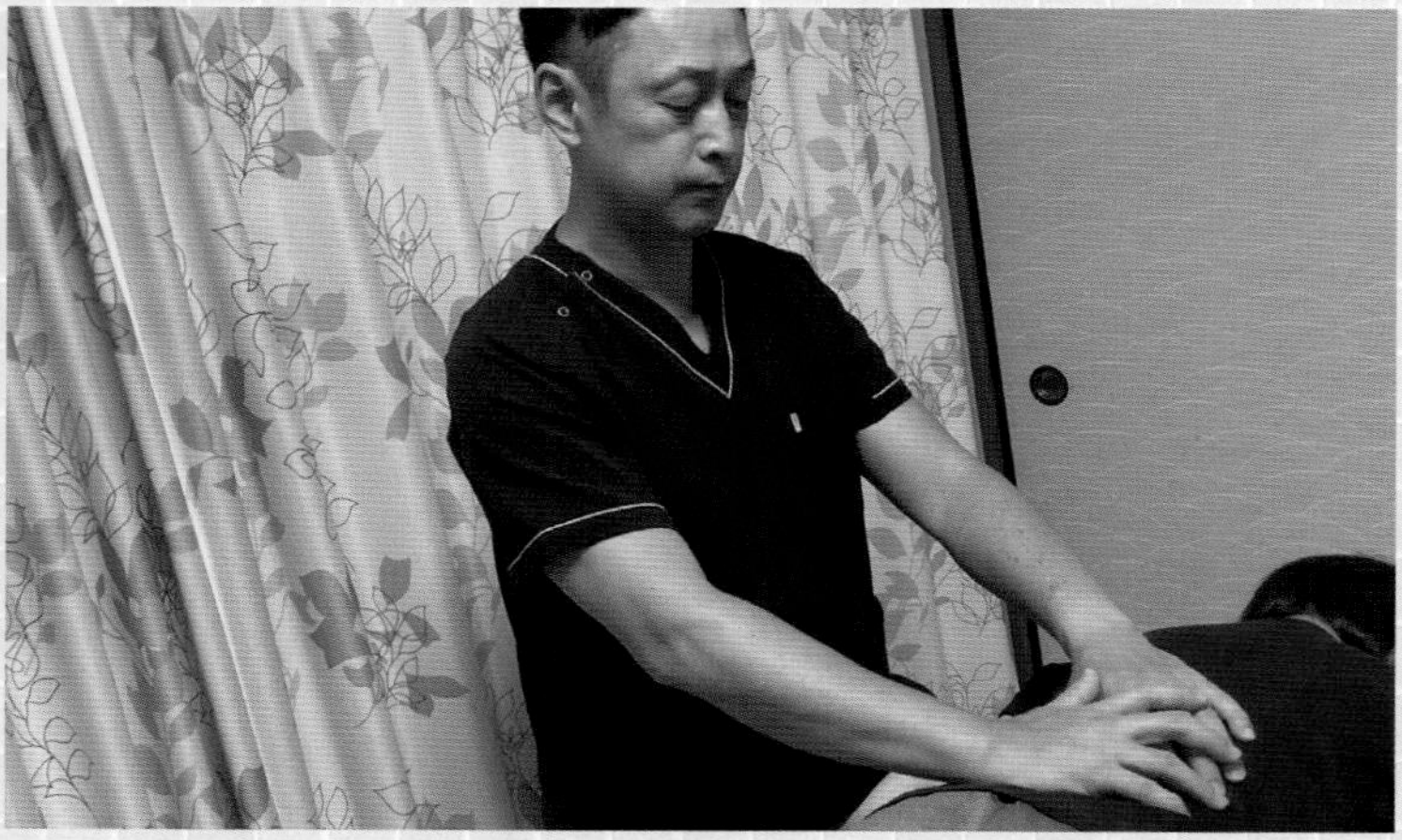

厚生労働大臣認可（医政第742号）認定取得／DRTマスターインストラクター認定取得。すべての施術（整体）を自ら行う。

院長
**大山悦司** さん

健康関連機器販売などを経て『大山整体院』開院。関東、甲信、東海を中心に遠くは北海道や大分、沖縄からも来院。厚生労働大臣認可団体の全国整体療法協同組合認定整体師。DRTスーパーレイティブインストラクター。

# 背骨を1ミリ単位で調整し痛みを改善
# 来院者の信頼を集める高度の整体技法

## 年間４千例の施術実績 施術後ケアで再発防止

「骨格のズレや歪みを整え根本から症状を改善していく」

施術効果が大きいといわれる整体技法、DRT（ダブルハンド・リコイル・テクニック）の最高峰スーパーレイティブインストラクターの資格を持つ『大山整体院』院長である大山悦司さんの評価を高めた施術テクニックだ。片頭痛、首の痛み、四十肩、坐骨神経痛、ぎっくり腰、産後腰痛などに効果が高いこの技法を軸に、年間に行う施術が４千例を超える実績と施術に対する信頼度が表出する。

また、忙しい整体業を営みながらインストラクター養成セミナーや技術勉強会、練習会も精力的に開催し、整体師の育成にも奮闘する伝道師でもある。

施術プロセスは丁寧且つ周到だ。

「当院の施術は、身体の痛みの原因になっている背骨の歪みや骨盤の傾きを整えることに主眼を置いています。施術前に症状の状などをヒヤリングした上で、動作や主訴の具合や背骨の歪みと柔軟性、筋肉の硬さをチェックした後に施術を行い、施術後に施術前と同じチェックをして改善具合の変化を共有します」

この整体の基本ベースで行うのがDRTだ。

「背骨に心地良い調整をして全身の緊張を解いていき、脊柱管狭窄症やヘルニアによる痺れ、逆流性食道炎、便秘、不眠症、自律神経失調症、等、あらゆる症状を改善へ導きます。

**大山整体院**
おおやませいたいいん

048-838-3880
ooyama-seitaiin@gmail.com
㊟ 埼玉県さいたま市桜区西堀6-1-14 ブランドール壱番館207
https://www.ooyama-seitaiin.jp/

LINE

大山整体院

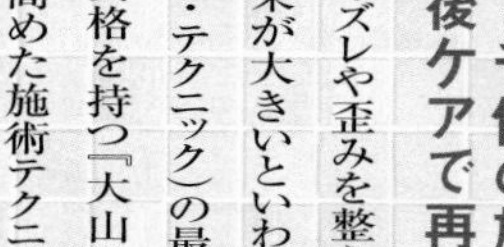

「半年以上悩んでいる症状、諦めていたその痛み･･･」
当店で終わりにしませんか
骨格の歪みを整え体軸を調整する施術
痛みの原因を根本改善!!
初回施術効果実感97％以上
※当院アンケート結果
ポイント①
土・日祝日も営業
ポイント②
21時半まで受付
ポイント③
中浦和駅から徒歩7分
頭痛
坐骨神経痛
首の痛み
自律神経など

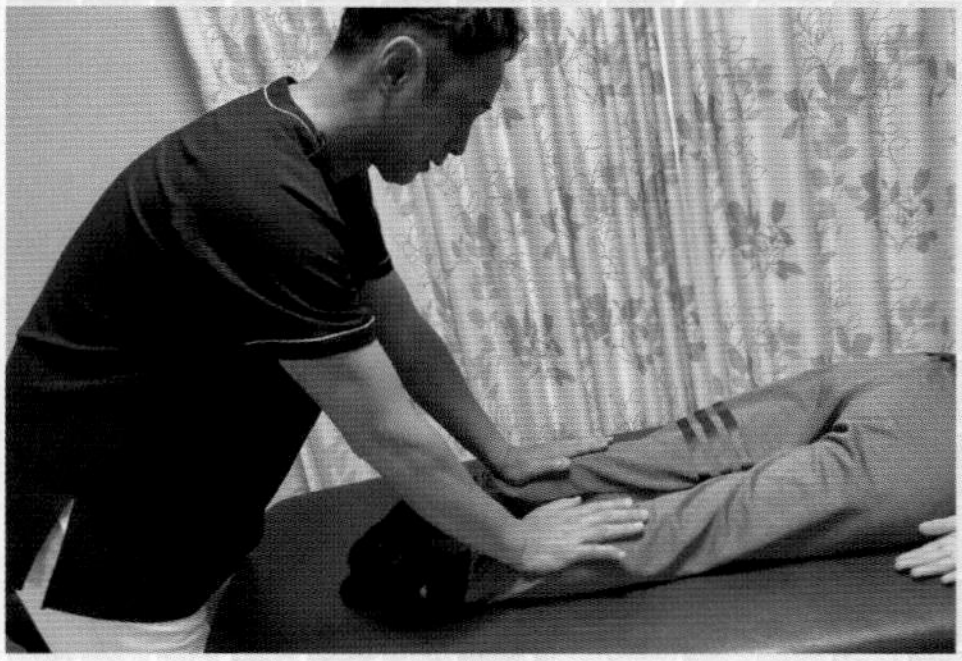

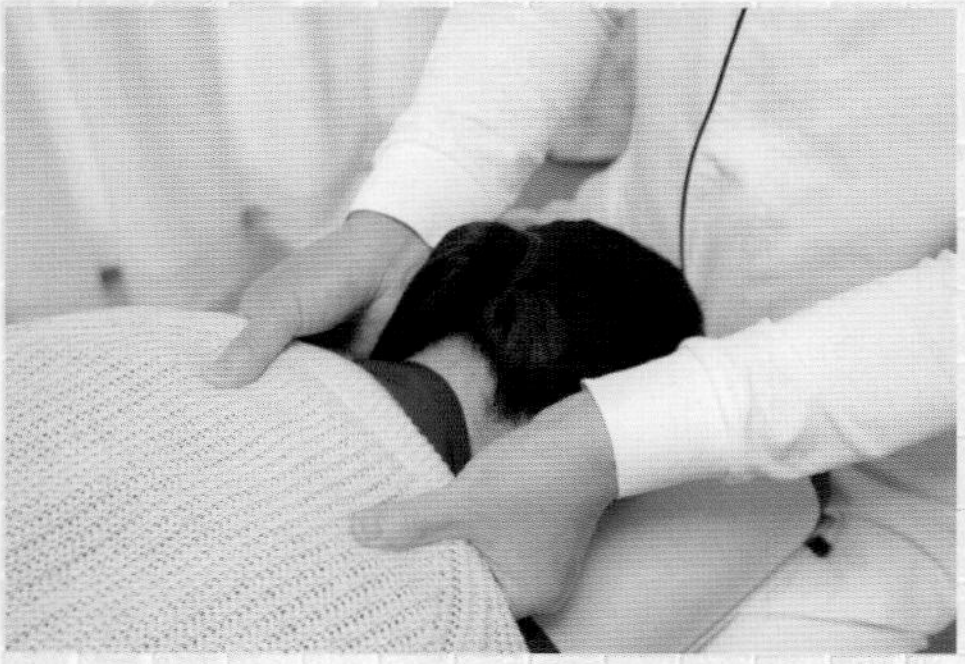

3歳の幼児から96歳のお年寄り、妊婦まで、施術ベッドに寝れなくても、また手術前、手術後、手術で背骨に金具が入っていても、基本的にどのような状態であっても安全に施術することができる。今、医療業界で最も注目されています」

押したり揉んだりするのは、単純な筋肉疲労などには効果的だが、慢性的な痛みの場合は根本改善に至らず、その場しのぎになってしまうケースがほとんど。痛みが改善されないで再発してしまう理由は背骨の歪みにある。背骨が歪んでいると、どこが悪いのかを知らせる「神経伝達」の働きが鈍くなり、不快な症状をなかなか認知できないため、さらに悪化…ということが起こる。原因として、「前かがみでパソコン画面を見てしまう」「立ちながらスマートフォン見たり本を読む」「背もたれに寄りかかって座る癖がついている」などが考えられる。背骨が歪む→痛みを認知できない→前兆に気付かない→気付いた時には症状悪化。

『大山整体院』では、三段階の行程での施術とセルフケア指導をお伝えすることで、体の歪みが整い安定し易くなり、症状の落ち着きが早くなるという。大山さんは、若い頃に健康関連機器の販売に携わる中で座骨神経痛を長い間患い、幾度も探し回った後に師匠となる整体技術科の施術を受けたところ改善したことから、それを機に整体技法を本格的に学び、働いていた会社を辞めて修業期間を経て2008年に開業。今では他での治療や施術で満足できなかった人が、最後の駆け込み寺と求めて来院する。

（ライター／斎藤紘）

『クロスドックチェーンTM』

会長
**山田普** さん

1955年、滋賀県米原市西円寺で運送業を創業、「近交運輸有限会社」設立から年を追ってグループ企業を次々に起こし、業容と事業範囲を拡大。現在『近交グループ』会長、『滋賀近交運輸倉庫株式会社』代表取締役。

# 運輸業の2024年問題のソリューション
# 長距離でも日帰りできるシステム導入

## 中継地を設け貨物交換
## 輸送効率も大幅に向上

自動車運転業務の年間時間外労働時間の上限を960時間に制限する働き方改革関連法が2024年4月に施行される運輸業界の2024年問題。長距離輸送を手がける業者が対応に苦慮する中、そのソリューションとなる輸送システムを逸早く導入した経営者がいる。『滋賀近交運輸倉庫株式会社』を中核に14社で構成する『近交グループ』会長の山田普さん。入荷した商品を物流センターに在庫保管せず、配送先別のトラックに積み替えて出荷するクロスドッキングを長距離輸送で実施しても2024年問題をクリアできるように中継地で貨物を交換する『クロスドックチェーンTM』を導入、法が成立した2018年から実施してきた。

『クロスドックチェーンTM』は、貨物を配送先まで直接届けず、中継地で別の荷物を積んだトレーラーと交換するシステムです。東京と大阪からそれぞれ荷物を積んだトレーラーが出発し、中継地の静岡県掛川市で貨物を交換して、それぞれの出発地である東京と大阪に戻るのはその一例です。このシステムによって、長距離ドライバーでも毎日家に帰れる上に、13時間以内という法令に定めた拘

**滋賀近交運輸倉庫** 株式会社
しがきんこううんゆそうこ

0749-65-8001
HPのお問い合わせフォームより
㊟ 滋賀県長浜市山階町138
https://www.kinkog.co.jp/

こちらからも
検索できます。

滋賀近交運輸倉庫株式会社

長浜本社

束時間を遵守でき、同数数量の荷物を運ぶ際の運転手を12人から4人に削減することも可能です。さらには使用燃料の34％削減によって$CO_2$排出量を34％削減できる効果もあります」

山田さんは、2016年からクロスドッキングによる運行を開始、2018年からはグループ会社の力を結集して、北海道から九州までを17の拠点を中継地として繋ぐ『クロスドックチェーンTM』による運行を展開している。この中で使う車両も大型増トン車（13ｔ積載車）からトレーラー（26ｔ積載車）に切り替えたことで、運転手1人が運ぶ荷物が約2倍に増え、輸送効率も向上したという。

山田さんは、収配ターミナルや配送トラックの積載方法の課題をコンピュータを使って解決する宅配システムと物品配送支援システムで特許を取得するなど輸送効率について研究を重ねる学究肌の経営者。

「これまでトラックドライバーの労働環境は、長時間労働の慢性化という課題を抱えていました。このため近交グループでは流通革新を目標に掲げ、労働環境の改善に努めてきました。『クロスドックチェーンTM』は、その一端です。今後もお客様へのサービスの充実、従業員の福祉向上に積極的に取り組んでいきたいと思っています」

（ライター／斎藤紘）

「SDGs」行動宣言で脱炭素社会の実現へ向け、100%電気自動車「リーフ」導入。

代表取締役社長
**田中秀和** さん

大学卒業後「東京日産」(現日産東京販売HD)入社。技術職・営業職から労組委員長を経験し、職場復帰後人事部長。人事担当役員として働き方改革・年金改革を実施。2018年より現職。

# 職場環境改善の先進性に高い評価 タクシー事業に表出する社会貢献意識

## 高いテレビ番組露出度 タクシー乗り場清掃も

2023年の某日、東京・高円寺駅前のタクシー乗り場周辺を男たちが箒と塵取りで清掃していた。自社のタクシーがここを利用する『葵交通株式会社』代表取締役社長の田中秀和さんや社員たち。「安全・安心・快適にタクシーを利用して頂く」という田中さんの経営理念に基づいた活動だ。この経営理念、社内では「お客様に満足して頂けるサービスを提供するには、まず社員が気持ちよく働ける環境が重要」との考えに表出、職場環境の整備に不断の努力を重ねてきた。

法令遵守、労働時間・休日、心身の健康、安心・安定、多様な人材の確保・育成、自主性・先進性の6分野で職場環境改善が優良とされた自動車運送事業者に国交省認定団体から授与される「働きやすい職場認証制度二つ星」を2023年6月に取得したのは、その努力の表れだ。二つ星は自主性・先進性に優れていることを示す。

『人が全て』が当社のスローガン。社員が気持ちよく働ける環境として、希望制シフトの導入や専任のサービスリーダーによるアクシデント時のサポート体制の整備を進めてきました。コロナ禍で社員の収入が減少した時期には特別見舞金も支

**葵交通** 株式会社
あおいこうつう

03-3382-1533
住 東京都杉並区和田1-19-9
https://www.aoi-kotsu.com/

接客サービスコンテスト

新人教育

交通安全警察講習

救急救命士資格取得講習

点呼風景

撮影協力我妻

地域貢献活動

旅行 昇仙峡

給しました。社員がいるから会社があるという感謝の気持ちを大切にしています」

『葵交通』は、日産東京販売ホールディングスのグループ会社で、東京23区と武蔵野・三鷹地区を中心に、100%電気自動車リーフや電動車セレナ&ノートe-Powerなど環境に優しい車種44台を含む64台のタクシーで営業しているが、タクシー関連のニュースでTVで取り上げられることが多いのも特長だ。東京23区などのタクシー運賃が15年ぶりに値上げされた2022年11月にはNHKニュースで、「より一層サービスを向上させ、乗ってよかったと満足していただけるように努めていきたい」と語る田中さんの様子が放映された。

田中さんは、事業を通じて「SDGs」の達成に貢献する活動にも積極的に取り組み、認定NPO法人世界の子どもにワクチン日本委員会が進めるペットボトルキャップ回収に協力、社内でたまったペットボトルキャップがプラスチックのリサイクル資源に生まれ変わり、その買取金額の一部が開発途上国の子どもたちのワクチンに役立てられる。

「社員もお客様も社会もすべてがハッピーになれるサイクルを目指しています」

この言葉から田中さんの経営姿勢が鮮明に伝わる。

（ライター／斎藤紘）

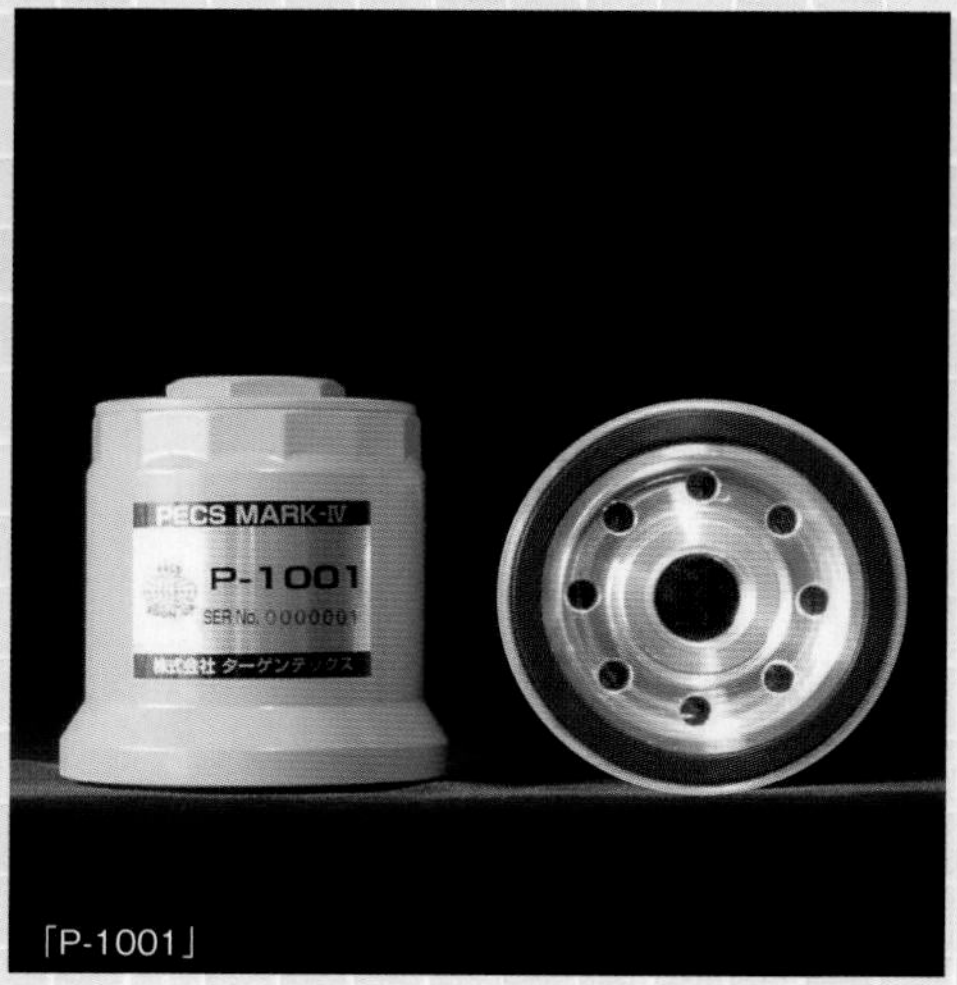


「P-1001」

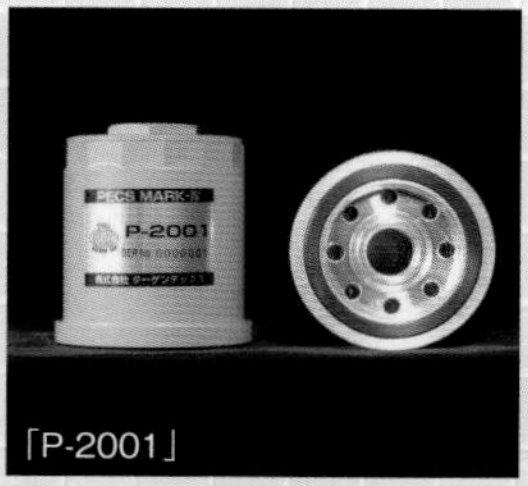


「P-2001」

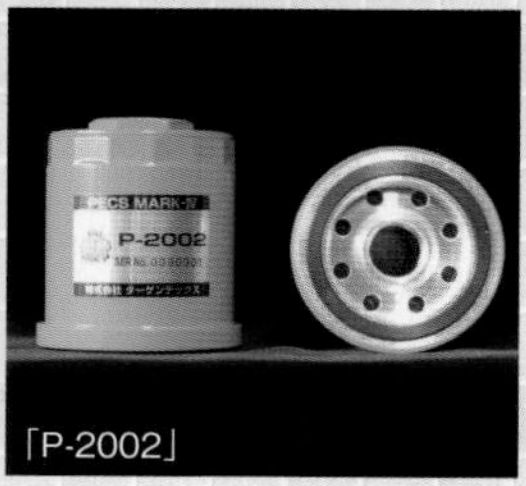


「P-2002」

代表取締役
**中村幸司** さん

日本大学工学部機械工学科卒。大手自動車関連会社で技術課にて知識を習得。独立して、1991年『株式会社ターゲンテックス』設立。磁性粉体の除去法を発明し、西独などで特許取得。ブラジル地球サミット国際環境機器展に招待参加。2005年度には日本大学大学院工学研究科非常勤講師。

# タイの事業が国連CTCN助成対象に認定 日本発の特許技術活用の大気汚染対策

## 良好なテスト結果評価 普及事業の準備が加速

中古自動車が多く走るタイ王国の排ガスによる大気汚染対策に日本発の特許技術を活用するプロジェクトが国連の気候技術センター・ネットワーク（CTCN）の助成事業として認定された。この技術、『株式会社ターゲンテックス』代表取締役社長の中村幸司さんが発明した無交換式オイル劣化予防装置『PECS MARK-IV（ペックスマークIV）』。既存の濾紙オイルフィルターの代わりに装着できる次世代フィルター。JICA（国際協力機構）の支援のもと、タイで行われたテストで良好な結果が出たことから、「SDGs」の理念に基づいた製品と評価されたものだ。『PECS』は、永久磁石の独自の配列から強力な反発し合う磁力線を構成し、エンジンオイルが通過すると、（エンジンの駆動時では、油膜面のできないタイミングチェーンとスプロケット、タイミングギア、カムとカムホロワーなどの部分は、線接触の移動で油膜面はできず、常に線接触の移動で、そのため金属のふれあいにより、1μ前後の微粒子の鉄粉が生じ、オイルと共にオイルパンにもどる。これらの1μ前後の鉄粉は、濾紙式オイルフィルターでは吸着されず、メーンギャラリーに圧送され、ここから油膜面のできるカムシャフトと軸受け、クランクシャフトと軸受け、シリンダーとピストンリングなどの油膜に入り込み、二次摩耗を生じる。このため、『PECS』を装着すると二次摩耗、三次摩耗、高次摩耗などを予防する微細な金属摩耗紛の発生を予防するため、『PECS』自体のクリーニングが長期間不要でそのまま使用可能）金属摩耗粉を吸着、微小粒子状物質PM2.5の原因になる

株式会社 **ターゲンテックス**

☎ 03-3326-7081
✉ ttpecs@tagen-tecs.co.jp
㊟ 東京都世田谷区南烏山5-1-13
http://www.tagen-tecs.co.jp/

PECS MARK-IV 種類 （乗用車）

| 型式 | ネジ径 | ガスケット径 |
|---|---|---|
| P-1001 | UNF3/4-16 | 71×61 |
| P-2001 | UNF3/4-16 | 62×52 |
| P-2002 | M20P1.5 | 62×52 |

『PECS MARK-IV』

下記写真はSPIN ONタイプのカット写真、その他種類は、濾紙だけを交換するインナータイプ（カートリッジタイプ）、センターボルト方式など各種あります。ガソリン・軽油・プロパン他燃料の種類は問いません。　※用途：自動車・産業車両・発電機その他。

『PECS MARK-IV DIESEL』

適合機種：各種ディーゼル車、船舶、産業車両、産業機械などその他。

『PECS 3P-N for BIKE』　適合機種：各種バイク、マリンスポーツエンジンなど（カートリッジ式タイプに装着可能）。

オイルフィルターと互換性があるうえ、一部の車両を除き、走行距離20万㎞ごとのメンテナンスで継続使用が可能。


カーボンの析出を抑制し、温室効果ガスを大幅に削減する。自動車生産先進国8ヵ国で特許を取得したほか、1992年のブラジル地球サミットの国際環境機器展でも紹介された。タイでのプロジェクトは、バンコク首都圏のPM2・5の主要な発生源がディーゼル車の不完全燃焼による黒煙であることに着目した中村さんなどが提案し、PM2・5などの大気汚染物質の低減、市民の健康被害軽減、温室効果ガスの削減、公共交通機関の燃費改善などを目標に始まったもので、タイの天然資源環境省公害管理局をカウンターパートにJICAの支援のもとで進められた。ディーゼル車の中古トラックに一年間装着してテストを行った結果、排ガス低減と燃費改善の効果が確認されたことを受け、タイ側がCTCNに助成を申請し、認められた。CTCNは、国連の温暖化防止条約会議COP16で設立が決まった国際機関で、開発途上国への気候変動対策技術の移転を支援する。『PECS』を普及させる事業モデルもほぼ出来上がり、実装して効果を確認したい事業者を募って最終テストを行った後、『PECS』のコア技術である永久磁石などを日本で製造し、新設する現地法人がタイの加工工場でフレイムなどを製造、組み立て工場で組み立て、中古の公共バスやトラック向けに販売するスキームが2024年に動き出す。

「『PECS』活用事業がCTCN助成事業として認定されたことで、『PECS』の活躍の場が国際的に広がるきっかけになると受け止めています。自動車排ガスによる大気汚染に悩む他の途上国への普及につながる可能性もあり、地球環境の改善に貢献できると思っています」

（ライター／斎藤紘）

「ベーカリーの売り場づくりセミナー」開催風景。

**代表取締役**
**工藤那彦（ともひこ）さん**
モノづくりに長年携わった経験を生かし、良いものを作り上げる事を仕事にしたいという思いから2020年『株式会社クードス』を設立。店舗オーナーの希望と協力会社の加工技術を結び付ける橋渡し役としても活躍。

# 視覚に訴えかける売り場づくり支援
# 店舗の魅力を際立たせる備品や包装資材の提案

## 飲食業界を中心に実績
## 要望に合わせた幅広いニーズに対応

　店内に入って目にする什器や備品、使われる包装資材は店舗のイメージを左右する重要なエレメントだ。2020年に埼玉県富士見市で店舗什器備品の企画・販売、ディスプレイの企画・提案、店舗コンサルティングなどを事業の柱に掲げて創業した『株式会社クードス』代表取締役の工藤那彦さんは、店舗に最善な什器や備品を提案、必要な商品の仕入れルートの確保、また、市場にないオリジナル商品のオーダーメイドにも対応している。優れた加工技術を持つ協力会社の協力を得て、様々な素材を組み合わせた商品製作や開発、スピード感と専門性を持って対応できる点も強みだ。称賛を意味するギリシャ語と自身の名前を重ね合わせた社名に込めた「自らが良いと思う物を提供して、お客様から称賛される会社を目指す」という経営理念の通りに、依頼主の店舗オーナーから高い評価を得てきた。

　工藤さんの店舗什器備品の企画のコンセプトは明確だ。

　「当社は、付加価値＋VMD（ビジュアルマーチャンダイジング）の考えのもと、『良い商品をより良く見せる』『見せ方で収益化を図る』の二つをキーワー


**株式会社 クードス**

049-293-5468　FAX 049-293-5469
t.kudo@kudos-inc.com
住 埼玉県富士見市羽沢1-5-27
https://www.kudos-inc.com/


こちらからも
検索できます。

KUDOS Inc.

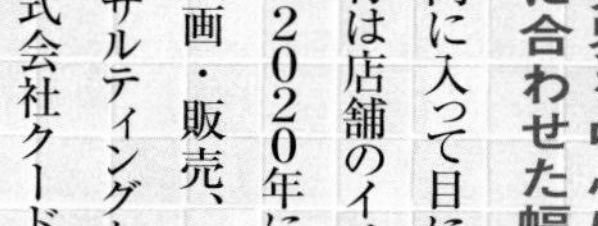

「レザー製トングケース」各種ノベルティの製作。

「ステンレス製パン型」要望に合わせてオリジナル型の製作。

「メンテナンス」天板の再フッ素加工やパンナイフの刃研ぎなど各種メンテナンスも対応。

「食パンラック」
店舗の売り場に合わせて什器の提案。

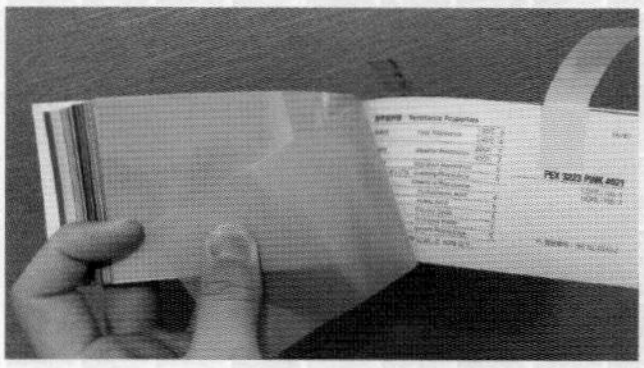

「オーダーメイド」要望やブランドイメージに合わせて、色や素材などを提案。

「食品サンプル」1点ずつ本物のパンで型を取り製作する展示見本。

ドに、視覚に訴えかける売り場づくりをご提案しています。人の感じ方や捉え方は三者三様であり、正解がないキーワードかもしれませんが、包装資材や陳列備品などで売り場づくりにアイデアが反映できた時、初めて形あるものになります。お客様の反応にも影響があるアイデアに基づく、モノづくりで店舗の活性化に少しでもご協力できればと思っています」

　これまで工藤さんが手がけた店舗什器備品の企画提案は、ベーカリーやカフェ、レストランなど飲食業界が中心だが、最近では様々なノウハウを生かして他業界のディスプレイ備品の製作も手掛けるなど多岐にわたっている。既製品やマニュアルにとらわれない自由な発想と応用力で、日々新しいモノづくりをお客様と向き合い一からつくるスタイルは、『クードス』ならではだ。

　工藤さんは、オンラインショップも運営、独自に企画開発した商品や厳選したメーカー製品を揃えている。セレクトしたアイテムを集約したカタログの製作も準備。今後は、様々な企業とコラボを行い、高品質かつアイデアを集結させた商品開発にも取り組み、地域産業の活性化を図るとともに各業界への貢献をしていく考えだ。

（ライター／斎藤紘）

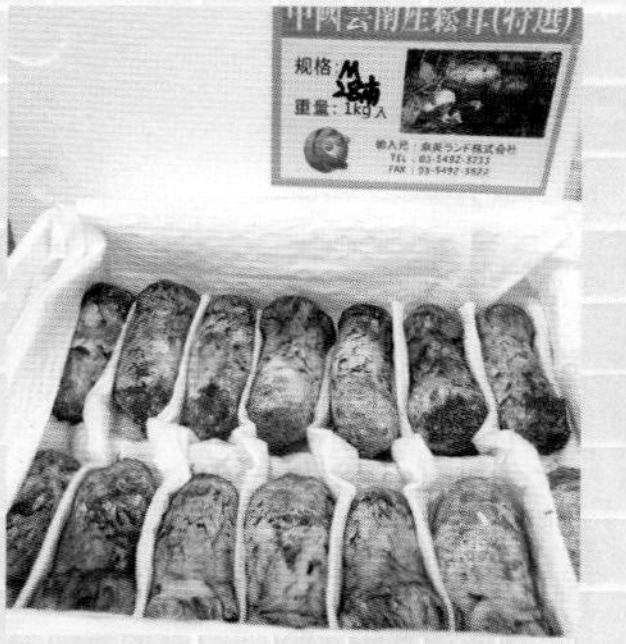

代表取締役
**王京英** さん

中国・北京出身。留学生として来日。日本語学校を卒業後、恩師の勧めで貿易会社に就職。3年間の貿易実務を経験した後、独立し、1994年、「京英物産」を設立。1996年『京英ランド株式会社』に社名変更。中国の福建省、山東省、北京に会社設立。

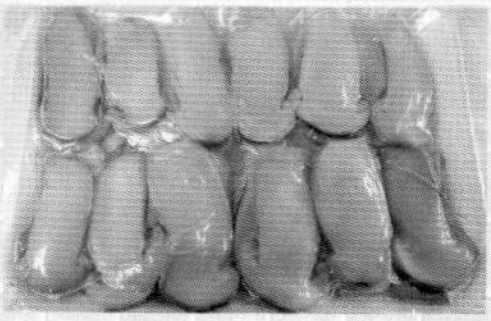

# 旬の青果物を厳選して輸入し提供
# 安全性確保に現地生産管理方式も採用

## 中国産の生鮮松茸好評
## 国産の海産物の輸出も

「世界中の新鮮な野菜や果物、旬の食材を安心、安全、安定してお届けいたします」

食品の総合商社『京英ランド株式会社』代表取締役の王京英さんは、この経営方針を守り続け、国内外の食品、外食業界から信頼を得てきた経営者だ。アジア、アメリカ、豪州、南米など世界に広がるネットワークを通して輸入、輸出、卸販売する商品は高品質でバラエティーに富む。

王さんの事業が評価されるのは、野菜や果物の生産プロセスに精通し、収穫時期を見定めて最も美味しい旬のものを仕入れることと、輸入の場合は現地の生産農家と連携を取り、高品質のものを厳選していることだ。取り分け中国の野菜や果物は現地での生産管理を徹底し、安全性を確保する。

具体的には、中国各地に持つ契約農場に日本から技術指導者を派遣して土壌を改良、日本の規格に適合した野菜の栽培技術を指導し、農薬や肥料の使用状況を管理する。さらに、生産者を日本に招き、スーパーマーケットの売場やレストランの調理現場を見てもらい、日本人の消費動向を生産に生かしてもらう徹底ぶりだ。

同社の人気商品が松茸。世界各国から輸入し

京英ランド 株式会社
きょうえいランド
03-5492-3733
cc@kyoeiland.co.jp
㊟ 東京都大田区東海3-6-6 京英ビル
http://www.kyoeiland.com/

スマホでの
注文はこちら。

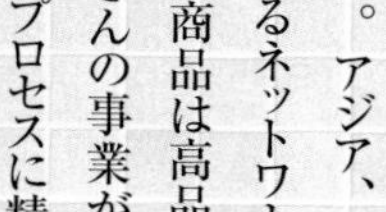

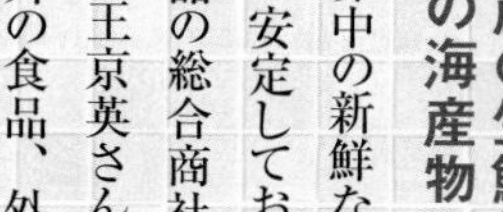

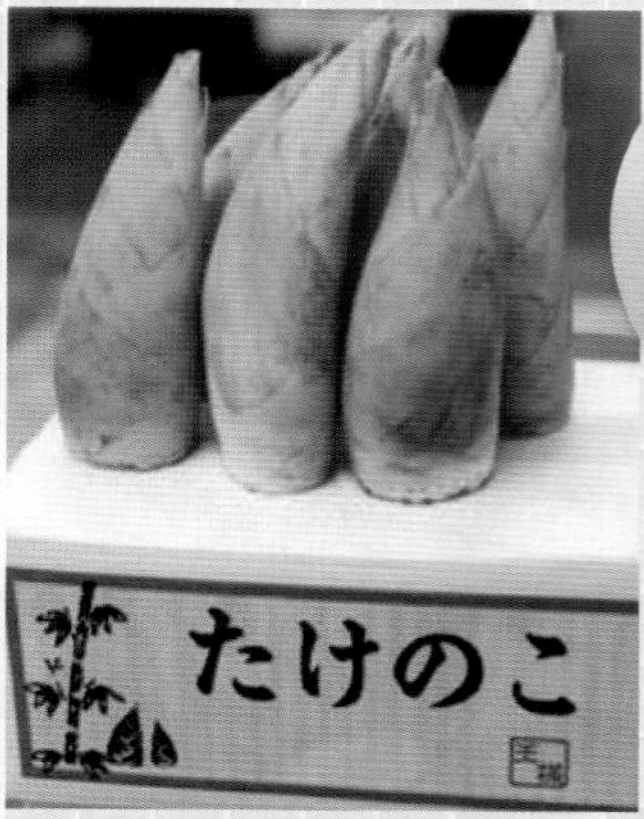


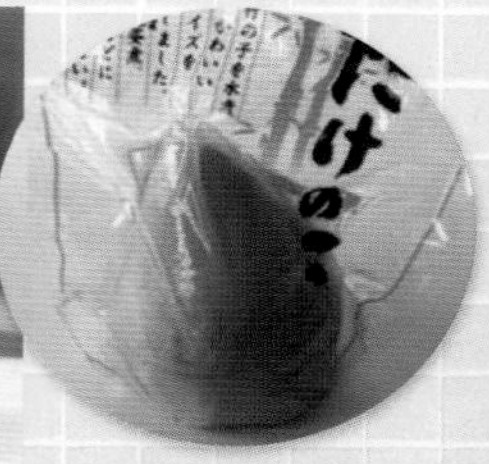

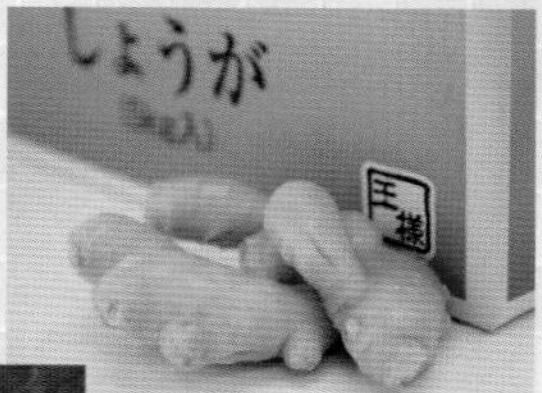

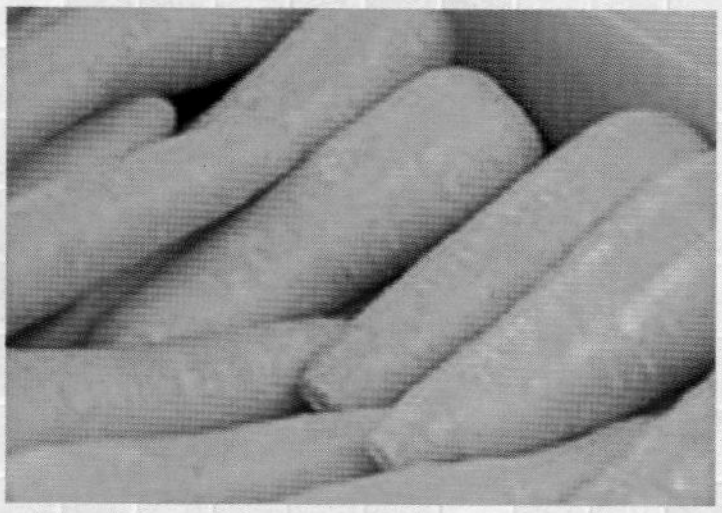

ているが、その約7割を占めるのが中国の雲南省、四川省、吉林省、黒龍江省産の生鮮松茸、冷凍松茸だ。生鮮松茸は6月ごろから山の高いところから収穫が始まるが、雲南の秘境にある東山村の町より更に奥、人里離れた海抜約3000m以上の豊かな自然に囲まれている森の中で採集された極上東山松茸は、見た目も香りも国産ものに負けぬ逸品だが、国産ものより相当抑えた価格で提供する。冷凍松茸は瞬間冷却方式で冷凍し、松茸の香りや食感はそのまま生かしている。いずれも青果店や料理店から引き合いが絶えない。

自然成長の中国産竹の子、中国福建省の有機たけのこ水煮も人気商品。このほか、長ネギ、玉葱、ニンジン、キャベツ、椎茸、クワイ、ゴボウ、しょうが、にんにく、アスパラガス、ブロッコリー、わさび、里芋など扱う野菜の種類も豊富だ。果物も台湾産のライチやマンゴー、アメリカ産のアメリカンチェリーなど季節が限られたこうしたフルーツだけでなく、一年を通して食されるレモンやグレープフルーツ、ライム、アボガド、キウイなどを品質を見定めて主要産地から輸入し、適正価格で販売する。

輸入だけでなく、北海道や青森産のホタテやナマコなどの海産物を香港などに輸出している。

（ライター／斎藤紘）

代表
**榎波明範** さん

1993年より大手学習塾の講師を務め、1999年より福井市内で『秀明学院 花堂教室』を独立開校。2004年に『花月教室 清水GH分室』、2007年に『清水教室（在田町）』も開校した。

小学生 週一回コース
授業料 6,600円 教材代 3,300円など。
中学生 週一回コース
授業料 8,800円 教材代 6,600円など。

秀明学院
SYUMEI GAKUIN

# 家庭で問題を解き教室で弱点を解説 独自学習ソフトによるオンライン指導

## 進化型クラウド版開発 効率的に学習効果発揮

コロナ禍で広がったオンラインコミュニケーション。その利便性と有効性をフルに生かすことができる学習塾用の学習ソフトがある。福井市の個別指導学習塾『家庭学習支援センター秀明学院』塾長の榎波明範さんがPCを利用した学習管理システム「Learning Management System（LMS）」用に約10年前に開発した『j-works（ジェイワークス）』を進化させ、オンラインで塾生とやり取りできるようにしたクラウド版。対面指導との併用で時間の無駄なく、塾生一人ひとりのレベルに合った個別指導ができ、学習効果を発揮する。

同学習塾は小学5年生から高校生までが対象。週1回コースから週3回コースまであり、英語、数学、国語、理科、社会を教える。このうちクラウド型『j-works』を利用するのは英語と数学。中学数学の『j-works』は、各学年6単元から成り、1単元は基礎、応用各4項目計8項目で構成。1項目ごとに解説と演習問題が用意され、解説は静止画と音声による紙芝居形式で行い、理解度をチェックしながら進行する。演習問題は各項目4問～7問。答えの成績を保存し、ミスした問題のみ繰り返し学習することもでき


家庭学習支援センター **秀明学院**
しゅうめいがくいん

090-2098-3052
enami@syumei.jp
㊟ 福井県福井市在田町13-1
https://syumei-gakuin.com/

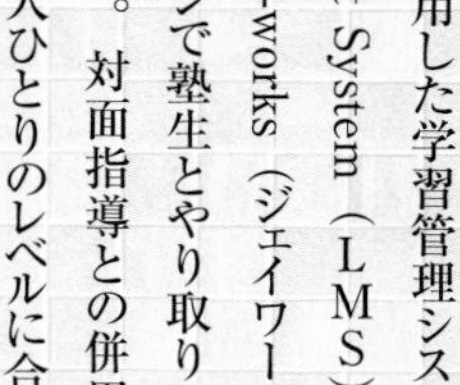

特別演習（春・夏・冬季）

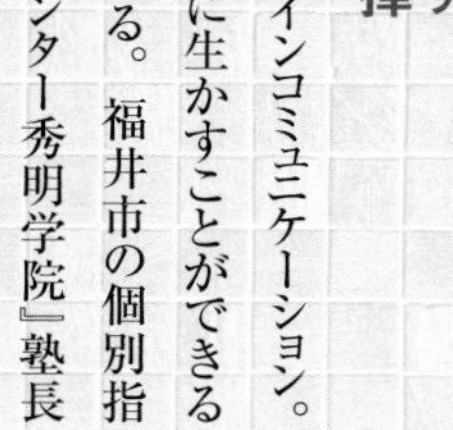

現在『J-works』での学習成績は、その生徒の保護者が、スマホから見ることができるようにしている。2024年春から、保護者が成績を見ながら講師とチャットでやり取りできるようになる予定。

る。クラウド版は、『j-works』を利用した家庭での学習の進捗状況をインターネットを通じて榎波さんがリアルタイムで把握することができるように機能を拡大したものだ。

「これまでの学習塾では宿題はペーパーで出すのが一般的ですが、このやり方だと教室にペーパーを持って来てから解答の正誤をチェックして解説しますので、時間が無駄になります。これに対し、クラウド型『j-works』による指導では、家庭のPCで解いた問題について、どの過程でつまづいたのかを事前に把握しますので、教室では弱点を克服するための解説に時間を割くことができるのです」

クラウド版『j-works』で学習するには、マイクロソフト社のアプリケーションソフトOfficeを搭載したwindowsパソコンが必要だが、榎波さんは、『j-works』インストールしたノートパソコンを無料で塾生に貸し出している。また、個別指導のIT化を目指す他の学習塾が、クラウド版以前の『j-works』を利用できるようフリーウェアとして公開もしている。さらに、福井県が豪雪地帯であることなども考慮し、塾生の通塾の手間を省き、保護者の送迎の負担も減らせるオンラインのみの学習指導にも力を入れる。

（ライター／斎藤紘）

“より快適で自立した生活”をサポート。一人ひとりに合ったプログラムを実現。

代表社員
**小林春江** さん

紡績会社や大手アパレルメーカー勤務を経てミシンとアイロンを購入して自宅で縫製の内職を開始。2005年『合資会社ナチュラル・ワークス』を設立。職業訓練校の校長も務める。2012年『レッツ倶楽部須賀川』の運営開始。

# 生活動作の向上にパワーリハビリ訓練プログラム充実のデイサービス

## 半日型と一日型を用意 認知症予防体操が好評

「震災後、お年寄りの方々が元気がなくなっているように感じ、リハビリ型の介護事業が必要という思いが強くなったのです」

東日本大震災の被災地、福島県須賀川市で縫製事業を手がける「合資会社ナチュラル・ワークス」代表社員の小林春江さんが、要介護の高齢者を対象にしたデイサービス（通所介護）施設『レッツ倶楽部須賀川』を開設した動機だ。利用者の利便を考えて半日型と一日型の2コースを設け、マシントレーニングを中心にした日常生活動作訓練を通じて自立した日常生活を送れるよう支援する。

「デイサービスを開始するに当たって、マッサージによるリハビリと機械によるリハビリの選択肢がありましたが、機械を選びました。利用者さんは機械には依存しませんが、マッサージだと施術者に依存してしまうことがあり、施術者が辞めた時に利用者さんも一緒に辞めてしまう可能性があると判断しました」

小林さんが採用したのが医療認定を受けたリハビリマシンを使ったパワーリハビリというトレーニングだ。

「筋肉を鍛えるのではなく、眠ってしまった筋肉や神経、動き方を忘れてしまった筋肉を呼び覚まし、正

**レッツ倶楽部 須賀川**　合資会社ナチュラル・ワークス
レッツくらぶ すかがわ

0248-94-2278
0401-01@lets-club.info
㊟ 福島県須賀川市馬町72-1
https://www.lets-club.jp/shop/sukagawa/

リハビリ✚ステーション LET'S倶楽部 Let's Enjoy Training School 須賀川

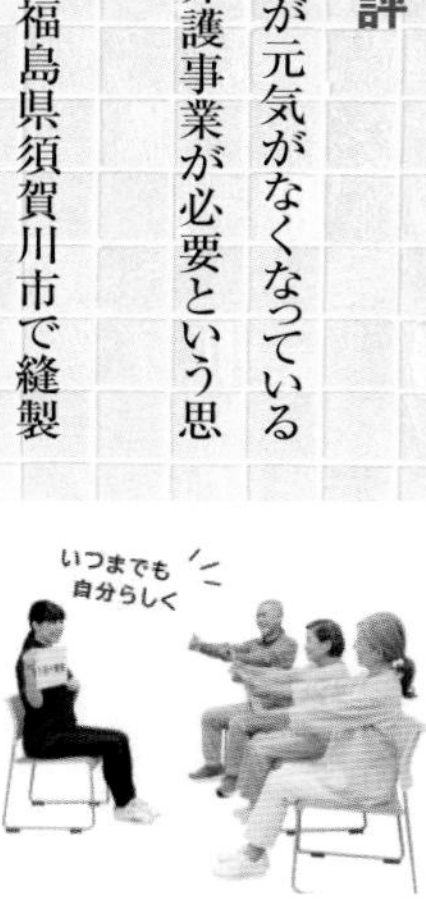

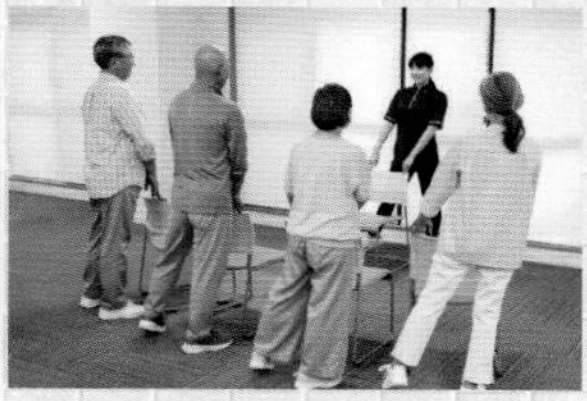

しい動き方を再び思い出してもらうトレーニングです。これを重点的に行うことで徐々にご自身でできることが増えたり、行動範囲が広がったりして自信や意欲も湧いて心身ともに健全化します。このことがご本人のみならず、ご家族をはじめとする周囲の方にも良い影響をもたらすのです」

具体的なプログラムは、半日型ではパワーリハビリによるADL(Activities of Daily Living 日常生活動作)訓練と口腔機能訓練、認知症予防体操、個別機能訓練、集団訓練を行う。1日型のプログラムは、これらのほか、掃除、洗濯、入浴、食事など日常生活で行う動作の中のより複雑な手段的動作であるIADL(Instrumental Activities of Daily Living 手段的日常生活動作)訓練が加わるのが特長だ。利用者の関心が高い認知症予防体操は、指を動かしながら簡単な計算を同時に行なう二重動作の体操で、考えながら指を動かすことで脳の思考や運動に関与する部位を活性化させ、認知症を予防する効果が期待できるという。座位での太極拳もあり、ゆったりとした音楽に合わせて手足や胴体などを前後左右上下に動かすと、心身ともにリフレッシュするという。フィットネスクラブのような明るい雰囲気の空間で利用者が笑顔でトレーニングに励んでいる。

(ライター／斎藤紘)

1人ひとりの個性をはぐくむ

代表
**久保勝喜** さん

工業高校卒業後、4年ほど会社勤務。福祉専門学校で学び直し、介護老人保健施設や障がい者通所施設、就労支援施設、障がい児施設などで活躍した後、2023年1月『合同会社フェリックス』設立、同5月、放課後等デイサービス開始。

# 障がいのある子に寄り添う姿勢鮮明
# 独自理念で放課後等デイサービス開始

## 社会性が身に付く支援
## 児童福祉の現状を憂慮

「子どもたちの『やってみよう』とする気持ちを応援できる場所にしたい」

２０２３年４月、長崎県諫早市に障がいや発達に特性のある児童生徒を預かる放課後等デイサービス『ぷれいらんど本町』を開設した『合同会社フェリックス』代表の久保勝喜さんの思いだ。重度の自閉症や車椅子を使わざるを得ない身体障がいのある子どもたちの受け入れ先が十分に整っていない現状を憂慮する心が開設の動機になったという。

『ぷれいらんど本町』は、小学１年から高校３年までが対象で定員は10人。放課後のほか学校休日や長期休暇中にも預かる。放課後の場合、下校時刻に合わせて送迎車で学校に迎えに行き、最大午後６時まで預かり、子ども一人ひとりに与えた課題への取り組み、余暇活動、集団活動などを行う。

「生活に見通しをもって過ごせるようにスケジュールを立て、遊びと学習のエリアを分けることで、どこで、何をするのかわかりやすい環境を整えました。この中で、学校や年齢の違う子どもたちが一つの場所で子ども同士の関わり方を学び、ルールを守り、社会性を身に付け、将来お子さまが

合同会社 **フェリックス**

0957-47-9804
info@playland-day.com
㊟ 長崎県諫早市本町3-14 IMビル
https://playland-day.com/

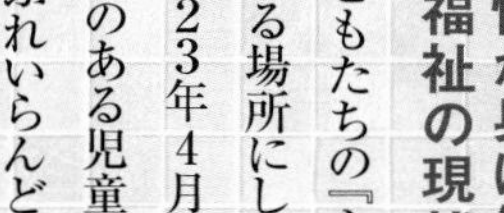
ぷれいらんど本町

社会の一員として暮らしていけるよう様々な支援を行ないます。また子どもたち一人ひとりに合わせ、遊具を使った運動で身体機能の向上も図ります。こうした取り組みがご家族を社会的に支援することにつながると思っています」

久保さんは、工業高校で学んだが、共働きの両親に代わって育ててくれた祖母が認知症を患ったことから介護に関心を持ち、福祉の専門学校で学び直し、介護老人保健施設や障がい者通所施設、就労支援施設、障がい児の施設などで活躍した後、独立して放課後等デイサービスを立ち上げた。その背中を押したのは障がい児福祉の現状だ。

「障がい児福祉施設の数は増えていますが、どんな子どもを受け入れても基本的な報酬単価はほぼ同じなことから、障がいが軽度の子どもを受け入れる傾向があり、重度障がいの子どもや車椅子の子どもが行き場を失ったりしてしまうケースが多く、そういった子どもたちの受け皿になれたらと思い、放課後等デイサービスを始めたのです」

今後は、『ぷれいらんど本町』で預かった子どもたちが大人になってからも困らないよう大人まで一貫して支援を行えるような就労支援や生活介護にも活動を広げていくことを目指すという。

（ライター／斎藤紘）

代表理事の栗原智江さんと理事の本田奈穂子さん。
「障がいをもつ人に対して手を差し伸べてあげるのが大切です。誰でもできることですから皆さんも手助けして欲しい」

代表理事
**栗原智江** さん
父からの影響で「自分より弱い人のことは大切にするべき」であると教えられたのをきっかけに福祉系大学を卒業後、重度障がいをもつ子どものケアや高齢者を相談支援、私立南古谷病院でケアマネジャーを経験。2011年『ねむの木の丘』を開所。

# 手を差しのべ献身な関わり合いが大切 みんなが落ち着ける居場所づくりに貢献

## 精神に特化したグループホームを多角的に展開

埼玉県熊谷市の自然に恵まれた場所で、2011年『一般社団法人ねむの木の丘』を開所。グループホーム「ケアホームアルビジア」とデイサービス「比企の丘」を運営している。「ケアホームアルビジア」は、現在6施設で34名の所用者と「比企の丘」では20名の通所を受け入れている。

代表理事である栗原智江さんは、以前、6年間勤めていた私立の川越市にある南古谷病院で老人ケアマネージャーとして勤務。救急で運ばれる患者さんが多く、中でもホームレスの方々は治療が終われば身寄りがないため、帰る場所がないのを知り、それをきっかけに生活保護を受けている人の居住が必要であると考え、居住できるアパートを探したという。ここは精神に特化したグループホームで食事と薬と住宅の提供することを考えた。この辺では精神に特化したグループホームは少なく、立ち上げ当初から他のところで断られた人が多く希望者が入所した。もともと精神疾患を持ってる方々が多ったので、放っておかずに入れない気持ちもあり、誰かがやらなければいけないという信念のもとで立ち上げた。所用者さんが抱えてる病気も同じ病名でも個人によって違う


一般社団法人 **ねむの木の丘**
ねむのきのおか

048-501-5883
aivizia@nemunokinooka.or.jp
㊟ 埼玉県熊谷市楊井1784-16
https://www.nemunokinooka.or.jp/


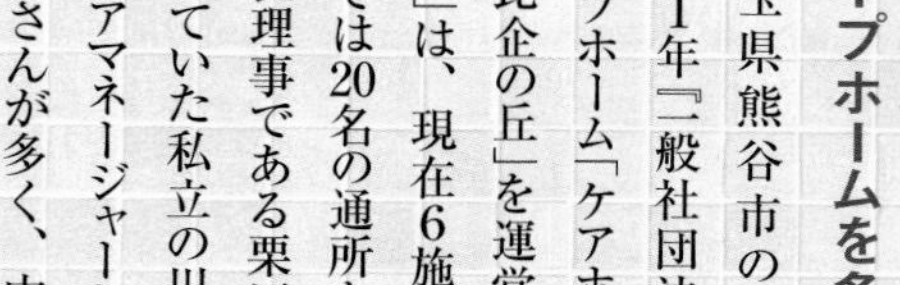

## グループホーム ケアホームアルビジア

## デイサービス 比企の丘

ので、その対応が所用者さんへの対応が命である。時には精神状態が混乱して暴れるときもあるが、決して本人は好きでやってるわけではなく、本人自身どうしていいかわからない状況なので、まず向き合い手を差し伸べてあげることで、そこからコミュニケーションをとり、所用者さんとの信頼関係が結ばれる。

「私が申したいのは決して怖がらずみなさんが手を差し伸べてもらいたいということです」

現在グループホームでは20名、デイサービスでは10名のスタッフが働いている。今の職員は元々経験者の方は少なく現場で仕事を覚えた人たちばかり。それだけに意識の高い職員で成り立っており、現在サービス管理責任者は2名在籍。入社半年後には初任者研修、実務者研修のヘルパーも受講したい人には常に受講してもらうように体制を整えている。

「今後、受け皿を増やし多くの人助けをできればと考えています」

（ライター／工藤淳子）

選択肢が溢れた
楽しい日常のイメージ。

理事長・本部長
**戸山文洋** さん
帝京科学大学大学院博士後期課程で人間工学、生理心理学の見地からアニマルセラピーを研究、満期退学。父親が理事長を務める『社会福祉法人五葉会』に入り、理事・本部長に就任。2020年より現職。大学での講義、研究会での公演など教育活動にも注力。

# 高齢者の趣味嗜好を取戻す先進的活動
# ドッグセラピーで感情表現の回復効果

## 高齢社会のニーズ考察
## 地域に活動広げる構想

「今日心を込めてお手伝いしたことを明日ご利用者様は覚えていないかもしれません。ご利用者様の心には繊細な琴の糸が張られています。私たちの笑顔は必ずやご利用者様の琴線に触れます。それを忘れられてしまったのなら、何度だって同じことをして差し上げればいい」

高齢化と共に認知症が増えていく時代の介護施設の運営について『社会福祉法人五葉会』理事長の戸山文洋さんが語った言葉だ。特別養護老人ホームとデイサービスなどの在宅系サービスで400人超の高齢者を支える事業から浮かび上がるのは、利用者の琴線に触れる努力と工夫だ。

その象徴が「アクティビティケアチーム（ACT）」。視察した福祉先進国北欧の取り組みを参考に考案したもので、動物班、音楽班、園芸班の3チームから成り、特別養護老人ホームを回って要介護度の進行とともに取り除かれてしまった趣味や嗜好を介護介入で取り戻すサポートをする。

この中で利用者に笑顔をもたらしているのが動物斑のドッグセラピー。「人間と動物とのより良い共生」を目指すアニマルサイエンスを大学院で研究


社会福祉法人 **五葉会**
ごようかい

048-682-1122
info@goyoukai.or.jp
㊟ 埼玉県さいたま市見沼区大和田町2-1260 トヤマビル301
http://www.goyoukai.or.jp/

相談役の父親との
共著
「特別養護
老人ホームは
『理念』で生き残る」
幻冬舎刊

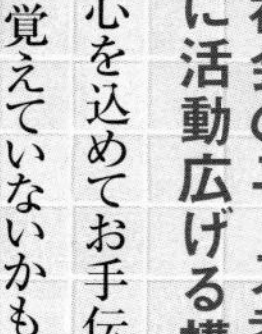

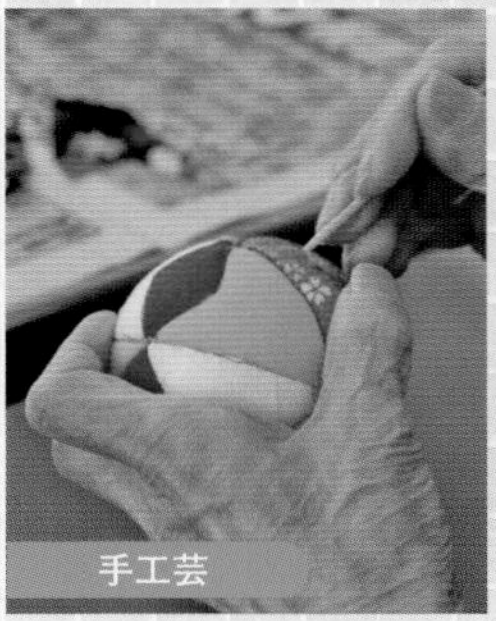
手工芸

田植え

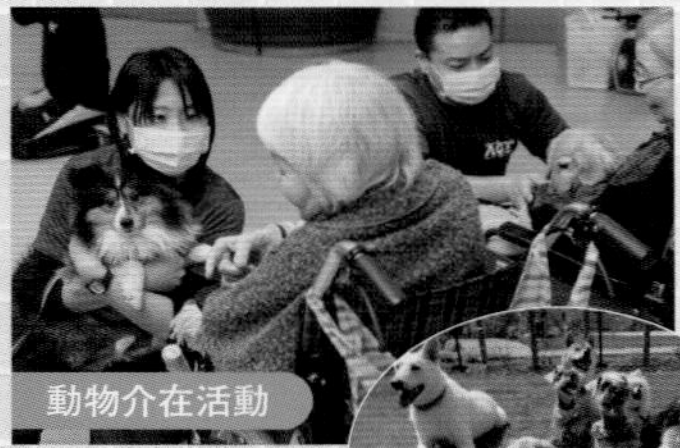
動物介在活動

セラピー犬、大集合。

音楽療法

足浴

庭園散歩

餅つき

「緑水苑指扇」定員120人
㊟ さいたま市西区指扇1570-2

「緑水苑与野」定員100人
㊟ さいたま市中央区大戸1-33-12

「見沼緑水苑」定員53人
㊟ さいたま市見沼区大和田町2-336

した戸山さんの学識を生かした取り組みだ。小型犬などのセラピー犬と一緒に遊ぶことで感覚刺激や反応の改善、感情表現の回復、協調性の出現などの効果が期待できるとの考えによるものだが、コロナ禍では密を避けるため犬なしのセラピーとして、犬たちに食べさせるクッキーを焼いたり、マフラーを編んだりしてもらったところ、犬のためにという母性が蘇り、いつもの活動と違った喜びを感じて皆が楽しそうに作業を続けたという。

戸山さんは、超高齢化時代の介護ニーズの考察から、アクティビティケアを法人の枠を超えて地域に広げていくことも構想する。

「少子高齢化は、人口に占める高齢者の割合が高まっていくことを意味します。それは人生経験豊かな人たちの割合が増えていくと同時に認知症の罹患者も増えていくことも意味します。健康寿命の延伸はむろん重要ですが、高齢化や認知症の進行とともに遠ざかっていく趣味や嗜好を取り戻すことも人生のラストステージを豊かなものにする上で重要と考えています。多様化する高齢者福祉サービスへの対応は地域の課題でもあり、アクティビティケアの実状を情報発信で知っていただき、地域に広めていくために知恵を絞りたいと思っています」

（ライター／斎藤紘）

「もっと早くに知りたかった!!」と衝撃を受けられる方ばかり。

支部長
**穐山めぐみ** さん

西南学院大学卒。『一般社団法人ISD個性心理学協会』グランドマスターインストラクター、「一般社団法人子育てカウンセラー協会」マスターインストラクター。「一般社団法人日本生涯学習協議会」認定講師。

# 自分を知り相手を知り受け入れる信頼関係を築く「ISD個性心理学」伝授

## 多様性の前提 子育てママの悩み解消

「人生観、世界観が変わって、きっと悲劇が喜劇になります」

『一般社団法人ISD個性心理学協会長崎Akiyama支部』支部長の穐山めぐみさんが、資格講座や講演で伝授するISD個性心理学の効果だ。性別や年齢、宗教、価値観、障害の有無など異なる属性を持った人々が共存している状態ダイバーシティ（多様性）が重視される時代だが、その前提となる円滑なコミュニケーションや人間関係を築くために、自分と相手の違いを認め受け入れて、人と比較しない平和な世の中にしていくために開発されたのがISD個性心理学。穐山さんはそのマスターインストラクターの資格を持ち、「みんなちがって、みんないい」を標語に啓発活動に情熱を注ぐ。

「ISDは、自己発見研究所を意味するInstitute of self discoveryの略。そのロジックは、自分を知り、相手を知って、個性を生かすためのものです。生年月日をベースに10万人以上の統計、分析、検証を繰り返し、103万6800通りのタイプがうち出される。これを学んだ先には、より豊かなコミュニケーションと人を動かす力が生まれ

一般社団法人 **ISD個性心理学協会** 長崎Akiyama支部
アイエスディーこせいしんりがくきょうかい

090-3078-2432
isdakiyama@yahoo.co.jp
㊟ 長崎県長崎市岩屋町
https://isd-akiyama.com/
@megumi_akiyama

支部HP　LINE

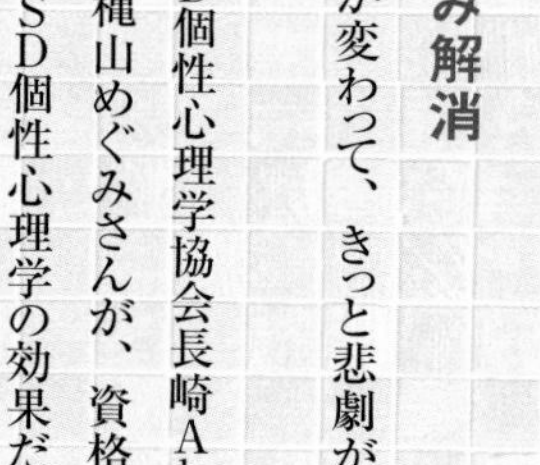

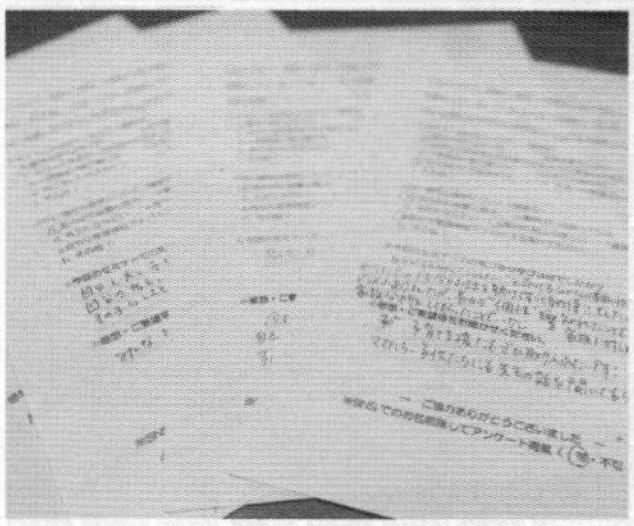

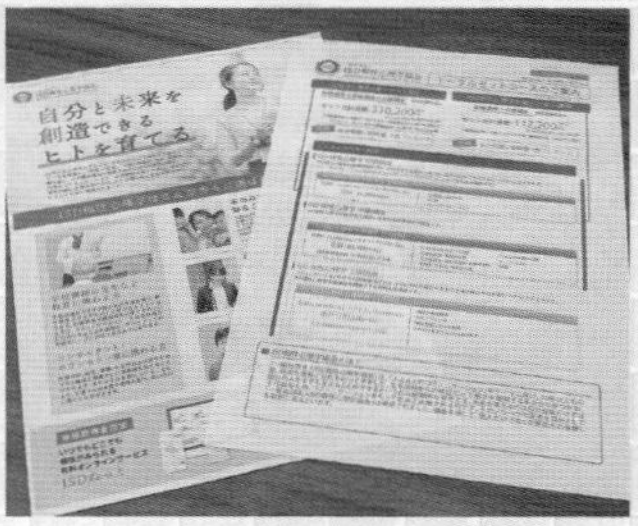

ます。親子、夫婦、友達、職場、教育、ビジネス、経営などあらゆるコミュニケーションに、知ったその日から使って頂ける実学です」

子育て世代の資格受験も多く、子育ての悩みを解消に導くノウハウだ。

「おしゃべりができず、自己表現ができなくてもわかってあげられる。逆に血がつながっていてもよくわからい、といわれるがそんな時に、お子さんの性質をISD個性心理学で知ることによって、どのような褒め方をしたらいいか、どういう声かけ、見守りをしてあげたらいいのかがわかるようになります。できていない所（マイナス）探しではなく、反対の面（プラス）からみれば、その子の強みとして伸ばしていくことができるのです」

社会生活での人間関係のストレスの軽減にもISD個性心理学の利用を勧める。

「人間関係のストレスは、自分と自分以外の人の当たり前や常識の違いによって想定外のことが起きるからであり、逆に違いを知り想定内になると〝わかるよ〟〝やっぱり〟となり笑え、安心感となる。ISD個性心理学はそんな人との違いを可視化し、対応力が養われ、ストレスから解放されて人生はより輝き始めるでしょう」

（ライター／斎藤紘）

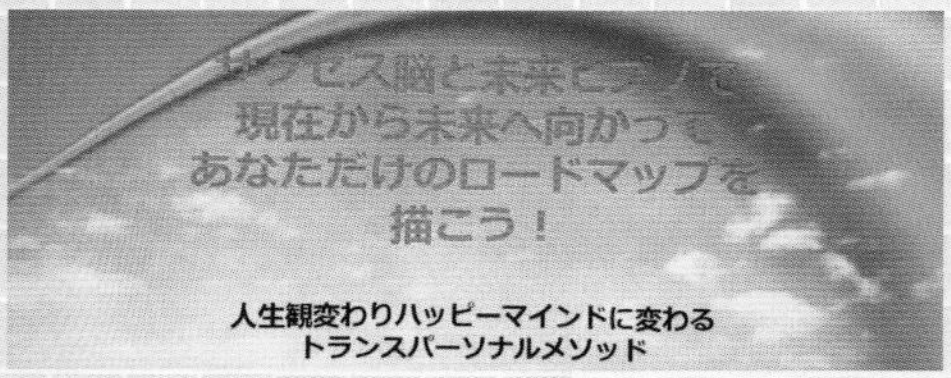

『ヒプノセラピスト養成講座』（モジュール初級、中級、上級）
合計 792,000円（税込）
『ソウルトランスパーソナルメソッド養成講座』
ライト（3ヵ月） 396,000円（税込）　スタンダード（5ヵ月）
550,000円（税込）　プレミアム（9ヵ月） 693,000円（税込）

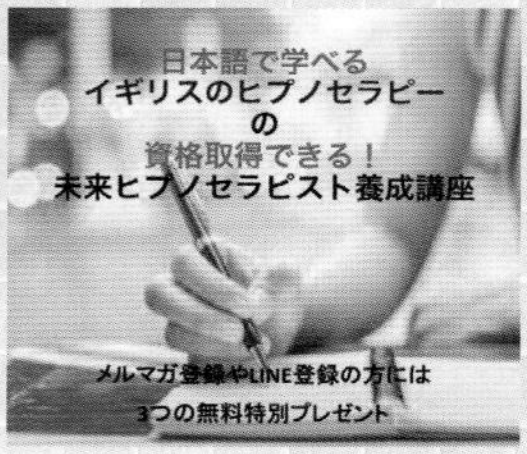

代表
**マンドウゆか** さん

英国の大学で心理学を学んだ後、ヒプノセラピーの資格を取得。「生きやすくしてくれる素晴らしいツール」である未来ヒプノセラピー（未来療法）をもっと広めるために、『未来ヒプノセラピスト養成講座』を開講中。

# 潜在意識に耳を傾けて
# 幸せな未来へ導くヒプノセラピー

## 現状を把握し未来を変える
## 人生を変える最強メソッド

ハッピーな未来を手に入れたい！そんな方にご紹介したいのが『Yuka Mando Hypnotherapy & Well Being』代表で未来ヒプノセラピスト養成講師＆ソウルトランスパーソナルコーチのマンドウゆかさん。英国で本格的に心理学を学び、ヒプノセラピーの資格を所得したマンドウさんのセッション（カウンセリング・コーチング）は、年齢（胎児）退行、前世退行、中間世、未来（世）、心と体の対話、グラウンディング、守護霊に会い対話するインナーチャイルドヒーリングなど。過去や未来の広い時空間から問題を見て、現在と未来をより良く、そしてハッピーマインドでいられるようにサポートしてくれる。

ヒプノセラピー（催眠療法）とは、最新の心理療法の一つで人間の催眠状態を利用したセラピーのこと。催眠誘導という手段を使い、心と体を深いリラックス状態に導き、普段閉じている潜在意識の扉を開けて注意を向けていく。通常はアクセスできない潜在意識の中にある膨大な記憶の中から必要な記憶にアクセスし、問題解決や自己成長につなげる心理療法だ。問題（悩み）の原因となっていることの改善を図り、解消したり軽減させたり

Yuka Mando Hypnotherapy&Well Being
ユカ マンドウ ヒプノセラピー＆ウェル ビーイング

（+44） 78-7576-9559
info@yukamando.com
㊓ 27 Finsbury Circus, London EC2M 7EA & Victoria London SW1V
http://yukamando.com/

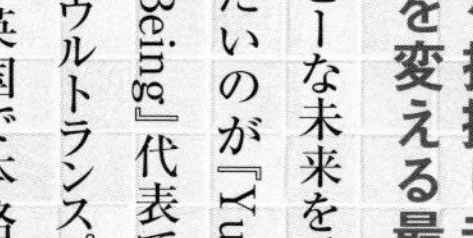

zoom

日本東京から
FB／インスタ
ライブ配信。

大坂で生徒さんと。

期間限定の新講座
『時空を超えた魂の
トランスフォームが
起こるソウルトランス
パーソナルメソッド』
説明会&体験セミナー
参加募集をスタート！！
＜思考の癖を改善し人生を変えるサクセス脳に！
ハッピーマインドで望む未来をクリエイト！＞
素晴らしいエッセンスが詰まっている
夢のトランスパーソナルメソッドを
身に付けませんか？

「やめたくてもやめられない」から
あなたを解放！
「やめたくてもやめられない」を
やめられるヒプノセッション

「やめたくてもやめられない」
からあなたを解放!
『「やめたくてもやめられない」をやめられる
ヒプノセッション』
「嫌な自分の特徴にさようならして、自分が
望む新しい自分になっていきませんか?」
もし、本心から変わりたい! と思っているなら、
しっかりと現状が変化をしていくようサポート。本気で変わりたい人のみ予約を受付中。

<1回のみ>
1時間 110ポンド　1時間 200ポンド
<セッション+コンサルのセット>
セット1（①コンサル ②セッション
③コンサル）
1時間 250ポンド　1時間 400ポンドなど。

していく。その結果、多くの気づきと癒しを得て、新たな視点で現在の自分自身を振り返り本来の力や自信を取り戻すことができるという。

マンドウさんは、ヒプノセラピーの一種である前世療法を受け、自分のことを理解したことで潜在意識（心の声）を聞き、前向きにそして楽しく生きていけるようになったという。そこから本格的に勉強し資格を取りプロとなった。

「ヒプノセラピーを通して、自分たちが存在している世界のことについて深く知ることができます。そんな叡智にアクセスして潜在意識を使いこなし、有益な情報を引き出すことができるようになったことで、未来ヒプノ（未来療法）を通してポジティブなエネルギーを貰い、前に進んでいくことができる」

そんなセラピーを広めるため『未来ヒプノセラピスト養成講座』も開講。目的や期間に合わせて様々なコースを提供している。最新のメニューは『ソウルトランスパーソナルメソッド講座』。未来ヒプノと日本古来の秘儀を掛け合わせたヒプノコーチングだ。基礎の理論から学び、実践アクティビティ付きで、初心者も時空を超えた最強のテクニックをしっから身につけることができるという。

（ライター／播磨杏）

「AFC」のシンボルツリー

まるでホグワーツのような「英国 The Arthur Findlay College」

主宰
佐野仁美 さん

日系、米英系大手金融機関に25年勤務後、独立。母方から霊媒体質を受け継ぎ、霊感、霊視、霊聴、霊臭を駆使したセッションを行う。レイキ・ヒーリングや数秘術、タロットカードなども学んできた。「英国SNU」認定スピリチュアルヒーラー。

# スピリチュアリズムの真髄に迫る著書 魂を癒す英国仕込みのカウンセリング

## 多様なヒーリング手法 世界観を変える講座も

「宇宙は何のために創られたか」「私たち人間という存在」「魂の旅路」「スピリチュアルな能力と呼ばれるもの」…。世界随一のスピリチュアリズムの学びの園、英国「アーサー・フィンドレー・カレッジ（AFC）」で学び、カウンセラー、ミディアム（霊媒師）、サイコセラピスト（精神療法士）などの称号を与えられた『La Vita Counselling & Spiritual Care』代表の佐野仁美さんが2023年5月に刊行した著書「スピリチュアリズム『セブン・プリンシプルズ』1901年英国にもたらされた七大綱領で『見えない世界』を正しく見る」の内容の一端だ。疫病、戦争、災害が絶えず、不透明感が増すこの時代、霊的なものに解を求める人たちの道しるべとなる一冊だ。シンガポール在住の佐野さんは、スピリチュアリズムに関するオンライン講座を開き、英国スピリチュアリズムの哲学を解説、受講生から「スピリチュアルの本質が理解できた」「世界観が変わった」などの感想が寄せられたという。著書はスピリチュアリズム講座のテキストと口頭解説を再構成したものだ。

「怪しげに思われるスピリチュアル的なものを全部スッキリ解説する努力をしました。魂は死後


La Vita Counselling & Spiritual Care
ラ ヴィータ カウンセリング アンド スピリチュアル ケア

+65-8113-5731（シンガポール）
lavitasingapore@gmail.com
http://lavitasingapore.com/
YouTube　https://www.youtube.com/c/MediumChannel
@lavitaspiritualist


YouTubeにて様々なテーマで対談。

3人のミディアム　検索

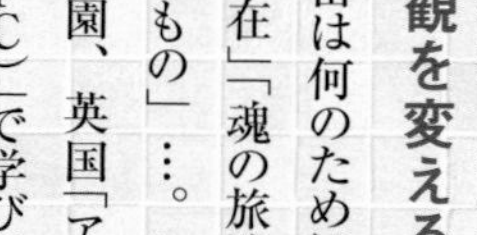

佐藤 仁美さん　テリー 高橋さん　安斎 妃美香さん

2019年冬の「AFC」のコースで先生と集合写真。

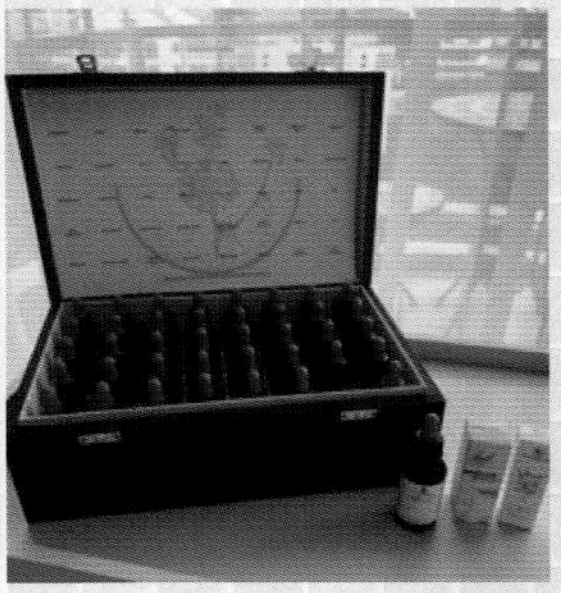

バッチ・フラワーレメディのセット。38種類のフラワーレメディで約3億通りの感情を癒す。

認定「ヒーリング・ミディアム」証書。

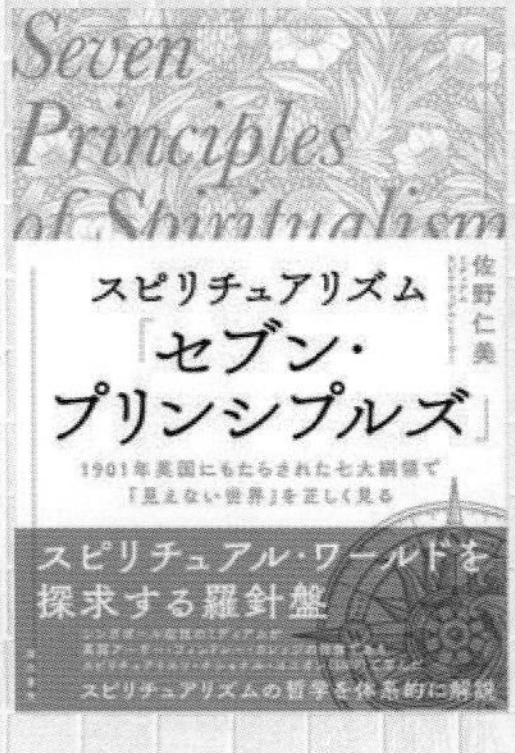


初の著書
2023年5月発売
『スピリチュアリズム「セブン・プリンシプルズ」』は、スピリチュアリズムの概説書。

も存続する。これが何を意味するのか、なぜ私たちはこの世に生まれたのか、なぜ私たちには困難があるのか、なぜ私たちは死ぬのか。そのあとどうなるのか、私たちが今を生きる意味は何か、その側面も掘り下げました」

佐野さんは、カウンセリングやスピリチュアル・ヒーリングなどのセッションも行う。身体や感情、行動に影響を及ぼす思考に焦点を当て、心の不調を解決する「認知行動療法」、ミラクル・クエスチョンという独特の質問手法を用いながら、短期間で望ましい変化をもたらす「解決志向短期療法」、トランスパーソナル心理学を用い、人間誰しもが持つスピリチュアリティを模索する「トランスパーソナル心理学的アプローチ」、深く内観をする瞑想や魂とつながる瞑想などによるセラピーの「マインドフルネス的アプローチ」、38種類の花や木のエネルギーを転写したレメディと呼ばれる薬を使って感情や精神のバランスを取り戻す「バッチフラワー・コンサルティング」など、その手法は専門性が際立つものばかりだ。

「人のそれぞれの問題は、精神的、感情的、行動的、身体的 問題の複合体であり、セッションでは、その問題の解決の糸口を一緒に考え、魂の癒しの実現の手助けを致します」（ライター／斎藤紘）

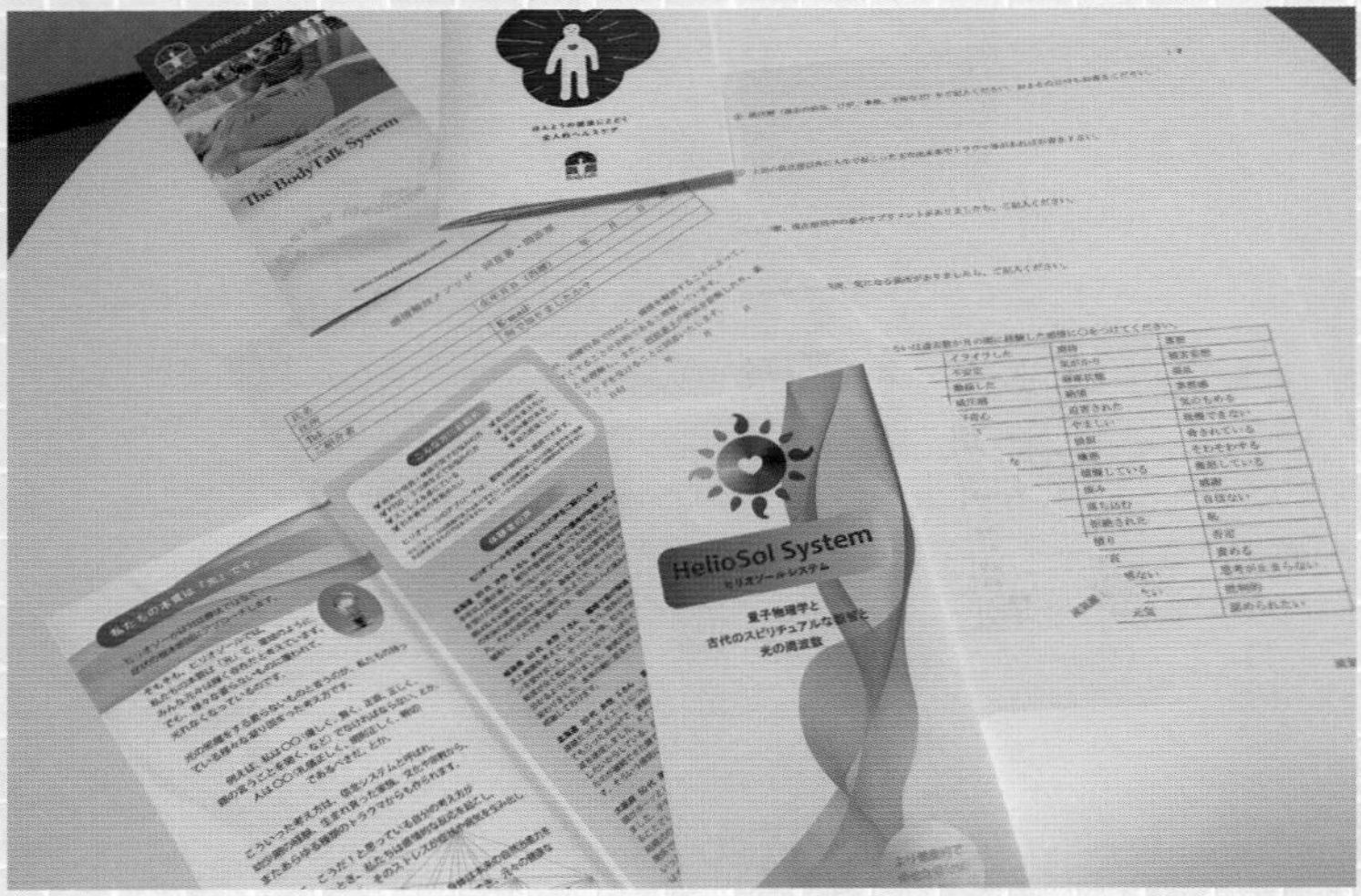

代表
**河田素子** さん

薬剤師として働く中で、薬では治らない不調を痛感。太極拳や予防医学を学び、呼吸や姿勢・自然治癒力に着目。運動指導、波動療法などの様々な方法で、心身を整える活動を行っている。

# 薬に頼らず自然治癒力を高め 心と体のバランスを整える

## 60兆の細胞へアプローチする『CS60』

薬に頼ることなく、体とエネルギーを整え、自然治癒力を高める方法を提供している『ヒーリングサロン流氣麗』。肩こりや腰痛、なんとなく体がだるいといった現代社会で感じる様々な不調に対し、『ヒーリングサロン流氣麗』では多角的なアプローチで施術を行っている。

代表の河田素子さんは、薬剤師の経験を活かし、お使いの薬や症状からお客様の状態を把握して最適な施術やセッションを提案。女性の心と体のバランスを整えて、心身ともに軽く快適な毎日へと導いてくれる。肩こりや腰痛だけでなく、自律神経の乱れ、頭痛、月経痛といった身体的な悩みだけでなく、人間関係の悩みや不安や焦り、自分のやりたいことがわからないなどさまざまな症状にアプローチできるのが河田さんの強みだ。

「薬や太極拳、カイロプラクティックなど身体レベル、物質から始まりましたが、体の不調は心身共につながっていて、より見えない潜在意識が強く影響していることに気づき、その調整に力を入れていこうと考えたからです。カイロプラクティックは、手放し、ヒリオソールや感情解放で、心や魂を整えることで肉体面もと考えています」

60兆の細胞へアプローチするヒーリングデバイス『CS60』を使った施術では、細胞から不要なものを取り除

ヒーリングサロン **流氣麗**
りゅうきれい

080-8695-2969
ryukirei7@gmail.com
住 青森県青森市緑1-7-11 メゾン悠B
https://peraichi.com/landing_pages/view/ryukirei/
@motoko.567 @735kgjij

こちらからも
検索できます。

ヒーリングサロン
流氣麗
Ryu ki rei

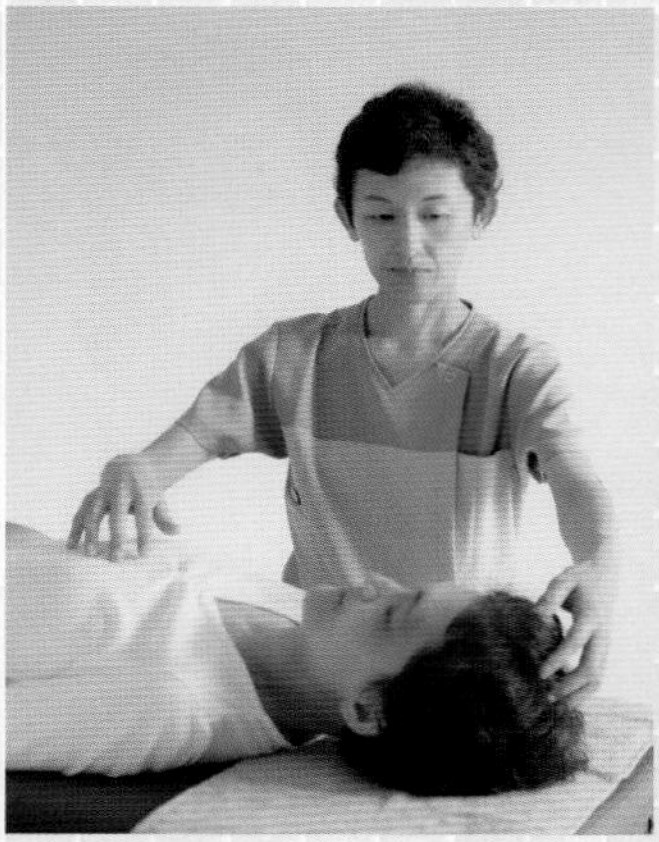

『ボディートーク』

『ヒリオソール』

「体は本来自分で治る力を持っています。体からいらない物を抜いて、取り外すことで自然にバランスして整えていくのです。体に入れる前に抜いて身軽になる。その意識、知識を身に付けるお手伝いをしています」

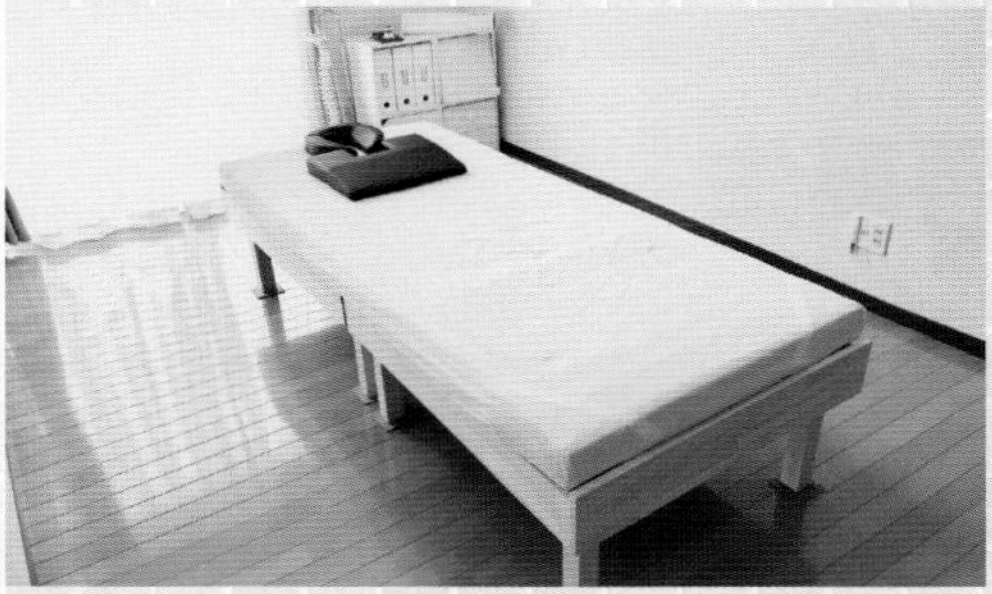

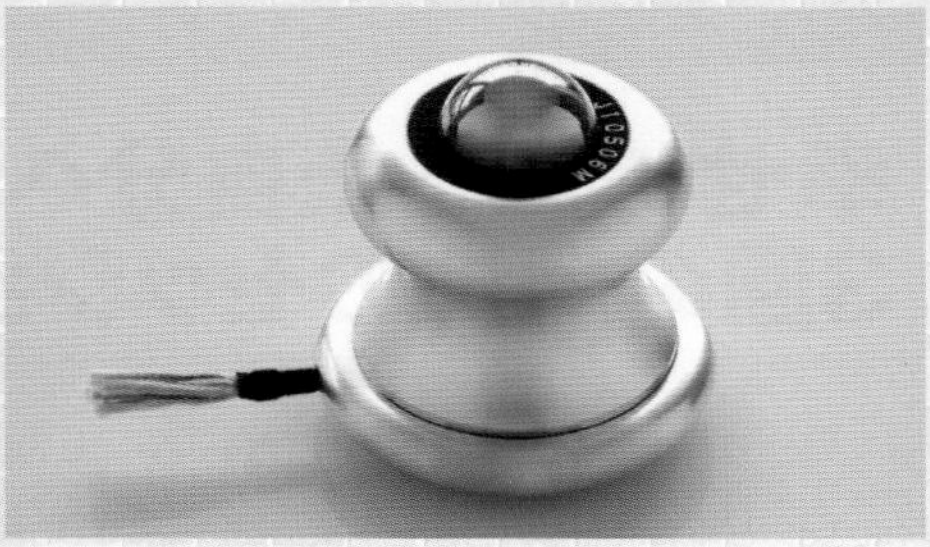

『ヒーリングデバイスCS60』

入会金 1.100円（税込）
『ヒリオソール』『ボディートーク』初回 16,500円　それぞれ1セッション 11,000円
（約1時間、初回はヒアリングに時間がかかるため、約1時間30分）
『感情解放メソッド』1時間 11,000円（税込）～　『波動調整』2時間 22000円（税込）短時間の場合 30分 5,500円（税込）～
『ヒーリングデバイスCS60』全身施術:スタンダード（80分） 11,000円（税込）　全身施術:丸ごと丁寧に（100分） 14,000円（税込）
※予約時に希望をお伝え下さい。（『CS60』以外オンライン可能）

き、健やかな状態へと導いてくれる。ガチガチの細胞がみるみるうちにスッキリしその効果はまるで体の掃除機のよう。さらに肉体的な健康を食事療法や運動、太極拳を通じてサポートすることで身体機能を高める効果も期待できる。『ヒリオソール』も河田さんが提供している代表的なメニューの一つ。『ヒリオソール』は、最先端の科学的知識と古代の精神的叡智を融合させたヒーリングで、人間を含むすべてのものは周波数で構成されているという考えに基づいて行われる療法だ。周波数を活用した施術では、人が持つ不調和やアンバランスを周波数の調整を通じて整えてくれる。健康や豊かさ、人間関係、キャリアなど、肉体、感情、精神、霊的なすべてのレベルにおいて驚くべき変化をもたらす。このほかにも意識に基づいた『ボディートーク』や自分と向き合うことでこり固まった感情を開放していく『感情解放メソッド』、洋服の上から間質液そのものにアプローチしていく『エネルギー的リンパドレナージュ』など肉体だけでなく感情や精神面からなど多角的なアプローチによる施術を展開している。

『ヒーリングサロン流氣麗』では、このように革新的なアプローチによる施術を通して人々の心身の健康と幸せをサポートしている。あなたも身体的な不調から解放され、健康と幸せへの新たな一歩を踏み出してみてはどうだろうか。

（ライター／長谷川望）

代表
**ヒロコ・ヒバード** さん

スピリチュアル・ヒーリング歴20年。アロマ・カラー・サウンドセラピー、風水などあらゆるヒーリングスキルにスピリチュアル・リーディング＋コーチングの知識を統合させたオリジナルの『再誕生ヒーリング』セッションを行う。

# 幸せに満ちた自分へ再誕生 3回の魔法のセッション

## 眠っている才能や可能性 発掘して輝かせ再誕生

「ヒーリング波動で究極の幸せに導く」開業して20年の『HEALING HADO』代表のヒロコ・ヒバードさん。３回の魔法のセッションで相談者のハートに隠れていたダイアモンドの原石を見つけ出し、光り輝く最高の自分へと生まれかわらせるという『再誕生ヒーリング』が話題になっている。

25000件以上のセッションの実績を持つアメリカ在住歴30数年の東京生まれのアメリカ人であるヒロコさんは、幼少から国籍障害(?)や原因不明の疾患に悩まされていたが、2度にわたる臨死体験により未来から「ヒーリングの鍵」を届けられる。25年間で学んだ肉体面、感情面、精神面、霊性面のすべてにおいてバランスと調和と癒しをもたらすヒーリング・ツールを「ヒーリングの鍵」でパワーアップさせ、「風の時代」を〝楽しく、楽に、早くに〟再誕生させるオリジナルのヒーリング・メソッド『再誕生ヒーリング』を確立。生まれ変わりの誕生をサポートする、自称スピリチュアル・ドゥーラ(目覚めと覚醒のお産婆)として活躍している。

1回目のセッションでは、今までの生き方を振り返り、新時代の歩み方を紐解く。今まで良かれ


**HEALING HADO**
ヒーリング ハドウ

1+503-332-8807
hiroko@healinghado.com
https://www.healinghado.com/
https://healinghadojapan333.com/（無料講座）
@healinghadojapan


こちらからも検索できます。

YouTubeで波動機器による音浴動画。

「あなたの才能や可能性に気づかずに、本当の自分を知らずになんとなく生き続けるか、それとも、今まで眠っていた才能や可能性を発掘し、本来持っているダイアモンドを研磨して輝かせる方法を学び、育てることで波動を高め、この時代に生まれてきた使命を果たすことで悔いのない人生を歩み始めるのか。その選択はあなたが決められること。私は、光り輝き、幸せな人生を送る選択をお勧めです」

**オンラインでのクラス＆ヒーリング・セッション可能**

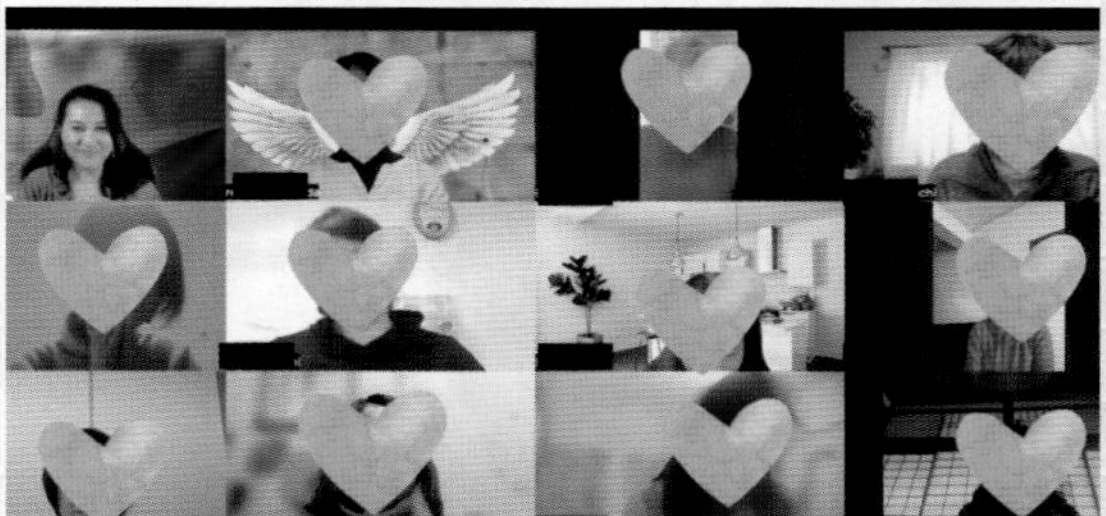

2023年11月発売
『再誕生ヒーリング』

と思っていたことが、新時代では行き詰まってしまうことを実感。自分にとって理想のロードマップを描いていく。

２回目のセッションでは、人生を劇的に変える「魔法の宝石テスト」で33個の質問に答える。そこから自分の性格タイプ、長所や短所のみだけでなく、人生の目的と使命、最適のストレス解消法、職業、ぴったりのパートナー、ソウルメイトなどを見出してもらえる。３回目のセッションでは、潜在意識の裏側に潜んでいた「闇の正体」、自分の中のコンピューターウイルスを発掘。これにより、良かれと思っていた今までの防衛作用が新時代では通用しないことを再確認し、自分が望む幸せな人生に導くための「ヒーリングの鍵」を受け取る。

人生をやり直したい方（自殺願望のある方も含め）、不安や鬱から解放されたい方、他人軸の思考に行き詰まっている方、今まで隠れていた自分を見つめ、最大限の内面のパワーを発揮したい方などには特にオススメしたい。

今までの人生を振り返り、人生の転機とリニューアルのタイミングに最適だという。この機会に人生を見つめ直し、究極の幸せで光り輝く最高のあなたへ再誕生してみては。（ライター／播磨杏）

タロットを操って道を示す。

代表
**ena さん**

全国展開の某占いサイトで、9ヵ月連続リピート率1位を獲得。第4回mGIGアカデミーアワード最優秀新人賞受賞。全国各地で活動しながらメディアにスピリチュアル占いや恋愛 コラムを掲載するなど、幅広く活躍中。

# リピーター続出
# 笑顔溢れる人生へと導くタロット占い

## 幅広くカバーする
## 業界初のスピリチュアル講座

東京を拠点に大阪、名古屋、京都、札幌など全国各地で対面鑑定やスクールを開催する『東銀座の母 ena』代表のenaさん。鑑定歴43年、これまでに延べ7万人のお悩みを解決して人生を導いてきたスピリチュアルカウンセラーだ。「今自分に起こっている壁はすべて乗り越えられる壁」という考えを元に、恋愛や仕事、複雑愛、家庭の問題などの様々な悩みに幅広く対応。じっくりと話を聞き、霊視や透視、タロット占いなど様々な角度から相談者を取り巻く問題に対する原因を掘り下げ、解決に向かうようアドバイスする。問題を解決し、より幸福な人生を歩めるように心にしっかりと寄り添い、一緒に壁を乗り越えてくれる姿勢が好評だ。

また、業界初の「スピリチュアル講座」や「タロット講座」などを全国で開設。「スピリチュアル講座」は、スピリチュアル用語の意味や引き寄せ、言霊、浄化、潜在意識、チャクラやテレパシー、レイキやオーラ、チャネリングや不調な身体の直し方など幅広いジャンルをカバー。まんべんなく学ぶ「スピリチュアル総合コース」とチャネリングに特化した「チャネリングコース」から選択可能。「タロット

**東銀座の母 ena**
エナ


☎ 080-5587-7311
✉ creamrose3733@i.softbank.jp
㊟ 東京都港区南青山2-2-15 ウィン青山942
https://www.majyoena.net/


Ena
スピリチュアルタロット

講座」は、タロットの歴史や占い方、リーディングなどをマンツーマンまたは2名様の少人数でじっくり学べると人気。自分や知り合いを占える初級・中級コースとプロを目指す上級コースを用意。自分でタロット占いができるようになることで、壁にぶつかったときに自分で鑑定して問題解決の糸口を掴むことが可能に。また、家族や友人が悩みに直面しているとき物事がスムーズに進むようにアドバイスすることもできるようになるのでオススメ。スクールの卒業生には、チャット占いや電話占いなどでプロとして活躍している方も。プロを目指す方には、イベントや電話占い、チャット占いへの紹介などサポートも充実している。

「近年は、物やお金よりも感受性を磨いて幸せを感じたいと考える方が増えています。自分の次元を上げることで、より充実した人生を楽しむことが可能です。対面鑑定はもちろん、プロの占い師の指導や育成まで、皆様の心が元気になり、笑顔溢れる人生を送ることができるよう、お手伝いをしています」

（ライター／彩未）

『手相-タロット-総合鑑定』30分 10,000円(税込)　60分 20,000円(税込)
『霊視・透視』20分 10,000円(税込)　60分 30,000円(税込)など
『天珠ブレス』50,000円(税込)～

代表
**白龍** 先生

霊視鑑定、手相や人相鑑定、タロット占い、姓名判断などで数々の芸能人や政治家、プロ野球選手、競馬の騎手などを鑑定。宮司の資格で神事やお祓い、除霊なども行う。スピリチュアルフェスティバルも主宰。

# 生きやすい人生に変える霊視鑑定
# 相談者の救いになって30年の経験

## カルマとの関係を霊視
## 占い師の育成にも尽力

「当たる当たらないも大事ですが、大切なのはお客様が鑑定を受けて元気になれたかどうかだと思います」

北海道・札幌を拠点に全国を対象に対面、出張、電話、メール、Zoom、チャットなど様々なチャンネルを通じて行う霊視鑑定で存在感を高める『龍神堂』の白龍先生が鑑定で何を大事にしているかが分かる言葉だ。神職、加持祈祷師、霊視鑑定士、スピリチュアルカウンセラーの四つの肩書が裏付ける霊能力が相談者の悩みを解消し、より良い未来へと導いていく。

白龍先生は、生後間もなく、本当の両親に極寒の地、旭川の河川敷に置き手紙と一緒に捨てられた壮絶な経験を持つ。奇跡的に助けられ、学校の校長先生に育てられた幼少期に不思議な霊能力に目覚め、それに導かれるように霊視鑑定の道に進んだのは約30年前。「一人でも多くの相談者の救いになれるように」との思いからだったという。その救いになると評判なのが霊視鑑定だ。

「霊感、霊視を使った鑑定で視えてくるものは、相談者が現世で何を抱えて生きているのかというものを含め、現在起きている問題と持って生まれた業

札幌の霊視鑑定士 **龍神堂**
りゅうじんどう
080-7064-1100
icpro.cep@gmail.com
https://ryujindo.com/
@ryujin9z

ホームページ　Instagram　LINE

を意味するカルマとの関連です。前世でやり残したこと、人との繋がりなど過去と現在を照らし合わせることで、相談者が生きやすいと感じる人生へと変えていくことができるのです」

この霊視鑑定も含め、手相、人相、タロット、姓名判断、透視を使った総合鑑定で、人間関係、進路、恋愛、結婚、健康などの悩みや迷いの原因や背景を細部まで浮き彫りにした上で行うアドバイスの評価は、鑑定を受けた相談者の感想から伝わる。「守護霊など自分を守る大切な存在について聞くことができるので心強い」「鑑定に基づいて心持を変えるだけで元気になれるんだと驚いています」「日常的にできるアドバイスが多く、小さな行動で大きな変化が起きるのがわかります」「一人では解決が難しい複雑な問題も安心して相談できます」

白龍先生は、龍神魔法学校と銘打って鑑定師を育成していているほか、全国で活躍している占い師やヒーラー、セラピスト、霊能者、超能力者、ハンドメイド作家、マッサージ師、整体師などの癒し系プロフェッショナルが1年に一度札幌に集結する「北海道スピリチュアルフェスティバル」や癒しとパワースポット「TERAKOYAフェス」を主催して、占い、鑑定への関心を高める活動にも力を入れるなど行動力でも注目される存在だ。

（ライター／斎藤紘）

『簡明易占と人相術透視のプロ養成講座』

主宰
**天童春樹** さん
16歳で運命学に出会い、専門書を取り寄せて研究を始める。21歳の頃から街頭鑑定を始め、40歳を超えてから鑑定業で一本立ち。街頭での運命鑑定、自宅での予約鑑定、出張鑑定、通信鑑定を実施。人相術に関する著書多数。

# 運命鑑定の信頼性支える豊富な知識
# 鑑定師養成講座で読書の重要性指摘

## 人相から原因を見つけ根本的な解決を目指す

「占いは良い本を読んで独学で勉強することが第一です」

鑑定師向けの講座で講師の運命鑑定士天童春樹さんが最初に指摘する要点だ。自身、運命鑑定や占いに関する古今東西の膨大な書籍を読破しただけでなく、「人相術講座・全18巻」「人生を豊かにする人相術」「簡明易占テキスト」などの著書を刊行、その博覧強記ぶりは全国の鑑定士などから師と仰がれるほど。

高知市の中心商店街で50年超続けてきた街頭鑑定の信頼性をも支える。天童さんが鑑定道に進むきっかけになったのは16歳の時に運命学に出会ったこと。専門書を取り寄せて研究を始め、人相学の大家、八木喜三朗師（1901～1976）の「観相発秘録」の通信講座を受け、19歳から街頭鑑定と研究を重ねてきた。古代中国発祥の易経を基にした易占術や手相鑑定術も使うが、主軸は人相術だ。

「人相術による運命鑑定で最も大切にしていることは、お客様が幸せになることです。人相には霊界との繋がりが現れますが、ただ吉凶を告げるのが目的ではありません。吉は推し進め、凶は断ち切り、運命の原理である『すべては思いに因る』ことを悟り、吉も凶も平気で受け入れる大きな人間になるために

**天童春樹**
てんどうはるき

090-7780-8353
tendou-haruki@ma.pikara.ne.jp
㊟ 高知県高知市大津甲999
http://wwwe.pikara.ne.jp/tendou-haruki/

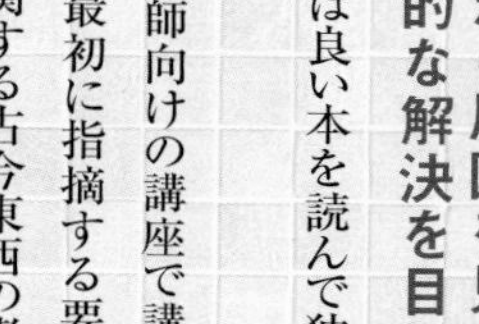

「街頭易者の独り言 開運虎の巻」
1,650円（税込）
人相は偽りのない履歴書で、貴相、威相、福相などの人相から運命、霊の話まで書きおろし。

役立てるのが人相術なのです。最終的には命、人生とは何かなどの想いの世界に行き着きます」

鑑定士や占い師を目指す人に役立ててほしいと2018年に刊行したのが「人生を豊かにする人相術」だ。人相術を学ぶうえでの心構え、陽相、陰相などの顔のパターンの分け方、顔の部位別の意味、家庭環境や健康状態、学業、恋愛運、結婚運、仕事運、財運、病気、災厄などテーマ別の人相判断術、吉凶の起こる年の見方などを解説している。

「人相とは、顔の形状やシワやホクロ、色味だけにとどまらず、全身や雰囲気、歩き方に座り方、話し方などをすべて引っくるめて人相というのです。人相からは、本人一代の運命はもちろん、人事百般の細部までも読めるのです。各人が持っている観察眼の上に人相術を重ねると、今まで気付かなかったことが見えてくるはずです。無表情の人が多くなり、他人に無関心な現代こそ、まさに人相術の出番といえます」

天童さんは、易占と人相術で運命鑑定家として独立したい人向けの「簡明易占と人相術透視のプロ養成講座」も開催、天童さんが編纂したテキストや人相術などに関する書籍を読み、実地経験を重ねることで鑑定術を修得する道筋を示す。

（ライター／天童春樹）

代表
**虹谷空** さん

LunaArt認定パステルマスターセラピスト。龍体フトマニ図、パステルアートなどの作品を手がけており、ヒーラーとしても活動している。オンラインショップやワークショップも随時開催。

『龍体フトマニ図ヒーリング』（90分）対面 10,000円（税込） Zoom 8,000円（税込）
「本誌『令和のブームはこれだ!』を見た」で、『龍体フトマニ図ヒーリング』2,000円引き、『龍体フトマニ図』1,000円引き。（2023/12/31まで）

# 『龍体フトマニ図』で体感するヒーリング効果

## 対面・オンラインでのセッションも開催中

虹谷空さんは、LunaArt認定パステルマスターセラピストの資格を持ち、ヒーラーとしても活動しているヒーリングアーティスト。また『龍体フトマニ図』の作家としても有名で全国から注文依頼が殺到するほどの人気を誇る。

『龍体フトマニ図』とは、日本で漢字が伝承する前に使われていた神代文字「龍体文字」と、古代の宇宙観の象徴である「フトマニ図」を組み合わせたもの。日本人本来が持つ龍のエネルギーを細胞より活性化させていき、体本来が持つ自然治癒力・免疫力を高めてくれるといわれている。これまで虹谷空さんが描いてきた『龍体フトマニ図』は、250点以上。2023年2月には、上野の森美術館で開催された「第28回日本の美術全国選抜作家展」にも出展。作家としての活動の幅も広げている。そんな彼女が描く『龍体フトマニ図』は、緻密で美しい絵画としての評価もさることながら、ヒーリングアートとしても高い評価を獲得している。彼女の作品を見ることで、自分自身と向き合い、心身ともに健康であることの大切さを感じられる方も多いという。

そのようなヒーリング効果を最大限享受してもらうため、『龍体フトマニ図ヒーリング』を2022年に確立。身体のエネルギーの流れを解消してくれると話題のヒー


**虹谷空**
にじたにそら

✉ beginning_0875@yahoo.co.jp
㊟ 岩手県盛岡市（詳細は予約時）
https://ameblo.jp/tom0402
@ sora_healing_ryutai
@366ipwac


こちらからも
検索できます。

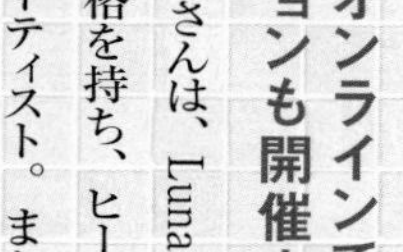

「クリニカルサロンKOMACHI」で販売されている身体を整え、波動を高める「酵素ドリンク波動酵素」の代理店も行っている。

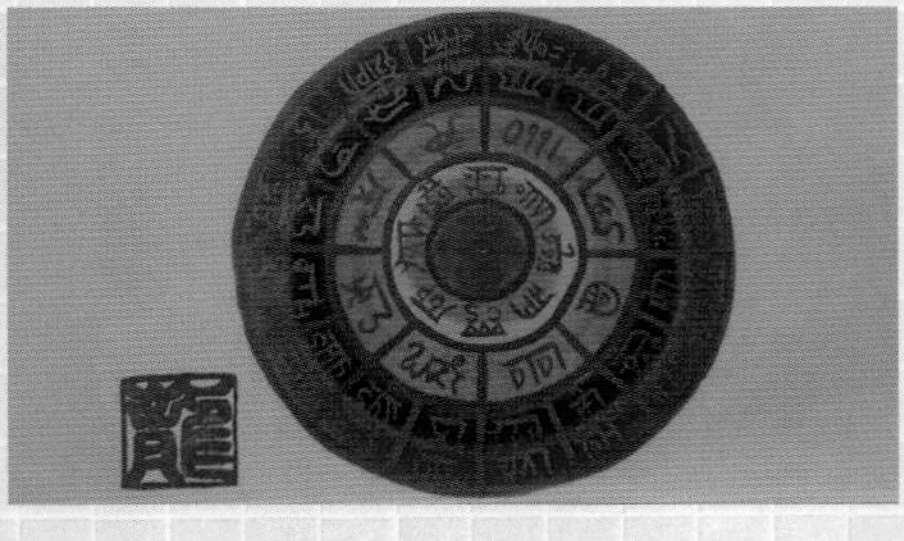

『龍体フトマニ図』色紙サイズ 9,000円　ポストカードサイズ 6,000円（デザインにより料金追加有）

2023年3月、上野の森美術館「第28回日本の美術全国選抜作家展」にて。

リングセッションは、対面のほかZoomでも行っている。

また、『龍体フトマニ図オンラインワークショップ』や『パステルアートセッション』といったイベントも随時開催中。『龍体フトマニ図オンラインワークショップ』は、龍体文字やフトマニ図の書き方や書き順が学べるセッション。一から丁寧に教えてくれるので予備知識いらずでアート作品作りを楽しめる。また、セッションを通して自分で『龍体フトマニ図』を書いてみることで、より身近にエネルギーを感じられるかもしれない。『パステルアートセッション』では、『龍体フトマニ図』をパステルアートで制作。制作を通して心身のバランスと場の波動を整える効果が期待できるという。『龍体フトマニ図』以外のパステルアートでは、心と脳を緩めていくアートセラピーも行っている。虹谷空さんが制作する『龍体フトマニ図』や実際のセッションを通じて、ヒーリング効果を体感してみてはどうだろうか。『龍体フトマニ図』の購入やセッションの受講を悩まれている方は、気軽にお問い合わせを。

5月1日から7日まで『京急電鉄羽田空港第1ターミナル駅』の京急ステーションビジョン羽田①のデジタルサイネージで上野の森美術館での作品展に出展した『チャクラカラー龍体フトマニ図』のCM映像が流れ、11月には『龍体フトマニ図』のイタリア出展も控えている。

（ライター／長谷川望）

代表取締役
**島田大輔** さん

高校卒業後、同級生の父親が経営する基礎工事会社に入社。仕事を続けているうちにやり甲斐も感じるようになる。15年間、経験を積んだ後、2018年、34歳で独立、基礎工事や外構工事などを手がける『島大工業株式会社』設立。

# 基礎工事の確かな仕事ぶりで躍進
# 仕上がりで重視する客観的な評価

## 強度が際立つ土台造り
## 絶え間ない依頼に対応

「客観的に誰が見ても良い仕上がりだと言ってもらえる妥協なき仕事を追求する」

住宅メーカーからの依頼で戸建て住宅や木造アパートの基礎工事を手がける『島大工業株式会社』代表取締役の島田大輔さんの信念だ。基礎工事業界に入って約20年、培った腕と経験が業績を支える基盤だ。

「建物の重さだけではなく、風や地震の揺れなど外からの力をバランスよく地面に伝える役割がある建物の土台を数十年経っても安定して建物を支えられるように造り上げるのが当社の仕事です。基礎工事の中でも当社が最も得意としているのは建物の主要な部分にコンクリートを流し込む布基礎です。使用するコンクリートや鉄筋の数が少なく、しかも基礎の深さが深いので、強度も高いのが特長です。誰かの生活空間を根底で支えていくという実感がこの仕事の醍醐味です」

その確かな仕事ぶりから施工依頼が絶え間なく入るが、島田さんはアジアの外国人技能実習生を積極的に採用し、協力会社の協力も得て、複数の現場を同時進行で動かし、納期厳守で仕事をさばいている。

（ライター／斎藤紘）


**島大工業** 株式会社
しまだいこうぎょう

076-467-3044
info@shimadai8299.com
㊟ 富山県富山市松野83
https://www.shimadai8299.com/


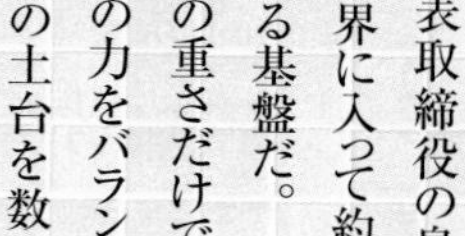
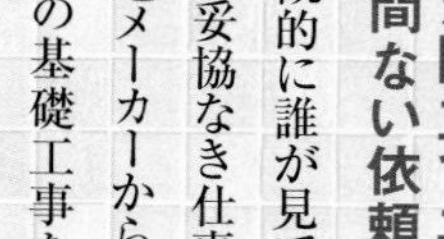

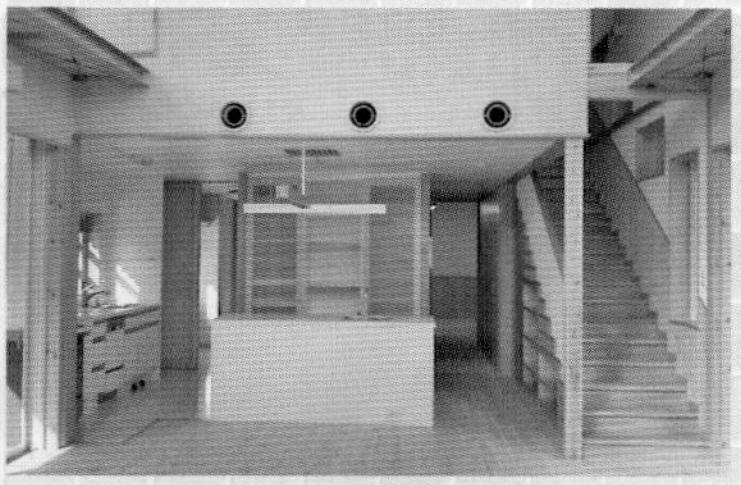

代表取締役
**豊島潔** さん

日本工業大学大学院修了。大学院時代から仕事を手伝っていた設計事務所に就職、住宅建築、歴史的建造物の復旧、現場監理などの経験を積んだ後、父親が創業した『株式会社豊島工務店』に入り、経営を承継。一級建築士、木造住宅耐震診断士。

住まいの問題、困っていること、ご相談を。

# 住宅リフォームに光る周到な手順 木材を重用し安らぎの住環境形成

## バリアフリー化に対応 申請手続きもサポート

規模や種類を問わず住宅万般の工事に対応する『株式会社豊島工務店』で依頼が増えているのがリフォームだ。二代目社長で一級建築士の豊島潔さんの専門知識を活かした周到な作業プロセスが信頼の基盤だ。

「リフォームでは、既存の図面から新築当時の設計意図を汲み取り、改築後の新たな空間の形状やボリュームをイメージします。それを分かりやすい図面に落とし込んで職人に伝え、高い精度でコストを予測します。これによって施主様が納得し満足のいく施工できるのです」

建材には「木の家は安らぎを与え、情緒を安定させ、長生きにも寄与する」として木を重用するのも特長だ。玄関ドアには高木の米松、フローリングには楢や桧、階段は杉、柱は杉の丸太といった具合だ。高齢化に伴って増えているのが住宅のバリアフリー化だ。高齢化が加速する時代に高齢者が暮らしやすい住環境整備のニーズに応えるもので、保険加入者は上限20万円の住宅改修費用の1割を負担するだけで済む介護保険制度を利用し、役所への申請手続きもサポートする。

（ライター／斎藤紘）

株式会社 **豊島工務店**
とよしまこうむてん

03-3720-1606
kt0002@nifty.com
㊟ 東京都世田谷区奥沢4-24-13
http://www.37201606.com/

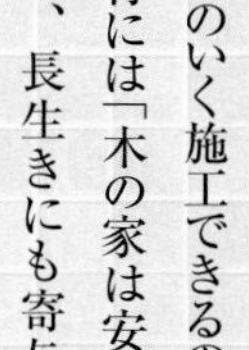

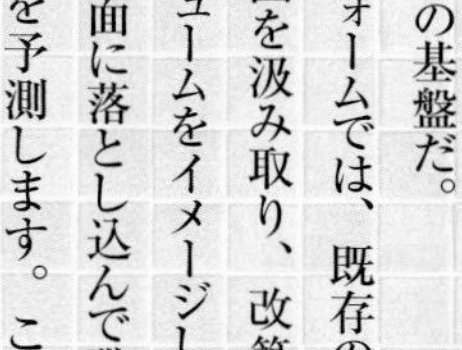

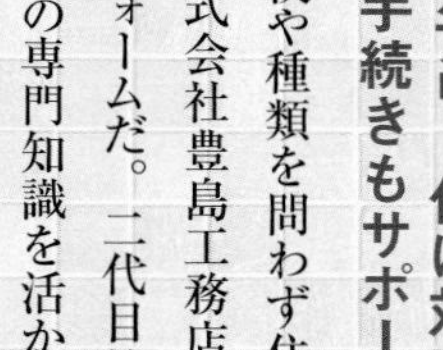

要望に応える「技術力」と理想を形にする「提案力」。

代表
**大谷清貴** さん

京都、大阪、滋賀、奈良を営業エリアに、戸建て住宅や商業施設、店舗などの左官工事や外構工事、エクステリア工事などを施工。「仕事に真剣に取り組み、家庭も大切に」が信条。

# 左官工事外構工事に光る経験と腕
# センスあるデザイン力も大きな強み

## 19年の経験経て独立
## 顧客の思いを具体化

京都を拠点に左官工事や外構工事、エクステリア工事を手がける『K-style』代表の大谷清貴さんは、二十数年の施工経験を生かした丁寧かつ確かな仕事ぶりで発注元から信頼を得てきた職人だ。顧客はもちろん、共に働く職人や家族を大事にする心根が仕事にも血を通わせる。

「左官工事は、手作業でモルタルや繊維、プラスターなどの自然素材を壁や床に塗り付けて仕上げる工事。手作業と自然素材ならではの質感が美しい仕上がりになります。均一に塗り上げるだけでなく、ご希望によりデザインを加味することもあり、可能性は無限大です。外構工事、エクステリア工事はフェンスや門柱、玄関アプローチといった庭の構成物をお客様の想いを反映して造り上げます。見た目だけでなく、機能性も重視しなくてはなりません。優れた設備や素材の中から、外回りの空間にマッチするよう最適なものを提案します」

大谷さんは、15歳から職人として建設業界で働き始め、19年間の経験を積んでから独立、センスあるデザイン力も強みに前進してきた。

（ライター／斎藤紘）

**K-style**
ケースタイル

090-2353-7351
k.style.sakan@gmail.com
㊟ 京都府京都市山科区西野山中鳥井町91-2 西野山楽庵1F
https://k-style-8800.com/

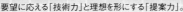

農機具の修理、販売なら
Mアシストへお任せください！

代表
**林孝太郎** さん

長野市の農協などで農機具を扱う仕事に従事し、販売と修理、レストアの技術を蓄積。約10年前、独立して農機具のメンテナンスをアシストする『株式会社Mアシスト』を設立、2023年4月に株式会社化を果たす。

創業以来、長野の地でお客様の声に寄り添い、様々な要望にお応えし、農機具の修理再生など技術を提供。地元密着企業として「迅速とサービス」をモットーに活動。

# 農家に頼りにされる農機具のプロ
# あらゆる機種の故障を迅速に修理

## 全農機具の構造に精通
## 事故予防の整備も可能

農機具のプロとして、北信・東信地方の稲作農家、畑作農家。果樹農家から農機具の修理で頼りにされているのが『株式会社Mアシスト』代表の林孝太郎さんだ。耕うん機、田植機、草刈り機、果樹系機械、トラクタ、コンバインなどあらゆる機種に対応できるのが支持される理由だ。

「農機具はどれも力のある機械なので、故障する時は目いっぱい壊れますし、使う人によっても壊れ方が違ってきます。また、農機具はぬかるんだ場所にも入りますので、ひっくり返ったりする危険性もあります。故障の修理依頼があれば、壊れた場所を素早く見つけ、その場で修理できるものは修理し、できないものは当社に運んで修理します。また事故につながらないよう日頃からの整備にも対応します」

林さんの実家は農家だったが、好きな機械いじりの延長で農機具の販売や修理の道に進んだという。一度分解した中古の農機具を組み上げ、新古機に仕上げるレストアもよく手掛け、農機具の構造や修理のノウハウに精通した農機具のプロとして広く知られるようになった。

（ライター／斎藤紘）

株式会社 **Mアシスト**
エムアシスト

026-405-4969
m-assist.k-hayashi@ab.auone-net.jp
㊟ 長野県長野市若穂川田3221-7
https://www.maintenance-assist-nouki.net/

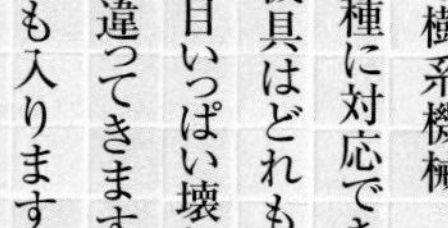

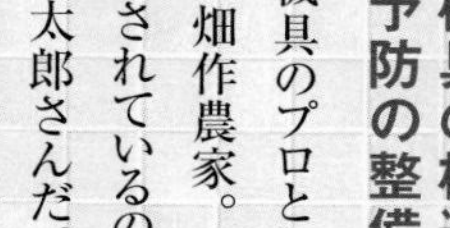

農機具修理・一般整備・販売
**Mアシスト**

代表
**遠藤高史** さん

大手輸入車ディーラーで整備士をしたり、運送会社に勤めたりした後、結婚を機に、義父が1970年に創業した『有限会社明石設備』に入り、約18年前、二代目社長に就任。土木工事、管工事、アイデア商品開発などの事業を展開。

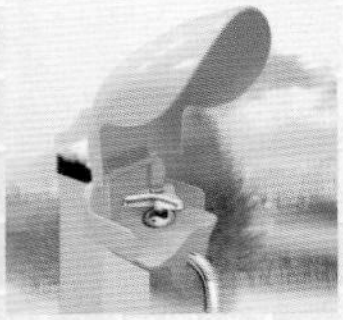

蛇口凍結防止カバー『でるモン』

# 事業を支える代表のアイデア商品 蛇口凍結防止器具

## 設備工事とアイデア商品開発 二本柱の経営

管工事関係の給排水衛生設備工事・換気工事・消火栓工事など公共空間や住空間のインフラ設備の整備に力を注いできた『有限会社明石設備』。同社の二代目代表の遠藤高史さんが開発した蛇口凍結防止カバー『でるモン』が注目を集めている。冬場、水道管の凍結を防ぐためにタオルを巻いたり、凍結したら電熱ヒーターで溶かしたりと苦労するが、それを解消してくれる。工具を使わず、女性でもワンタッチで簡単に取り付けることができる。

誕生のきっかけは、同社が設備工事を手がけた保育園の関係者から水道の蛇口凍結の悩みを相談されたこと。「お客様の困りごとを解決するアイデアの開発が好き」という遠藤さんは、さっそく3Dプリンタを購入し使い方やプログラミングを一から勉強。形状については、金型会社と何度も打ち合わせて完成させた。さらに『でるモン』を事業の柱にするため量産体制を整え、専門のオンラインショップも立ち上げ、計画通り、順調に売上を伸ばしているという。

「お客様のためになる仕事をする」をモットーとしながら、設備工事とアイデア商品という二本の柱で事業に邁進する。

（ライター／播磨杏）

有限会社 **明石設備**
あかしせつび

049-262-3982
akashi-setsubi@tbp.t-com.ne.jp
㊟ 埼玉県ふじみ野市桜ヶ丘1-15-29
https://dellmon.jp/

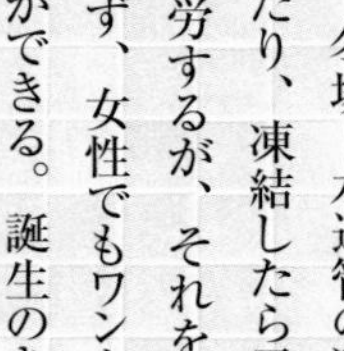


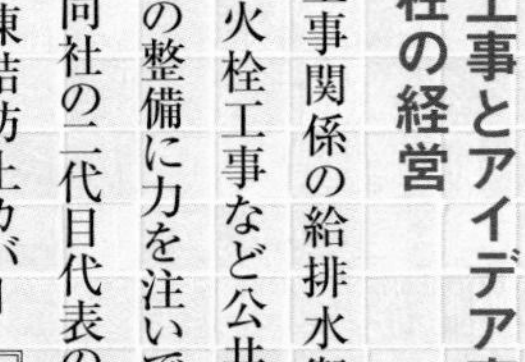

代表取締役
**林龍馬** さん

北海学園大学経営学部経営情報学科卒。内資外資合わせて7年製薬会社でMRに従事。在職中、アパート経営に挑戦、宅地建物取引士の資格取得。退職後、2018年『WINNOVATION株式会社』設立。NAR（地方競馬全国協会）馬主。

# 医・食・住・夢を叶える4事業を展開
# 考えて行動する考動力で思いを形に

## 全事業に経験を生かす人との繋がりも重要視

医、食、住、夢。自身の経験を生かし、考えたことをすべて事業化した若き経営者がいる。『WINNOVATION株式会社』代表取締役の林龍馬さん。医と食は製薬会社のMR（医薬情報担当者）の知識を生かした調剤薬局の経営と高齢者向け宅食事業、住は宅地建物取引士の資格を活用する不動産売買・投資支援、夢は競馬に夢を託す馬主の経験を生かした競走馬事業。共通しているのは、「多くの方が笑顔で暮らしていただけるサービス」だ。

「常に先を考えて行動する考動力と志を高く持ち仕事を楽しむ志事を大事にしてきました。薬局経営はMR時代から考えていたもので、将来は業務のIT化を進め、遠くにいても近くに感じることのできる薬局づくりを目指します。宅食事業は北海道ならではの栄養価の高い食材を使った健康促進メニューが特長です。不動産投資はアパート経営の経験を活用し、物件管理、入居者管理、家賃管理、売却まで支援します。競走馬事業は競走馬の仲介、調教委託、騎乗依頼まで行います」事業に関わるすべての人々との繋がりも大事にしながら前進していく。

（ライター／斉藤紘）

**WINNOVATION** 株式会社
ウィノベーション

011-558-9364
ryuma.hayashi@winnovation.co.jp
㊟ 北海道札幌市中央区南1条西7-6-6
https://winnovation.co.jp/

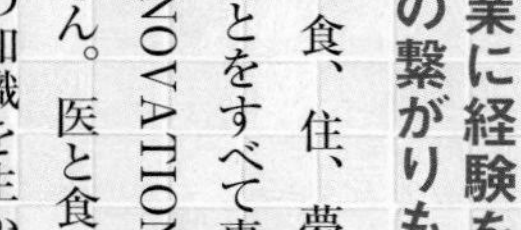

『トランペット、トロンボーンレッスン』
60分／月1回 4,500円（税込）
60分／月2回 8,000円（税込）
「体験レッスン」無料
「楽器レンタル」500円（税込）／1回
『アドリブ初級レッスン』
2時間 6,000円（税込）／1回
（PayPay、au PAYの利用可能）
「さっぽろ村ラジオ(FM81.3MHz)」で毎週土曜日14:00-15:00、「村上あきらの楽しい音には福来たる」でパーソナリティを務めている。

講師
**村上陽** さん

中学時代より金管楽器に触れ、大学時代にジャズの道へ。数々のビッグバンドのメンバーとして大舞台に立つ。2012年より、講師やイベントの企画・運営をする傍ら、様々なジャンルで活躍するように。

# 金管楽器を楽しく演奏
# ベテラン講師による楽器教室

## 丁寧なマンツーマンレッスンが好評

北海道札幌市近郊や札幌駅周辺で開講している『村上陽トランペット&トロンボーン教室』では、トランペットやトロンボーンを楽しく演奏できるよう指導している。講師の村上陽さんは、中学時代より金管楽器に触れ、大学時代にジャズの道に進み、卒業後は仕事の合間に数々のビッグバンドのメンバーとして大舞台に立ってきた。1996年アメリカ、ロサンゼルスで開催「インターナショナル ジャズパーティ」にアップビート・ジャズ・オーケストラのメンバーとして出演。2012年より脱サラし、講師活動も始めた。

「トランペットは、クラシック、ポピュラー、ジャズなど幅広い音楽ジャンルで、キラキラした音から渋いダークな音までいろいろな音色が出せる」

そのもとには、小学1年生から60代以上の方まで集っている。生徒の約半数は、全く吹けない初心者としてスタートしているので気軽に通える。初心者は、まず音が出せることを重点にレッスン。経験者は、吹き方の弱点を見つけて音色を改善していく。楽に音が出せる吹き方や音域を広げるトレーニングなどもレッスンに取り入れているので、日々上達を感じられるはず。

（ライター／山根由佳）

### 村上陽トランペット&トロンボーン教室
むらかみあきらトランペット&トロンボーンきょうしつ

090-9745-4951
murakami.trumpet.school@gmail.com
㊟ 北海道江別市野幌住吉町39-4
https://murakami-tp-tbschool.com/
@murakami_tp

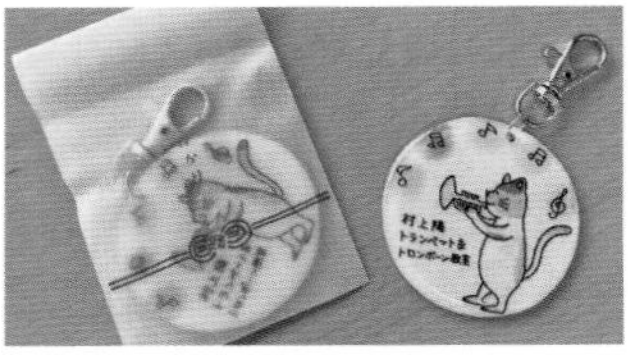

人との縁を大切に沖縄や常滑の陶芸文化を守る代表の服部さん。

代表
**服部貢士** さん

日本体育大学卒。在学中はアーチェリー部主将。卒業後は、山梨県でアーチェリーショップの仕事をしながらベーカリーで働く。その後渡米し帰国。2003年下地工事や建設資材の開発を手がける『ORION ENTERPRISE』を設立。

# 常滑焼に魅了され還暦後陶芸家に 築80年の薪窯を持つ窯元で修業

## 本業は東京で会社経営 沖縄の陶芸家とも交流

常滑焼の産地、愛知県常滑市で『常滑研究開発センター』を営む服部貢士さんは、還暦を過ぎてから陶芸の道に進んだ異色の陶芸家だ。本業は東京の会社経営者だが、常滑焼に魅了され、築80年の薪窯を持つ「かぶれ窯」に席を置き、修業と並行して広報活動も担う。夢は、世界に常滑焼の魅力を発信し、伝統工芸品として広めていくことだ。

「愛知県出身で、故あって本業の営業拠点の一つを常滑に移したときに、『かぶれ窯』の当主と出会い、常滑焼の虜になりました。湯呑や皿をろくろで作る修業段階ですが、年に2回薪窯で焼くときの薪の準備や陶芸祭りへの出品、陶芸教室の世話などもし、豊かな自然環境の中で陶芸活動を楽しんでいます。また、『常滑研究開発センター』に作った陶芸工房を若手陶芸家の育成の場として利用して頂いています」

本業の営業で訪れた沖縄で知り合った、やむちん(焼き物)の作家たちとの交流も深め、沖縄伝統の魔除けシーサーの作り方も習い、今後はやむちんと常滑焼の技法のコラボによる陶芸制作も目指していく。

(ライター／斎藤紘)

## 常滑研究開発センター

とこなめけんきゅうかいはつセンター

㊟ 愛知県常滑市大曽町4-60

株式会社ORION ENTERPRISE
☎ 03-6809-7412
㊟ 東京都世田谷区中町4-6-11
http://orion-enterprise.com/

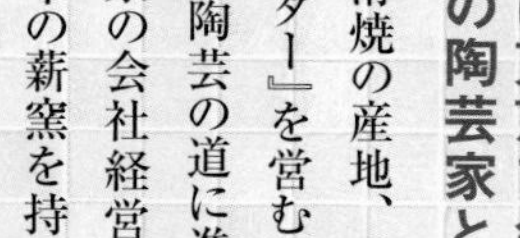

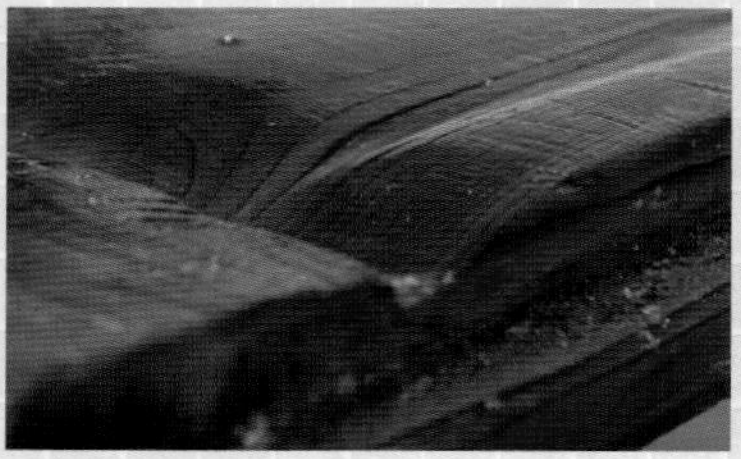

手作業で鯖をおろす伝統の技。

代表取締役社長
**越田竜平** さん

大祖父がみりん干しの販売から始め、鯖巻物屋、魚の干物の製造販売へと業容を変化させながら歩んできた家族経営の『株式会社越田水産』4代目代表取締役社長。2023年4月に株式会社化を果たす。

# 半世紀変わらぬ熟成つけ汁で味付け もの凄い鯖と大評判の鯖の文化干し

## 独特の香りと旨み人気 脂がのった極上鯖使用

あまりの旨さからファンが「もの凄い鯖」と命名したという干物がある。『株式会社越田水産』の『鯖の文化干し』。脂がのった時期にしか獲らないノルウェー産の鯖を秘伝のつけ汁で味付けした逸品。四代目代表取締役社長越田竜平さんは、「鯖をいっぱい切って、たくさんの人を笑顔にしたい」と家族と力を合わせて伝統の味を守り、増える需要に応えている。

「半世紀前ほどの開業当時から一度も変えずにきた熟成つけ汁を使用しています。つけ汁の原料は塩と水だけですが、三枚おろしにした鯖を漬け込むと、鯖のエキスや骨髄が汁の中に溶け出し、それが塩とのコラボで独特の香りと旨み、甘味、程よい塩加減を生み出すのです。酸化防止剤や防腐剤、保存料などすべて無添加の唯一無二のつけ汁です」

鯖をおろすのも真ん中の骨しか残らない手作業。その丁寧な仕事ぶりと旨さが評判になり、イタリア料理やフランス料理、スペイン料理の高級店などからの注文が絶えない。鯖の干物のほか、同社では隣の銚子港に揚がった鯵や鰯、金目鯛など十種類の魚の干物も扱っている。

（ライター／斎藤紘）

株式会社 **越田水産**
こしだすいさん

0479-44-0473
kosidasuisan@yahoo.jp
㊟ 茨城県神栖市波崎8233-9
http://kosidasyouten.com/
オンラインショップ https://koshidasyouten.raku-uru.jp/

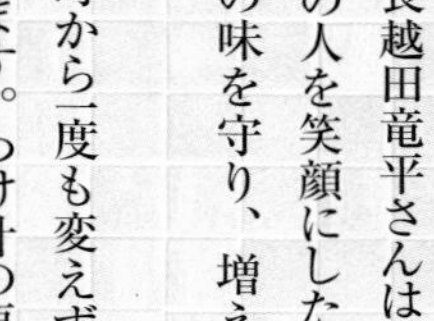

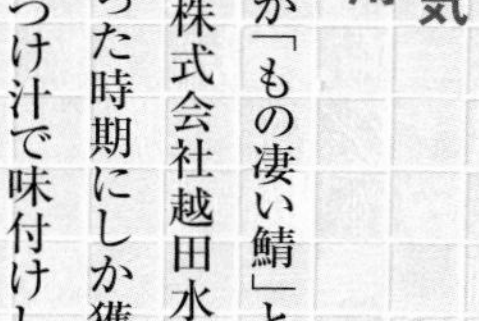

『サバ文化干し』

『定番のチキンカレーとガパオ、日替わりカレーの3種がけ、トリプルきなこ』

オーナー
**石川顕洋** さん

大学時代から行ってきた音楽は現在も活動中。『きなこカリー』を始めたきっかけが「お店をやりたい」と話したところ、2022年に物件が見つかり、2023年2月に開業。長谷寺のあじさい管理人。今後の目標は保護猫活動と農業。

# 鎌倉長谷寺のあじさい管理人、カレー屋こども食堂の三束の草鞋で地域を元気に！

## 独学で生み出す こだわりの創作アジアンカレー

中学一年生で不登校を経験した際にギターが好きになり、ビートルズを聴くようになったことをきっかけに語学にも興味を持つようになった石川顕洋さん。大学の英語学科に進学し、語学を学んだときに、大学の先輩に連れて行って貰ったカレー屋の衝撃的な美味しさに感銘を受けて3年間通い詰め、そこから10年かけて自宅でカレーの改良を重ねた。卒業後、商社勤務を経て鎌倉長谷寺の職員となり、現在でも長谷寺のあじさい管理に携わっているという異色の経歴を持つオーナーが2023年にオープンした創作スパイスカレーとガパオを提供する『きなこカリー』。

保護猫の愛猫「きなこ」の名に因み、スパイスにきなこをブレンドしたチキンカレーに、実際にタイを訪れて食べ歩き試作を重ねたガパオ、日替わりカレーはココナッツミルクを控えめに使い、日本人が食べやすいよう細部にまでこだわりが詰まったカレーを提供する。辛さは控えめ。セルフコーナーにある辛さ調節用のスパイスでアレンジ可能。化学調味料、小麦粉、バターを一切使わずに作るヘルシーなスパイスカレーで「毎日食べられるカレー」を目指す。

（ライター／彩未）

創作スパイスカレーとガパオのお店 **きなこカリー**

☎ 090-6160-3878
㊟ 神奈川県藤沢市湘南台6-27-3
きなこカリー 検索
@kinako_curry

Instagram

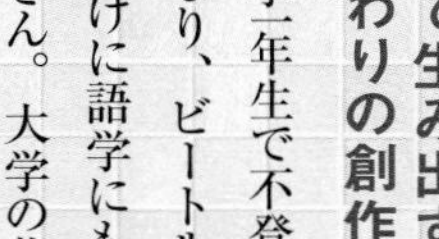

カレー屋さんなのに薬局の看板。

『置いとき袋』(野菜、果物鮮度保持用)
7枚入 350円(税込)
青物野菜は特に効果あり。鮮度保持のパワーも。

代表
**橋本茂** さん

兵庫県揖保郡でポリ袋の製造や販売を手がけている。近年は、地球温暖化防止にも貢献できる環境にやさしいポリ袋『置いとき袋(たい)』シリーズの販売・普及に力を入れている。

『生ゴミ・
汚物処理袋』
10袋入
700円(税込)

# 米ぬかパワーで抗菌&防臭 災害時にも役立つ万能ポリ袋

## バイオマスと米ぬか 温暖化防止に大きく貢献

米ぬかを生地に練り込むことで抗菌性・抗酸化作用・防臭・発芽防止効果に優れ、野菜や果物などの生鮮食品の保存はもちろん災害や緊急時にも役立つ高機能ポリ袋の開発・販売を手掛ける『橋本商会』。高い機能性の秘密は、米ぬかに含まれるポリフェノールの一種であるフェルラ酸。フェルラ酸は、O-157やO-111などの大腸菌や黄色ブドウ球菌、カビなどの繁殖を防ぐ。『置いとき袋(おいときたい)』は、食品の鮮度を保つ抗酸化作用とじゃがいもや玉ねぎ、にんにくなどの発芽防止効果も兼ね備えているため、生鮮食品の劣化を防ぎ、美味しさを長時間保つ。さらに、優れた防臭効果もあり、香りが強い野菜や肉魚の保存、災害時や緊急時にも使用できる。また、袋を洗うと繰り返し使用OK。『非常用洋式トイレカバー』や『生ゴミ・汚物処理袋』などの取り扱いもあり、ペット産業やアウトドア、レストラン、介護現場など様々な場面で活用されている。

バイオマスプラスチックと産業廃棄物になりがちな米ぬかを使用した多機能ポリ袋の開発・製造で地球温暖化の抑制に貢献している。

(ライター/彩未)


## 橋本商会
はしもとしょうかい

079-240-7238
hashimoto.contact@gmail.com
㊟ 兵庫県揖保郡太子町鵤46-2
http://hashimoto-shoukai.com/

『非常用
洋式トイレカバー』
1袋(5枚セット)
750円(税込)

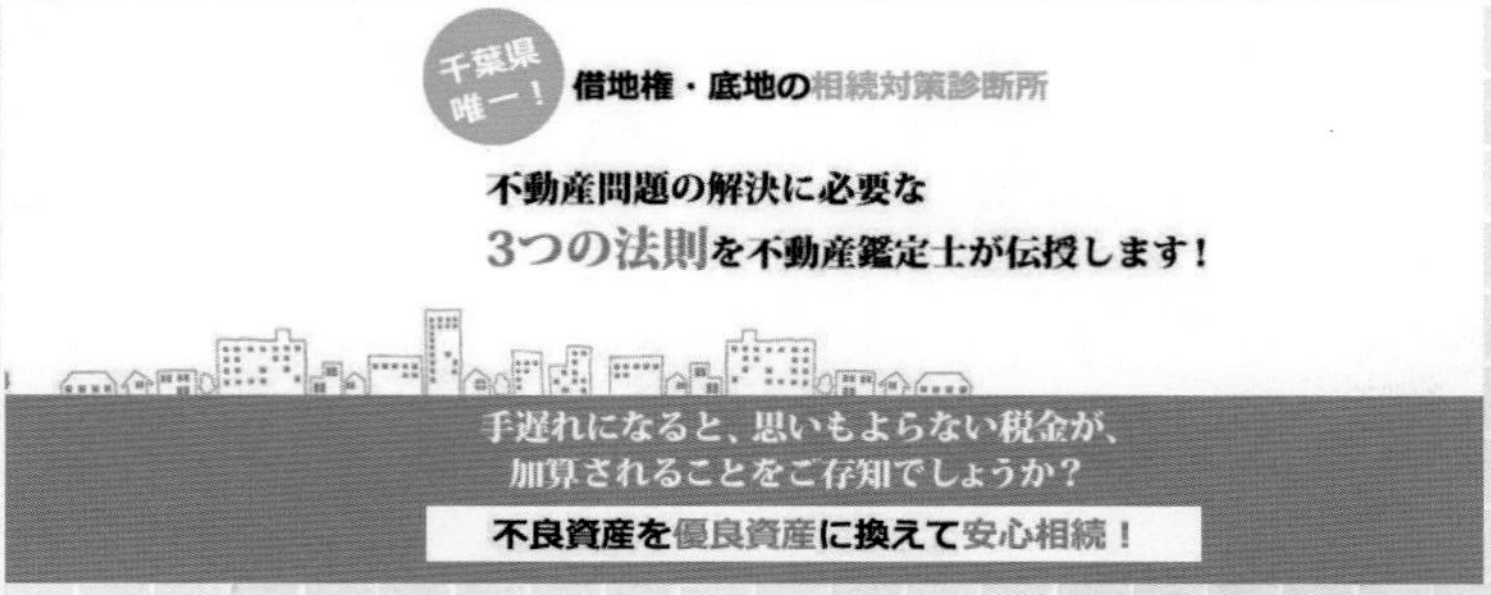

千葉県唯一！
借地権・底地の相続対策診断所
不動産問題の解決に必要な
3つの法則を不動産鑑定士が伝授します！
手遅れになると、思いもよらない税金が、
加算されることをご存知でしょうか？
不良資産を優良資産に換えて安心相続！

代表取締役・不動産鑑定士
**小川哲也** さん

1999年、宅地建物取引士登録。2003年、不動産鑑定士登録。不動産コンサルティング会社、マンションデベロッパーでコンサルティングに従事。2007年、不動産証券化協会認定マスター取得。2016年、『おがわアセットカウンセル株式会社』開業。

# 中小企業の不動産戦略に光る分析力
# 精緻な不動産評価で活用法など提案

## 地域の特性等を見極め
## 豊かな経験業務に投影

『おがわアセットカウンセル株式会社』代表取締役の小川哲也さんは、中小企業の不動産活用法や事業承継、相続に伴う不動産の取り扱いについて多くの経営者から相談を受け、精緻な分析に基づく客観的な評価で企業の成長に資する最適解を導きだし、信頼を集めてきた不動産鑑定士だ。

「中小企業の不動産戦略の前提になるのが不動産の評価です。不動産は存在する地域の構成物であり、地域の要因に影響されますので、現地を調査したうえで、対象地域が商、住、工をさらに細分化したどの地域に該当するかを把握し、地域の特性、地域の価格水準、地域の価格、を考慮し、企業経営に有益な活用方法を考えていきます」

小川さんは、宅地建物取引士と不動産カウンセラーの資格も持つほか、独立前に努めていた大手不動産鑑定会社ではオフィスビルや店舗ビル、ショッピングセンター、ホテル、物流会社、テーマパーク、ゴルフ場、スキー場などの不動産管理についての助言や不動産評価業務、権利調整などで活躍、その豊富な経験もカウンセリングに投影される。

（ライター／斎藤紘）

おがわアセットカウンセル 株式会社

04-7136-2153
kantei@ogawa-asset.com
㊟ 千葉県柏市豊四季377-9
https://ogawa-asset.com/

世の中から間違った不動産取引等を無くしたい
おがわアセットカウンセル

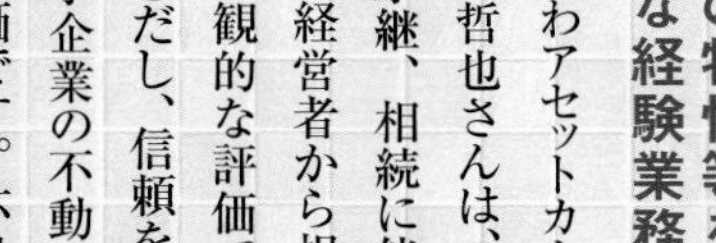

お客様との出会いを大切に
地域に根ざした存在でありたい

代表取締役
**中野民子** さん

短大の食物栄養科を卒業後、栄養士として病院に勤務。結婚で退職、義父の農業を手伝う。子育てが一段落後、保険会社で勤務。アフラックの研修生的立場で1年余り学んだ後、独立、アフラック保険代理店『ラシュール』設立。

# コロナ禍を超えて変わる時代 保険内容も見直しを

## よりよい保険内容を提案 新しい世界の生き方を

保険案内人を標榜し、アフラックのサービスショップ『株式会社ラシュール』を運営する代表取締役中野民子さん。コロナ禍がひと段落し、これからの保険の重要性と選び方の助言を伝える自身の使命を再認識し、日々奮闘している。

「コロナ禍では仕事がなくなる、減るなど様々な変化がありました。入院までいかなくても自宅待機で勤務できないなど生活に多くの支障があったと思います。当時は、コロナに関する保険の問い合わせの電話がひっきりなしに鳴っていました」

そして今、コロナ禍が落ち着き、お客様の考えや関心が変わったと感じているという。保険のありがたさを感じて内容をより理解する人が多くなり、提案していくというよりも「お客様からのニーズに応える」スタイルが多くなったという。また、変化してきているのは、医療が発達による死亡率の低下。その反面、多額の医療費を請求される。また、入院という形が減り、通院もしくは短期入院が増加しているという。

「昔は一日いくらという形で保険が降り、働いているよりいいといわれていました。でもこれからは、違うスタイルを考えていくべきです。その部分を丁寧にご案内したいと思います」

（ライター／播磨杏）

株式会社 **ラシュール**

✆ 0952-71-1677
FAX 0952-71-1680
住 佐賀県小城市小城町本町277-2

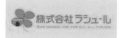

代表
**池田徳治** さん

父親が創業した骨董、古物商時代から約百年続く『池田哲男商店』の三代目代表。非鉄金属を扱っていた二代目代表の長兄の他界後、経営を担い、業容を各種金属スクラップの直接買取に転じ、得意先を開拓し、業績を伸ばす。

# アニメで目指すべき未来社会を描け 関心度の低い大阪・関西万博で提言

## 念頭にドバイの成功例 子どもが分かる説明を

海外パビリオンの建設遅れに加え、国民的な盛り上がりに欠ける2025年大阪・関西万博。その関心を高める起爆剤として自身が描いた『大阪アニメランド王国』構想の活用を訴えているのが『池田哲男商店』代表の池田徳治さんだ。機動戦士ガンダムやポケットモンスターが2020年ドバイ万博の日本館PRに役立った成功例が念頭にある。

「大手研究機関が2023年4月に行った調査では、大阪・関西万博の認知度は全国で87・6%にのぼりましたが、関心度は31・5%に止まっています。次世代を担う子どもたちへのアピール力が弱いのが原因の一つです。持続可能な社会を国際社会が共創していくことを推し進めることを目指す大阪・関西万博のテーマ『いのち輝く未来社会のデザイン』は抽象的で分かりにくいので、アニメを使って具体的にどんな未来を目指すのか示せば、子どもたちがもっと関心を持つと思います」

『アニメランド王国』構想は、既存の施設設備を有効活用し、アニメのバーチャル映像を楽しむような空間の創設も想定したものだ。

（ライター／斎藤紘）

**池田哲男商店**
いけだてつおしょうてん

06-6681-3311
大阪府大阪市住之江区御崎7-8-26
http://ikedatetsuo.jp/

夢の 池田哲男商店 presents 大阪アニメランド王国 構想

- スナックランド
- ペットランド
- 海遊ランド
- アジアランド
- フラワーランド
- グルメランド
- 職業体験ランド
- 家電ランド
- 医療施設
- カジノランド
- スポーツランド

理事長
**木村景三** さん

大学卒業後、ITの仕事に従事。その中でコインパーキングや不動産投資事業を手掛ける会社を設立。ITの仕事を定年退職した後、新たな挑戦がしたいと思いからM&A仲介会社を通じ『NPO法人わだち』に出会い入職。

# 過疎化が進む富津市竹岡を元気にしたい 住民が集い楽しめる場所を創る

## 廃校の小学校を拠点に 住民・旅行者の楽しめる仕組み作り

高齢化が進む千葉県富津市で高齢者や障がい者を対象にした居宅介護介助支援事業と並行して地域活性化にも取り組んでいるのが『NPO法人わだち』二代目理事長の木村景三さんだ。

「海山に恵まれていて、都心まで1～2時間で行ける便利さが気に入ったのですが、施設の近くには飲食店も店舗もほとんど無く、コンビニはなんと約4km先という車が無いと生活できない地域です。今は、交通困難者のために福祉有償運送を地元の協力者と事業を拡大しています。近々、住民が気軽に集える送迎付きの会員制セルフカフェ（ドリンクバーなどを活用して、店員のほぼいないカフェ）の営業を考えています。現在、廃校になった竹岡小学校の利活用の入札に参加して、市に対し、住民が主体的に地域活性化する提案をしています。利用許可が出れば、小学校を地域交流の中心として、地域の伝統的なイベントなどを復活し、さらに住民・旅行者がスポーツ・芸術などで楽しめる場所にする計画です」

マザー牧場など近隣の観光施設と協調して、富津市天羽地区を盛り上げる計画も進めたいという。

（ライター／斎藤紘）


NPO法人 **わだち**

0439-67-2203
npo.wadachi.chiba@gmail.com
㊟ 千葉県富津市竹岡475
http://wadachi.org/


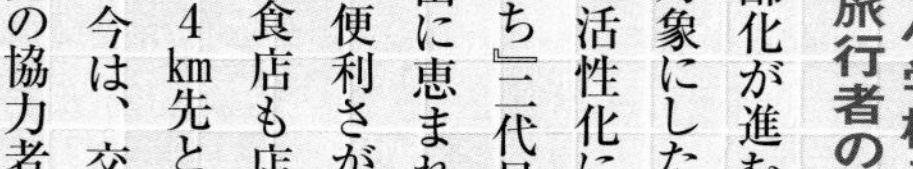

代表
**木俣尊博** さん

2015年『合同会社fiants』を設立、代表社員に就任。京都市を拠点に近畿圏一円で、主に軽バンなどの貨物運搬用の軽自動車を使用して運送・配送をする軽配送事業を展開。

# 小回りの利く軽配送事業で躍進
# 多様な配送メニューを的確に遂行

## ネット通販時代に対応
## 期日厳守と丁寧さ重視

「運送事業は接客業。お客様が気持ちよくなれるよう仕事をします」

軽自動車や自転車を利用した小回りの利く軽配送事業で躍進する『合同会社 Fiants』代表社員の木俣尊博さんが業務で貫くスタンスだ。ネット通販全盛時代の多様な宅配ニーズに的確に対応し、信頼を集めてきた。配送メニューは、単発発注や緊急時に対応する「スポット便・緊急便」から、小規模も大掛かりな引っ越しも可能な「引っ越し配送」、常時発生する企業の荷物を定期的に決まった時間に決まった場所に配送する「定期便」、顧客の都合に合わせて貸切で対応する「チャーター便」、車では入りにくいような場所に配送する「自転車配送」まである。

「配送に際しては、期日と時間厳守はもちろんですが、お客様の大切な荷物をきれいな状態でお届けする丁寧さも重視しています」

木俣さんは、起業した8年前は人材紹介やバー経営など幅広く展開していたが、全国で深刻化しているドライバー不足問題を知り、6年前に配送業界に参入、特に増え続ける軽配送ニーズに応えてきた。

（ライター／斎藤紘）

合同会社 **fiants**
フィアンツ

075-205-0224
fiants0707@gmail.com
住 京都府京都市伏見区向島庚申町64-33
https://fiants0707.com/

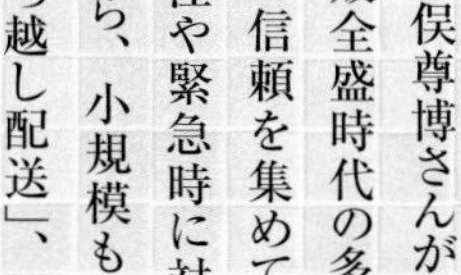

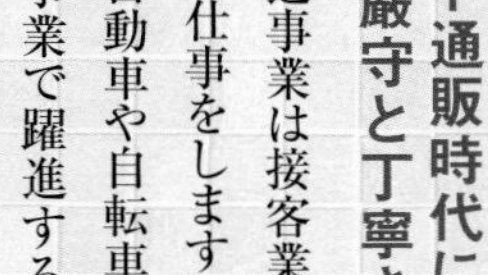

地域密着型の認証整備工場。

レッカーサービス

車のことならなんでも対応。

代表
**江口浩司** さん

整備が学べる高校を卒業後、トラック整備が専門の整備会社に就職、その後運送会社に移り整備や修理に従事。その会社が同業他社と合併したのを機に独立、起業。自動車整備士の国家資格やトレーラーの免許を保有。

# 誠実な顧客対応で信頼を集める
# 豊かな経験でカーライフを支援

## 顧客が納得の上で修理
## 困り事にも親身に対応

「お客様のお車の修理見積りを事前にお知らせし、お客様のご了解を得た上で作業を行います」

自動車整備会社『エグチ・ファクトリー』代表の江口浩司さんは、誠実な顧客対応で長年地域の顧客から信頼を得てきた自動車整備士だ。不正車検や保険金不正請求で世間を揺るがした大手中古車販売会社のような会社とは対極にある会社だ。

「お客様のカーライフをトータルにサポートする当社にとって信頼は絶対命題です。車検は安心明朗会計に徹し、追加料金が必要な場合は必ず事前にお見積もりで確認して頂いた後に整備作業を行います。整備作業もお客様立ち会いの下でご説明し、問題があった重要部品は速やかに交換しますが、料金は一覧表で確認いただけるので安心です」

江口さんは、トラックの整備専門会社や運送会社でトラックの整備や修理、車検の経験を重ねた後に独立起業。車検、車検整備、一般整備・修理、板金・塗装、自動車販売、リース、架装販売、レッカーサービスだけでなく、自動車に関する困り事などの相談にも親身に応じる。

(ライター／斎藤紘)

## エグチ・ファクトリー

023-674-9308
info@eguchi-factory.com
㊟ 山形県天童市石鳥居1-4-1
https://eguchi-factory.com/

エグチ・ファクトリー

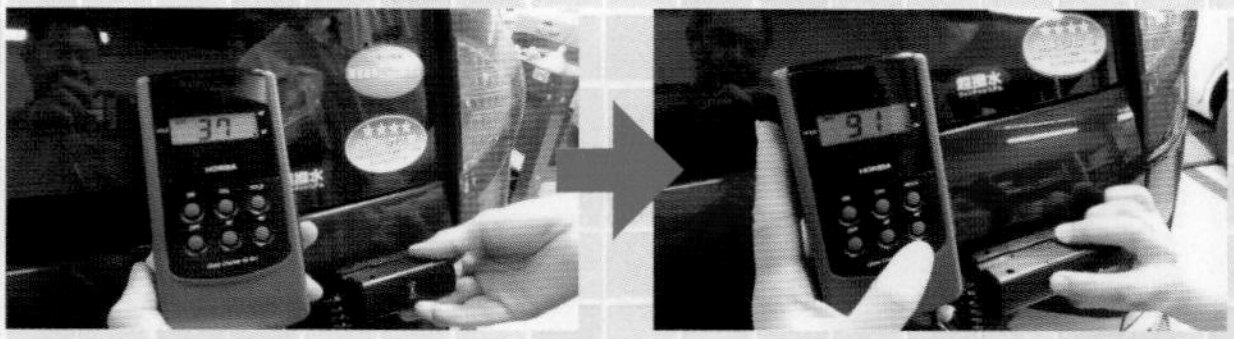



光沢を明確に数値化する『光沢計グロスチェッカIG-331』

代表
**本間岳史** さん

1998年『出張コーティングていくおふ』を開業。カーディーラーなど業販中心に活動。2013年「きれいな車は、心のブレーキ」というフレーズで車をきれいにするとやさしく、丁寧な安全運転につながると高価なコーティングを手に届きやすい価格でエンドユーザー向けに『ぴっかぴか堂』を展開。コーティング業界のカテゴリーキラー。

# こだわりのみがき・コーティングで愛車を極上の輝きへ

## 電話一本で専門スタッフが指定の場所までお伺い

車好きにとって、愛車はいつでもキレイにしておきたいもの。しかし「自分で手入れする時間や技術が足りない」「わざわざメンテナンス工場に持っていくのも面倒」「もう何年も乗り続けていて汚いから…」とお手入れを諦めている方も多いのではないだろうか。

埼玉県春日部市にある『ぴっかぴか堂』は、自動車の出張コーティングを専門に手掛けるコーティング専門店。電話一本で専門スタッフが自宅や指定の場所まで伺い、愛車をにピカピカにみがき・コーティングしてくれる。

不動の人気を誇るメニューが『オールマイティコート』。車をホーロー加工するたコーティングで長期間にわたってキズや汚れの付着を防いでくれるのに加え、水洗いだけで良いというお手入れの手軽さも魅力のコーティングだ。利用者からも「まるでりんご飴のよう」「見栄えも手触りも変わる」と好評。愛車を「汚いから」「古いから」と諦める前に、ぜひ一度『ぴっかぴか堂』のコーティングを。

（ライター／長谷川望）

## ぴっかぴか堂

ぴっかぴかどう

070-6611-8648
homma@takeoff.good.sc
㊟ 埼玉県春日部市水角125
https://takeoff.on.omisenomikata.jp/

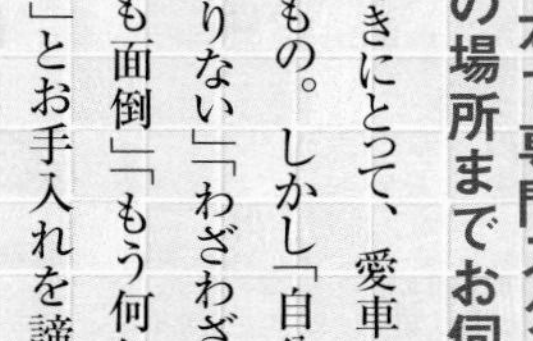

プレゼンルームで探究力の向上。

学会での研究発表。夢が明確になることも。

塾長
**小川力也** さん

大阪府立高校の理科教諭として33年間勤務。最晩年は富田林中学高校の指導教諭、科学部顧問、富田林中高一貫校設置のプロジェクトリーダーを務め、スーパーサイエンススクール指定にも尽力。2018年『科学教室力塾』開塾。

探究力の育成は少しでも早期から。

外国人とのディスカッションで使える英語力。

# 主体性・探究力・英語力を育む学習塾
# 新たな大学入試ー総合型・学校推薦型選抜対策

## 研究成果をプレゼンルームで将来、情報社会で役立つ力

大学入試で従来の一般選抜より比重が大きくなった総合型・学校推薦型選抜対策の先進的な取り組みで異彩を放つのが『科学教室力塾』塾長の小川力也さんだ。これらの選抜が重視する主体性、探究力、英語力などを育み、国公立大学など主要大学への合格者を数多く輩出している。一般的な個別指導のほか、探究教室と総合型・学校推薦型選抜対策教室を設けているのが特長だ。

「小中高の塾生が理系、文系を問わずテーマを決めて主体的に研究を行います。この過程でメンター（研究の一線にいる大学生・院生など）にオンラインで助言を得たり、問題点を指摘してもらったりしながら、その成果をプレゼンルームで発表するのが基本型。プレゼン力は着実に育まれ、新たな大学入試に有利となるだけでなく、情報技術社会を生きていく上でも役立つと考えています」

学術学会の一部は中高生に研究発表の機会を与えてくれているが、毎年塾生の中から受賞者が生まれているという。小川さんは、国際学会で英語で発表できることを「探究教室」の目標の一つとし、外国人講師を採用して英語プレゼン力の向上にも力を入れている。

（ライター／斎藤紘）


科学教室 **力塾**
りきじゅく

0721-55-4681
rikijuku@kind.ocn.ne.jp
㊟ 大阪府富田林市常盤町15-10 石田ビル3F
https://rikijuku.jp/


こちらからも
検索できます。

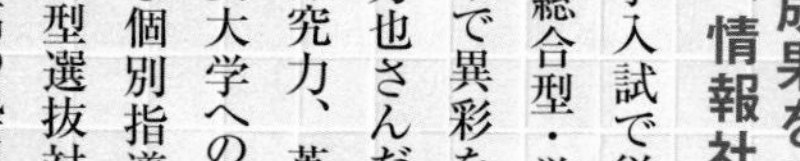

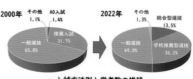


入試方法別入学者数の推移 (2022年文部科学省より)

# あなたと共に。

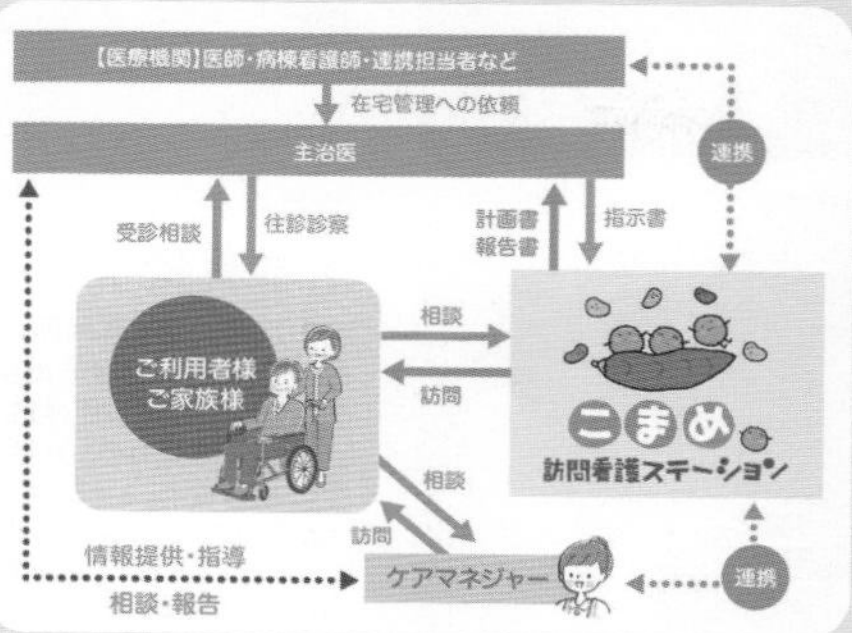


一人ひとりに寄り添いながら
たくさん笑顔が増えるよう
全力でサポートいたします

医療機関としっかり連携を取り、
利用者様・ご家族様のことを
一番に考えサポート。

代表
**榊田るみ子** さん

「東京慈恵会医科大学附属病院」にて勤務後、地元に戻り検診車で勤める。同時に生命保険の外交官としてのアルバイトも経験。知人に頼まれ看護学校の専任教員として勤務。訪問看護に出会い、独立して『beans LCC』設立。

# 「こまめ」なケアでサポート
# 心と身体に寄り添う訪問看護

## 利用者様の心を開く
## 温かなサービスで幸せを

一人ひとりを大切に「こまめに」をモットーとした訪問看護を行う『こまめ訪問看護ステーション』。病院や健診車、教壇にも立ち、医療の世界に貢献し続けたきた代表の榊田るみ子さんは、医療機関と連携をとりながら利用者やその家族をサポートしている。病状を把握し、生活の支援と指導、医療処置、看取りへの支援など生活の隅々まで丁寧に対応する。

「利用者様が住み慣れたご自宅で安心して過ごすことができるよう、利用者様とご家族様と一緒にサポートしていきます。本人・家族のよき相談者でありたい」という思いから、スタッフは全員、精神訪問看護の研修を受けている。

「心に響くエッセンスが大切。基礎として精神科を学んでいると、利用者様と向き合うハードルが少し下がるように感じてます」

また、榊田さんはナイチンゲールの教えに基づき、看護とは「生命力の消耗を最小限に、生活を整えること」と捉え、利用者を一人の人間として尊重し、医療を生活になじませ、生活を整える看護を提供する。

「何よりも利用者様の大切なものに寄り添うことだと考えています。その方の人生の中で、何が一番輝いていたのかを知りたいと思っています」

医療業界に長く携わる中でたどり着いた訪問看護というサービス。こまめなケアで一人ひとりに寄り添い、心を温かく包みながら幸せな時間を提供する榊田さんを始め、同社のスタッフの目は優しく、キラキラと輝いている。

（ライター／播磨杏）

## こまめ訪問看護ステーション
こまめほうもんかんごステーション


018-807-7985
komame2271@gmail.com
㊟ 秋田県秋田市手形からみでん7-13 コーポマツダ202
https://komame-akita.com/


beans LLC
こまめ 訪問看護ステーション

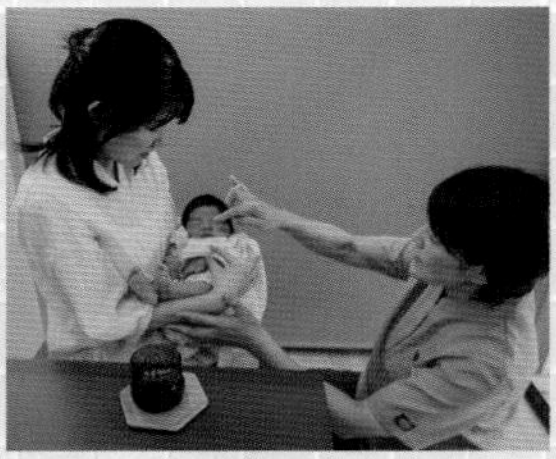

院長
**岩本真貴子** さん

約10年間法律事務所に勤務していたが、第2子出産を機に助産師に転職。自身の出産経験を活かし、出産・育児に様々な悩みを抱えるママが笑顔でお子さんの成長を支えていけるようきめ細やかなサポートを行う。

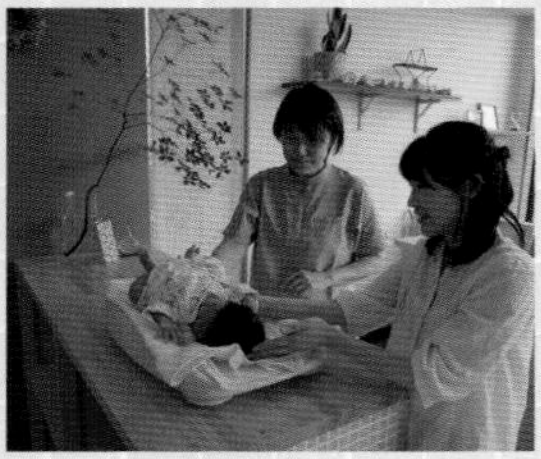

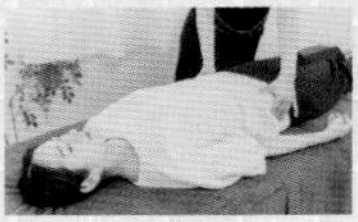

「ママたちの目線で妊娠、出産、育児の不安や悩みを考えよう」

# 一人ひとりにあった育児
# 些細な不安や悩みを一緒に考える

## 出産・育児に奮闘するママが笑顔でいるために

産前産後の身体の急激な変化や慣れない赤ちゃんのお世話、漠然とした不安などで身も心もボロボロなママは多い。また、良いとされている育児情報を実践して自分にはあわないと悩んでしまうママも。

「楽しく穏やかに育児ができる心と身体を」をコンセプトに、多角的な視点からママと赤ちゃんに一番良い方法で産前産後の身体ケアや育児をサポートする『悠助産院』院長の岩本真貴子さん。子育ての不安や悩みに丁寧に寄り添った育児相談や赤ちゃんの舌を鍛えてお口を育てる口育教室、ベビーマッサージなどで育児に悩むママに寄り添う。テント内でブレンドハーブの香りを嗅ぎながら、汗をかき、身体を芯から温めてホルモンバランスの調整やデトックスする「ハーブテント」やソフトタッチの整体で筋肉にアプローチし、妊娠中や出産後の急激な身体の変化で起きる腰痛や肩こり、尿もれなどの不調や悩みを改善する「骨盤軸整体」もオススメ。癒やしの空間でハーブ・アロマの優しい香りに包まれながら、ママが楽しく育児をするために心と身体を整え、ママがいつでも元気で自分らしくいられるようにサポートする。

（ライター／彩末）

## 悠 助産院

ゆう じょさんいん

090-2926-2581
db042228@outlook.jp
㊟ 愛知県豊田市若林東町上ノ田3-56
https://you-josanin.com/

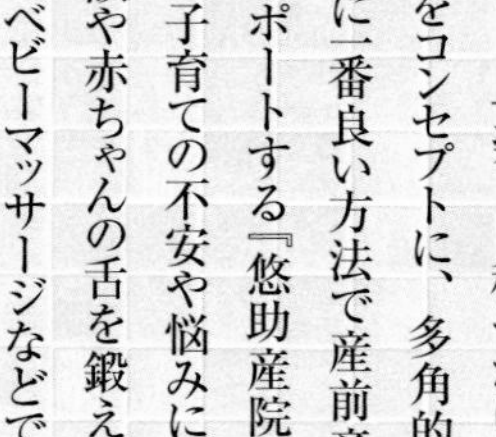
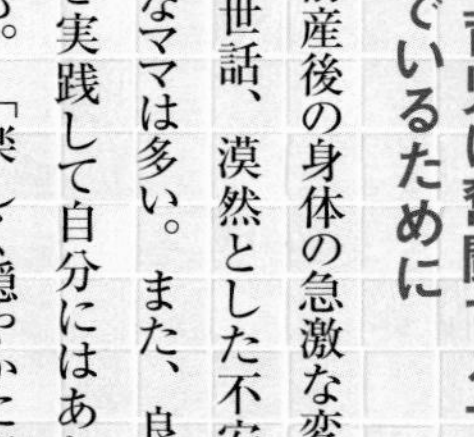

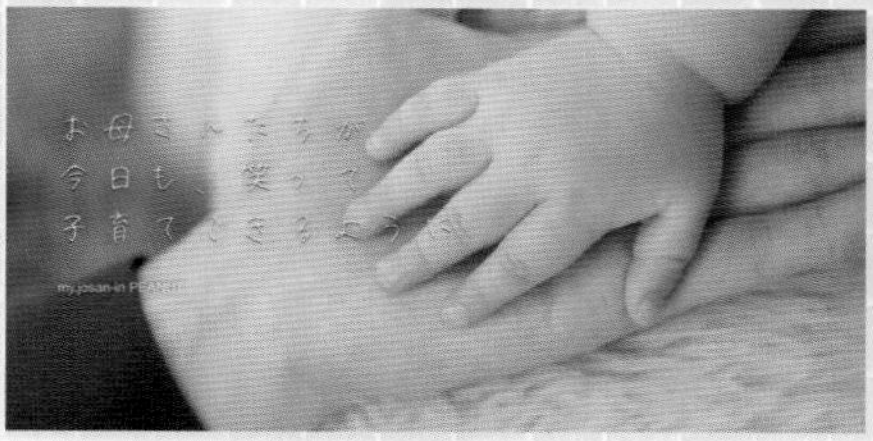

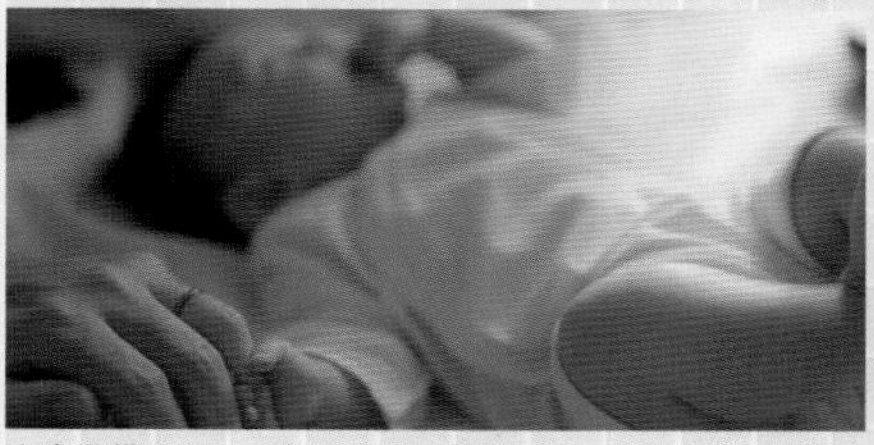

出産準備サポート、育児練習の「妊娠期サポート」や育児相談サポート、授乳サポート、乳房ケアなどの「産後トータルケアをお手伝い。

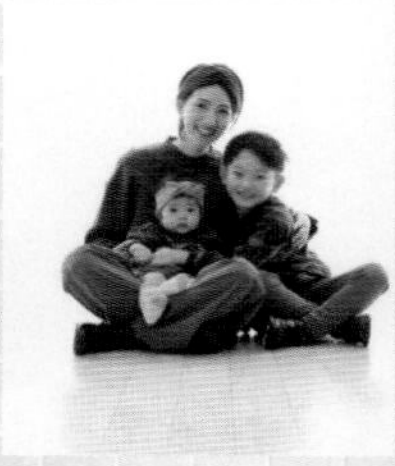

代表
**古川久子** さん

クリニックに勤務し、多くの分娩介助に携わる。看護師免許、助産師免許、調理師免許、受胎調節実地指導員などの資格を保持。日本マタニティフィットネス協会所属。妊婦ヘルスケア・トレーナー。育児奮闘中の2児のアドバンス助産師。

# 育児に悩むママへ 産前から卒乳までトータルサポート

## 新米ママと二人三脚 産前産後の不安に寄り添う

青森県で助産師として新しい生命の誕生とママの産前産後のケアをトータルでサポートする『my.josan-inPEANUT』代表の古川久子さん。県内のクリニックに助産師として勤務していたが、出産による身体や精神的なダメージ、生活の変化に不安を抱えたまま退院していくママの力になりたいという想いから助産院を開設。助産院や自宅訪問での活動を通して小さなお子さまを守るために日々奮闘するママの悩みや不安にしっかりと寄り添う。

おっぱいの張りや痛みなど授乳ケアも積極的にサポート。母乳が飲むのが苦手な赤ちゃんの練習や母乳マッサージ、乳腺炎予防のケアまでしっかり行う。つわりが辛い方、体重増加が心配な方の悩み相談、出産準備や育児の練習なども可能。産婦人科ではなかなか受けられない長期間でのきめ細やかな患者ケアに取り組み、子育てを頑張るママと赤ちゃんの心強い味方として、産前産後ケアから卒乳までトータルでサポートする。

（ライター／彩未）

### my.josan-in PEANUT
マイ．ジョサン‐イン ピーナッツ

080-8849-7851
my.josan-in-peanut@gmail.com
㊟ 青森県青森市沖館3-2-51 Lasana202
https://www.my-josan-in-peanut.jp/

my. josan-in PEANUT
that smile brings happiness

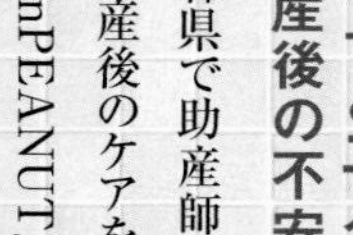

ピーナッツの花言葉は「仲良し」。殻の中の豆たちが、仲良く入っていることから家族のイメージ。

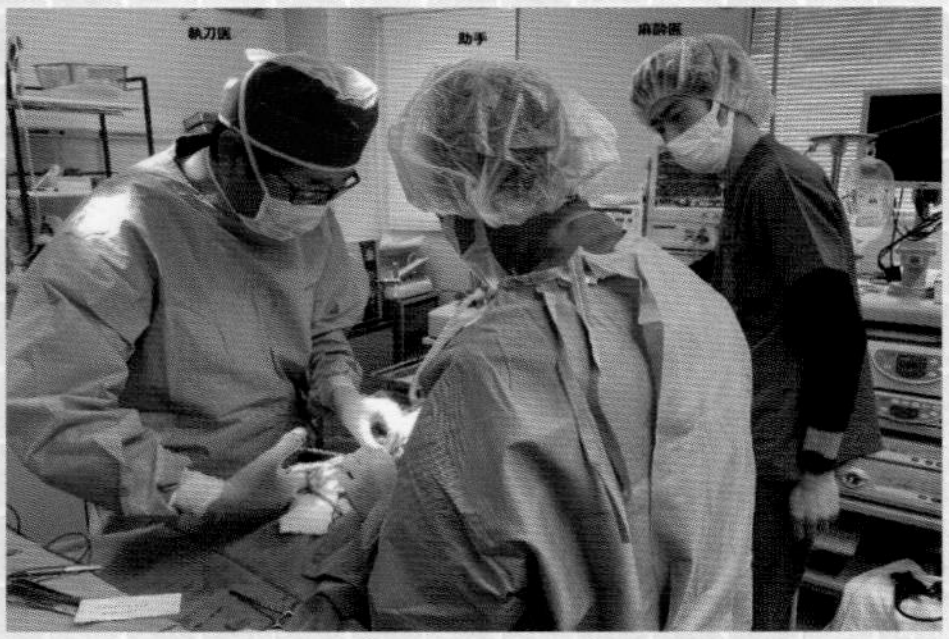


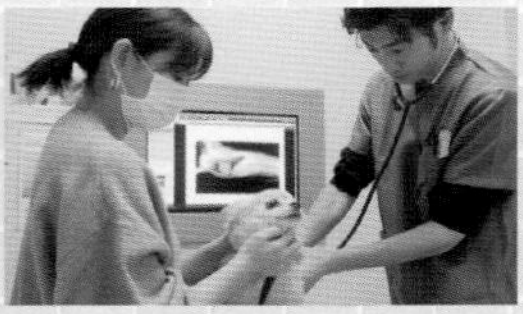

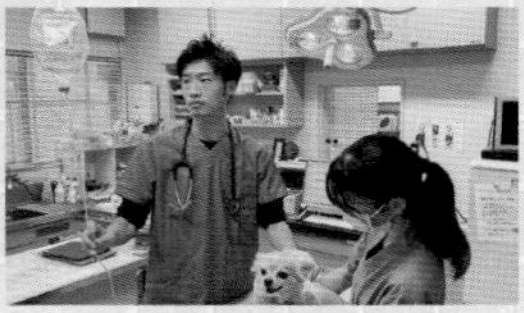

院長
**藤原博孝** さん

1983年6月の開院以来、小さな家族のホームドクターとして、たくさんの動物たちとの楽しい出会いと悲しい別れをくり返し、学び、活かしながら、新しい治療法を取り入れる。

開院40周年。「地域のかかりつけ動物病院」として頼れる存在。

# 信頼できる地域のかかりつけ獣医を目指して

## 一頭一頭に合わせた治療法と病気を未然に防ぐ健康診断を実施

「心の通い合う治療を大切にします」

『藤原動物病院』は、岐阜県岐阜市にある開院40年という長い歴史を持つ動物病院。経験に裏打ちされた確かな知識と最新医療や科学的根拠に基づいた医療を取り入れるなど幅広い治療の選択肢を提供している。診療範囲も広く、一般内科から外科、循環器科や皮膚科、歯科まで幅広く対応。二次診療施設との連携もし、必要に応じて専門の獣医師や二次診療施設を紹介してくれる。

また、最近力を入れているという予防医療では、「ペットドック」を実施。狂犬病、混合ワクチン、フィラリア、ノミダニ予防などの各種予防を行っている。一頭一頭に合った予防を提案してくれると実際に飼い主さんからの評判も上々だ。

1983年の開院依頼地域のホームドクターとして動物たちの健康に貢献してきた『藤原動物病院』。これからも信頼できる地域のかかりつけ医を目指し、大切なペットの健康管理をサポートしていく。

（ライター／長谷川望）

**藤原動物病院**
ふじわらどうぶつびょういん

058-233-3888
㊟ 岐阜県岐阜市旦島中1-13-7
https://www.fujiwara-ah.jp/

藤原動物病院
Fujiwara Animal Hospital

Instagram

LINE

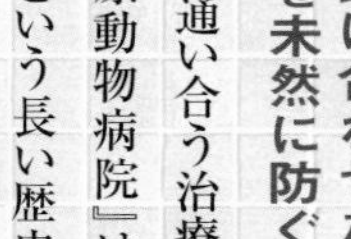

犬診療室

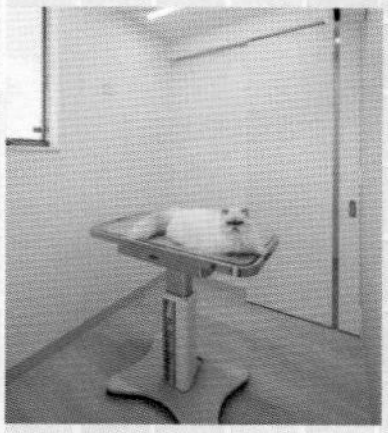

猫診療室

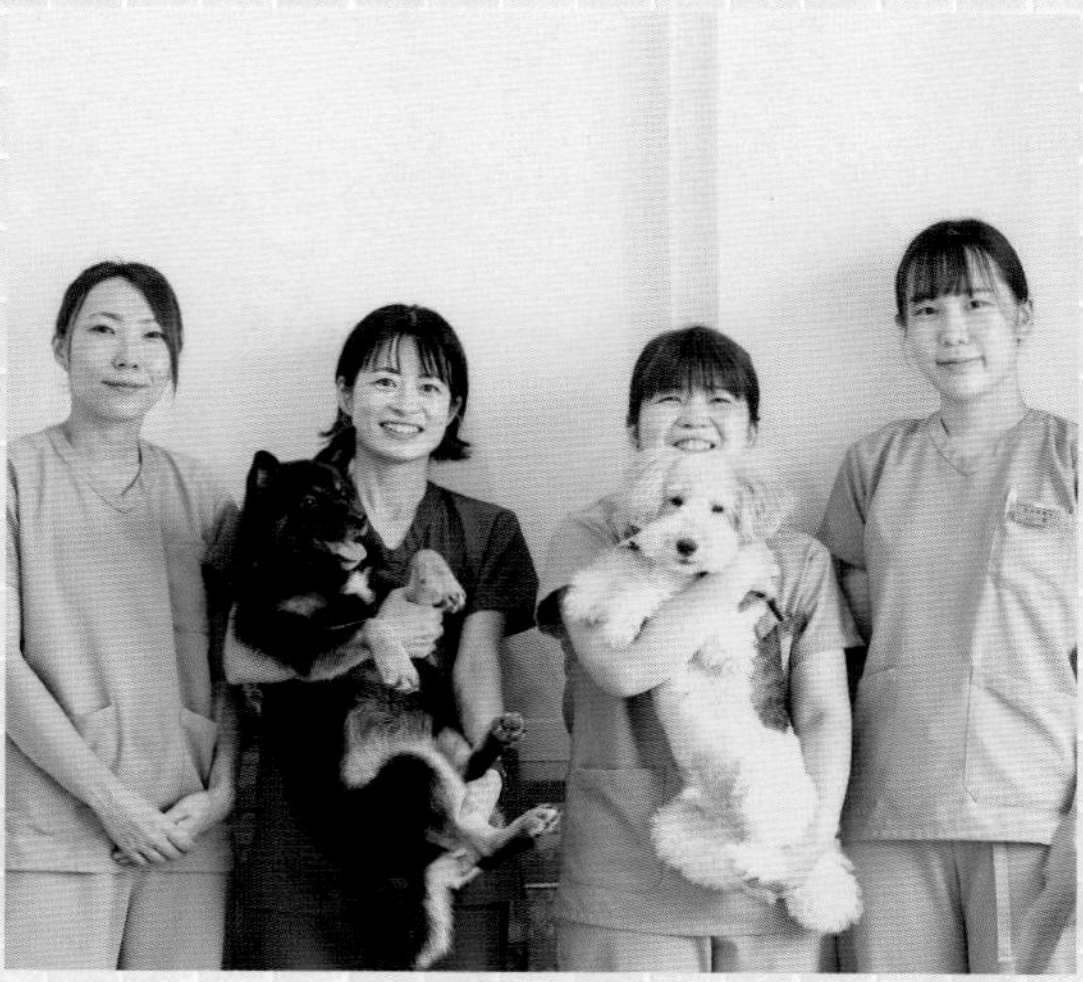

院長
**髙野加奈** さん

2008年麻布大学獣医学部獣医学科卒業。2008年より数々の動物病院を勤務し、2022年11月『よもぎ動物病院』の院長に就任。「動物にも人にも優しい動物病院」をモットーに丁寧な獣医療を提供できるホームドクターを目指している。

# 動物にも人にも優しい<br>アットホームな動物病院

## 専門医との連携で的確な治療を実現

千葉県佐倉市にある『よもぎ動物病院』は「動物にも人にも優しい動物病院」をモットーにペットそれぞれに合った丁寧な獣医療を提供しているアットホームな動物病院。診療時の分かりやすい説明と日頃から気になっているちょっとした悩みを気軽に相談できるアットホームさに定評がある。

循環器科を得意とする同院では、専門医との協力により、心臓疾患の早期発見と最適な治療につなげている。皮膚科・歯科診療のアドバイザーとの提携や月2回のアジア獣医内科専門医による循環器診療日も設けており、幅広いニーズに対応している。また、猫にやさしい動物病院に贈られるCFC(CatFriendlyClinic)の最上位にあたるゴールド認証を取得している。

犬と猫で待合室や診察室、入院室、ホテルを分けるなど、犬の存在によって感じるストレスを軽減。病院通いを苦手に感じがちな猫でもリラックスして通院、診療を受けられる仕組みとなっている。

（ライター／長谷川望）

## よもぎ動物病院
よもぎどうぶつびょういん

043-460-2121
住 千葉県佐倉市王子台2-12-14
https://yomogi-ah.com/

よもぎ動物病院

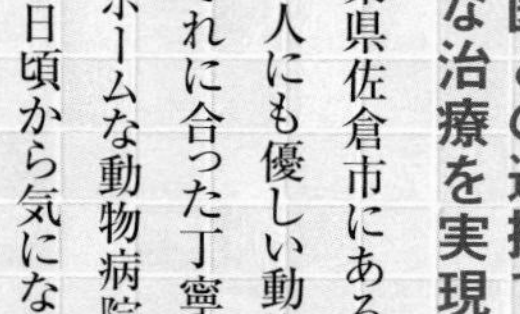

『オアシススタジオ イコアス千城台店』

3 Hours Day Service.
もっと通いたくなる、至福の3時間デイサービス。

手軽さと楽しさにこだわった3時間デイサービス。

代表
**野口貴功** さん

2012年『株式会社オアシス』設立。千葉市と市原市の6カ所でデイサービス施設運営。介護福祉用品レンタル・販売、介護タクシーなど高齢者介護サービス事業を多角的に展開。

『Oasis Ohana 千葉御成台店』

Oasis Club 千葉御成台店

Oasis studio

『オアシススタジオ ユニモちはら台店』

Oasis walk

『オアシスウォーク千葉御成台店』

# 新発想の3時間デイサービス好評
# 気楽に利用できプログラムも充実

## 既成概念を超えた工夫
## 買い物リハビリも導入

「3時間だけだから、気軽に利用でき、有意義に過ごしたくなる」

要介護の高齢者が通いで介護サービスを受けるデイサービスの滞在時間は一般的に8時間だが、これを3時間に短縮、濃密な介護プログラムで支援する新発想のデイサービスで異彩を放つのが『株式会社オアシス』代表の野口貴功さんだ。六つの施設は、お洒落で利用者の笑顔が絶えない。

「介護サービスの既成概念にとらわれず、毎日通っても疲れない、しかも楽しい施設をと考えて辿り着いのが3時間デイサービスです。6ヵ所ある施設の介護プログラムにはそれぞれに特長があり、寝たきりにさせないための足岩盤浴や低周波リハビリ、機能訓練、ポールウォーク、ヨガ、フィットネス、ピアノ演奏による歌唱などのほか、実際にお買い物をしていただくショッピングリハビリも導入しました。足腰の訓練ができるだけでなく、認知症の予防も期待できます」

野口さんは、2012年に起業して介護サービス事業に参入、約60人のスタッフを牽引して、超高齢化時代の介護ニーズに向き合ってきた。

（ライター／斉藤紘）

株式会社 **オアシス**

043-308-7486
tn0501oasis@yahoo.co.jp
㊟ 千葉県千葉市若葉区御成台3-8-1
https://oasis-kaigo.co.jp/

毎日、健康で笑顔でいられますように。
安心・安全
にこだわり抜いた
配食サービス
無料試食キャンペーン開催中！
1 ご高齢者様向けに食べやすく調理
2 栄養バランスがとれた日替わり献立
3 季節に合わせた彩豊かなメニュー

代表
**難波亮** さん

高校卒業後、京都の大学に進学、24歳でアミューズメント業界に入り、2年勤務、食品業界で6年勤めた後、配食サービスの事業に携わるようになり、約10年前に事業を引き継ぐ。

# 高齢者や障がい者の支援事業に注力 配食やグループホーム運営など実施

## 時代のニーズを読取り 事業領域の拡大も計画

生活する上で様々な困難を抱える高齢者や障がい者を支える事業に集中的に取り組み、存在感を高めているのが『株式会社ARシニアフード』代表の難波亮さんだ。高齢者向け配食サービス、障がい者向けグループホームの運営に加え、今後は障がい者就労支援、訪問看護、老人ホーム紹介、遺品整理などにも事業のウイングを広げていく計画だ。

「配食サービスは買い物や炊事が困難な高齢者などが対象で、70代後半から90代ぐらいの方まで一人ひとりのニーズ、好み、量に合わせた様々なお弁当を1日約500食提供しています。グループホームは、障がい者の方たちが必要なサポートを受けながら共同で自立した生活を送る場で一棟の定員は6人。10棟まで増やしたいと思っています。これから高齢化が益々進めば、老人ホームに移れる方や在宅で療養される方、厄介な遺品整理に直面する機会も増えていきますので、それぞれの場面で支援できる体制を整えていきたいと考えています」

「福祉事業は見えないところこそ充実させなくてはならない」が信条だ。

（ライター／斎藤紘）

株式会社 **ARシニアフード**
エイアールシニアフード

06-6853-1515
magokoro.tonoyaka@gmail.com
㊟ 大阪府豊中市上野西1-1-25

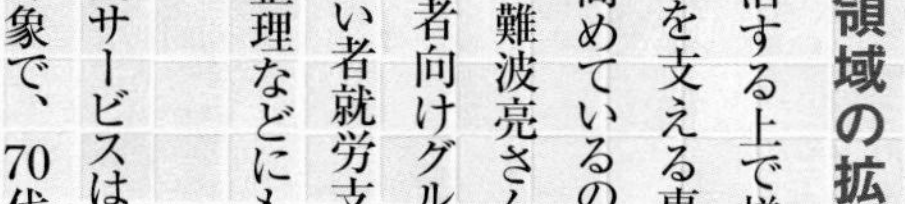

大きい窓が開放的な事務所。親身になって相談に乗る代表の居原田さん。

代表
**居原田晃司** さん

印刷会社を経営しながら京都府の婚活サポートのボランティア団体で活動していた。少子化対策に力を入れており、結婚へ導く細やかなサポートを行うため、2023年10月、結婚願望はあるが消極的な男性向けの育成スクールを開講。

# 結婚願望のある自信のない男性を講座と体験で手厚くサポート!

## 今までにない婚活男性育成スクール 不安がなくなり自信がみなぎる

京都府宇治で設立された『関西メンズリフレッシュアカデミー』は、京都府の婚活サポートのボランティア団体に所属していた居原田晃司さんが、少子化問題の解決に貢献したいために立ち上げた。行政での婚活ボランティアで実感したのは女性慣れしていない、女性にまた会いたいと思ってもらえない男性の多さ。アカデミーでは、初めて婚活を行う人でも安心できるように婚活で大切な第一印象やコミュニケーション能力を改善する講座やオンラインによる模擬お見合い体験を用意している。ターゲットは、結婚願望はあるが尻込みをしている30~40代の男性。オンラインが中心になるが遠方からでも通いやすいよう近鉄京都線沿いに事務所を構える。居原田さんは、「結婚に対して消極的な理由の一つは、男性が女性に気に入ってもらえるテクニックを会得していないため」だと考える。例えばコミュニケーション能力不足。女性との会話が慣れていないので沈黙になったり、逆に沈黙を恐れ自分のことばかり話してしまう。

「大切なのは、経験を積んで女性をリードできる余裕を持つことです」

長年やりたいと思っていたことを実現できた喜びにあふれていた。（ライター／播磨杏）


**関西メンズリフレッシュアカデミー**
かんさいメンズリフレッシュアカデミー

090-1592-1305
marui@fine.ocn.ne.jp
㊟ 京都府宇治市小倉町西浦3
https://marui-kekkon.jp/kamerea/20230914173803/


こちらからも
検索できます。

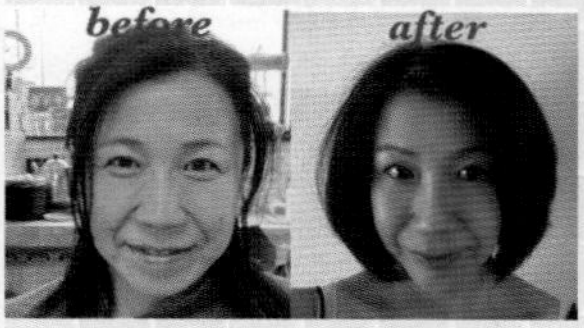


『骨格ファッションスタイル診断』
11,000円

『ポップコーン®』技法

『パーソナルカラー診断』
11,000円
わずか5秒で人の印象=色が決まる。

代表
**田中小百合** さん

大学でデザインと色彩学を学んだ後、カラーコーディネーター検定、パッチワークの資格を取得。CATVリポーターを経てパッチワーク&カラーの番組を企画し出演。カラーコンサルタントを中心に、独自でカラー研究を行う。

# おしゃれをもっと楽しく あなたに似合うカラー&スタイルを探す

## シルクを活かす ポップコーン生地のぷくぷく感

色彩論理論と被服構成論をベースとしたカラーアドバイスや診断、セミナー、講演などで人々の魅力がアップするようサポートする『アトリエリトルリリー』代表の田中小百合さん。

『パーソナルカラー診断』は、肌色理論に基づいて自分がより魅力的に見える色を見つけることができる。診断結果は、春夏秋冬の4シーズンにわけて案内。わずか5秒で決まる第一印象の好感度をあげ、より魅力的に見えるように自分を演出できるようになる。『骨格ファッションスタイル診断』では、体型や脂肪、骨格の質感、身体のラインの特長を総合して、自分に似合うスタイルを診断。似合うシルエットの洋服や素材、小物から髪型までアドバイス。スタイルがよく見え、おしゃれが楽しくなるように導く。また、横浜地場産業のシルフスカーフを使用したぷくぷく感がかわいい商標登録済の『ポップコーン生地』で作るランプシェードやマスク、ポーチなどのアイテムも好評。シルクの品質や柄、色、デザインを最大限活かしたアイテムの数々は、「SDGs」として「横コレ」にも出展され、注目を集めている。

（ライター／彩未）

## アトリエ リトルリリー

045-719-8288
frwjj574@ybb.ne.jp
㊟ 神奈川県横浜市泉区中田東2-19-3
https://www.un-ange.com/

こちらからも検索できます。

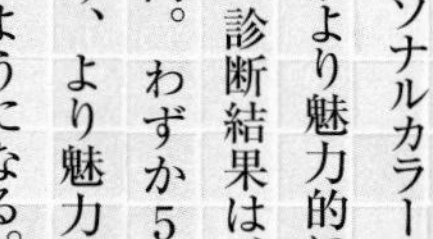

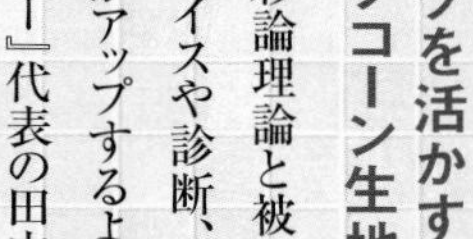

『九州ここだけのTOTAL診断』
読者特典として 180分 39,000円（税込）
『顔タイプ診断後の魅力を広げるメークレッスン』
60分 7,000円（税込）

主宰
**YUKiE さん**

自分だけの「似合う」を理解して、なりたい自分になり、今後の人生を楽しく豊かに過ごして 貰いたいとの想いで開業。根拠に基づいた的確な診断とおしゃれの幅を広げるトータルスタイルコンサルティングが好評。

# 16タイプのパーソナルカラーと自分だけのスタイルを知って魅力UP

## 知ることで変わることができる「なりたい自分」を叶えるプロの診断

九州初の『16タイプパーソナルカラー診断®』と『自分スタイル診断®』によるトータルスタイルコンサルタントで「自分だけの似合うと魅せ方」を知り、なりたい自分になるためのサポートをする『TOBAE』のYUKiEさん。『16タイプパーソナルカラー診断®』では、「イエベ」春・秋タイプ、「ブルベ」夏・冬タイプの4シーズンをさらに細分化。一番似合うファーストタイプに加え、セカンドタイプが分かり、確実に自分に似合う色調が見つかると好評。男性には、スーツや普段着のカラーアドバイスを行う。『自分スタイル診断®』では、骨格や体型、顔立ち、動作、パーソナリティ、性格などをすべて含めて診断するため、100人いれば100通りの結果が。洋服の着こなし方や似合うアイテム、避けた方が良いデザインなどを知ることが可能。正看護師で、パーソナルカラー診断の特許、カラースタイル検定®一級などを保持するYUKiEさんのアドバイスで、体型の変化やコンプレックスさえも味方に、おしゃれに自信がなくても制限なく自分の好きなファッション、メイクを楽しめるようになる魔法のようなサロンだ。

（ライター／彩未）

## TO BAE
トゥ バエ


080-77.35-0687
tobae.beauty1210@gmail.com
㊟ 福岡県筑紫野市（詳細は予約時）
https://lit.link/yukiecha/
@yukiecha


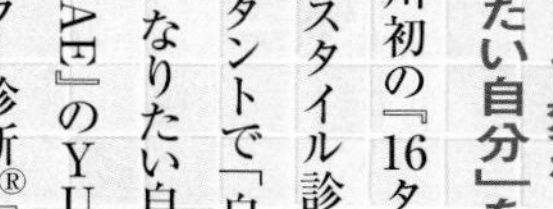

代表
**野邑浩子** さん

ビジネスコーチングを通じて、女性の起業支援やビジネスアドバイスを行う。また、障害者施設「たんぽぽの丘」の理事長を務め、障害者さんの工賃をUPさせるための障害者アート事業を活性化する活動を行なっている。

「モヤモヤを抱えているすべてのママさんへ」 誰もが自由で、自立して夢を叶えられる世界を。

# 自由で自立した社会へ ママの起業を支えるコーチング

## 夢も希望も諦めないで 女性起業家をサポート

「誰もが自由で自立した社会の実現」を理念に女性のコーチングで注目を集めている『合同会社mothers.village』代表の野邑浩子さん。障害者施設の運営を行うと共に女性の起業支援、SNSマーケティングなど様々な活動で全国のママさんをサポートしている。コーチングでは、「家事と育児と仕事に追われて時間がない」、「独立したいけれどどうしたらいいかわからない」などモヤモヤを抱えるママに向けて会社設立や新規出店に関するマーケティング、広報や他業種に連携するサポートなど幅広い分野を手がける。心理・哲学の大学院でロジャーズの来談者中心療法の研究室に入り、精神科での面談を経験。コーチングのスキルとノウハウを学んだ野邑さんは、自身も離婚を経験。シングルマザーになった後も体調を崩し、難病「線維筋痛症」を発症するなど辛い過去を乗り越えてきた。オフィスを開設後も娘のADHDと自閉症スペクトラムが発覚。そこから障害者施設の理事長となり、『mothers.village』を設立した。苦悩を抱えながらもママとして女性起業家として成果を残した野邑さんの言葉には力強さがある。

（ライター／播磨杏）

合同会社 **mothers.village**
マザーズ.ヴィレッジ

✉ tutuji5042@gmail.com
https://hiroko-nomura.com/
@hiroko_1983.tanpopo

ホームページ

LINE

のんびりプロデュースコーチ
**SHIORI** さん

「株式会社S&CHOICE」代表。専業主婦から起業。息子のアレルギーや乳児湿疹をキッカケにアロマ教室をスタート。そこから料理教室や食育講座、内観講師を経て、現在はビジネスコーチとして活動中。関わった女性は、延べ500名を超える。

参加しやすいビジネス講座。

『happy life design ビジネスグループ講座』
4ヵ月
『単発個別セッション』
90〜120分
詳細、価格など
お問い合わせを。

# 目に見えないモノこそ大切
# 貴方の想いと個性を輝かす

## 『のんびりプロデュース』焦らず無理なく夢叶う

もともと持っている魅力を引き出し、自分の資質や強みなどを活かして無理なく稼ぎながら幸せな人生を歩むためのサポートをする『のんびりプロデュースコーチ』として活躍中のSHIORIさん。ノウハウやスキルを重視する「稼ぐための起業術」とは異なり、一人ひとりの想いや資質、個性を活かし、その人が本当にやりたいと思えるビジネスで焦らずに無理なく稼ぐ道をサポートしている。

普段は意識できない潜在意識に意識を向けて自分の心の状態を知り、自分が本当にしたいことを知ることができる内観と潜在意識の書き換え、引き寄せ、コーチングを活用。スキルや経験、人脈がゼロでも問題なし。時間や場所に縛られずに仕事ができる。

パートや会社員として働く女性だけでなく、子育て中のママや専業主婦の方でもOK。和やかなセッションで様々な刺激を受け、月商１００万円達成したビジネス初心者や月商１０００万円稼いだコンサルタントの方も。圧倒的なプロデュース力でありのままで無理なく稼ぎ、女性が幸せに輝く人生になるよう応援する。

（ライター／彩未）

のんびりプロデュースコーチ **SHIORI**
シオリ

0829-09-2417
s.choice1101@gmail.com
㊟ 広島県広島市南区京橋町1-7 アスティ広島京橋ビルディング
https://ameblo.jp/mogumogu-hono/
@keserasera_shiori

LINE

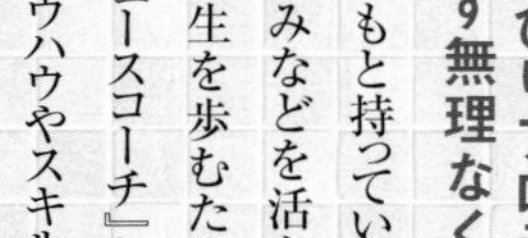

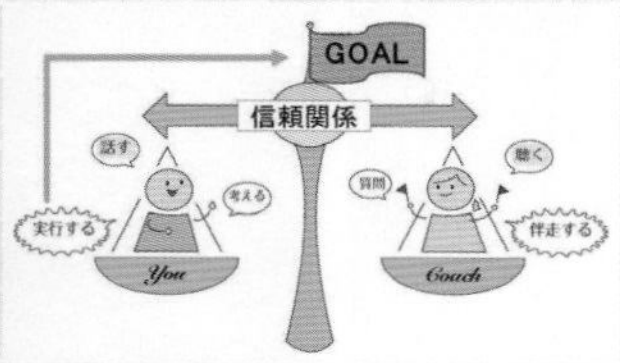


スズランの花言葉のように「希望という未来に向かっていく」。「人生の選択×コーチング」で「あなたらしく生きる」をサポート。

代表
**橋野弥生** さん

留学、正社員、パートタイマー、ワーキングマザー、転職、結婚、離婚を経験し、現在は三人の子どもをもつシングルマザー。「セッションで決断をした後、どうすればあなたらしく生きられるかを考えていただくこと」を大事にしたコーチングを行う。

# 人生の選択×コーチング
# 本当の自分に気づき、新たな1歩を

## コーチと共に見つける自分らしい生き方

「達成したい目標があるが、道標がわからない」「じっくり自分と向き合い、これまでの自分を変えたい」「とにかく聴いてもらいたいことがある」など、人生の迷子になりかけている方に紹介したいのが、『Live Your Life』代表でコーチの橋野弥生さん。セッションによって思考整理のお手伝いをし、自分の中にある可能性を引き出す。「あなたらしく生きる」ためにゴール達成までの道筋と行動プランを共に考えサポートしてくれる。橋野さんは、留学、正社員、パートタイマー、ワーキングマザー、転職、結婚、離婚など様々な経験を持ち、現在は三人の子どもをもつシングルマザー。その経験から生み出した成功へのメソッドは評価が高い。人生の選択（就職、転職、結婚、離婚、移住など）、夫婦間、親子間などでのコミュニケーションで悩んでいる方にオススメだ。プロのコーチに話を聞いてもらうことで、これまで考えつかなかったようなアイデアが浮かぶかもしれない。橋野さんが掲げているのは、「コーチングを通して、考え、行動し、目標を達成する」こと。「自分らしくってなに」と思っている方、一度お話してみては。

（ライター／播磨杏）

**Live Your Life**
リブ ユア ライフ
株式会社 HIT
✉ liveyourlife.coach84@gmail.com
https://liveyourlife-coach.jimdofree.com/

こちらからも
検索できます。

コーチとの対話によって可能性を引き出し、ゴールへ。

代表
**ももたん さん**

28年間、養護学校の教諭として勤務した経験や自身の子育て経験などを活かし、子どもの心の専門家として活動。頑張り過ぎている心を癒やし、親子関係の修復や子育ての悩みなどを解決するヒーリングが人気。

『ももリング〜ヒーリングDEリーディング〜』90分 20,000円(税込)

# 神社級ヒーリング
# 元保健室の先生が明るい未来をサポート

## 不安や悩みもまるごと解決
## 大人も子どもも幸せに

元保健室の先生であるももたんさんが神社級のヒーリングで頑張りすぎた心を癒やしてくれると評判の『ももたんヒーリングワールド』。ももたんさんのヒーリングは、リーディングとセット。スピリットガイドと繋がり、受け取ったメッセージをヒントにインナーチャイルドにアクセス。淡々とエネルギーを流したり、エネルギーの詰まりを改善したり、時には脳の書き換えや潜在意識へのアクセスを行ったりとお客様にあったオーダーメイドの方法でヒーリングを行い、悩みや不安などでガチガチになった心や身体を開放へと導く。

28年間養護教諭として勤務していた経験や自身の子育て経験を活かし、親子関係の修復や子育ての悩みなどに真摯に寄り添うことで、親子関係がうまくいかない、怒ってばかりだと感じている、子どものことがよくわからないなどあらゆる子育ての悩みを根本からまるごと解決。

さらに、人生について不安があったり、もっと穏やかに過ごしたいなどの大人の悩みにもしっかり対応。年齢関係なく、みんなで幸せな人生を歩めるようにサポートする。

（ライター／彩未）

## ももたんヒーリングワールド

☎ 070-3198-0019
✉ momomtan8996@gmail.com
㊟ 埼玉県本庄市
https://note.com/momo89tan96/
@momotan_sun/

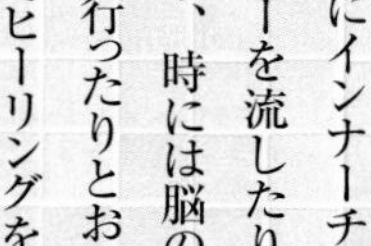

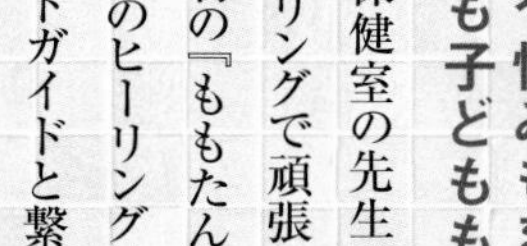

『インド占星術×シロダーラ』2時間 25,000円（税込）

代表
**Rtam**（ルタ）さん

心身のバランスを壊したことでYogaをはじめ、インド哲学の世界観に深く共感。インド占星術とアーユルヴェーダ理論をベースにしたホリスティックなプライベートサロンを2023年10月沖縄にプレオープン。

# 5000年の叡智
# ホリスティックな生き方を応援

## 悩みや不安を解消
## 心・身体・魂をトータルケア

『生命の科学アーユルヴェーダ』や『歌う瞑想キールタン』などで心・身体・魂に向き合い、本当に望む生き方へのシフトチェンジをサポートする『アーユルヴェーダサロンchandrima』代表のＲｔａｍさん。

「アーユルヴェーダ」とは、５０００年以上にわたり脈々と受け継がれ、人々の幸せと健康を支えてきた伝統医療であり、自然療法。同サロンでは、リラクゼーションや病気の予防として、食事、運動、メンタルケアなど「アーユルヴェーダ」的生活習慣を提案し、誰もが若々しく自分らしいライフスタイルを送れるようサポートしてくれる。

『歌う瞑想キールタン』は、鍵盤楽器などを奏でる演奏者と参加者がコールアンドレスポンスの様に歌う瞑想法だ。美しく、優しい音色の祈りの歌を歌ったり踊ったり、ただ聞いたりしながら、身体に響く音の波動で心身を開放。お客様に寄り添ったＲｔａｍさんのオリジナル処方のメニューで生きづらさや人生の迷いを解消する。心・身体・魂のバランスを整え、厳しい時代をホリスティックに生き抜き、よりよい人生へ舵がきれるようにサポートする。

（ライター／彩未）

アーユルヴェーダサロン **chandrima**
チャンドリマ

080-6948-8059
chandrima551023@gmail.com
㊟ 沖縄県中頭郡読谷村字長浜
https://lit.link/rtam1023
https://ameblo.jp/jyotish-rtam/ @jyotish_rtam

こちらからも
検索できます。

LINE

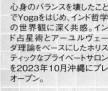

代表
**アベユカ さん**

スピリチュアルカウンセラー歴10年以上。国際認定ヒーラー、レイキヒーラー。「私たちは祝福と共にある」を信条に、迷える相談者の本質を導き出し、幸せ溢れる人生へとサポートしている。

『愛と祝福のスピリチュアルカウンセリング』60分 他、継続講座あり。

# 「私たちは光の存在」愛と祝福に生きる人生へ 本質を知り、理想の生き方を

## 自分迷子になりがちな方に 今、必要なメッセージを

「愛と祝福を生きる」をテーマにスピリチュアルカウンセリングを行う『ヒーリングサロン シンシア・ムーン』代表のアベユカさん スピリチュアルカウンセリング歴は10年以上と豊富な知識と経験の持ち主。チャネリング、リーディング、エネルギーワークなどを通し、相談者の本質や魂のテーマを見極めるセッションが人気。相談者に合わせたセッションで、今必要なメッセージを伝えてくれる。エネルギー調整、クライアントの本質と魂のテーマを読み解くことを得意とし、相談者自身も気づかない魅力や才能、可能性を見つけ出す。心優しく、愛に満ちたアドバイスにファンが多い。

「私たちは光であり、自分の中にあるスピリチュアリティに目覚めることで、自分の本質に沿った、より幸せな生き方ができます。本質を生きることで、結果的に愛されて好きなことをして生きる、が叶うのです」

大切なのは「今」の自分。愛と祝福と共に豊かに満たされて生きる人生への一歩を踏み出してみては。セッションは、オンラインまたは対面。

（ライター／播磨杏）

ヒーリングサロン **シンシア・ムーン**

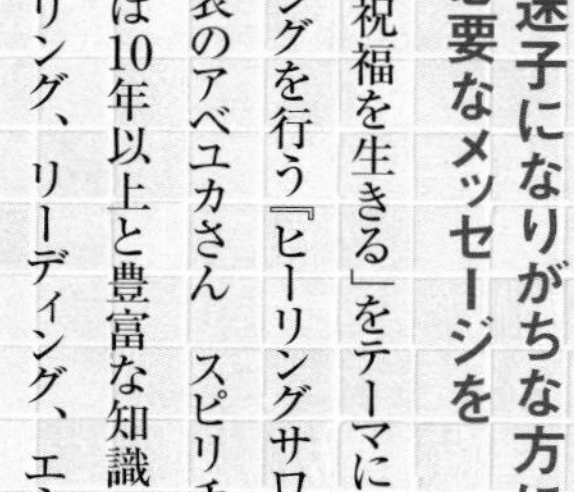

✉ manapurana.ayana@gmail,com
㊟ オンライン／東京都内
https://ameblo.jp/yukkaa123/
@yuka.purana_feeling

『魂クリアリング』（遠隔ヒーリング）
30分×週7回 16,5000円（税込）
『神社同行』
（東京都、神奈川県のみ。女性専用）
66,000円（税込）+交通費

代表
**有由華** さん

医師歴15年の現役女医。研修医時代に救急救命を経験し、医師としてできることは限られると痛感。ホリスティック医学に興味を持ち、レイキとクラニオセイクラルを中心とした遠隔セラピーでヒーラーとしても活躍。

# 現役女医×遠隔ヒーリング 医術とスピリチュアルの融合

## 心身と魂を癒やし 負のループから抜け出す

現役の女医が行う本名だけの情報でできる本格的な遠隔ヒーリングで悩みや不安、身体の不調を抱えている人の心・身体・魂を癒やしているヒーラー女医の有由華さん。自然治癒力を高めることで患者さん自身の力で癒やし、治療者はそれを手助けするという「ホリスティック医学」の考え方に共感。レイキとクラニオセイクラルセラピーを使った遠隔ヒーリングで相談者の体調不良や悩みに寄り添う。レイキとは、身体に手を当て宇宙からのエネルギーを流すヒーリング術。体内のエネルギーを動かし、治癒力を促進させる。また、クラニオセイクラルは、身体に優しく触れて脳脊髄液の流れを整え、筋肉の緊張をとり、内臓機能や神経機能を高める。身体の歪みの改善や免疫力向上、治癒力アップが期待できる。医師でレイキを使用できる人はごくわずか。人体の専門的な知識をもつ有由華さんだからこそ、的確なヒーリングが可能なのだという。なんとなく病気が治りにくい、ストレスが溜まりやすい、疲れがとれないなどの負のループから抜け出したい方のお手伝いをする。

（ライター／彩未）

ヒーラー女医 **有由華**
あゆか

https://ameblo.jp/healerjoy/
@healer_ayuka
@h915wpphu

こちらからも
検索できます。

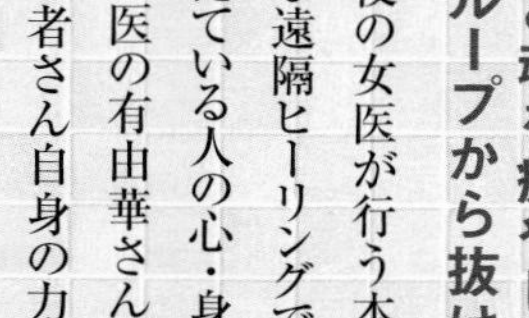

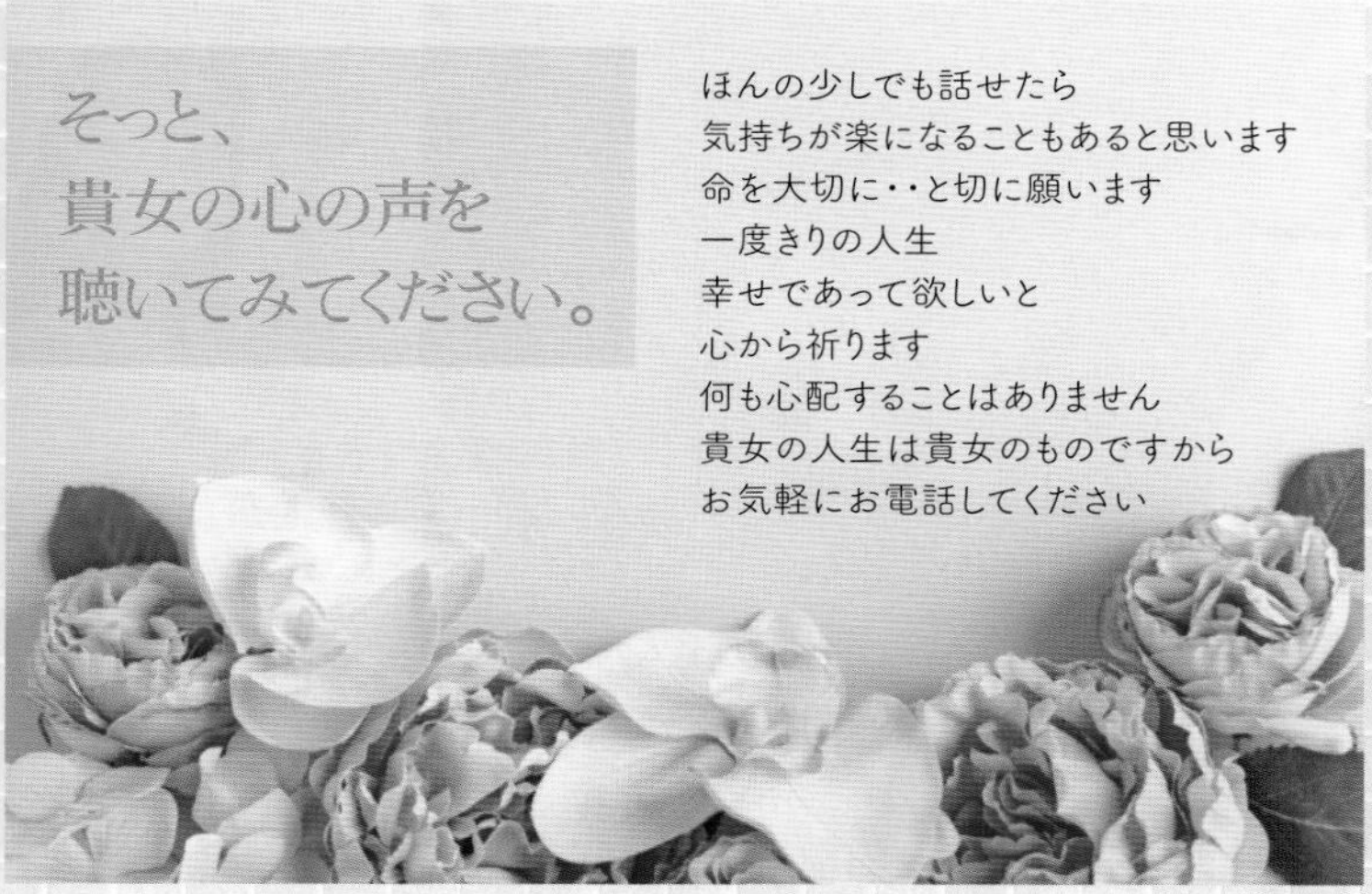
そっと、
貴女の心の声を
聴いてみてください。
ほんの少しでも話せたら
気持ちが楽になることもあると思います
命を大切に・・と切に願います
一度きりの人生
幸せであって欲しいと
心から祈ります
何も心配することはありません
貴女の人生は貴女のものですから
お気軽にお電話してください

代表
**後小路律子** さん

山口県芸術大学卒。電話鑑定や対面鑑定で悩める人の心に真摯に寄り添うカウンセラーとして活動。ボランティアでのピアノ教師歴30年。ピアノを通して、地域の住民などの心を癒やす。現保育士。

# 心の闇を晴らすヒーリング
# 悩める人の心にそっと寄り添う

## ピアノの優しい音色
## 地域住民の心を癒やす

霊能力とヒーリング能力を活かしたカウンセリングで、悩みを抱える方の苦しみや心の闇に寄り添い、心の傷を癒やすお手伝いをしている『オフィス花音』代表の後小路律子さん。幼少期のいじめや友人の自殺、親との死別、離婚など壮絶な人生を歩み、神に出会ってからは自分の人生が学びであったことに気づいたという。相談者がほんの少しだけでも悩みを話すことができたらそれだけで救われることもあると考え、「一度きりの大切な人生を幸せに生きてほしい」と悩める人の心にそっと寄り添い、相談者を幸せになるよう導いてくれる。

元保育士でピアノ教師としての資格も持つ後小路律子さんは、現在は福岡でボランティアとしても活躍。ピアノ演奏などを通して地域住民や高齢者とも積極的に交流。福岡県のJR赤間駅にあるストリートピアノなどでも音楽を奏で、通りがかったサラリーマンや主婦、学生などが美しくも優しいメロディーに耳を傾ける。一緒に歌う人や演奏に涙する人の姿も。賛美歌や昭和の名曲など誰もが知っているピアノの音色で人々の心を和ませている。

（ライター／彩未）

オフィス **花音**
かのん

090-8412-6121
office.kanon2007120@docomo.ne.jp

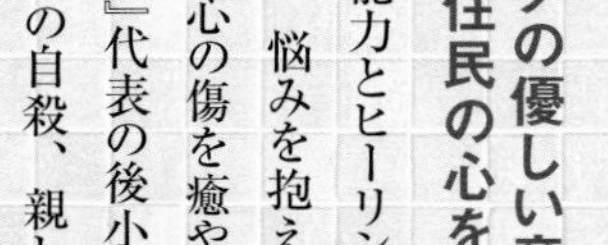

㊫ 9:00〜22:00
㊡ 無休
女性のみ受付（予約制）

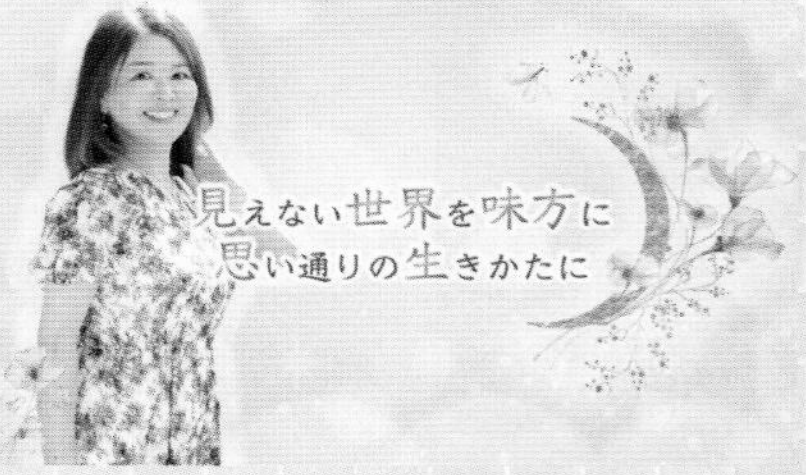
見えない世界を味方に
思い通りの生きかたに

代表
**深山桜吏栄** さん

霊知・霊感・霊視・未来予知・チャネリング・アニマルコミュニケーションの能力を持ち、クリスタルボウル・ヒーラー、マインド・コンサルタント、セミナー講師としても活躍。スピリチュアル能力と量子力学・心理学・脳科学を融合させた唯一無二のセッションが話題を呼んでいる。

ミディアム・サイキッカーの
深山桜吏栄（みやまざくらりえ）さん

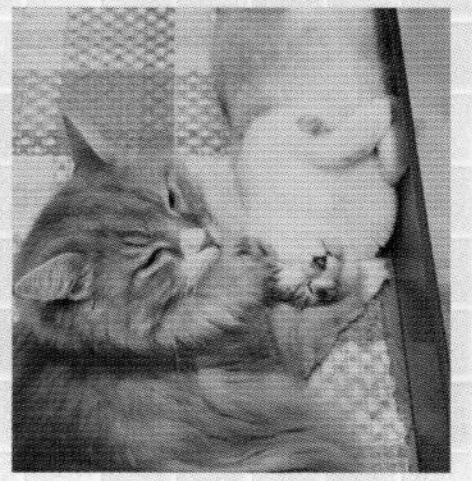

『霊感・霊視・霊知鑑定』
60分・90分
『自輝力セッション』
60分〜
『アニマルトーク』
30分〜

# 悩めるあなたに伝える 見えない世界からのメッセージ

## 動物との会話も可能 チャネリング講座も人気

生きづらさを抱えている方、夢への一歩が踏み出せない方にご紹介したいのが『Feerie』代表の深山桜吏栄さん。ミディアム・サイキッカーとして自身の体験とスピリチュアル能力、量子力学・心理学・脳科学のすべてを融合させたセッションを行う。一人ひとりが望む方向や最適な状況に進むよう具体的かつ的確なアドバイスで、相談者をサポート。霊感・霊視・霊知、チャネリング、未来予知を駆使しながら、悩みや気になっていることに対し、見えない世界からのメッセージを伝えてくれる。話すだけで癒されるヒーリング能力の高さにも定評。対面の場合はクリスタルボウルによるヒーリングも行う。また、深山桜さんは、幼少期から動物と会話ができたことから、「アニマルトーク」も行う。普段一緒に過ごしている飼い主さんからも驚く内容ばかりだったという声が多数。さらにチャネリングを身につけるための講座も運営。宇宙の叡智や霊界からのアドバイスにアクセスできるようになると、日常において常により良い決断や選択ができるようになり、人生がガラッと変わる。思い通りの生き方へと、一歩を踏み出してみてはいかがだろうか。

（ライター／播磨杏）

**Feerie**
フェーリ

✉ feerie.happy@gmail.com
㊟ 埼玉県戸田市
https://feerie-magicien.com/
@feerie_fons

こちらからも
検索できます。

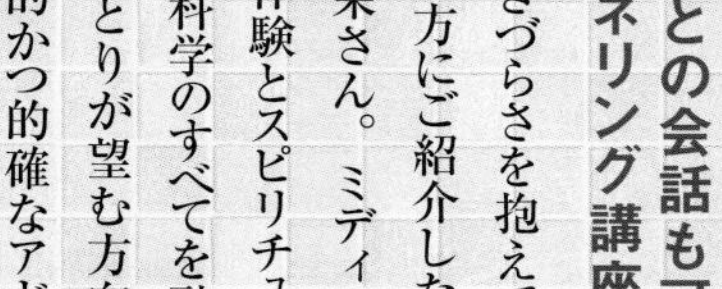
féerie
LIGHT WORKER

セレス学院

受講料
88,000円(税込)

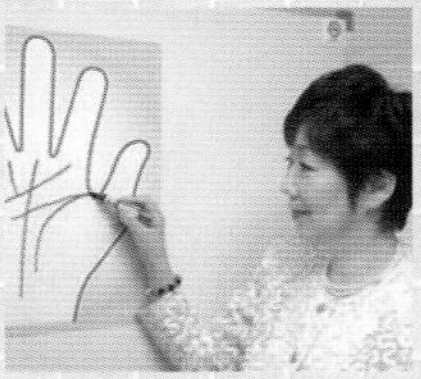

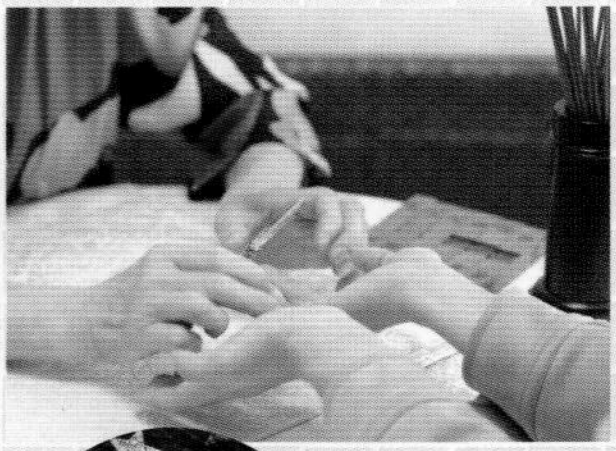

代表
**セレス玲奈** さん

セレスの館主催・セレス学院主催・鍼灸サロンぬくもりの手主催。鑑定歴40年。「確かな占術・確かな鑑定・心ある占い」をモットーに相談者の未来を占う。マダム玉玲として数多くのメディアにも出演。セレス学院では多くの占い師をプロデュース。

ぬくもりの手

鍼灸治療 80分 4,000円(税込)
美容鍼 80分 7,000円(税込)

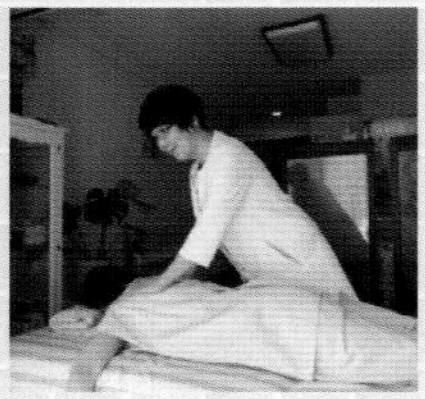

『占い鑑定』
20分 3,000円(税込)
35分 5,000円(税込)
『メンタルケアカウンセリング』
約1時間 10,000円(税込)

# あなたを救う代官山の母 未来を占い、よりよい人生へ

## 占い学院、鍼灸サロンを運営 多様な才能に溢れた女神

『セレスの館』は、代官山の母セレス玲奈さんによる占いサロン。セレス玲奈さんは、スピリチュアルと心理占星術、タロットカードやホロスコープなどを駆使するベテラン占い師。どうしたら良い方向に向かうか、どのように自分を変えられるかを占い、的確なメッセージを伝えてくれる。一人ひとりの悩みや解決したい問題、迷っている課題に合わせた占術で占ってくれるので、具体的で適切な答えを得られると評判だ。その人気から、現在では横浜、新宿、新百合ヶ丘、鎌倉にも店舗がある。また、セレス玲奈さんは、占いの学校『セレス学院』も運営。占いながら学ぶ実践的な学習スタイルで、楽しみながら本当に占える力を身につけられる。修了後には、プロの占いカウンセラーとしてのライセンスを取得でき、占い師として仕事を続けられるようバックアップも行う。さらにセレス玲奈さんは、鍼灸プライベートサロン『ぬくもりの手』も手がけ、鍼灸師としても活躍中。四柱推命を用いて先天的な体質やバイオリズムを見て現在の不調を東洋医学的な理論に基づき診断。心と身体、両面から適切な改善法を提案し、治療を行う。

(ライター/播磨杏)

代官山の母 **セレスの館**
セレスのやかた


03-3476-1013
reina@ceresgakuin.jp
住 東京都渋谷区代官山町13-8 キャッスル代官山414
https://www.ceresnoyakata.com/

代官山の母 セレスの館

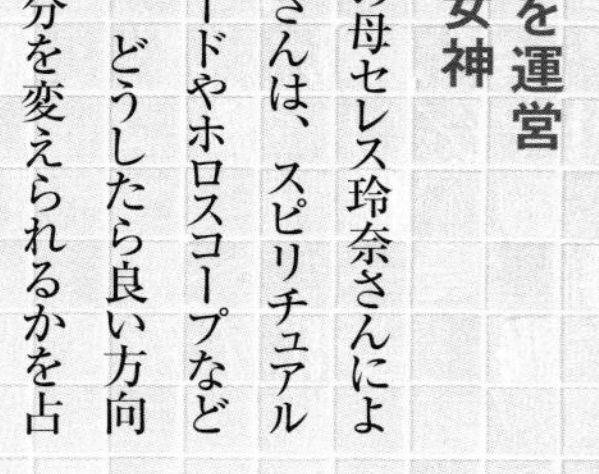

代表
**出雲佐代子** さん

米国財団法人国際心霊学研究財団理事長、内閣府認証NPO交流処悠々会理事長、内閣府認証NPO国際環境研究機構副理事長、世界婦人平和促進財団理事長。著書多数、テレビ出演多数。

著書「霊能者出雲佐代子の霊は語る」ロングセラーズ刊

# 相談者の魂を輝かせる運命鑑定 プロの鑑定士の育成にも力を注ぐ

## 50年で10万人を鑑定 多様な占術の知識駆使

『出雲事務所』代表の出雲佐代子さんは、若き日に特別の能力に目覚め、以後50年超にわたる運命鑑定歴の中で、国内外から相談に訪れた約10万人の悩みを解決に導いてきた霊能者だ。時には、警察から難事件の解決のために協力を求められたことも数多くあったといい、その実力を生かした心霊学講座でプロの鑑定士の育成にも力を注ぐ。

「私の願いは、一人ひとりが直面する人生の問題を前向きに捉え、本来備わっている魂を輝かせ、幸福になって頂くことです。あらゆる苦しみを救う方法をお教えします。生きることに迷っているあなたに、愛を求めているあなたに、穏やかな心が生まれる方法をお教えします」

運命鑑定は、自身の霊能力を中心に、タロットカード占いや姓名判断、四柱推名、西洋占星術、心理学などの知識や手法、スピリチュアルカウンセリングの手法を駆使して行もので、心霊学講座にも生かされる。講座には聴講科、専攻科、通信科があり、修了後は習得証書と資格免状を授与され、プロの鑑定士として活躍する道が開かれる。

（ライター／斎藤紘）

**出雲事務所**
いずもじむしょ

03-3523-3130
㊟ 東京都中央区銀座4-14-15-603
https://izumojimusho.on.omisenomikata.jp/

こちらからも
検索できます。

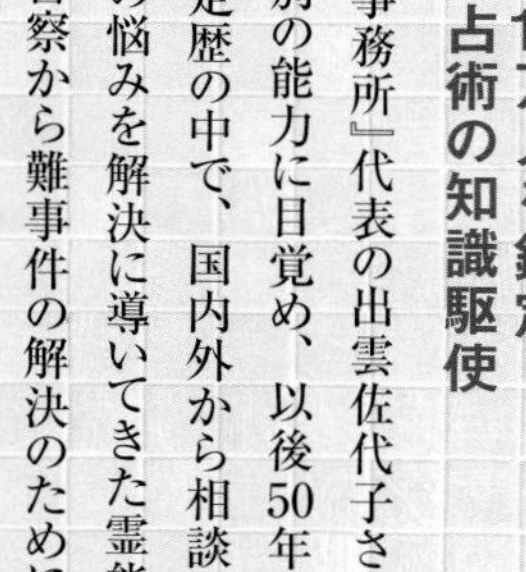

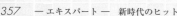

～魂を解放し癒し、
天愛のお導きを致します～

「聖麻龍神注連縄」

輝く未来サポーター
**えり** さん

福島県郡山市を中心にスピリチュアルセラピスト、フラーレン作家、アクセスバーズ施術者、骨盤ヨガインストラクターとして活躍中。一人ひとりに合わせた占術で、相談者が最も幸せになれる方法を導き出す、温かな鑑定が評判。

『靈感・靈視を中心に鑑定』
（対面、オンライン、電話、メール）
30分 5,000縁（税込）～
『遠隔ヒーリング』
60分 8,000縁（税込）～
『アクセスバーズ（脳の断捨離）』
60分 10,000縁（税込）など。

# 悩みを解放して魂を癒す より良い人生へ導く

## 霊感・霊視を中心に 悩みに合わせた占術で鑑定

福島県郡山市を中心に活動する『Healing manaひかり』代表で輝く未来サポーターのえりさんは、霊感・霊視を中心に、ペンデュラム・開運言霊・カードリーディング・西洋占星術・数霊術などを組み合わせ、相談者一人ひとりに合わせたメニューを提案、明るい未来へ踏み出すサポートを行う。

悩みに合わせた占術でアドバイスをもらえるので、どの占いを受けたらいいのか迷ってしまう初心者の方でも安心して相談できる。えりさんの鑑定は具体的で分かりやすく、温かみがあるとして評判。実際に人生がうまく回り出した、夢の実現が早まったなど、効果を実現しているリピーターも多い。

鑑定師としてだけではなく、レイキやアクセスバーズでのヒーリングも行う。アクセスバーズで滞ったエネルギーの流れを解放し、過去のトラウマやカルマの解消。さらに骨盤ヨガのインストラクターとしても活動。深い呼吸で体を伸ばし、骨盤周りを整えることで、内臓機能の回復度が期待できるそう。

鑑定・ヒーリングと合わせて受ければ、身も心も軽くなり、効果倍増だ。鑑定は対面の他、オンライン・電話・メールでも可能。LINEで気軽に問い合わせられる。

（ライター／播磨杏）

## Healing manaひかり

ヒーリング マナひかり

㊟ 福島県郡山市
@eri.hikari33
@356rnjpg

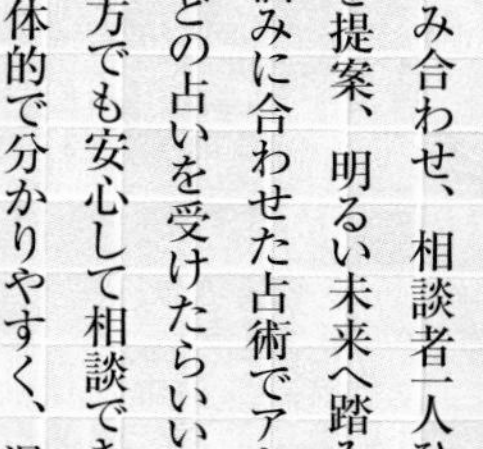

『骨盤ヨガ』

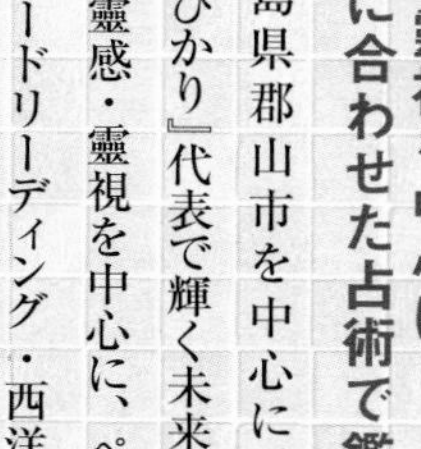

『フラレーン』

清掃サービス

Before

After

代表
**佐々木博一** さん

終活カウンセラー協会認定終活講師。終活カウンセラーとして終活の大切さを伝える活動を行う。墓石店に勤務し、施工、加工、仕入れ、設計などすべてに従事。起業後は、アフターケアやネット中継などの新サービスに取り組む。

お墓参り代行

海洋散骨

# お墓・供養・終活のプロ 悩みを解消して自分らしい人生を

## 家庭に合わせてサポート 頼れる八戸の専門家

青森八戸地域のお墓とご供養のお悩みを解決する『お墓総合サポートサービス』。「後継者がいない」「遠くて墓参りに行けない」などのお墓関連をはじめ、葬儀、相続、供養など様々な悩みに対し、墓石業界で30年のキャリアを持つ終活カウンセラーで代表の佐々木博一さんがサポートしてくれる。

多種多様となってきた供養の葬送では、地域の永代供養や樹木葬・八戸沖への海洋散骨・送骨・納骨など希望に応じて多様なスタイルを提供。お墓関連のサービスでは、近年増加している墓じまいや仏壇じまい・墓石建立・戒名彫りからお墓新規建立まで一通りをサポート。お墓掃除やクリーニング、お墓参り代行も行う。また、終活相談も評判。終活に関する抽象的な悩みの中身がどの分野の悩みであるのか、またどの専門家が必要であるかをしっかり見極めてくれる。

「自分の大切な想い、財産、生きてきた証をしっかりと後世につなげるよう、また継承すべき愛する家族が困らないよう準備するのが終活。お墓・葬送の悩みを解消して今後の人生を自分らしく楽しんでいきましょう」

（ライター／播磨杏）


**お墓総合サポートサービス**
おはかそうごうサポートサービス

0178-79-3243
soudan@ohakasupport.com
㊟ 青森県八戸市石堂2-6-25-103
http://ohakasupport.com/

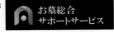

お墓総合
サポートサービス

こちらからも
検索できます。


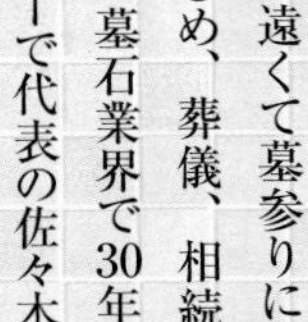

施工例

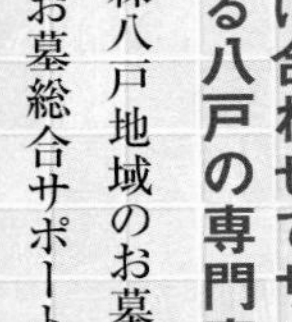


墓じまい

# 世界で羽ばたく キャリアウーマン 豊富な経験を活かし 人材育成

## 株式会社 CxW

## やらない後悔より やる後悔を

「これからのキャリア構築は、「好き」が原動力になる」

　大手ブライダル企業でチーフウェディングプランナーとして活躍後、モルディブ共和国の世界最高級リゾートでコンシェルジュ、都内外資系ホテルでの人材育成、さらにモルディブ共和国にある国内最古の五つ星リゾートでフロント責任者に就任するなどグローバルな環境で国際基準のホスピタリティ力を磨いてきた小池美穂さん。

　学生時代からホテル業界、ウェディング業界に憧れ、一直線に努力と挑戦を続けて自らの夢を掴み取ってきた。そんな自らの経験を活かし、同じく「世界一のホスピタリティを提供したい」方の力になりたいという思いで2022年に設立したのが『株式会社CxW』。世界に通じるホスピタリティスキルを発信する一方で、その力が身に付くようノウハウの提供を行っている。

　受講者には、国内外で培い磨き上げたホスピタリティマインドや英語力、モチベーション、就活など、世界規模でのキャリア構築とウェルネスを大切にする生き方を伝授。リアルな経験から語る具体的なアドバイスや実践的な指導、さらに小池さんの明るく親切な人柄でクライアントや生徒から高い人気と信頼を得ている。

カタチの残らないものに大金を支払う結婚式という商品。一生に一度、その一瞬一瞬を満足いただくために全力で応対。

ホスピタリティ業界従事者は、ホスピタリティを学びたいと思っても自己資金で競合他社の宿泊やレストランを体感するのみで、自発的に学ぶ環境が少ない。また、外資系・海外のホスピタリティ業界で力を試したいと思っても、「専門学校に行き直さないと、面接や英語を勉強し直す方法が分からない」とくすぶっている方も多い。

ハネムーン、プロポーズ、家族旅行、お誕生日、ビジネストリップなど。それぞれのゲストシーンに合わせて最高のご滞在になるよう、シチュエーション別に瞬時に様々な提案を行う。

小池さんのレッスンでは、「コミュニケーション力」「語学力」「テクニック」の3方向から一人ひとりに合わせて徹底指導。自己肯定感を高め、秘められた可能性を引き出し、さらなるパフォーマンスを発揮できるよう導く。これから一流のホスピタリティ業界で活躍したいと夢見ている学生を対象にホテル・ブライダル系の専門学校にて教鞭をとっており、転職希望者には魅力的なCVの書き方講座や面接対策なども行っている。

ホスピタリティ業界は常にストレス、タスク、プレッシャーに直面しているため、ヨガのアーサナや思考を伝え、心身健やかな生活を送れるサポートも行っている。

「これまでの人生で身につけてきた大小様々な知識と経験＝キャリア。今できる最大値の領域を少しだけ広げ、今まで抱いてきた夢の実現に挑戦してほしい。夢を実現することにより得られる自信は何物にも代え難いです。一人でも多くの方の視野を広げ、胸を張って歩める人生の一ページを刻んでほしいと願っています」

**株式会社 CxW**

Tel／03-3806-5555
東京都中央区銀座1-22-11銀座大竹ビジデンス2F
https://cxw.jp/

**株式会社 CxW**
**代表取締役　小池美穂さん**

大学時代からビジネス、ホスピタリティ業界の研究を行い、大学卒業後に大手ブライダル企業にウェディングプランナーとして入社。グローバルな環境での活躍と国際基準の“ホスピタリティ力”を磨く。延べ56ヵ国の様々な国のメンバーと働き、各国のお客様対応の経験。現在は、東京に拠点を戻し、対個人・学校法人・企業にて、ホテル・ブライダル専門学校にて特別講師として登壇。

MODEL TECHNIC & ENGLISH

# 同時に身につけて世界に飛び立つ

2023年、いろいろな意味で世界に取り残されている日本。「良い国はいいけれど危機感がない」と講師セレーナさんは危惧している。極端に危機感にかけている日本の人たちにまず、身に着けて欲しいのが「プレゼン力」。すなわち歩き方と英語力である。語学教育、モデル育成、武術指導を15年以上行ってきたスクール『TokyoModels』がある。欧米の社会、ファッション界、デザイナー、プロデューサーと直結したスクールだ。こんな学びができる場所は日本にはないだろう。海外コレクションでの「ランウェイモデル」を通して世界をみる、世界に人脈を作り、パリコレなど日本人には不可能といわれてきたコレクションに出ることも現実化するスクールなのである。『スーパーモデルコース』では、「ランウェイテクニック」と瞬間英会話を含むプレゼンの2クラスがある。これを24回受講し、海外に飛ぶあるいは国内をモデル、「ランウェイコーチ」として飛び歩く、そんなことが可能になるコースだ。「ミスコンウオーク」ではなく、真の「ランウェイモデル」のテクニックを通して、日本人の歩き方の改革を目指す。ぜひ日本人に挑戦してもらいたい、世界に飛び立てるスクールだ。

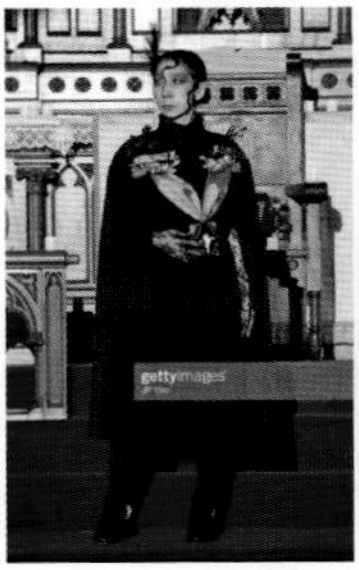

代表 セレーナ羽戸さん

サンフランシスコにて修行。「2012NYコレクション」デビュー。著書「ナタミラクル瞬間英会話」南雲堂。現役「パリコレ」モデル、日本中で「ランウェイテクニック」、勝負英会話、武術ダンス指導中。

●『スーパーモデルコース』は体験レッスンあり。
10,000円以下まで。
氏名携帯番号、希望日時を送信。

●初心者でもOK、年齢不詳、メンズモデル、ビジネスマンもパリコレに出られる。

# Super MODEL Course

スーパーモデルコース

# ランウェイテクニックと勝負英語力

Tokyo Models

# 正しいお金の知識を広めて よりよい日本の未来を築く

長野県で親子向けの金銭教育講座「親子おこづかい教室」を主宰する唐澤千恵美さんと石川県で大人向けの金銭教育講座「大人のためのお金の学校」を主宰する松川千絵さんが、沖縄県、長崎県在住の他2人の立ち上げメンバーと共同でタッグを組み、全国的な組織として立ち上げたのが『NPO法人金銭教育研究会』。ゆりかごからシニアまで、一貫した金銭にまつわる教育支援活動を行っている。

学校や行政と連携し、子どもと保護者向けにお金の仕組みやおこづかいの管理、おこづかい帳の付け方を伝授。親世代には、おこづかいをテーマにした子どもへの金銭教育方法はもとより、親世代自身の金融知識を向上させるための学びや交流のできる場など、各世代に見合った様々な金銭教育にまつわる講座やセミナーを開催している。教科書通りの回答ではなく、実生活で培ったすぐに使える知識・知恵を重視した内容を提供するとともに、SNSやHPを活用して定期的な情報発信を行う。

講師として活動する正会員は、国家資格であるFP技能士二級以上を登録資格とし、現在、立ち上げメンバー4人を加えて10人が在籍している。それぞれ皆境遇は異なるが、「正しいお金の知識を広めて、よりよい日本の未来を創り出したい」という想いは同じ。今後の活動に期待だ。

理事 **棚原人美** さん
沖縄県

「子どもにお金の不自由はさせたくない!」という想いと、ママを整えて笑顔にするという使命を感じて活動中。沖縄県中部を中心に親子向け講座を開催している。

監事 **倉橋えり奈** さん
長崎県

「働く女性が楽しく、長く、生きやすくなるためのお金」について、常に学びを欠かさない。「私の人生最高!」と、共に笑い合える女性を増やすための情報発信が「勇気をもらえる」と、とても好評。

**近藤誠司** さん
東京都

教育資金・老後資金だけでなく、住宅ローン、終活、介護、相続の相談経験が豊富なFP。FPだけでなく証券や終活の資格も所有。説明のわかりやすさと知識の豊富さで信頼されている。

**水早佳代子** さん
徳島県

双子の息子たちも大学生となり、子育てラストスパート。「手はかからないけど、お金はかかる」この時期の乗り越え方をわかりやすく解説するFPとして活躍中。

**吉田宝子** さん
愛知県

4人の子育てと同時にFPの仕事をする中で、「親子でお金について話し合える環境を早めに整える」事が大切だと実感している。老後の資産形成や終活について的確なアドバイスも好評。

**多田陽子** さん
東京都

ソムリエや介護ヘルパーの資格も持つ、経験と知識が豊富なFP。一人ひとりの悩みに丁寧に寄り添い、問題を解決に導くことを得意としている。

**村田康介** さん
東京都

「お金のことを考えるきっかけ」を届けることに重点を置き、働くパパママ・働く女性に向けての『将来が楽しくなるお金の話』が「聞いて良かった!」と、喜ばれている。

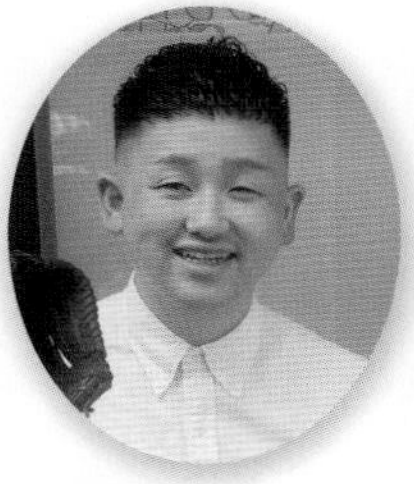

**寺腰穣** さん
埼玉県

35歳でまさか?!の、孫が3人いる。「どうすれば限りあるお金をもっと有効に活用できるのか」について、豊富な金融知識を使って、世代を超えてわかりやすく伝えている。

マネちえ
manechie

HP

Instagram


**NPO法人金銭教育研究会**（愛称：マネちえ）

電話/090-1887-0440（お問い合わせ・ご連絡はメールにてお願いします） メール/info@manechie.or.jp
本部/長野県塩尻市大門桔梗町7-10
http://manechie.or.jp/

理事長 **唐澤千恵美** さん
長野県

「食費と教育費は、削らない」がモットーの男の子3人のお母さんFP。お金について楽しく学べる講座を企画し、参加する親子にとってかけがえのない時間を提供している。

副理事長 **松川千絵** さん
石川県

3人の男の子の母であり、元体育教師。自助努力を欠かさない大切さをはじめ、子どもから大人まで人生を楽しく過ごすためのお金の知識を広める金銭教育活動に力を入れている。

# 唯一無二の特徴をもつ石、水晶
# 目に見えないパワーで人生好転

## 水晶にしかできない
## エステティック

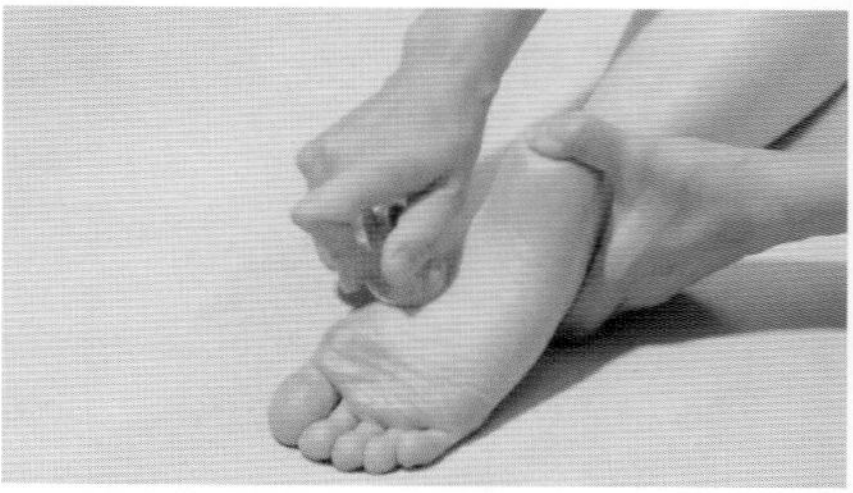

# 水晶で行う新感覚エステ

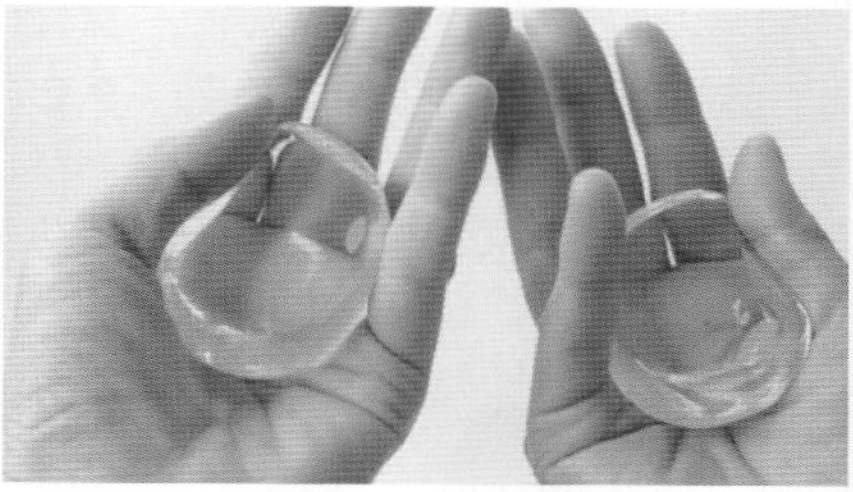

本物の水晶を使って行う世界初のエステティックヒーリング『クリスタルドレナージュ®』。かっさ・ツボ押し・リンパケアと3つの効果をもつ水晶のプレートで美と運を高めて、幸せに導く不思議なエステだ。代表の坂口みきさんは、瘦身専門のエステティシャンとして活動をしていた際、魂レベルのケアが必要な現代社会の闇に直面。そこで出会ったのが水晶だった。一人ひとりが抱えている問題を根こそぎ取り除くような、言葉では説明できない領域にアプローチする『クリスタルドレナージュ®』。坂口さんは、この施術を広めるため、プロ養成講座を開講。セラピスト自身の人生が好転していき、本人とその家族まで上昇気流にのることが多いという。

「2023年現在、全国約20ヵ所で施術を受けることができます」

## 美と運を高めて幸せへ

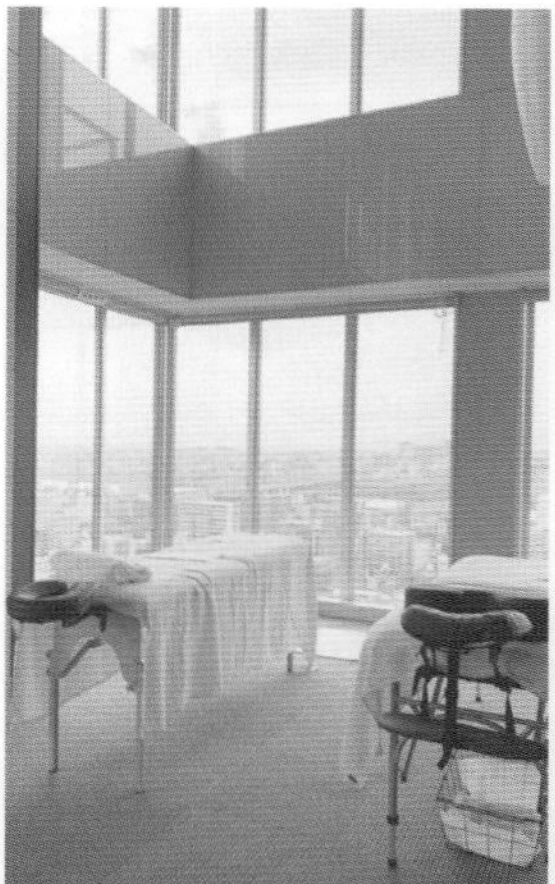

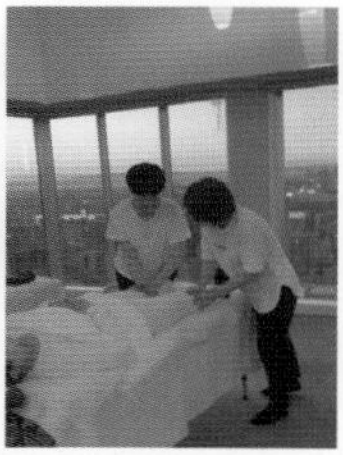

代表 坂口みき さん
元大手サロン勤務後独立。瘦身専門サロンを営みながらアロマやハーブ、ライフスタイルなどの講師も兼ねて活動。妊活のため休業期間を経て、その後法人を設立。「美と運を高めてシアワセになる」というコンセプトをもとに創業6年目。

**クリスタルドレナージュ事務局**

TEL／090-8564-3268
大阪府大阪市北区梅田1-11-4
大阪駅前第4ビル9F-923
https://crystal-drainage.info/

清掃後は、バイオプロテクト5000cという薬剤を噴霧、固着させる抗菌施工を行う徹底ぶり。それぞれの作業を専門業に依頼する場合の煩瑣な手配が必要なく、無駄なコストも削減できるのが最大のメリットだ。月ごとの管理計画に沿って進める丁寧かつ的確な仕事ぶりが支持され、クライアントはコンビニチェーン、ショッピングモール、ホテル、建設会社、商業ビル会社、映画館、児童施設、学習塾、神社、駐車場会社など多様な業種に広がる。

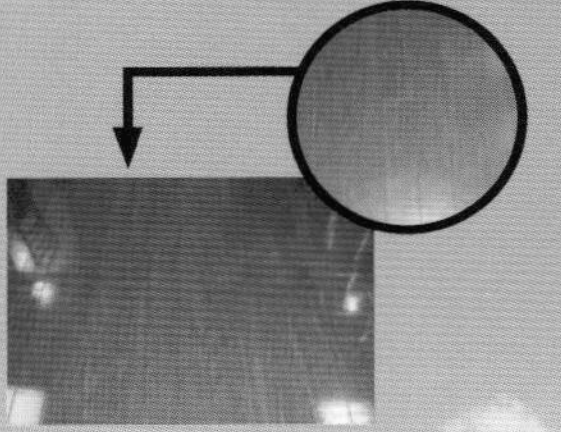

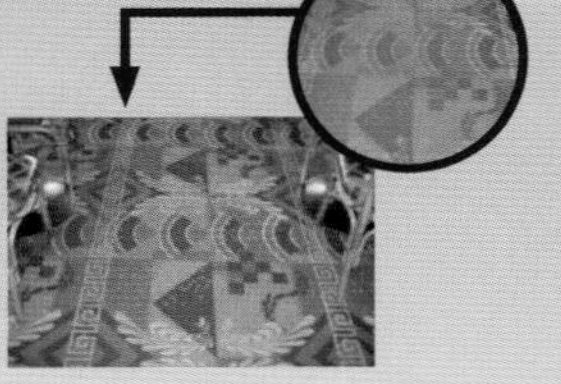

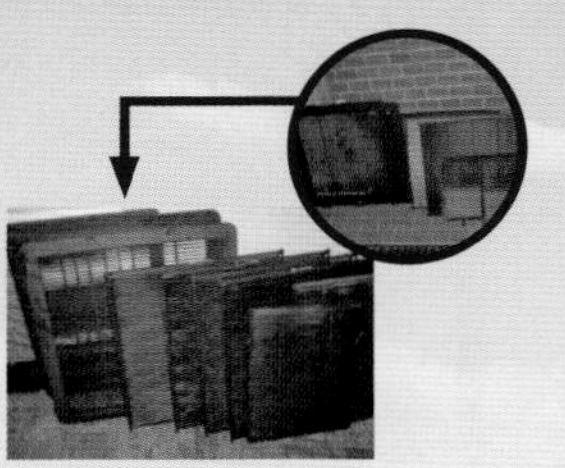

コストパフォーマンスに優れた年間管理のトータルクリーニング

# 清掃と設備メンテをワンストップで遂行

「ビルメンテナンスの年間管理契約で最高のコストパフォーマンスと品質を実現」。1995年創業の『株式会社アンプラ』の『トータルクリーニング』が好評だ。商業施設や店舗、ホテル、福祉施設、オフィスなどの室内外、排気ダクトなどの清掃から空調機などの設備機器のメンテナンス、浄化槽清掃、害虫駆除などまで一括で請け負う業界では異例のシステム。

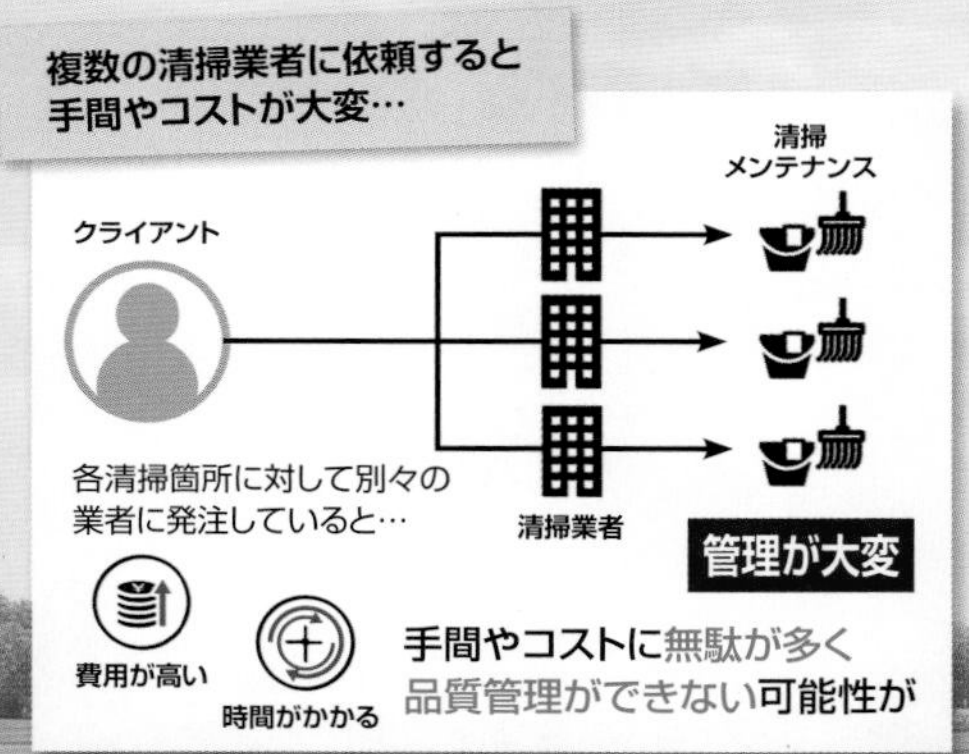
複数の清掃業者に依頼すると
手間やコストが大変…
クライアント
清掃
メンテナンス
各清掃箇所に対して別々の
業者に発注していると…
清掃業者
管理が大変
費用が高い
時間がかかる
手間やコストに無駄が多く
品質管理ができない可能性が

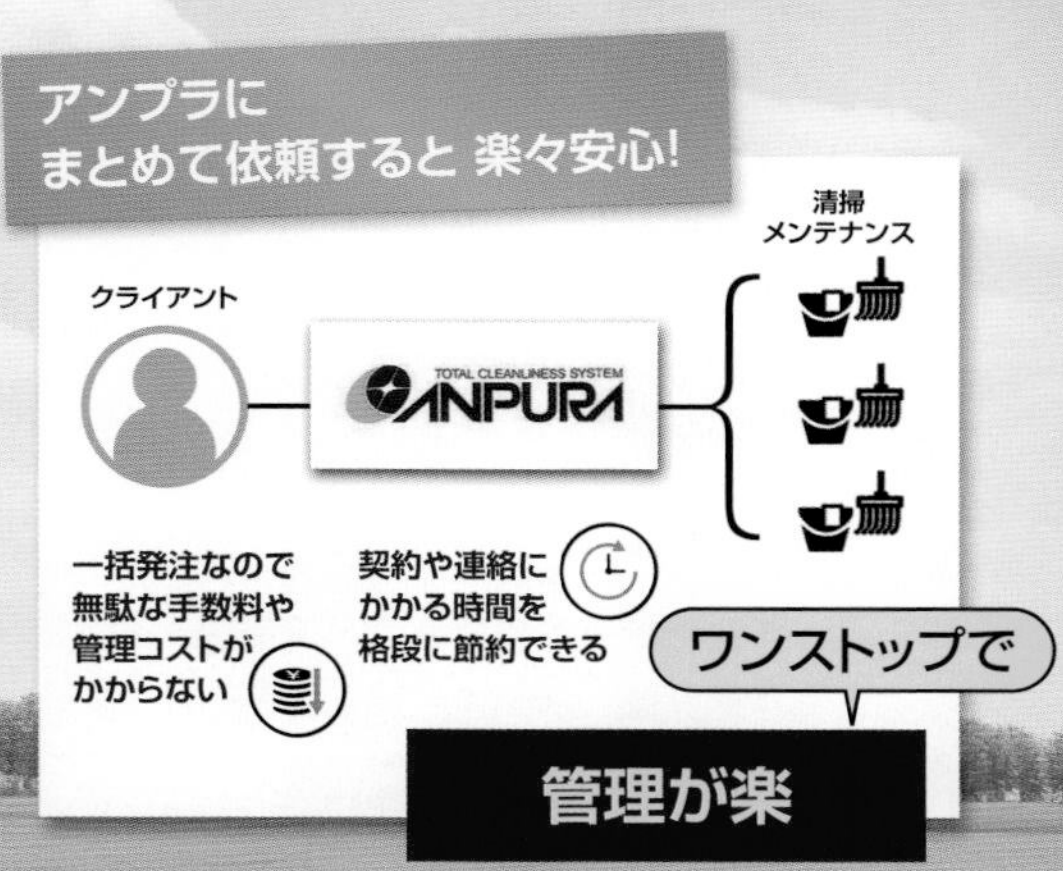
アンプラに
まとめて依頼すると 楽々安心!
クライアント
TOTAL CLEANLINESS SYSTEM
ANPURA
清掃
メンテナンス
一括発注なので
無駄な手数料や
管理コストが
かからない
契約や連絡に
かかる時間を
格段に節約できる
ワンストップで
管理が楽

最高のコストパフォーマンスで 安心して清掃依頼ができる

2022年10月
「サルバベルカント・オペラ・ガラ・コンサート」より。

# Project

デメートリオ・モリッカ氏によるリハーサル風景。

オペラのストーリーの解説を落語でするという“オペラクゴ”という新しい試みを始める。オペラ界の敷居を下げ、声の芸術を身近に感じてもらうことを目標としている。主な指導役には、峯川さん自身やイタリアのバリトン歌手ロベルト・ボルトルッツィ氏、指揮者デメートリオ・モリッカ氏が含まれる。演目は、「カヴァレリア・ルスティカーナ」と「道化師」のヴァリズモオペラの代表作だ。峯川さんはプロジェクトの成功体験をもとに、オペラファンの拡大を期待している。峯川さん自身は、イタリアにてバリトン歌手アントニオ・サルバドーリ氏から技術を学び、オペラ公演や指揮者のアシスタントピアニストとして活動してきた経歴を持つ。

代表 峯川知子さん

イタリア・オペラの真髄追求を目的にローマに留学。オペラ界の巨匠や劇場ピアニストなどから学び、2019年、アントニオ・サルバドーリ直伝のオペラ歌唱法を広めるため一般社団法人を設立。東久邇宮記念賞及び文化褒賞を受賞。

一般社団法人 **サルバベルカント・アソシエーション・ジャパン**

TEL／03-6427-2995
E-mail／info@salvabelcanto.or.jp
東京都渋谷区東1-26-30 渋谷イーストビル5F

**https://salvabelcanto.or.jp/**

# イタリアから指導者を招き全国で展開

# オペラの
# プロ演奏家や
# 歌手を育成

## 目標はコンサート開催
## ファンの増加にも期待

Salvabelcanto Association Japan

「2023年秋から始まる日本のプロジェクトは、イタリア発祥の舞台芸術オペラを国内で育成するものです」

このプロジェクトは、「一般社団法人サルバベルカント・アソシエーション・ジャパン」代表の峯川知子さんが企画したものだ。イタリアから指揮者や歌手を招き、日本国内のプロの演奏家や歌手にオペラの演奏法や歌唱法を指導し、本場さながらのオペラコンサートを目指すという。

teatro pergolesi
ペルゴレージ劇場
8年間、研鑽を積んだ「ペルゴレージ劇場

# 続・千田明の歴史散歩道
# 京の花街【島原】を訪ねて

今回は、ＪＲ山陰線（嵯峨線）の丹波口駅下車約３分の花街島原を訪ねることとしました。

　京都の七口（鞍馬・大原・荒神・粟田・伏見・東寺・丹波口）（鞍馬参道・若狭道・琵琶湖道・東海道・伏見街道・西国道・山陰道等主な街道の入口）の一つであった丹波亀岡方面の入口、ＪＲ丹波口駅の高架（朱雀通）に沿って南に向かうと大銀杏が迎えてくれます。それを目印に左折し、突き当りを右折すると歌舞練場跡で、付近は京都らしい町家がちらほら見えます。

　既に島原の中之町に足を入れており、しばらくすると右手に【輪違屋】があります。こちらは、現存する置屋（太夫や芸妓を揚屋に派遣）で、現在は置屋とお茶屋を営業されておられます。格式のある町屋の佇まいが何とも表現できません。次の角を左折すると島原大門が見えます。江戸時代六条三筋町（東本願寺北付近）より、お上の命で急遽移転するよう命ぜられ、朱雀通（千本通）東坊門の朱雀野に移転が決まり大騒動になり、往時の島原の乱の時のようであったらしく、島原といわ

輪違屋　右、輪違屋
太夫や芸妓抱えていた由緒ある置屋(揚屋に太夫や芸妓を派遣)で元禄年間創業と伝わる。京都市指定文化財に指定されている。現在は正式なお茶屋の鑑札を有し、置屋兼お茶屋の営業をしている。

島原大門　島原は、江戸時代から公許の花街、寛永18年(1641)六条三筋町(六条室町～六条西洞院現在の東本願寺北付近)より朱雀野(朱雀通り(大極殿から羅生門までの通り、醍醐天皇が千本の卒塔婆を立てて供養してほしいより千本通りとなる。JR山陰線(嵯峨野線)付近で約82M程度の大通り)の地)に急遽移転命令が出て大騒動となり往時の島原の乱を思わせた所から島原となったが正式には西新屋敷と言う。単なる遊宴に留まらず俳諧も盛んであったらしい入口の門。江戸の吉原と異なり自由に出入りできたらしい。さらば垣と柳のバランスを情緒を引く。

輪違屋玄関
二階には傘の間、紅葉の間、太夫の間がありますが、非公開です。因みに太夫は歌舞音曲、お茶、お花、和歌、俳諧等多芸豊かな教養持った傾城の最高位です。島原は遊郭とことなり花街として発展し、一見さんお断りの世界で支払も掛け売り(つけ)でした。

東鴻臚館址(正面)と角屋久坂玄瑞(くさかげんずい)が密議をしたとされる角屋の碑(交差点左面)。久坂玄瑞は吉田松陰の妹を妻とした長州藩の尊王攘夷派の中心人物で蛤御門の変で戦死しました。

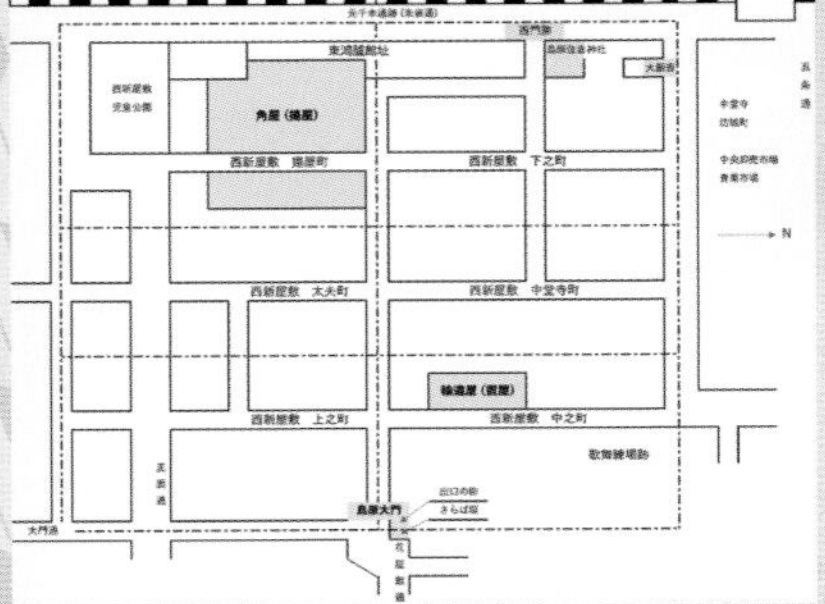

角屋（すみや）
角屋は寛永18年（1641）島原開設当初より続く揚屋（現在の料亭、置屋から太夫、天神、花魁など高級遊女を呼んで遊んだ店。お茶屋より格上）新選組の壬生の屯所にも近く局長クラスの宴会も行われ、芹沢鴨も宴会の後、八木邸で近藤勇の配下に暗殺された。

株式会社 GNR
相談役　**千田明** さん

2011年5月に電気工事業、電気通信工事業を業務とする『株式会社GNR』を設立。現在は退任し、相談役として在席。

角屋
網代の間
一表座敷、天井板を網代にしているところから命名された。廊下など20m程一枚いたであったり、柱、梁等すごくお金がかかったようで格式を物語っています。

角屋中戸口(左)　玄関(右)
玄関には刀置場や刀箪笥が直ぐに座敷に案内出来るようになっています。因みに揚屋とお茶屋の違いは揚屋はお店で料理を作り、お茶屋では外から料理をとりおもてなしをする違いです。祇園の一力もお茶屋で一見さんお断りはいずれも京都の古い文化であり庶民の入れる所ではありません。

角屋 大座敷松の間より臥龍松(がりょうまつ)を見る。臥龍松の奥はオープンな茶室で太夫がお茶を点てるところが大座敷より見ることができるようになっています。二階には緞子・翠簾・扇・草花・馬・青貝・桧垣の間が在りますが今回は非公開になっていました。一階の大広間は宴会用で煌びやかさは在りませんが二階それなりの優雅さはあると思われます。因みに揚屋とは建設当時現在のように大きな座敷がなかったため二階に直接案内した所から揚屋になったそうです。

島原住吉神社旧境内の大銀杏
樹高20M幹周り3.5M樹齢300年と推測される。

角屋台所
中戸口を潜ると帳場があり手前は台所で100人分の料理を作っていたそうです。正面上部は行燈の代わりに灯りを燈してて全体明るくして行燈に躓いたりして火災を発生しないように3か所炊事場の照明をしていたようで、往時の知恵を感じます。また、左の展示コーナーには新選組の隊士がつけで勝手に使うので会計が以後使用禁止とした為、腹をたてた刀傷が残っています。

れるようになりましたが、本当の町名は西新屋敷です。西より揚屋町・下之町、太夫町・中堂寺町、上之町・中之町となっております。現在の祇園よりも格式が高く、到底庶民の出入りの出できるような場所でなかったと思われます。

【島原大門】は、瓦葺の高麗門で「さらば垣」と「出口の柳」が情緒をそそりますが、こちらは吉原と違い自由に出入りできたようです。大門を朱雀通に向かって行くと所々町屋の風景が残っていますが、地勢的にも明治以降廃れて祇園に株を取られてしまったようです。

揚屋町には、【角屋】(すみや)が現在も当初の様相を残しており、揚屋(太夫などを呼んで宴会を行う料亭)の格式の高さと佇まいがあります。一見さんお断りはもちろん、掛け売り(つけ)の世界です。ここから1㎞北に新選組の屯所もあり、局長クラスの宴会も行われていたようです。また、長州の久坂玄瑞・西郷隆盛・坂本龍馬等が密議をした場所でもあります。1階の大広間・大庭・茶室・台所・玄関帳場など、特別公開の季節に一度訪れて頂きたいと思います。

案内の方の説明が良くて、まだまだ紹介したいと思いますが、紙面に限りがあり、注釈は写真に譲り、東鴻臚館址(平安期渤海の使者を接待した迎資館)の碑、島原住吉神社、島原西門跡を訪ねて筆を置きたいと思います。

東鴻臚館址の碑
平安時代渤海の使者を接待した迎賓館跡。

島原住吉神社と島原西門跡の碑(左)
現在は縮小されているが後方の大銀杏付近も含む境内であり、太夫・芸妓さんの仮装行列もされ、良縁のご利益があるということで例祭も盛大に行われていたが明治の廃仏毀釈により一時廃社となったが再興された。

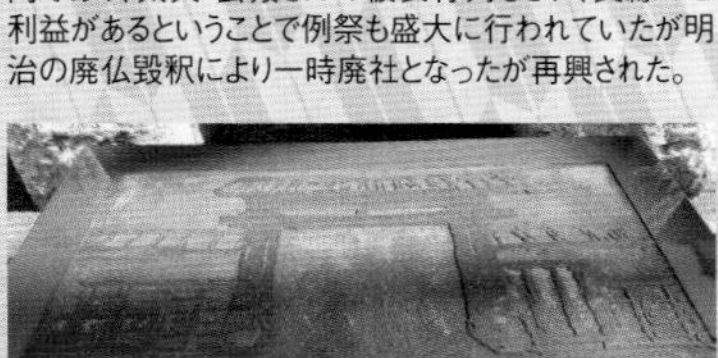

島原西門跡の碑下の復元門の彫刻
当初は東鴻臚館付近の島原大門の正面にあったらしいが天保13年(1843年)に現在地に移設されたが昭和になって交通事故で全壊、その後再建されたが平成になり再度事故で倒壊したため碑のみとなっています。

# 旬の食と2024年に行きたい話題のスポット

『Laxury Beer GÔDE』

# クリスピーな喉越しの新感覚ビール

『株式会社 ASWINE』は、オーストラリアやフランスから直輸入したワインを取り扱うワイン輸入会社。レストランオーナーへの販売に加えて、誰もが高いクオリティのワインを楽しめるようにオンラインショップでの販売も行っている。ワインは、生産者の強いこだわりと美味しさをモットーに厳選。生産者とお客様をつなげる架け橋として、ワインの楽しみを提供し続けている。元シャンパン醸造家ゴドフロイ(Godefroy Baijot)が造り上げた新しいコンセプトのアルコール飲料『Laxury Beer GÔDE』は、北フランスのフランドル地方生まれのビールで、白ワインのような華やかな香りと味わいが特長。フランドル地方での一次発酵と熟成を経てシャンパーニュ地方に運ばれ、シャンパン酵母を使用して瓶内で二次発酵するというシャンパンの伝統的製法で仕上げた洗練されたビールだ。再醗酵の際の沈殿物は、すべてボトルのネックに集められ、その後、世界でも知られるシャンパーニュの高い技術で沈殿物をとりのぞき排出している。GODE＝親しい、大切な人との特別な時間を意味しているという。ビールの地フランダース出身の妻とシャンパーニュのシャンパ

元シャンパン醸造家のゴドフロイ。

醸造所は、フランス北部のフランダース地方にある。

## 株式会社 ASWINE

アスウィン

03-6823-5297 info@aswine.co.jp
㊟ 東京都中央区築地7-11-13-401
https://aswine.co.jp/

ンメゾンに生まれたゴドフロイが出会ったことにより始まったという。テクスチャーがしっかりとしたビターで洗練された白ワインのような味わいと麦芽ホップ由来のクリスピーな喉越しは、唯一無二。マンダリンオレンジや金柑、パイナップルなどの華やかな香りとリンゴのコンポートやトウモロコシが織りなすスモーキーで奥行きのあるアフターフレーバーで香りも楽しめるビールだ。冷やした状態での1杯目の乾杯にはもちろん、温度を少しづつ上げながら食事とのマリアージュを楽しむなど食中酒としても。エレガントで上質な時間を演出してくれる。また、高級感あるボトルデザインからホームパーティーでの手土産や贈り物、BBQで少しラグジュアリーな気分を味わうときにもオススメだ。『Laxury Beer GÔDE』以外にも最新鋭の自然派農法を採用し、自然に優しいブドウ栽培を行うオーストラリアのワイナリー『Warramunda Estate（ワラムンダエステート）』を取り扱っている。「Warramunda」とは、アボリジニの言葉で「明日を待つ」という意味。香り高く美しくエレガントで、オーストラリアのプレミアムワインの産地コールドストリームのものだが、オーストラリアワインの概念を変えるようなものだという。この機会に、高いクオリティと洗練された味わいのワインをぜひ自身の舌で味わってみてはどうだろうか。

（ライター／長谷川望）

Instagram

LINE

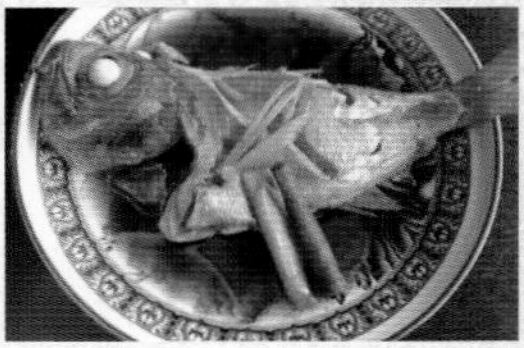

営 昼の部11:30～15:00（LO14:30）
夜の部17:00～22:00（LO21:30）
休 火曜日

四季の華

古民家レストラン **四季の華**

しきのはな

0476-36-4187　info.shikinohana@gmail.com
住 千葉県印西市鎌苅1982
https://kominka-shikinohana.jp/

ランチ『ステーキ御膳』『四季の華弁当』『お刺身御膳』など
2,500円～4,000円（税別）
※日替わりドリンクセット 1,500円　ランチメニューご利用の方は1,000円
コース『花見』『瑠璃』『銀閣』『金閣』『祇園』など
5,000円～15,000円（税別）

Web予約はこちら。　https://shikinohana.net/

## 素材にこだわった和食を 名建築と美しい庭で

開放感溢れる『四季の華』は、千葉県・印旛日本医大駅から徒歩約８分、都会のあわただしい時間からエスケープして、美味しい和食を味わいながら、ゆっくりとくつろぐことができる。

地域に現存していた築約３００年という江戸時代の邸宅・竹内邸を移築し、最新技術でリニューアル。まるで重要文化財のような歴史的建築の中で味わう和食は、まさにひと味違う。天気の良い日のロケーションは格別だ。

名物の日本庭園は、春の桜から始まる四季の移り変わりが心に響くように工夫されており、どの季節に訪れても楽しめる。季節の旬を活かした様々な和食料理をベースとして提供され、お昼の時間帯からコース料理のオーダーもＯＫ。会合や祝宴にも最適だ。日替わりデザート&ドリンクセットも人気があり、ドライブの途中に気軽に訪れるカフェとしてもぴったりだ。

（ライター／大坪覚）

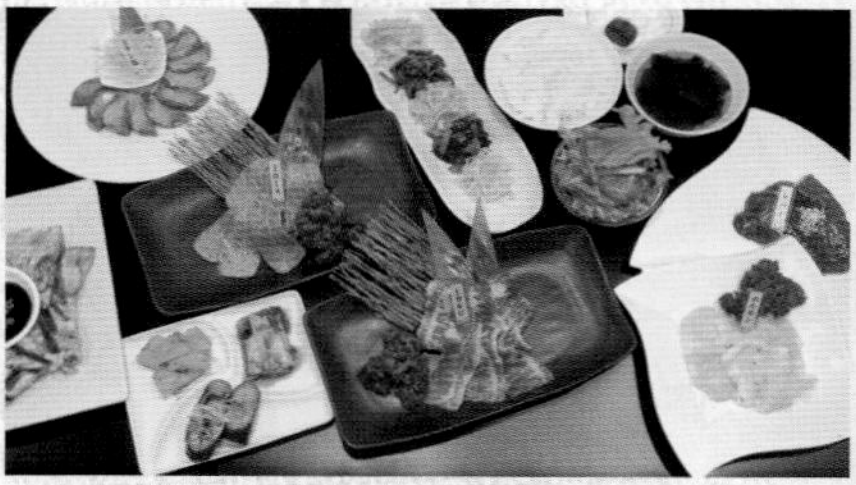
店内での『特選極みコース』

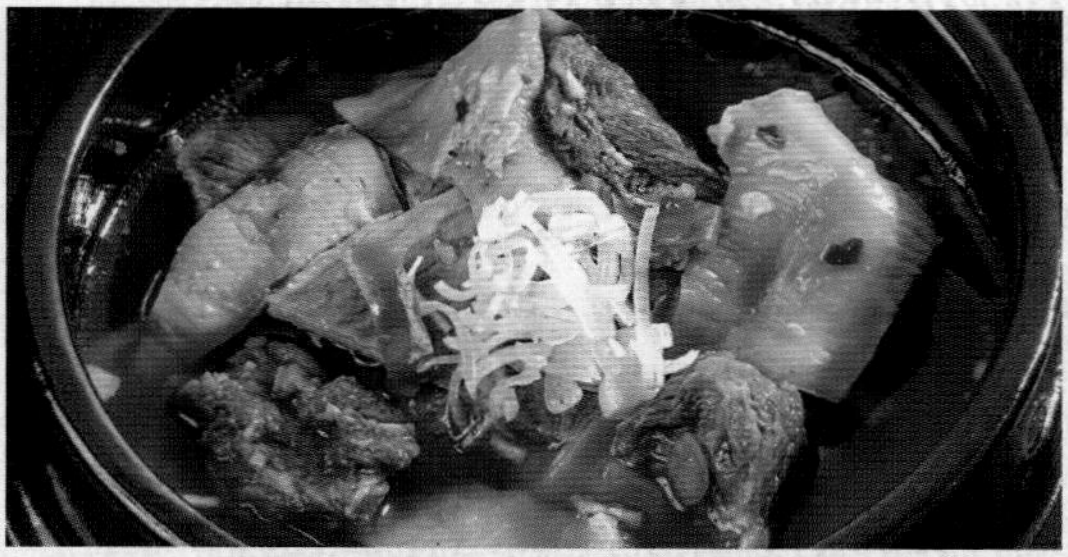

営 15:30～23:30
(LO23:00)
休 月曜日

『牛もつ煮込み』500g(250×2袋) 972円(税込)

焼肉 三千里
Yakiniku Restaurant Sanzenri

楽天市場

ネット購入は、楽天市場にて。
送料850円～(3,980円以上の購入で送料無料。離島、一部地域を除く)

## 焼肉 三千里 本店
さんぜんり

03-3625-8874
住 東京都墨田区錦糸4-14-9 チグサビル1F
https://sanzenri.com/

『特製キムチの詰め合わせ 白菜キムチ&カクテキ』
1kg(各500g) 2,160円(税込)

# 東京下町で50年 懐かしくも新しい老舗焼肉店

東京下町で50年以上に亘り愛され続けている老舗焼肉店『焼肉三千里』。醤油ベースのピリ辛牛だしスープが柔らかい牛もつにしっかり染み込んだ『牛もつ煮込み』は、多くのファンに愛される人気メニュー。熟練の職人が2日間かけて牛の部位毎に丁寧に仕込むため、臭みも気にならない。

また、創業当時から受け継がれてきたレシピを更に磨き上げた『自家製キムチ&カクテキ』もオススメ。厳選した唐辛子を使用したヤンニョム(キムチの素)には、15種類以上の野菜や果物、海産物を使用。昔ながらの製法にこだわり、季節や気温、野菜の水分量に応じて熟練の職人が長年の経験を活かして漬け込むキムチ・カクテキは、箸が止まらない美味しさ。合成保存料は一切使わず、無着色・無添加で安心して食べられる。

老舗焼肉店自慢の味、ごはんのおかずやお酒のお供にぜひ堪能してみては。

(ライター/彩未)

カウンター席

テーブル席

『仙台流牛たん 焼き 厚切り 極芯』

『ハラミとサガリの食べ比べ』

営 11:30～14:00(13:00LO)
17:00～23:00(22:00LO)
火・日曜日・祝日(ディナーのみ)
17:00～23:00(22:00LO)
休 月曜日・第2火曜日

炭火焼肉 仙柳

## 炭火焼肉 仙柳

せんりゅう

03-6807-0792 info@29senryu.com
住 東京都江東区亀戸6-2-2 司明治通りビル1F
https://29senryu.com/ 炭火焼肉 仙柳 検索

# 仙台生まれの店主が目利き こだわりの牛タン料理

東京・亀戸にある『炭火焼肉 仙柳』は、その日最も優れたA5ランクの雌牛のみを全国のブランド牛の中から厳選して仕入れ、部位の食べ比べやブランドの食べ比べなど趣向を凝らしたメニューを揃えている。

『仙台流牛たん焼き厚切り極芯』は、1頭から1枚しか取ることのできない「切出」部分の真芯のみを使用した究極の牛たん。店主が厳選した牛たんを独自の製法で仕込み、3日間熟成させて丁寧に炭火で焼き上げる。また、『ハラミとサガリの食べ比べ』も人気のメニュー。流通時点ではどちらもハラミとして出回る事が多い部位だが、『仙柳』では、脂と赤身のバランスが絶妙なハラミと赤身の旨味が際立つサガリをあえて分けて提供。店主の焼き肉に賭ける熱い想いが伝わる。ハーフサイズがあるのでお一人様でも安心して注文できる心遣いが嬉しい。

キムチやスープもすべて自家製。美味しい焼き肉、牛タン料理、東北の地酒や肉を使ったおつまみもあるので、ぜひ食べに訪れてほしい。

（ライター／河村ももよ）

お米マイスターがいるお店。

米専門店が厳選した、こだわりのお米を手のひらサイズが可愛い「キューブ型パック」詰めに。

㊫ 9:00～19:00　日・祝日9:00～17:00（配達は休み）

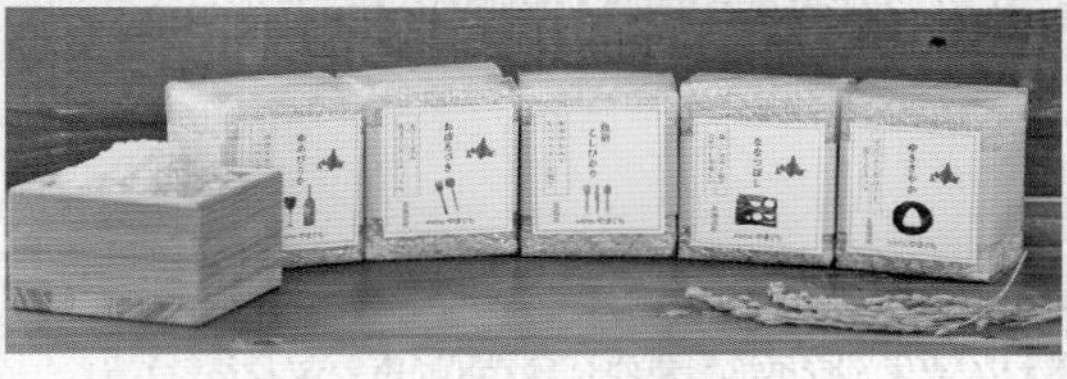

## 株式会社 米専門店 やまぐち

☎ 0120-053-014　✉ kome@kome-yamaguchi.com
㊟ 神奈川県秦野市曽屋827-6
https://www.kome-yamaguchi.com/

# 本当に美味しいお米を手軽な形でセレクション

『株式会社米専門店やまぐち』は、70年以上続く老舗のお米屋。独自の精米技術による特別な機械でのパック詰めなどによって安心・安全なお米を販売している。

お米が一番美味しい精米したての状態でパック詰めにした『キューブ米』は、お米が劣化しない真空包装によって鮮度を長持ちさせている。2合ごとの食べ切りサイズなので、計量要らず。一般家庭が一回で炊飯する量を開封後すぐに炊くことで、抜群の美味しさを実感できる。

スタンダードな『こだわりの食味ブレンド米セット』、ゆめぴりか・おぼろづき・ななつぼしの『北海道食べ比べ3種』やお米を知り尽くしたスペシャリストが日本全国の産地から選び抜いたお米『「お米マイスター」&「米・食味鑑定士」厳選6種』など、知られざるブランド米に出会うこともできる。

便利な使い切りで手のひらサイズなので見た目もかわいく、おしゃれなギフトとしても人気がある。

（ライター／大坪覚）

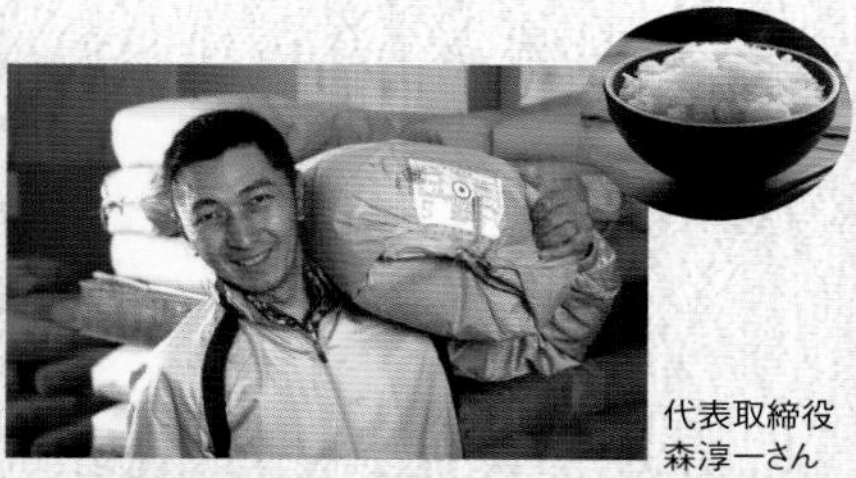

代表取締役
森淳一さん

『美濃ハツシモ』5kg 3,240円(税込)
厳格な栽培基準をクリアした岐阜を代表する「幻の米」。

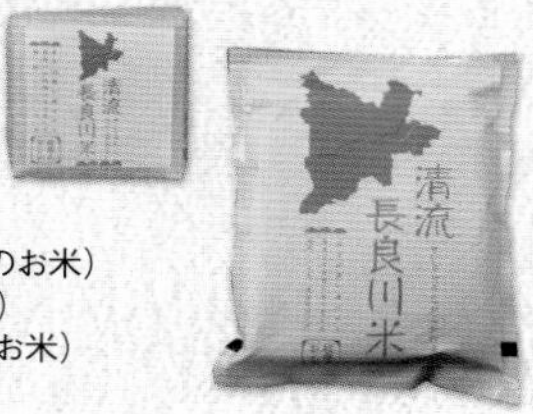


『美濃ハツシモ』のほかにも発売中。
『にこまる』
(もっちりした少々粘りけのある大粒のお米)
『ミルキークイーン』(モチモチのお米)
『コシヒカリ』(一般的になじみのあるお米)
すべて 5kg 2,430円(税込)

## 農業生産法人 株式会社 森ライス

もりライス

058-243-5377 gifunokome@moririce.co.jp
住 岐阜県岐阜市芥見大船1-26-2
https://moririce.co.jp/

## 美味しいお米を買うなら信頼できるお米農家から

国の農業試験場や各都道府県の農家の工夫と努力により、従来品種にはなかった特性や各地の気候に適した品種のお米が続々と誕生し、ご当地米という言葉もすっかりおなじみとなった。

そんな中、戦後まもなく誕生しながらも県外ではほとんど栽培されておらず、幻の米とも呼ばれるているのが岐阜県の代表品種『ハツシモ』だ。歯ごたえのある大粒でツヤが良く、ねばりが少ないので冷めても美味しいのが特長。お弁当やおにぎりにぴったりで、プロの料理人のあいだでは寿司飯としても重宝しているという。

この『ハツシモ』を栽培、収穫した米の乾燥・籾摺り(もみすり)・精米まで一貫して行い、自社通販で全国へも直接販売しているのが岐阜市の農業生産法人『株式会社森ライス』。国内でも厳しい基準といわれている県の農業規格「ぎふクリーン農業」を高いレベルで遵守。消費者のための「考える農業」で『ハツシモ』の他にも『ミルキークイーン』や『コシヒカリ』など安心安全、顔の見えるお米を届けてくれる。

（ライター／今井淳二）

『ミニバウム』
5個 1,860円（税込）
10個 3,665円（税込）など

『ミニホール』
1,860円（税込）

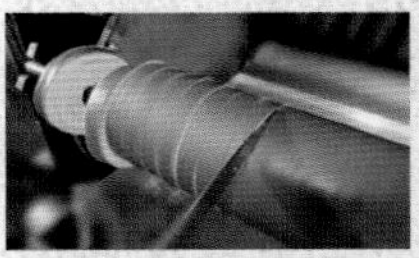

ドリップコーヒーにもバウムとよく合う美味しさ。

『一度は食べてほしい稲木干し米』無洗米 約3kg 2,950円（税込）

「栗の木も植えました」

## シリウスふぁーむ

☎ 0773-24-0311 ✉ shirius@iaa.itkeeper.ne.jp
㊟ 京都府福知山市宇堀2304-2

こちらからも検索できます。

# 手をかけひまをかけた本物のお米を味わってほしい

緑豊かな山々が蓄えた清らかな水、そして澄んだ山間の空気。生活用水など入り込まずそのまま引き込まれる京都・綾部の棚田で昔ながらの米作りを行っているのが『シリウスふぁーむ』だ。

農薬をほとんど使わずに田んぼの小さな生き物と共存する米作り。山の斜面を利用する棚田では、機械が使いにくいので除草も手作業で行う。収穫後も稲架掛けし、天日による自然乾燥でさらに旨味が凝縮される。手間を惜しまず育てられたお米は、安心・安全で美味しいと定評があり、毎日に食卓はもちろん、大切な方へのギフトとしても喜ばれている。

また、無添加で優しい味わいのバウムクーヘン専門店『fuwane』も別事業にて展開。こだわりの「一本焼き製法」で丁寧に焼き上げ、まわティータイムに手軽にいただける直径6センチのミニサイズから、みんなでシェアしたり、デコレーションも楽しい高さ10センチのホールまでと楽しみ方もいろいろ。

（ライター／今井淳二）

令和5年度
三重県産
『コシヒカリ』
5kg
2,900円
（税込）

令和5年度
三重県産
『あきた
こまち』
5kg
2,900円
（税込）

令和5年度
三重県産
『キヌヒカリ』
5kg
2,650円
（税込）

komeshou 米勝ふぁ〜む

## 米勝ふぁ〜む

こめしょうふぁ〜む

059-389-6090　komeshoufarm@gmail.com
㊟ 三重県鈴鹿石薬師町3153-1
https://komeshou-farm.com/

# 減農薬栽培の美味しいお米
# 『ミルキークイーン』など4種

「安心・安全なお米を食卓に届ける」

三重県・鈴鹿山脈の麓、綺麗な水と澄んだ空気に恵まれた豊かな自然の中で、減農薬にこだわった米作りに取り組む『米勝ふぁ〜む』代表の田中勝也さんのモットーだ。

生産しているのは、もちもちとして粘り強い『ミルキークイーン』、独特の粘りと甘みの『コシヒカリ』、旨味で味や香りのバランスが良い「あきたこまち」、粘り気が少なく、甘みが爽やかな『キヌヒカリ』。『ミルキークイーン』『コシヒカリ』のブレンド米も販売する。除草剤は、必要最小限に抑え、殺虫剤は不使用。収穫して籾摺りした後、石抜き機や色彩選別機を通してから袋詰めして出荷する。

今後、キッチンカーによるおにぎり販売も予定。田中さんは、米作に加え麦も生産しているほか、地域との関わりを大切にし、地元の田畑の請負耕作に取り組んでいる。自然豊かな鈴鹿市の安心・安全なおいしいお米をぜひ食べていただきたい。

（ライター／斎藤紘）

ワンランク上のブランド和牛。

他のブランドと差別化し、飼育期間を長くするとおいしい旨味が出てくるというデータがあり。

『雪降り和牛尾花沢』

## 尾花沢牛振興協議会

おばなざわぎゅうしんこうきょうぎかい

0237-22-1115
㊟ 山形県尾花沢市若葉町1-2-3
https://www.yukifuri-obanazawa.jp/

# 雪が生み出す 自然な極上サシ和牛

日本三雪地に数えられる雪の名所、山形県尾花沢市。その雪が生み出すのが『雪降り和牛尾花沢』だ。夏は40度近く、冬はマイナス10度以下という厳しい環境を乗り越えるため、牛みずからが自然にたっぷりと脂（サシ）を身に着ける。芸術品のように美しい脂はきめ細かく、ふわっと軽やか。粉雪のような口溶けで、旨味がぎゅっと凝縮されている。

やわらかな肉質が特長の「子どもを産んでいないメスの黒毛和牛」のみに厳選していることもこだわりの一つ。脂とのバランスが良く、多くの料理人から高い評価を得ている。

月齢32ヵ月（970日）以上という厳しい定義を掲げ、尾花沢の畜産農家が厳しい環境下で2年以上、一頭一頭たっぷり愛情をかけて育てている。山形県産黒毛和牛の中でも極上の逸品のみが『雪降り和牛尾花沢』と呼ばれる資格を持つ。

「取扱指定店登録証」と「クリスタル像」を掲示しているお店で『雪降り和牛尾花沢』を取り扱っている。山形県の他、首都圏などでも味わうことができる。

（ライター／播磨杏）

㊮ 月・水～日・祝日
ディナー17:00～23:00
(LO22:00)
㊡ 火曜日

小山駅近の姉妹店
『うしやのこせがれ』
☎ 0285-35-4478

## 焼肉 うしやのせがれ

☎ 050-5487-1183
㊟ 栃木県小山市立木593-2
https://ushiyanosegare.com/

### 自慢の焼肉を みんなで堪能しよう

栃木県小山市の『焼肉うしやのせがれ』は、牛の生産者である父親の背中を見て育ったオーナーが、愛情を注いで育てた和牛の繊細な味を楽しんで欲しいとの思いでオープン。自身が持つ経験と知識を存分に活かし営んでいる。店内でカットして提供しているお肉は、卸業者から直接仕入れており、鮮度が抜群。メニューには、希少部位のカイノミや一頭からとれる量が少ないミスジなどが多数ある。3300円(税込)のコースでは、自慢のタン塩やハラミ、切り落としに加え、サッと炙っていただく『赤身肉3秒炙り』がジューシーで大人気。他にも様々なコース料理があり、飲み放題を付けることも可能。

これからの季節は大人数で利用することも多くなるが、みんなで頑張ったこの一年を『焼肉うしやのせがれ』で美味しいものを食べながら、ワイワイ賑やかに振り返るのも良さそうだ。

また、小山駅近に姉妹店『うしやのこせがれ』がオープン。こちらもとてもリーズナブルで美味しいお肉を提供。ぜひ両方ともに訪れてみたいお店だ。

(ライター/河村ももよ)

㊮ 11:30～13:00　13:00～15:00（完全予約制）
㊡ 月・火曜日

代表 Izumi Tomizawaさん

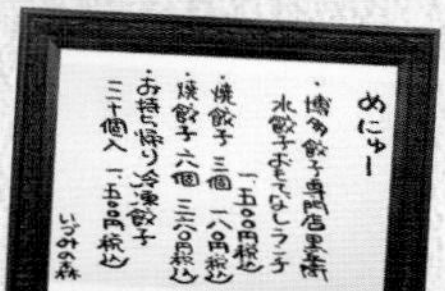

## 博多名物餃子専門店黒兵衛 いづみの森

いづみのもり

✆ 042-697-9423　✉ kurobee0077gmail.com
㊟ 東京都八王子市石川町1264-32
https://izumi-no-mori.com/

# 東京八王子で こだわりの九州博多餃子を

『いづみの森』は、こだわりの博多餃子を有田焼でおもてなしをする古民家ギャラリー&ランチカフェ。博多の餃子専門店「黒兵衛」を再生し、25年の業歴を経てから、東京で九州の素晴らしさを味わっていただきたいという想いから『いづみの森』を開店した。

餃子のお肉は、「歩く野菜」と呼ばれるほど高い栄養をもっている「六白黒豚」を使用。餃子の皮は、国産の小麦粉に自家製の鶏ガラスープを練りこんで作っており、皮自体をそのまま食べても美味しい。その皮の練りこみや餃子の種作り、包む作業はすべて手作りにこだわっている。

また、『いづみの森』では、「多様性は可能性」という理念のもと、障がいのある人もそうでない人も共に働くことで、互いへの理解が深まる共生の社会の素晴らしさを実践している。夢や希望を持ち、働く喜び、生きる喜び、生き甲斐、やり甲斐。すべての人に可能性があることを餃子を通して伝えている。

（ライター／奈良岡志保）

米の娘焼売 8個

『米の娘焼売』
(8個入×2パック)
1,665円(税込)

お肉と野菜の旨味をギュッとつめこんだ
米の娘餃子 50個

『米の娘餃子』
(30g×50個入)
3,500円(税込)

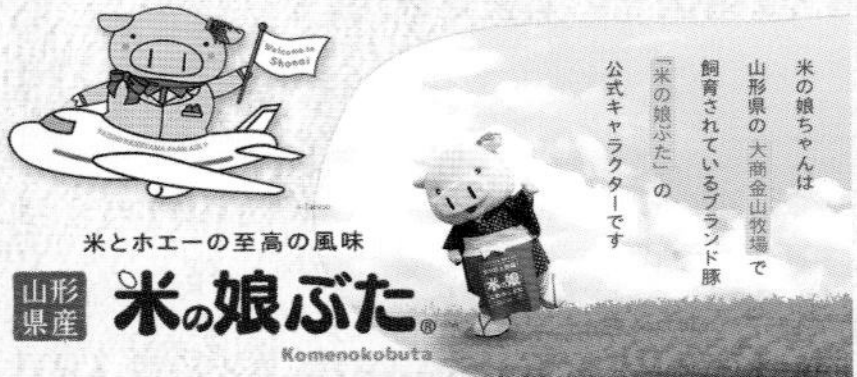
米の娘ちゃんは
山形県の大商金山牧場で
飼育されているブランド豚
「米の娘ぶた」の
公式キャラクターです
米とホエーの至高の風味
山形県産 米の娘ぶた®
Komenokobuta

㊋ 9:30〜15:00　㊡ 水・日曜日
※ご注文は通販サイトから。電話・メール・FAXでは注文できません。

**株式会社 大商金山牧場**
たいしょうかねやまぼくじょう

0234-25-3029　k.taisho_shop@taisho-meat.jp
㊟ 山形県酒田市京田2-13-10
https://www.komenokofarm.com/

こちらからも
検索できます。

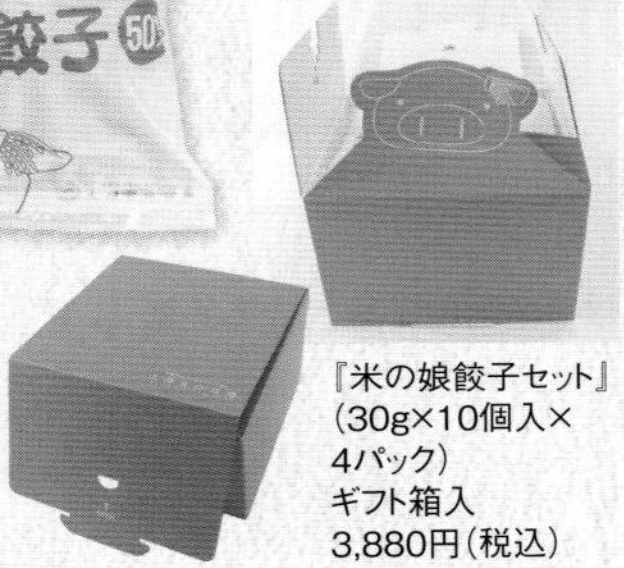

『米の娘餃子セット』
(30g×10個入×
4パック)
ギフト箱入
3,880円(税込)

# 山形県の銘柄豚『米の娘ぶた®』焼売と餃子で味わう

山形県の株式会社大商金山牧場・米の娘(こめのこ)ファームで育てられているブランド豚が『米の娘ぶた®』。豊かな自然に恵まれた米の娘ファームでお米とホエーを食べながら、愛情をたっぷり注がれて元気に育った肉質は柔らかく、脂はあっさりした甘さ。その豚肉を使って作られるのが『米の娘餃子』。冷凍した肉は一切使わず、すべて生のまま自社工場から直送された『米の娘ぶた®』だけを使用することで、本来の旨味と香りを最大限に生かす。そして、同じく金山町の特産品であるニラ「達者de菜」をたっぷり使用。肉の旨味と甘味のあるニラの風味が生きる本物の餃子は、タレがなくとも美味しくいただけると評判だ。

また、『米の娘焼売』も必食。ひとくちほおばると『米の娘ぶた®』本来の肉の旨みが広がる。プリッとした食感に合わせたのが、水くわい、たけのこなどシャキッとした歯触りの良い野菜で、すべて手包みしている。濃厚な肉の味わいと食感を際立てる瑞々しい野菜の塩梅で、箸が止まらなくなる美味しさだ。

(ライター/播磨杏)

MEIHO 明宝ハム

『パセリソーセージ』1本 300g 605円(税込)

『スモークドハム』1本 280g 1,415円(税込)

## 明宝ハム　明宝特産物加工 株式会社

めいほうハム

☎ 0120-44-8601　✉ webinfo@meihoham.co.jp
㊟ 岐阜県郡上市明宝気良33-2
https://www.meihoham.co.jp/

## ちょっと懐かしい昔ながらのハム

日本国内にはその県を代表するような有名ブランドがいくつも存在し、お土産やお取り寄せ、あるいはふるさと納税の返礼品としても全国的に人気を博している。

岐阜県を代表するご当地ブランドであり、地元では知らない人がいないほど有名なのが『明宝ハム』。良質な国産豚のもも肉だけを原料とし、細かくカットした肉をぎゅっと寄せ集めて固めた昔ながらのプレスハムだ。肉の解体から加工までほとんどの工程を人の手で丁寧に、しかも保存料・着色料・酸化防止剤、増量剤などの食品添加物を極力使わずに仕上げる逸品。肉の旨味が生きる安心・安全で素朴な味わい。切ってそのままオードブルやおつまみ、サラダなどにはもちろん、軽く焼いたり、色々なお料理のお供にもぴったり。

桜の木で丹念にスモークした『スモークドハム』、パセリの風味が新しい『パセリソーセージ』も人気。

(ライター／今井淳二)

『串蒲焼き3串（真空パック）』
9,500円（税込）

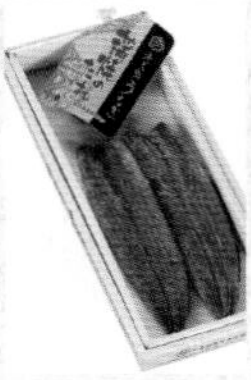
『長蒲焼2枚』
6,400円（税込）

『長蒲焼2枚（真空パック）』
6,600円（税込）

こちらからも
検索できます。


## 浜名湖養魚漁業協同組合

はまなこようぎょぎょぎょうきょうどうくみあい

053-592-0123 hamanako@maruhama.or.jp
㊟ 静岡県浜松市西区馬郡町2465
https://maruhama.or.jp/


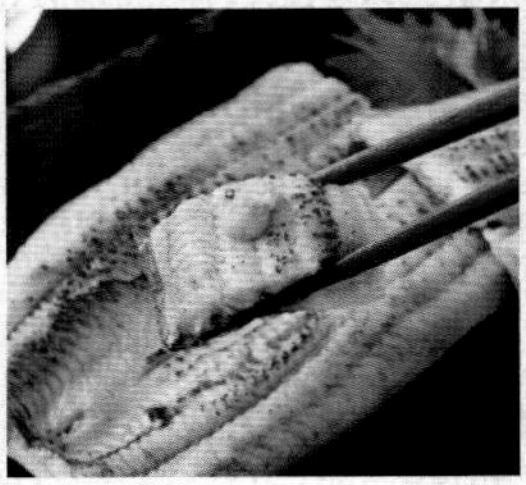

『長白焼2枚』
6,200円（税込）

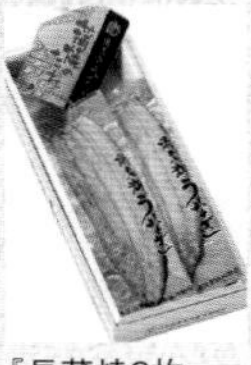
『長蒲焼2枚（真空パック）』
6,400円（税込）

# うなぎ一筋50年超 漁協直送のブランドうなぎ

うなぎ養殖の一大ブランドである静岡県・浜名湖で唯一の養鰻漁業協同組合から直送される『浜名湖うなぎ』。昭和24年に設立された伝統ある漁協だからこその食の安全の確立とこだわりの鮮度による上質な『浜名湖うなぎ』を食卓にお届けしている。

うなぎには、高タンパクで低脂肪な栄養価が含まれており、ビタミンやミネラルも豊富。エネルギー源として優れており、体の健康維持に役立つ。スポーツパフォーマンスの向上と免疫力の強化にも最適だ。さらにEPA・DHAといった不飽和脂肪酸も含まれ、心臓や脳の健康維持に貢献している。

滋養に溢れ、濃厚かつゴージャス、素晴らしい風味の美味しいうなぎを長蒲焼、串蒲焼、長白焼、串白焼と好みに応じてのオーダーできる。美味で高栄養、伝統と実績の『浜名湖うなぎ』をぜひお取り寄せを。自宅のレンジで皮を下にアルミホイルにのせ、少し魚げ目がつくぐらいに温めるとより香ばしい。

全国の百貨店でも取り扱っているので『浜名湖うなぎ』をお手元にも。

（ライター／大坪覚）

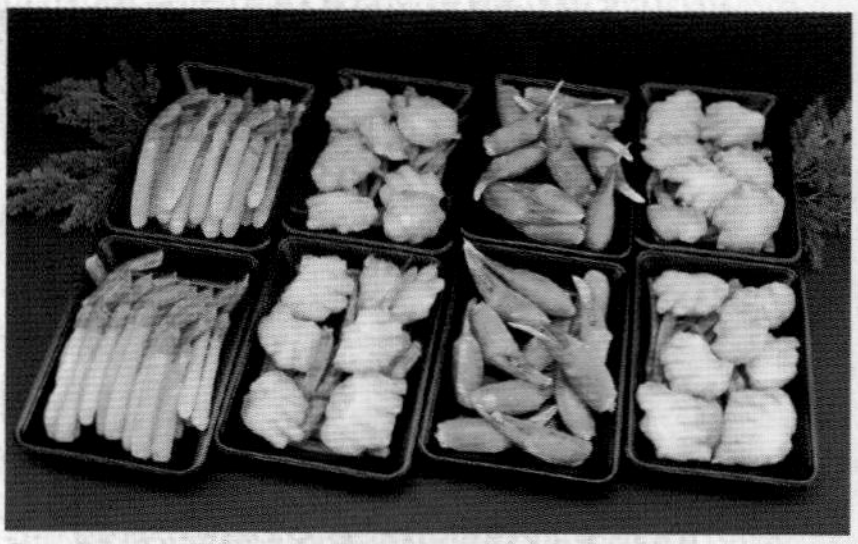

『ドカ盛り 紅ズワイガニの鍋用肩肉・しゃぶしゃぶセット』
4kg 26,800円（税込）

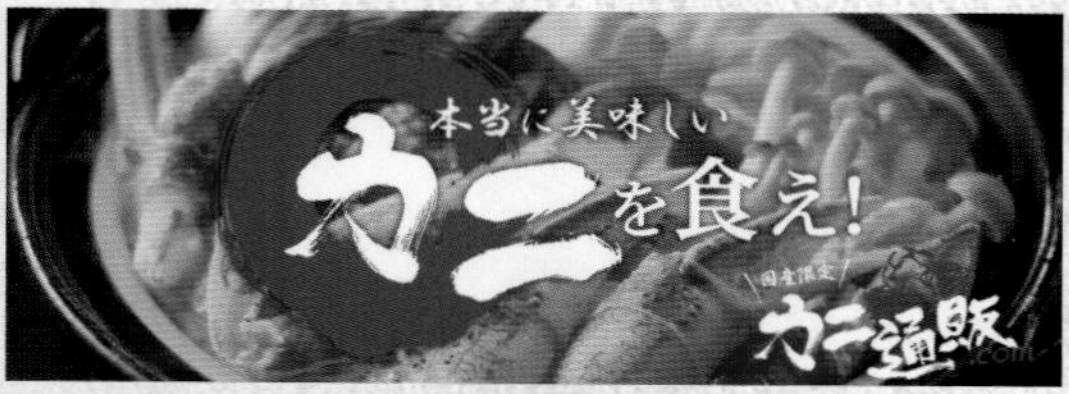

『超ドカ盛り
（超大きめの脚）
紅ズワイガニの
脚肉しゃぶしゃぶセット』
1kg（13〜16本）
18,800円（税込）

『ドカ盛り 紅ズワイガニ姿2杯』
約1〜1.3kg 12,800円（税込）

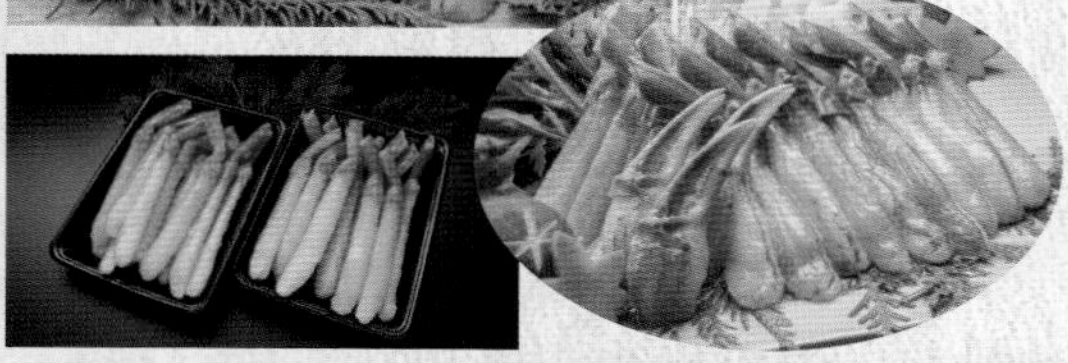

『大迫力タラバガニ
2.5kg以上』
49,800円（税込）

『カニいくら丼セット』
13,600円（税込）

『カニ爪1kg+
ブラックタイガー 500g』
18,800円（税込）

## カニ通販.com

カニつうはんドットコム

☎ 03-5542-1801（お問い合わせのみ）
https://store.xn--lck4c8046ax4c.com/
（注文はこちらから）

### 北海道産にこだわった鮮度の高いカニを販売

『カニ通販．com』は、北海道産のカニのみを販売しているカニ専門のオンラインショップ。紅ズワイガニを筆頭にタラバガニや毛ガニといった鮮度の高いカニを販売している。北海道で唯一、紅ズワイガニ漁の操業許可を得ている水産会社と提携し、紅ズワイガニの卸しと販売を一貫して行う。海外産のカニは鮮度を維持するため酸化防止剤を使用。国産のカニは海外と市場流通までの時間が違うため、鮮度が高い状態でご家庭にお届けすることができる。カニ身は海外産のものと比べ小ぶりだが、甘みがあり味が繊細なのが特長。また、絶品の和牛と北海道の新鮮な海鮮しゃぶしゃぶを提供しているレストラン『和牛・海鮮しゃぶしゃぶSORA -天空-』も運営しており、その実店舗運営で培った技術で最高品質のカニを選定・配送している。さらに『カニ通販．com』で商品購入時には、天然アゴ出汁（トビウオ）スープ、つけダレ（自家製アゴ出汁ポン酢、自家製胡麻ダレ）を同封。日本屈指の最高級リゾートホテルで提供している自慢の商品が唯一無二の贅沢なカニしゃぶを実現してくれる。

（ライター／長谷川望）

七つの海から、
真心マグロ
長久丸
CHOKYU MARU

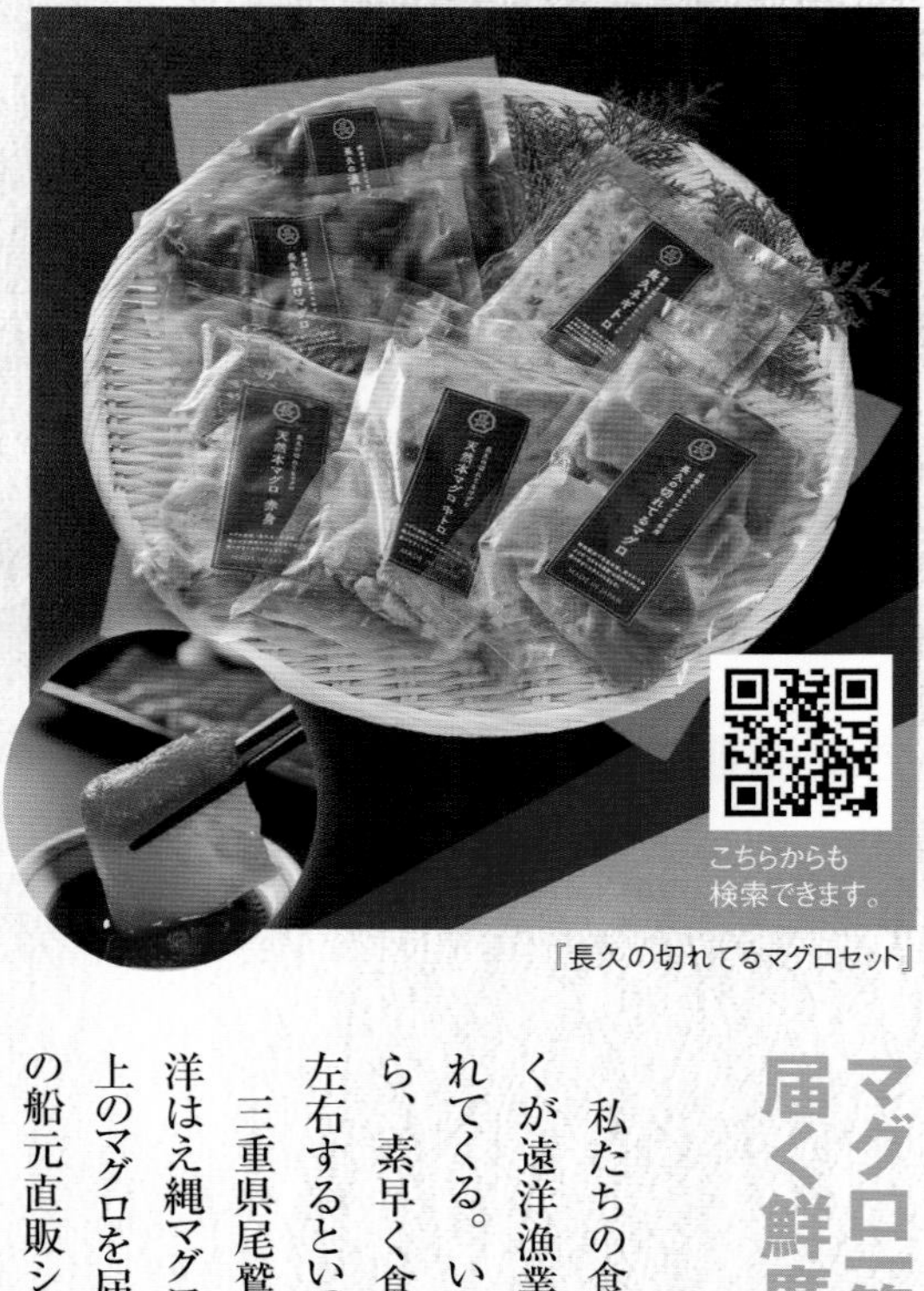


『長久の切れてるマグロセット』

株式会社 **長久丸**
ちょうきゅうまる

0597-25-2100 chokyumaru-reizo@triton.ocn.ne.jp
住 三重県尾鷲市朝日町2-1
https://chokyumaru.stores.jp/

## マグロ一筋100年の船元から届く鮮度抜群の天然マグロ

私たちの食卓にのぼる美味しいマグロは、その多くが遠洋漁業により遠くの海から冷凍保存で運ばれてくる。いかに獲れたマグロの鮮度を維持しながら、素早く食卓に届けられるかがその美味しさを左右するといっても過言ではない。

三重県尾鷲市の『株式会社長久丸』は、自社で遠洋はえ縄マグロ漁船を保有、世界中7つの海から極上のマグロを届けてくれる全国でも珍しい天然マグロの船元直販ショップ。オリジナルブランドである『尾鷲もちもちマグロ』は、釣った天然マグロを船上で活〆し、マイナス30度という超低温の液体でマグロを芯まで急速冷凍する最新冷凍技術「アルコールスラリー製法」により、細胞の破壊を防いで旨味成分(ドリップ)の流出を防止して身の鮮度を維持している。

そんなマグロを家庭ですぐに味わえるのが『長久の切れてるマグロ』。丁寧に一枚一枚スライスした状態で袋詰めしてお届け。冷蔵庫で解凍するだけで、お手軽に釣りたての鮮やかな色味ともちもちした食感が楽しめる。オンラインショップと名物女将のインスタグラムも要チェック。

(ライター/今井淳二)

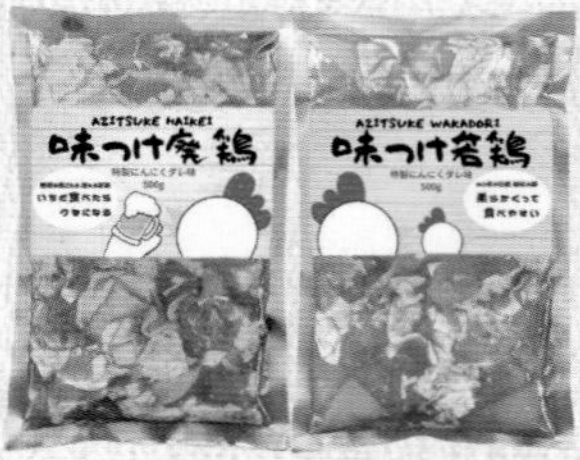


『味つけ廃鶏&
味つけ若鶏セット』
寄付金額
250g×1セット
5,000円
500g×1セット
8,000円

『とよね産のお米』
寄付金額
5kg 7,000円

『ロイヤルキャビア』
（12gまたは25g）
チョウザメの切り身（100g）セット
寄付金額
12g 33,000円～
25g 53,000円～

茶臼山高原（サンパチェンス）

ふるさとチョイス

『とよねのお茶』
寄付金額
200g 5,000円
200g×2袋 8,000円

『御宿清水館』
ランチ食事券（1人分）
寄付金額 15,000円
宿泊券（1泊2食付1人分）
寄付金額 34,000円

## 豊根村役場 地域振興課

とよねむらやくば

0536-85-1312 ✉ chiikishinko@vill.toyone.lg.jp
㊟ 愛知県北設楽郡豊根村下黒川字蕨平2
http://www.vill.toyone.aichi.jp/

## 10年の歳月をかけ誕生した自然が育んだキャビア

『豊根村』は、愛知県で一番人口の少ない自治体で、県最高峰の茶臼山がある愛知のてっぺんに位置する。村の面積のうち93％が森林に覆われており、豊かな自然を四季折々に楽しめる。2012年よりチョウザメの養殖をはじめ、10年の歳月をかけようやく誕生したのが『ロイヤルキャビア』。最良の水環境で稚魚から大切に育てられたチョウザメから取り出した黒く光る宝石のような一粒一粒には、自然の恵みと村の人々の熱い想いがこめられている。メスから取り出したばかりの卵を生のまま瓶に詰め、自然の美味しさそのままに急速冷凍。新鮮で想いのこもった美味しさをダイレクトに感じられるキャビアをチョウザメの切り身にのせて、ぜひ。

その他、溢れる旨味と柔らかい食感の『味つけ廃鶏と味つけ若鶏のセット』や水のきれいな茶臼山の山麓で育てた『とよね産のお米』、日当たりと水はけの良い山の斜面で栽培された『とよねのお茶』、老舗『御宿清水館』の地元食材をふんだんに使った食事券や宿泊券などを「ふるさと納税」返礼品として提供。心のふるさと『豊根村』を堪能してみては。

（ライター／長谷川望）

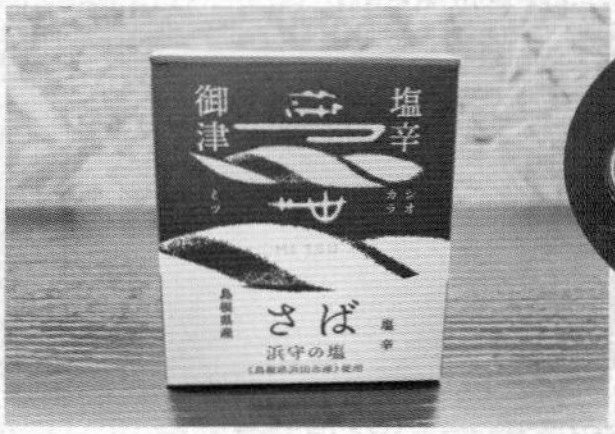

『御津 鯖の塩辛』
864円(税込)

『鯖の塩辛 イタリアンオイル』
1,480円(税込)

『鯖の塩辛 中華オイル』
1,480円(税込)

『鯖の塩辛3点セット』3,780円(税込)

株式会社 **Mitsu Fisherman's Factory**
みつ フィッシャーマンズ ファクトリー

0852-61-9193　mff0303@hotmail.com
住 島根県松江市鹿島町御津402
https://mitsufishermansfactory0303.co.jp/

こちらからも
検索できます。

## 全国的にも珍しい「漁師」こだわりの『鯖の塩辛』

「日本海で獲れた旬の魚介のおいしさをもっとたくさんの人に届けたい」という想いで従来の「漁師」の枠を飛び越え「獲る・作る・売る」すべてにこだわり、魚介類の加工や販売も手掛ける『株式会社 Mitsu Fisherman'sFactory』。

塩辛の町御津に伝わる伝統製法で作り上げた全国的にも珍しい『鯖の塩辛』は、骨が残らないよう丁寧に捌き、細かく切った鯖の身に腹ワタと塩を混ぜ込み、3ヵ月間かけてじっくりと発酵。塩は、浜田のライフセイバーが窯焚きで作った海の天然ミネラルが豊富な浜守の塩のみを使用。口当たりの良さと濃厚で深い味わいを楽しめるので、ご飯のおともやお茶漬け、酒の肴にもオススメ。また、御津漁港で水揚げされた旬の魚を独自の製法で丁寧に干した『無添加一夜干し』も絶品だ。

漁師たちが魚の美味しさを最大限引き出したこだわりの塩辛や一夜干し、ぜひお試しを。

(ライター／彩未)

『豊橋ナポリタンソース』
145g 440円（税込）

『豊橋チキンカレー（中辛）』200g 650円（税込）

「食べるわくわく」を大切にしている社員食堂は、見るからに明るく楽しい雰囲気に満ちている。

## 三共食品 株式会社
さんきょうしょくひん

✆ 0532-23-2361
㊟ 愛知県豊橋市老津町字後田25-1
https://sankyofoods.co.jp/

## 素晴らしい食材の魅力を完全凝縮したレトルト食品

豊かな自然に恵まれた愛知県豊橋市は、農業産出額が全国でもトップクラス。その豊橋市の魅力を世の中に発信したいという想いから、豊橋で採れた新鮮でおいしい食材をたっぷり使用したのが『三共食品株式会社』の『豊橋チキンカレー』&『豊橋ナポリタンソース』。

『豊橋チキンカレー』は、豊橋産の鶏肉、温暖な気候の中で育まれたトマト、キャベツ、生産量日本一であるうずらの卵など厳選素材を使用。極力水を使わず、野菜から出る水分を利用して煮込んでいるので、野菜や鶏肉の旨味がギュッと詰まり、ゴロゴロ大きめの具材感たっぷりのカレーが楽しめる。

『豊橋ナポリタンソース』は、じっくり熟成させた豚バラ肉を使った香り高いベーコン、豊橋産トマトとたまねぎ、うずらの卵という素材を活かし、レトルトとは思えないほどの香ばしい香りと凝縮された味わいを楽しむことができる。キャンプや常備食にもオススメ。

（ライター／大坪覚）

盛り付け例

盛り付け例

はごろもフーズ株式会社お客様相談室
0120-123620
㊖ 9:00〜17:00（土・日・祝日・年末年始を除く）
https://www.hagoromofoods.co.jp/

『のり弁慶ふりかけ』33g 参考小売価格 231円（税込）
※『のり弁慶』は、『はごろもフーズ株式会社』の登録商標です。

## はごろもフーズ 株式会社

054-288-5208（企画部） hfc_prcp@hagoromofoods.co.jp（広報担当）
㊟ 静岡県静岡市駿河区南町11-1 静銀・中京銀静岡駅南ビル3F
https://www.hagoromofoods.co.jp/

## さっとひと振りで あっという間にのり弁に変身

近頃、お弁当を手作りする方が増えているという。そんな時、思いつくのはお弁当の基本形、のり弁ではないだろうか。シンプルに美味しいが、食べる時のりが切れにくく食べづらいこともある。

『はごろもフーズ』から、「より簡単により食べやすく」をコンセプトに『のり弁慶ふりかけ』が発売。朝の忙しい時にさっとひと振りで、あっという間にのり弁ができあがり。お弁当作りや手早く食事をすませたいとき、忙しいときなどに大助かりだ。かつお節に醤油の味がしっかりついているので、白飯のお供にもピッタリ。味付けもみのりを使用しており、海苔を切る必要がなく、食べやすいのも特長の一つ。

パリッとしたのりの食感もいいが、お弁当を食べる頃には、時間が経ちしっとりとした海苔を味わえるのもまたたまらない。ご飯にふりかけるだけでなく、サラダやパスタにふりかけるなど、手軽に幅広い料理にも使える。ぜひ『のり弁慶ふりかけ』でひと工夫を。

（ライター／河村ももよ）

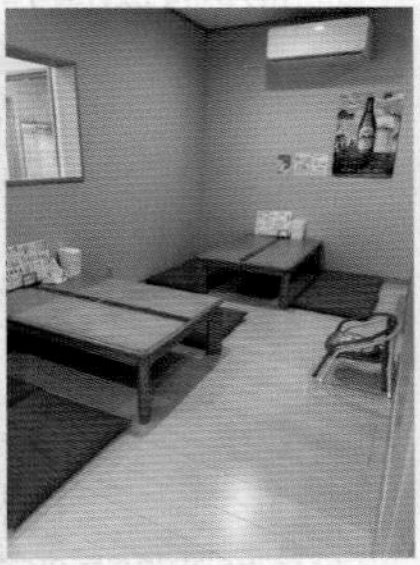

5才以下のお子さんには、ラーメン無料、ジュース付。

『佐野ラーメン』

㊎ 11:00～15:00（LO14:30）
17:00～21:00（LO20:30） ㊡ 木曜日

『豚白湯ラーメン』

## 青竹手打ち佐野ラーメン 加州屋

かずや

0283-25-8531
㊟ 栃木県佐野市浅沼町754-1
https://kazuya-sano.com/

# 本場佐野の王道手打ちラーメン

2023年6月にオープンしたばかりの『青竹手打ち佐野ラーメン加州屋』は、本場の王道佐野ラーメンが食べられるお店。有名店で十数年も修業した小林加州也さんが、地元の佐野に戻り佐野ラーメンをもっと広めるために奮闘している。

動物系や魚介系、厳選した野菜など様々な材料を丁寧に煮出した醤油ベースのオリジナルスープは、3種の醤油をブレンド。コクがあり、最後の一滴まで飲み干せる深い味わいだ。スープとの相性抜群の自家製手打ち麺を使用し、トッピングのチャーシューはホロホロでとろける。佐野エリアでは珍しい『豚白湯ラーメン』も外せない。豚と煮干しの濃厚な白湯スープに、フライドオニオンなどで絶妙なバランスに仕上げられ、唯一無二の味わい。塩ラーメンも純粋に塩だけを使ったこだわりの逸品だ。

他にも『SANOまぜそば』や『佐野餃子』『チャーハン』もオススメ。ご飯ものもメニューが多く、毎月月替わりのラーメンも提供しており、何度も通いたくなるお店だ。

（ライター／播磨杏）

㊟ 15:00〜22:00
㊡ 不定休

## 宮古島GIFT ちゅらかじ

☎ 0980-79-7912
㊟ 沖縄県宮古島市平良字西里300-5北1F
宮古島 GIFT ちゅらかじ 検索　@churakaji.miyako

『もずく生麺』

南国宮古島
『塩もずく』

『極旨もずくキムチ』

# 宮古島の魅力を詰め込んだ お土産のセレクトショップ

宮古島の魅力的な商品や素材から作る雑貨をセレクトした商品を一堂に集めるお土産屋『宮古島GIFT ちゅらかじ』。『極旨もずくキムチ』や『地元限定のアパレルブランド』など、ここでしか買えない『ちゅらかじ限定商品』が人気だ。

なかでもオススメは、『もずく生麺』と『塩もずく』。『もずく生麺』は、宮古島のもずくを練り込んだ麺でコシがありつるつるとした喉ごしが特長。製麺直後の生麺を急速冷凍しており、家庭でも製麺直後のようなモチモチの生麺を楽しめる。『塩もずく』は、太くてコシがあり、シャキシャキした食感が観光客からも大人気の商品。塩漬けしているので常温で約11ヵ月も保存が可能だ。お浸しや、サラダ、お味噌汁の具材の他にもごま油を加えたナムル、天ぷら、炊き込みご飯、たこ焼きなど豊富なアレンジメニューも楽しめる。新鮮な宮古島産のもずくの魅力をぜひ味わってみてはどうだろうか。

(ライター/長谷川望)

『蕎麦打ち道具セット』
手打ちそば。こね鉢、包丁、駒板、麺棒、のし板(60㎝四方)打ち方DVDも。500g位まで打てるセット。

『そば茶』
1kg 徳用
2,020円
(税込)

『そば粉』
200g
『打ち粉』
150g
『つなぎ粉』
50g

蕎麦粉 1kgセット

『水出しそば茶』
ティーバッグ14袋入

『そば殻』
5kg 徳用

『そば殻』
1kg

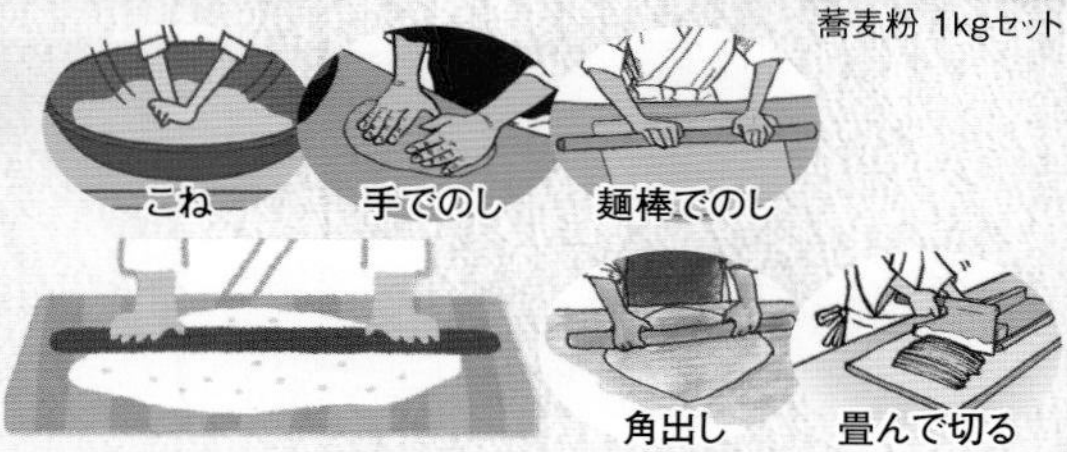


## 座·蕎麦

ざ・そば

✆ 090-5132-4379 ✉ info-sp@the-soba.com
㊟ 兵庫県神戸市西区天が岡17-12
http://www.the-soba.com/

LINEでお友達追加

こちらから検索できます

そば打ち教室
https://the-soba-school.com/

# 手打ち蕎麦を楽しむセット
# 本格的な道具と3種のそば粉

「一度そばを打ってみれば、その香り、味、食感、そして楽しさを体感していただけるはずです」

「江戸東京そばの会」で腕を磨いた『座・蕎麦』代表の稲田隆さんが通販サイトで販売する『そば打ち道具セット』『そば粉セット』が好評だ。付録に麺打入門DVDが付いており、届いたその日にそばを打てる。

『そば打ち道具セット』は、外寸36㎝のこね鉢、そば粉を伸ばす麺台、麺棒、麺切包丁、定規の役割をするこま板から成る本格派。『そば粉セット』はそば粉、打ち粉、つなぎ粉のセット。稲田さんは、蕎麦職人を目指す人向けの「蕎麦打ち1週間プロコース」と軽く体験したい人向けの「蕎麦打ち2日間お試しコース」でそば講習も開いている。

通販サイトでは、香ばしい自然食品『そば茶』、枕などの中材に適した『そば殻』も販売している。

(ライター／斎藤紘)

『青森県産林檎のアップルパイ バニラジェラート添え』
1,100円（税込）

『濃厚ウニクリームスパゲティ』2,750円（税込）

青いテントが目印。

営 11:00〜15:00
17:00〜22:00
休 月曜日・
他に不定休あり
（詳しくは
Instagramで
ご確認下さい）

『ルーチェ風生ハム』1,650円（税込）

## リストランテ ルーチェ

☎ 03-5738-8788 ✉ ristorante.luce0402@gmail.com
住 東京都渋谷区大山町19-10 フローリッシュK1F
リストランテ ルーチェ 検索 ristorante.luce

# 開店直後から話題沸騰
# 東北沢のリストランテ

東京・小田急線東北沢駅から徒歩約6分のイタリアン『リストランテ ルーチェ』は、東急百貨店本店の名店「タントタント」の元シェフと支配人がタッグを組んで新たにオープンさせたお店。

『濃厚ウニクリームスパゲティ』は、たっぷりのウニと帆立を使った逸品。濃厚なのにしつこくないクリームソースは、白ワインとの相性が最高。シェフが自信を持ってオススメする最高のパスタだ。

『ルーチェ風生ハム』は、生ハムにパルミジャーノチーズ、ブラックペッパー、エクストラヴァージンオイル、熟成バルサミコをたっぷりと。ルーチェ風の生ハムは、唯一無二の味わい。

注文を受けてから焼く『青森県産林檎のアップルパイ バニラジェラート添え』は、サクサクの手作りパイ生地の中に熱々のリンゴ。上にはたっぷりのアイスクリーム。シナモンの香りが広がって、幸せ気分に浸ること間違いなし。

開店直後から話題沸騰のリストランテ、大人気店なので予約してから訪れることがオススメ。

（ライター／播磨杏）

北九州 の市場から直送
おまかせ野菜セット 13~15品

うまうまもぐもぐが厳選した
新鮮野菜を北九州の市場から
直送します！

## 小林青果 株式会社

こばやしせいか

093-592-2945　keiri@kobayashi-seika.com
㊟ 福岡県北九州市小倉北区西港町94-9
http://www.kobayashi-seika.com/

# 新鮮な青果をお届け 生産者と消費者を繋ぐ卸屋

「安全で安心できる食品だけでなく、作り手の思いや熱量、消費者の期待、販売店の信頼、すべての人の笑顔と心を繋ぐ」ことをモットーに、福岡県北九州市から全国に厳選した青果物を届けている『小林青果株式会社』。人気は、北九州市の新鮮な旬の青果が楽しめる『野菜セット』と『果物セット』。時期によって変わる内容と、味がぎゅっと凝縮された採れたて野菜&果実で人気を集めている。

『小林青果』の強みは、生産者との固い絆があること。契約した農家には頻繁に足を運び、生育状況や生産現場の声などの情報をこまめに吸い上げる。生産者も安心して事業に打ち込め、消費者は質の良い商品を手に入れられる。公式サイトでは、各野菜や果物の生産者の顔や農園の写真、産地までをそれぞれ詳しく記載。「つくり手の顔が見える食材」は、安心感があり、消費者にとって嬉しいポイント。同社のスタッフも担当野菜や果物と共に名前と顔が見られるようになっていて、親近感を抱かせる。安心・安全・美味しい野菜と果物を楽しみたい方はぜひ。

（ライター／播磨杏）

黒にんにく

切り干し大根

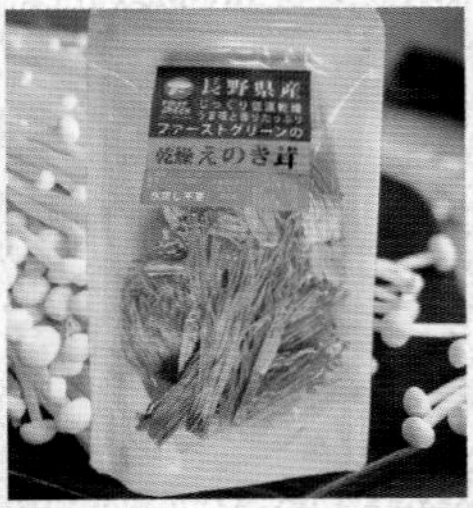


乾燥えのき

ニンニク

ごぼう

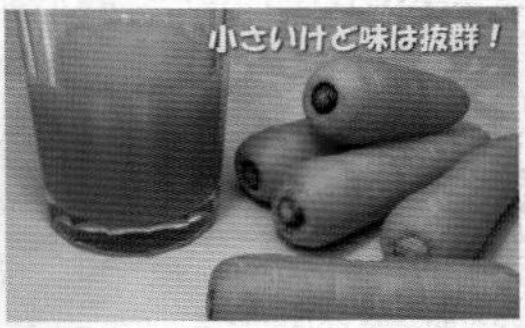


人参

じゃがいも

小松菜

ほうれん草

十和田農産物販売合同会社

## 十和田農産物販売 合同会社

とわだのうさんぶつはんばい

0176-23-1551　info@tonou.co.jp
㊟ 青森県十和田市稲生町16-51
https://tonou.co.jp/　https://shop.tonou.co.jp/

# 十和田市から全国へ 野菜本来の美味しさをお届け

青森県南部に位置する十和田市は、自然が残る穏やかな環境と十和田湖のきれいな水でのびのびと野菜を育てる県内有数の農業が盛んな町。6～7月にやませと呼ばれる冷涼な風が吹くため、特に根菜類の生産が盛ん。土づくりにもこだわった十和田市産の農産物は、野菜本来の甘みや旨味を感じられると好評だ。

小売店舗向けに農産物の販売を行ってきた『十和田農産物販売合同会社』では、お客様からの声をきっかけに個人向けのネット販売を開始。長芋やごぼうなどの県産品はもとより全国各地の有機野菜も取り扱っている。また、加熱及び乾燥させることで栄養価や旨味がアップした熟成黒にんにくや乾燥ニンニク、切り干し大根、乾燥えのきなど長期保存が可能な農産物も充実。

十和田市産の新鮮で美味しい野菜や全国各地の有機野菜をお客様に届けている。ぜひ取り寄せてみよう。

（ライター／彩未）

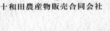

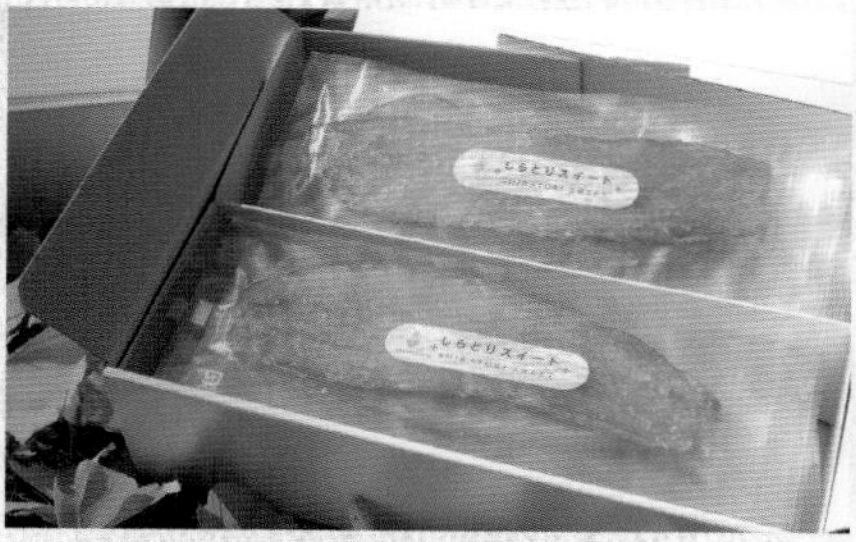


独自の糖化製法で甘さを引き出した「干しいも しらとりスイート（紅はるか）」。

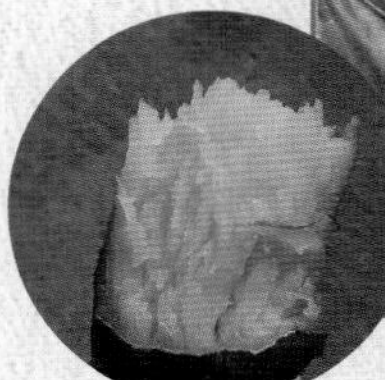

『冷凍焼きいも
しらとりスイート（紅はるか）』

『厳選食べ比べセット』しらとりスイート（紅はるか）、シルクスイート、玉豊
各130g×2袋 4,500円（税込） ※送料無料（一部地域を除く）

『しらとり農場』では、「さつまいも」の生産から干しいも・焼きいもなどへの加工、販売までを一貫して行っている。

熟練した職人が丹精込めて作り上げる「おいもスイーツ」。

## 株式会社 しらとり農場

しらとりのうじょう

0291-39-5993 shop@shiratori.farm
㊟ 茨城県鉾田市阿玉1539-3
https://shiratori.farm/

## 一年中楽しめる「さつまいも」味わいを心ゆくまで賞味

女性を中心に国民的人気食品ともいえる「さつまいも」。自然豊かな茨城県鉾田市旧白鳥地区の温暖で晴天に恵まれた気候のもと生産された「さつまいも」を「干しいも」作り一筋30年の熟練した職人が丹精込めて美味しい「干しいも」として作り上げ、お届けしているのが『株式会社しらとり農場』だ。

原材料は、「さつまいも」のみで、収穫後に一定期間熟成させることで「さつまいも」本来の甘さを引き出しているという。

『厳選食べ比べセット』は、甘さ際立つ「しらとりスイート（紅はるか）」、上品な甘さの「シルクスイート」、噛むほどに甘味が感じられ、昔懐かしい味わいの「玉豊」と、3種類の「さつまいも」を食べ比べ、楽しむことができると評判。

また、夏場は半解凍してアイス感覚で、冬場はレンジで温めるだけで、できたての美味しさが味わえる『冷凍焼きいも』も人気。

無添加、無着色で砂糖不使用、安心・安全、お取り寄せで一年中楽しむことができ、ギフトとしても喜ばれること間違いなしだ。

（ライター／大坪覚）

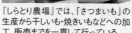

『究極のクリームパン・究極の粒あんぱん8個セット』
2,800円（税込）

『メサベルテ人気のパンセット』3,500円（税込）

## やきたてパンとデザート Mesa Verte

メサ ベルテ

075-952-5390　mesaverte@gmail.com
住 京都府長岡京市天神1-1-55（長岡京店）
https://mesaverte.com/

## ファンを満足させる パン本来のおいしさ

安心・安全を心がけ、身体にやさしく、素材のおいしさを引き出す製法にこだわる『Mesa Verte』。一つの店内でパン生地の製造から販売までのすべてを行うオールスクラッチ製法で、熟練したパン職人たちが手作りによって丁寧にパンを焼き上げている。一日に1000斤も売れるという『匠食パン』は、イーストフードはもちろん、乳化剤も一切使用しない無添加の逸品。素材のおいしさや小麦粉が持つ素朴な風味と甘味、独特のモッチリとした食感が楽しめる。『人気のパンセット』は、『匠食パン』と売れ筋上位の「究極シリーズ」からカスタードクリームパン、カレーパン、粒あんぱんの3種に塩パンなど長く愛されてきた人気ベスト5の詰め合わせ。京都・大阪を中心に6店舗を構え、着実にファンを増やしている名店のおいしいパンをぜひ味わってほしい。「究極シリーズ」のクリームパンと粒あんぱんの8個セットもオススメ。朝食、おやつにぜひ自宅に置いておきたいパンだ。

（ライター／大坪覚）

『山猿の栗拾い』
カット6個入 1,755円(税込)
1本入　1,933円(税込)

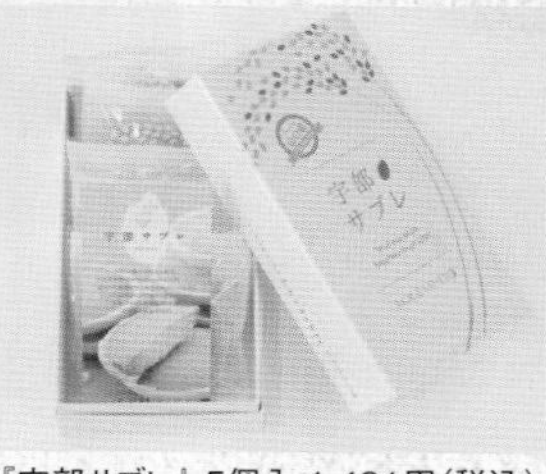

『宇部サブレ』5個入 1,491円(税込)　10個入 2,497円(税込)

『MOMOTOSE-百歳-
ピスタチオテリーヌ』
5,000円(税込)

## 虎月堂

こげつどう

0836-21-3543　info@kogetsudo.jp
住 山口県宇部市昭和町3-1-9
https://kogetsudo.jp/

### 本物にこだわったスイーツの数々

『虎月堂』は、1953年に、山口県宇部市岬通り3丁目(現・昭和町2丁目)にて開業。以来、70年もの長い間、地元の人に愛されている洋菓子店だ。スイーツ好きの幅広いお客様が来店し、今や4世代に渡る常連客もいるという。パティシエは本物にこだわりを持ち、おいしさに対してひと手間を惜しまない。食材の持ち味をいかに引き出すか、どう生かすか、「素材を素材以上にその魅力を引き出す」をテーマに日々おいしさを追求している。人気商品は、山口県宇部産の米粉を使った香り豊かな『宇治サブレ』。発酵バターの芳醇な香りが楽しめるさっくりと軽やかな新食感の焼き菓子だ。また、宇部の街が100歳を迎えたのを機に、宇部商工会議所青年部の記念プロジェクトで生まれた『MOMOTOSE』は、ピスタチオをふんだんに使用した濃厚なテリーヌ。ほろ苦いキャラメルと栗の甘さを見事に調和させたケークで風味漬けに「永山酒造」の「山猿」をたっぷり染み込ませた『山猿の栗拾い』は、2020年度JALのファーストクラス機内食にも採用された。オンラインショップでは全国的な人気を誇るスイーツが揃い、お取り寄せで楽しむファンも多い。(ライター／河村ももよ)

『天津知羊羹』
3本入 1,685円（税込）

『赤飯』（折・桐箱）

『樽形煎餅』袋入 648円（税込）　箱9袋（2枚×9袋）1,307円（税込）
箱18袋（2枚×18袋）2,484円（税込）など。

## 御菓子司 虎屋吉末
とらやよしすえ

078-851-2444　info@toraya1801.com
㊟ 兵庫県神戸市東灘区御影本町4-1-1
https://www.toraya1801.com/

# 創業から220年以上続く 神戸の老舗和菓子屋

老舗和菓子屋『虎屋吉末』は、1801年の創業から220年以上、時代を超えて愛され続ける伝統の銘菓を作り続けている。中でも歴史ある看板銘菓が『樽形煎餅』。高名な酒どころ灘五郷で創業したことより、灘の醸造元と親交が深く、その中で生みだされた「菰樽型」の卵煎餅だ。各醸造元の銘が刻印されており、江戸時代から酒とともに灘のお土産として喜ばれ続けている。敷地内に湧き出る六甲山脈の伏流水で炊き上げた自家製餡を使った羊羹も創業より変わらない味。特に蒸し羊羹『天津知羊羹』は、平和への願いが込められた逸品だ。また、近年では新しいタイプの羊羹『ぬり羊羹』も販売している。最高級とされる阿波和三盆糖のみを使い、国花である菊と桜の意匠を木型で打ち出した『菊合わせ』『春秋襲』『桜咲み』は、桐箱に収さめ、刺繍入りの風呂敷で包まれたお干菓子。ご進物としてもオススメだ。年末年始にかけては、丹波大納言を使用した『お赤飯』も人気。蒸篭で丁寧に蒸し上げているので、ふっくらとした食感を楽しめる。

（ライター／播磨杏）

キャラメルダマ、チョコダマ、ココアダマ、アンコダマ、ゴマダマの計5種類。ギフトセットもあり。

オンラインショップはこちら。

トーキョー
キナコロン

『トーキョーキナコロン』
各種7個入
540円（税込）

## 株式会社 ワタトー

03-3883-3209 info@watato.net
㊟ 東京都足立区東保木間2-18-9
https://watato.net/

# きな粉で作るヘルシーでおしゃれな新感覚のお菓子

東京・日本橋にて創業以来、看板商品である『五家宝』など『きな粉菓子』一筋100年以上の老舗が『株式会社ワタトー』。使用するのは北海道産をはじめとする厳選された大豆を原料に、気温や湿度によって焙煎時間や火力の調整を行い、昔ながらの直火焙煎で作るきめ細やかで香り高いきな粉。甘味の決め手である糖蜜も代々『ワタトー』に伝わる秘伝のレシピ。シンプルで優しい味わいのお菓子は全国にファンも多い。

そんなきな粉のお菓子を、若い人たちや外国の人たち、もっと幅広い世代に楽しんでもらえるよう立ち上げたのがオリジナルブランド『KINAKO SWEETS FACTORY』。まるでトリュフチョコのような『トーキョーキナコロン』は、五家宝の生地でチョコやあんこなどを丸く包んだスイーツ。「キャラメルダマ」「チョコダマ」「ココアダマ」「アンコダマ」「ゴマダマ」の全5種類。おしゃれなパッケージのギフトセットもある。シンプルな味わいで、コーヒー、紅茶、緑茶など何にでも合うのでお茶請けにピッタリ。グルテンフリーなのもうれしい。

（ライター／今井淳二）

保存料、着色料無添加、甜菜糖を使用。お子様やペットも安心して召し上がれる（卵を使用）。

牛乳を使用せずお米の発酵ミルクで作ったカラダに優しいプリン。梅の花由来の乳酸菌は、胃酸や熱に強い性質で、腸まで届けられる。

発酵ジャム、発酵シロップも販売している。また、規格外品や新商品の開発、OEM・PBも対応できる。

『発酵ライスミルクプリン』
プレーン 410円（税込）　キャラメル 454円（税込）

## ferment.洋　アットハンド 株式会社

ファーメント . よう

☎ 087-880-6886　✉ at-hand@ferment-y.com
㊟ 香川県高松市新田町甲1413-7
https://ferment-y.com/ferment-store/

## 発酵専門店が作った カラダに優しいプリン

自然豊かな四国・香川県で発酵を通し、安心・安全な食生活と捨てる時代からのモノづくりをコンセプトに活動している『ferment. 洋』が生み出した自然素材でカラダに優しい『発酵ライスミルクプリン』。動物性成分である牛乳を使わず、発酵ライスミルクを使用している。脂質も少なくとても口当たりがまろやかで、消化吸収も抜群。発酵ライスミルクは、共生発酵菌にて発酵し、さらに、梅の花由来の乳酸菌「令香梅の花乳酸菌®」を1瓶に100億個配合。腸内環境が改善することで代謝が良くなると美肌効果などにも期待がもてる。ダイエット中や牛乳が合わない方、健康に気を付けている方などにもオススメだ。着色料や保存料も一切使っておらず、小さなお子様やペットにも安心。発酵ジャム、発酵シロップもオススメだ。日本の食文化に欠かせない発酵を進化させ、美味しさと健康を極めるだけでなく、限りある資源の活用や地域共生として新しいライフスタイルを提供する地方発信のお取り寄せブランドとしても人気。毎日の自分へのご褒美や大切な方への贈り物としてお使いいただける。（ライター／大坪覚）

シャインマスカット飴をはじめ季節限定のフルーツ飴も大人気。

㊋ 10:00〜17:00
(売り切れ次第)
㊡ 水・日曜日・祝日

Instagram

@macca.mkt
全国発送は
こちらから。

**りんご飴専門店 macca.m**

マッカドットエム

080-5265-0141 ✉ macca.mkt@gmail.com
㊟ 大阪府富田林市本町17-2
https://maccam.stores.jp/

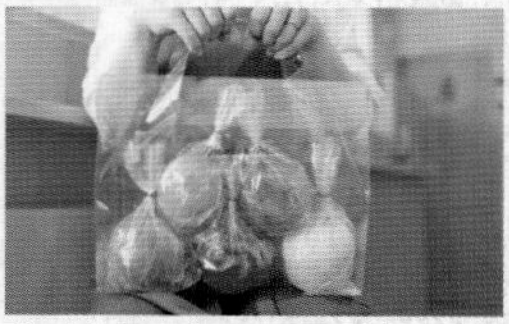
ギフトとしてオススメの可愛い手土産用バッグも。

# 切って食べる大人のおやつ りんご飴の専門店

南大阪にお店をかまえる、りんごが美味しいりんご飴専門店『macca.m』。季節ごとに甘み・酸味・果汁・香りのバランスのとれた1番美味しいりんごを使用。時期によって品種も味も変わるため、1年を通していろいろなりんご飴を楽しむことができる。りんごの甘酸っぱさと食感を大切にするため、りんごを包む飴にもこだわっており、食べた時にりんご×飴が黄金比になるよう飴の薄さや甘さのバランスを絶妙に仕上げている。使用しているりんごは、最高級。祭りの屋台などで見かけるものとは全く違い、切って食べるもので、大人の行列ができるほどのグルメな逸品だ。フレーバーは、定番のプレーン味はもちろん、チョコレート味やアールグレイ味、抹茶味など様々な味わいを楽しめる。中でも一番人気なのがバターミルク味。バターと名が付きつつも、その味は練乳のようなミルク感たっぷりの甘さが魅力。また、旬のりんごだけではなく、その時期にしか食べられない季節限定のフルーツ飴(いちご飴、キウイ飴、梨飴など)も楽しむことができる。

(ライター/河村ももよ)

オーナー 磯野孫栄さん

Ma Saison et Le Vent

こちらからも
検索できます。

## マセゾン・エ・ルーヴァン 株式会社

080-6690-5153
㊟ 千葉県夷隅郡大多喜町石神734
https://ma-saison.com/

## 粒の大きさと甘味の強さが特長の特別なブルーベリー

自然の恵み豊かな千葉県大多喜町で主にオーストラリア原産の品種『ユーリカ』を生産・販売している『マセゾン・エ・ルーヴァン株式会社』。『ユーリカ』は、オーストラリア原産のブルーベリーで、大きいものでは500円硬貨と同じくらいになるという。種はなく、パリッとした上品な食感が特長。一般的に販売されているブルーベリーよりも甘みがはるかに強いため、もともとブルーベリーが苦手でも『ユーリカ』のファンになることが多いという。生産時期は早く、4月中旬から5月上旬には収穫され、進学、就職、ご栄転のお祝いや母の日、そして自分へのご褒美など春のギフトとしてもオススメだ。生で食べていただくのがオススメだが、冷凍保存すると1年間もち、アイス感覚で食べることができる。同社では、そんな『ユーリカ』の認知度を高めその魅力を多くの人に知ってもらうため、ブルーベリー摘みやたけのこ掘り、キャンプなどの園内イベントを開催。訪れていただいたお客様に『ユーリカ』をPRする活動を行っている。また、千葉県大多喜町での「ふるさと納税」の返礼品として味わうことができる。

（ライター／長谷川望）

## 筑波乳業 株式会社

つくばにゅうぎょう

03-5807-8150 retail@tsukuba-milk.co.jp
㊟ 東京都千代田区外神田6-13-11 ミクニビル3F
https://www.tsukuba-milk.co.jp/

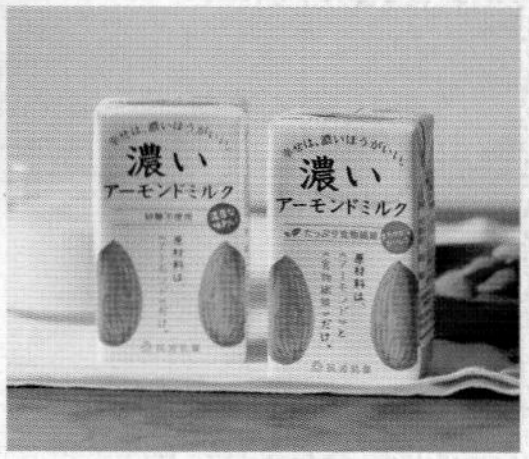


『濃いアーモンドミルク
たっぷり食物繊維』
125ml 149円（税込）

『濃いアーモンドミルク
たっぷり食物繊維』
1000ml 699円（税込）

# 食物繊維たっぷり アーモンドの栄養を手軽に

『筑波乳業株式会社』の『濃いアーモンドミルクたっぷり食物繊維』は、美容と健康に良いといわれるアーモンドの栄養素をまるごと摂れるヘルシーな植物性飲料。ローストしていないアーモンドを8％使用しており、牛乳と比較すると低カロリー、低糖質、コレステロールゼロとヘルシー。牛乳の脂肪分が気になる人やダイエット志向の人がアーモンドミルクを積極的に摂取しているという。

乳糖やグルテンを含まないので、これらの物質に過敏な人や不耐症の人も安心して飲むことができる。さらに、現代人に不足しがちな食物繊維を取り入れ、食に対する本物志向、健康思考にマッチさせた。原材料はシンプルで、人工的な添加物や物質を含まず、素材本来の味を大切にしている。育ち盛りのお子様はもちろん、プラントベースにこだわるヴィーガンの方まで、様々な人にオススメ。厳選したカリフォルニア産アーモンドを使い、「濃さ」と「おいしさ」にこだわった本物志向のアーモンドミルクをぜひ暮らしに取り入れてみては。

（ライター／河村ももよ）

紅まどんな
極

『プレミアム・
紅まどんなジュース』
720ml 10,800円（税込）

極

人気の商品
『きわみジュース』
780ml 1,404円（税込）

せとか
極

『プレミアム・せとかジュース』
720ml 10,800円（税込）

甘平
極

『プレミアム・甘平ジュース』
720ml 10,800円（税込）

美味しいみかんの味を
想像したら、
まさにこのジュースの味が
それだった
そんな声も上がる
究極にみかんジュース

天から降り注ぐ太陽光、海からの反射光、石垣からの反射光、三つの太陽をたっぷり浴びたみかんから作られている。

**株式会社 濵田農園**
はまだのうえん
HAMADA FARM
0894-22-5083　info@kiwami-mikan.net
㊟ 愛媛県八幡浜市向灘1938
http://www.kiwami-mikan.net/　濵田農園　きわみ　検索

# みかんよりもみかんの味
# 最高級のみかんジュース

愛媛県・宇和海に面したみかん畑に降り注ぐ太陽光、海面と畑の石垣から反射する反射光。『株式会社濵田農園』ではそんな「三つの太陽」に育まれたみかんをつかってみかんを丸ごと搾った果汁と果肉だけを搾った果汁をブレンドするシトラスマスター製法を用いてみかんジュースを製造している。

最高級のみかんジュース『きわみ』は、水や砂糖は一切加えずに愛媛県八幡浜市のみかん果汁をそのまま使用したストレートジュース。八幡浜市は、みかん業界で日本最高級の評価を得る産地。みかん本来の甘さと酸味のバランスをそのままに、えぐみが少なく、のどごしまろやかで「みかんよりもみかんの味がする」と評されるジュースに仕上がっている。

高糖度でジューシーな果肉でゼリーのような独自の食感が感じられる『紅まどんな』やトロリととろける食感と濃厚でジューシーな味わいが特長の『せとか』など様々な高級みかんジュースをラインナップ。『濵田農園』がつくる最高級のみかんジュースは、大切な方への贈り物にもぴったり。

（ライター／長谷川望）

姫路の「山陽百貨店」出店。

## 株式会社 フレアフードファクトリー

055-269-6506　frarefoodfactory@outlook.jp
住 山梨県甲府市宝1-24-16
https://frarefood.shop/

『ベーリーA 25』
720ml

『フルーティ甲州』
720ml

『フルーティとまとジュース』
720ml

『巨峰マリアージュ』
720ml

# 何も加えない100%ピュア究極のぶどうジュース

山梨のぶどうジュース工房『株式会社フレアフードファクトリー』が誇るぶどうジュース『Ｐ・ｊ珠（ピー・ジェー・ジュ）』。贅沢なぶどう果実を一切手を加えずに丸ごと絞った、まさにストレートジュースの極致を追求した逸品だ。『Ｐ・ｊ珠』の魅力は、「五つの無」。無加糖、無加水、無濾過、無調整、無添加の何も加えず、自然の美味しさをそのまま楽しむことができるジュースとして、多くのファンを獲得している。果実感を持たせるために果肉を残したり、果皮を丹念に搾るなどぶどうの風味と食感を存分に味わえるのも特長。特殊な加工法によって、ぶどうが持つポリフェノールや栄養素がそのままジュースに封じ込められ、健康効果も期待できる。

マイルドで飲みやすく、子どもから大人まで幅広い層に人気の『フルーティ甲州』、糖度25度でお子様や甘党の方にオススメの『ベーリーA 25』、果皮の栄養素と果皮のつぶ食感が特長で果肉と果皮のマリアージュが楽しめる『巨峰マリアージュ』などバラエティ豊かに展開。

（ライター／長谷川望）

「MAN WITH A MISSION」とのコラボビールが日本限定販売。

## ブリュードッグ・カンパニー・ジャパン 株式会社

☎ 03-6433-5361 ✉ hello@brewdog.jp
㊟ 東京都渋谷区恵比寿南2-4-1
https://www.brewdog.jp/

## 固定概念に囚われない PUNKなクラフトビール

英国No．1のクラフトビール『BREWDOG（ブリュードッグ）』から世界的アーティスト「MAN WITH A MISSION」とのコラボビール『MASH UP IPA』が日本限定販売で登場。

「より多くの人々が音楽と共に楽しむクラフトビール」がコンセプトで、アルコール度数は抑えめの4・5％。フレッシュなオレンジとその果皮を使用した柑橘系の爽やかな味わいと強烈なアロマホップの香りが特長の1本だ。

その他にも『BREWDOG』の原点でトロピカルフルーツとキャラメルの香りとスパイシーな苦味が特長の『PUNK IPA』やフルーティでスムースな飲み口が特長の『HAZY JANE』、マイルドな苦味とグレープフルーツのような酸味が堪らない『ELVIS JUICE』など様々なビールをラインナップ。

「PUNK」をキーワードに掲げる『BREWDOG』にしか生み出せないクラフトビールの数々がビール文化をエキサイティングに変革している。

（ライター／長谷川望）

『イネディット』
330ml 572円（税込） 750ml 1,595円（税込）

## INEDIT
イネディット

正規輸入代理店 株式会社 都光

03-3833-3541 toko-eigyo@toko-t.co.jp
住 東京都台東区上野6-16-17 朝日生命上野昭和通ビル1F
https://www.toko-t.co.jp/ https://toko-online.net/

# 天才シェフの独創的な発想が生み出すビール

食事に合わせてワインを選ぶ、またワインに合わせて料理やおつまみを選ぶ「ペアリング」。ワインの楽しみ方の一つとして実践している人も多いだろう。ビールにもまた「ペアリング」があって、「味が軽いものには軽いビール、濃いものには濃いビール」と合わせやすかったり、一般的に食事には苦みを抑えたスッキリとした味わいのビールが合うとされている。

そんな従来のビール感と一線を画すプレミアムビールが『INEDIT（イネディット）』だ。5度の世界トップレストランに輝き、世界中から年間200万件もの予約希望が殺到する「世界一予約が取れないレストラン」と呼ばれたミシュラン三つ星レストラン「エル・ブジ」のシェフ、フェラン・アドリアの手による究極のビールだ。

ビール本来の芳醇なホップの香りと苦味に、フルーティなオレンジピール、複雑なスパイス感のコリアンダー、ほのかに甘い香りのリコリスのアロマが複雑に絡み合って見事な調和を見せ、料理の味わいを引き立ててくれる。

（ライター／今井淳二）

グラス(300ml) 500円
ジョッキ(500ml) 780円
お取り寄せもできる。

『奥能登伝説ビール』ギフトセット 3,500円(税込)

営 11:30〜21:00　休 水曜日・他不定休あり

『焼肉ピルス』『珈琲焙煎ピルス』『ピルスナー』『ダークラガー』『ヴァイツェン』

生きた酵母が入っている4種類のオリジナルビール。

## Heart & Beer 日本海倶楽部

ハート アンド ビア にほんかいくらぶ

0768-72-8181　n-beer@bussien.com
住 石川県鳳珠郡能登町字立壁92
http://www.nihonkai-club.com/

## 楽しく味わう個性あふれるクラフトビール

若者を中心に進むビール離れの影響を受け、近年のその消費量は減少傾向にあるといわれている。そんな中でも小規模醸造で個性的な製品の多いクラフトビールは、嗜好の多様化とも合致してその市場を急拡大させ、地ビールとして地域起こしの起爆剤にもなっている。

石川県の『Heart & Beer 日本海倶楽部』は、能登内浦の高台より美しい日本海の絶景が望めるビアレストラン。隣接する醸造所『奥能登ビール』の個性的なクラフトビールを楽しみながら新鮮な地元の食材を活かした料理が楽しめる。

ビールの本場であるチェコのホップとドイツのモルトを使用し、酵母がそのまま生きてビタミン・ミネラル豊富な生ビール『日本海倶楽部』は、「ピルスナー」「ヴァイツェン」「ダークラガー」「奥能登伝説」と、それぞれ奥深く個性的な味わいながらも飲みやすい4種類。そしてさらにピリッと辛い唐辛子や芳醇なコーヒーの香りがマッチしたフレーバービール「ピルス」も好評。通販サイトよりお取り寄せできる。

(ライター/今井淳二)

『180ml 飲み比べセット』4,950円（税込）

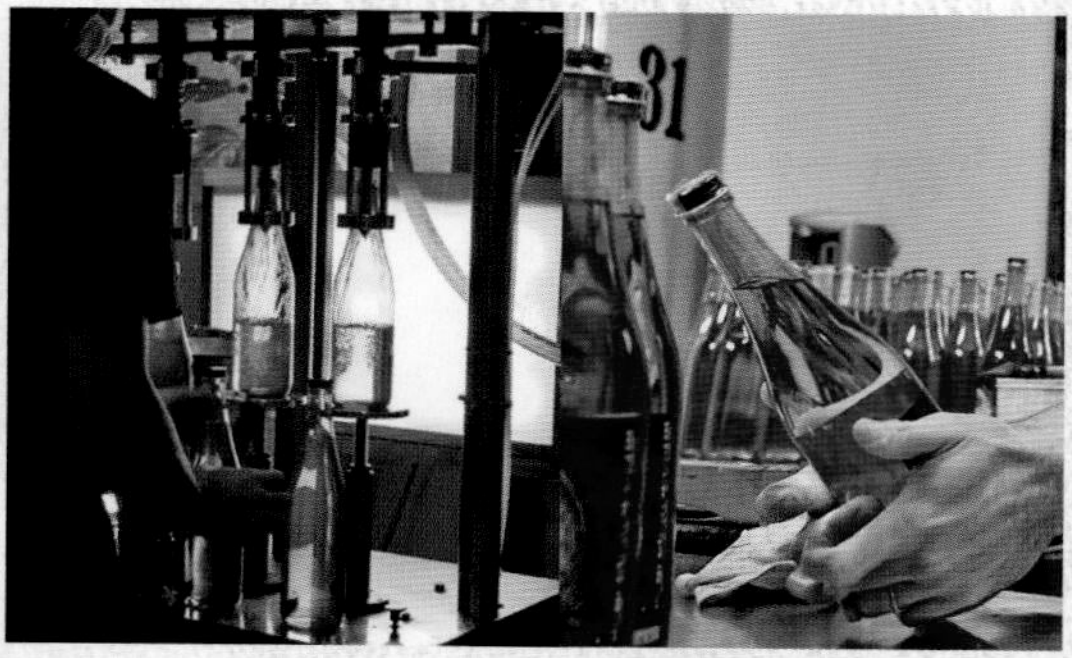

『美ら蛍』30度
720m　1800ml

『美ら波』40度
1800ml

こちらからも
検索できます。

『久米島』43度
720ml 2,640円（税込）
1800ml 5,280円（税込）

『青/BLUE』
15度
720ml
1,320円（税込）

『2023年秋
米島』
40度
720ml
3,520円（税込）

## 米島酒造 株式会社

よねしましゅぞう

098-985-2326　info@yoneshima-shuzo.co.jp
㊟ 沖縄県島尻郡久米島町大田499
https://yonesima.jp/

# 手造りにこだわった久米島生まれの泡盛

沖縄県・久米島で生まれた『米島酒造株式会社』は、手造りにこだわり造り上げた沖縄を代表する泡盛酒造。

一つひとつ手作業で品質管理を行い、飲みやすく、複雑で飽きの来ない味を目指した酒造りを続けている。時期に合わせた泡盛造りに励み、造り手の五感を通して気温、湿度、温度、気圧の変化に対応。造り手の情熱と過去と現代の技術を駆使して作られた泡盛は、全国的にも人気が高い。

定番は『久米島 43度』。チョコレートやココア・コーヒーのような香りと壺で寝かせた黒糖蜜のような風味が特長。九つ以上の複雑なブレンドで風味に力強さと重厚感を感じる逸品だ。一般酒でも古酒のような風格があると評判の『美ら蛍』やお米特有の甘さの後にレモンのような酸味とほのかな塩味と華やかなフローラルの香りが特長の『青／BLUE 15度』もオススメ。泡盛に合うオススメの料理やおつまみの紹介も行っているので、料理を作りながら今夜はぜひ泡盛はいかが。お買い求めは、公式オンラインショップから。

（ライター／長谷川望）

『YORI GIN ＜KAMIKAWA＞』
500ml 5,900円（税込）
100ml 1,500円（税込）

『YORI GIN ＜FUJI＞』
500ml 5,900円（税込）
100ml 1,500円（税込）

JAPANESE SUSTAINABLE GIN
YORI

株式会社 Connec.t
コネクト

070-9091-7768 information@connec-t.jp
㊟ 東京都渋谷区神宮前6-23-4 桑野ビル2F
https://yori-gin.com/

## 地域素材を生かす サステナブルなクラフトジン

地域素材を活用した『株式会社 Connec.t』の社会課題解決型サステナブルジン『YORI（ヨリ）』。「地域のおいしさに、新しい息吹を。」をコンセプトに、廃棄や出荷できない地域素材の野菜や果物をアップサイクルして製造される国産サステナブルクラフトジンのブランドだ。蒸留は、静岡県沼津市の沼津蒸留所と協力して実施。レシピは同ブランドが定める、サステナブルジンのルールによって開発されている。『KAMIKAWA』は、北海道上川町ので育った数種類の松を、一番香りが引き立つバランスで調合。そこに、同じく上川にある酒蔵から出た酒粕やクロモジ、花椒などをプラス。「飲む森林浴」ともいわれる香り高いドライジンに仕上がっている。ジンソーダにするのがオススメだ。『FUJI』は、静岡県の富士地域で育ったみかんをはじめとする瑞々しい柑橘たちが調合の主役。そこにお茶大国・静岡の茶葉を焙じて作った香り高いほうじ茶、ヒノキ、メープルなどをブレンド。ほうじ茶の渋みと柑橘の酸味が絡まる深みのある味わいだ。こちらは甘味酸味とバランスの良いトニックで割って飲むのがイチオシ。

（ライター／播磨杏）

毎日の食卓を彩る。
毎日飲んで、明日も元気に。

白ワイン
『K puro 2021』

赤ワイン
『Bailey A 2021』

「サクラアワード」受賞ワイン 3種類6本セット

## ワイナリー Casa Watanabe

カーサ ワタナベ

✆ 090-6015-6506 ✉ tewata.6506@gmail.com
㊟ 山梨県甲州市勝沼町勝沼2543-2
https://winewatanabe2.com/

# 食事と共に豊かな人生を楽しむ甲州ワイン

日本一のワイン産地、山梨県甲州市の「勝沼ワイン村」内にある『Casa Watanabe』。

忙しいIT技術者の生活の合間を縫って行ったイタリア旅行の際、ワインと料理がお互いの良さを引き立てあうレストランの食事に感動したことをきっかけにワインに興味を持った代表の渡邉哲也さんが、「毎日の食事のときに飲みたくなる」をテーマにした甲州ワインを手掛けている。

添加物は、最低限。原料ぶどうの味を活かしてできるだけシンプルでナチュラルな製造工程にこだわったワインは、毎日飲みたくなる美味しさと評判。

赤ワインの『Bailey A 2021』や辛口ロゼの『Bailey A Rosado 2022』、白ワインの『K puro 2021』がオススメ。オリ（ワイン製造工程で発生する沈殿物）を蒸留して作った蒸留酒も人気。忙しい毎日の中でおざなりにされがちな食事を楽しくし、明日も頑張る活力になるような甲州ワインを提供する。

（ライター／彩未）

## コウノトリと共生
## 安心・安全なお米と野菜

おいしいお米と様々な生きものを同時に育み、コウノトリも住める豊かな文化・地域・環境づくりを目指し、2003年から「コウノトリ育む農法」に取り組んでいる兵庫県豊岡市。『まるいち』では、2021年4月より、この農法で安心・安全・健康な野菜やお米を栽培している。自然の力を最大限に活かし、化学肥料や農薬は一切不使用。野菜は注文後に収穫しお届け。お米は、年に1回の収穫のみなので、注文後に精米することで鮮度の高いお米をお届けしている。

（ライター／河村ももよ）

### まるいち

☎ 0796-23-4084 ✉ maruichifarm0831@gmail.com
㊟ 兵庫県豊岡市加陽972
https://maruichifarm.jp/ Instagram @maruichifarm0831

## すっきりとした
## くちどけの上品な豚肉

『麓山高原豚』とは、福島県のブランド豚肉。全農福島県本部が認定した生産農場において、指定の種豚「ランドレース種」「大ヨークシャー種」「デュロック種」を交配した三元豚。仕上げ期に専用飼料として、とうもろこしや玄米などの穀物とでんぷん質をバランスよく配合して給与しているという。肉質が柔らかく、脂肪があっさりしているのが特長で、焼肉やしゃぶしゃぶなどで深い旨味を楽しめる。

（ライター／奈良岡志保）

### 麓山高原豚生産振興協議会
はやまこうげんとんせいさんしんこうきょうぎかい

☎ 024-956-2983
㊟ 福島県郡山市富久山町久保田字古垣50
http://www.fs.zennoh.or.jp/product/meat/poak/hinshu.html

## ロース肉のさっぱり脂と香り高いもろみ味噌

自社にて豚肉の生産から加工・販売までをトータルに行い、生産者ならではの高品質な食品を提供している『下仁田ミート株式会社』。ブランドポークである『下仁田ポーク』は、飼養管理を徹底し、清潔な豚舎にて厳選した植物性飼料を主体とした餌を与えており、ジューシーでやわらかな赤身と甘みのあるさっぱりとした脂が評判だ。そのロース一枚肉をもろみ味噌に漬け込んだ『ロース肉もろみ味噌漬け』は、おつまみやお弁当のおかずにもぴったりだ。

（ライター／今井淳二）

※盛り付けイメージ

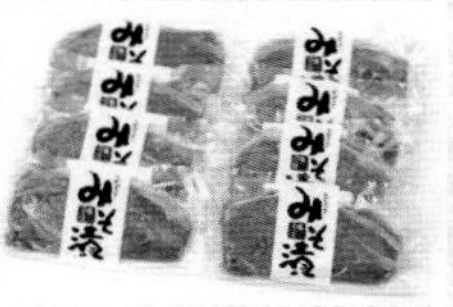
『ロース肉
もろみ味噌漬け』
8枚
4,600円（税込）

下仁田ミート

**下仁田ミート** 株式会社
しもにたミート

027-382-2521　h-asaka@shimonita-meat.jp
㊟ 群馬県安中市鷺宮3624
https://shimonita-meat.com/

## 噛みしめるほどに旨味が広がる国産猪肉

兵庫県丹波篠山市は丹波栗をはじめとする様々な山の幸に恵まれている山間の町。この地で豊かな自然の中で育ったジビエを扱う『株式会社おゝみや』の『国産天然猪肉ぼたん鍋特選セット』は、貴重な天然の猪肉を手軽に家庭でも味わえると人気。鮮やかな赤身と真っ白な脂身のバランスが良い猪肉はクセもなく、見た目よりもさっぱりといただける。特製の味噌ダレで煮込んで柔らかく甘い脂を堪能してほしい。

（ライター／今井淳二）

『国産天然猪肉ぼたん鍋
特選セット』
400g 4,192円（税込）

『国産天然猪肉ぼたん鍋 ロースセット』 400g 8,040円（税込）

㊖ 9:00～17:00
㊡ 10/13～3/14 無休
3/15～10/12 水曜日

株式会社 **おゝみや**

079-552-0352　4429@oomiya.com
㊟ 兵庫県丹波篠山市乾新町40
https://www.oomiya.com/

## 富山湾の旬の魚を年4回お届け

全国屈指の好漁場といわれる富山湾には、日本海に住む800種類のうち500種類を越える魚介類が住むといわれており、「天然の生け簀」と称されるほど。そんな活気ある富山の『うおや商店』から、富山弁で「新鮮な」という意味の「きときと」など朝獲れの魚を美味しくいただけるように処理をしてお届け。春はサワラ、鯛、夏はイシモチ、キス、秋はカレイ、アオリイカ。冬はカワハギや蟹、鰤など、その日に獲れた選りすぐりの魚が届く『-旬-便り（しゅんだより）』。家族や仲間みんなで季節の食を楽しんでは。

（ライター／河村ももよ）

富山湾、季節のお魚お届け便『-旬-便り』
20,000円（税・送料込）
春夏秋冬、年間4回のお届け。

### 富寿し　うおや商店
とみずし　うおやしょうてん

0765-56-8066　uoya.tomi.sushi@gmail.com
㊟ 富山県黒部市生地阿弥陀堂4392

## お酒にもご飯にも合う究極のおつまみ

『丸本本間水産株式会社』の『KAZUOLIO』は、北海道産の数の子をくるみのチップで燻した独自製法の燻製オイルに付け込み、アクセントにスライスニンニクと鷹の爪を加えた洋風総菜。そのまま食べるとウィスキーやワインに合うおつまみ、パスタにかければペペロンチーノ風に、火にかければアヒージョとしてバゲットに乗せても美味しい。また、お茶漬けなど和のメニューに入れても楽しめる万能おつまみだ。工夫次第で料理の幅も広がる。

（ライター／奈良岡志保）

こちらからも検索できます。

『KAZUOLIO』
内容量:140g
（固形70g+調味液70g）
購入は、有名スーパーにて。

### 丸本本間水産 株式会社
まるほんほんますいさん

011-756-3011　maruhon@honma-suisan.co.jp
㊟ 北海道札幌市西区八軒5条東5-4-7
https://www.honma-suisan.co.jp/shop.html

# わさび茎の食感と旨味たっぷりの塩だれ

自然豊かできれいな水に恵まれた長野県安曇野産のわさびは、日本三大わさびの一つ。『ジーエフシー株式会社』の『塩だれわさび』は、わさびの茎を75%使用し、わさびの爽やかなツーンとした辛みと茎のシャキシャキ感が食をそそる。特製塩だれの中には、にんにくやレモンも加わり、わさびのおいしさをぐんと引き立てている。白ごはんにはもちろん、薬味としても大活躍。肉料理や白身魚料理のソース、マヨネーズに和えてタルタルソース感覚でも楽しめる。

（ライター／河村ももよ）

『塩だれわさび』

ご購入はこちらから。

https://washokuto.jp/（ECサイト和食党）

## ジーエフシー 株式会社

058-387-8181
㊟ 岐阜県羽島郡笠松町田代978-1
https://gfc-jp.com/

# こだわりの無添加万能だし

島根県で唯一の特定第3種漁港に選ばれている浜田港。『だしの外ノ浦十太屋』では、無添加のだしを作ることにこだわり、浜田港で水揚げされた魚を中心に使い、無化調のだし『浜田の推しだし』を製造。雑味のないすっと喉を通るお料理が作れると評判だ。しっとりほのかに甘みがある「のどぐろ」、香りと旨みが強くコクがでる「あじ」、コク深でいて澄み渡る「かれい」、これらのだしを掛け合わせることで、どんな料理にも合う風味豊かで美味しく品のあるだし汁ができる。

（ライター／河村ももよ）

## だしの外ノ浦十太屋

だしのとのうらじゅうたや

090-3637-3531
https://www.dashinotonoura.com/

## 栄養価が高い 特上一番摘み海苔

賞味期限は、開け閉めしても1年間。チャック式のアルミ袋に入っているので湿気にくい。

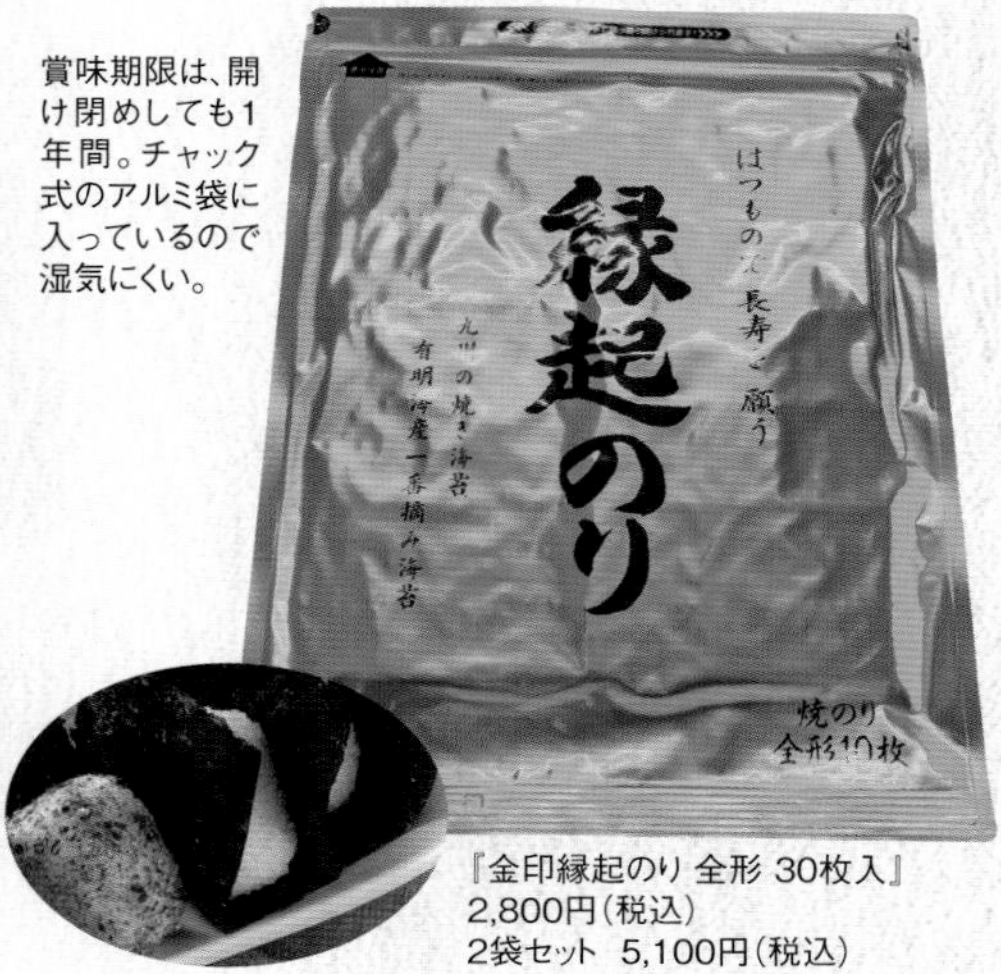


『金印縁起のり 全形 30枚入』
2,800円（税込）
2袋セット 5,100円（税込）

創業86年、『博多名島屋』の有明海産の『金印縁起のり』は、芽の柔らかい一番摘み。歯切れが良く、心地よい歯ごたえで、つや、うまみ、香り共に絶品。海苔には良質のタンパク質をはじめ、各種のビタミン類やミネラルが多く含まれており、血液中のコレステロール量を下げてくれる。栄養価が高く、食べると長生きするという。いつまでも元気でいてほしい大切な方へのプレゼントに最適。工場直送の有明海一番摘み海苔の焼き立てを、ぜひ。

（ライター／河村ももよ）

**博多 名島屋**
なじまや

092-682-6988　najimaya@chive.ocn.ne.jp
㊟ 福岡県福岡市東区名島2-34-28
https://www.najimaya.co.jp/

## 優しい味わい 老舗の塩うどん

『梅むら名物 塩うどん』
5食 4,000円（税込）　6食 4,200円（税込）

東京・砂町に店を構える老舗の『塩うどん・和菓子 梅むら』。先代が考案したうどんは、いつしか『塩うどん』と呼ばれるようになり、当時から受け継がれる製法と変わらぬ味で人気のお店。こだわりの塩スープは、甘みのある香りが特長の日高昆布と熊本県牛深で生産された煮干しをはじめ、厳選した複数の煮干しも使用。ミネラル豊富な徳島県鳴門の海水から精製された塩、甘味度や糖度の違いを考慮した砂糖を使用。『梅むら名物塩うどんセット』などお取り寄せも可能だ。

（ライター／河村ももよ）

**塩うどん・和菓子 梅むら**
うめむら

03-3644-6749
㊟ 東京都江東区北砂3-30-9
https://sunagin-umemura.com/

## 健康と食育の観点から小児科医が考えたカレー

保存料などの食品添加物といった化学物質や厚生労働省が指定するアレルギー食品特定原材料等28品目を含まず、家族みんなが一緒に笑顔で食べられるごはんを目指したのが『有限会社みんなの食品』の『みんなでごはんやさいカレー』。子どもたちの嗜好を尊重した甘口ながら、玉ねぎをじっくりソテーした甘みで大人も満足がいく深い味わい。一人前は170gとちょっと少なめでカロリーも控えめの優しい味なので、夜食などにもぴったり。

（ライター／今井淳二）

『みんなでごはんやさいカレー』
170g 540円（税込）

**有限会社 みんなの食品**
みんなのしょくひん

☎ 011-733-8158 ✉ y-tokunaga@minnafoods.com
㊟ 北海道札幌市東区北32条東7丁目3-24
http://www.minnafoods.com/

## 海上自衛隊と江田島のコラボカレー

『江田島海自カレー』は、旧海軍兵学校から受け継がれてきた海上自衛隊のカレー文化を生かした地域振興と海上自衛隊のPRを推進するため、海上自衛隊、江田島市、江田島市商工会が連携して立ち上げた取り組みだ。海上自衛隊第1術科学校には、カレーのレシピは1種類だったが、江田島市の特産品である大豆、ちりめん、牡蠣、オリーブなどを使用し、第1術科学校のカレーをベースとしたコラボカレーのレシピを作成して、市内の参加4店舗において、ご当地グルメとして食べることができる。

（ライター／河村ももよ）

『キーマカレー』
『オイスターカレー』
『ポークカレー』
『シーフードカレー』

レトルトカレーご購入はこちらから。

海上自衛隊第1術科学校の制作協力を得た『江田島海自レトルトカレー』も発売中。
756円（税込）～

**江田島海自カレー** 江田島市商工会
えたじまかいじカレー

☎ 0823-42-0168 ✉ etajima@hint.or.jp
㊟ 広島県江田島市江田島町小用2-17-1
https://etajima-kaijicurry.com/

## 38年以上に渡り愛される イタリアンの名店

宮崎県西都市は、戦国時代に日本よりローマへ派遣され、時のローマ法王にも謁見した天正遣欧少年使節団の中心人物である伊東マンショのふるさと。この地で同じくローマ法王に謁見したこともあるシェフの日高康弘さんが腕を振るうイタリアンレストランが『ジキルtoハイド』。バラエティに富んだ各種パスタや看板メニューである本場仕込の『カルボナーラ』は、オープン以来地元の人たちに愛され続けている味。とっておきの日に、ぜひ本格『カルボナーラ』を。

（ライター／今井淳二）

『カルボナーラ』 1,300円（税込）

㊫ 12:00～14:00
18:00～24:00
㊡ 水曜日

### ジキルtoハイド

ジキルとハイド

☎ 0983-43-2992 ✉ jekil_lisa@ezweb.ne.jp
㊟ 宮崎県西都市小野崎1-82 比江島ビル2F
https://jekilltohyde.jp/

## 可愛くてどこか懐かしい レモンケーキ専門店

レモンとバター、卵と少しの小麦粉を合わせて低温でゆっくり焼いた『レゾンデートル本八幡』の『レモンケーキ』。瀬戸内レモンを皮も種も丸ごと使い、こだわりの国産素材と北海道産の濃厚バターを惜しみなく使った贅沢な逸品。常温でも美味しいが、冷たい方がしっとり・もっちりとした食感になり、より美味しく、食べた後のレモンの長い余韻が堪らない。レモン型、カヌレ型、マドレーヌ型、ジョリーの4種類があり、美味しさだけでなく、見た目にも心が弾む。

（ライター／河村ももよ）

『ギフトボックス』
2,100円（税込）

㊫ 13:00～18:00
土・日・祝11:00～16:00
（なくなり次第終了）
㊡ 月曜日

### レゾンデートル本八幡

レゾンデトールもとやわた

☎ 050-6866-1754 ✉ shop@raison-motoyawata.com
㊟ 千葉県市川市南八幡5-2-18
https://shop.raison-motoyawata.com/

# 民話がモチーフの餅屋が作る米粉フィナンシェ

『米粉のフィナンシェ』220円（税込）

営 9:00〜18:00
休 月・火曜日

『山田餅なるみ』ホームページ

愛知県名古屋市緑区にある『山田餅　なるみ』の『米粉のフィナンシェ』は、緑区鳴海に伝わる民話「花の井戸」をモチーフにしたデザインで、地元で人気の高いお菓子。井戸の形の正方形の真ん中にキキョウ型の焼き印が押され、何とも愛らしい形が評判だ。きめの細かい米の粉を使用し、バター量を最小限に抑え、アーモンドの香りが漂うあっさりとした風味ともちもち食感がたまらない。パッケージにもキキョウがあしらわれ、民話の世界を楽しめる。

（ライター／河村ももよ）

## 山田餅 なるみ

やまだもち なるみ

052-622-3081
住 愛知県名古屋市緑区鳴海町花井町14-1
http://www.yamadamochi-narumi.com/

# 砂糖不使用! こんにゃく由来不思議な食感のグミ

『YUMPICK』
お試し3袋
1,050円（税込）
6袋 2,100円（税込）

開発ストーリーや商品については、こちらから検索できます。

こんにゃく芋生産高日本一の群馬県にて生産農家として自ら生芋を育て、添加物の入らない生芋こんにゃくを作っているのが『石井メイドオリジナル』。香りとコク、旨味がしっかりあるこんにゃくにはファンも多いが、このたび低カロリーで罪悪感なく間食できるこんにゃくグミ『YUMPICK（ヤムピック）』が登場。材料は、こんにゃくにリンゴ果汁と天然甘味料エリスリトールのみ。砂糖やゼラチン、香料などは一切使っていないので、子どもにも安心して与えられる。

（ライター／今井淳二）

## 石井メイドオリジナル

いしいメイドオリジナル

0278-25-3400　k.ishii@ishiimadeoriginal.com
住 群馬県利根郡昭和村糸井2078
https://www.imo-konjac.com/

## エメラルドグリーンに輝くクラフトビール

日本を代表する温泉地である新潟県月岡温泉の地で誕生した『TSUKIOKA BREWERY』。地元名物である月岡温泉の湯の色をイメージした『月岡エメラルドエール』が缶ビールとなって発売された。映える透き通ったエメラルドグリーンが特長で、その味わいはほのかにマスカットの香りが感じられるフルーツエールだ。度数が低く、軽やかな飲み口で口当たりが良いので、ビール初心者やビールが苦手な人にもオススメのクラフトビールだ。

（ライター／奈良岡志保）

『月岡エメラルドエール』
6缶セット
2,772円（税込）
24缶セット
11,088円（税込）

### TSUKIOKA BREWERY
ツキオカ ブルワリー

☎ 0254-28-9161 ✉ info@tsukioka-brewery.jp
㊟ 新潟県新発田市月岡温泉552-111
https://tsukioka-brewery.jp/

## CBDアルコール飲料でチルタイムを過ごそう

『C-position 株式会社』から日本初、CBDアルコール飲料『BECHILL（ビーチル）』が発売。自分らしくいられる時間や空間をチルと考え、「BECHILL（チルしよう！）」というメッセージを込めて名付けたという。リラックス感が人気となり、サウナやキャンプ、グランピング施設で話題となっている。スパークリングリキュールなので飲みやすく、スッキリ爽快。仕事終わりに、休日にキャンプを楽しみながら、または家飲みでまったりとする時などにいかが。

（ライター／河村ももよ）

『BECHILL』1本 250ml
6本セット 3,980円（税込）

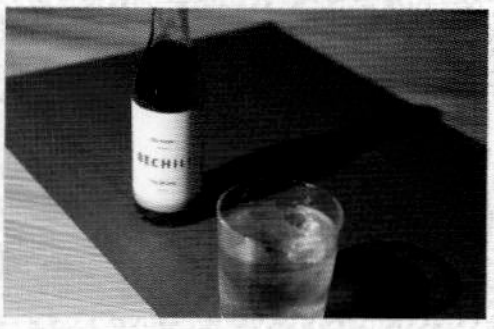

### C-position 株式会社
シーポジション

☎ 03-6555-3107 ✉ info@bechill.jp
㊟ 東京都渋谷区宇田川町3-7 ヒューリック渋谷公園通りビル5F-5
http://bechill.jp/

# 大人の街、神楽坂で極上の夜を過ごす

細い路地におしゃれなお店が並ぶ東京・神楽坂。その一角にある『Bar 神楽坂 Ebony』の扉を開けるとオイルランプの優しい光に包まれる。年々希少価値が高くなるジャパニーズウイスキーをはじめ、ワインやシャンパン、季節のフルーツを使ったフレッシュフルーツカクテルなどが揃う。14時開店ということもあり、木の温もりが漂う落ち着いた雰囲気のカウンターで、静かにゆったりとした極上の「神楽坂昼呑み」も楽しめると好評だ。

（ライター／河村ももよ）

Instagram

㊝ 14:00～24:00（LO23:30）
㊡ 月曜日

## Bar 神楽坂 Ebony

エボニー

✆ 03-6265-3548
㊟ 東京都新宿区神楽坂3-6-11 La Rinascente2F
https://bar-kgz-ebony.com/

豊かな地域資源を活かした体験プログラムは、四季折々、多種多様につき、いつでも何度でも足を運ぶ価値がある。

岩手県久慈市ふるさと体験学習協会

## 一般社団法人 久慈市ふるさと体験学習協会

くじしふるさとたいけんがくしゅうきょうかい

☎ 0194-75-3005　✉ info@kuji-taiken.jp
㊟ 岩手県久慈市川崎町1-1 商工観光課内
https://www.kuji-taiken.jp/

## 都会では味わえない貴重な体験を提供

岩手県久慈市は東は太平洋に面し、西側は北上山地の山々が迫る海・山と豊かな自然に恵まれた地域。しかしながら、過疎化、高齢化などに伴う人口減少、地場産業の後継者不足など、日本の他の地方都市と同様の問題を抱えている。そんな中、海・山と豊かな自然に恵まれた地域性を活かし、地域の活性化及び観光振興に寄与するため、官民一体となって行っている様々なプログラムを統括し、受け入れ体制の充実を図っているのが『久慈市ふるさと体験学習協会』だ。

農山漁村のありのままの暮らしや文化にふれる機会を体験する「民泊体験」、農業体験やシャワークライミングなど久慈市の豊富な自然を体験する「農山村地区での体験」、久慈市ならではの漁師体験や漁師の生活に触れられる「漁村地区での体験」といったアクティビティを柱に、子どもたちの体験学習旅行やエコツアー、エコトレッキングなどプログラム化。楽しみながら久慈の自然や人、暮らし、歴史に触れ、学びとその素晴らしさを知ってもらう。

（ライター／今井淳二）

# 全客室露天風呂付き
# 童話モチーフのお部屋

『ラビスタ草津ヒルズ』は、草津温泉街を見下ろす高台にある眺望の宿。雄大な山並みと草津の街を望みながらゆったりと温泉に浸かり、贅沢な時間が過ごせる。湯畑・万代鉱・湯川の湯の三つの源泉を引き込み、館内で草津の名湯を思う存分に楽しむことができる。さらにスペシャルなのが、無料で使用できる4種の貸切露天風呂と草津温泉初となる最上階の眺望浴場。客室にはすべてヒノキ造りの浴槽の天然温泉露天風呂が付いている。

（ライター／河村ももよ）

『赤ずきんデラックスツイン』

グリム童話の
3つの部屋

- 赤ずきんルーム
- ヘンゼルと
グレーテルルーム
- 白雪姫ルーム

お一人様1泊2食付『赤ずきんデラックスツイン』35,000円（税込）～
その他、ホームページまたはお問い合わせ下さい。
チェックイン15:00～　チェックアウト11:00

## Hotel & Resort ラビスタ草津ヒルズ

ラビスタくさつヒルズ

☎ 0279-88-5489
㊟ 群馬県吾妻郡草津町草津226-15
https://www.hotespa.net/hotels/la_kusatsu/

「リーズナブルな価格でゆっくりしていただき、古き良き古民家を味わってほしい」

お一人様1泊 3,500円(税込)
1泊貸切(8名様まで) 28,000円(税込)
チェックイン16:00　チェックアウト11:00

## 古民家リラックスホーム

こみんかリラックスホーム

0428-84-0102
㊟ 東京都青梅市千ヶ瀬町4-314-1
https://relaxhome.tokyo/

## 純日本風の古民家で味わうくつろぎの空間

『古民家リラックスホーム』は、東京都青梅市の閑静なロケーションに佇む素泊まりのゲストハウス。まるで田舎のおばあちゃんの家に訪れたかのような、障子と襖で仕切られた綺麗な純日本風の古き良き古民家で、都会では味わえないくつろぎの空間を提供している。美しい古民家にリーズナブルな価格で滞在でき、ゆったりとした時間と和の雰囲気を満喫できる。

寝具やアメニティはもちろん、Wi-Fiやバスルーム、洗濯機も完備なので長期滞在にもぴったり。施設内には、キッチンや調理器具、冷蔵庫や炊飯器、ガスコンロなどもあり、食材を揃えて自炊料理を楽しむこともできる。「また来たい!」と思える滞在環境が整っており、一人旅からご家族での宿泊など様々な用途で利用可能だ。

美しい日本庭園も好評。都会の喧騒から離れた純日本風の古民家で贅沢な時間を過ごしてみてはどうだろうか。

(ライター／長谷川望)

※写真はすべてイメージです

湯殿

湯蔵

ゴルフ場

オーディオルーム

葛城 北の丸

郭松門

玄関

「藤殿」デラックスツイン 20室

「葵殿」スタンダードツイン8室　ダブル12室

「桜殿」和室4室

「萩殿」和室5室

## ヤマハリゾート 葛城北の丸

かつらぎきたのまる

☎0120-211-489　FAX 0538-48-6159
㊟ 静岡県袋井市宇刈2505-2
https://www.yamaharesort.co.jp/katsuragi-kitanomaru/

2名1室1名あたり1泊2食付 スタンダード 37,950円（税込）～
チェックイン15:00　チェックアウト11:00

# 極上の日本を感じながら静岡・遠州を愉しむリゾート

日本の歴史と文化の交差する静岡・遠州で、「ヤマハグループ」が展開する『葛城北の丸』。現代の平城ともいうべき、非日常空間のリゾートだ。「ヤマハ」が音・音楽で培った「感性」と「文化」が宿り、四季折々の自然と土地の文化体験を愉しめる「極上の日本」を感じられる宿として評判を呼んでいる。

歴史ある古民家を移築して作られた建物は、やわらかな曲線を描く古木に支えられ、遠州瓦の甍屋根や贅沢に花梨の木レンガを敷いた回廊、数々のアートなど新旧の和のエッセンスが散りばめられている。お食事は「和魂洋才」という真髄にこだわれた季節のコース料理。純粋な和食だけではなく、仕込みや調味に和食の技を用いた洋のお皿もあれば、その逆も。遠州灘、駿河湾、浜名湖を中心とした新鮮な魚貝や地元の野菜、静岡産のブランド牛など、遠州の旬の味覚をひと皿の物語として演出している。

都会の喧騒から離れて、静かな時を過ごす旅。頑張る自分の身体と心を癒してあげよう。

（ライター／播磨杏）

開館 10:00〜17:00（入館16:00） ㊡ 火・水曜日（祝日開館）
㊎ 一般 1,000円（税込） 小中学生 300円（税込）

## 一般財団法人 光ミュージアム

ひかるミュージアム

☎ 0577-34-6511 ✉ info@h-am.jp
㊟ 岐阜県高山市中山町175
https://h-am.jp/

美術展示室

飛騨展示室

人類史展示室

手島右卿記念室

「2024年版新時代ヒットの予感」を持参された方には、読者特典としてポストカードプレゼント。

## 博物館×美術館を楽しむ 複合型ミュージアム

マヤ文明の遺跡をモチーフにした建物の中で、自然史や歴史、美術、書に触れ合える複合型施設『光ミュージアム』が話題だ。エントランスの地下通路やピラミッドホール、中庭のピラミッド型の建物など、美しくきらびやかな建築と空間美だけでも見応えがあるが、常設展示や企画展示も充実。ライムストーンに囲まれた空間には、ゴッホやモネ、ルノワールなどの西洋絵画や横山大観、竹内栖鳳、上村松園などの近代日本画や浮世絵、市川米庵、比田井天来などの書のコレクション、国宝の太刀などが揃う。さらに、飛騨地方から産出した化石や恐竜模型の展示、インカ・マヤを中心にした世界の古代文明の遺物など、多彩な展示を楽しめる。時間が許す限りゆっくりと鑑賞するのもオススメ。素晴らしい展示物の数々はもちろん、建築物自体の美しさや自然光や照明が織りなす空間美は、ミュージックビデオの撮影にも使用され、若い世代から写真映えスポットとして話題を集めている。ぜひ、家族や恋人と壮大で美しい世界に触れてみては。

（ライター／彩未）

古民家の庭でバーベキューが人気!

木が特徴のお部屋『綾織』。

宿と古民家カフェの複合施設。

漆喰壁が特徴のお部屋『白冠』。
冬場はコタツが嬉しい。

## がもう家

がもうや

0877-85-7951　tamura825sakaide@outlook.jp
住 香川県坂出市加茂町825
https://gamouya.net/　@gamouya

# 歴史ある古民家が織り成す くつろぎの空間

瀬戸大橋を降り香川のど真ん中にある香川県坂出市の『がもう家』。戦前まで醤油作りをしていた大庄屋蒲生邸にある江戸時代に建てられた母屋と蔵をリノベーションし、古民家カフェを併設した宿泊施設を開業。白い漆喰壁や巨大な梁に高い天井など古民家ならではの落ち着いた空間が広がる。

裏庭には、脱穀機などの当時の道具や井戸などがあり、草花のそよぐのどかさのなか、ゆっくりとした時間を味わえる。蔵をリノベーションした二組限定の宿は二階建て構造で、各部屋にバスルームを完備。回転式の忍者扉を開けると日本家屋らしい木の香りや使い込まれた調度品が懐かしさを誘う。ヒノキ製の階段を上がると当時の梁や小さな窓があり、まるで屋根裏部屋の様だ。蔵に泊まるという非日常空間を味わえる。母屋のカフェ店舗は、共有スペースとして利用することができる。

素泊りの宿だが、庭でバーベキューや流しそうめんも可能。田舎らしさがグループやファミリー層に好評を得ている。お得な平日限定連泊プランも設定あり。

（ライター／長谷川望）

## 誰でも気軽にボードゲーム お一人様から団体様まで

福岡県北九州市にある『ボードゲームカフェMonpi』は、250種類を超えるボードゲームと100円台からあるリーズナブルでおいしいフード&ドリンクが魅力のボードゲームカフェ。内装やBGMにもこだわっており、ボードゲーム好きの方だけでなく、初心者の方でもボードゲームの世界を堪能できる。大学生やお子様連れのファミリー、会社の同僚など、世代性別問わず賑わっており、お一人様も大歓迎。WEB予約も可能だ。

（ライター／奈良岡志保）

『ボードゲーム』カタン、ito、ナンジャモンジャ、ドミニオンなど。

カフェもあり。

10人まで収容可能なVIPルーム。事前予約で1,500円(税込)／人

㊔ 11:00〜16:30　18:00〜23:00
㊕ 1時間 500円(税込)／人　フリータイム 1,500円(税込)／人
小学生フリータイム 500円(税込)／人

### ボードゲームカフェ Monpi
モンピ

☎ 070-9043-9074　✉ m52gts@gmail.com
㊟ 福岡県北九州市八幡西区千代ヶ崎2-2-8 濱本ビル2F
https://boardgamecafe-monpi.com/

## 手作りのぬくもりも感じる伝統工芸品

新鮮で豊富な海の幸・山の幸が並び、九州ナンバーワンの売り上げを誇る福岡県宗像市の『道の駅むなかた』。オンラインショップでは、福岡の様々な農水産物、銘菓など食品のほか、地元福岡の工芸品も人気。『博多織二つ折り名刺入れ 献上柄』は、700年以上の歴史を誇る絹織物「博多織」による高密度のたて糸に太いよこ糸を打ち込む堅牢な生地と美しい光沢が特長。密教法具をモチーフにした図柄がシックな大人の逸品だ。

（ライター／今井淳二）

「献上柄(黒白)」

「献上柄(黒赤)」

「華皿と花」

『博多織二つ折り名刺入れ』3,700円(税込)

### 道の駅 むなかた

☎ 0940-62-2715　㊟ 福岡県宗像市江口1172
https://www.michinoekimunakata.co.jp/
オンラインショップ https://www.michinoekimunakata.shop/

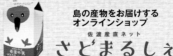

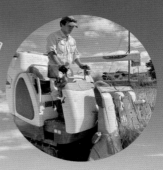

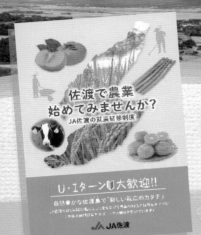

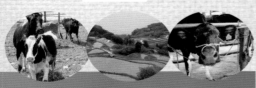

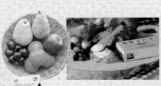

## 新時代のヒットの予感!!

住宅や医療、食品に美容や健康他各種サービスなど、人々の豊かな暮らしを支える上で欠かせない、且つこの先、世間の耳目を集めるであろう企業や人物を、一年に一度、多岐にわたり紹介した一冊。

監修／石井洋行　大室徹郎
進行／加藤真一
表紙・本デザイン／イープル

※価格、電話番号、ホームページアドレスなどの情報は2023年11月現在のものです。

# 2024年度版 新時代のヒットの予感!!

2023年11月7日初版第1刷

編集人　加藤　真一

発行者　柿崎　賢一

発行所　株式会社　ミスター・パートナー
〒160-0022 東京都新宿区新宿2丁目15番2号岩本和裁ビル5F
電話 03-3352-8107　FAX 03-3352-8605
http://www.mrpartner.co.jp

発売所　株式会社　星雲社（共同出版社・流通責任出版社）
〒112-0005 東京都文京区水道1丁目3番30号
電話 03-3868-3275　FAX 03-3868-6588

印刷・製本　磯崎印刷株式会社

ISBN978-4-434-33051-3



※本誌で掲載された情報は一部を除き、2023年11月現在のものです。
※情報の内容は変更される場合がございます。あらかじめご了承ください。